郑州统计年鉴

ZHENGZHOU STATISTICAL YEARBOOK

2016

(总第十八期　NO.18)

郑　州　市　统　计　局
国家统计局郑州调查队
编

中国统计出版社
China Statistics Press

图书在版编目(CIP)数据

郑州统计年鉴. 2016 / 郑州市统计局，国家统计局郑州调查队编. -- 北京 ：中国统计出版社，2016.10
ISBN 978-7-5037-7992-3

Ⅰ. ①郑… Ⅱ. ①郑… ②国… Ⅲ. ①统计资料－郑州市－2016－年鉴 Ⅳ. ①C832.611-54

中国版本图书馆CIP数据核字(2016)第221285号

郑州统计年鉴—2016

作　　者／郑州市统计局　国家统计局郑州调查队
责任编辑／陈越月　杨　虹　张　恒
装帧设计／王西海
出版发行／中国统计出版社
地　　址／北京市丰台区西三环南路甲6号　邮政编码／100073
电　　话／邮购 (010) 63376909　书店 (010) 68783171
网　　址／http://csp.stats.gov.cn
印　　刷／河南新华印刷集团有限公司
经　　销／新华书店
开　　本／890mm×1240mm　1/16
字　　数／1460千字
印　　张／33.625印张
版　　别／2016年10月第1版
版　　次／2016年10月第1次印刷
定　　价／300.00元

如有印装差错，由本社发行部调换。

《郑州统计年鉴——2016》

编委会和编辑人员

郑州统计年鉴

编 辑 说 明

一、《郑州统计年鉴—2016》是一部全面反映郑州地区国民经济和社会发展的资料性统计年刊。本书收录了郑州市及所辖县（市）区2015年经济和社会发展各方面的统计数据，以及重要年份的主要统计数据，是认识和研究郑州市情、经济社会发展、制定宏观政策、指导工作和进行决策的重要经济类工具书。

二、本年鉴以丰富、翔实的统计资料为主，全面反映了郑州市国民经济和社会发展状况。全书分为16部分。即1.综合；2.从业人员和劳动工资；3.固定资产投资及房地产开发；4.价格；5.人民生活；6.城市公用事业和环保；7.农业；8.工业；9.建筑业；10.交通运输和邮电通讯；11.国内贸易；12.对外经济贸易和旅游；13.财政金融；14.教育、文化、卫生、体育和科技；15.产业集聚区；16.统计工作大事记。各篇末均附有《主要统计指标解释》，对主要统计指标的含义、范围、计算方法作了简要说明。

三、本年鉴中使用的计量单位均采用国际统一标准计量单位；统计口径除特别注明外，均包括郑州市及所辖各县（市）区。资料取自郑州市统计局、郑州市经济社会调查队、国家统计局郑州调查队及有关部门的统计报表。

四、本年鉴部分数据合计数或相对数不等于分项之和，是由于单位取舍和不同产业的计算误差，部分指标未作机械调整。

五、本年鉴表中的符号使用说明：

“空格”表示该项统计指标数据不详或无该项数据；

“…”表示数据不足本表最小单位；

“#”表示其中的主要项。

目　录

一、综　合

二、从业人员和劳动工资

三、固定资产投资及房地产开发

四、价　格

五、人民生活

六、城市公用事业和环保

七、农　业

八、工　业

九、建　筑　业

十、交通运输、邮电通讯

十一、国内贸易

十二、对外经济贸易和旅游

十三、财政金融

十四、教育、文化、卫生、体育和科技

十五、产业集聚区

十六、统计工作大事记

一、综　合

1-1　行政区划

（2015 年底）

单位:个

县(市)区	街道办事处	镇	乡	社区	村委会
总　计	**116**	**70**	**15**	**772**	**2219**
市辖区	**96**	**6**	**3**	**607**	**510**
中原区	12			105	46
二七区	14	1	1	146	13
管城区	9	1	1	77	26
金水区	17			163	40
上街区	5	1		31	28
惠济区	6	2		12	53
高新区	5			11	39
经开区	6			18	43
郑东新区	10	1	1	44	66
航空港区	12				156
县(市)	**20**	**64**	**12**	**165**	**1709**
中牟县	3	10	1	11	273
巩义市	5	15		26	288
荥阳市	2	9	3	14	289
新密市	4	12	1	47	303
新郑市	3	9	2	47	253
登封市	3	9	5	20	303

注:本表数据为按管理权限划定区域,未经民政部门认定。

1-2　主要气象情况

（2015 年）

指　　标	一月	二月	三月	四月	五月	六月	七月	八月	九月	十月	十一月	十二月
月平均气温	3.5	5.5	11.4	16.2	22.3	26.4	28.0	26.8	22.3	17.2	6.8	4.0
月日照时数	111.8	134.8	146.1	202.9	202.4	131.7	195.9	148.4	142.2	159.9	42.2	111.2
月降水量	13.1	1.1	16.0	79.1	82.3	108.2	83.7	142.6	19.8	63.7	78.5	1.0
月内降水量≥0.1mm 的日数	5	1	7	6	6	12	8	15	6	5	12	2
月极端最高气温	16.0	18.4	26.6	30.4	32.4	37.6	39.5	36.1	30.0	28.9	20.6	17.1
出现日期	10	16	28	15	31	19	13	3	20	17	2	26
月极端最低气温	-4.3	-4.4	-1.5	3.6	9.1	16.5	19.8	18.9	12.7	5.9	-6.2	-5.0
出现日期	22	8	10	8	12	5	10	23	13	31	26	18

1-3 乡、镇办事处

（2015 年底）

县(市)区	乡　　镇	街道办事处
中原区		林山寨　桐柏路　绿东村　棉纺路　三官庙　建设路　秦岭路　汝河路　中原西路　航海西路　西流湖　须水
二七区	马寨镇　侯寨乡	大学路　五里堡　德化街　解放路　铭功路　嵩山路　长江路　京广路　一马路　蜜蜂张　福华街　建中街　淮河路
管城区	十八里河镇　南曹乡	北下街　西大街　南关街　城东路　东大街　二里岗　陇海马路　紫荆山南路　航海东路
金水区		经八路　花园路　人民路　杜岭　大石桥　南阳路　南阳新村　文化路　丰产路　东风路　北林路　未来路　兴达路　凤凰台　国基路　杨金路　丰庆路
上街区	峡窝镇	济源路　中心路　新安路　工业路　矿山路
惠济区	古荥镇　花园口镇	刘寨　老鸦陈　新城　迎宾路　长兴路　大河路
高新区		石佛　沟赵　枫杨　梧桐　双桥
经开区		明湖　潮河　京航　前程　九龙　祥云
郑东新区	白沙镇　圃田乡	祭城路　龙子湖　商都路　博学路　如意湖　龙湖　龙源路　金光路　杨桥　豫兴路
航空港实验区		新港　郑港　滨河　银河　三官庙　张庄　龙港　八岗　冯堂　清河　龙王　明港
中牟县	韩寺镇　官渡镇　狼城岗镇　万滩镇　郑庵镇　黄店镇　大孟镇　刘集镇　雁鸣湖镇　姚家镇　刁家乡	青年路　东风路　广惠街
巩义市	米河镇　新中镇　小关镇　竹林镇　大峪沟镇　河洛镇　站街镇　康店镇　北山口镇　西村镇　芝田镇　回郭镇　鲁庄镇　夹津口镇　涉村镇	新华路　杜甫路　永安路　孝义　紫荆路
荥阳市	豫龙镇　广武镇　王村镇　汜水镇　高山镇　刘河镇　崔庙镇　贾峪镇　乔楼镇　高村乡　城关乡　金寨回族乡	索河　京城路
新密市	袁庄乡　米村镇　牛店镇　平陌镇　超化镇　苟堂镇　大隗镇　刘寨镇　曲梁镇　白寨镇　岳村镇　城关镇　来集镇	新华路　青屏街　西大街　矿区
新郑市	新村镇　辛店镇　观音寺镇　梨河镇　和庄镇　薛店镇　孟庄镇　郭店镇　龙湖镇　城关乡　八千乡	新建路　新华路　新烟
登封市	大金店镇　颍阳镇　卢店镇　告成镇　大冶镇　宣化镇　徐庄镇　东华镇　君召乡　石道乡　白坪乡　唐庄乡　阳城工业区　送表矿区	少林　中岳　嵩阳

1-4 年末人口基本情况

（2015 年底）

县(市)区	总户数(户)	总人口(人)				
		合 计	#女 性	#非农业人口	城镇人口	城镇化率(%)
全 市	2908491	9568935	4681091	4018466	6669069	69.69
中原区	249598	751288	370107	646108	677736	90.21
二七区	266705	781445	383061	480432	696736	89.16
管城区	180434	545994	266118	277747	464094	85.00
金水区	501134	1453288	699971	941730	1322346	90.99
上街区	45595	136785	69717	86600	124405	90.95
惠济区	92019	286008	144217	69889	203351	71.10
中牟县	121556	481361	236797	77210	218489	45.39
巩义市	250333	823597	401915	156731	431364	52.35
荥阳市	175009	615790	280615	133887	317378	51.54
新密市	220945	803685	395520	298971	425470	52.94
新郑市	166459	656732	341708	172339	350103	53.31
登封市	182235	694315	339766	204128	357849	51.53
经开区	76813	220280	102468	75733	183735	83.41
高新区	92026	247674	120558	133108	205569	83.00
郑东新区	143108	470501	225937	171368	297450	63.22
航空港实验区	133937	600192	302616	92485	394446	65.72

1-5 人口自然变动情况

（2015 年底）

县(市)区	年末平均人口（人）	出生人口（人）	死亡人口（人）	出生率（‰）	死亡率（‰）	自然增长率（‰）
全　市	9473385	98286	43483	10.37	4.59	5.78
中原区	747231	7952	2748	10.64	3.68	6.96
二七区	773919	8372	3723	10.82	4.81	6.01
管城区	541240	5603	2398	10.35	4.43	5.92
金水区	1444909	13423	3973	9.29	2.75	6.54
上街区	136462	1122	696	8.22	5.10	3.12
惠济区	284498	3156	1343	11.09	4.72	6.37
中牟县	476627	5630	2820	11.81	5.95	5.86
巩义市	821769	9015	4972	10.97	6.05	4.92
荥阳市	615600	6588	3539	10.70	5.75	4.95
新密市	803514	8379	4365	10.43	5.43	5.00
新郑市	651420	7349	3358	11.28	5.15	6.13
登封市	691629	7918	4150	11.45	6.00	5.45
经开区	210213	2268	631	10.79	3.00	7.79
高新区	247135	2078	751	8.41	3.04	5.37
郑东新区	452886	4331	823	9.56	1.82	7.75
航空港实验区	574338	5973	2797	10.40	4.87	5.53

1-6 国民经济和社会发展总量及速度指标

指　标	单位	1990	1995	2000	2005	2010	2011	2012	2013	2014	2015	2015比上年±%
人口与面积												
人口	万人	557.8	600.3	665.9	716.0	866.1	885.7	903.1	919.1	937.8	956.9	2.0
建城区面积	平方公里	112.0	108.3	133.2	262.0	342.7	354.7	373.0	382.7	412.7	437.6	6.0
宏观经济												
国民经济核算												
地区生产总值	亿元	116.4	386.4	728.4	1660.6	4040.9	4979.8	5549.8	6201.8	6777.0	7311.5	10.0
第一产业	亿元	14.4	28.5	42.4	72.4	124.6	131.7	142.4	147.0	147.2	150.9	3.1
第二产业	亿元	62.5	203.5	343.3	872.8	2269.9	2874.2	3132.9	3470.5	3487.1	3604.2	9.3
第三产业	亿元	39.5	154.3	342.7	715.4	1646.4	1974	2274.5	2584.3	3142.7	3556.4	11.3
固定资产投资												
全社会固定资产投资额	亿元	26.9	165.6	258.4	820.0	2757.0	3002.5	3669.8	4509.3	5355.3	6371.7	18.9
固定资产投资	亿元	20.0	132.4	159.4	610.2	2432.5	2900.0	3561.2	4400.2	5259.6	6288.0	19.6
财政												
地方公共财政预算收入	亿元	10.5	17.1	43.6	136.1	386.8	502.3	606.7	723.6	833.9	942.9	13.1
地方公共财政预算支出	亿元	6.5	17.8	49.0	136.7	426.8	566.6	700.6	815.7	918.6	1106.0	20.1
价格总指数												
商品零售价格指数	以上年为100	100.8	110.4	99.1	101.2	102.7	104.9	102.4	101.4	101.1	99.0	-1.0
居民消费价格指数	以上年为100	101.8	114.5	99.0	102.4	103.0	104.9	102.7	102.8	102.0	101.1	1.1
外商投资												
利用外资												
合同利用外资额	万美元	1132	21086	12860	63766	191632	238133	202058	183710	144557	125514	-13.2
实际利用外资额	万美元	768	15020	9211	33549	190015	310000	342898	332178	363002	382661	5.4
产业												
农业												
农林牧渔业总产值	亿元	24.6	51.5	73.2	126.2	221.4	235.5	254.6	263.3	269.9	276.6	3.0
粮食总产量	万吨	154.2	140.1	158.7	153.0	166.7	166.7	169.5	168.3	162.0	168.3	3.9
工业												

1-6 续表 1

指 标	单位	1990	1995	2000	2005	2010	2011	2012	2013	2014	2015	2015 比上年±%
工业总产值	亿元	174.4	647.9	1005.3	2411.5	7958.3	8459.7	10632.4	12153.5	13537.2	14779.6	11.8
工业增加值	亿元	39.8	87.1	187.5	569.7	1996.0	2316.0	2541.5	2857.7	3094.0	3312.3	10.2
规模以上工业												
资产总计	亿元	142.3	470.3	749.8	1473.6	3898.8	5173.0	7036.7	8528.6	9960.8	11296.7	13.4
负债合计	亿元	89.6	328.6	477.5	946.3	2134.9	2762.8	3915.4	4597.2	5444.4	6257.4	14.9
主营业务收入	亿元	104.6	307.8	530.9	1673.0	5942.3	8144.4	9603.4	11016.3	12391.4	13587.5	9.7
利税总额	亿元	18.0	37.9	67.2	230.2	1058.1	1351.7	1415.1	1529.2	1647.2	1539.6	-6.5
建筑业												
建筑业总产值	亿元	12.7	45.5	106.0	299.4	1352.3	1547.6	1816.6	2265.3	2713.3	2714.7	0.1
施工房屋面积	万平方米	325	805	1217	2937	8876.9	10505.5	12001.6	14247.2	17751.6	23205.9	30.7
竣工房屋面积	万平方米	148	306	440	765	2601.7	3403.6	3667.8	4095.8	5240.2	4317.9	-17.6
交通运输												
旅客周转量	亿人公里	69.3	92.0	125.1	189.6	301.4	325.6	348.2	256.5	274.9	279.6	1.2
#铁路	亿人公里	46.0	53.0	60.0	80.0	113.9	111.2	119.4	130.0	130.2	134.5	2.2
公路	亿人公里	23.3	32.1	56.3	82.7	137.7	161.1	174.1	69.9	83.6	79.7	-4.6
航空	亿人公里	1.0	6.8	8.8	26.9	49.8	53.3	54.7	56.6	61.2	65.4	6.9
货物周转量	亿吨公里	196.2	212.9	226.5	287.7	479.8	564.1	630.9	527.7	537.0	548.2	2.2
#铁路	亿吨公里	181.6	181.9	156.2	187.9	199.4	210.2	216.2	217.2	199.9	172.7	13.4
公路	亿吨公里	14.7	30.9	70.1	99.4	279.8	353.3	414.2	306.3	332.4	370.0	11.3
航空	万吨公里	150.0	574	1281	3385	5641	5744	5477	39279	47139	54276	15.1
邮电通讯												
邮电业务总量	万元	1.2	8.5	42	108.2	296.3	116.8	131.3	183.5	213.6	297.8	39.4
国内商业												
社会消费品零售总额	亿元	47.4	164.1	381.8	706.7	1702.1	2015.6	2322.7	2623.5	2955.4	3294.7	11.5
批零贸易企业销售额	亿元	44.9	401.0	437.4	1274.3	2339.1	2943.9	3247.5	3516.0	4308.1	351.7	18.6
对外贸易和旅游												
进出口总值	万美元		16129	19216	110193	452442	1535929	3528949	4217749	4643090	5702633	22.9

1-6 续表 2

指 标	单位	1990	1995	2000	2005	2010	2011	2012	2013	2014	2015	2015 比上年±%
#出口总值	万美元	1119	13072	12313	75659	331272	941400	2022563	2506438	2665710	3124586	17.2
旅游外汇收入	万美元			4653	7769	13384	14760	15800	16500	17100	18000	5.0
金融												
金融机构各项存款	亿元	86.3	464.4	1215.4	3116.1	7990.9	8964.9	10448.3	12450.5	13955.6	16936.3	16.4
金融机构各项贷款	亿元	87.0	373.7	881.9	2428.1	5717.5	6112.8	6794.1	9342.3	10868.3	12650.3	16.4
教育												
在校学生数	万人	84.4	114.9	139.7	191.3	222.3	227.4	231.6	241.0	260.0	260.2	0.0
专任教师数	万人	6.2	5.9	7.1	9.4	12.5	12.9	13.6	13.9	14.7	15.6	6.1
人民生活												
城镇居民人均可支配收入	元	1496	4535	5935	10640	18897	21612	24246	26615	29095	31099	8.7
农村居民人均可支配收入	元	692	1555	2912	4774	9225	11050	12531	14009	15470	17125	8.9
农村居民人均居住面积	平方米	21.5	23.8	35.4	43.7	52.0	54.9	55.7	52.6	52.1	53.6	2.9
城乡居民储蓄余额	亿元	56.1	254.2	565.8	1436.1	2911.0	3252.1	3845.5	4475.3	4839.3	5695.5	11.3
工资												
在岗职工年平均工资	元	2126	5226	9017	16694	32779	35541	41480	44622	49279	52987	7.5
卫生												
医疗机构数	个	935	879	688	1637	1347	4044	3810	4026	3848	3922	2.1
卫生技术人员	个	28410	30590	31137	33568	49519	56891	65403	76282	80831	86518	7.0
医疗床位数	张	20937	22122	24472	29295	47094	52750	59664	68764	73865	78242	5.9
市政建设												
自来水供水量	万吨	23037	32506	28783	30448	37724	35785	35825	35413	34131	35181	3.1
城市集中供热面积	万平方米		851	1383	1777	2261	2285	3349	3815	4520	5270	16.6
用气人口	万人	59.5	107.9	149.2	230	439	457	533	528	476	513	7.8
城市道路长度	公里	428	563	684	1131	1338	1390	1446	1520	1630	1809	11.0
公共汽(电)车总数	辆	404	728	1342	3077	4788	5271	5548	5745	6297	6221	-1.2

注:1. 1990 年城市居民人均可支配收入以人均生活费收入代替;2. 直接进出口总值、直接出口总值统计范围不包括国家部委及省属进出口公司,1995 年、1990 年为业务统计数,2000 年和 2003 年以来为海关数;3. 2013 年邮电业务总量按 2010 年可比价格计算,2001-2010 年按 2000 年可比价格计算,2000 年以前按 1990 年可比价格计算;4. 固定资产投资 2010 年以前为城镇投资;5. 2010 年以后,工业总产值和增加值包含河南中烟工业公司和河南电力公司。

1-7 国民经济和社会发展比例和效益指标

指　　标	单位	1990	1995	2000	2005	2010	2011	2012	2013	2014	2015
就业											
每一就业者负担人口	人	**1.66**	**1.85**	**1.90**	**2.15**	**2.01**	**2.04**	**1.99**	**1.78**	**1.74**	**1.75**
三次产业从业者比例											
第一产业	%	50.1	40.4	41.9	31.5	21.5	20.4				
第二产业	%	31.3	32.3	27.0	30.0	33.8	36.1				
第三产业	%	18.6	27.3	31.1	38.5	44.6	43.5				
城镇登记失业率	%			2.0	3.0	2.8	2.0	2.0	2.2	1.4	1.6
宏观经济											
国民经济核算											
三次产业增加值比例											
第一产业	%	12.4	7.4	5.8	4.4	3.1	2.7	2.6	2.3	2.2	2.1
第二产业	%	53.7	52.6	47.1	52.5	56.2	57.7	56.4	56.0	51.4	49.3
第三产业	%	33.9	40.0	47.1	43.1	40.7	39.6	41	41.7	46.4	48.6
人均生产总值	元	2118	6499	11227	23320	47608	56856	62049	68070	72992	77179
固定资产投资											
全社会固定资产占 GDP 比例	%	23.1	42.8	35.5	49.4	68.2	60.3	66.1	72.7	79.0	87.1
财政											
地方财政收入占 GDP 比例	%	9.0	4.4	6.5	9.1	14.6	14.4	17.0	19.3	20.2	20.3

1-7 续表

指　　标	单位	1990	1995	2000	2005	2010	2011	2012	2013	2014	2015
产业											
工业											
产品销售率	%	96.6	96.4	97.4	98.1	98.2	97.9	98.0	98.4	97.7	97.87
总资产贡献率	%	30.1	12.8	11.2	18.0	28.4	27.4	21.3	18.9	17.4	14.45
成本费用利润率	%	5.8	3.3	5.2	7.8	13.8	12.6	10.3	9.5	9.0	8.28
资产负债率	%	63.0	69.9	63.7	64.6	54.8	53.4	55.6	53.9	54.7	55.39
建筑业											
产值利税率	%	7.39	4.84	3.27	4.57	8.0	7.8	7.9	8.3	7.4	7.0
全员劳动生产率	元/人	12902	28440	60305	117785	221621	285024	380470	391256	536517	423016
教育											
适龄儿童入学率	%	99.40	99.71	99.95	100	100	100	100	100	100	100
学校教师负担人数	人	13.56	19.48	17.2	15.5	17.8	17.6	17.0	17.4	17.7	16.7
卫生											
每万人拥有医疗机构数	个	1.68	1.46	1.05	2.29	1.56	4.57	4.22	4.38	4.10	4.10
每万人拥有卫生技术人员	人			48.6	46.9	57.2	64.2	72.4	83.0	86.2	90.4
每万人拥有医院床位数	张	37.5	36.9	37.4	40.9	54.4	59.6	66.1	74.8	78.8	81.8
市政建设											
城市自来水普及率	%		97.6	100	100	100	100	100	100	100	100

1-8 主要指标年人均水平

指　　标	单位	2000	2005	2007	2008	2009	2010	2011	2012	2013	2014	2015
生产总值	元	11227	23320	34063	40617	44237	47608	56856	62049	68070	72992	77179
地方公共财政预算收入	元	672	1912	3007	3521	4037	4781	5735	6783	7942	8981	9953
社会消费品零售总额	元	5885	9924	13406	16310	19184	21038	22686	25969	28795	31832	34778
在岗职工平均工资	元	8263	16694	23025	26476	29837	32779	35541	41480	44622	49279	52987
城镇居民可支配收入	元	5935	10640	13692	15732	17117	18897	21612	24246	26615	29095	31099
农民人均纯收入	元	2912	4774	6594	7548	8121	9225	11050	12531	14009	15470	17125
城乡居民储蓄存款余额	元	8721	20195	22721	27951	33577	35980	37129	42994	49120	52122	59520
城市生活用电量	千瓦时	594	506	689	728	819	840	791	947	909	914	1083
城市生活用水量	吨	73	81	50.7	54.2	56.1	49.8	43.8	48.4	45.3	49.9	58.6
市区每万人拥有公交车辆	辆	4.8	10.2	12	13.2	13.3	12.6	11.9	11.9	11.6	12.0	12.7

注:2015 年制度调整城乡居民储蓄存款余额改为住户存款。

1-9 郑州一日

指　　标	单　位	2000	2005	2007	2008	2009	2010	2011	2012	2013	2014	2015
生产总值	万元	19956	45496	68130	82301	90644	110709	136434	151634	169912	185671	200316
第一产业	万元	1161	1983	2175	2595	2824	3413	3607	3891	4027	4032	4135
第二产业	万元	9405	23913	36016	45466	48945	62189	78746	85599	95082	95538	98744
第三产业	万元	9389	19600	29939	34241	38874	45108	54081	62144	70803	86101	97437
粮食总产量	吨	4348	4192	4504	4527	4550	4567	4567	4630	4611	4437	4611
全社会固定资产投资	万元	7079	22466	37461	48567	62715	75534	82261	100266	123542	146721	174568
社会消费品零售总额	万元	10460	19361	26814	33049	39309	46633	54441	63462	71877	80970	90266
地方公共财政预算收入	万元	1192	3729	6014	7114	8272	10597	13762	16575	19825	22846	25833
货运量	万吨	43.2	65.1	87.0	102.3	46.5	56.5	66.9	72.8	80.5	62.5	67.5
客运量	万人	35.8	50.2	69.1	77.9	71.5	82.5	92.5	97.4	105.9	50.4	51.3
邮电业务总量	万元	1161	2963	5268	6233	7019	8118	3201	3588	3729	5853	8158
出口总值	万美元	33.7	207	483	692	548	908	2579	5526	6867	7303	8561
自来水供水量	万吨	79	83	76	88	97	103	98	98	97	94	96
售电量	万千瓦时	2156	3852	5810	7833	8225	9753	10684	10792	10959	9452	9644
接待境外人数	人次	222	573	718	800	879	956	1052	1153	1200	1236	1296

1-10　按行政区划分主要经济指标

（2015 年）

指　　标	郑州市	中原区	二七区	管城区	金水区	上街区	惠济区
生产总值（万元）	73115210	5470572	4644298	6212604	11871782	1204511	1064918
第一产业（万元）	1509211	13593	4552	11249	16174	4374	59296
第二产业（万元）	36041501	2150525	862506	3265232	1041283	769729	461787
工业（万元）	31674107	1432972	458529	2632752	132647	658046	224417
第三产业（万元）	35564498	3306454	3777240	2936122	10814325	430408	543835
生产总值指数（%）	110.0	108.1	108.1	106.1	108.4	107.3	107.3
第一产业（%）	103.1	84.6	89.6	91.8	99.0	73.8	98.5
第二产业（%）	109.3	104.5	107.2	110.7	98.9	106.3	101.9
工业（%）	109.5	103.4	107.4	111.5	77.8	106.2	96.6
第三产业（%）	111.3	111.6	108.4	101.4	109.7	111.2	114.8
总人口（人）	9568935	998962	781445	755987	1741705	136785	286008
固定资产投资（万元）	63717259	5928094	4075595	6393877	7781659	1394912	1688460
社会消费品零售总额（万元）	32947106	2344687	3935900	4423050	7640643	476292	1081401

1-10　续表　（2015 年）

指　　标	中牟县	巩义市	荥阳市	新密市	新郑市	登封市
生产总值（万元）	7548277	6254991	5882601	6421296	8739409	5223046
第一产业（万元）	411096	112630	305022	201012	211142	163490
第二产业（万元）	5067209	3870061	3666660	3525365	5353446	3076086
工业（万元）	4759056	3652837	3443135	3299913	5095983	2926505
第三产业（万元）	2069972	2272300	1910919	2694919	3174820	1983470
生产总值指数（%）	113.5	108.0	108.6	109.5	115.6	108.7
第一产业（%）	102.4	104.6	104.8	105.0	100.7	104.8
第二产业（%）	111.1	107.6	108.6	108.6	116.1	107.1
工业（%）	111.8	107.6	108.6	108.6	115.9	107.1
第三产业（%）	126.0	109.6	109.2	111.8	116.2	113.5
总人口（人）	1045188	823597	615790	803685	885468	694315
固定资产投资（万元）	8375744	4844981	4934094	4686095	8797663	4181088
社会消费品零售总额（万元）	1690584	2482916	2227747	2429384	2328671	1917259

1-11 社会总产出

（2015 年）

单位：万元

项目	郑州市	中原区	二七区	管城区	金水区	上街区	惠济区	中牟县
总产出	**247389146**	**8679133**	**11331204**	**7615049**	**21791736**	**5938357**	**3193725**	**9198866**
第一产业	2723908	12156	8337	12622	20068	7813	124097	403552
第二产业	173311876	4146380	4823184	4252752	6258566	5164582	2043291	5898659
第三产业	71353362	4520597	6499683	3349675	15513102	765962	1026337	2896655
农林牧渔业	2765804	12669	8856	13377	20068	7813	124577	408780
#农林牧渔服务业	41896	513	519	755			480	5228
工业	155312734	2414420	2118240	3361882	684580	4789138	1006298	5100035
采矿业	3589761		10391			136285		388942
#开采辅助活动	5543							
制造业	136507143	760708	1937173	3361882	684580	4213160	995279	4588964
#金属制品、机械和设备修理业	37082							
电力热力燃气及水的生产和供应业	15215830	1653712	170676			439693	11019	122129
建筑业	18041767	1731960	2704944	890870	5573986	375444	1036993	798624
批发和零售业	8603995	462555	1623771	662335	1958269	113441	101104	658698
交通运输、仓储和邮政业	10624178	129844	1439145	409327	450840	104559	144245	642506
住宿和餐饮业	5456651	312315	354697	300066	899529	105205	150774	172820
信息传输、软件和信息技术服务业	3979654	81936	392639	32750	1126687	36517	10073	140818
金融业	10284901	750890	1136186	598739	3770335	78711	81960	198251
房地产业	7079473	298970	251685	736467	1098492	107250	156712	123352
租赁和商务服务业	6787283	351681	76174	142398	1765097	18097	68891	99729
科学研究和技术服务业	4830169	949615	128435	20399	602251	12526	20572	109671
水利、环境和公共设施管理业	559117	51368	10879	13994	84835	17408	18886	60345
居民服务、修理和其他服务业	2440859	141078	108667	56139	318094	38652	35475	93250
教育	3176012	124789	223340	74764	739568	27026	139502	87932
卫生和社会工作	3280901	429330	451696	186083	997353	24630	5570	92654
文化、体育和娱乐业	1633094	90673	66233	32056	687362	6084	28922	107103
公共管理社会保障和社会组织	2532554	345040	235617	83403	1014390	75856	63171	304298

1-11 续表 （2015 年） 单位：万元

项 目	巩义市	荥阳市	新密市	新郑市	登封市	经开区	高新区	郑东新区	航空港实验区
总产出	**24294569**	**21096350**	**21234225**	**17476445**	**17305688**	**15991162**	**8376883**	**4912500**	**31711710**
第一产业	197391	526401	353052	354995	276625	72709	10938	83769	209949
第二产业	19763279	16992726	16001510	12123672	13765681	13238402	6258721	935267	29165536
第三产业	4333899	3577223	4879663	4997778	3263382	2680051	2107224	3893464	2336225
农林牧渔业	208954	530737	370361	358811	281505	80202	10938	88609	211215
#农林牧渔服务业	11563	4336	17309	3816	4880	7493		4840	1266
工业	18910469	16292214	15330810	11446209	13148776	11902859	4752282	409964	29032046
采矿业	360918	324124	293870	141231	1252655				
#开采辅助活动	4192			441	1552				
制造业	18202311	15650141	14541118	11108638	10733852	11895875	4471061	331248	29032045
#金属制品、机械和设备修理业	12708	458	5629	2607	1949	891	649		
电力热力燃气及水的生产和供应业	347240	317949	495822	196340	1162269	6984	281221	78716	
建筑业	869710	700970	676329	680511	620406	1336434	1507088	525303	133490
批发和零售业	426873	402288	618502	1210131	522643	765912	176928	301512	343653
交通运输、仓储和邮政业	649355	1011953	1088147	931090	291190	839429	65921	297489	1264415
住宿和餐饮业	613434	453750	521853	348741	513334	43968	77926	143784	113120
信息传输、软件和信息技术服务业	117218	11241	117067	74191	59241	103822	182461	21108	11577
金融业	554476	193507	240955	229481	189421	20877	111398	1734886	16050
房地产业	345495	304909	461755	491569	139922	172877	291343	896476	422373
租赁和商务服务业	209770	83673	359666	245736	437249	96114	544164	50121	9458
科学研究和技术服务业	27520	52537	31023	50781	98883	200159	144866	130330	1863
水利、环境和公共设施管理业	18258	24391	11960	18820	89762	32414	13065	39487	9631
居民服务、修理和其他服务业	430634	184362	378748	447153	107060	53649	32867	18846	36278
教育	175101	143258	288225	328863	480587	29794	345011	44720	12004
卫生和社会工作	381250	189890	245394	327643	60358	87914	7164	48415	7937
文化、体育和娱乐业	84938	86072	234749	112320	58576	41900	9271	30857	4438
公共管理社会保障和社会组织	271114	430598	258681	174395	206775	182838	104190	130593	82162

1-12 生产总值

（2015 年）

单位:万元

项目	郑州市	中原区	二七区	管城区	金水区	上街区	惠济区	中牟县
生产总值	**73115210**	**3209381**	**4644298**	**2819107**	**9461678**	**1204511**	**1064918**	**2602069**
第一产业	1509211	7661	4552	6826	11513	4374	59296	230513
第二产业	36041501	937391	862506	879459	953301	769729	461787	965427
第三产业	35564498	2264329	3777240	1932822	8496864	430408	543835	1406129
农林牧渔业	1535392	7981	4871	6912	11513	4374	59543	233609
#农林牧渔服务业	26181	320	319	86			247	3096
工业	31674107	494008	458529	630904	132647	658046	224417	752173
采矿业	1080546		3783			19898		64059
#开采辅助活动	2164							
制造业	27757078	156060	433383	630904	132647	573648	219668	672090
#金属制品、机械和设备修理业	13589							
电力热力燃气及水的生产和供应业	2836483	337948	21363			64500	4749	16024
建筑业	4383147	443383	403977	248555	820654	111683	237370	213254
批发和零售业	5468628	178770	749998	439722	939340	77690	64148	289510
交通运输、仓储和邮政业	4084024	52684	763781	115776	290341	43907	43283	172344
住宿和餐饮业	2510146	143821	234885	134982	470451	48675	67061	109633
信息传输、软件和信息技术服务业	1541350	31906	315291	19848	605989	18674	4691	101003
金融业	7014377	540266	824981	426514	2467531	49938	64692	147701
房地产业	3999166	200553	202385	390969	476548	79578	131584	86735
租赁和商务服务业	2027780	173727	50114	112832	819745	6240	14878	55466
科学研究和技术服务业	1738493	396454	66257	14866	331381	6415	7412	46515
水利、环境和公共设施管理业	245304	32543	7364	10686	43842	8610	8272	31031
居民服务、修理和其他服务业	1182075	67551	40033	42919	281038	20528	17533	43871
教育	1881770	81717	184925	60932	460814	13229	68356	61197
卫生和社会工作	1410934	154898	151769	63582	434295	11614	2602	35585
文化、体育和娱乐业	776655	47581	35764	25688	419812	3210	14016	72667
公共管理社会保障和社会组织	1641862	161538	149374	73420	455737	42100	35060	149775

1-12 续表 （2015 年） 单位:万元

项目	巩义市	荥阳市	新密市	新郑市	登封市	经开区	高新区	郑东新区	航空港实验区
生产总值	**6254991**	**5882601**	**6421296**	**5927598**	**5223046**	**5305794**	**2261191**	**2748732**	**5516946**
第一产业	112630	305022	201012	193678	163490	41340	5932	47789	118003
第二产业	3870061	3666660	3525365	3233181	3076086	4074810	1213134	223692	4397300
第三产业	2272300	1910919	2694919	2500739	1983470	1189644	1042125	2477251	1001643
农林牧渔业	119977	307827	205549	195964	166579	47387	5932	50790	118807
#农林牧渔服务业	7347	2805	4537	2286	3089	6047		3001	804
工业	3652837	3443135	3299913	3002468	2926505	3648063	938964	92693	4361490
采矿业	75768	93201	85533	36476	424966				
#开采辅助活动	1517			208	764				
制造业	3494641	3292141	3036532	2927946	2233335	3646925	879064	67833	4361490
#金属制品、机械和设备修理业	3035	143	4094	735	776	273	120		
电力热力燃气及水的生产和供应业	82428	57793	177848	38046	268204	1138	59900	24860	
建筑业	221776	223668	229546	231656	151121	427020	274290	130999	35810
批发和零售业	311914	294497	434868	369502	443245	561119	78254	139010	233862
交通运输、仓储和邮政业	418782	443309	599861	452284	145833	168822	27753	44408	539101
住宿和餐饮业	301584	176028	254429	167367	236869	18378	39465	41467	34084
信息传输、软件和信息技术服务业	68870	5899	68298	67205	51609	23403	89221	9699	7302
金融业	175003	139999	159166	171800	131791	16702	89119	1295718	10419
房地产业	235278	233655	232313	314654	105496	109708	205117	701742	73106
租赁和商务服务业	93834	51016	138504	178853	211555	30146	119307	30386	6223
科学研究和技术服务业	10310	24190	14197	30556	37775	69775	73091	82273	930
水利、环境和公共设施管理业	8104	11634	6990	10611	43189	6999	4848	12592	8157
居民服务、修理和其他服务业	185689	80983	182051	179170	52395	28179	16349	10770	18462
教育	121871	96715	168071	216848	334388	20596	238943	35968	9803
卫生和社会工作	146061	91456	130549	145888	25324	35925	3193	15522	5001
文化、体育和娱乐业	45103	56185	123480	62114	26872	18252	4416	25477	2960
公共管理社会保障和社会组织	137998	202405	173511	130658	132500	75320	52929	29218	51429

1-13 生产总值指数

（2015 年）

单位：%

项 目	郑州市	中原区	二七区	管城区	金水区	上街区	惠济区	中牟县
生产总值	**110.0**	**108.2**	**108.1**	**105.1**	**107.4**	**107.3**	**107.3**	**109.5**
第一产业	103.1	78.9	89.6	88.0	99.7	73.8	98.5	105.0
第二产业	109.3	102.8	107.2	114.5	98.3	106.3	101.9	104.1
第三产业	111.3	111.1	108.4	101.5	108.8	111.2	114.8	116.0
农林牧渔业	103.1	79.5	90.9	87.9	99.7	73.8	98.5	105.0
#农林牧渔服务业	107.7	100.0	114.7	80.6			104.1	106.8
工业	109.5	100.5	107.4	118.2	77.8	106.2	96.6	103.2
采矿业	83.1		74.5			58.8		109.4
#开采辅助活动	100.0							
制造业	108.8	104.1	108.9	118.2	77.8	111.4	96.7	102.0
#金属制品、机械和设备修理业	188.9							
电力热力燃气及水的生产和供应业	136.4	99.1	97.5			134.7	91.6	140.7
建筑业	107.8	106.5	106.9	107.3	107.7	108.1	107.7	107.7
批发和零售业	108.6	92.8	104.4	79.4	110.0	107.9	95.7	133.9
交通运输、仓储和邮政业	101.9	71.3	100.6	97.9	102.4	100.0	97.8	93.4
住宿和餐饮业	108.9	110.0	106.1	97.8	103.2	110.5	107.7	100.7
信息传输、软件和信息技术服务业	107.8	92.9	110.8	80.6	109.4	92.4	105.1	123.2
金融业	125.0	122.9	117.4	117.2	119.1	128.7	117.8	135.4
房地产业	110.2	94.0	113.8	123.4	77.4	103.9	149.8	111.2
租赁和商务服务业	110.0	122.0	115.0	115.3	106.2	200.6	94.6	91.6
科学研究和技术服务业	105.2	115.4	116.6	164.3	111.0	105.2	111.6	122.3
水利、环境和公共设施管理业	141.2	158.3	116.6	174.2	107.6	124.6	117.3	140.4
居民服务、修理和其他服务业	111.8	109.0	115.0	93.8	106.2	103.2	94.7	124.6
教育	109.3	115.9	104.9	107.4	115.5	106.9	110.3	101.0
卫生和社会工作	111.8	124.4	115.4	107.0	112.9	125.3	111.2	163.9
文化、体育和娱乐业	113.1	119.4	117.7	121.7	108.7	161.9	97.2	112.3
公共管理社会保障和社会组织	107.5	106.9	102.8	107.0	106.0	109.1	108.5	106.9

1-13 续表 (2015 年) 单位:%

项目	巩义市	荥阳市	新密市	新郑市	登封市	经开区	高新区	郑东新区	航空港实验区
生产总值	**108.0**	**108.6**	**109.5**	**110.0**	**108.7**	**109.4**	**108.0**	**110.7**	**125.1**
第一产业	104.6	104.8	105.0	104.9	104.8	97.9	94.0	97.7	94.5
第二产业	107.6	108.6	108.6	107.3	107.1	109.5	105.6	99.7	124.0
第三产业	109.6	109.2	111.8	115.7	113.5	109.5	112.6	113.7	150.0
农林牧渔业	104.7	104.8	105.0	104.9	104.8	98.1	93.5	98.0	94.5
#农林牧渔服务业	110.0	108.5	105.4	105.3	105.0	98.9		103.5	96.8
工业	107.6	108.6	108.6	107.3	107.1	109.7	104.7	94.3	124.1
采矿业	98.2	107.1	107.0	67.4	83.6				
#开采辅助活动	99.4			98.4	94.4				
制造业	108.1	108.8	108.7	108.3	111.8	109.7	104.8	94.3	124.1
#金属制品、机械和设备修理业	102.4	109.3	108.9	95.3	105.0	109.6	104.2		
电力热力燃气及水的生产和供应业	96.3	103.3	114.2	235.7	117.6	128.3	104.0	94.3	
建筑业	106.5	108.1	108.6	107.9	107.6	108.0	109.7	107.9	114.1
批发和零售业	118.9	110.1	112.2	116.5	115.5	105.3	87.0	71.2	313.6
交通运输、仓储和邮政业	82.8	103.4	105.7	107.7	91.0	113.0	99.6	104.3	125.6
住宿和餐饮业	109.6	106.9	112.6	111.9	108.9	103.4	107.9	92.3	107.7
信息传输、软件和信息技术服务业	131.3	105.7	109.9	107.6	120.0	131.0	125.7	117.1	109.5
金融业	131.2	112.3	107.4	133.8	113.2	115.6	115.6	116.2	116.5
房地产业	89.5	120.4	113.9	123.6	108.4	110.9	113.1	133.6	141.8
租赁和商务服务业	139.2	125.4	111.1	111.5	117.9	123.5	125.7	105.0	107.1
科学研究和技术服务业	120.8	107.2	118.7	114.2	223.4	102.8	112.6	113.3	108.6
水利、环境和公共设施管理业	123.2	111.3	233.9	107.2	207.4	221.4	112.6	113.3	123.4
居民服务、修理和其他服务业	133.6	111.6	117.7	132.1	98.2	108.0	125.7	105.0	145.2
教育	129.6	115.9	122.7	117.2	108.5	115.8	113.5	111.3	106.5
卫生和社会工作	132.3	116.0	109.3	107.1	106.2	154.1	112.6	112.3	107.5
文化、体育和娱乐业	130.8	114.1	129.1	126.7	111.7	123.6	129.2	105.7	114.5
公共管理社会保障和社会组织	117.5	101.6	106.4	106.8	103.2	106.9	106.9	104.1	110.2

1-14　全市法人单位数(按地域划分)

(2015年底)　　单位:个

行　业	全市	中原区	二七区	管城区	金水区	上街区	惠济区	经开区
总　计	**140064**	**8535**	**10373**	**10582**	**35480**	**1642**	**4404**	**5104**
农、林、牧、渔业	3086	39	84	32	85	15	165	65
采矿业	477	5	10	1	2	4	2	3
制造业	14455	950	766	260	484	357	524	649
电力、热力、燃气及水生产和供应业	209	8	6	4	6	5	6	3
建筑业	7659	552	517	510	2301	70	240	358
批发和零售业	47023	3008	4283	5221	14481	437	1418	1741
交通运输、仓储和邮政业	2419	85	173	275	320	64	113	238
住宿和餐饮业	2006	118	272	131	578	26	56	58
信息传输、软件和信息技术服务业	6384	493	404	470	2874	20	201	296
金融业	794	25	78	40	254	5	25	40
房地产业	6580	486	616	503	1839	92	197	247
租赁和商务服务业	20301	1058	1454	1862	7399	104	479	658
科学研究和技术服务业	6460	376	416	258	1813	42	215	346
水利、环境和公共设施管理业	814	44	62	34	143	17	36	27
居民服务、修理和其他服务业	2211	137	181	233	656	25	93	75
教育	4316	332	331	195	607	70	210	94
卫生和社会工作	3844	82	91	61	133	9	90	70
文化、体育和娱乐业	2747	143	232	147	601	56	99	37
公共管理、社会保障和社会组织	8279	594	397	345	904	224	235	99

1-14 续表 （2015 年底） 单位:个

行业	高新区	郑东新区	航空港实验区	中牟县	巩义市	荥阳市	新密市	新郑市	登封市
总计	**4174**	**21127**	**1462**	**5258**	**7405**	**5818**	**6737**	**5554**	**6409**
农、林、牧、渔业	33	80	68	245	199	686	624	294	372
采矿业		3		3	67	35	140	10	192
制造业	1216	313	261	572	3001	1675	1333	1204	890
电力、热力、燃气及水生产和供应业	9	9	4	14	49	18	20	22	26
建筑业	238	1736	50	269	87	162	221	197	151
批发和零售业	1037	8301	166	954	1323	921	1340	1102	1290
交通运输、仓储和邮政业	15	205	59	209	147	108	167	127	114
住宿和餐饮业	30	225	22	76	82	44	76	57	155
信息传输、软件和信息技术服务业	449	886	20	29	53	67	44	30	48
金融业	15	189	7	29	28	14	11	14	20
房地产业	144	1202	72	347	119	182	144	237	153
租赁和商务服务业	293	5372	65	321	143	259	324	238	272
科学研究和技术服务业	420	1450	24	325	107	128	138	164	238
水利、环境和公共设施管理业	17	45	10	62	62	50	50	38	117
居民服务、修理和其他服务业	48	248	5	93	97	63	47	137	73
教育	79	167	141	296	274	183	510	350	477
卫生和社会工作	9	105	179	668	350	345	473	418	761
文化、体育和娱乐业	34	247	8	42	462	159	135	149	196
公共管理、社会保障和社会组织	88	344	301	704	755	719	940	766	864

1-15　基本单位按登记注册类型分组情况

（2015 年底）

单位:个

注册类型	单位数	注册类型	单位数
总　　计	**140064**	私营合伙企业	1298
内资企业	**139469**	私营有限责任公司	33016
国有企业	6308	私营股份有限公司	1075
集体企业	1933	其他企业	19253
股份合作企业	340	**港、澳、台商投资企业**	**284**
联营企业	213	合资经营企业(港或澳、台资)	115
国有联营企业	31	合作经营企业(港或澳、台资)	9
集体联营企业	62	港、澳、台商独资经营企业	137
国有与集体联营企业	12	港、澳、台商投资股份有限公司	15
其他联营企业	108	其他港、澳、台商投资	8
有限责任公司	65269	**外商投资企业**	**311**
国有独资公司	211	中外合资经营企业	144
其他有限责任公司	65058	中外合作经营企业	16
股份有限公司	1622	外资企业	120
私营企业	44531	外商投资股份有限公司	17
私营独资企业	9142	其他外商投资	14

主要统计指标解释

生产总值 是一个国家(地区)所有常住单位在一定时期内生产活动的最终成果。地区生产总值有三种表现形态,即价值形态、收入形态和产品形态。从价值形态看,它是所有常住单位在一定时期内所生产的全部货物和服务价值超过同期投入的全部非固定资产货物和服务价值的差额,即所有常住单位的增加值之和;从收入形态看,它是所有常住单位在一定时期内所创造并分配给常住单位和非常住单位的初次分配收入之和;从产品形态看,它是最终使用的货物和服务减去进口货物和服务。在实际核算中,地区生产总值的三种表现形态表现为三种计算方法,即生产法、收入法和支出法。三种方法分别从不同的方面反映地区生产总值及其构成。

平均每年增长速度 在我国计算平均增长速度有两种方法,一种是习惯上经常使用的“水平法”,又称几何平均法,是以间隔期最后一年的水平同基期水平对比来计算平均每年增长(或下降)速度。另一种是“累计法”,又称代数平均法或方程法,是以间隔期内各年水平的总和同基期水平对比来计算平均每年增长(或下降)速度。在一般正常情况下,两种方法计算的平均每年增长速度比较接近,但在经济发展不平衡,出现大起大落时,两种方法计算的结果差别较大。本《年鉴》内所列的平均每年增长速度,除固定资产投资是用“累计法”计算以外,其余均用“水平法”计算。

企业(单位)登记注册类型 是以在工商行政管理机关登记注册的具有法人资格的各类企业为划分对象。行政机关、事业单位和社会团体及其他经济组织参照执行。本项以工商行政管理部门对企业(单位)登记注册的类型为依据,将企业(单位)登记注册类型分为以下几种:

1. 国有企业是指企业全部资产归国家所有,并按《中华人民共和国企业法人登记管理条例》规定登记注册的非公司制的经济组织。不包括有限责任公司中的国有独资公司。

2. 集体企业是指企业资产归集体所有,并按《中华人民共和国企业法人登记管理条例》规定登记注册的经济组织。

3. 股份合作企业是指以合作制为基础,由企业职工共同出资入股,吸收一定比例的社会资产投资组建,实行自主经营,自负盈亏,共同劳动,民主管理,按劳分配与按股分红相结合的一种集体经济组织。

4. 联营企业是指两个及两个以上相同或不同所有制性质的企业法人或事业单位法人,按自愿、平等、互利的原则,共同投资组成的经济组织。联营企业包括国有联营企业、集体联营企业、国有与集体联营企业和其他联营企业。

5. 有限责任公司是指根据《中华人民共和国登记管理条例》规定登记注册,由两个以上,五十个以下的股东共同出资,每个股东以其所认缴的出资额对公司承担有限责任,公司以其全部资产对其债务承担责任的经济组织。

有限责任公司包括国有独资公司以及其他有限责任公司:

(1)国有独资公司是指国家授权的投资机构或者国家授权的部门单独投资设立的有限责任公司。

(2)其他有限责任公司是指国有独资公司以外的其他有限责任公司。

6. 股份有限公司是指根据《中华人民共和国登记管理条例》规定登记注册,其全部注册资本由等额股份构成并通过发行股票筹集资本,股东以其认购的股份对公司承担有限责任,公司以其全部资产对其债务承担责任的经济组织。

7. 私营企业是指由自然人投资设立或由自然人控股,以雇佣劳动为基础的营利性经济组织。包括按照《公司法》、《合伙企业法》、《私营企业暂行条例》规定登记注册的私营有限责任公司、私营股份有限公司、私营合伙企业和私营独资企业。

(1)私营独资企业是指按《私营企业暂行条例》的规定,由一名自然人投资经营,以雇佣劳动为基础,投资者对企业债务承担无限责任的企业。

(2)私营合伙企业是指按《合伙企业法》或《私营企业暂行条例》的规定,由两个以上自然人按照协议共同投资、共同经营、共负盈亏,以雇佣劳动为基础,对债务承担无限责任的企业。

(3)私营有限责任公司是指按《公司法》、《私营企业暂行条例》的规定,由两个以上自然人投资或由单个自然人控股的有限责任公司。

(4)私营股份有限公司是指按《公司法》的规定,由五个以上自然人投资,或由单个自然人控股的有限公司。

8. 其他内资企业是指上述第 1 条至第 7 条之外的其他内资经济组织。

9. 与港澳台商合资经营企业是指港澳台地区投资者与内地的企业依照《中华人民共和国中外合资经营企业法》及有关法律的规定,按合同规定的比例投资设立、分享利润和分担风险的企业。

10. 与港澳台商合作经营企业是指港澳台地区投资者与内地企业依照《中华人民共和国中外合作经营企业法》及有关法律的规定,依照合作合同的约定进行投资或提供条件设立、分配利润和分担风险的企业。

11. 港澳台商独资经营企业是指依照《中华人民共和国外资企业法》及有关法律的规定,在内地由港澳台地区投资者全额投资设立的企业。

12. 港澳台商投资股份有限公司是指根据国家有关规定,经外经贸部依法批准设立,其中港、澳、台商的股本占公司注册资本的比例达 25% 以上的股份有限公司。凡其中港、澳、台商的股本占公司注册资本的比例小于 25% 的,属于内资企业中的股份有限公司。

13. 中外合资经营企业是指外国企业或外国人与中国内地企业依照《中华人民共和国中外合资经营企业法》及有关法律的规定,按合同规定的比例投资设立、分享利润和分担风险的企业。

14. 中外合作经营企业是指外国企业或外国人与中国内地企业依照《中华人民共和国中外合作经营企业法》及有关法律的规定,依照合作合同的约定进行投资或提供条件设立、分配利润和分担风险的企业。

15. 外资企业是指依照《中华人民共和国外资企业法》及有关法律的规定,在中国内地由外国投资者全额投资设立的企业。

16. 外商投资股份有限公司是指根据国家有关规定,经外经贸部依法批准设立,其中外资的股本占公司注册资本的比例达 25% 以上的股份有限公司。凡其中外资股本占公司注册资本的比例小于 25% 的,属于内资企业中的股份有限公司。机关、事业单位和社会团体参照《企业登记注册类型与代码》,主要按其经费来源和管理方式划分。

具体规定如下:

1. 机关包括国家机关和党政机关,原则上均列为"国有"。但有特殊规定的,如供销社等,则列为"集体"。

2. 事业单位包括经国家机构编制部门和有关业务主管部门批准成立的各类事业单位,不包括实行企业化管理的事业单位。事业单位的划分办法如下:

(1)由国家财政预算拨款或列入财政预算外资金管理以及经费主要来源于国有主管部门或国有上级单位的事业单位,列为"国有"。

(2)经费主要来源于集体单位的事业单位,列为"集体"。

(3)公民个人(或个人合伙)开办的事业单位,列为"私营"。

(4)上述以外的其他事业单位,如果其经费来源不明确,按管理方式进行归类。

3. 社会团体包括经民政部门批准成立以及未纳入社会团体管理条例范围的工会、妇联等各类社会团体。社会团体的划分办法如下:

(1)未纳入民政部社会团体管理条例范围的工会、妇联、共青团、青联、工商联、科协、侨联等社会团体,国家拨款设立的基金会或基金管理组织以及经费主要来源于国有业务主管部门或国有上级单位的社会团体,列为"国有"。

(2)经费主要来源于集体单位的社会团体,列为"集体"。

(3)公民个人(或个人合伙)开办的社会团体,划为"私营"。

(4)上述以外的其他社会团体,如果其经费来源不明确,改按管理方式进行归类。

三次产业 根据社会生产活动历史发展的顺序对产业结构的划分,产品直接取自自然界的部门称为第一产业,对初级产品进行再加工的部门称为第二产业。为生产和消费提供各种服务的部门称为第三产业。它是世界上通用的产业结构分类,但各国的划分不尽一致。我国的三次产业划分是:

第一产业是指农、林、牧、渔业。

第二产业是指采矿业,制造业,电力、燃气及水的生产和供应业,建筑业。

第三产业是指除第一、二产业以外的其他行业。第三产业包括:交通运输、仓储和邮政业,信息传输、计算机服务和软件业,批发和零售业,住宿和餐饮业,金融业,房地产业,租赁和商务服务业,科学研究、技术服务和地质勘查业，水利、环境和公共设施管理业，居民服务和其他服务业，教育，卫生、社会保障和社会福利业，文化、体育和娱乐业，公共管理和社会组织，国际组织。

总产出 总产出是指一定时期内一个国家（或地区）常住单位生产的所有货物和服务的价值，即包括新增价值，也包括转移价值。它反映常住单位生产活动的总规模。总产出按生产者价格计算。

增加值 增加值是指常住单位生产过程创造的新增价值和固定资产的转移价值。它可以按生产法计算，也可以按收入法计算，按生产法计算，它等于总产出减去中间投入；按收入法计算，它等于劳动者报酬、生产税净额、固定资产折旧和营业盈余之和。

人口数 指一定时点、一定地区范围内的有生命的个人的总和。

年度统计的年末人口数是指每年 12 月 31 日 24 时的人口数。年度统计的全国人口总数内未包括台湾省和港澳同胞以及海外华侨人数。

出生率（又称粗出生率）指在一定时期内（通常为一年）平均每千人所出生的人数的比率，一般用千分率表示。计算公式：

$$出生率=\frac{年出生人数}{年平均人数}\times1000‰$$

出生人数 是指活产婴儿，即胎儿脱离母体时（不管怀孕月数），有过呼吸或其他生命现象。

年平均人数 是指年初、年底人口数的平均数，也可用年中人口数代替。

死亡率（又称粗死亡率） 指在一定时期内（通常为一年）一定地区的死亡人数与同期平均人数（或期中人数）之比，一般用千分率表示。计算公式：

$$死亡率=\frac{年死亡人数}{年平均人数}\times1000‰$$

人口自然增长率 指在一定时期内（通常为一年）人口自然增加数（出生人数减死亡人数）与该时期内平均人数（或期中人数）之比。一般用千分率表示。计算公式：

$$人口自然增长率=\frac{（本年出生人数-本年死亡人数）}{年平均人数}\times1000‰$$

人口自然增长率=人口出生率-人口死亡率

二、从业人员和劳动工资

2-1 法人单位从业人数(按地域划分)

(2015 年底)

单位:人

项目	全市	中原区	二七区	管城区	金水区	上街区	惠济区	经开区	高新区	郑东新区	航空港实验区	中牟县	巩义市	荥阳市	新密市	新郑市	登封市
合　计	**4320208**	**302677**	**365805**	**209000**	**718238**	**48601**	**125871**	**214538**	**156453**	**391351**	**344927**	**163091**	**257740**	**253670**	**260426**	**261546**	**246274**
农、林、牧、渔业	44794	629	836	214	974	196	3086	820	449	1159	2120	3633	4185	8053	7033	5334	6073
采矿业	147799	51959	1205	7	68	1289	6	53		18		752	17458	4286	21709	3143	45846
制造业	1344545	31784	32318	30061	24055	22770	20520	83652	67945	36183	309376	51625	156894	151686	124206	123661	77809
电力、热力、燃气及水生产和供应业	63268	10545	24370	1224	286	140	971	97	664	284	232	1163	2661	1199	2378	1230	15824
建筑业	604335	82893	39210	22355	183512	7845	50142	41284	23010	40216	2901	22855	7366	27207	28038	17299	8202
批发和零售业	507109	20317	42517	50749	132042	2542	11428	26553	11672	106811	2202	16077	16443	11697	16187	22780	17092
交通运输、仓储和邮政业	244909	1821	114070	9482	5973	1551	2054	23314	1180	45088	13518	3123	4488	2221	5082	7901	4043
住宿和餐饮业	75220	4606	7735	2820	29442	599	3127	1226	867	8056	1518	1777	2369	1922	2065	2363	4728
信息传输、软件和信息技术服务业	83060	3395	8253	3999	37884	102	1212	4218	11771	9002	330	235	535	502	549	646	427
金融业	55355	3122	2386	1461	24953	41	339	339	530	17601	87	793	1130	543	662	732	636
房地产业	171130	12336	12933	40513	38506	2046	5467	7115	5052	19490	2883	5688	2914	4536	2735	5756	3160
租赁和商务服务业	211190	7340	16396	16983	73103	948	3681	5827	6174	53008	973	5240	1761	3212	3701	6456	6387
科学研究和技术服务业	133396	24925	8022	3397	39582	1057	2954	7023	10045	15359	175	7218	1709	1761	2199	3624	4346
水利、环境和公共设施管理业	30656	2378	1520	411	5068	616	1347	1987	779	3518	177	2859	1656	2395	1149	1086	3710
居民服务、修理和其他服务业	28982	1443	2221	2503	7645	269	1321	798	627	3051	128	1166	1512	746	859	3515	1178
教育	200790	12220	16858	7052	29724	1744	8555	2725	12879	14295	2672	10454	10708	9471	15470	24430	21533
卫生和社会工作	101783	8899	17190	4860	27841	1026	1980	2676	170	3082	1092	3596	6182	4485	6906	6143	5655
文化、体育和娱乐业	60037	3585	3371	1629	18274	340	2116	1811	470	2947	68	11188	4682	2081	1680	2318	3477
公共管理、社会保障和社会组织	211850	18480	14394	9280	39306	3480	5565	3020	2169	12183	4475	13649	13087	15667	17818	23129	16148

2-2 分企事业机关、分行业从业人员人数

（2015 年底）　　单位：人、%

类　　别	合　计	比上年增长	国有	比上年增长	城镇	比上年增长	其他所有制	比上年增长
单位从业人员年末人数	**1985732**	**0.6**	**466423**	**1.6**	**31858**	**-6.1**	**1487451**	**0.5**
按企事业机关分								
企业	1573935	-0.1	102389	-5.6	21505	-13.0	1450041	0.6
事业	298841	4.6	271547	5.0	9013	8.1	18281	-3.1
机关	86156	-0.2	85934	0.0	29	-79.0	193	0.0
非营利组织	15425	-4.6	1172	-15.7	553	-1.4	13700	-3.7
其他	11375	10.7	5381	12.6	758	290.7	5236	-1.3
按行业分								
农林牧渔业	1631	-45.1	578	-12.8	79	-88.2	974	-40.6
采矿业	60327	-11.0	335	1.2	285	1.1	59707	-11.1
制造业	700886	0.4	5984	-25.3	8147	-7.5	686755	0.8
电力、热力、燃气及水的生产和供应业	33377	-3.4	8185	3.9			25192	-5.5
建筑业	307519	-7.1	16126	-11.0	4114	-17.8	287279	-6.7
批发和零售业	95010	-3.6	4182	-8.9	2644	-16.2	88184	-2.9
交通运输、仓储和邮政业	76964	7.2	21827	1.7	853	-4.5	54284	9.8
住宿和餐饮业	32210	-4.0	4618	-12.2	896	-12.5	26696	-2.1
信息传输、软件和信息技术服务业	31101	19.3	2002	-10.2	90	104.5	29009	21.9
金融业	50241	8.1	9430	-16.4			40811	16.0
房地产业	58124	15.4	3789	-3.9	392	-33.4	53943	17.6
租赁和商务服务业	43222	6.1	5812	-34.2	2032	-5.0	35378	19.0
科学研究和技术服务业	60589	7.2	23269	3.0	942	7.2	36378	10.1
水利、环境和公共设施管理业	20409	4.0	12357	-6.5	311	-7.4	7741	27.3
居民服务、修理和其他服务业	3791	-25.3	234	-27.8	433	25.5	3124	-29.1
教育	161538	8.8	126306	11.3	5800	17.2	29432	-1.9
卫生和社会工作	92232	12.0	75540	11.4	4252	9.2	12440	13.8
文化、体育和娱乐业	23676	-3.5	17856	-11.9	93	-42.2	5727	39.1
公共管理、社会保障和社会组织	132885	-1.6	127993	-0.7	495	-36.0	4397	-18.6

注：2-2 表至 2-13 表范围为中央和地方各类企业，事业和机关的资料，不包括私营企业、个体工商户和乡镇企业。

2-3 分企事业机关、分行业在岗职工人数

（2015 年底）

单位：人、%

类　　别	合　计	比上年增长	国有	比上年增长	城镇集体	比上年增长	其他经济类型	比上年增长
在岗职工年末人数	**1907895**	**9.0**	**451464**	**5.9**	**29161**	**-4.6**	**1427270**	**10.4**
按企事业机关分								
企业	1511421	9.7	98149	1.5	19456	-10.3	1393816	10.7
事业	286467	9.0	263012	9.3	8398	4.9	15057	5.5
机关	84145	0.2	83923	0.4	29	-79.0	193	0.0
非营利组织	14695	-4.2	1164	-15.0	553	-0.2	12978	-3.2
其他	11167	16.9	5216	26.8	725	291.9	5226	-0.5
按行业分								
农林牧渔业	1631	-45.1	578	-12.8	79	-88.2	974	-40.6
采矿业	60316	-10.9	335	1.2	285	1.1	59696	-11.1
制造业	697331	3.6	5648	-25.0	7975	-7.6	683708	4.1
电力、热力、燃气及水的生产和供应业	32917	-0.4	8056	4.7			24861	-1.9
建筑业	276917	20.9	13526	-12.5	3822	2.7	259569	23.7
批发和零售业	92596	1.0	4002	7.1	2505	-17.5	86089	1.4
交通运输、仓储和邮政业	74251	41.0	21761	15.3	846	-3.9	51644	56.9
住宿和餐饮业	31457	2.0	4439	-5.8	884	-10.5	26134	4.0
信息传输、软件和信息技术服务业	30615	50.5	2002	120.5	90	104.5	28523	47.1
金融业	39299	2.1	9430	-11.2			29869	7.2
房地产业	56262	24.3	3640	9.9	392	-31.2	52230	26.2
租赁和商务服务业	39237	23.2	5629	-30.0	638	-31.0	32970	44.0
科学研究和技术服务业	57402	26.4	21486	8.6	934	7.1	34982	41.2
水利、环境和公共设施管理业	17916	7.9	12158	-2.3	195	-11.4	5563	41.2
居民服务、修理和其他服务业	3765	-23.6	229	-28.2	431	93.3	3105	-29.2
教育	156706	9.7	124079	12.3	5501	11.6	27126	-1.4
卫生和社会工作	88644	22.9	72697	25.4	4002	9.3	11945	14.1
文化、体育和娱乐业	23030	2.4	17302	-5.7	87	-41.2	5641	41.1
公共管理、社会保障和社会组织	127603	-0.6	124467	-0.5	495	-36.0	2641	5.8

2-4 分企事业机关、分行业在岗职工工资总额

（2015 年底）

单位：千元、%

类　别	合　计	比上年增长	国有	比上年增长	城镇集体	比上年增长	其他经济类型	比上年增长
在岗职工年工资总额	**98173654**	**16.8**	**26823084**	**10.9**	**1338482**	**5.9**	**70012088**	**19.5**
按企事业机关分								
企业	76562051	17.9	7174536	4.8	827526	2.3	68559989	19.7
事业	15621131	13.4	14470005	13.7	455930	9.7	695196	9.6
机关	4568955	8.3	4556689	8.5	2395	-72.7	9871	0.5
非营利组织	603670	9.4	57499	14.8	22620	0.1	523551	9.3
其他	817847	49.0	564355	57.6	30011	314.1	223481	21.8
按行业分								
农林牧渔业	57258	-31.2	23507	-3.1	2862	-82.1	30889	-28.1
采矿业	2713678	-17.3	13149	-25.5	10773	1.1	2689756	-17.3
制造业	32065655	13.4	328244	-41.0	378481	6.5	31358930	14.6
电力、热力、燃气及水的生产和供应业	1978237	7.1	794122	16.6			1184115	1.6
建筑业	13640626	31.5	886460	-10.1	143795	4.5	12610371	36.3
批发和零售业	4229971	6.7	377617	8.9	83843	-4.2	3768511	6.8
交通运输、仓储和邮政业	4104991	37.7	1286024	27.9	31489	6.5	2787478	43.3
住宿和餐饮业	1145462	10.8	174740	-0.3	35096	-2.7	935626	13.8
信息传输、软件和信息技术服务业	2329445	67.1	162702	194.5	4244	173.3	2162499	61.7
金融业	4546150	11.7	1422680	10.9			3123470	12.0
房地产业	3139008	32.5	255074	14.2	16680	-1.7	2867254	34.7
租赁和商务服务业	1944374	16.8	228516	-37.8	22472	-34.0	1693386	34.1
科学研究和技术服务业	3801781	25.5	1574662	7.2	46175	14.9	2180944	43.5
水利、环境和公共设施管理业	768405	13.1	510560	4.1	10317	22.5	247528	36.9
居民服务、修理和其他服务业	156662	3.4	8684	-19.8	20533	123.9	127445	-3.1
教育	8616107	16.1	7158806	17.4	284276	21.0	1173025	7.3
卫生和社会工作	4725982	20.8	3969271	21.3	217597	10.1	539114	21.6
文化、体育和娱乐业	1526869	16.9	1119358	3.5	3901	-33.5	403610	84.9
公共管理、社会保障和社会组织	6682993	8.0	6528908	8.2	25948	-38.0	128137	13.3

2-5 分企事业机关、分行业在岗职工平均工资

（2015 年底）

单位：元、%

类　　别	合　计	比上年增长	国有	比上年增长	城镇集体	比上年增长	其他所有制	比上年增长
在岗职工年平均工资	**52987**	**7.5**	**59897**	**5.9**	**46986**	**11.7**	**50863**	**8.0**
按企事业机关分								
企业	52362	7.7	72839	5.9	43734	14.5	50984	8.1
事业	55248	5.2	55670	5.2	55111	4.8	47786	4.3
机关	54820	8.7	54819	8.7	82586	29.7	51145	1.0
非营利组织	44673	8.3	49826	35.6	41505	1.8	44316	6.0
其他	74107	23.1	110140	30.7	41798	5.0	43027	12.6
按行业分								
农林牧渔业	35106	22.4	40321	11.3	35775	36.1	31910	20.6
采矿业	43249	-8.7	47815	-10.3	38202	2.9	43252	-8.7
制造业	48813	9.0	56033	-21.9	48660	12.9	48749	9.6
电力、热力、燃气及水的生产和供应业	60162	9.7	100815	14.9			47355	4.9
建筑业	50559	6.9	60262	0.0	40944	8.8	50126	7.7
批发和零售业	46452	8.1	95190	11.0	33740	18.0	44540	7.6
交通运输、仓储和邮政业	55875	6.2	60120	13.4	37133	8.6	54412	3.1
住宿和餐饮业	36174	9.5	40106	9.7	39973	9.3	35400	9.7
信息传输、软件和信息技术服务业	76553	20.7	74600	6.8	45634	29.3	76807	22.2
金融业	118014	10.8	157498	30.2			105920	5.0
房地产业	56987	9.7	71051	11.3	42551	43.0	56110	9.5
租赁和商务服务业	49939	-2.0	41413	-9.4	35613	-3.8	51650	-2.8
科学研究和技术服务业	66308	1.3	73994	1.4	48605	5.1	62128	1.6
水利、环境和公共设施管理业	42320	5.2	42230	7.0	52106	28.1	42175	-0.6
居民服务、修理和其他服务业	39894	28.9	37270	9.1	47420	22.4	39082	29.8
教育	55912	5.0	58291	4.4	51790	8.7	45464	5.4
卫生和社会工作	54476	1.7	55504	1.5	56402	1.6	47361	4.0
文化、体育和娱乐业	65725	14.1	63836	9.4	45360	13.7	71945	31.8
公共管理、社会保障和社会组织	52969	9.1	53073	9.3	52526	-3.8	48244	5.3

2-6 全市及各县(市)区分企事业、机关从业人员人数及工资总额

(2015 年底)　　　　单位:人、元

类别	单位从业人员	#女性	在岗职工合计	其他从业人员	单位从业人员平均人数	在岗职工	劳务派遣人员	其他从业人员	单位从业人员工资总额(千元)	在岗职工工资总额	劳务派遣人员工资总额	其他从业人员工资总额	在岗职工平均工资(含劳务派遣人员)
总计	**1985732**	**760865**	**1773915**	**77837**	**1926863**	**1716179**	**136617**	**74067**	**100920881**	**91672226**	**6501428**	**2747227**	**52987**
市直	37793	6706	36928	29	40712	39771	906	35	2174614	2127288	45271	2055	53410
中原区	122261	39172	87026	4984	121830	86247	30667	4916	7299751	5251569	1865216	182966	60872
二七区	125612	49786	106358	6338	126436	106060	13830	6546	6782029	5886290	713073	182666	55045
管城区	88273	30593	80108	4044	85337	77328	3979	4030	4660322	4406895	154715	98712	56104
金水区	346986	125297	302122	24471	340139	298604	20119	21416	19371986	17632715	900884	838387	58150
上街区	31776	9735	27674	1198	31453	27696	2679	1078	1335593	1163985	137132	34476	42835
惠济区	61398	17278	52176	7834	58760	49682	1466	7612	2849619	2531394	58551	259674	50636
中牟县	48994	18995	44413	2884	48484	43590	2103	2791	2325229	2099970	87923	137336	47882
巩义市	85115	27079	82235	1678	83226	80379	1200	1647	3396121	3254990	84076	57055	40930
荥阳市	98688	29892	88250	1853	96358	86387	8277	1694	3901286	3410619	426335	64332	40532
新密市	109791	31724	100648	2536	108328	98977	6873	2478	4385845	4044455	283119	58271	40884
新郑市	123069	46968	114241	5032	117663	109131	3891	4641	5468347	5165431	116710	186206	46736
登封市	112609	26033	110101	1775	109853	107320	740	1793	4274412	4191008	22800	60604	38995
经开区	113656	38950	98430	4439	115866	98808	12257	4801	6402232	5684429	516159	201644	55828
高新区	74369	22473	68384	2457	76297	69024	4454	2819	4672235	4281406	210244	180585	61129
郑东新区	90740	31793	70236	5885	90486	70567	14590	5329	5641140	5025868	430523	184749	64074
航空港实验区	314602	208391	304585	400	275635	266608	8586	441	15980120	15513914	448697	17509	58005
企业	**1573935**	**563404**	**1389009**	**62514**	**1521308**	**1336771**	**125388**	**59149**	**78847128**	**70496512**	**6065539**	**2285077**	**52362**
市直	37793	6706	36928	29	40712	39771	906	35	2174614	2127288	45271	2055	53410
中原区	87473	20866	56518	3311	87488	56223	28003	3262	5133754	3272616	1731101	130037	59408
二七区	95179	32691	80005	3617	95719	79635	12556	3528	5066264	4313008	651498	101758	53850
管城区	67870	18961	62618	2620	65462	60208	2647	2607	3629814	3435709	116071	78034	56508
金水区	248196	79935	208646	21742	242421	206139	17532	18750	13605950	12067026	792842	746082	57495
上街区	25942	6976	22390	1134	25735	22444	2279	1012	1079342	925968	121897	31477	42384
惠济区	47810	9900	39326	7210	45685	37286	1354	7045	2106523	1807995	55560	242968	48229
中牟县	27795	8870	24842	1413	27526	24199	1951	1376	1306724	1152293	82949	71482	47237
巩义市	65155	16353	62624	1369	63307	60812	1158	1337	2402498	2273842	83157	45499	38035
荥阳市	69901	15427	59463	1853	67622	57651	8277	1694	2661003	2170336	426335	64332	39386
新密市	78356	18831	69545	2398	76888	67869	6679	2340	2897340	2563321	280037	53982	38141
新郑市	84028	25738	77917	2320	81558	75292	3886	2380	3397397	3168546	116595	112256	41491
登封市	84888	16262	82838	1550	82327	80233	507	1587	3208926	3136299	17521	55106	39061
经开区	108112	35908	93966	4098	110396	94364	11572	4460	6114173	5426875	497168	190130	55921

2-6 续表1 （2015年底） 单位:人、元

类别	单位从业人员	#女性	在岗职工合计	其他从业人员	单位从业人员平均人数	在岗职工	劳务派遣人员	其他从业人员	单位从业人员工资总额（千元）	在岗职工工资总额	劳务派遣人员工资总额	其他从业人员工资总额	在岗职工平均工资（含劳务派遣人员）
高新区	63370	17386	57478	2457	65335	58155	4361	2819	3890028	3502212	207231	180585	59336
郑东新区	72285	25795	53477	5186	72234	53996	13576	4662	4410986	3841066	402540	167380	62801
航空港实验区	309782	206799	300428	207	270893	262494	8144	255	15761792	15312112	437766	11914	58195
事业	**298841**	**150378**	**276855**	**12374**	**294990**	**273359**	**9385**	**12246**	**15998392**	**15244441**	**376690**	**377261**	**55248**
中原区	25731	14778	21909	1385	25341	21513	2429	1399	1544802	1386752	119579	38471	62916
二七区	25270	14709	21327	2601	25550	21395	1257	2898	1395766	1254078	60963	80725	58054
管城区	15912	9211	13115	1424	15406	12765	1218	1423	791692	736199	34815	20678	55139
金水区	77156	34185	72688	2152	76262	71794	2381	2087	4524608	4343933	100637	80038	59920
上街区	3232	1899	2899	23	3222	2901	294	27	146371	132262	12219	1890	45221
惠济区	9489	5631	8986	415	9363	8885	88	390	507071	492106	2365	12600	55107
中牟县	14345	7634	13178	1103	14209	13091	64	1054	720363	661329	3079	55955	50506
巩义市	12470	7211	12272	195	12426	12226	5	195	639177	631079	103	7995	51605
荥阳市	20169	11230	20169		20138	20138			913098	913098			45342
新密市	22813	9700	22720	70	22817	22724	23	70	1044789	1042804	720	1265	45875
新郑市	28901	16165	26778	2118	27167	25312	5	1850	1569707	1516550	115	53042	59907
登封市	15801	6578	15602	191	15719	15540	8	171	633738	628689	169	4880	40446
经开区	3317	1752	3119	42	3304	3104	158	42	165963	161463	3661	839	50620
高新区	10061	4628	9968		10029	9936	93		734554	731541	3013		73243
郑东新区	10907	3902	9303	629	10837	9250	971	616	518377	475479	26452	16446	49108
航空港实验区	3267	1165	2822	26	3200	2785	391	24	148316	137079	8800	2437	45932
机关	**86156**	**33131**	**82770**	**2011**	**85275**	**82087**	**1257**	**1931**	**4613059**	**4529953**	**39002**	**44104**	**54820**
中原区	8194	2931	7867	190	8093	7786	137	170	561122	545109	8751	7262	69905
二七区	4205	1731	4068	120	4212	4075	17	120	288051	287256	612	183	70349
管城区	3414	1593	3299		3390	3277	113		198253	194445	3808		58482
金水区	18315	9255	17512	536	18196	17454	204	538	1094086	1075564	7207	11315	61319
上街区	2373	763	2156	41	2269	2124	106	39	103786	99661	3016	1109	46043
惠济区	3926	1614	3692	209	3539	3339	23	177	231916	227203	607	4106	67760
中牟县	5898	1943	5548	257	5802	5463	88	251	260916	253865	1895	5156	46075
巩义市	5675	2180	5545	95	5680	5549	35	96	276841	273067	780	2994	49041
荥阳市	7523	2730	7523		7511	7511			283352	283352			37725
新密市	7526	2653	7287	68	7531	7292	171	68	373713	368327	2362	3024	49670
新郑市	5334	1911	5312	22	5321	5299		22	295424	294894		530	55651
登封市	6815	1738	6562	31	6803	6549	222	32	254187	248715	4982	490	37468
经开区	742	220	466	232	741	462	47	232	38145	32323	1320	4502	66096

2-6 续表 2 （2015 年底） 单位：人、元

类别	单位从业人员	#女性	在岗职工合计	其他从业人员	单位从业人员平均人数	在岗职工	劳务派遣人员	其他从业人员	单位从业人员工资总额（千元）	在岗职工工资总额	劳务派遣人员工资总额	其他从业人员工资总额	在岗职工平均工资（含劳务派遣人员）
高新区	585	259	585		580	580			29858	29858			51479
郑东新区	4180	1254	4088	70	4166	4072	43	51	256491	254037	1531	923	62106
航空港实验区	1451	356	1260	140	1441	1255	51	135	66918	62277	2131	2510	49317
民间非营利组织	**15425**	**8845**	**14690**	**730**	**14059**	**13508**	**5**	**546**	**630000**	**603385**	**285**	**26330**	**44673**
中原区	295	184	293		282	281	1		17634	17553	81		62532
二七区	740	538	740		737	737			23776	23776			32261
管城区	825	604	825		824	824			33295	33295			40407
金水区	2708	1588	2679	28	2662	2632	2	28	125128	124318	168	642	47261
上街区	13	11	13		13	13			447	447			34385
惠济区	94	71	94		94	94			2237	2237			23798
中牟县	649	367	538	111	637	527		110	22155	17412		4743	33040
巩义市	426	322	405	19	424	403	2	19	17316	16713	36	567	41356
荥阳市	491	230	491		483	483			19399	19399			40164
新密市	45	25	45		45	45			1221	1221			27133
新郑市	4565	3007	3993	572	3405	3016		389	198507	178129		20378	59061
登封市	3505	1198	3505		3408	3408			120811	120811			35449
高新区	353	200	353		353	353			17795	17795			50411
郑东新区	701	489	701		678	678			29883	29883			44075
航空港实验区	15	11	15		14	14			396	396			28286
其他	**11375**	**5107**	**10591**	**208**	**11231**	**10454**	**582**	**195**	**832302**	**797935**	**19912**	**14455**	**74107**
中原区	568	413	439	98	626	444	97	85	42439	29539	5704	7196	65144
二七区	218	117	218		218	218			8172	8172			37486
管城区	252	224	251		255	254	1		7268	7247	21		28502
金水区	611	334	597	13	598	585		13	22214	21874	30	310	37443
上街区	216	86	216		214	214			5647	5647			26388
惠济区	79	62	78		79	78	1		1872	1853	19		23696
中牟县	307	181	307		310	310			15071	15071			48616
巩义市	1389	1013	1389		1389	1389			60289	60289			43405
荥阳市	604	275	604		604	604			24434	24434			40454
新密市	1051	515	1051		1047	1047			68782	68782			65694
新郑市	241	147	241		212	212			7312	7312			34491
登封市	1600	257	1594	3	1596	1590	3	3	56750	56494	128	128	35544
经开区	1485	1070	879	67	1425	878	480	67	83951	63768	14010	6173	57274
郑东新区	2667	353	2667		2571	2571			425403	425403			165462
航空港实验区	87	60	60	27	87	60		27	2698	2050		648	34167

2-7 全市及各县(市)区国有单位分企事业、机关从业人员人数及工资总额

(2015 年底)　　单位:人、元

类别	单位从业人员	#女性	在岗职工合计	其他从业人员	单位从业人员平均人数	在岗职工	劳务派遣人员	其他从业人员	单位从业人员工资总额(千元)	在岗职工工资总额	劳务派遣人员工资总额	其他从业人员工资总额	在岗职工平均工资(含劳务派遣人员)
国有单位合计	**466423**	**200644**	**432548**	**14959**	**462563**	**428373**	**19448**	**14742**	**27302587**	**25922066**	**901018**	**479503**	**59897**
市直	2217	649	83	3	2206	2120	83	3	351602	348378	3161	63	159573
中原区	43942	20377	3947	1469	43781	38231	4074	1476	2976515	2703839	221394	51282	69146
二七区	35589	18064	2617	298	35798	32712	2789	297	2188905	2005091	180030	3784	61551
管城区	26732	12396	1777	1410	26418	23380	1626	1412	1507329	1420584	66595	20150	59473
金水区	126183	51317	4242	3203	124822	117411	4145	3266	7628940	7330930	184980	113030	61831
上街区	7637	3130	543	231	7507	6830	492	185	325983	303899	17102	4982	43841
惠济区	15943	8273	113	744	15439	14617	111	711	879203	856474	2972	19757	58355
中牟县	21387	10028	251	1358	21158	19609	246	1303	1031793	962586	8431	60776	48905
巩义市	15088	6481	14527	265	15104	14548	290	266	765654	747078	8160	10416	50899
荥阳市	29071	14131		107	28968	28874		94	1253937	1248858		5079	43252
新密市	31781	13110	214	203	31784	31367	214	203	1525311	1514897	3756	6658	48088
新郑市	31414	14970	11	1345	30172	28947	11	1214	1799902	1762560	333	37009	60878
登封市	23624	8106	300	285	23443	22874	300	269	933964	918687	8171	7106	39996
经开区	10624	3641	1157	3017	10811	6639	1109	3063	598482	453646	38647	106189	63538
高新区	13802	5398	188	48	14461	13468	947	46	1094043	1051417	40010	2616	75715
郑东新区	25790	9086	1573	807	25346	23021	1550	775	2170851	2097326	47866	25659	87306
航空港实验区	5599	1487	3829	166	5345	3725	1461	159	270173	195816	69410	4947	51143
企业	**102389**	**31125**	**90746**	**4240**	**102899**	**90225**	**8273**	**4401**	**7333450**	**6707556**	**466980**	**158914**	**72839**
市直	2217	649	2131	3	2206	2120	83	3	351602	348378	3161	63	159573
中原区	11013	2931	9475	196	11286	9653	1411	222	904897	808952	87360	8585	81012
二七区	12671	5136	11391	22	12853	11317	1515	21	784426	665362	118455	609	61083
管城区	8151	2061	7860	2	8281	7984	295	2	554840	526744	27972	124	67003
金水区	30604	7904	28425	516	30267	28061	1564	642	2004989	1906066	77208	21715	66946
上街区	2194	584	1970	167	2177	1966	92	119	83290	79440	1867	1983	39508
惠济区	2652	1109	2477	175	2658	2462		196	144513	139648		4865	56721
中牟县	1721	804	1615	12	1700	1594	94	12	77071	73200	3457	414	45413
巩义市	3117	1192	2845	14	3123	2859	250	14	193414	185372	7277	765	61965
荥阳市	1834	452	1727	107	1774	1680		94	76032	70953		5079	42234

2-7 续表 1 （2015 年底） 单位：人、元

类 别	单位从业人员	#女性	在岗职工合计	其他从业人员	单位从业人员平均人数	在岗职工	劳务派遣人员	其他从业人员	单位从业人员工资总额（千元）	在岗职工工资总额	劳务派遣人员工资总额	其他从业人员工资总额	在岗职工平均工资（含劳务派遣人员）
新密市	2381	1028	2296	65	2379	2294	20	65	143801	140758	674	2369	61120
新郑市	2800	703	2755	39	2753	2699	6	48	173587	168886	218	4483	62515
登封市	2006	688	1873	63	1914	1778	70	66	91067	86311	3020	1736	48339
经开区	5830	1159	2736	2676	6086	2940	424	2722	340762	226431	19656	94675	73153
高新区区	3205	558	3062	48	3901	3001	854	46	331512	291899	36997	2616	85317
郑东新区	8531	3863	7780	135	8257	7552	576	129	992408	962396	21179	8833	121011
航空港实验区	1462	304	328		1284	265	1019		85239	26760	58479		66386
事业	**271547**	**133926**	**253445**	**8535**	**268173**	**250583**	**9340**	**8250**	**14732950**	**14094731**	**375274**	**262945**	**55670**
中原区	24350	14248	20928	985	23959	20531	2429	999	1472917	1325099	119579	28239	62922
二七区	18892	11289	17394	156	18912	17499	1257	156	1125957	1062002	60963	2992	59872
管城区	15121	8726	12340	1408	14699	12071	1218	1410	752150	697309	34815	20026	55092
金水区	76775	33986	72321	2143	75879	71425	2376	2078	4503682	4323336	100517	79829	59943
上街区	3057	1772	2724	23	3048	2727	294	27	138460	124351	12219	1890	45207
惠济区	9365	5550	8917	360	9242	8816	88	338	502774	489623	2365	10786	55255
中牟县	13419	7058	12266	1089	13303	12199	64	1040	676908	618623	3079	55206	50697
巩义市	6296	3109	6137	156	6301	6140	5	156	295399	288639	103	6657	46988
荥阳市	19703	10943	19703		19672	19672			894018	894018			45446
新密市	21874	9429	21781	70	21874	21781	23	70	1007797	1005812	720	1265	46163
新郑市	23252	12343	21963	1284	22070	20921	5	1144	1329124	1297013	115	31996	61986
登封市	13947	5343	13748	191	13880	13701	8	171	560038	554989	169	4880	40496
经开区	2572	1193	2374	42	2564	2364	158	42	135783	131283	3661	839	53507
高新区区	9992	4575	9899		9960	9867	93		731848	728835	3013		73479
郑东新区	10246	3535	8709	602	10190	8664	931	595	488079	447020	25156	15903	49211
航空港实验区	2686	827	2241	26	2620	2205	391	24	118016	106779	8800	2437	44522
机关	**85934**	**33025**	**82548**	**2011**	**85053**	**81865**	**1257**	**1931**	**4600793**	**4517687**	**39002**	**44104**	**54819**
中原区	8165	2921	7838	190	8064	7757	137	170	558727	542714	8751	7262	69859
二七区	4026	1639	3889	120	4033	3896	17	120	278522	277727	612	183	71132
管城区	3414	1593	3299		3390	3277	113		198253	194445	3808		58482
金水区	18315	9255	17512	536	18196	17454	204	538	1094086	1075564	7207	11315	61319
上街区	2373	763	2156	41	2269	2124	106	39	103786	99661	3016	1109	46043

2-7 续表2 （2015 年底） 单位：人、元

类　别	单位从业人员	#女性	在岗职工合计	其他从业人员	单位从业人员平均人数	在岗职工	劳务派遣人员	其他从业人员	单位从业人员工资总额（千元）	在岗职工工资总额	劳务派遣人员工资总额	其他从业人员工资总额	在岗职工平均工资（含劳务派遣人员）
惠济区	3926	1614	3692	209	3539	3339	23	177	231916	227203	607	4106	67760
中牟县	5898	1943	5548	257	5802	5463	88	251	260916	253865	1895	5156	46075
巩义市	5675	2180	5545	95	5680	5549	35	96	276841	273067	780	2994	49041
荥阳市	7509	2726	7509		7497	7497			283010	283010			37750
新密市	7526	2653	7287	68	7531	7292	171	68	373713	368327	2362	3024	49670
新郑市	5334	1911	5312	22	5321	5299		22	295424	294894		530	55651
登封市	6815	1738	6562	31	6803	6549	222	32	254187	248715	4982	490	37468
经开区	742	220	466	232	741	462	47	232	38145	32323	1320	4502	66096
高新区区	585	259	585		580	580			29858	29858			51479
郑东新区	4180	1254	4088	70	4166	4072	43	51	256491	254037	1531	923	62106
航空港实验区	1451	356	1260	140	1441	1255	51	135	66918	62277	2131	2510	49317
民间非营利组织	**1172**	**679**	**1163**	**8**	**1162**	**1153**	**1**	**8**	**57670**	**57451**	**48**	**171**	**49826**
中原区	66	26	66		66	66			6611	6611			100167
管城区	46	16	46		48	48			2086	2086			43458
金水区	461	169	452	8	452	443	1	8	25368	25149	48	171	56750
上街区	13	11	13		13	13			447	447			34385
惠济区													
中牟县	42	42	42		43	43			1827	1827			42488
荥阳市	25	10	25		25	25			877	877			35080
新郑市	28	13	28		28	28			1767	1767			63107
登封市	305	305	305		305	305			9392	9392			30793
高新区区	20	6	20		20	20			825	825			41250
郑东新区	166	81	166		162	162			8470	8470			52284
其他	**5381**	**1889**	**4646**	**165**	**5276**	**4547**	**577**	**152**	**577724**	**544641**	**19714**	**13369**	**110140**
中原区	348	251	219	98	406	224	97	85	33363	20463	5704	7196	81517
金水区	28	3	28		28	28			815	815			29107
中牟县	307	181	307		310	310			15071	15071			48616
登封市	551	32	551		541	541			19280	19280			35638
经开区	1480	1069	874	67	1420	873	480	67	83792	63609	14010	6173	57368
郑东新区	2667	353	2667		2571	2571			425403	425403			165462

2-8　全市及各县(市)区城镇集体单位分企事业从业人员人数及工资总额

(2015 年底)　　　　单位:人、元

类　别	单位从业人员	#女性	在岗职工合计	其他从业人员	单位从业人员平均人数	在岗职工	劳务派遣人员	其他从业人员	单位从业人员工资总额(千元)	在岗职工工资总额	劳务派遣人员工资总额	其他从业人员工资总额	在岗职工平均工资(含劳务派遣人员)
城镇集体合计	**31858**	**13368**	**28162**	**2697**	**30962**	**27643**	**844**	**2475**	**1401389**	**1301420**	**37062**	**62907**	**46986**
中原区	3234	851	2166	533	2939	2022	426	491	145023	111340	22387	11296	54627
二七区	2570	1547	2419	122	2557	2395	37	125	94838	92497	1392	949	38606
管城区	2533	740	1478	1037	2298	1392	17	889	128681	108378	974	19329	77610
金水区	2706	1056	2659	31	2708	2663	16	29	113398	111967	678	753	42047
上街区	1282	704	1222	31	1386	1336	29	21	32725	31893	274	558	23566
惠济区	266	148	211	55	263	211		52	9154	7340		1814	34787
中牟县	923	252	520	403	871	516		355	30815	23519		7296	45579
巩义市	7130	4488	6925	172	7081	6876	33	172	357648	352784	690	4174	51161
荥阳市	2812	859	2804	8	2587	2579		8	131091	130896		195	50755
新密市	2217	723	2057	44	2181	2024	107	50	82091	75563	4608	1920	37621
新郑市	2768	807	2369	200	2639	2296	135	208	142024	125654	4547	11823	53559
登封市	2079	451	2039	20	2124	2048	40	36	72531	69463	1172	1896	33829
经开区	296	190	296		296	296			13642	13642			46088
高新区	198	87	198		198	198			10362	10362			52333
郑州郑东新区	704	412	686	14	694	678	4	12	33651	33055	340	256	48966
郑州航空港区	140	53	113	27	140	113		27	3715	3067		648	27142
企业	**21505**	**7053**	**18462**	**2049**	**20757**	**18083**	**839**	**1835**	**873998**	**790584**	**36942**	**46472**	**43734**
中原区	2327	523	1634	158	2029	1487	426	116	98511	73550	22387	2574	50150
二七区	2130	1260	2037	64	2117	2013	37	67	71552	69211	1392	949	34440
管城区	1974	378	935	1021	1823	930	17	876	102692	83041	974	18677	88717
金水区	2457	933	2430	16	2466	2441	11	14	103010	102008	558	444	41830
上街区	1277	700	1217	31	1381	1331	29	21	32510	31678	274	558	23494
惠济区	142	67	142		142	142			4857	4857			34204
中牟县	853	228	452	401	799	446		353	27713	20465		7248	45886
巩义市	1279	531	1113	133	1276	1110	33	133	36808	33282	690	2836	29722
荥阳市	2246	590	2238	8	2029	2021		8	108798	108603		195	53737
新密市	1964	631	1804	44	1924	1767	107	50	71561	65033	4608	1920	37162
新郑市	2571	715	2221	151	2441	2147	135	159	132074	118385	4547	9142	53870
登封市	1840	356	1800	20	1885	1809	40	36	63035	59967	1172	1896	33066
经开区	110	48	110		110	110			4970	4970			45182

2-8 续表 （2015 年底） 单位：人、元

类 别	单位从业人员	#女性	在岗职工合计	其他从业人员	单位从业人员平均人数	在岗职工	劳务派遣人员	其他从业人员	单位从业人员工资总额（千元）	在岗职工工资总额	劳务派遣人员工资总额	其他从业人员工资总额	在岗职工平均工资（含劳务派遣人员）
高新区	129	34	129		129	129			7656	7656			59349
郑州郑东新区	155	58	149	2	155	149	4	2	7097	6724	340	33	46170
郑州航空港区	51	1	51		51	51			1154	1154			22627
事业	**9013**	**5536**	**8393**	**615**	**8880**	**8268**	**5**	**607**	**471617**	**455810**	**120**	**15687**	**55111**
中原区	851	298	476	375	854	479		375	42916	34194		8722	71386
二七区	435	285	377	58	435	377		58	23191	23191			61515
管城区	559	362	543	16	475	462		13	25989	25337		652	54842
金水区	134	80	120	9	134	120	5	9	5381	5052	120	209	41376
上街区	5	4	5		5	5			215	215			43000
惠济区	124	81	69	55	121	69		52	4297	2483		1814	35986
中牟县	70	24	68	2	72	70		2	3102	3054		48	43629
巩义市	5277	3527	5238	39	5231	5192		39	297383	296045		1338	57019
荥阳市	118	54	118		118	118			4313	4313			36551
新密市	253	92	253		257	257			10530	10530			40973
新郑市	197	92	148	49	198	149		49	9950	7269		2681	48785
登封市	134	65	134		134	134			4856	4856			36239
经开区	185	142	185		185	185			8638	8638			46692
高新区	69	53	69		69	69			2706	2706			39217
郑州郑东新区	549	354	537	12	539	529		10	26554	26331		223	49775
郑州航空港区	53	23	53		53	53			1596	1596			30113
机关	**29**	**10**	**29**		**29**	**29**			**2395**	**2395**			**82586**
中原区	29	10	29		29	29			2395	2395			82586
民间非营利组织	**553**	**245**	**553**		**545**	**545**			**22620**	**22620**			**41505**
荥阳市	448	215	448		440	440			17980	17980			40864
登封市	105	30	105		105	105			4640	4640			44190
其他	**758**	**524**	**725**	**33**	**751**	**718**		**33**	**30759**	**30011**		**748**	**41798**
中原区	27	20	27		27	27			1201	1201			44481
二七区	5	2	5		5	5			95	95			19000
金水区	115	43	109	6	108	102		6	5007	4907		100	48108
巩义市	574	430	574		574	574			23457	23457			40866
经开区	1		1		1	1			34	34			34000
郑州航空港区	36	29	9	27	36	9		27	965	317		648	35222

2-9 全市及各县(市)区其他单位分企事业从业人员人数及工资总额

(2015 年底)

单位:人、元

类别	单位从业人员	#女性	在岗职工合计	其他从业人员	单位从业人员平均人数	在岗职工	劳务派遣人员	其他从业人员	单位从业人员工资总额(千元)	在岗职工工资总额	劳务派遣人员工资总额	其他从业人员工资总额	在岗职工平均工资(含劳务派遣人员)
总计	**1487451**	**546853**	**1313205**	**60181**	**1433338**	**1260163**	**116325**	**56850**	**72216905**	**64448740**	**5563348**	**2204817**	**50863**
市辖区	35576	6057	34797	26	38506	37651	823	32	1823012	1778910	42110	1992	47331
中原区	75085	17944	46334	2982	75110	45994	26167	2949	4178213	2436390	1621435	120388	56233
二七区	87453	30175	71265	5918	88081	70953	11004	6124	4498286	3788702	531651	177933	52715
管城区	59008	17457	55085	1597	56621	52556	2336	1729	3024312	2877933	87146	59233	54017
金水区	218097	72924	180725	21237	212609	178530	15958	18121	11629648	10189818	715226	724604	56071
上街区	22857	5901	19589	936	22560	19530	2158	872	976885	828193	119756	28936	43708
惠济区	45189	8857	36879	7035	43058	34854	1355	6849	1961262	1667580	55579	238103	47589
中牟县	26684	8715	24115	1123	26455	23465	1857	1133	1262621	1113865	79492	69264	47127
巩义市	62897	16110	60783	1241	61041	58955	877	1209	2272819	2155128	75226	42465	37277
荥阳市	66805	14902	56482	1738	64803	54934	8277	1592	2516258	2030865	426335	59058	38873
新密市	75793	17891	67227	2289	74363	65586	6552	2225	2778443	2453995	274755	49693	37827
新郑市	88887	31191	81814	3487	84852	77888	3745	3219	3526421	3277217	111830	137374	41516
登封市	86906	17476	85023	1470	84286	82398	400	1488	3267917	3202858	13457	51602	38845
经开区	102736	35119	91684	1422	104759	91873	11148	1738	5790108	5217141	477512	95455	55277
高新区	60369	16988	54620	2409	61638	55358	3507	2773	3567830	3219627	170234	177969	57587
郑州郑东新区	64246	22295	46140	5064	64446	46868	13036	4542	3436638	2895487	382317	158834	54718
郑州航空港区	308863	206851	300643	207	270150	262770	7125	255	15706232	15315031	379287	11914	58150
企业	**1450041**	**525226**	**1279801**	**56225**	**1397652**	**1228463**	**116276**	**52913**	**70639680**	**62998372**	**5561617**	**2079691**	**50984**
市辖区	35576	6057	34797	26	38506	37651	823	32	1823012	1778910	42110	1992	47331
中原区	74133	17412	45409	2957	74173	45083	26166	2924	4130346	2390114	1621354	118878	56302
二七区	80378	26295	66577	3531	80749	66305	11004	3440	4210286	3578435	531651	100200	53164
管城区	57745	16522	53823	1597	55358	51294	2335	1729	2972282	2825924	87125	59233	54319
金水区	215135	71098	177791	21210	209688	175637	15957	18094	11497951	10058952	715076	723923	56234
上街区	22471	5692	19203	936	22177	19147	2158	872	963542	814850	119756	28936	43868
惠济区	45016	8724	36707	7035	42885	34682	1354	6849	1957153	1663490	55560	238103	47704
中牟县	25221	7838	22775	1000	25027	22159	1857	1011	1201940	1058628	79492	63820	47390
巩义市	60759	14630	58666	1222	58908	56843	875	1190	2172276	2055188	75190	41898	36910

2-9 续表1 （2015年底） 单位：人、元

类 别	单位从业人员	#女性	在岗职工合计	其他从业人员	单位从业人员平均人数	在岗职工	劳务派遣人员	其他从业人员	单位从业人员工资总额（千元）	在岗职工工资总额	劳务派遣人员工资总额	其他从业人员工资总额	在岗职工平均工资（含劳务派遣人员）
荥阳市	65821	14385	55498	1738	63819	53950	8277	1592	2476173	1990780	426335	59058	38844
新密市	74011	17172	65445	2289	72585	63808	6552	2225	2681978	2357530	274755	49693	37412
新郑市	78657	24320	72941	2130	76364	70446	3745	2173	3091736	2881275	111830	98631	40343
登封市	81042	15218	79165	1467	78528	76646	397	1485	3054824	2990021	13329	51474	38983
经开区	102172	34701	91120	1422	104200	91314	11148	1738	5768441	5195474	477512	95455	55367
高新区	60036	16794	54287	2409	61305	55025	3507	2773	3550860	3202657	170234	177969	57625
郑州郑东新区	63599	21874	45548	5049	63822	46295	12996	4531	3411481	2871946	381021	158514	54864
郑州航空港区	308269	206494	300049	207	269558	262178	7125	255	15675399	15284198	379287	11914	58163
事业	**18281**	**10916**	**15017**	**3224**	**17937**	**14508**	**40**	**3389**	**793825**	**693900**	**1296**	**98629**	**47786**
中原区	530	232	505	25	528	503		25	28969	27459		1510	54590
二七区	5943	3135	3556	2387	6203	3519		2684	246618	168885		77733	47992
管城区	232	123	232		232	232			13553	13553			58418
金水区	247	119	247		249	249			15545	15545			62430
上街区	170	123	170		169	169			7696	7696			45538
中牟县	856	552	844	12	834	822		12	40353	39652		701	48238
巩义市	897	575	897		894	894			46395	46395			51896
荥阳市	348	233	348		348	348			14767	14767			42434
新密市	686	179	686		686	686			26462	26462			38574
新郑市	5452	3730	4667	785	4899	4242		657	230633	212268		18365	50040
登封市	1720	1170	1720		1705	1705			68844	68844			40378
经开区	560	417	560		555	555			21542	21542			38814
郑州郑东新区	112	13	57	15	108	57	40	11	3744	2128	1296	320	35299
郑州航空港区	528	315	528		527	527			28704	28704			54467
机关	**193**	**96**	**193**		**193**	**193**			**9871**	**9871**			**51145**
二七区	179	92	179		179	179			9529	9529			53235
荥阳市	14	4	14		14	14			342	342			24429
民间非营利组织	**13700**	**7921**	**12974**	**722**	**12352**	**11810**	**4**	**538**	**549710**	**523314**	**237**	**26159**	**44316**
中原区	229	158	227		216	215	1		11023	10942	81		51032

2-9 续表 2 （2015 年底） 单位：人、元

类别	单位从业人员				单位从业人员平均人数				单位从业人员工资总额（千元）				在岗职工平均工资（含劳务派遣人员）
		#女性	在岗职工合计	其他从业人员		在岗职工	劳务派遣人员	其他从业人员		在岗职工工资总额	劳务派遣人员工资总额	其他从业人员工资总额	
二七区	740	538	740		737	737			23776	23776			32261
管城区	779	588	779		776	776			31209	31209			40218
金水区	2247	1419	2227	20	2210	2189	1	20	99760	99169	120	471	45337
惠济区	94	71	94		94	94			2237	2237			23798
中牟县	607	325	496	111	594	484		110	20328	15585		4743	32200
巩义市	426	322	405	19	424	403	2	19	17316	16713	36	567	41356
荥阳市	18	5	18		18	18			542	542			30111
新密市	45	25	45		45	45			1221	1221			27133
新郑市	4537	2994	3965	572	3377	2988		389	196740	176362		20378	59023
登封市	3095	863	3095		2998	2998			106779	106779			35617
高新区	333	194	333		333	333			16970	16970			50961
郑州郑东新区	535	408	535		516	516			21413	21413			41498
郑州航空港区	15	11	15		14	14			396	396			28286
其他	**5236**	**2694**	**5220**	**10**	**5204**	**5189**	**5**	**10**	**223819**	**223283**	**198**	**338**	**43027**
中原区	193	142	193		193	193			7875	7875			40803
二七区	213	115	213		213	213			8077	8077			37920
管城区	252	224	251		255	254	1		7268	7247	21		28502
金水区	468	288	460	7	462	455		7	16392	16152	30	210	35565
上街区	216	86	216		214	214			5647	5647			26388
惠济区	79	62	78		79	78	1		1872	1853	19		23696
巩义市	815	583	815		815	815			36832	36832			45193
荥阳市	604	275	604		604	604			24434	24434			40454
新密市	1051	515	1051		1047	1047			68782	68782			65694
新郑市	241	147	241		212	212			7312	7312			34491
登封市	1049	225	1043	3	1055	1049	3	3	37470	37214	128	128	35496
经开区	4	1	4		4	4			125	125			31250
郑州航空港区	51	31	51		51	51			1733	1733			33980

2-10 全市及各县(市)区分行业从业人员人数及工资总额

(2015 年底)

单位:人、元

行业	单位从业人员	#女性	在岗职工合计	其他从业人员	单位从业人员平均人数	在岗职工	劳务派遣人员	其他从业人员	单位从业人员工资总额(千元)	在岗职工工资总额	劳务派遣人员工资总额	其他从业人员工资总额	在岗职工平均工资(含劳务派遣人员)
农、林、牧、渔业	**1631**	**596**	**1631**		**1631**	**1631**			**57258**	**57258**			**35106**
管城回族区	18	5	18		18	18			832	832			46222
上街区	15	7	15		15	15			368	368			24533
惠济区	110	33	110		112	112			5980	5980			53393
中牟县	423	151	423		423	423			15921	15921			37638
巩义市	43	16	43		43	43			1855	1855			43140
荥阳市	724	233	724		721	721			21963	21963			30462
新密市	5		5		6	6			185	185			30833
新郑市	95	31	95		98	98			3253	3253			33194
登封市	113	55	113		113	113			3744	3744			33133
郑东新区	11	3	11		11	11			460	460			41818
航空港区	74	62	74		71	71			2697	2697			37986
采矿业	**60327**	**8369**	**60292**	**11**	**62753**	**62721**	**24**	**8**	**2714810**	**2712943**	**735**	**1132**	**43249**
市直	32586	5560	32586		35320	35320			1625800	1625800			46031
上街区	1269	175	1269		1273	1273			60191	60191			47283
巩义市	7211	1064	7187		7407	7383	24		197749	197014	735		26698
荥阳市	69	15	69		69	69			2120	2120			30725
新密市	2060	193	2059	1	2008	2007		1	80263	80227		36	39974
新郑市	1586	139	1586		1605	1605			78520	78520			48922
登封市	15546	1223	15536	10	15071	15064		7	670167	669071		1096	44415
制造业	**700886**	**316934**	**680379**	**3555**	**660754**	**638310**	**18597**	**3847**	**32214879**	**31340619**	**725036**	**149224**	**48813**
市直	2990	497	2211	26	3186	2331	823	32	197212	153110	42110	1992	61896
中原区	9150	3887	8909	199	9313	9027	87	199	328029	320232	3247	4550	35493
二七区	15784	5311	15559	167	15463	15195	100	168	610793	599618	4342	6833	39487
管城区	24530	3807	24327	138	23102	22857	71	174	1630494	1613555	3465	13474	70526
金水区	12867	4836	10793	18	12436	10603	1815	18	446068	396264	48751	1053	35836
上街区	12836	3390	12387	193	13243	12709	390	144	529138	514244	11381	3513	40127
惠济区	6235	2896	6026	23	6401	6119	262	20	219362	206989	11687	686	34270
中牟县	13246	4214	12128	121	13574	12007	1425	142	670800	602803	59213	8784	49286
巩义市	42284	9201	41327	743	40414	39528	222	664	1455444	1424983	8662	21799	36067
荥阳市	40873	8844	40198	313	40148	39466	386	296	1559885	1534327	17470	8088	38939
新密市	41794	10278	41566	224	40787	40550	7	230	1372337	1362543	332	9462	33604
新郑市	55694	18525	52028	357	54682	50778	3454	450	2065945	1945801	103036	17108	37779

2-10 续表 1　　（2015 年底）　　单位：人、元

类　别	单位从业人员				单位从业人员平均人数				单位从业人员工资总额（千元）				在岗职工平均工资（含劳务派遣人员）
		#女性	在岗职工合计	其他从业人员		在岗职工	劳务派遣人员	其他从业人员		在岗职工工资总额	劳务派遣人员工资总额	其他从业人员工资总额	
登封市	35589	7724	35242	225	33909	33553	123	233	1170136	1158189	4098	7849	34514
经济开发区	54423	21256	48115	328	56530	49270	6917	343	3061030	2757256	282531	21243	54101
高新开发区	34379	8920	31553	388	35798	32781	2407	610	1992036	1855187	118223	18626	56082
郑东新区	5176	2315	5176		6076	6076			346224	346224			56982
航空港区	293036	201033	292834	92	255692	255460	108	124	14559946	14549294	6488	4164	56955
电力、热力、燃气及水生产和水	**33377**	**9066**	**32277**	**460**	**33268**	**32115**	**767**	**386**	**1993088**	**1957063**	**21174**	**14851**	**60162**
市直	2217	649	2131	3	2206	2120	83	3	351602	348378	3161	63	159573
中原区	7184	2189	6519	225	7232	6561	544	127	400335	380749	13915	5671	55547
二七区	1409	486	1409		1296	1296			145068	145068			111935
上街区	26	11	26		26	26			1210	1210			46538
惠济区	824	258	730		789	689	100		45959	42634	3325		58250
中牟县	648	245	639	9	638	628		10	46947	46455		492	73973
巩义市	1211	401	1211		1226	1226			82993	82993			67694
荥阳市	787	265	705	82	784	699		85	35316	31009		4307	44362
新密市	1525	634	1499	3	1529	1497	7	25	94067	93391	101	575	62162
新郑市	1008	427	1004	4	1011	1004	3	4	69656	69295	210	151	69022
登封市	15455	3218	15352	103	15564	15463		101	653843	652016		1827	42166
经济开发区	54	23	54		50	50			2650	2650			53000
高新开发区	621	158	590	31	524	493		31	41990	40225		1765	81592
郑东新区	232	54	232		231	231			10163	10163			43996
航空港区	176	48	176		162	132	30		11289	10827	462		75224
建筑业	**307519**	**43488**	**219421**	**30602**	**299842**	**211614**	**58181**	**30047**	**14816066**	**10458523**	**3182103**	**1175440**	**50559**
中原区	42752	5479	18138	2072	42363	17851	22450	2062	2466558	970038	1417573	78947	59244
二七区	25347	3958	18066	1367	25857	17930	6683	1244	1390412	988570	362211	39631	54881
管城区	16056	1821	14457	1062	15879	14248	520	1111	791475	738176	19426	33873	51300
金水区	75712	12108	60984	7381	74297	59917	7257	7123	3629318	3010758	347538	271022	49994
上街区	5405	943	3372	568	5068	3277	1292	499	272797	158074	97097	17626	55848
惠济区	31611	3278	23894	6999	29472	21941	735	6796	1327884	1065112	28400	234372	48223
中牟县	5110	473	4313	551	4742	3973	234	535	215586	158955	11021	45610	40403
巩义市	3026	394	2357	117	2820	2173	526	121	147489	78610	62226	6653	52181
荥阳市	20117	3692	10707	1212	18736	9788	7844	1104	785717	333093	407577	45047	42007
新密市	19295	2642	11213	1974	19142	10891	6383	1868	733723	429722	268964	35037	40447
新郑市	11016	1186	10022	773	9676	8790	160	726	425820	385655	5119	35046	43662
登封市	4649	415	3830	725	4437	3544	119	774	181090	156996	3071	21023	43698

2-10　续表2　　（2015年底）　　单位：人、元

类　别	单位从业人员	#女性	在岗职工合计	其他从业人员	单位从业人员平均人数	在岗职工	劳务派遣人员	其他从业人员	单位从业人员工资总额（千元）	在岗职工工资总额	劳务派遣人员工资总额	其他从业人员工资总额	在岗职工平均工资（含劳务派遣人员）
经济开发区	23620	4112	19723	3309	22873	19083	371	3419	1233390	1083241	20177	129972	56719
高新开发区	12772	1811	10477	1749	13625	10419	1292	1914	794736	598994	56785	138957	55997
郑东新区	10824	1160	7703	731	10630	7597	2292	741	412212	295931	74105	42176	37419
航空港区	207	16	165	12	225	192	23	10	7859	6598	813	448	34470
批发和零售业	**95010**	**44988**	**88350**	**2414**	**93693**	**86912**	**4149**	**2632**	**4311263**	**4078216**	**151755**	**81292**	**46452**
中原区	3148	1417	3078	68	3160	3087	11	62	136863	134700	219	1944	43550
二七区	11972	7128	10852	662	11964	10848	407	709	531146	498013	15713	17420	45644
管城区	12122	6454	10176	284	11799	9775	1672	352	442388	372602	61124	8662	37890
金水区	27139	13740	25856	597	26740	25456	693	591	1047452	1010816	19905	16731	39417
上街区	863	336	863		822	822			26406	26406			32124
惠济区	2987	974	2810	7	2996	2797	172	27	184319	175337	7038	1944	61426
中牟县	2313	1095	2121	49	2187	2002	134	51	113937	105447	6972	1518	52631
巩义市	2514	1234	2173	260	2556	2145	108	303	93440	82122	3734	7584	38107
荥阳市	2463	881	2445	6	2449	2424	17	8	91264	90186	573	505	37181
新密市	3852	1447	3615	94	3804	3556	147	101	175557	166642	4659	4256	46260
新郑市	4127	1994	4058	55	4166	4084	15	67	220860	215215	511	5134	52629
登封市	3387	1031	3330	31	3298	3219	34	45	141756	136547	1632	3577	42477
经济开发区	11031	4356	10101	225	10610	9764	595	251	656907	624720	22814	9373	62509
高新开发区	2830	1300	2819	7	2865	2854	4	7	185115	184546	245	324	64657
郑东新区	3893	1500	3728	64	3910	3755	101	51	246385	240158	4053	2174	63333
航空港区	369	101	325	5	367	324	39	4	17468	14759	2563	146	47719
交通运输、仓储和邮政业	**76964**	**23547**	**57598**	**2713**	**76248**	**57014**	**16454**	**2780**	**4210694**	**3383991**	**721000**	**105703**	**55875**
中原区	145	47	145		145	145			6023	6023			41538
二七区	6879	2424	5862	1017	7220	6076	108	1036	356342	325298	8231	22813	53934
管城区	3721	1679	3574	7	3625	3474	144	7	182022	175341	6634	47	50297
金水区	15323	4222	13738	79	15105	13612	1397	96	973143	899945	71134	2064	64700
上街区	1179	250	1112	60	1188	1116	7	65	47610	45881	175	1554	41012
惠济区	584	257	575	9	518	507		11	23251	22831		420	45032
中牟县	638	285	599	20	620	580	21	19	23106	21756	800	550	37531
巩义市	2842	842	2834	8	2790	2780		10	127095	126864		231	45635
荥阳市	388	147	388		388	388			17351	17351			44719
新密市	3239	490	3212	2	3203	3173	24	6	138867	137626	952	289	43346
新郑市	3097	876	2293	798	3138	2334	6	798	157997	119077	218	38702	50981
登封市	2644	622	2193	341	2591	2149	100	342	103322	85669	3000	14653	39426

2-10 续表 3 （2015 年底） 单位：人、元

类别	单位从业人员	#女性	在岗职工合计	其他从业人员	单位从业人员平均人数	在岗职工	劳务派遣人员	其他从业人员	单位从业人员工资总额（千元）	在岗职工工资总额	劳务派遣人员工资总额	其他从业人员工资总额	在岗职工平均工资（含劳务派遣人员）
经济开发区	6988	1512	5815	110	8076	6077	1868	131	440844	324474	105756	10614	54151
高新开发区	70	27	63	1	70	56	13	1	10613	9977	612	24	153464
郑东新区	16658	5880	10375	208	16444	10279	5964	201	614079	453116	150165	10798	37141
航空港区	12569	3987	4820	53	11127	4268	6802	57	989029	612762	373323	2944	89077
住宿和餐饮业	**32210**	**17512**	**29853**	**753**	**32566**	**30022**	**1643**	**901**	**1172664**	**1080508**	**64954**	**27202**	**36174**
中原区	1833	995	1824	9	1871	1857	4	10	74595	74274	80	241	39954
二七区	3815	2215	3458	1	4126	3740	385	1	145824	133129	12690	5	35350
管城区	791	460	715	76	790	715		75	29783	28183		1600	39417
金水区	15048	7980	14187	347	14989	14014	510	465	520964	489533	18663	12768	34990
上街区	395	262	352	43	381	340		41	10678	9647		1031	28374
惠济区	1003	500	849	154	1021	848		173	38813	34864		3949	41113
中牟县	440	281	397	20	489	447	23	19	15349	13952	760	637	31302
巩义市	854	535	854		849	848		1	21038	21012		26	24778
荥阳市	320	188	297	23	322	298		24	9409	8897		512	29856
新密市	602	298	580	8	593	572	11	10	25516	24498	543	475	42952
新郑市	716	439	703	7	696	683	6	7	23462	22522	261	679	33067
登封市	1353	736	1299	34	1332	1262	34	36	38899	35880	1170	1849	28588
经济开发区	414	232	414		432	432			14894	14894			34477
高新开发区	300	142	300		300	300			12079	12079			40263
郑东新区	3092	1712	2989	3	3111	3007	98	6	133919	128921	4696	302	43033
航空港区	1234	537	635	28	1264	659	572	33	57442	28223	26091	3128	44122
信息传输、软件和信息技术服	**31101**	**13149**	**26093**	**486**	**30930**	**25510**	**4919**	**501**	**2343840**	**2030078**	**299367**	**14395**	**76553**
中原区	189	62	189		184	184			9760	9760			53043
二七区	5581	2263	4329		5715	4311	1404		596344	484069	112275		104347
管城区	768	367	768		713	713			47288	47288			66323
金水区	15196	7171	11782	329	15139	11510	3322	307	1094048	909451	177868	6729	73309
上街区	181	101	181		172	172			4878	4878			28360
惠济区	208	134	208		208	208			7079	7079			34034
中牟县	40	7	40		40	40			1405	1405			35125
巩义市	392	200	258	119	434	264	15	155	19006	12607	819	5580	48122
新密市	202	66	202		202	202			8539	8539			42272
新郑市	266	116	266		281	281			8610	8610			30641
登封市	65	23	65		65	65			1953	1953			30046
经济开发区	1176	417	1128	17	1101	1053	31	17	72846	70640	1445	761	66499

2-10 续表4 （2015年底） 单位：人、元

类　别	单位从业人员	#女性	在岗职工合计	其他从业人员	单位从业人员平均人数	在岗职工	劳务派遣人员	其他从业人员	单位从业人员工资总额（千元）	在岗职工工资总额	劳务派遣人员工资总额	其他从业人员工资总额	在岗职工平均工资（含劳务派遣人员）
高新开发区	4369	1603	4300	21	4203	4130	51	22	290240	286886	2029	1325	69102
郑东新区	2391	580	2300		2396	2300	96		176999	172068	4931		73873
航空港区	77	39	77		77	77			4845	4845			62922
金融业	**50241**	**17948**	**37471**	**10942**	**46566**	**36787**	**1735**	**8044**	**4896160**	**4459015**	**87135**	**350010**	**118014**
中原区	4	2	4		4	4			210	210			52500
二七区	2523	1378	2464	59	2523	2464		59	124897	123369		1528	50069
管城区	975	657	830		969	823	146		150544	127944	22600		155360
金水区	32939	9870	21194	10853	29604	20788	861	7955	2747225	2366664	39948	340613	111165
上街区	20	11	14		20	14	6		620	410	210		31000
中牟县	1017	524	893	30	1001	877	94	30	59170	55059	3457	654	60264
巩义市	1078	693	1077		1102	1101	1		147739	147703	36		134064
荥阳市	302	89	302		302	302			11990	11990			39702
新密市	480	231	480		480	480			40782	40782			84963
新郑市	499	233	427		509	437	72		51458	44243		7215	86921
登封市	520	240	520		520	520			23854	23854			45873
高新开发区	171	100	171		171	171			10192	10192			59602
郑东新区	9713	3920	9095		9361	8806	555		1527479	1506595	20884		163175
房地产业	**58124**	**22505**	**52227**	**1862**	**57016**	**51036**	**4047**	**1933**	**3225345**	**3007906**	**131102**	**86337**	**56987**
中原区	5009	1758	4666	173	4888	4507	184	197	287885	276899	5136	5850	60123
二七区	5293	2050	4173	105	5260	4130	1038	92	303334	281549	18202	3583	58001
管城区	5206	2415	5147	43	5079	5034	20	25	218121	215861	447	1813	42799
金水区	16388	6244	15288	314	16257	15247	671	339	895303	856838	23442	15023	55301
上街区	1523	532	1226	268	1393	1106	29	258	64356	55670	1044	7642	49968
惠济区	1043	472	1037	6	1050	1044		6	76297	75196		1101	72027
中牟县	1657	691	1524	129	1623	1461	4	158	79405	74782	138	4485	51140
巩义市	1300	530	1200	97	1299	1253	5	41	48148	46401	200	1547	37044
荥阳市	2226	759	2063	162	2132	1992	18	122	82202	77953	455	3794	39009
新密市	1180	388	1109	52	1108	1027	22	59	53898	50977	1148	1773	49690
新郑市	3352	1078	3253	57	3204	3099	48	57	173790	168605	2950	2235	54514
登封市	844	250	807	12	812	775	25	12	33382	31971	850	561	41026
经济开发区	3033	1182	2129	17	3007	1941	851	215	217646	173556	28623	15467	72414
高新开发区	2536	1465	2359	174	2572	2233	221	118	172215	148777	10578	12860	64937
郑东新区	5319	1834	4777	238	5254	4734	311	209	413030	393383	12008	7639	80355
航空港区	2215	857	1469	15	2078	1453	600	25	106333	79488	25881	964	51324

2-10　续表 5　　　　（2015 年底）　　　　单位：人、元

类　别	单位从业人员	#女性	在岗职工合计	其他从业人员	单位从业人员平均人数	在岗职工	劳务派遣人员	其他从业人员	单位从业人员工资总额（千元）	在岗职工工资总额	劳务派遣人员工资总额	其他从业人员工资总额	在岗职工平均工资（含劳务派遣人员）
租赁和商务服务业	**43222**	**14915**	**33646**	**3985**	**42609**	**33413**	**5522**	**3674**	**2044807**	**1779201**	**165173**	**100433**	**49939**
中原区	879	345	791	85	882	772	3	107	53767	50779	187	2801	65763
二七区	3419	602	2787	6	3416	2787	623	6	137830	114951	22616	263	40342
管城区	2650	665	1644	1006	2485	1617	8	860	96650	77785	473	18392	48159
金水区	11906	5714	11329	389	12036	11410	189	437	684608	664995	5060	14553	57768
上街区	1197	451	600	2	1096	598	496	2	27988	17126	10821	41	25546
惠济区	500	223	500		499	499			18567	18567			37208
中牟县	1554	512	1146	402	1487	1119	12	356	49052	41346	366	7340	36881
巩义市	679	165	450	1	658	444	213	1	21138	15248	5871	19	32145
荥阳市	1035	171	990	45	995	950		45	26370	24503		1867	25793
新密市	1010	358	990	11	994	973	10	11	39804	38962	544	298	40189
新郑市	2517	632	2171	246	2488	2143	99	246	100248	92436	3080	4732	42603
登封市	3748	468	3581	64	3675	3569	72	34	164337	158086	3700	2551	44434
经济开发区	817	346	785	2	812	780	30	2	53124	52469	595	60	65511
高新开发区	2008	610	1999	2	1988	1979	7	2	126207	125180	841	186	63455
郑东新区	9063	3530	3678	1722	8861	3570	3728	1563	425258	269174	108874	47210	51802
航空港区	240	123	205	2	237	203	32	2	19859	17594	2145	120	83996
科学研究和技术服务业	**60589**	**16330**	**49043**	**3187**	**60552**	**48627**	**8708**	**3217**	**3923283**	**3323292**	**478489**	**121502**	**66308**
中原区	15450	3461	10638	463	15827	10683	4647	497	1303548	988249	286092	29207	83127
二七区	4259	932	2551	218	4010	2443	1370	197	300998	214692	77089	9217	76523
管城区	2069	321	741	1261	2052	725	66	1261	47367	31717	1902	13748	42502
金水区	21640	6525	19601	993	21573	19492	1110	971	1308219	1201528	50620	56071	60778
上街区	333	130	333		332	332			18383	18383			55370
惠济区	1725	468	1611	8	1650	1557	85	8	97506	92152	5110	244	59234
中牟县	1375	581	1351	16	1381	1345	4	32	62150	61002	222	926	45385
巩义市	524	213	507	14	524	490	5	29	20523	19279	103	1141	39156
荥阳市	505	132	505		495	495			15808	15808			31935
新密市	1069	244	1069		1068	1068			55930	55930			52369
新郑市	1058	373	982	76	1030	970		60	53332	51324		2008	52911
登封市	216	17	213		194	191	3		7725	7638	87		39820
经济开发区	3454	830	2722	6	3634	2747	879	8	190379	155799	34111	469	52375
高新开发区	3026	1070	2559	84	2933	2453	366	114	246266	221830	17918	6518	85047

2-10 续表6 （2015年底） 单位：人、元

类别	单位从业人员	#女性	在岗职工合计	其他从业人员	单位从业人员平均人数	在岗职工	劳务派遣人员	其他从业人员	单位从业人员工资总额（千元）	在岗职工工资总额	劳务派遣人员工资总额	其他从业人员工资总额	在岗职工平均工资（含劳务派遣人员）
郑东新区	3886	1033	3660	48	3849	3636	173	40	195149	187961	5235	1953	50721
水利、环境和公共设施管理	**20409**	**8116**	**17460**	**2493**	**20278**	**17651**	**506**	**2121**	**829103**	**747800**	**20605**	**60698**	**42320**
中原区	831	340	712	119	825	706		119	46375	43472		2903	61575
二七区	1049	283	628		1116	645	471		49657	30376	19281		44496
管城区	863	418	863		847	847			32786	32786			38708
金水区	2900	800	2846	54	3068	3014		54	177558	173124		4434	57440
上街区	803	389	803		804	804			19928	19928			24786
惠济区	1155	337	1037	118	1129	1017		112	51221	46833		4388	46050
中牟县	831	443	759	72	826	796		30	25990	25332		658	31824
巩义市	1250	650	1248	2	1244	1242		2	46647	46586		61	37509
荥阳市	2445	886	2423	10	2436	2414	12	10	71847	71375	260	212	29528
新密市	714	210	692	22	694	672		22	26400	26298		102	39134
新郑市	1307	439	1277	9	1289	1259	21	9	65085	63736	1010	339	50583
登封市	1270	446	1270		1263	1263			31645	31645			25055
经济开发区	1636	922	1636		1575	1575			44676	44676			28366
高新开发区	406	201	406		406	406			14496	14496			35704
郑东新区	2949	1352	860	2087	2756	991	2	1763	124792	77137	54	47601	77735
居民服务、修理和其他服务	**3791**	**1665**	**3577**	**26**	**3958**	**3587**	**340**	**31**	**157533**	**131353**	**25309**	**871**	**39894**
中原区	200	97	74		206	80	126		13733	6646	7087		66665
二七区	496	226	496		496	496			21551	21551			43450
管城区	323	231	323		322	322			11082	11082			34416
金水区	745	353	745		806	806			30202	30202			37471
上街区	120	42	91		121	89	29	3	2525	2181	274	70	20805
惠济区	126	71	126		127	127			3100	3100			24409
中牟县	52	14	50	2	52	50		2	2185	2137		48	42740
巩义市	377	118	325	19	375	321	33	21	10585	9220	690	675	27994
荥阳市	65	19	65		65	65			1730	1730			26615
新密市	105	45	105		80	80			3636	3636			45450
新郑市	243	84	238	5	244	237	2	5	9243	8965	200	78	38347
登封市	370	93	370		366	366			8560	8560			23388
高新开发区	111	60	111		106	106			3282	3282			30962
郑东新区	458	212	458		592	442	150		36119	19061	17058		61012

2-10 续表7 （2015年底） 单位：人、元

类别	单位从业人员	#女性	在岗职工合计	其他从业人员	单位从业人员平均人数	在岗职工	劳务派遣人员	其他从业人员	单位从业人员工资总额（千元）	在岗职工工资总额	劳务派遣人员工资总额	其他从业人员工资总额	在岗职工平均工资（含劳务派遣人员）
教育	**161538**	**87428**	**154828**	**4832**	**158617**	**152251**	**1851**	**4515**	**8801201**	**8568924**	**47183**	**185094**	**55912**
中原区	11931	6709	10677	442	11936	10691	805	440	761775	728600	20835	12340	65191
二七区	16774	8730	16041	665	16671	15898	68	705	859580	807932	2001	49647	50729
管城区	5271	3704	5169	101	5240	5135	1	104	276286	272047	21	4218	52973
金水区	22412	12090	20970	1019	22266	20863	402	1001	1364360	1320882	10614	32864	62614
上街区	1680	975	1633		1683	1637	46		79225	77899	1326		47074
惠济区	6559	4160	6364	192	6499	6320	3	176	351672	346353	132	5187	54798
中牟县	8061	4736	7792	269	8027	7760		267	405026	394025		11001	50776
巩义市	8054	5083	8027	16	8061	8034	11	16	376893	375620	184	1089	46713
荥阳市	13450	7976	13450		13425	13425			676318	676318			50378
新密市	14612	7314	14569	43	14577	14534		43	686217	684498		1719	47096
新郑市	19959	11523	18504	1450	17714	16561	5	1148	1179591	1134654	115	44822	68500
登封市	11170	3942	11136	31	11068	11034	3	31	436315	435598	128	589	39479
经济开发区	1581	1150	1425		1570	1412	158		72332	68671	3661		46071
高新开发区	10042	4674	9949		10014	9921	93		737025	734012	3013		73599
郑东新区	8792	4023	7980	561	8704	7910	251	543	489546	463807	5053	20686	57451
航空港区	1190	639	1142	43	1162	1116	5	41	49040	48008	100	932	42915
卫生和社会工作	**92232**	**55311**	**82368**	**3588**	**90258**	**80563**	**6191**	**3504**	**4874732**	**4463435**	**262547**	**148750**	**54476**
中原区	9871	6992	7979	285	9502	7561	1653	288	550612	439765	92762	18085	57795
二七区	11291	7519	10002	140	11299	10003	1153	143	677776	619686	55550	2540	60527
管城区	5751	4106	4312	66	5252	3973	1218	61	298273	260573	34815	2885	56904
金水区	30901	15539	28643	1104	30575	28249	1249	1077	1681038	1596128	47133	37777	55708
上街区	1077	763	766	23	1075	776	272	27	44708	31338	11480	1890	40857
惠济区	1506	1045	1401	105	1481	1379		102	79649	76624		3025	55565
中牟县	3354	1991	2387	903	3280	2358	64	858	185939	134092	3079	48768	56635
巩义市	4095	2964	4053	42	4041	3999		42	224525	223093		1432	55787
荥阳市	2909	1791	2909		2901	2901			120765	120765			41629
新密市	6720	2757	6603	26	6714	6597	91	26	321080	316490	3514	1076	47847
新郑市	7420	5346	6654	766	6869	6117		752	307014	285214		21800	46626
登封市	3815	2543	3803	12	3781	3769		12	184333	183957		376	48808
经济开发区	1485	1070	879	67	1425	878	480	67	83951	63768	14010	6173	57274
高新开发区	69	35	69		69	69			2725	2725			39493
郑东新区	1372	499	1312	49	1398	1338	11	49	82053	80732	204	1117	59997
航空港区	596	351	596		596	596			30291	28485		1806	47794

2-10 续表8 （2015年底） 单位：人、元

类别	单位从业人员	#女性	在岗职工合计	其他从业人员	单位从业人员平均人数	在岗职工	劳务派遣人员	其他从业人员	单位从业人员工资总额（千元）	在岗职工工资总额	劳务派遣人员工资总额	其他从业人员工资总额	在岗职工平均工资（含劳务派遣人员）
文化、体育和娱乐业	**23676**	**8860**	**21697**	**646**	**23838**	**21912**	**1319**	**607**	**1548881**	**1470430**	**56439**	**22012**	**65725**
中原区	1534	753	1318	205	1437	1242	6	189	79554	70896	187	8471	56958
二七区	411	139	390	18	411	390	3	18	17208	16775	60	373	42837
管城区	396	179	396		397	397			16374	16374			41244
金水区	14733	4935	14182	137	14830	14276	411	143	1069827	1032259	32104	5464	72470
上街区	67	35	61		63	57	6		2545	2237	308		40397
惠济区	665	289	575	4	638	548	86	4	49270	46766	2252	252	77315
中牟县	44	21	44		46	46			1832	1832			39826
巩义市	427	237	391	34	424	388	2	34	15754	14902	36	816	38303
荥阳市	636	232	636		629	629			22010	22010			34992
新密市	288	161	288		288	288			9990	9990			34688
新郑市	320	148	320		321	319		2	14788	14777		11	46323
登封市	910	263	797	113	871	780		91	28621	25576		3045	32790
经济开发区	1534	735	1412	84	1774	1670	30	74	130006	126719	1116	2171	75197
高新开发区	54	31	54		53	53			2308	2308			43547
郑东新区	1653	699	829	51	1652	825	775	52	88602	66817	20376	1409	54496
航空港区	4	3	4		4	4			192	192			48000
公共管理、社会保障和社会	**132885**	**50138**	**125704**	**5282**	**131486**	**124503**	**1664**	**5319**	**6785274**	**6621671**	**61322**	**102281**	**52969**
中原区	12151	4639	11365	639	12055	11289	147	619	780129	750277	17896	11956	67171
二七区	9310	4142	7291	1913	9593	7408	17	2168	513269	481644	2812	28813	65247
管城区	6763	3304	6648		6768	6655	113		388557	384749	3808		57411
金水区	31137	13170	29984	857	30418	29347	232	839	1702653	1673328	8104	21221	56845
上街区	2787	932	2570	41	2678	2533	106	39	122039	117914	3016	1109	45824
惠济区	4557	1883	4323	209	4170	3970	23	177	269690	264977	607	4106	66512
中牟县	8191	2731	7807	291	8048	7678	88	282	351429	343669	1895	5865	44497
巩义市	6954	2539	6713	206	6959	6717	35	207	338060	328878	780	8402	48824
荥阳市	9374	3572	9374		9361	9361			349221	349221			37306
新密市	11039	3968	10792	76	11051	10804	171	76	519054	513519	2362	3173	47005
新郑市	8789	3379	8360	429	8642	8332		310	459675	453529		6146	54432
登封市	10945	2724	10644	74	10923	10621	227	75	390730	384058	5064	1608	35870
经济开发区	2410	807	2092	274	2397	2076	47	274	127557	120896	1320	5341	57568
高新开发区	605	266	605		600	600			30710	30710			51183
郑东新区	5258	1487	5073	123	5250	5059	83	108	318671	314160	2827	1684	61647
航空港区	2615	595	2063	150	2573	2053	375	145	123830	110142	10831	2857	49824

2-11 全市及各县(市)区国有单位分行业从业人员人数及工资总额

(2015 年底)

单位:人、元

行业	单位从业人员	#女性	在岗职工合计	其他从业人员	单位从业人员平均人数	在岗职工	劳务派遣人员	其他从业人员	单位从业人员工资总额(千元)	在岗职工工资总额	劳务派遣人员工资总额	其他从业人员工资总额	在岗职工平均工资(含劳务派遣人员)
农、林、牧、渔业	**578**	**202**	**578**		**583**	**583**			**23507**	**23507**			**40321**
惠济区	102	31	102		104	104			5679	5679			54606
中牟县	423	151	423		423	423			15921	15921			37638
巩义市	28	14	28		28	28			1229	1229			43893
新密市	5		5		6	6			185	185			30833
新郑市	20	6	20		22	22			493	493			22409
采矿业	**335**	**3**	**335**		**275**	**275**			**13149**	**13149**			**47815**
荥阳市	15	3	15		15	15			469	469			31267
登封市	320		320		260	260			12680	12680			48769
制造业	**5984**	**1400**	**5465**	**336**	**6144**	**5631**	**227**	**286**	**334507**	**319795**	**8449**	**6263**	**56033**
中原区	256	90	162	94	311	217		94	8928	6742		2186	31069
二七区	1147	327	1103	16	1150	1104	31	15	54611	53050	1150	411	47753
管城区	1150	295	1103		1280	1226	54		53745	51254	2491		41988
金水区	437	184	437		432	432			23492	23492			54380
上街区	1349	293	1127	165	1363	1154	92	117	49013	45204	1867	1942	37778
惠济区	7		7		7	7			252	252			36000
登封市	80	19	80		80	80			3780	3780			47250
经济开发区	461	68	362	48	434	336	50	48	26579	22725	2941	913	66492
高新开发区	1097	124	1084	13	1087	1075		12	114107	113296		811	105392
电力、热力、燃气及水生产和供应业	**8185**	**3061**	**7973**	**129**	**8008**	**7764**	**113**	**131**	**800335**	**790499**	**3623**	**6213**	**100815**
市直	2217	649	2131	3	2206	2120	83	3	351602	348378	3161	63	159573
二七区	1409	486	1409		1296	1296			145068	145068			111935
上街区	26	11	26		26	26			1210	1210			46538
巩义市	756	227	756		771	771			65309	65309			84707
中牟县	607	245	601	6	598	592		6	45444	45246		198	76429
荥阳市	484	158	429	55	481	423		58	27001	23150		3851	54728
新密市	1300	568	1300		1297	1297			83236	83236			64176
新郑市	726	349	726		731	731			58932	58932			80618
登封市	369	293	332	37	345	309		36	8273	7750		523	25081
经济开发区	54	23	54		50	50			2650	2650			53000
高新开发区	115	21	87	28	85	57		28	4196	2618		1578	45930
航空港区	122	31	122		122	92	30		7414	6952	462		60770

2-11 续表1 （2015年底） 单位：人、元

类 别	单位从业人员	#女性	在岗职工合计	其他从业人员	单位从业人员平均人数	在岗职工	劳务派遣人员	其他从业人员	单位从业人员工资总额（千元）	在岗职工工资总额	劳务派遣人员工资总额	其他从业人员工资总额	在岗职工平均工资（含劳务派遣人员）
建筑业	**16126**	**1929**	**12477**	**2600**	**17350**	**12855**	**1855**	**2640**	**979425**	**781909**	**104551**	**92965**	**60262**
中原区	5924	956	4915	1	6171	5111	1059	1	435439	365695	69700	44	70566
二七区	908	163	908		1099	1099			48536	48536			44164
管城区	4317	319	4317		4315	4315			274254	274254			63558
金水区	102	3	99	3	102	99		3	4194	4092		102	41333
荥阳市	112	20	60	52	94	58		36	3303	2075		1228	35776
新密市	54	14	54		51	51			1240	1240			24314
经济开发区	3270	213	726	2544	3350	750		2600	116932	25341		91591	33788
高新开发区	1439	241	1398		2168	1372	796		95527	60676	34851		44062
批发和零售业	**4182**	**1332**	**3536**	**180**	**4160**	**3487**	**480**	**193**	**387392**	**357075**	**20542**	**9775**	**95190**
中原区	48	15	48		49	49			2238	2238			45673
二七区	145	53	141	4	146	142		4	6268	6070		198	42746
管城区	76	39	67		77	68	9		3754	3420	334		48753
金水区	793	235	705	62	788	697	26	65	34184	31527	1049	1608	45057
上街区	78	51	78		47	47			3822	3822			81319
惠济区	143		143		145	145			15258	15258			105228
中牟县	209	71	209		211	211			5605	5605			26564
巩义市	312	86	277	6	308	266	36	6	24245	22241	1370	634	78182
荥阳市	162	52	162		162	162			12936	12936			79852
新密市	336	105	251	65	340	255	20	65	36051	33008	674	2369	122480
新郑市	304	91	275	29	311	272		39	42920	38511		4409	141585
登封市	620	190	591	14	608	579	15	14	50938	49981	400	557	84816
经济开发区	910	336	543		922	548	374		147915	131200	16715		160428
航空港区	46	8	46		46	46			1258	1258			27348
交通运输、仓储和邮政业	**21827**	**6501**	**19228**	**66**	**21461**	**18974**	**2417**	**70**	**1287405**	**1159604**	**126420**	**1381**	**60120**
中原区	80	31	80		80	80			3927	3927			49088
二七区	151	50	149	2	259	149	108	2	22313	14082	8231		86821
管城区	1206	564	1195		1207	1197	10		53658	53258	400		44456
金水区	14343	3906	12885	15	13993	12649	1327	17	917674	849956	67212	506	65624
上街区	88	27	88		88	88			5308	5308			60318
惠济区	368	163	359	9	371	360		11	18143	17723		420	49231
中牟县	235	137	235		233	233			9086	9086			38996
巩义市	1595	692	1587	8	1604	1596		8	55607	55476		131	34759
荥阳市	154	83	154		154	154			9092	9092			59039

2-11 续表 2　　　　(2015 年底)　　　　单位:人、元

类　别	单位从业人员	#女性	在岗职工合计	其他从业人员	单位从业人员平均人数	在岗职工	劳务派遣人员	其他从业人员	单位从业人员工资总额(千元)	在岗职工工资总额	劳务派遣人员工资总额	其他从业人员工资总额	在岗职工平均工资(含劳务派遣人员)
新密市	7	1	7		7	7			179	179			25571
新郑市	1293	388	1281	6	1300	1288	6	6	59834	59569	218	47	46203
登封市	15	4	15		15	15			518	518			34533
经济开发区	370	110	370		370	370			14720	14720			39784
高新开发区	70	27	63	1	70	56	13	1	10613	9977	612	24	153464
郑州郑东新区	347	118	319	25	343	315	3	25	29299	28889	157	253	91340
郑州航空港区	1505	200	441		1367	417	950		77434	27844	49590		56645
住宿和餐饮业	**4618**	**2471**	**4349**	**179**	**4676**	**4260**	**97**	**319**	**181977**	**171295**	**3445**	**7237**	**40106**
中原区	556	292	555	1	557	552	4	1	20861	20761	80	20	37484
二七区	1045	601	1045		1059	1059			43967	43967			41517
管城区	16	6	16		16	16			652	652			40750
金水区	1669	902	1555	24	1690	1456	93	141	68772	62225	3365	3182	42343
上街区	28	19	28		28	28			680	680			24286
惠济区	994	495	840	154	1012	839		173	38583	34634		3949	41280
荥阳市	19	5	19		19	19			445	445			23421
登封市	291	151	291		295	291		4	8017	7931		86	27254
信息传输、软件和信息技术服务业	**2002**	**1032**	**845**		**2181**	**875**	**1306**		**162702**	**56730**	**105972**		**74600**
二七区	1395	731	238		1550	244	1306		134005	28033	105972		86455
金水区	128	44	128		128	128			8627	8627			67398
上街区	107	78	107		102	102			3055	3055			29951
巩义市	94	58	94		94	94			4860	4860			51702
高新开发区	12	5	12		26	26			3545	3545			136346
新郑市	266	116	266		281	281			8610	8610			30641
金融业	**9430**	**3724**	**8761**		**9033**	**8389**	**644**		**1422680**	**1376282**	**46398**		**157498**
管城区	968	655	823		962	816	146		150376	127776	22600		156316
金水区	1220	501	1162		1176	1104	72		131673	127596	4077		111967
中牟县	180	109	86		181	87	94		6771	3314	3457		37409
巩义市	472	198	471		476	475	1		55024	54988	36		115597
登封市	14	2	14		14	14			477	477			34071
郑州郑东新区	6576	2259	6205		6224	5893	331		1078359	1062131	16228		173258
房地产业	**3789**	**731**	**3492**	**149**	**3743**	**3474**	**116**	**153**	**259803**	**246282**	**8792**	**4729**	**71051**
中原区	163	72	161	2	163	161		2	7261	7232		29	44919
二七区	88	48	88		88	88			2145	2145			24375
管城区	159	70	149		167	157	10		6939	6694	245		41551

2-11 续表 3 （2015 年底） 单位：人、元

类　　别	单位从业人员	#女性	在岗职工合计	其他从业人员	单位从业人员平均人数	在岗职工	劳务派遣人员	其他从业人员	单位从业人员工资总额（千元）	在岗职工工资总额	劳务派遣人员工资总额	其他从业人员工资总额	在岗职工平均工资（含劳务派遣人员）
金水区	2688	393	2543	145	2682	2533		149	200589	195969		4620	77366
上街区	10	5	10		10	10			205	205			20500
巩义市	58	28	58		58	58			3943	3943			67983
新郑市	11	1	11		11	11			366	366			33273
登封市	15	8	8	2	15	8	5	2	392	192	120	80	24000
经济开发区	39	10	39		39	39			1619	1619			41513
郑州郑东新区	377	31	377		377	377			23157	23157			61424
郑州航空港区	181	65	48		133	32	101		13187	4760	8427		99150
租赁和商务服务业	**5812**	**1454**	**5276**	**183**	**5701**	**5183**	**335**	**183**	**234307**	**217005**	**11511**	**5791**	**41413**
中原区	131	41	131		131	131			8459	8459			64573
二七区	244	182	171		244	174	70		12340	9238	3102		50574
管城区	29		27	2	30	27		3	1750	1671		79	61889
金水区	1662	579	1495	165	1666	1499	2	165	106361	101169	38	5154	67426
上街区	276	17	274	2	280	278		2	5801	5760		41	20719
惠济区	229	112	229		228	228			9539	9539			41838
中牟县	190	87	190		190	190			7544	7544			39705
巩义市	491	76	263		473	260	213		14743	8872	5871		31169
荥阳市	776	92	776		737	737			18598	18598			25235
新密市	77	37	77		77	77			2927	2927			38013
新郑市	1257	135	1253	4	1196	1193		3	34056	34029		27	28524
登封市	319	32	259	10	319	259	50	10	7209	4219	2500	490	21744
经济开发区	94	47	94		94	94			2897	2897			30819
高新开发区	25	14	25		24	24			1171	1171			48792
郑州郑东新区	12	3	12		12	12			912	912			76000
科学研究和技术服务业	**23269**	**7146**	**20429**	**1783**	**23061**	**20204**	**1077**	**1780**	**1611534**	**1531624**	**43038**	**36872**	**73994**
中原区	4185	1517	3678	132	4258	3693	407	158	449625	421389	20202	8034	107705
二七区	748	255	712	3	667	631	33	3	55589	54365	1152	72	83610
管城区	1963	286	638	1258	1945	621	66	1258	43477	27931	1902	13644	43425
金水区	9619	3172	8984	257	9506	8882	373	251	629720	605064	13741	10915	66862
上街区	240	88	240		240	240			15369	15369			64038
惠济区	51	11	43	8	50	42		8	2797	2553		244	60786
中牟县	744	271	732	12	740	728		12	39248	38860		388	53379
巩义市	300	98	291	6	301	290	5	6	14127	13756	103	268	46980

2-11 续表 4 （2015 年底） 单位：人、元

类　别	单位从业人员	#女性	在岗职工合计	其他从业人员	单位从业人员平均人数	在岗职工	劳务派遣人员	其他从业人员	单位从业人员工资总额（千元）	在岗职工工资总额	劳务派遣人员工资总额	其他从业人员工资总额	在岗职工平均工资（含劳务派遣人员）
荥阳市	135	50	135		135	135			4465	4465			33074
新密市	888	222	888		888	888			48490	48490			54606
新郑市	671	218	597	74	643	585		58	43489	41539		1950	71007
登封市	118	4	115		102	99	3		4845	4758	87		47500
经济开发区	40	8	40		40	40			2606	2606			65150
高新开发区	549	168	495	6	540	490	45	5	106571	104834	1534	203	198819
郑州郑东新区	3018	778	2841	27	3006	2840	145	21	151116	145645	4317	1154	50239
水利、环境和公共设施管理业	**12357**	**4588**	**12158**	**199**	**12283**	**12090**		**193**	**519580**	**510560**		**9020**	**42230**
中原区	507	250	507		500	500			31349	31349			62698
二七区	195	60	195		196	196			8493	8493			43332
管城区	837	411	837		823	823			31398	31398			38151
金水区	2584	720	2530	54	2578	2524		54	155003	150569		4434	59655
上街区	69	19	69		67	67			2743	2743			40940
惠济区	1099	328	981	118	1070	958		112	48456	44068		4388	46000
中牟县	630	365	630		629	629			19546	19546			31075
巩义市	905	454	903	2	903	901		2	35447	35386		61	39274
荥阳市	2308	841	2308		2303	2303			66707	66707			28965
新密市	671	196	649	22	671	649		22	25360	25258		102	38918
新郑市	949	371	946	3	950	947		3	41197	41162		35	43466
登封市	1062	411	1062		1063	1063			27327	27327			25707
经济开发区	15	6	15		15	15			600	600			40000
高新开发区	154	58	154		154	154			6201	6201			40266
郑州郑东新区	372	98	372		361	361			19753	19753			54717
居民服务、修理和其他服务业	**234**	**57**	**229**	**5**	**238**	**233**		**5**	**8762**	**8684**		**78**	**37270**
管城区	48	12	48		50	50			2236	2236			44720
金水区	12	2	12		12	12			297	297			24750
上街区	5		5		5	5			120	120			24000
惠济区	18	3	18		18	18			432	432			24000
荥阳市	20	5	20		20	20			445	445			22250
新密市	54	13	54		54	54			2703	2703			50056
新郑市	77	22	72	5	79	74		5	2529	2451		78	33122
教育	**126306**	**66690**	**122254**	**2227**	**124987**	**121012**	**1800**	**2175**	**7237208**	**7113148**	**45658**	**78402**	**58291**
中原区	10276	5804	9319	147	10298	9349	804	145	679903	654542	20754	4607	66512

2-11 续表5 (2015年底) 单位:人、元

类别	单位从业人员	#女性	在岗职工合计	其他从业人员	单位从业人员平均人数	在岗职工	劳务派遣人员	其他从业人员	单位从业人员工资总额(千元)	在岗职工工资总额	劳务派遣人员工资总额	其他从业人员工资总额	在岗职工平均工资(含劳务派遣人员)
二七区	11138	5405	11043	27	11053	10960	68	25	591174	588641	2001	532	53558
管城区	4116	2840	4016	100	4099	3996		103	223721	219527		4194	54937
金水区	18945	9649	18068	459	18843	18003	397	443	1198859	1167787	10398	20674	64032
上街区	1474	814	1458		1479	1463	16		70831	70400	431		47891
惠济区	6471	4083	6276	192	6411	6232	3	176	349811	344492	132	5187	55272
中牟县	6658	3892	6512	146	6659	6514		145	346737	341180		5557	52376
巩义市	2258	1474	2257	1	2264	2263		1	114229	114197		32	50463
荥阳市	12234	7297	12234		12217	12217			625782	625782			51222
新密市	13321	6568	13283	38	13322	13284		38	627306	626340		966	47150
新郑市	13318	7484	12789	524	12382	11853	5	524	882762	867202	115	15445	73142
登封市	6809	2522	6781	28	6783	6755		28	281938	281477		461	41669
经济开发区	804	565	648		808	650	158		38607	34946	3661		47781
高新开发区	9640	4427	9547		9612	9519	93		717349	714336	3013		74631
郑州郑东新区	7881	3377	7081	549	7820	7036	251	533	448057	422541	5053	20463	58679
郑州航空港区	963	489	942	16	937	918	5	14	40142	39758	100	284	43183
卫生和社会工作	**75540**	**44170**	**66489**	**2843**	**74291**	**65390**	**6123**	**2778**	**4098618**	**3709518**	**259753**	**129347**	**55504**
中原区	8651	6132	6759	285	8260	6319	1653	288	498609	387762	92762	18085	60276
二七区	10792	7196	9579	64	10795	9576	1153	66	655919	598366	55550	2003	60948
管城区	5086	3639	3663	50	4688	3422	1218	48	274852	237804	34815	2233	58754
金水区	29673	14609	27454	1065	29499	27207	1249	1043	1620152	1536326	47133	36693	55646
上街区	1077	763	766	23	1075	776	272	27	44708	31338	11480	1890	40857
惠济区	1270	886	1220	50	1246	1196		50	72134	70923		1211	59300
中牟县	3294	1958	2327	903	3220	2298	64	858	183547	131700	3079	48768	57061
巩义市	577	391	575	2	576	574		2	27667	27595		72	48075
荥阳市	2829	1747	2829		2821	2821			117750	117750			41741
新密市	4005	1362	3980	2	4000	3975	23	2	178393	177625	720	48	44609
新郑市	3444	2275	3173	271	3335	3069		266	151335	142463		8872	46420
登封市	2410	1629	2398	12	2406	2394		12	128144	127768		376	53370
经济开发区	1480	1069	874	67	1420	873	480	67	83792	63609	14010	6173	57368
高新开发区	69	35	69		69	69			2725	2725			39493
郑州郑东新区	720	383	660	49	718	658	11	49	52175	50854	204	1117	76320
郑州航空港区	163	96	163		163	163			6716	4910		1806	30123
文化、体育和娱乐业	**17856**	**6239**	**16066**	**554**	**18063**	**16300**	**1235**	**528**	**1137326**	**1066494**	**52864**	**17968**	**63836**

2-11 续表 6　　(2015 年底)　　单位:人、元

类　别	单位从业人员	#女性	在岗职工合计	其他从业人员	单位从业人员平均人数	在岗职工	劳务派遣人员	其他从业人员	单位从业人员工资总额(千元)	在岗职工工资总额	劳务派遣人员工资总额	其他从业人员工资总额	在岗职工平均工资(含劳务派遣人员)
中原区	1285	635	1117	168	1219	1051		168	65992	59671		6321	56775
二七区	255	71	234	18	255	234	3	18	12446	12013	60	373	50941
管城区	255	94	255		256	256			10217	10217			39910
金水区	11662	3419	11187	98	11784	11312	375	97	846047	812232	29887	3928	72056
上街区	54	29	48		50	44	6		2243	1935	308		44860
惠济区	634	278	545	4	607	518	85	4	48429	45944	2233	252	79896
中牟县	44	21	44		46	46			1832	1832			39826
巩义市	315	157	281	34	316	282		34	12418	11602		816	41142
荥阳市	449	206	449		449	449			17723	17723			39472
新密市	231	126	231		231	231			8613	8613			37286
新郑市	289	135	289		289	289			13704	13704			47419
登封市	360	122	252	108	338	250		88	11996	9071		2925	36284
经济开发区	677	379	593	84	872	798		74	32008	29837		2171	37390
高新开发区	27	12	27		26	26			1328	1328			51077
郑州郑东新区	1315	552	510	40	1321	510	766	45	52138	30580	20376	1182	39934
郑州航空港区	4	3	4		4	4			192	192			48000
公共管理、社会保障和社会组织	**127993**	**47914**	**122608**	**3526**	**126325**	**121394**	**1623**	**3308**	**6602370**	**6468906**	**60002**	**73462**	**53073**
中原区	11880	4542	11094	639	11784	11018	147	619	763924	734072	17896	11956	67350
二七区	5929	2436	5659	164	5941	5760	17	164	396031	393024	2812	195	68519
管城区	6506	3166	6391		6503	6390	113		376300	372492	3808		57866
金水区	30646	12999	29494	856	29943	28874	231	838	1683296	1654002	8080	21214	57106
上街区	2756	916	2539	41	2647	2502	106	39	120875	116750	3016	1109	45923
惠济区	4557	1883	4323	209	4170	3970	23	177	269690	264977	607	4106	66512
中牟县	8173	2721	7789	291	8028	7658	88	282	350512	342752	1895	5865	44494
巩义市	6927	2528	6686	206	6932	6690	35	207	336806	327624	780	8402	48833
荥阳市	9374	3572	9374		9361	9361			349221	349221			37306
新密市	10832	3898	10585	76	10840	10593	171	76	510628	505093	2362	3173	47144
新郑市	8789	3379	8360	429	8642	8332		310	459675	453529		6146	54432
登封市	10822	2719	10521	74	10800	10498	227	75	387430	380758	5064	1608	35974
经济开发区	2410	807	2092	274	2397	2076	47	274	127557	120896	1320	5341	57568
高新开发区	605	266	605		600	600			30710	30710			51183
郑州郑东新区	5172	1487	5033	117	5164	5019	43	102	315885	312864	1531	1490	62109
郑州航空港区	2615	595	2063	150	2573	2053	375	145	123830	110142	10831	2857	49824

2-12　全市及各县(市)区城镇集体单位分行业从业人员人数及工资总额

(2015 年底)　　单位:人、元

行　业	单位从业人员	#女性	在岗职工合计	其他从业人员	单位从业人员平均人数	在岗职工	劳务派遣人员	其他从业人员	单位从业人员工资总额(千元)	在岗职工工资总额	劳务派遣人员工资总额	其他从业人员工资总额	在岗职工平均工资(含劳务派遣人员)
农、林、牧、渔业	**79**	**25**	**79**		**80**	**80**			**2862**	**2862**			**35775**
荥阳市	20	7	20		20	20			544	544			27200
新郑市	59	18	59		60	60			2318	2318			38633
采矿业	**285**	**15**	**285**		**282**	**282**			**10773**	**10773**			**38202**
登封市	285	15	285		282	282			10773	10773			38202
制造业	**8147**	**3024**	**7952**	**172**	**7960**	**7756**	**22**	**182**	**386534**	**377328**	**1153**	**8053**	**48660**
中原区	15	7	15		15	15			544	544			36267
二七区	1722	1074	1676	46	1698	1652		46	51403	51254		149	31025
管城区	526	175	493	15	522	488	17	17	69820	68029	974	817	136640
金水区	491	232	485	6	490	484		6	19357	19257		100	39787
上街区	879	571	879		990	990			19910	19910			20111
惠济区	142	67	142		142	142			4857	4857			34204
巩义市	192	13	192		189	189			4815	4815			25476
荥阳市	1828	400	1820	8	1611	1603		8	98798	98603		195	61512
新密市	851	176	851		820	820			27068	27068			33010
新郑市	933	225	831	97	918	808	5	105	68235	61264	179	6792	75576
登封市	458	36	458		455	455			16757	16757			36829
经济开发区	110	48	110		110	110			4970	4970			45182
建筑业	**4114**	**775**	**3114**	**292**	**3765**	**2967**	**545**	**253**	**151775**	**119547**	**24248**	**7980**	**40944**
中原区	1609	194	1044	156	1306	892	300	114	51974	34163	15300	2511	41496
二七区	116	38	93	18	119	93	5	21	4480	3440	240	800	37551
金水区	505	105	505		528	528			14244	14244			26977
上街区	72	12	41	31	62	41		21	1781	1223		558	29829
中牟县	227	71	224	3	226	223		3	13365	13173		192	59072
新密市	160	30	40	20	160	50	90	20	5860	1540	3600	720	36714
新郑市	1127	275	879	54	1016	832	130	54	47328	40610	4368	2350	46755
登封市	298	50	288	10	348	308	20	20	12743	11154	740	849	36262
批发和零售业	**2644**	**961**	**2494**	**139**	**2631**	**2474**	**11**	**146**	**87037**	**83285**	**558**	**3194**	**33740**
中原区	44	11	44		44	44			1878	1878			42682
二七区	50	29	50		50	50			1645	1645			32900
管城区	9	2	9		9	9			179	179			19889
金水区	484	153	469	4	472	457	11	4	27282	26602	558	122	58034
上街区	59	2	59		59	59			2787	2787			47237
中牟县	16	9	16		15	15			324	324			21600
巩义市	766	340	633	133	766	633		133	21046	18210		2836	28768

2-12 续表 1 （2015 年底） 单位：人、元

类别	单位从业人员	#女性	在岗职工合计	其他从业人员	单位从业人员平均人数	在岗职工	劳务派遣人员	其他从业人员	单位从业人员工资总额（千元）	在岗职工工资总额	劳务派遣人员工资总额	其他从业人员工资总额	在岗职工平均工资（含劳务派遣人员）
荥阳市	380	179	380		380	380			9058	9058			23837
新密市	190	118	190		190	184		6	5179	5007		172	27212
新郑市	115	31	115		115	115			3234	3234			28122
登封市	463	83	463		463	462		1	12842	12811		31	27729
郑州郑东新区	17	3	15	2	17	15		2	429	396		33	26400
郑州航空港区	51	1	51		51	51			1154	1154			22627
交通运输、仓储和邮政业	**853**	**257**	**839**	**7**	**855**	**841**	**7**	**7**	**31536**	**31025**	**464**	**47**	**37133**
中原区	7		7		7	7			503	503			71857
管城区	169	68	162	7	173	166		7	5126	5079		47	30596
金水区	17	9	17		17	17			1052	1052			61882
上街区	123	40	123		126	126			3886	3886			30841
巩义市	73	35	73		73	73			2064	2064			28274
荥阳市	18	4	18		18	18			398	398			22111
新密市	384	101	377		379	372	7		15806	15342	464		41704
登封市	62		62		62	62			2701	2701			43565
住宿和餐饮业	**896**	**490**	**860**	**12**	**895**	**854**	**24**	**17**	**36158**	**34324**	**772**	**1062**	**39973**
二七区	99	70	99		99	99			2655	2655			26818
管城区	107	49	107		107	107			4384	4384			40972
金水区	309	134	307	2	307	305		2	17532	17486		46	57331
巩义市	57	42	57		57	57			1850	1850			32456
登封市	274	172	244	10	275	240	20	15	7219	5771	432	1016	23858
郑州郑东新区	50	23	46		50	46	4		2518	2178	340		50360
信息传输、软件和信息技术服务业	**53**	**18**	**31**		**56**	**31**	**25**		**2833**	**1753**	**1080**		**50589**
金水区	7		7		7	7			233	233			33286
二七区	46	18	24		49	24	25		2600	1520	1080		53061
房地产业	**392**	**129**	**392**		**392**	**392**			**16680**	**16680**			**42551**
高新开发区	124	33	124		124	124			7464	7464			60194
金水区	186	64	186		186	186			5973	5973			32113
巩义市	82	32	82		82	82			3243	3243			39549
租赁和商务服务业	**2032**	**296**	**629**	**1394**	**1830**	**621**	**10**	**1199**	**47284**	**21928**	**544**	**24812**	**35613**
二七区	2	2	2		2	2			54	54			27000
管城区	1116	57	120	996	966	117		849	21038	3282		17756	28051

2-12 续表2 (2015年底) 单位:人、元

类别	单位从业人员	#女性	在岗职工合计	其他从业人员	单位从业人员平均人数	在岗职工	劳务派遣人员	其他从业人员	单位从业人员工资总额(千元)	在岗职工工资总额	劳务派遣人员工资总额	其他从业人员工资总额	在岗职工平均工资(含劳务派遣人员)
金水区	51	24	51		51	51			1922	1922			37686
上街区	5	4	5		5	5			215	215			43000
中牟县	610	148	212	398	558	208		350	14024	6968		7056	33500
巩义市	34	11	34		34	34			1587	1587			46676
荥阳市	38	10	38		38	38			1298	1298			34158
新密市	176	40	167		176	166	10		7146	6602	544		40602
科学研究和技术服务业	**942**	**419**	**932**	**8**	**956**	**943**	**7**	**6**	**46367**	**46103**	**72**	**192**	**48605**
中原区	166	66	164	2	171	169		2	14137	14074		63	83278
二七区	93	27	91		98	91	7		8659	8587	72		88357
管城区	32	14	30	2	32	30		2	1665	1632		33	54400
金水区	301	183	297	4	301	299		2	10857	10761		96	35990
新密市	10	6	10		10	10			535	535			53500
新郑市	247	90	247		251	251			6172	6172			24590
高新开发区	5	1	5		5	5			192	192			38400
郑州郑东新区	88	32	88		88	88			4150	4150			47159
水利、环境和公共设施管理业	**311**	**140**	**195**	**116**	**314**	**198**		**116**	**13146**	**10317**		**2829**	**52106**
中原区	150	48	34	116	153	37		116	6428	3599		2829	97270
二七区	2	2	2		2	2			56	56			28000
上街区	95	65	95		95	95			3190	3190			33579
巩义市	23	13	23		23	23			910	910			39565
新郑市	41	12	41		41	41			2562	2562			62488
居民服务、修理和其他服务业	**433**	**168**	**243**	**2**	**435**	**245**	**188**	**2**	**20581**	**12482**	**8051**	**48**	**47420**
中原区	180	92	54		180	54	126		12535	5448	7087		69639
金水区	81	25	81		83	83			2955	2955			35602
上街区	49	10	20		49	20	29		956	682	274		19510
中牟县	52	14	50	2	52	50		2	2185	2137		48	42740
巩义市	51	23	18		51	18	33		1310	620	690		25686
登封市	20	4	20		20	20			640	640			32000
教育	**5800**	**3408**	**5496**	**299**	**5786**	**5484**	**5**	**297**	**291064**	**284156**	**120**	**6788**	**51790**
中原区	1007	403	748	259	1007	748		259	53428	47535		5893	63549
二七区	181	137	181		181	181			9576	9576			52906
管城区	151	76	150	1	146	145		1	9166	9142		24	63048

2-12 续表 3　　　　（2015 年底）　　　　单位：人、元

类　别	单位从业人员	#女性	在岗职工合计	其他从业人员	单位从业人员平均人数	在岗职工	劳务派遣人员	其他从业人员	单位从业人员工资总额（千元）	在岗职工工资总额	劳务派遣人员工资总额	其他从业人员工资总额	在岗职工平均工资（含劳务派遣人员）
金水区	54	33	49		54	49	5		2738	2618	120		50704
巩义市	3195	2040	3195		3202	3202			161217	161217			50349
荥阳市	448	215	448		440	440			17980	17980			40864
新密市	16	12	16		16	16			726	726			45375
登封市	82	30	82		82	82			3848	3848			46927
经济开发区	185	142	185		185	185			8638	8638			46692
高新开发区	69	53	69		69	69			2706	2706			39217
郑州郑东新区	376	238	364	12	368	358		10	20076	19853		223	55455
郑州航空港区	36	29	9	27	36	9		27	965	317		648	35222
卫生和社会工作	**4252**	**3005**	**4002**	**250**	**4102**	**3858**		**244**	**225319**	**217597**		**7722**	**56402**
中原区	2	2	2		2	2			76	76			38000
二七区	108	89	50	58	108	50		58	3897	3897			77940
管城区	423	299	407	16	343	330		13	17303	16651		652	50458
金水区	62	39	53	9	62	53		9	1900	1691		209	31906
惠济区	124	81	69	55	121	69		52	4297	2483		1814	35986
巩义市	2620	1925	2581	39	2567	2528		39	158195	156857		1338	62048
荥阳市	80	44	80		80	80			3015	3015			37688
新密市	223	170	199	24	219	195		24	11345	10317		1028	52908
新郑市	246	156	197	49	238	189		49	12175	9494		2681	50233
登封市	137	61	137		137	137			5008	5008			36555
经济开发区	1		1		1	1			34	34			34000
郑州郑东新区	173	116	173		171	171			6478	6478			37883
郑州航空港区	53	23	53		53	53			1596	1596			30113
文化、体育和娱乐业	**93**	**50**	**87**	**6**	**92**	**86**		**6**	**4081**	**3901**		**180**	**45360**
中原区	25	18	25		25	25			1125	1125			45000
金水区	68	32	62	6	67	61		6	2956	2776		180	45508
公共管理、社会保障和社会组织	**495**	**174**	**495**		**494**	**494**			**25948**	**25948**			**52526**
中原区	29	10	29		29	29			2395	2395			82586
二七区	151	61	151		151	151			9813	9813			64987
金水区	90	23	90		83	83			4397	4397			52976
中牟县	18	10	18		20	20			917	917			45850
新密市	207	70	207		211	211			8426	8426			39934

2-13 全市及各县(市)区其他单位分行业从业人员人数及工资总额

(2015 年底)

单位:人、元

行业	单位从业人员				单位从业人员平均人数				单位从业人员工资总额(千元)				在岗职工平均工资(含劳务派遣人员)
		#女性	在岗职工合计	其他从业人员		在岗职工	劳务派遣人员	其他从业人员		在岗职工工资总额	劳务派遣人员工资总额	其他从业人员工资总额	
农、林、牧、渔业	**974**	**369**	**974**		**968**	**968**			**30889**	**30889**			**31910**
管城回族区	18	5	18		18	18			832	832			46222
上街区	15	7	15		15	15			368	368			24533
惠济区	8	2	8		8	8			301	301			37625
巩义市	15	2	15		15	15			626	626			41733
荥阳市	704	226	704		701	701			21419	21419			30555
新郑市	16	7	16		16	16			442	442			27625
登封市	113	55	113		113	113			3744	3744			33133
郑州郑东新区	11	3	11		11	11			460	460			41818
郑州航空港区	74	62	74		71	71			2697	2697			37986
采矿业	**59707**	**8351**	**59672**	**11**	**62196**	**62164**	**24**	**8**	**2690888**	**2689021**	**735**	**1132**	**43252**
市辖区	32586	5560	32586		35320	35320			1625800	1625800			46031
上街区	1269	175	1269		1273	1273			60191	60191			47283
巩义市	7211	1064	7187		7407	7383	24		197749	197014	735		26698
荥阳市	54	12	54		54	54			1651	1651			30574
新密市	2060	193	2059	1	2008	2007		1	80263	80227		36	39974
新郑市	1586	139	1586		1605	1605			78520	78520			48922
登封市	14941	1208	14931	10	14529	14522		7	646714	645618		1096	44458
制造业	**686755**	**312510**	**666962**	**3047**	**646650**	**624923**	**18348**	**3379**	**31493838**	**30643496**	**715434**	**134908**	**48749**
市辖区	2990	497	2211	26	3186	2331	823	32	197212	153110	42110	1992	61896
中原区	8879	3790	8732	105	8987	8795	87	105	318557	312946	3247	2364	35599
二七区	12915	3910	12780	105	12615	12439	69	107	504779	495314	3192	6273	39855
管城区	22854	3337	22731	123	21300	21143		157	1506929	1494272		12657	70675
金水区	11939	4420	9871	12	11514	9687	1815	12	403219	353515	48751	953	34974
上街区	10608	2526	10381	28	10890	10565	298	27	460215	449130	9514	1571	42221
惠济区	6086	2829	5877	23	6252	5970	262	20	214253	201880	11687	686	34269
中牟县	13246	4214	12128	121	13574	12007	1425	142	670800	602803	59213	8784	49286
巩义市	42092	9188	41135	743	40225	39339	222	664	1450629	1420168	8662	21799	36117
荥阳市	39045	8444	38378	305	38537	37863	386	288	1461087	1435724	17470	7893	37993
新密市	40943	10102	40715	224	39967	39730	7	230	1345269	1335475	332	9462	33616
新郑市	54761	18300	51197	260	53764	49970	3449	345	1997710	1884537	102857	10316	37204
登封市	35051	7669	34704	225	33374	33018	123	233	1149599	1137652	4098	7849	34451
经济开发区	53852	21140	47643	280	55986	48824	6867	295	3029481	2729561	279590	20330	54033
高新开发区	33282	8796	30469	375	34711	31706	2407	598	1877929	1741891	118223	17815	54528
郑州郑东新区	5176	2315	5176		6076	6076			346224	346224			56982
郑州航空港区	293036	201033	292834	92	255692	255460	108	124	14559946	14549294	6488	4164	56955

2-13 续表 1　　　　（2015 年底）　　　　单位：人、元

类别	单位从业人员	#女性	在岗职工合计	其他从业人员	单位从业人员平均人数	在岗职工	劳务派遣人员	其他从业人员	单位从业人员工资总额（千元）	在岗职工工资总额	劳务派遣人员工资总额	其他从业人员工资总额	在岗职工平均工资（含劳务派遣人员）
电力、热力、燃气及水生产和供应业	**25192**	**6005**	**24304**	**331**	**25260**	**24351**	**654**	**255**	**1192753**	**1166564**	**17551**	**8638**	**47355**
中原区	7184	2189	6519	225	7232	6561	544	127	400335	380749	13915	5671	55547
惠济区	824	258	730		789	689	100		45959	42634	3325		58250
中牟县	41		38	3	40	36		4	1503	1209		294	33583
巩义市	455	174	455		455	455			17684	17684			38866
荥阳市	303	107	276	27	303	276		27	8315	7859		456	28475
新密市	225	66	199	3	232	200	7	25	10831	10155	101	575	49546
新郑市	282	78	278	4	280	273	3	4	10724	10363	210	151	38308
登封市	15086	2925	15020	66	15219	15154		65	645570	644266		1304	42515
高新开发区	506	137	503	3	439	436		3	37794	37607		187	86255
郑州郑东新区	232	54	232		231	231			10163	10163			43996
郑州航空港区	54	17	54		40	40			3875	3875			96875
建筑业	**287279**	**40784**	**203830**	**27710**	**278727**	**195792**	**55781**	**27154**	**13684866**	**9557067**	**3053304**	**1074495**	**50126**
中原区	35219	4329	12179	1915	34886	11848	21091	1947	1979145	570180	1332573	76392	57766
二七区	24323	3757	17065	1349	24639	16738	6678	1223	1337396	936594	361971	38831	55456
管城区	11739	1502	10140	1062	11564	9933	520	1111	517221	463922	19426	33873	46240
金水区	75105	12000	60380	7378	73667	59290	7257	7120	3610880	2992422	347538	270920	50189
上街区	5333	931	3331	537	5006	3236	1292	478	271016	156851	97097	17068	56084
惠济区	31611	3278	23894	6999	29472	21941	735	6796	1327884	1065112	28400	234372	48223
中牟县	4883	402	4089	548	4516	3750	234	532	202221	145782	11021	45418	39358
巩义市	3026	394	2357	117	2820	2173	526	121	147489	78610	62226	6653	52181
荥阳市	20005	3672	10647	1160	18642	9730	7844	1068	782414	331018	407577	43819	42028
新密市	19081	2598	11119	1954	18931	10790	6293	1848	726623	426942	265364	34317	40526
新郑市	9889	911	9143	719	8660	7958	30	672	378492	345045	751	32696	43289
登封市	4351	365	3542	715	4089	3236	99	754	168347	145842	2331	20174	44430
经济开发区	20350	3899	18997	765	19523	18333	371	819	1116458	1057900	20177	38381	57639
高新开发区	11333	1570	9079	1749	11457	9047	496	1914	699209	538318	21934	138957	58708
郑州郑东新区	10824	1160	7703	731	10630	7597	2292	741	412212	295931	74105	42176	37419
郑州航空港区	207	16	165	12	225	192	23	10	7859	6598	813	448	34470
批发和零售业	**88184**	**42695**	**82320**	**2095**	**86902**	**80951**	**3658**	**2293**	**3836834**	**3637856**	**130655**	**68323**	**44540**
中原区	3056	1391	2986	68	3067	2994	11	62	132747	130584	219	1944	43528
二七区	11777	7046	10661	658	11768	10656	407	705	523233	490298	15713	17222	45739
管城区	12037	6413	10100	284	11713	9698	1663	352	438455	369003	60790	8662	37831
金水区	25862	13352	24682	531	25480	24302	656	522	985986	952687	18298	15001	38905
上街区	726	283	726		716	716			19797	19797			27649
惠济区	2844	974	2667	7	2851	2652	172	27	169061	160079	7038	1944	59177
中牟县	2088	1015	1896	49	1961	1776	134	51	108008	99518	6972	1518	55754
巩义市	1436	808	1263	121	1482	1246	72	164	48149	41671	2364	4114	33410
荥阳市	1921	650	1903	6	1907	1882	17	8	69270	68192	573	505	36211
新密市	3326	1224	3174	29	3274	3117	127	30	134327	128627	3985	1715	40879
新郑市	3708	1872	3668	26	3740	3697	15	28	174706	173470	511	725	46870
登封市	2304	758	2276	17	2227	2178	19	30	77976	73755	1232	2989	34132

2-13 续表2 （2015年底） 单位：人、元

类别	单位从业人员				单位从业人员平均人数				单位从业人员工资总额（千元）				在岗职工平均工资（含劳务派遣人员）
		#女性	在岗职工合计	其他从业人员		在岗职工	劳务派遣人员	其他从业人员		在岗职工工资总额	劳务派遣人员工资总额	其他从业人员工资总额	
经济开发区	10121	4020	9558	225	9688	9216	221	251	508992	493520	6099	9373	52943
高新开发区	2830	1300	2819	7	2865	2854	4	7	185115	184546	245	324	64657
郑州郑东新区	3876	1497	3713	62	3893	3740	101	52	245956	239762	4053	2141	63477
郑州航空港区	272	92	228	5	270	227	39	4	15056	12347	2563	146	56053
交通运输、仓储和邮政业	**54284**	**16789**	**37531**	**2640**	**53932**	**37199**	**14030**	**2703**	**2891753**	**2193362**	**594116**	**104275**	**54412**
中原区	58	16	58		58	58			1593	1593			27466
二七区	6728	2374	5713	1015	6961	5927		1034	334029	311216		22813	52508
管城区	2346	1047	2217		2245	2111	134		123238	117004	6234		54894
金水区	963	307	836	64	1095	946	70	79	54417	48937	3922	1558	52027
上街区	968	183	901	60	974	902	7	65	38416	36687	175	1554	40552
惠济区	216	94	216		147	147			5108	5108			34748
中牟县	403	148	364	20	387	347	21	19	14020	12670	800	550	36603
巩义市	1174	115	1174		1113	1111		2	69424	69324		100	62398
荥阳市	216	60	216		216	216			7861	7861			36394
新密市	2848	388	2828	2	2817	2794	17	6	122882	122105	488	289	43612
新郑市	1804	488	1012	792	1838	1046		792	98163	59508		38655	56891
登封市	2567	618	2116	341	2514	2072	100	342	100103	82450	3000	14653	39342
经济开发区	6618	1402	5445	110	7706	5707	1868	131	426124	309754	105756	10614	54853
郑州郑东新区	16311	5762	10056	183	16101	9964	5961	176	584780	424227	150008	10545	36059
郑州航空港区	11064	3787	4379	53	9760	3851	5852	57	911595	584918	323733	2944	93646
住宿和餐饮业	**26696**	**14551**	**24644**	**562**	**26995**	**24908**	**1522**	**565**	**954529**	**874889**	**60737**	**18903**	**35400**
中原区	1277	703	1269	8	1314	1305		9	53734	53513		221	41006
二七区	2671	1544	2314	1	2968	2582	385	1	99202	86507	12690	5	33433
管城区	668	405	592	76	667	592		75	24747	23147		1600	39100
金水区	13070	6944	12325	321	12992	12253	417	322	434660	409822	15298	9540	33553
上街区	367	243	324	43	353	312		41	9998	8967		1031	28740
惠济区	9	5	9		9	9			230	230			25556
中牟县	440	281	397	20	489	447	23	19	15349	13952	760	637	31302
巩义市	797	493	797		792	791		1	19188	19162		26	24225
荥阳市	301	183	278	23	303	279		24	8964	8452		512	30294
新密市	602	298	580	8	593	572	11	10	25516	24498	543	475	42952
新郑市	716	439	703	7	696	683	6	7	23462	22522	261	679	33067
登封市	788	413	764	24	762	731	14	17	23663	22178	738	747	30760
经济开发区	414	232	414		432	432			14894	14894			34477
高新开发区	300	142	300		300	300			12079	12079			40263
郑州郑东新区	3042	1689	2943	3	3061	2961	94	6	131401	126743	4356	302	42913
郑州航空港区	1234	537	635	28	1264	659	572	33	57442	28223	26091	3128	44122
信息传输、软件和信息技术服务业	**29009**	**12085**	**25180**	**486**	**28656**	**24567**	**3588**	**501**	**2176894**	**1970184**	**192315**	**14395**	**76807**
中原区	189	62	189		184	184			9760	9760			53043
二七区	4140	1514	4067		4116	4043	73		459739	454516	5223		111696

2-13 续表 3 （2015 年底） 单位：人、元

类别	单位从业人员	#女性	在岗职工合计	其他从业人员	单位从业人员平均人数	在岗职工	劳务派遣人员	其他从业人员	单位从业人员工资总额（千元）	在岗职工工资总额	劳务派遣人员工资总额	其他从业人员工资总额	在岗职工平均工资（含劳务派遣人员）
管城区	768	367	768		713	713			47288	47288			66323
金水区	15061	7127	11647	329	15004	11375	3322	307	1085188	900591	177868	6729	73380
上街区	74	23	74		70	70			1823	1823			26043
惠济区	208	134	208		208	208			7079	7079			34034
中牟县	40	7	40		40	40			1405	1405			35125
巩义市	261	128	127	119	303	133	15	155	12735	6336	819	5580	48345
新密市	202	66	202		202	202			8539	8539			42272
登封市	65	23	65		65	65			1953	1953			30046
经济开发区	1176	417	1128	17	1101	1053	31	17	72846	70640	1445	761	66499
高新开发区	4357	1598	4288	21	4177	4104	51	22	286695	283341	2029	1325	68681
郑州郑东新区	2391	580	2300		2396	2300	96		176999	172068	4931		73873
郑州航空港区	77	39	77		77	77			4845	4845			62922
金融业	**40811**	**14224**	**28710**	**10942**	**37533**	**28398**	**1091**	**8044**	**3473480**	**3082733**	**40737**	**350010**	**105920**
中原区	4	2	4		4	4			210	210			52500
二七区	2523	1378	2464	59	2523	2464		59	124897	123369		1528	50069
管城区	7	2	7		7	7			168	168			24000
金水区	31719	9369	20032	10853	28428	19684	789	7955	2615552	2239068	35871	340613	111119
上街区	20	11	14		20	14	6		620	410	210		31000
中牟县	837	415	807	30	820	790		30	52399	51745		654	65500
巩义市	606	495	606		626	626			92715	92715			148107
荥阳市	302	89	302		302	302			11990	11990			39702
新密市	480	231	480		480	480			40782	40782			84963
新郑市	499	233	427		509	437	72		51458	44243		7215	86921
登封市	506	238	506		506	506			23377	23377			46200
高新开发区	171	100	171		171	171			10192	10192			59602
郑州郑东新区	3137	1661	2890		3137	2913	224		449120	444464	4656		143169
房地产业	**53943**	**21645**	**48343**	**1713**	**52881**	**47170**	**3931**	**1780**	**2948862**	**2744944**	**122310**	**81608**	**56110**
中原区	4846	1686	4505	171	4725	4346	184	195	280624	269667	5136	5821	60663
二七区	5205	2002	4085	105	5172	4042	1038	92	301189	279404	18202	3583	58584
管城区	5047	2345	4998	43	4912	4877	10	25	211182	209167	202	1813	42842
金水区	13514	5787	12559	169	13389	12528	671	190	688741	654896	23442	10403	51393
上街区	1513	527	1216	268	1383	1096	29	258	64151	55465	1044	7642	50230
惠济区	1043	472	1037	6	1050	1044		6	76297	75196		1101	72027
中牟县	1657	691	1524	129	1623	1461	4	158	79405	74782	138	4485	51140
巩义市	1160	470	1060	97	1159	1113	5	41	40962	39215	200	1547	35255
荥阳市	2226	759	2063	162	2132	1992	18	122	82202	77953	455	3794	39009
新密市	1180	388	1109	52	1108	1027	22	59	53898	50977	1148	1773	49690
新郑市	3341	1077	3242	57	3193	3088	48	57	173424	168239	2950	2235	54588
登封市	829	242	799	10	797	767	20	10	32990	31779	730	481	41307
经济开发区	2994	1172	2090	17	2968	1902	851	215	216027	171937	28623	15467	72851
高新开发区	2412	1432	2235	174	2448	2109	221	118	164751	141313	10578	12860	65189

2-13 续表4 （2015年底） 单位：人、元

类　别	单位从业人员	#女性	在岗职工合计	其他从业人员	单位从业人员平均人数	在岗职工	劳务派遣人员	其他从业人员	单位从业人员工资总额（千元）	在岗职工工资总额	劳务派遣人员工资总额	其他从业人员工资总额	在岗职工平均工资（含劳务派遣人员）
郑州郑东新区	4942	1803	4400	238	4877	4357	311	209	389873	370226	12008	7639	81884
郑州航空港区	2034	792	1421	15	1945	1421	499	25	93146	74728	17454	964	48011
租赁和商务服务业	**35378**	**13165**	**27741**	**2408**	**35078**	**27609**	**5177**	**2292**	**1763216**	**1540268**	**153118**	**69830**	**51650**
中原区	748	304	660	85	751	641	3	107	45308	42320	187	2801	66005
二七区	3173	418	2614	6	3170	2611	553	6	125436	105659	19514	263	39562
管城区	1505	608	1497	8	1489	1473	8	8	73862	72832	473	557	49497
金水区	10193	5111	9783	224	10319	9860	187	272	576325	561904	5022	9399	56427
上街区	916	430	321		811	315	496		21972	11151	10821		27092
惠济区	271	111	271		271	271			9028	9028			33314
中牟县	754	277	744	4	739	721	12	6	27484	26834	366	284	37108
巩义市	154	78	153	1	151	150		1	4808	4789		19	31927
荥阳市	221	69	176	45	220	175		45	6474	4607		1867	26326
新密市	757	281	746	11	741	730		11	29731	29433		298	40319
新郑市	1260	497	918	242	1292	950	99	243	66192	58407	3080	4705	58615
登封市	3429	436	3322	54	3356	3310	22	24	157128	153867	1200	2061	46539
经济开发区	723	299	691	2	718	686	30	2	50227	49572	595	60	70066
高新开发区	1983	596	1974	2	1964	1955	7	2	125036	124009	841	186	63634
郑州郑东新区	9051	3527	3666	1722	8849	3558	3728	1563	424346	268262	108874	47210	51762
郑州航空港区	240	123	205	2	237	203	32	2	19859	17594	2145	120	83996
科学研究和技术服务业	**36378**	**8765**	**27682**	**1396**	**36535**	**27480**	**7624**	**1431**	**2265382**	**1745565**	**435379**	**84438**	**62128**
中原区	11099	1878	6796	329	11398	6821	4240	337	839786	552786	265890	21110	74015
二七区	3418	650	1748	215	3245	1721	1330	194	236750	151740	75865	9145	74600
管城区	74	21	73	1	75	74		1	2225	2154		71	29108
金水区	11720	3170	10320	732	11766	10311	737	718	667642	585703	36879	45060	56352
上街区	93	42	93		92	92			3014	3014			32761
惠济区	1674	457	1568		1600	1515	85		94709	89599	5110		59193
中牟县	631	310	619	4	641	617	4	20	22902	22142	222	538	36013
巩义市	224	115	216	8	223	200		23	6396	5523		873	27615
荥阳市	370	82	370		360	360			11343	11343			31508
新密市	171	16	171		170	170			6905	6905			40618
新郑市	140	65	138	2	136	134		2	3671	3613		58	26963
登封市	98	13	98		92	92			2880	2880			31304
经济开发区	3414	822	2682	6	3594	2707	879	8	187773	153193	34111	469	52232
高新开发区	2472	901	2059	78	2388	1958	321	109	139503	116804	16384	6315	58441
郑州郑东新区	780	223	731	21	755	708	28	19	39883	38166	918	799	53103
水利、环境和公共设施管理业	**7741**	**3388**	**5107**	**2178**	**7681**	**5363**	**506**	**1812**	**296377**	**226923**	**20605**	**48849**	**42175**
中原区	174	42	171	3	172	169		3	8598	8524		74	50438
二七区	852	221	431		918	447	471		41108	21827	19281		44780
管城区	26	7	26		24	24			1388	1388			57833

2-13 续表 5 （2015 年底） 单位：人、元

类别	单位从业人员	#女性	在岗职工合计	其他从业人员	单位从业人员平均人数	在岗职工	劳务派遣人员	其他从业人员	单位从业人员工资总额（千元）	在岗职工工资总额	劳务派遣人员工资总额	其他从业人员工资总额	在岗职工平均工资（含劳务派遣人员）
金水区	316	80	316		490	490			22555	22555			46031
上街区	639	305	639		642	642			13995	13995			21799
惠济区	56	9	56		59	59			2765	2765			46864
中牟县	201	78	129	72	197	167		30	6444	5786		658	34647
巩义市	322	183	322		318	318			10290	10290			32358
荥阳市	137	45	115	10	133	111	12	10	5140	4668	260	212	40065
新密市	43	14	43		23	23			1040	1040			45217
新郑市	317	56	290	6	298	271	21	6	21326	20012	1010	304	71993
登封市	208	35	208		200	200			4318	4318			21590
经济开发区	1621	916	1621		1560	1560			44076	44076			28254
高新开发区	252	143	252		252	252			8295	8295			32917
郑州郑东新区	2577	1254	488	2087	2395	630	2	1763	105039	57384	54	47601	90883
居民服务、修理和其他服务业	**3124**	**1440**	**3105**	**19**	**3285**	**3109**	**152**	**24**	**128190**	**110187**	**17258**	**745**	**39082**
中原区	20	5	20		26	26			1198	1198			46077
二七区	496	226	496		496	496			21551	21551			43450
管城区	275	219	275		272	272			8846	8846			32522
金水区	652	326	652		711	711			26950	26950			37904
上街区	66	32	66		67	64		3	1449	1379		70	21547
惠济区	108	68	108		109	109			2668	2668			24477
巩义市	326	95	307	19	324	303		21	9275	8600		675	28383
荥阳市	45	14	45		45	45			1285	1285			28556
新密市	51	32	51		26	26			933	933			35885
新郑市	166	62	166		165	163	2		6714	6514	200		40691
登封市	350	89	350		346	346			7920	7920			22890
高新开发区	111	60	111		106	106			3282	3282			30962
郑州郑东新区	458	212	458		592	442	150		36119	19061	17058		61012
教育	**29432**	**17330**	**27078**	**2306**	**27844**	**25755**	**46**	**2043**	**1272929**	**1171620**	**1405**	**99904**	**45464**
中原区	648	502	610	36	631	594	1	36	28444	26523	81	1840	44713
二七区	5455	3188	4817	638	5437	4757		680	258830	209715		49115	44086
管城区	1004	788	1003		995	994	1		43399	43378	21		43617
金水区	3413	2408	2853	560	3369	2811		558	162763	150477	96	12190	53566
上街区	206	161	175		204	174	30		8394	7499	895		41147
惠济区	88	77	88		88	88			1861	1861			21148
中牟县	1403	844	1280	123	1368	1246		122	58289	52845		5444	42412
巩义市	2601	1569	2575	15	2595	2569	11	15	101447	100206	184	1057	38911
荥阳市	768	464	768		768	768			32556	32556			42391
新密市	1275	734	1270	5	1239	1234		5	58185	57432		753	46541
新郑市	6641	4039	5715	926	5332	4708		624	296829	267452		29377	56808
登封市	4279	1390	4273	3	4203	4197	3	3	150529	150273	128	128	35810
经济开发区	592	443	592		577	577			25087	25087			43478

2-13 续表6 （2015年底） 单位：人、元

类别	单位从业人员	#女性	在岗职工合计	其他从业人员	单位从业人员平均人数	在岗职工	劳务派遣人员	其他从业人员	单位从业人员工资总额（千元）	在岗职工工资总额	劳务派遣人员工资总额	其他从业人员工资总额	在岗职工平均工资（含劳务派遣人员）
高新开发区	333	194	333		333	333			16970	16970			50961
郑州郑东新区	535	408	535		516	516			21413	21413			41498
郑州航空港区	191	121	191		189	189			7933	7933			41974
卫生和社会工作	**12440**	**8136**	**11877**	**495**	**11865**	**11315**	**68**	**482**	**550795**	**536320**	**2794**	**11681**	**47361**
中原区	1218	858	1218		1240	1240			51927	51927			41877
二七区	391	234	373	18	396	377		19	17960	17423		537	46215
管城区	242	168	242		221	221			6118	6118			27683
金水区	1166	891	1136	30	1014	989		25	58986	58111		875	58757
惠济区	112	78	112		114	114			3218	3218			28228
中牟县	60	33	60		60	60			2392	2392			39867
巩义市	898	648	897	1	898	897		1	38663	38641		22	43078
新密市	2492	1225	2424		2495	2427	68		131342	128548	2794		52642
新郑市	3730	2915	3284	446	3296	2859		437	143504	133257		10247	46610
登封市	1268	853	1268		1238	1238			51181	51181			41342
经济开发区	4	1	4		4	4			125	125			31250
郑州郑东新区	479		479		509	509			23400	23400			45972
郑州航空港区	380	232	380		380	380			21979	21979			57839
文化、体育和娱乐业	**5727**	**2571**	**5544**	**86**	**5683**	**5526**	**84**	**73**	**407474**	**400035**	**3575**	**3864**	**71945**
中原区	224	100	176	37	193	166	6	21	12437	10100	187	2150	59808
二七区	156	68	156		156	156			4762	4762			30526
管城区	141	85	141		141	141			6157	6157			43667
金水区	3003	1484	2933	33	2979	2903	36	40	220824	217251	2217	1356	74674
上街区	13	6	13		13	13			302	302			23231
惠济区	31	11	30		31	30	1		841	822	19		27129
巩义市	112	80	110		108	106	2		3336	3300	36		30889
荥阳市	187	26	187		180	180			4287	4287			23817
新密市	57	35	57		57	57			1377	1377			24158
新郑市	31	13	31		32	30		2	1084	1073		11	35767
登封市	550	141	545	5	533	530		3	16625	16505		120	31142
经济开发区	857	356	819		902	872	30		97998	96882	1116		108645
高新开发区	27	19	27		27	27			980	980			36296
郑州郑东新区	338	147	319	11	331	315	9	7	36464	36237		227	111843
公共管理、社会保障和社会组织	**4397**	**2050**	**2601**	**1756**	**4667**	**2615**	**41**	**2011**	**156956**	**126817**	**1320**	**28819**	**48244**
中原区	242	87	242		242	242			13810	13810			57066
二七区	3230	1645	1481	1749	3501	1497		2004	107425	78807		28618	52643
管城区	257	138	257		265	265			12257	12257			46253
金水区	401	148	400	1	392	390	1	1	14960	14929	24	7	38243
上街区	31	16	31		31	31			1164	1164			37548
巩义市	27	11	27		27	27			1254	1254			46444
登封市	123	5	123		123	123			3300	3300			26829
郑州郑东新区	86		40	6	86	40	40	6	2786	1296	1296	194	32400

主要统计指标解释

从业人员年末人数　指期末最后一日24时在本单位中工作,并取得工资或其他形式劳动报酬的人员数。该指标为时点指标,不包括最后一日当天及以前已经与单位解除劳动合同关系的人员。是在岗职工、劳务派遣人员及其他从业人员之和。从业人员不包括:

(1)离开本单位仍保留劳动关系,并定期领取生活费的人员;

(2)利用课余时间打工的学生及在本单位实习的各类在校学生;

(3)本单位因劳务外包而使用的人员。

在岗职工　指在本单位工作且与本单位签订劳动合同,并由单位支付各项工资和社会保险、住房公积金的人员,以及上述人员中由于学习、病伤、产假等原因暂未工作仍由单位支付工资的人员。在岗职工还包括:

(1)应订立劳动合同而未订立劳动合同人员(如使用的农村户籍人员);

(2)处于试用期人员;

(3)编制外招用的人员;

(4)派往外单位工作,但工资仍由本单位发放的人员(如挂职锻炼、外派工作等情况)。

在岗职工不包括:

(1)本单位使用的且由本单位直接支付工资的劳务派遣人员,应统计在本单位“劳务派遣人员”指标中;

(2)本单位因劳务外包而使用的人员,由承包劳务的单位统计为在岗职工。

劳务派遣人员　根据《中华人民共和国劳动合同法》规定,指与劳务派遣单位签订劳动合同,并被劳务派遣单位派遣到实际用工单位工作,且劳务派遣单位与实际用工单位签订《劳务派遣协议》的人员。

注意:无论用工单位是否直接支付劳动报酬,劳务派遣人员均由实际用工单位填报,而劳务派遣单位(派出单位)不填报这些人员。

其他从业人员　指本单位中不能归到在岗职工、劳务派遣人员中的人员。此类人员是实际参加本单位生产或工作并从本单位取得劳动报酬的人员。具体包括:非全日制人员、聘用的正式离退休人员、兼职人员和第二职业者等,以及在本单位中工作的外籍和港澳台方人员。

从业人员工资总额　指根据《关于工资总额组成的规定》(1990年1月1日国家统计局发布的一号令)进行修订,本单位在报告期内(季度或年度)直接支付给本单位全部从业人员的劳动报酬总额。包括计时工资、计件工资、奖金、津贴和补贴、加班加点工资、特殊情况下支付的工资,是在岗职工工资总额、劳务派遣人员工资总额和其他从业人员工资总额之和。

工资总额是税前工资,包括单位从个人工资中直接为其代扣或代缴的房费、水费、电费、住房公积金和社会保险基金个人缴纳部分等。

工资总额不论是计入成本的还是不计入成本的,不论是以货币形式支付的还是以实物形式支付的,均应列入工资总额的计算范围。

在岗职工工资　总额指本单位在报告期内直接支付给本单位全部在岗职工的劳动报酬总额。在岗职工工资总额从构成角度分解为四部分:基本工资、绩效工资、工资性津贴和补贴、其他工资。工资总额不包括人员的病假、事假等情况扣款,单位在填报在岗职工工资总额四项构成时,应根据实际情况调整对应项目;如不能确定调整项,可扣减基本工资项。

劳务派遣人员工资总额　指实际用工单位(派遣人员的使用方)在一定时期内为使用劳务派遣人员而付出的劳动报酬总额,包括用工单位负担的基本工资、加班工资、绩效工资以及各种津贴、补贴等,但不包含因使用派遣人员而支付的管理费用和其他用工成本。

其他从业人员工资总额　指本单位在报告期内直接支付给本单位其他从业人员的全部劳动报酬。

三、固定资产投资及房地产开发

3-1 全社会固定资产投资

（2015 年）

单位：万元、万平方米

指　　标	全社会投资	固定资产投资	房地产开发	农户投资
总　　计	**63717259**	**62880031**	**20001954**	**837228**
住宅投资	13992700	13617086	13381631	375614
按经济类型分				
内资	**62124313**	**62124313**	**19375924**	
国有经济	13986896	13986896	628035	
集体经济	3274589	3274589	12597	
股份合作	237025	237025		
国有联营	142299	142299		
其他联营	18480	18480		
国有独资	891555	891555	213735	
其他有限责任公司	21629089	21629089	14734631	
股份有限公司	1980244	1980244	559047	
私营	11298646	11298646	3194127	
其他内资	8665490	8665490	33752	
港澳台商投资	**499277**	**499277**	**464777**	
合资经营	79179	79179	76179	
独　资	397799	397799	374799	
外商投资	**256441**	**256441**	**161253**	
合资经营	117116	117116	21928	
独　资	139325	139325	139325	
个体经营	**837228**			**837228**
本年新增固定资产	**30048837**	**29219620**	**4353110**	**829217**
本年施工房屋面积	**15898**	**14894**	**10818**	**1004**
#住宅	8342	7430	7256	912
本年竣工房屋面积	**2440**	**1479**	**1077**	**961**
#住宅	1627	753	671	874
本年竣工房屋价值	**6588400**	**6189003**	**2947947**	**399397**
#住宅	4158845	3812784	1760525	346061

3-2 分县(市)区全社会固定资产投资

(2015 年)

单位:万元

县(市)区	全社会投资	固定资产投资	房地产开发	农户投资
总 计	**63717259**	**62880031**	**20001954**	**837228**
各区小计	**36158566**	**36064054**	**17337356**	**94512**
中原区	2732323	2723872	2304334	8451
二七区	4075595	4073295	3282420	2300
管城区	3000241	2975041	1659568	25200
金水区	4683331	4683331	2431048	
上街区	1394912	1394912	530261	
惠济区	1688460	1656842	615019	31618
高新区	3195771	3195771	2408140	
经开区	4053557	4053557	399752	
郑东新区	6089897	6089897	2608175	
航空港实验区	5244479	5217536	1098639	26943
各县(市)小计	**26923696**	**26180980**	**2664598**	**742716**
中牟县	3393910	3277526	314825	116384
巩义市	4844981	4754894	397293	90087
荥阳市	4934094	4832388	667186	101706
新密市	4686095	4536940	263527	149155
新郑市	4883528	4731540	904544	151988
登封市	4181088	4047692	117223	133396

3-3 分产业及行业全社会固定资产投资

（2015 年）

单位：万元

指　　标	全社会投资	固定资产投资	房地产开发	农户投资
合　计	**63717259**	**62880031**	**20001954**	**837228**
按产业及国民经济行业分				
第一产业	**920208**	**871004**		**49204**
农林牧渔业服务业	874827	825623		49204
第二产业	**14828195**	**14753308**		**74887**
工业	14765414	14727309		38105
采矿业	512486	512486		
制造业	13011561	12973456		38105
电力煤气及水的生产和供业业	1241367	1241367		
建筑业	62781	25999		36782
第三产业	**47968856**	**47255719**	**20001954**	**713137**
交通运输、仓储和邮政业	5157922	5000377		157545
信息传输、软件和信息技术服务业	694451	694451		
批发和零售业	2140766	1989374		151392
住宿和餐饮业	343716	337431		6285
金融业	28453	28453		
房地产业	26996043	26598655	20001954	397388
租赁和商务服务业	1537791	1537791		
科学研究和技术服务业	711477	711477		
水利、环境和公共设施管理业	7719266	7719266		
居民服务、修理和其他服务业	22186	21659		527
教育	939232	939232		
卫生和社会工作	726970	726970		
文化、体育和娱乐业	620507	620507		
公共管理、社会保障和和社会组织	330076	330076		

3-4 分类型固定资产投资

（2015 年）

单位：万元、平方米

类　　别	固定资产投资	类　　别	固定资产投资
投资总额	**62880031**	国家预算内资金	5540908
按登记注册类型分		国内贷款	3536165
国有经济	15020750	利用外资	2000
集体经济	3511614	自筹资金	32339670
城乡个人		其他资金来源	21461288
联营经济	18480	**按构成分**	
股份制经济	23609333	建筑安装工程	47081605
港澳台投资经济	499277	设备工器具购置	6435532
外商投资经济	256441	其他费用	9362894
私营经济	11298646	**房屋建筑面积**	
其他经济	8665490	施工面积	148943381
按隶属关系分		#住宅	74301559
中央	575066	竣工面积	14793208
地方	62304965	#住宅	7532001
按资金来源分			

3-5 按行业和注册类型

（2015 年）

行业	本年完成投资额	中央	地方	内资	港澳台商投资
总计	**62880031**	**575066**	**62304965**	**62124313**	**499277**
农、林、牧、渔业	**871004**		**871004**	**871004**	
农业	424172		424172	424172	
林业	28222		28222	28222	
畜牧业	373785		373785	373785	
渔业	17669		17669	17669	
农、林、牧、渔服务业	27156		27156	27156	
工业	**14727309**	**48420**	**14678889**	**14677824**	
采矿业	512486		512486	512486	
煤炭开采和洗选业	403294		403294	403294	
有色金属矿采选业	45726		45726	45726	
非金属矿采选业	39713		39713	39713	
开采辅助活动	23753		23753	23753	
制造业	12973456	8773	12964683	12923971	
农副食品加工业	247109		247109	247109	
食品制造业	258148		258148	258148	
酒、饮料和精制茶制造业	129531		129531	129531	
烟草制品业	120000		120000	120000	
纺织业	65903		65903	65903	
纺织服装、服饰业	671072		671072	671072	
皮革、毛皮、羽毛及其制品业和制鞋业	8600		8600	8600	
木材加工及木、竹、藤、棕、草制品业	98270		98270	98270	
家具制造业	194416		194416	194416	
造纸及纸制品业	173927		173927	173927	
印刷和记录媒介复制业	58424		58424	58424	
文教、工美、体育和娱乐用品制造业	231485		231485	231485	

分固定资产投资

单位:万元

外商投资	个体经营	国有控股	集体控股	私人控股	港澳台控股	外商控股	其他控股
256441		**17111784**	**4220285**	**26812328**	**414598**	**256041**	**14064995**
		32745	**19400**	**391881**			**426978**
		6401	9664	246032			162075
				14753			13469
				125951			247834
		16499		1170			
		9845	9736	3975			3600
49485		**1656014**	**514783**	**9031358**		**49485**	**3475669**
		119919	152186	86694			153687
		103020	144586	62441			93247
		14446	7600	2250			21430
				22003			17710
		2453					21300
49485		810030	314946	8600919		49485	3198076
		1040		110628			135441
				222348			35800
				113291			16240
		120000					
				65903			
		143673	28448	494451			4500
				8600			
				92270			6000
				77086			117330
				167927			6000
				26824			31600
				223985			7500

3-5 续表 1

行业	本年完成投资额	中央	地方	内资	港澳台商投资
石油加工、炼焦和核燃料加工业	25915		25915	25915	
化学原料及化学制品制造业	196035		196035	196035	
医药制造业	341591		341591	341591	
化学纤维制造业	26936		26936	26936	
橡胶和塑料制品业	235305		235305	235305	
非金属矿物制品业	2580144	3087	2577057	2580144	
黑色金属冶炼和压延加工业	109793		109793	109793	
有色金属冶炼和压延加工业	957843	1836	956007	955482	
金属制品业	449087		449087	449087	
通用设备制造业	743012		743012	743012	
专用设备制造业	1109839		1109839	1109839	
汽车制造业	1070498		1070498	1023374	
铁路、船舶、航空航天和其他运输设备制造业	110860		110860	110860	
电气机械及器材制造业	550642	3850	546792	550642	
计算机、通信和其他电子设备制造业	1600002		1600002	1600002	
仪器仪表制造业	454288		454288	454288	
其他制造业	105511		105511	105511	
废弃资源综合利用业	49270		49270	49270	
电力、燃气及水的生产和供应业	1241367	39647	1201720	1241367	
电力、热力的生产和供应业	648990	39647	609343	648990	
燃气生产和供应业	182700		182700	182700	
水的生产和供应业	409677		409677	409677	
建筑业	**25999**		**25999**	**25999**	
房屋和土木工程建筑业	25999		25999	25999	
批发和零售业	**1989374**		**1989374**	**1989374**	
批发业	1410449		1410449	1410449	
交通运输、仓储和邮政业	**5000377**	**11929**	**4988448**	**4991877**	**8500**

单位:万元

外商投资	个体经营	国有控股	集体控股	私人控股	港澳台控股	外商控股	其他控股
				25915			
				105074			90961
		1000	36013	217178			87400
				23436			3500
				126780			108525
		9087	25184	1755693			790180
				94993			14800
2361		1836		859854		2361	93792
				358694			90393
		39618	29000	571544			102850
		7400	34339	942986			125114
47124		100000	50911	644864		47124	227599
				43780			67080
		3850	87776	438566			20450
		150000	23275	463106			963621
		185000		249288			20000
		40376		65135			
		7150		10720			31400
		726065	47651	343745			123906
		423585	8540	158698			58167
		34850		142500			5350
		267630	39111	42547			60389
							25999
							25999
		52950	**147970**	**1427559**			**360895**
		40000		1137255			233194
		3377419	**292871**	**723555**			**606532**

3-5　续表 2

行　　业	本年完成投资额	中央	地方	内资	港澳台商投　　资
铁路运输业	370754		370754	370754	
道路运输业	2585610		2585610	2577110	8500
航空运输业	868419		868419	868419	
仓储业	958394	11929	946465	958394	
邮政业	217200		30000	30000	
住宿和餐饮业	**337431**		**337431**	**337431**	
住宿业	178407		178407	178407	
信息传输、软件和信息技术服务业	**694451**		**694451**	**694451**	
金融业	**28453**	**3500**	**24953**	**28453**	
房地产业	**26598655**	**334869**	**26263786**	**25972625**	**464777**
租赁和商务服务业	**1537791**		**1537791**	**1517391**	
商务服务业	1537791		1537791	1517391	
科学研究和技术服务业	**711477**	**18502**	**692975**	**711477**	
研究和试验发展	258168	12602	245566	258168	
地质勘查业	14325				
水利、环境和公共设施管理业	**7719266**	**132168**	**7587098**	**7716266**	**3000**
水利管理业	291703		291703	291703	
生态保护和环境治理业	129891	3000	126891	126891	3000
公共设施管理业	7297672	129168	7168504	7297672	
居民服务、修理和其他服务业	**21659**		**21659**	**21659**	
居民服务业	15665		15665	15665	
教育	**939232**	**25678**	**913554**	**890929**	**23000**
卫生和社会工作	**726970**		**726970**	**726970**	
卫生	618403		618403	618403	
文化、体育和娱乐业	**620507**		**620507**	**620507**	
文化艺术业	448347		275397	275397	
公共管理、社会保障和社会组织	**330076**		**330076**	**330076**	
国家机构	154851		154851	154851	

单位:万元

外商投资	个体经营	国有控股	集体控股	私人控股	港澳台控股	外商控股	其他控股
		341754		29000			
		2034263	258271	49647			243429
		727673		69827			70919
		268729	34600	382881			272184
		5000		25000			
			27261	**219420**			**90750**
				102207			76200
		193727	**122370**	**290554**			**87800**
		6787	**21666**				
161253		**4857770**	**2342520**	**12260855**	**388598**	**181253**	**6567659**
20400		**234653**	**130024**	**678284**			**494830**
20400		234653	130024	678284			494830
		102325	**53434**	**434029**			**121689**
		57119		173499			27550
		5462820	**476386**	**682577**	**3000**		**1094483**
		199716	57667				34020
		39387		68536	3000		18968
		5223717	418719	614041			1041195
		18497					**3162**
		12503					3162
25303		**459259**	**12800**	**120546**	**23000**	**25303**	**298324**
		188666	**46580**	**225311**			**266413**
		187295	46580	175115			209413
		306088	**12220**	**158667**			**143532**
		133038	12220	45407			84732
		162064		**167732**			**280**
		153971		600			280

3-6 分行业固定资产投资资金来源

（2015 年）

单位：万元

行　业	本年资金来源小计	国家预算资金	国内贷款	债券	利用外资	自筹资金	其他资金来源
总　计	**63345233**	**5540908**	**5542252**		**15000**	**42897760**	**9349313**
农、林、牧、渔业	**840763**	**30510**	**139767**			**667028**	**3458**
畜牧业	355429		91400			260871	3158
工业	**14505973**	**248366**	**1084672**			**13006167**	**166768**
采矿业	**500291**		**73800**			**423891**	**2600**
煤炭开采和洗选业	392879		70100			322779	
有色金属矿采选业	45026		3100			41926	
非金属矿采选业	38933		600			35733	2600
开采辅助活动	23453					23453	
制造业	**12781945**	**918**	**937269**			**11698590**	**145168**
农副食品加工业	243625		25300			209647	8678
食品制造业	256259		26400			225259	4600
酒、饮料和精制茶制造业	129311		12550			116761	
烟草制品业	120000					120000	
纺织业	65668		7200			58468	
纺织服装、服饰业	670462		98850			571612	
皮革、毛皮、羽毛及其制品业和制鞋业	6250		3750			2500	
木材加工及木、竹、藤、棕、草制品业	97728		4700			93028	
家具制造业	159861		44931			114930	
造纸及纸制品业	172907		5200			167707	
印刷和记录媒介复制业	58424					58424	
文教、工美、体育和娱乐用品制造业	230485		1100			229385	

3-6 续表1 （2015年） 单位:万元

行业	本年资金来源小计	国家预算资金	国内贷款	债券	利用外资	自筹资金	其他资金来源
石油加工、炼焦和核燃料加工业	25915					25915	
化学原料及化学制品制造业	187019		11000			175536	483
医药制造业	315755		21050			294705	
化学纤维制造业	25886					25886	
橡胶和塑料制品业	233864		12400			218064	3400
非金属矿物制品业	2513548		145629			2333412	34507
黑色金属冶炼和压延加工业	109740		400			109340	
有色金属冶炼和压延加工业	951280		57300			800480	93500
金属制品业	444524		1365			443159	
通用设备制造业	734940	918	22000			712022	
专用设备制造业	1097921		70173			1027748	
汽车制造业	1069172		109861			959311	
铁路、船舶、航空航天和其他运输设备制造业	109360		18000			91360	
电气机械及器材制造业	548459		16610			531849	
计算机、通信和其他电子设备制造业	1599902		221000			1378902	
仪器仪表制造业	454287		500			453787	
其他制造业	105635					105635	
废弃资源综合利用业	43758					43758	
电力、燃气及水的生产和供应业	**1223737**	**247448**	**73603**			**883686**	**19000**
电力、热力的生产和供应业	637669	81270	50003			487396	19000
燃气生产和供应业	182450	2350	800			179300	
水的生产和供应业	403618	163828	22800			216990	
建筑业	**25999**					**25999**	

3-6 续表2 (2015年) 单位:万元

行 业	本年资金来源小计	国家预算资金	国内贷款	债券	利用外资	自筹资金	其他资金来源
批发和零售业	**1956472**		**113942**			**1839230**	**3300**
交通运输、仓储和邮政业	**4847668**	**1047384**	**621340**			**3121283**	**57661**
铁路运输业	367660	47660	151000			169000	
道路运输业	2443725	901051	142200			1345085	55389
航空运输业	865421	97673	185000			582748	
仓储业	953962	1000	92840			857850	2272
住宿和餐饮业	**335779**		**24400**			**311379**	
信息传输、软件和信息技术服务业	**669934**		**200000**			**469934**	
金融业	**28474**	**1600**				**26874**	
房地产业	**27710080**	**945904**	**2570642**		**13000**	**15468902**	**8711632**
租赁和商务服务业	**1530804**	**35077**	**119700**			**1322027**	**54000**
科学研究和技术服务业	**702376**	**26788**	**33500**			**642088**	
水利、环境和公共设施管理业	**7617241**	**2916719**	**453049**		**2000**	**3911253**	**334220**
水利管理业	291114	135175	2000			153939	
生态保护和环境治理业	129164	20898	14450		2000	88248	3568
公共设施管理业	7196963	2760646	436599			3669066	330652
居民服务、修理和其他服务业	**21679**	**5705**				**15974**	
教育	**935835**	**127325**	**79199**			**720907**	**8404**
卫生和社会工作	**709336**	**43566**	**24945**			**634695**	**6130**
卫生	601559	34895	22400			538134	6130
文化、体育和娱乐业	**594821**	**25658**	**56996**			**509427**	**2740**
公共管理、社会保障和社会组织	**311999**	**86306**	**20100**			**204593**	**1000**

3-7　县(市)区按三次产业分固定资产投资

(2015 年)

单位:万元

县(市)区	投资总额	第一产业	第二产业	工业	第三产业
郑州市	**62880031**	**871004**	**14753308**	**14727309**	**47255719**
中原区	2723872		69158	69158	2654714
二七区	4073295		46260	46260	4027035
管城回族区	2975041	11600	161541	161541	2801900
金水区	4683331		31998	31998	4651333
上街区	1394912		221262	221262	1173650
惠济区	1656842	22667	228804	228804	1405371
中牟县	3277526	47974	851544	825545	2378008
巩义市	4754894	41200	3277882	3277882	1435812
荥阳市	4832388	193984	2239457	2239457	2398947
新密市	4536940	103248	1692222	1692222	2741470
新郑市	4731540	51906	1020310	1020310	3659324
登封市	4047692	382785	1599489	1599489	2065418
经济技术开发区	4053557		1740000	1740000	2313557
高新技术产业开发区	3195771		311897	311897	2883874
郑东新区	6089897	15640	90723	90723	5983534
航空港区	5217536		1170761	1170761	4046775

3-8 县(市)区按建设性质分固定资产投资

(2015 年)

单位:万元

县(市)区	投资总额	新建	扩建	改建
郑州市	**62880031**	**37305699**	**3025258**	**1366158**
中原区	2723872	371258	31780	6000
二七区	4073295	712872		4400
管城回族区	2975041	1266833	33629	4457
金水区	4683331	2217443		34840
上街区	1394912	670356	84985	78519
惠济区	1656842	797559	25570	172216
中牟县	3277526	2776863	112395	73443
巩义市	4754894	3362688	771035	220878
荥阳市	4832388	3691143	319528	137651
新密市	4536940	3695256	328148	221197
新郑市	4731540	3491562	285661	28731
登封市	4047692	2411357	819137	362826
经济技术开发区	4053557	3653805		
高新技术产业开发区	3195771	758631		21000
郑东新区	6089897	3248993	213390	
航空港区	5217536	3544083		

3-9 县(市)区按构成性质分固定资产投资

(2015 年)

单位:万元

县(市)区	投资总额	建筑工程	安装工程	设备工器具购置	其他费用
郑州市	**62880031**	**46198152**	**883453**	**6435532**	**9362894**
中原区	2723872	2091493	98296	171309	362774
二七区	4073295	3248469	69947	236536	518343
管城回族区	2975041	1979009	25122	48664	922246
金水区	4683331	4324317	8670	18078	332266
上街区	1394912	1234418	5589	36872	118033
惠济区	1656842	1077824	7123	17143	554752
中牟县	3277526	2322564	27218	175650	752094
巩义市	4754894	2897433	240442	1521537	95482
荥阳市	4832388	2730899	61535	737856	1302098
新密市	4536940	3253691	43457	791539	448253
新郑市	4731540	3779059	37620	335493	579368
登封市	4047692	936516	86792	1240330	1784054
经济技术开发区	4053557	3841924	4030	155009	52594
高新技术产业开发区	3195771	2639651	103069	244084	208967
郑东新区	6089897	5356592	7620	47937	677748
航空港区	5217536	4129648	15344	594671	477873

3-10 各县(市)区分行业

(2015 年)

县(市)区	郑州市	中原区	二七区	管城区	金水区	上街区	惠济区
总 计	**62880031**	**2723872**	**4073295**	**2975041**	**4683331**	**1394912**	**1656842**
农、林、牧、渔业	**871004**			**11600**			**22667**
畜牧业	373785						
工业	**14727309**	**69158**	**46260**	**161541**	**31998**	**221262**	**228804**
采矿业	512486						
煤炭开采和洗选业	403294						
有色金属矿采选业	45726						
非金属矿采选业	39713						
开采辅助活动	23753						
制造业	12973456		22460	142014		191996	65144
农副食品加工业	247109		1200				26700
食品制造业	258148		1700				
酒、饮料和精制茶制造业	129531						
烟草制品业	120000						
纺织业	65903						
纺织服装、服饰业	671072		1200				
皮革、毛皮、羽毛及其制品业和制鞋业	8600						
木材加工及木、竹、藤、棕、草制品业	98270		800				
家具制造业	194416						
造纸及纸制品业	173927						9294
印刷和记录媒介复制业	58424		9600				
文教、工美、体育和娱乐用品制造业	231485			110000			
石油加工、炼焦和核燃料加工业	25915						
化学原料及化学制品制造业	196035					5600	
医药制造业	341591		1000			1000	
化学纤维制造业	26936						
橡胶和塑料制品业	235305		3360			100	
非金属矿物制品业	2580144					24087	
黑色金属冶炼和压延加工业	109793						
有色金属冶炼和压延加工业	957843					12396	
金属制品业	449087			12000			22000
通用设备制造业	743012					44100	

固定资产投资

单位:万元

中牟县	巩义市	荥阳市	新密市	新郑市	登封市	经开区	高新区	郑东新区	航空港实验区
3277526	**4754894**	**4832388**	**4536940**	**4731540**	**4047692**	**4053557**	**3195771**	**6089897**	**5217536**
47974	**41200**	**193984**	**103248**	**51906**	**382785**			**15640**	
	24900	98020	1500	361	249004				
825545	**3277882**	**2239457**	**1692222**	**1020310**	**1599489**	**1740000**	**311897**	**90723**	**1170761**
	60469	10003	73432	85714	275858		7010		
	14900		68302	85714	234378				
	31116				7600		7010		
	12000	10003	5130		12580				
	2453				21300				
654964	3099611	2193872	1518136	788800	1285020	1614000	304887	1040	1091512
	22000	30305	9600	32023	72241			1040	52000
30118	12000	5500	7696	147728	53406				
	4050		23740	93241	8500				
						120000			
			8796	57107					
24012	11500	81860	524052	28448					
					8600				
	12757	69313			15400				
9990	6200			41340	136886				
	8700		125633	24300	6000				
	7400	26500		11424			3500		
	50400	55185		7500	8400				
	25915								
	68177	36212	5500	9805	70444		297		
36013	6000	35150		100676	74120	74000	13632		
	11000			12436	3500				
	35080	13119	71419	50162	62065				
57659	804741	769605	337471	39154	492427	55000			
	44760	33133		26100	5800				
	773098	52767	27715	18906	70600		2361		
	181300	70597	84097	4900	16000				58193
	189980	398277		22450	23705	52500			12000

3-10 续表

县(市)区	郑州市	中原区	二七区	管城区	金水区	上街区	惠济区
专用设备制造业	1109839		3600			61444	
汽车制造业	1070498			20014			
铁路、船舶、航空航天和其他运输设备制造业	110860					32600	
电气机械及器材制造业	550642					8169	
计算机、通信和其他电子设备制造业	1600002						
仪器仪表制造业	454288					2500	
其他制造业	105511						
废弃资源综合利用业	49270						7150
电力、燃气及水的生产和供应业	1241367	69158	23800	19527	31998	29266	163660
电力、热力的生产和供应业	648990	69158	23800	19527	31998	14170	140117
燃气生产和供应业	182700					2350	
水的生产和供应业	409677					12746	23543
建筑业	**25999**						
批发和零售业	**1989374**	**154900**	**43500**	**821884**		**31710**	**76526**
交通运输、仓储和邮政业	**5000377**	**47000**	**363209**	**50912**		**146546**	**279368**
铁路运输业	370754						29604
道路运输业	2585610	47000	313209	50912			172216
航空运输业	868419					140746	
仓储业	958394		50000			5800	77548
住宿和餐饮业	**337431**				**12000**		**670**
信息传输、软件和信息技术服务业	**694451**				**267870**		
金融业	**28453**				**1600**		
房地产业	**26598655**	**2304334**	**3449469**	**1659568**	**2456148**	**849705**	**787169**
租赁和商务服务业	**1537791**			**47203**	**8440**	**18800**	**40960**
科学研究和技术服务业	**711477**				**336940**	**25602**	
水利、环境和公共设施管理业	**7719266**	**124580**	**115189**	**170889**	**1531299**	**37513**	**161625**
水利管理业	291703					8279	
生态保护和环境治理业	129891	9000					550
公共设施管理业	7297672	115580	115189	170889	1531299	29234	161075
居民服务、修理和其他服务业	**21659**		**5994**				
教育	**939232**	**14100**	**5480**	**36814**	**27736**	**54387**	**14888**
卫生和社会工作	**726970**	**7800**	**44194**	**14630**		**1387**	**10955**
卫生	618403	7800	44194	4130		1387	10955
文化、体育和娱乐业	**620507**	**2000**			**6600**	**8000**	**33210**
公共管理、社会保障和社会组织	**330076**				**2700**		

单位:万元

中牟县	巩义市	荥阳市	新密市	新郑市	登封市	经开区	高新区	郑东新区	航空港区
19219	358852	268958	265536	21000	36500	64500			10230
428077	51563	21924			8920	540000			
		22020	15240		41000				
49876	317778	118619	2050	40100	10200		3850		
	85640				21000	310000	244273		939089
			8908		7906	378000	36974		20000
		84828	683			20000			
	10720				31400				
170581	117802	35582	100654	145796	38611	126000		89683	79249
63783	96574	30900	98277		1930			36756	22000
	15700			33300	5350	126000			
106798	5528	4682	2377	112496	31331			52927	57249
25999									
308959	**71540**	**40012**	**63885**	**97620**	**68838**	**210000**			
205197	**154362**	**94701**	**711766**	**248254**	**159631**	**444000**		**57116**	**1553118**
21150						29000			291000
110069	118262	94701	435665	143159	140668			24252	450300
									727673
73978	34600		151101	67395	18963	382000		32864	64145
10524	**12900**	**155905**	**28421**	**57400**	**29011**			**30600**	
10000					**71600**	**20000**	**283851**	**41130**	
				1687				**25166**	
820639	**661882**	**1524903**	**1452734**	**1689664**	**777927**	**1099752**	**2408140**	**3557982**	**1098639**
2600	**56700**	**34000**		**725247**	**18300**	**101100**	**8000**	**249441**	**227000**
112511	**9259**			**1498**	**54975**		**88900**	**81792**	
797678	**350257**	**295787**	**436951**	**606170**	**305024**	**393705**	**72530**	**1239335**	**930934**
65607	500	52098	4408	51543	4213			7946	97109
20894	8384		5105	60152	12968			12838	
711177	341373	243689	427438	494475	287843	393705	72530	1218551	833825
								15665	
23540	**28032**	**10000**	**1531**	**112768**	**152337**	**45000**	**22453**	**320166**	**70000**
10656	**57080**	**182951**	**43802**	**103896**	**60440**			**121715**	**67464**
9285	53580	133951	43802	64200	56440			121215	67464
75704	**33800**	**60688**	**2380**	**4220**	**210823**			**183082**	
				10900	**156512**			**60344**	**99620**

3-11 农户固定

（2015 年）

指　　标	全市	中原区	二七区	管城区	惠济区
本年固定资产投资完成额	**837228**	**8451**	**2300**	**25200**	**31619**
按投资来源成分					
自筹资金	837228	8451	2300	25200	31619
按投资构成分					
建筑工程	447133	4400	2300	25200	31619
房屋	440301	4400	2300	25200	31619
住宅	375613	4400	2300	25200	31619
设备工器具购置	207707	4051			
生产设备	203656				
其它	182388				
按投资方向分					
农林牧渔业	49204				
制造业	38105				
建筑业	36782				
交通运输仓储和邮政业	157545	4051			
批发和零售业	151392				
住宿和餐饮业	6285				
房地产业	397388	4400	2300	25200	31619
居民服务和其他服务业	526				
按具体投资项目分					
房屋	447133	4400	2300	25200	31619
住宅	375613	4400	2300	25200	31619
设备	207707	4051			
其它	182388				
本年施工房屋面积	**1004**	**8**	**5**	**73**	**105**
住宅	912	8	5	73	94
当年新开工	874	8	5	73	104
本年竣工房屋面积	**961**	**8**	**5**	**63**	**101**
住宅	874	8	5	63	77
本年竣工房屋投资完成额	**399397**	**4400**	**2300**	**25200**	**31619**
住宅	346061	4400	2300	25200	31619

资产投资

单位：万元、万平方米

中牟县	巩义市	荥阳市	新密市	新郑市	登封市	航空港区
116384	**90087**	**101706**	**149155**	**151988**	**133396**	**26943**
116384	90087	101706	149155	151988	133396	26943
106781	30175	6086	81049	24967	107614	26943
99948	30175	6086	81049	24967	107614	26943
99948	28022	3217	81049	7437	65478	26943
9603	30040	95620	68106		286	
9603	30040	95620	68106		286	
	29871			127021	25496	
11567	2153	17907		17576		
	38105					
				36782		
	6677	80582		51032	15203	
4868	12589		63835	17386	52715	
	2014		4271			
99948	28022	3217	81049	29212	65478	26943
	526					
106781	30175	6086	81049	24967	107614	26943
99948	28022	3217	81049	7437	65478	26943
9603	30040	95620	68106		286	
	29871			127021	25496	
416	**86**	**23**	**108**	**12**	**114**	**54**
383	80	8	108	12	87	54
400	18	23	108	12	69	54
416	**59**	**22**	**108**	**12**	**114**	**54**
400	56	6	108	12	86	54
106781	**27008**	**5936**	**81049**	**7437**	**107614**	**54**
99948	25496	3080	81049	7437	65478	54

3-12 分行业固定资产投资

（2015 年）

单位:万元

行　　业	本年完成投资	建筑工程	安装工程	设备工器具购置	其他费用	新建	改建	扩建
总　计	**62880031**	**46198152**	**883453**	**6435532**	**9362894**	**37305699**	**1366158**	**3025258**
农、林、牧、渔业	**871004**	**334929**	**10926**	**147758**	**377391**	**859105**	**3899**	**6500**
农业	424172	202013	5321	62604	154234	424172		
林业	28222	8341	194	4168	15519	28222		
畜牧业	373785	104381	4890	69503	195011	365785		6500
渔业	17669	6250	350	4409	6660	14170	3499	
农、林、牧、渔服务业	27156	13944	171	7074	5967	26756	400	
工业	**14727309**	**7953795**	**382710**	**4516939**	**1873865**	**11650005**	**775566**	**1687274**
采矿业	512486	155138	11919	241842	103587	183111	136614	192761
煤炭开采和洗选业	403294	101970	10953	211506	78865	83972	134161	185161
有色金属矿采选业	45726	34792	93	7093	3748	38126		7600
非金属矿采选业	39713	14023	773	22043	2874	39713		
制造业	12973456	6989973	351897	4109161	1522425	10272697	635642	1450653
农副食品加工业	247109	148984	3198	44740	50187	228959	8950	8000
食品制造业	258148	151593	2733	62666	41156	224866	2996	29086
饮料制造业	129531	84845	2072	36264	6350	129531		
烟草制品业	120000	120000				120000		
纺织业	65903	15408	2072	27355	21068	51582		8796
纺织服装、服饰业	671072	466677	11884	153668	38843	671072		
皮革、毛皮、羽毛及其制品业和制鞋业	8600	2600		1600	4400			
木材加工及木、竹、藤、棕、草制品业	98270	42102	856	28653	26659	93070		5200
家具制造业	194416	65305	5404	71712	51995	171570		22846
造纸及纸制品业	173927	80680	2173	68322	22752	81676	46412	45839
印刷和记录媒介复制业	58424	29359	836	13735	14494	58424		
文教、工美、体育和娱乐用品制造业	231485	119940	3152	37883	70510	179485	44500	7500
石油加工、炼焦和核燃料加工业	25915	25915				25915		

3-12 续表1　　(2015 年)　　单位:万元

行　业	本年完成投资	建筑工程	安装工程	设备工器具购置	其他费用	新建	改建	扩建
化学原料及化学制品制造业	196035	91725	12659	59958	31693	120261	22800	48429
医药制造业	341591	244316	3948	52909	40418	290981		49610
化学纤维制造业	26936	10768	720	9103	6345	26936		
橡胶和塑料制品业	235305	112817	6075	78647	37766	216886	8600	9819
非金属矿物制品业	2580144	1098962	84667	1010473	386042	1830758	184389	564997
黑色金属冶炼和压延加工业	109793	55327	1991	37860	14615	71490		31423
有色金属冶炼和压延加工业	957843	277535	98854	553366	28088	620240	237036	97567
金属制品业	449087	220490	32608	149477	46512	238560	45104	165423
通用设备制造业	743012	429176	15190	202342	96304	631902	5055	106055
专用设备制造业	1109839	660356	27022	318625	103836	923026	15700	167513
交通运输设备制造业	1181358	818897	6828	163786	191847	1117214	2600	57444
电气机械及器材制造业	550642	362837	6834	109623	71348	521942	11500	17200
计算机、通信和其他电子设备制造业	1600002	839022	14694	682086	64200	1025188		
仪器仪表制造业	454288	324024	1481	105108	23675	446382		7906
其他制造业	105511	82061	50	978	22422	105511		
废弃资源综合利用业	49270	8252	3896	28222	8900	49270		
电力、燃气及水的生产和供应业	1241367	808684	18894	165936	247853	1194197	3310	43860
电力、热力的生产和供应业	648990	364925	16498	90701	176866	604170	960	43860
燃气生产和供应业	182700	164027	1094	9526	8053	180350	2350	
水的生产和供应业	409677	279732	1302	65709	62934	409677		
建筑业	**25999**	**25999**				**25999**		
房屋和土木工程建筑业	25999	25999				25999		
批发和零售业	**1989374**	**1268432**	**3294**	**80984**	**636664**	**1912619**	**2900**	**32053**
批发业	1410449	829993	2767	60977	516712	1340671	2900	27400
交通运输、仓储和邮政业	**5000377**	**4040591**	**55892**	**251568**	**652326**	**4595559**	**273870**	**105357**
铁路运输业	370754	335404		13600	21750	370754		
道路运输业	2585610	1884388	47128	169949	484145	2234201	272370	56630

3-12 续表 2 (2015 年) 单位:万元

行业	本年完成投资	建筑工程	安装工程	设备工器具购置	其他费用	新建	改建	扩建
城市公共交通业	1055619	973378	3698	30837	47706	1002210	1500	48727
仓储业	958394	817421	5066	37182	98725	958394		
邮政业	30000	30000				30000		
住宿和餐饮业	**337431**	**223774**	**4292**	**18701**	**90664**	**337431**		
住宿业	178407	133945	186	2551	41725	178407		
信息传输、软件和信息技术服务业	**694451**	**495454**	**3000**	**146991**	**49006**	**673451**	**13000**	
电信和其他信息传输服务业	201727	107280	2300	74660	17487	193727		
金融业	**28453**	**28153**			**300**	**28453**		
房地产业	**26598655**	**21985927**	**382416**	**664698**	**3565614**	**5800361**	**109119**	**653109**
租赁和商务服务业	**1537791**	**1268431**	**10572**	**85285**	**173503**	**1513351**	**24440**	
商务服务业	1537791	1268431	10572	85285	173503	1513351	24440	
科学研究和技术服务业	**711477**	**595267**	**1707**	**43964**	**70539**	**700247**		**6230**
研究与试验发展	258168	244666	389	6562	6551	253168		
水利、环境和公共设施管理业	**7719266**	**6258764**	**12876**	**211807**	**1235819**	**7165763**	**139815**	**409358**
水利管理业	291703	246574	103	11233	33793	262742	22752	6209
生态保护和环境治理业	129891	90888	912	13968	24123	126891	3000	
公共设施管理业	7297672	5921302	11861	186606	1177903	6776130	114063	403149
居民服务、修理和其他服务业	**21659**	**19609**			**2050**	**21659**		
居民服务业	15665	13615			2050	15665		
教育	**939232**	**715290**	**589**	**29690**	**193663**	**717704**	**9700**	**100714**
卫生和社会工作	**726970**	**399004**	**3632**	**158484**	**165850**	**656997**	**9269**	**5380**
卫生	618403	324428	3132	154484	136359	548430	9269	5380
文化、体育和娱乐业	**620507**	**412520**	**1205**	**25760**	**181022**	**478124**	**4300**	**19283**
文化艺术业	275397	119135	105	14995	141162	138424		18173
公共管理、社会保障和社会组织	**330076**	**172213**	**10342**	**52903**	**94618**	**168871**	**280**	
国家机构	14300	14300				14300		
国际组织								

3-13　分行业投资项目个数及新增固定资产

（2015 年）

单位:万元

行　　业	在建规模	新开工规模	施工项目个数	新开工	全部投产项目个数	新增固定资产
总　计	**108846130**	**39920076**	**2354**	**1261**	**1460**	**24866510**
农、林、牧、渔业	**1655680**	**541841**	**110**	**55**	**81**	**650283**
农业	931689	379241	51	30	33	256802
林业	50850	9850	3	1	1	20351
畜牧业	568297	135878	45	20	40	342844
渔业	58601	4002	5	1	2	3580
农、林、牧、渔服务业	46243	12870	6	3	5	26706
工业	**30356977**	**10465653**	**973**	**540**	**714**	**9213339**
采矿业	971903	125130	42	18	35	494155
煤炭开采和洗选业	790170	58350	25	8	23	378272
有色金属矿采选业	70400	41900	8	5	5	36250
非金属矿采选业	64680	24880	7	5	5	46080
开采辅助活动	46653		2		2	33553
制造业	25386733	8902456	866	485	639	8261558
农副食品加工业	427576	195118	24	15	16	208436
食品制造业	513369	63300	19	9	17	267019
酒、饮料和精制茶制造业	282280	44380	9	5	7	156820
烟草制品业	200000	200000	1	1		
纺织业	278860	8800	4	1	1	8796
纺织服装、服饰业	1061800	420800	14	8	10	632560
皮革、毛皮、羽毛及其制品业和制鞋业	8600	8600	1	1	1	8600
木材加工及木、竹、藤、棕、草制品业	144161	44161	7	5	4	55651
家具制造业	375949	16000	12	2	11	155277
造纸及纸制品业	688960	76160	15	7	13	208250
印刷和记录媒介复制业	69324	50324	7	6	6	38424
文教、工美、体育和娱乐用品制造业	289600	171600	17	12	13	122190
石油加工、炼焦和核燃料加工业	42000	42000	1	1	0	

3-13 续表1 (2015年) 单位:万元

行业	在建规模	新开工规模	施工项目个数	新开工	全部投产项目个数	新增固定资产
化学原料及化学制品制造业	438964	145583	42	29	32	177173
医药制造业	922112	285600	18	10	9	144768
化学纤维制造业	57712	3500	5	1	5	17137
橡胶和塑料制品业	352013	306213	28	24	25	199984
非金属矿物制品业	4991342	1316337	257	135	202	2120459
黑色金属冶炼和压延加工业	200560	39660	12	6	11	80733
有色金属冶炼和压延加工业	1605846	829550	60	34	53	549290
金属制品业	763163	393763	37	22	25	254879
通用设备制造业	1115455	385499	64	32	46	584023
专用设备制造业	2675919	1203999	70	41	46	671108
汽车制造业	2378588	1162454	48	33	24	293671
铁路、船舶、航空航天和其他运输设备制造业	359730	130070	8	5	1	46020
电气机械及器材制造业	1416854	276850	44	24	33	266141
计算机、通信和其他电子设备制造业	2290615	682963	24	10	18	934318
仪器仪表制造业	1171209	364000	10	3	6	16428
其他制造业	212200	18000	4	1	1	683
废弃资源综合利用业	51972	17172	4	2	3	42720
金属制品、机械和设备修理业						
电力、燃气及水的生产和供应业	3998341	1438067	65	37	40	457626
电力、热力的生产和供应业	2635221	962092	31	19	16	229025
燃气生产和供应业	409412	229206	8	5	5	18351
水的生产和供应业	953708	246769	26	13	19	210250
建筑业	**26000**	**26000**	**1**	**1**		
房屋和土木工程建筑业	26000	26000	1	1		
建筑安装业						
批发和零售业	**4254221**	**1064601**	**49**	**20**	**32**	**983424**
交通运输、仓储和邮政业	**16002527**	**7139355**	**135**	**79**	**68**	**4262168**
铁路运输业	1343300	26000	5	2	2	607604

3-13 续表2 （2015年） 单位:万元

行业	在建规模	新开工规模	施工项目个数	新开工	全部投产项目个数	新增固定资产
道路运输业	8692302	5125892	73	38	46	1291027
航空运输业	2781025	372160	9	5	3	1948183
仓储业	2785840	1380243	41	29	14	283854
邮政业	36000	21000	2	1	1	5000
住宿和餐饮业	**798835**	**115721**	**26**	**10**	**16**	**272961**
住宿业	605594	32610	15	3	7	125637
信息传输、软件和信息技术服务业	**1651255**	**442549**	**14**	**6**	**8**	**156400**
电信、广播电视和卫星传输服务	428469		3		2	19880
金融业	**528731**	**1500**	**6**	**1**	**3**	**58084**
房地产业	**19797856**	**8795693**	**228**	**94**	**114**	**3231547**
租赁和商务服务业	**6711325**	**1530125**	**37**	**18**	**14**	**446777**
商务服务业	6711325	1530125	37	18	14	446777
科学研究和技术服务业	**1334593**	**268837**	**26**	**11**	**17**	**577212**
研究和试验发展	630402		11	0	6	265889
地质勘查业	654326	265237	13	10	9	264537
水利、环境和公共设施管理业	**18896321**	**8359337**	**570**	**352**	**286**	**3267573**
水利管理业	427325	178588	26	17	18	127650
生态保护和环境治理业	368057	91977	12	6	7	80567
公共设施管理业	18100939	8088772	532	329	261	3059356
居民服务、修理和其他服务业	**181281**	**140317**	**8**	**6**	**2**	**11932**
居民服务业	146281	140317	7	6	1	5938
教育	**2353003**	**524037**	**90**	**42**	**55**	**528308**
卫生和社会工作	**1658423**	**230477**	**34**	**12**	**22**	**702125**
卫生	1443813	202677	27	9	18	647258
文化、体育和娱乐业	**2047266**	**195413**	**30**	**13**	**18**	**307069**
文化艺术业	780855	140895	15	6	8	57773
公共管理、社会保障和社会组织	**591836**	**78620**	**17**	**1**	**10**	**197308**
国家机构	339699	78620	13	1	8	176608

3-14 各县(市)区投资项目个数和在建规模

(2015 年)

县(市)区	施工项目个数(个)	#亿元以上项目个数	#本年新开工	本年投产项目个数	全部建成投产率(%)	计划总投资(万元)	#亿元以上项目总投资	#本年新开工计划总投资
郑州市	**2354**	**1245**	**1261**	**1460**	**62**	**108846130**	**102798212**	**39920076**
市辖区	3	3	1			5172705	5172705	2813900
中原区	20	14	8			3059133	3021787	1345490
二七区	32	9	18	20	62.5	1154373	1043307	292472
管城回族区	21	13	19	18	85.7	1443556	1399966	1075278
金水区	26	14	10	22	84.6	2939762	2899383	1147322
上街区	66	42	28	43	65.2	2925271	2826569	986629
惠济区	48	35	19	24	50	3411726	3353385	471810
中牟县	203	112	119	120	59.1	11367421	10899543	3266616
巩义市	452	148	271	333	73.7	9514580	7766262	4048300
荥阳市	246	186	80	162	65.9	9214539	8773294	1782686
新密市	202	106	132	160	79.2	8500469	7952571	3526020
新郑市	207	135	71	134	64.7	13381667	12963164	1937815
登封市	287	128	166	255	88.9	7844509	6867667	2462924
经开区	110	63	97	1	0.9	7187184	6991120	5285801
高新区	36	25	6	34	94.4	1854166	1780766	38800
郑东新区	327	156	155	88	26.9	12732164	12005571	5612943
航空港区	68	56	61	46	67.6	7142905	7081152	3825270

3-15 房地产开发企业(单位)财务情况

(2015 年)

单位:万元

类　别	数　值	类　别	数　值
年初存货	**32074783.8**	其他收入	245772.7
期末资产负债		营业成本	7095538.3
流动资产合计	73455012.1	主营业务成本	6360292.9
#应收账款	3444086.8	营业税金及附加	962653.2
#存货	38519247.9	主营业务税金及附加	906755.4
固定资产合计	2092823.2	其他业务利润	17703.8
固定资产原价	2275761.9	销售费用	464756.5
累计折旧	431977.9	管理费用	610987.8
#本年折旧	88130.8	#税金	44701.5
在建工程	2202663	财务费用	458151.7
资产总计	87278642.4	#利息收入	40490.5
流动资产合计	60111227.1	#利息支出	262313.7
#应付账款	4843118.7	资产减值损失	1637.1
非流动负债合计	11582879	公允价值变动收益(损失以“-”号记)	190.9
负债合计	71694106.1	投资收益(损失以“-”号记)	299281.9
所有者权益合计	15584536.3	营业利润	1324966.2
实收资本	8511163.4	营业外收入	81014.2
损益及分配		#补贴收入	24403.8
营业收入	10570448.9	营业外支出	88025.3
主营业务收入	9823145.6	利润总额	1318123.7
土地转让收入	6494.5	应交所得税	308059.5
商品房屋销售收入	9231507.1	**人工成本**	
房屋出租收入	339371.3	应付职工薪酬(本年贷方累计发生额)	309462.2

3-16 分县(市)区

(2015 年)

县(市)区	固定资产原价	实收资本合计	资产总计	累计折旧	#本年折旧	负债合计	流动资产合计	非流动负债合计
郑州市	**2275761.9**	**8511163.4**	**87278642.4**	**431977.9**	**88130.8**	**71694106.1**	**60111227.1**	**11582879**
中原区	52891.8	813471.2	8609464.7	21110.3	3810.4	6500060.9	5216898.5	1283162.4
二七区	106260.5	439684.3	7695500.2	36869.4	8530.1	6799766.1	5367649.1	1432117
管城区	247714.7	601964.6	6831529.3	99467.8	15031	5637538.6	4325625.5	1311913.1
金水区	466381.3	1661620.7	16484774	122632	21480.2	13332279.4	11633315	1698964.4
上街区	6543	295890.1	1683354.3	2299.2	1113.5	1230332.2	1043426.9	186905.3
惠济区	33464.7	669771.6	4450697.6	9298	2075.3	3771501.8	3291861.7	479640.1
中牟县	14209.3	174182.8	2112655.5	5082.9	1646.3	2021477.5	1839434.1	182043.4
巩义市	77984.9	114343.4	478861.3	6020.7	3128.2	301768.7	290217.2	11551.5
荥阳市	30975.1	204809.5	2675643.2	5160.3	2485.2	2412948.9	2141225.4	271723.5
新密市	41218.2	128495.3	1210530	5797.4	1202.2	870290.4	800839.5	69450.9
新郑市	88643.2	378327.7	4290836.8	12481.7	3711.1	3845002.8	3561133.4	283869.4
登封市	47913.5	102990	720433.5	4564.5	2004.4	542206.2	433897.1	108309.1
经开区	95470.3	274199.9	3029165	22297.3	4159	2479529.2	2189875.8	289653.4
高新区	24645.2	309753	4770574.5	8059.5	2013.1	4273819.3	3371238.5	902580.8
郑东新区	937345.5	1890378.3	17395668.3	68598.5	14841.1	13959836.9	11677874.8	2281962.1
航空港实验区	4100.7	451281	4838954.2	2238.4	899.7	3715747.2	2926714.6	789032.6

房地产开发企业财务状况

单位:万元

所有者权益合计	资产负债率(%)	营业收入	主营业务收入	土地转让收入	商品房屋销售收入	房屋出租收入	其他收入	营业税金及附加	主营业务税金及附加	利润总额
15584536.3	**82.1**	**10570448.9**	**9823145.6**	**6494.5**	**9231507.1**	**339371.3**	**245772.7**	**962653.2**	**906755.4**	**1318123.7**
2109403.8	75.5	812391.1	811208.7		693782.2	116647.2	779.3	69567.4	69259	193879.8
895734.1	88.4	1163669.3	1162193.8		1127257.3	27256.8	7679.7	91402	91396.3	134866
1193990.7	82.5	642558	642243.5		611222.2	29664.3	1357	56360.2	52380.2	87444.3
3152494.6	80.9	1426354.5	1401405.8	386.5	1306880.1	91067.9	3071.3	163767.3	161447.3	137954.3
453022.1	73.1	191840.4	191822.7		180373.1	1696.2	9753.4	15242.5	15047.8	10958
679195.8	84.7	327666.8	326079.4		325206.4	801.5	71.5	30562.2	30473.3	34397.4
91178	95.7	78258.6	78222.6	1500	73677.4	3025.2	20	19272.2	18550.3	-18338
177092.6	63	276123.1	276123.1	2533.2	273589.9			12970	12939.5	33073.6
262694.3	90.2	593267.3	593257.3		591964.1	178.9	1114.3	41297.5	39734.5	30694.3
340239.6	71.9	181772.4	180504	20	179449.7	1027.8	6.5	12983.1	12810.8	24189.1
445834	89.6	881705.9	848789.9		847730.3	1057.4	2.2	73950.9	68299	87679.5
178227.3	75.3	85236.9	78845.4	1953	75194.3	749.8	948.3	6266.1	5794.3	13700.9
549635.8	81.9	504763.6	232370.7		223886.4	8242.6	241.7	39172.3	36030.5	78392.5
496755.2	89.6	949940.2	874663.3		874302.1	361.2		69646.7	68923.5	144070
3435831.4	80.2	1807852.8	1784855.6	101.8	1714949.6	52841.3	16962.9	237648.6	214500.4	293962.7
1123207	76.8	647048	340559.8		132042	4753.2	203764.6	22544.2	9168.7	31199.3

3-17 房地产开发企业(单位)投资、资金和土地情况

(2015 年)

单位:万元

类　别	数　值	类　别	数　值
计划总投资	**82652055**	#144 平方米以上	1554145
自开始建设累计完成投资	**56726854**	#别墅、高档公寓	180857
本年完成投资	**20001954**	办公楼	1496895
按登记注册类型分		商业营业用房	2800633
内资	**19375924**	其他	2322795
国有	628035	本年新增固定资产	4353110
有限责任公司	14948366	待开发土地面积	3627269
国有独自公司	213735	本年土地购置面积	2224538
其他有限责任公司	14734631	本年土地成交价款	751846
股份有限公司	559047	#拆迁补偿费	33492
私营	3194127	土地使用权出让金	701407
其他内资	33752	**契税**	**24655**
港澳台商投资	**464777**	**本年资金来源合计**	**27037421**
与港澳台商合资经营	76179	上年末结余资金	5821215
港澳台商独资	374799	本年资金来源小计	21216206
外商投资	**161253**	#省外资金	414639
中外合资经营	21928	国内贷款	2006087
外资企业	139325	银行贷款	1872397
外商投资股份有限公司		非银行金融机构贷款	133690
按构成分		自筹资金	10558090
建筑工程	16692542	#自有资金	3273126
安装工程	373539	股东投入资金	1389574
设备工器具购置	558138	借入资金	1691347
其他费用	2377735	其他资金来源	8639029
旧建筑物购置费	47308	#定金及预收款	4261324
土地购置费	1225053	#个人按揭贷款	3495293
按工程用途分		**本年各项应付款合计**	**6366983**
住宅	13381631	#工程款	2802478
#90 平方米以下	7503553		

3-18 房地产开发企业(单位)施工、销售和空置情况

(2015 年)

单位:万元、平方米

类别	合计	住宅	90 平米以下住房	144 平米以上住房	别墅、高档公寓	办公楼	商业营业用房	其他房屋
房屋施工面积	108182448	72562260	30707257	9769599	1473934	9168728	11196233	15255227
#新开工面积	28340118	19836015	8715073	2178608	692626	1672867	2851986	3979250
房屋竣工面积	10766573	6705001	3182496	1421442	225450	1150220	1442659	1468693
#不可销售面积	1380436	483833	454888	4272	300	52500	116451	727652
商品住宅竣工套数(套)		62371	38081	7760	735			
竣工房屋价值	2947947	1760525	885837	363773	59373	404565	401070	381787
批准预售面积	13398969	11208870	4040937	1613176	183084	653859	1303013	233227
批准预售套数(套)		106345	49050	8409	1301			
出租房屋面积	15046						15046	
商品房销售面积	18986666	16952057	6359505	2631250	186330	968835	799473	266301
#现房销售面积	2119843	1766761	476029	602111	17319	90519	204046	58517
#期房销售面积	16866823	15185296	5883476	2029139	169011	878316	595427	207784
商品房销售额	14309918	12243743	4493184	2463245	228842	942248	879285	244642
#现房销售额	1201096	909935	259278	348912	20688	98820	134667	57674
#期房销售额	13108822	11333808	4233906	2114333	208154	843428	744618	186968
商品住宅销售套数(套)		166739	80425	14756	1274			
#现房销售套数		15663	6257	3497	79			
#期房销售套数		151076	74168	11259	1195			
待售面积	4776065	3152750	912975	686577	127761	511702	765069	346544
#待售 1-3 年面积	2253474	1567045	620822	252358	11460	196427	389838	100164
#待售 3 年以上面积	61707	964		233		7562	28994	24187

3-19 分县(市)区按工程用途分房地产开发投资情况

(2015 年)

单位:万元

县(市)区	本年完成投资	住宅	90 平方米以下	办公楼	商业营业用房	其他
郑州市	**20001954**	**13381631**	**7503553**	**1496895**	**2800633**	**2322795**
中原区	2304334	1478481	1076138	122934	287232	415687
二七区	3282420	1846607	922147	150046	1014718	271049
管城区	1659568	1270451	789307	77172	207685	104260
金水区	2431048	1595060	938887	291268	255187	289533
上街区	530261	434998	204002	80	83309	11874
惠济区	615019	546148	288321	9998	27198	31675
中牟县	314825	231657	71021	11869	23203	48096
巩义市	397293	264846	53826	4000	73317	55130
荥阳市	667186	504454	116106	5062	74257	83413
新密市	263527	212027	88444	315	34154	17031
新郑市	904544	813132	286144	705	68489	22218
登封市	117223	85554	31120	9754	8315	13600
经开区	399752	270514	179923	33214	23686	72338
高新区	2408140	1729498	1265327	172297	202163	304182
郑东新区	2608175	1550066	660482	536465	217232	304412
航空港实验区	1098639	548138	532358	71716	200488	278297

3-20 分县(市)区房地产开发商品房屋施工面积

(2015 年)

单位:平方米

县(市)区	施工房屋面积	住宅	90 平方米以下	办公楼	商业营业用房	其他
郑州市	**108182448**	**72562260**	**30707257**	**9168728**	**11196233**	**15255227**
中原区	10868316	7479959	4857738	494709	1173916	1719732
二七区	11233215	7774985	2394252	966429	1463092	1028709
管城区	8861893	6293040	3458226	342575	1178011	1048267
金水区	9832697	5991096	2946575	957946	1150132	1733523
上街区	1824115	1391543	652225	400	303855	128317
惠济区	4662933	3537462	1403138	86514	243726	795231
中牟县	3975846	2828400	915595	166746	441485	539215
巩义市	2069527	1671805	203551	15000	246222	136500
荥阳市	5938396	4561949	860588	11023	707807	657617
新密市	3167333	2393007	622981	681	371468	402177
新郑市	9187834	8173282	2341309	4229	477746	532577
登封市	1616131	1118509	313351	82424	242673	172525
经开区	2562071	1623683	989806	303147	94701	540540
高新区	9420152	6409487	3572361	783396	727999	1499270
郑东新区	19482319	9051195	3194533	4804582	1667063	3959479
航空港实验区	3479670	2262858	1981028	148927	706337	361548

3-21 分县(市)区房地产开发商品房屋新开工面积

(2015 年)　　单位:平方米

县(市)区	施工房屋面积	住宅	90 平方米以下	办公楼	商业营业用房	其他
郑州市	**28340118**	**19836015**	**8715073**	**1672867**	**2851986**	**3979250**
中原区	3117714	2326900	1521554	129078	263763	397973
二七区	1500719	976016	137027	3394	272442	248867
管城区	2715043	2075429	1053573	54540	114675	470399
金水区	2005636	923314	405254	433903	282807	365612
上街区	761947	550847	323494		166530	44570
惠济区	1297971	1169246	261149		44650	84075
中牟县	504114	336448	108128	4954	124095	38617
巩义市	782411	657811	67880	15000	53099	56501
荥阳市	2288982	1790407	433120	4057	161028	333490
新密市	1012177	732780	204634	81	153619	125697
新郑市	2287004	2035967	732429	680	81498	168859
登封市	389128	253627	43508	1786	31559	102156
经开区	843269	415391	229496	201264	31615	194999
高新区	2491843	1628886	708883	147322	327958	387677
郑东新区	3984972	2466734	1011732	559802	240395	718041
航空港实验区	2357188	1496212	1473212	117006	502253	241717

3-22　分县（市）区房地产开发商品房屋竣工面积

（2015 年）　　单位：平方米

县（市）区	竣工房屋面积	住宅	90 平方米以下	办公楼	商业营业用房	其他房屋
郑州市	**10766573**	**6705001**	**3182496**	**1150220**	**1442659**	**1468693**
中原区	1000604	705378	383035		39089	256137
二七区	275785	187696	82660		44422	43667
管城区	1048077	656216	395452	95489	286758	9614
金水区	1030138	768037	409847		108821	153280
上街区	126783	108800	36800		15769	2214
惠济区	591889	371482	215573	39481	33118	147808
中牟县	501195	412427	307865		42475	46293
巩义市	910795	588165	133880	15000	219378	88252
荥阳市	119321	45210	15210		1696	72415
新密市	153518	44401	19800		109117	
新郑市	844509	755046	47284	160	49449	39854
登封市	295290	221086	145773	36	30043	44125
经开区	13427	6538				6889
高新区	470000	250000	24600	40000	115000	65000
郑东新区	2732656	1050902	504663	960054	250470	471230
航空港实验区	652586	533617	460054		97054	21915

3-23　分县(市)区商品房屋销售面积

(2015 年)

单位:平方米

县(市)区	销售面积	住宅	90 平方米以下	办公楼	商业营业用房	其他房屋
郑州市	**18986666**	**16952057**	**6359505**	**968835**	**799473**	**266301**
中原区	1805600	1686413	1434902	14617	104570	
二七区	1212316	1048495	330727	134593	29013	215
管城区	1413702	1356676	522726	873	56153	
金水区	1232656	1092104	543275	86311	47246	6995
上街区	522199	453615	131466		59951	8633
惠济区	794426	754174	285773	8152	9973	22127
中牟县	453622	442704	116473	63	10151	704
巩义市	976375	811730	94480	15000	125435	24210
荥阳市	1826070	1726237	168637	278	91625	7930
新密市	771752	758123	245954		13629	
新郑市	2541709	2473965	560299		48144	19600
登封市	270344	211202	87825	7708	46214	5220
经开区	643270	634797	382975	7573	900	
高新区	2144283	1728306	1013957	280486	54424	81067
郑东新区	2041730	1502617	290627	395767	53746	89600
航空港实验区	336612	270899	149409	17414	48299	

3-24　分县(市)区房地产开发商品房屋销售额

(2015年)　　单位:万元

县(市)区	商品房屋销售额	住宅	90平方米以下	办公楼	商业营业用房	其他房屋
郑州市	**14309918**	**12243743**	**4493184**	**942248**	**879285**	**244642**
中原区	1343409	1205893	1011473	14262	123254	
二七区	1067339	886376	284473	139880	38065	3018
管城区	1266376	1167173	453729	622	98581	
金水区	1321183	1101703	516834	88892	120967	9621
上街区	274683	183248	51037		65536	25899
惠济区	736746	694026	243118	6945	13224	22551
中牟县	246592	234076	59396	45	12100	371
巩义市	406986	296661	35706	12000	81791	16534
荥阳市	1139577	1072805	78790	496	61822	4454
新密市	308503	301008	92570		7495	
新郑市	1494202	1432538	313647		57830	3834
登封市	98896	71585	27480	4013	21770	1528
经开区	362699	352697	163772	8232	1770	
高新区	1670320	1380055	803931	197632	50832	41801
郑东新区	2355120	1693987	266157	451750	94352	115031
航空港实验区	217287	169912	91071	17479	29896	

3-25　分县(市)区房地产开发资金来源

(2015 年)

单位:万元

县(市)区	本年资金来源小计	国内贷款	#银行贷款	自筹资金	#自有资金	#股东投入资金	#借入资金	其他资金来源	定金及预收款	#个人按揭贷款
郑州市	**21216206**	**2006087**	**1872397**	**10558090**	**3273126**	**1389574**	**1691347**	**8639029**	**4261324**	**3495293**
中原区	2087726	86700	86700	1196426	370882	112397	117511	804600	290118	278674
二七区	2879664	200130	185130	1592875	149409	724330	37754	1086659	645663	388245
管城区	2135054	161080	101080	884288	226155	77324	364537	1089686	484985	602861
金水区	2437310	145480	145480	1861839	578932	4100	28401	429991	278736	138743
上街区	572858	11120	11120	482060	250998		21703	79678	39189	33774
惠济区	848555	114294	96094	428123	145469	67900	163637	306138	167373	104491
中牟县	361999	11515	11515	219708	27005	40199	119843	130776	90479	38566
巩义市	406976	5000	5000	394188	159893	25985		7788	5740	2048
荥阳市	991137	53300	53300	277173	192476	39552	9540	660664	234540	386525
新密市	301646	36700	36700	217864	47657	19504	89002	47082	17732	18517
新郑市	1361912	91221	91221	254753	131517	21573	20702	1015938	404332	558857
登封市	131228	32966	32966	93411	55645	3653	2300	4851	965	200
经开区	519821	71490	71300	193285	87489	9000	1630	242046	128591	102455
高新区	2113078	388239	388239	867900	470058	61753	38552	856939	512513	223745
郑东新区	3314452	543352	503052	927951	263582	84977	388503	1843149	930074	615842
航空港实验区	752790	53500	53500	666246	115959	97327	287732	33044	30294	1750

3-26 分县(市)区房地产土地购置和开发情况

(2015 年)

单位:万元

县(市)区	土地购置费	本年购置土地面积(平方米)	本年土地成交价款			契税
				拆迁补偿费	土地使用权出让金	
郑州市	**1225053**	**2224538**	**751846**	**33492**	**701407**	**24655**
中原区	107003	104302	45060		45060	
二七区	191606	398635	280220	2500	277720	3082
管城区	101980	204484	105080	17	105063	4682
金水区	147658	75462	15382		15382	
上街区	13716	55035	11377	400	9923	396
惠济区	105342	125561	37733	19733	18000	
中牟县	11575					
巩义市	21660					
荥阳市	60720	139429	38205		38090	510
新密市	27062	78862	11466	839	10557	533
新郑市	25857	533791	59055	5420	53635	12202
登封市	7074	73703	17041	4565	5780	1235
经开区	40564					
高新区	41000	46719	14244	18	14226	440
郑东新区	96974	289295	67983		67971	747
航空港实验区	225262	99260	49000		40000	828

主要统计指标解释

固定资产投资额 是以货币表现的建造和购置固定资产活动的工作量，它是反映固定资产投资规模、速度、比例关系和使用方向的综合性指标。全社会固定资产投资包括国有经济单位投资、城乡集体经济单位投资、各种经济类型的单位的投资和城乡居民个人投资。按照我国现行计划管理体制，国有经济单位固定资产投资总额分为基本建设、更新改造、商品房屋建设投资和其他固定资产投资四个部分；城乡集体经济单位投资包括城镇集体所有制单位投资和农村集体所有制单位投资；各种经济类型的单位投资包括联营经济、股份制经济、中外合资经营、中外合作经营、外资、与大陆合资经营、与大陆合作经营、港澳台独资及其他经济类型的单位投资。城镇居民个人投资包括城市、县城、镇、工矿区所辖范围内的个人建房和农村个人建房及购买生产性固定资产的投资。

固定资产投资的资金来源 根据固定资产投资的资金来源不同，分为国家预算内资金、国内贷款、利用外资、自筹资金和其他资金来源。

1. 国家预算内资金 指中央财政和地方财政中由国家统筹安排的基本建设拨款和更新改造拨款，以及中央财政安排的专项拨款中用于基本建设的资金和基本建设拨款改贷款的资金等。

2. 国内贷款 指报告期内企、事业单位向银行及非银行金融机构借入的用于固定资产投资的各种国内贷款。包括银行利用自有资金及吸收的存款发放的贷款、上级主管部门拨入的国内贷款、国家专项贷款（包括煤代油贷款、劳改煤矿专项贷款等）、地方财政专项资金安排的贷款、国内储备贷款、周转贷款等。

3. 利用外资 指报告期内收到的用于固定资产投资的国外资金，包括统借统还、自借自还的国外贷款，中外合资项目中的外资，以及对外发行债券和股票等。国家统借统还的外资指由我国政府出面同外国政府、团体或金融组织签订贷款协议、并负责偿还本息的国外贷款。

4. 自筹资金 指建设单位报告期内收到的，用于进行固定资产投资的上级主管部门、地方和企、事业单位自筹资金。

5. 其他资金来源 指报告期内收到的除以上各种拨款、借款、自筹资金以外，其他用于固定资产投资的资金。

固定资产投资按国民经济行业分 建设项目归哪个行业，按其建成投产后的主要产品或主要用途及社会经济活动性质来确定。基本建设按建设项目划分国民经济行业，更新改造、国有经济单位其他固定资产投资及城镇集体投资根据整个企业、事业单位所属的行业来划分。一般情况下，一个建设项目或一个企业、事业单位只能属于一种国民经济行业。为了更准确地反映国民经济各行业之间的比例关系，联合企业（总厂）所属分厂属于不同行业的，原则上按分厂划分行业。

固定资产投资按建设性质分 建设项目的性质一般分为新建、扩建、改建、迁建、恢复。基本建设按建设项目划分建设性质，更新改造、国有经济单位其他固定资产投资及城镇集体投资按整个企业、事业单位的建设情况确定建设性质。目前基本建设和更新改造是根据我国现行的计划管理体制区分的，所以基本建设和更新改造都可以分别按新建、扩建等划分。

固定资产投资按用途分 固定资产投资按工程的经济用途分为用于为农林牧渔业用、工业建筑业用商业、运输邮电业用、其他五部分的建设，是研究不同用途的固定资产投资之间比例关系的重要指标。基本建设投资、国有经济单位其他固定资产投资及城镇集体投资的用途按单项工程确定，现有企业、事业单位更新改造投资的用途按更新改造项目确定。

固定资产投资按构成分 固定资产投资活动按其工作内容和实现方式分为建筑安装工程，设备、工具、器具购置，其他费用三个部分。

1. 建筑安装工程（建筑工作量）指各种房屋、建筑物的建造工程和各种设备、装置的安装工程。包括各种房屋建造工程，各种用途设备基础和各种工业窑炉的砌筑工程；为施工而进行的各种准备工作和临时工程以及完工后的清理工作等；铁路、道路的铺设，矿井的开凿及石油管道的架设等；水利工程；防空地下建筑等特殊工程；以及各种机械设备的安装工程；为测定安装工程质量，对设备进行的试行工作。在安装工程中,不包括被安装设备本身价值。

2. 设备、工具、器具购置指购置或自制达到固定资产标准的设备、工具、器具的价值,固定资产的标准按财务部门规定。新建单位、扩建单位的新建车间按照设计和计划要求购置或自制的全部设备、工具、器具,不论是否达到固定资产标准均计入"设备、工具、器具购置"中。

3. 其他费用指除建筑安装工程和设备、工具、器具购置以外的投资完成额。它包括两种性质的费用,一种是属于增加固定资产的费用,主要有:建设单位管理费,土地、青苗等补偿费和安置补助费、勘察设计费、研究实验费、农林单位牲畜购置费、各种经济林木的营造费、办公和生活家具、器具购置费、引进技术和进口设备项目的其他费用、联合试运转费等;一种是属于不增加固定资产的费用,主要有:施工机械转移费、生产职工培训费、农业开荒费用及报废工程损失费等。

建筑业统计单位 指从事房屋、构筑物建造和设备安装活动的法人企业。建筑业法人企业应具有建筑业资质并能够独立核算,同时其应具备以下条件:1. 依法成立,有自己的名称、组织机构和场所,能够承担民事责任;2. 独立拥有和使用资产,承担负债,有权与其他单位签订合同;3. 独立核算盈亏,能够编制资产负债表。

施工项目 指报告期内曾进行建筑或安装工程施工活动的建设项目。包括报告期内新开工项目,报告期以前开工跨入报告期继续施工的项目以及报告期施过工并在报告期内全部建设投产或停缓建的项目。

全部建成投产项目工业项目 是指设计文件规定形成生产能力的主体工程及其相应配套的辅助设施全部建成,经负荷试运转,证明具备生产设计规定合格产品的条件,并经过验收鉴定合格或达到竣工验收标准,与生产性工程配套的生产福利设施可以满足近期正常生产的需要,正式移交生产的建设项目。

施工和竣工房屋建筑面积 房屋建筑面积是从房屋外墙线算起的各层平面面积的总和,包括房屋结构(如柱、墙)占用的面积和地下室面积。多层建筑按各自然层面积总和计算,包括房屋内的楼隔层,突出墙面的眺望间、门斗、有柱雨罩的面积。不包括突出墙面结构的构件、艺术装饰等所占的面积,如台阶等。凹阳台、挑阳台按其水平投影面积一半计算建筑面积。

住宅建筑面积 指施工和竣工房屋建筑面积中供居住用的施工和竣工房屋建筑面积。

竣工面积 指在报告期内房屋建筑按照设计要求已全部完工,达到住人和使用条件,经验收鉴定合格,正式移交使用单位的建筑面积。

房屋建筑面积竣工率 指一定时期内房屋竣工面积占同期房屋施工面积的比率。它是从房屋建筑施工速度的角度反映投资效果和建筑业经济效益的指标。

新增固定资产 指通过投资活动所形成的新的固定资产价值。包括已经建成投入生产或交付使用的工程价值和达到固定资产标准的设备、工具、器具的价值及有关应摊入的费用。它是以价值形式表示的固定资产投资成果的综合性指标,可以综合反映不同时期、不同部门、不同地区的固定资产投资成果。

建设项目投产率 指一定时期内全部建成投入生产项目个数占同期正式施工项目个数的比率。它是从项目建设速度的角度反映投资效果的指标。

固定资产交付使用率 指一定时期新增固定资产与同期完成投资额的比率。它是反映各个时期固定资产动用速度,衡量建设过程中投资效果的一个综合性指标。未完工程占用率指年末未完工程累计完成投资额占全年实际完成投资额的比率。它反映未完工程的相对规模,并可从资金占用的角度反映固定资产投资效果。由于未完工程是指已经开工,但尚未建成交付使用的工程,有个跨年度问题,因此未完工程占用率会出现大于1的情况。

实收资本 指企业实际吸收到的所有投资人投入的资金。该指标来源于会计"资产负债表"中"实收资本"项目的期末数。

资产总计 指企业拥有或控制的全部资产,包括活动资产、长期投资、固定资产、无形及递延资产、其他长期资产。该指标来源于会计"资产负债表"中"资产总计"项的期末数。

负债总计 指企业的流动负债和长期负债的合计。

本年施工规模 指报告期内施工的单项工程(或更新改造项目)的设计能力(或工程效益),包括报告期以前已开工跨入本年继续施工的工程的设计能力和报告期新开工工程的设计能力。也包括报告期内建成投产或报告期施工后又停缓建的单项工程设计能力。不包括在报告期以前建成投产或已经停、缓建的工程,以及报告期内尚未正式开工的工程的设计能力。

商品房销售面积 指报告期内出售商品房屋的合同总面积(即双方签署的正式买卖合同中所确定的建筑面积)。由现房销售面积和期房销售面积两部分组成。

商品房销售额 指报告期内出售商品房屋的合同总价款(即双方签署的正式买卖合同中所确定的合同总价)。该指标与商品房销售面积同口径,由现房销售额和期房销售额两部分组成。

四、价　格

4-1　市区居民消费价格指数(2015 年)

（以上年价格为 100）

类　　别	年　度	月份											
		一	二	三	四	五	六	七	八	九	十	十一	十二
居民消费价格总指数	**101.1**	**101.1**	**101.6**	**101.3**	**101.5**	**101.0**	**100.6**	**101.1**	**101.4**	**100.9**	**100.4**	**100.8**	**101.2**
生活费用价格总指数	**101.2**	**100.1**	**101.5**	**101.1**	**101.7**	**100.4**	**100.5**	**101.7**	**102.3**	**101.4**	**100.3**	**101.4**	**102.4**
低收入居民生活费用指数	**101.9**	**100.4**	**102.1**	**101.6**	**102.5**	**101.1**	**101.4**	**102.8**	**103.5**	**102.0**	**100.7**	**102.0**	**103.1**
非食品价格指数	**101.1**	**101.8**	**101.7**	**101.6**	**101.4**	**101.4**	**100.9**	**100.8**	**101.0**	**100.7**	**100.8**	**100.7**	**100.7**
服务项目价格指数	**102.7**	**103.2**	**103.1**	**103.1**	**103.2**	**103.1**	**103.0**	**102.7**	**103.0**	**102.2**	**102.0**	**102.1**	**102.1**
工业品价格指数	**100.0**	**100.9**	**100.7**	**100.5**	**100.2**	**100.3**	**99.5**	**99.5**	**99.7**	**99.7**	**99.9**	**99.7**	**99.7**
扣除食品和能源价格指数	**101.4**	**102.1**	**102.0**	**101.9**	**101.8**	**101.8**	**101.3**	**101.2**	**101.4**	**101.0**	**101.1**	**101.0**	**100.9**
扣除鲜菜鲜果总指数	**101.1**	**101.7**	**101.6**	**101.5**	**101.4**	**101.1**	**100.8**	**100.9**	**101.1**	**100.9**	**100.8**	**100.8**	**100.9**
消费品价格指数	**100.4**	**100.4**	**101.1**	**100.7**	**100.9**	**100.2**	**99.7**	**100.4**	**100.7**	**100.5**	**99.8**	**100.3**	**100.8**
食品	**101.0**	**99.7**	**101.5**	**100.9**	**101.7**	**100.1**	**100.0**	**101.6**	**102.0**	**101.4**	**99.6**	**101.0**	**102.1**
粮食	102.6	105.7	105.3	104.1	103.7	102.5	101.3	101.5	101.5	101.3	100.5	101.9	101.8
大　　米	100.4	100.4	100.4	100.4	100.7	100.5	100.4	100.4	100.4	100.4	100.4	100.4	100.4
面　　粉	99.6	99.8	99.5	99.3	99.2	99.2	99.2	99.2	99.6	99.6	99.6	100.3	100.5
粮食制品	100.4	99.8	100.3	99.8	100.5	99.5	98.8	99.4	99.4	99.3	99.1	103.9	105.0
其　　他	111.7	133.0	128.9	122.7	117.4	113.6	109.0	108.6	108.6	107.8	104.2	100.0	96.7
淀粉及制品	103.2	108.1	105.1	105.1	104.4	104.4	102.6	102.3	101.3	101.3	101.3	101.3	101.3
干豆类及豆制品	103.4	106.2	105.4	105.4	105.8	105.0	102.8	102.6	102.6	102.1	101.6	101.0	100.8
干　　豆	106.4	114.2	115.1	114.0	114.0	110.7	103.6	103.2	103.2	101.6	101.1	100.1	99.5
豆　制　品	102.0	102.6	101.2	101.6	102.1	102.4	102.4	102.4	102.4	102.4	101.8	101.5	101.5
油脂	93.5	89.8	88.9	90.1	93.2	93.5	95.1	94.5	94.9	94.2	96.4	96.7	95.7
食用植物油	93.9	90.1	90.1	90.1	92.8	92.3	95.8	94.5	95.6	96.4	97.8	96.7	95.6
植物油制品	92.6	89.2	86.6	90.0	93.9	95.8	93.8	94.3	93.5	89.8	93.4	96.6	95.8
其　　他	101.2	88.6	88.6	95.4	98.9	98.4	99.7	105.1	106.5	108.3	109.7	109.7	109.7
肉禽及其制品	102.0	97.4	97.8	99.3	101.1	99.2	100.3	104.0	104.5	104.1	104.6	105.3	106.5
食用畜肉及副产品	102.9	96.8	96.2	98.7	101.9	99.2	100.5	105.6	106.7	106.2	106.8	107.7	109.3
猪　　肉	107.0	95.7	96.0	99.7	106.2	101.6	103.1	111.4	112.8	112.1	113.1	114.5	117.7
牛　　肉	99.7	100.9	98.9	99.0	98.3	98.2	99.5	100.4	100.4	100.4	100.5	100.9	99.6
羊　　肉	94.4	96.1	94.3	96.0	94.4	92.2	92.9	93.9	94.8	94.6	94.7	94.7	94.2
畜肉副产品	95.2	92.2	90.5	91.5	93.0	94.5	94.8	95.0	96.4	97.1	97.8	98.4	101.3
其　　他	105.0	108.1	108.1	108.1	108.1	108.1	108.1	108.1	105.3	100.0	100.0	100.0	100.0
禽	97.9	95.9	101.7	100.6	97.9	95.7	96.8	99.0	97.5	96.1	96.2	97.8	100.0
鸡	97.4	94.9	101.6	100.1	97.1	94.6	96.0	98.5	97.0	95.6	95.8	97.7	100.2
鸭	101.0	102.3	102.3	103.7	102.9	102.0	102.1	102.0	100.6	99.3	98.5	98.5	98.6
其　　他	101.6	102.5	102.5	102.5	102.5	102.5	102.5	102.5	101.7	100.0	100.0	100.0	100.0
加工肉禽	101.4	99.8	100.2	100.2	100.6	100.7	101.4	102.1	102.1	102.5	102.5	102.5	102.5
畜肉制品	101.1	99.6	99.6	99.6	99.8	100.0	100.9	101.9	101.9	102.5	102.5	102.5	102.5

4-1 续表1

类　别	年　度	月份											
		一	二	三	四	五	六	七	八	九	十	十一	十二
禽 制 品	102.1	100.0	101.3	101.3	102.2	102.2	102.4	102.5	102.5	102.5	102.5	102.5	102.5
蛋	85.6	107.8	114.0	99.4	85.1	74.8	77.6	75.3	81.1	84.4	76.9	78.6	83.2
鲜　蛋	84.2	108.7	115.6	99.3	83.6	72.6	75.4	73.2	79.6	83.1	75.0	76.8	81.7
蛋 制 品	100.0	100.0	100.0	100.0	100.0	100.0	100.0	100.0	100.0	100.0	100.0	100.0	100.0
水产品	104.8	104.4	104.8	106.8	107.2	106.9	106.0	105.6	104.1	104.5	102.6	102.8	102.3
鱼	106.0	105.0	106.0	109.2	109.7	108.3	107.0	106.6	104.7	105.6	103.4	103.6	102.9
淡水鱼	103.6	102.8	105.0	108.8	109.6	106.9	104.8	104.3	100.9	102.8	98.6	99.0	99.6
海水鱼	108.8	107.6	107.1	109.7	109.8	109.8	109.5	109.4	109.3	108.9	108.9	108.9	106.6
其他水产品	100.0	101.9	100.0	97.5	97.7	101.3	101.7	101.0	101.4	99.8	99.0	99.5	99.8
虾蟹类	100.0	103.0	100.0	96.0	96.4	102.0	102.7	101.7	102.4	99.7	98.4	99.3	99.7
其　他	100.0	100.0	100.0	100.0	100.0	100.0	100.0	100.0	100.0	100.0	100.0	100.0	100.0
菜	106.2	89.6	102.6	98.2	105.4	102.9	110.0	116.1	121.4	114.0	101.5	109.0	112.8
鲜　菜	106.4	88.4	102.5	97.6	105.6	102.9	110.6	116.7	122.8	115.5	101.4	110.0	114.2
干菜及菜制品	111.2	114.3	115.0	115.2	115.2	115.2	115.2	115.2	114.6	105.5	104.9	103.6	104.2
薯　类	92.2	83.4	87.6	88.8	87.7	85.9	90.8	102.4	100.9	97.5	98.0	96.7	94.8
调 味 品	105.4	107.4	106.9	107.1	108.4	108.9	109.4	109.5	104.3	102.9	100.6	100.6	100.6
食用盐	119.5	133.3	133.3	133.3	133.3	133.3	133.3	133.3	114.3	109.1	100.0	100.0	100.0
酱　油	99.2	99.5	96.7	98.0	99.8	98.9	101.1	99.9	98.6	98.6	100.2	100.2	99.2
食　醋	102.4	101.6	101.6	101.4	102.7	102.7	102.7	102.7	102.7	102.7	102.7	102.7	102.7
味　精	100.1	100.0	100.0	100.0	100.0	100.0	100.0	100.0	100.0	100.0	100.0	100.0	100.6
其　他	99.2	95.8	95.8	95.8	98.6	100.9	101.1	102.4	100.0	100.0	100.0	100.0	100.4
糖	100.8	100.9	101.1	100.9	100.6	100.7	100.1	100.6	99.9	101.1	101.1	101.4	101.5
食　糖	109.9	105.6	105.6	105.6	105.6	105.6	105.6	110.3	115.0	115.0	115.0	115.0	115.0
糖　果	101.2	97.8	98.8	100.2	101.2	101.2	102.4	102.4	99.9	103.3	103.3	103.3	101.2
巧克力制品	97.0	103.1	102.0	100.2	98.5	98.5	95.0	94.5	94.5	94.5	94.5	94.5	94.5
糖类小食品	101.2	97.3	99.4	99.4	99.4	100.9	103.7	103.7	99.4	99.4	99.4	101.6	110.9
茶及饮料	101.0	98.6	99.0	99.2	99.3	99.6	100.1	102.4	101.9	102.1	102.1	103.6	103.9
茶叶	100.0	100.0	100.0	100.0	100.0	100.0	100.0	100.0	100.0	100.0	100.0	100.0	100.0
饮料	101.6	97.8	98.4	98.6	98.9	99.4	100.2	103.8	103.1	103.4	103.5	105.8	106.3
固体饮料	96.4	95.9	96.4	96.4	92.3	94.2	98.5	95.3	95.0	95.3	93.3	101.1	103.2
液体饮料	98.2	96.9	98.1	99.0	98.2	98.0	96.7	98.7	96.9	97.4	99.2	99.8	99.4
冷冻饮品	108.3	100.0	100.0	100.0	104.4	104.4	104.4	114.4	114.4	114.4	114.4	114.4	114.4
干鲜瓜果	95.1	102.8	102.0	103.2	101.0	97.7	89.4	91.4	89.5	90.0	89.9	91.7	93.8
鲜 瓜 果	91.4	102.0	100.8	102.5	99.4	94.8	83.7	86.1	83.7	84.4	84.4	87.4	90.8

4-1 续表2

类 别	年 度	月份 一	二	三	四	五	六	七	八	九	十	十一	十二
干(坚)果	104.7	104.8	105.1	105.1	105.1	105.7	105.7	105.7	105.7	105.1	104.5	102.5	101.1
糕点饼干面包	103.5	105.0	104.9	104.4	104.0	103.4	103.4	103.9	103.5	102.9	103.5	102.3	101.2
糕 点	101.5	103.3	103.3	101.8	100.9	100.5	101.5	102.7	101.6	99.9	101.6	100.4	100.4
饼 干	100.5	101.9	101.8	101.7	101.7	100.5	99.8	99.8	99.8	99.9	99.9	99.8	99.8
面 包	112.3	113.4	113.4	113.4	113.4	113.4	113.4	113.4	113.4	113.4	113.4	109.9	104.7
液体乳及乳制品	98.8	98.8	98.6	98.6	98.7	98.6	98.8	98.8	98.8	98.8	98.9	98.9	98.9
巴氏杀菌乳或灭菌乳	97.8	97.8	97.8	97.8	97.8	97.8	97.8	97.8	97.8	97.8	97.8	97.8	97.8
酸 牛 乳	100.1	101.5	100.0	100.0	100.0	100.0	100.0	100.0	100.0	100.0	100.0	100.0	100.0
乳 粉	103.1	100.0	100.0	100.0	102.3	102.3	104.5	104.5	104.5	104.5	104.7	104.7	104.7
其 他	98.9	100.0	100.0	100.0	99.2	98.4	98.4	98.4	98.4	98.4	98.4	98.4	98.4
在外用膳食品	101.4	102.3	102.0	101.9	101.9	101.9	101.5	101.2	101.2	101.1	100.8	100.5	100.5
主 食	101.0	102.8	101.8	101.8	101.8	101.8	101.1	100.5	100.5	100.2	100.0	100.0	100.0
炒 菜	100.0	100.0	100.0	100.0	100.0	100.0	100.0	100.0	100.0	100.0	100.0	100.0	100.0
地方小吃	105.7	107.8	107.8	107.8	107.8	107.8	106.5	105.3	105.3	105.3	103.7	102.2	102.2
其 他	100.3	102.2	101.1	100.0	100.0	100.0	100.0	100.0	100.0	100.0	100.0	100.0	100.0
其他食品	99.0	103.5	103.0	102.2	101.9	99.6	97.0	97.1	98.5	97.9	96.6	96.4	95.0
烟酒	**100.3**	**101.6**	**99.3**	**99.1**	**98.3**	**99.2**	**100.6**	**100.5**	**100.6**	**101.1**	**101.1**	**101.1**	**101.4**
烟草	103.3	100.0	100.0	100.0	100.0	102.5	105.4	105.4	105.4	105.4	105.4	105.4	105.4
高档卷烟	101.4	100.0	100.0	100.0	100.0	101.1	102.2	102.2	102.2	102.2	102.2	102.2	102.2
中档卷烟	103.5	100.0	100.0	100.0	100.0	102.8	105.6	105.6	105.6	105.6	105.6	105.6	105.6
其 他	104.1	100.0	100.0	100.0	100.0	102.5	106.7	106.7	106.7	106.7	106.7	106.7	106.7
酒	97.4	103.2	98.7	98.3	96.6	96.1	96.0	95.9	96.0	97.0	97.0	97.0	97.5
白 酒	96.8	103.7	98.3	97.8	95.8	95.3	95.3	95.3	95.3	96.3	96.3	96.3	96.1
葡 萄 酒	100.0	100.0	100.0	100.0	100.0	100.0	100.0	100.0	100.0	100.0	100.0	100.0	100.0
啤 酒	100.1	102.2	100.9	100.9	99.5	99.1	98.2	96.9	97.4	99.4	100.0	100.0	107.1
其 他	100.0	100.0	100.0	100.0	100.0	100.0	100.0	100.0	100.0	100.0	100.0	100.0	100.0
衣着	**102.5**	**103.0**	**103.0**	**103.1**	**103.0**	**102.8**	**102.8**	**102.7**	**102.7**	**102.5**	**102.2**	**101.5**	**100.7**
服 装	103.1	103.7	103.7	103.8	103.5	103.5	103.4	103.4	103.4	103.1	102.8	101.7	100.6
男式服装	101.7	102.3	102.3	102.2	102.0	102.0	101.8	101.7	101.7	101.6	101.7	101.0	100.2
大 衣	110.2	111.8	111.8	111.8	111.8	111.8	111.8	111.8	111.8	111.8	111.8	105.6	100.0
毛 线 衣	100.0	100.0	100.0	100.0	100.0	100.0	100.0	100.0	100.0	100.0	100.0	100.0	100.0
夹 克 衫	100.0	100.0	100.0	100.0	100.1	100.1	100.1	100.1	100.1	100.1	100.1	100.1	100.1
衬 衫	101.6	101.9	101.9	101.9	101.9	101.9	101.9	101.9	101.9	100.9	101.2	101.2	101.2
T 恤 衫	99.5	103.5	103.5	101.3	99.1	99.1	99.1	99.1	99.1	97.7	97.7	97.7	97.7

4-1 续表 3

类别	年度	月份											
		一	二	三	四	五	六	七	八	九	十	十一	十二
裤 子	100.3	100.0	100.0	100.0	100.0	100.0	100.0	100.0	100.0	100.0	101.3	101.3	101.3
西 服	101.3	100.2	100.2	100.9	101.6	101.6	101.6	101.6	101.6	101.5	101.4	101.4	101.4
运动衫裤	99.8	101.1	101.1	101.1	101.1	101.1	98.6	98.1	98.1	99.4	99.3	99.3	99.3
内 衣	105.3	106.1	106.1	106.1	106.1	106.1	106.1	106.1	106.1	106.1	106.1	102.9	100.0
羽绒衣	101.9	102.2	102.2	102.2	102.2	102.2	102.2	102.2	102.2	102.2	102.2	101.1	100.0
其 他	102.9	103.7	103.7	103.7	101.5	101.5	103.2	103.2	103.2	103.2	103.2	103.2	101.7
女式服装	104.5	105.4	105.4	105.6	105.3	105.2	105.2	105.1	105.1	104.8	104.0	102.3	100.7
大 衣	109.9	111.5	111.5	111.5	111.5	111.5	111.5	111.5	111.5	111.5	111.5	105.4	100.0
毛线衣	100.0	100.0	100.0	100.0	100.0	100.0	100.0	100.0	100.0	100.0	100.0	100.0	100.0
羽绒衣	111.5	113.3	113.3	113.3	113.3	113.3	113.3	113.3	113.3	113.3	113.3	106.3	100.0
套 装	101.0	101.5	101.5	101.5	101.5	101.1	101.1	101.1	101.1	100.8	100.2	100.0	100.0
衬 衫	109.1	110.6	110.6	110.6	110.6	110.6	113.7	113.7	113.7	108.4	102.8	102.8	102.8
T 恤衫	100.4	101.7	101.7	101.0	99.7	99.7	99.7	99.7	99.7	99.7	100.7	100.7	100.7
裙 子	106.2	103.4	103.4	107.8	108.1	108.8	107.7	107.7	107.7	107.5	104.2	104.2	104.2
裤 子	101.5	102.7	102.7	102.7	102.7	101.4	101.4	101.4	101.4	101.4	100.7	100.0	100.0
运动衫裤	99.0	105.5	105.5	102.5	99.3	99.3	96.6	95.4	95.8	96.8	97.5	97.5	97.5
内 衣	105.1	105.9	105.9	105.9	105.9	105.9	105.9	105.9	105.9	105.9	105.9	102.8	100.0
其 他	101.9	100.0	100.0	100.0	100.0	100.0	103.2	103.2	103.2	103.2	103.2	103.2	103.2
儿童服装	101.2	101.2	101.2	101.2	100.6	100.6	100.9	101.1	101.1	101.0	101.3	101.8	101.8
上 衣	101.0	100.0	100.0	100.6	101.2	101.2	101.2	101.2	101.2	101.2	101.2	101.2	101.2
裤 子	100.1	99.0	99.0	99.6	100.1	100.1	100.6	101.1	101.1	100.6	100.1	100.1	100.1
裙 子	103.8	107.7	107.7	105.4	100.7	100.7	101.5	102.0	102.0	102.0	104.3	106.5	106.5
其 他	100.0	100.0	100.0	100.0	100.0	100.0	100.0	100.0	100.0	100.0	100.0	100.0	100.0
衣着材料	96.6	95.5	95.5	95.5	95.5	95.5	95.5	95.5	95.5	96.5	98.8	100.0	100.0
棉 布	90.6	87.8	87.8	87.8	87.8	87.8	87.8	87.8	87.8	90.5	96.5	100.0	100.0
化 纤 布	100.0	100.0	100.0	100.0	100.0	100.0	100.0	100.0	100.0	100.0	100.0	100.0	100.0
毛 线	100.0	100.0	100.0	100.0	100.0	100.0	100.0	100.0	100.0	100.0	100.0	100.0	100.0
其 他	100.0	100.0	100.0	100.0	100.0	100.0	100.0	100.0	100.0	100.0	100.0	100.0	100.0
鞋袜帽	101.2	101.3	101.3	101.5	101.7	101.5	101.5	101.2	101.1	100.9	100.7	100.7	100.7
鞋	101.2	101.5	101.5	101.8	102.0	101.7	101.5	101.1	101.0	100.8	100.6	100.6	100.6
男 鞋	100.0	100.0	100.0	100.0	100.0	100.0	100.0	100.0	100.0	100.0	100.0	100.0	100.0
女 鞋	101.9	102.0	102.0	102.5	103.0	102.3	102.2	102.0	102.0	101.5	101.1	101.1	101.1
童 鞋	102.0	104.1	104.1	104.1	104.1	104.1	103.0	101.0	100.0	100.0	100.0	100.0	100.0
袜子	101.8	100.0	100.0	100.0	100.0	100.0	103.0	102.9	102.9	103.0	103.3	103.3	103.3
男 袜	102.4	100.0	100.0	100.0	100.0	100.0	103.9	103.7	103.7	103.9	104.4	104.4	104.4

4-1 续表4

类　　别	年　度	月　　份											
		一	二	三	四	五	六	七	八	九	十	十一	十二
女　袜	101.2	100.0	100.0	100.0	100.0	100.0	102.0	102.0	102.0	102.0	102.0	102.0	102.0
帽子	100.0	100.0	100.0	100.0	100.0	100.0	100.0	100.0	100.0	100.0	100.0	100.0	100.0
男　帽	100.0	100.0	100.0	100.0	100.0	100.0	100.0	100.0	100.0	100.0	100.0	100.0	100.0
女　帽	100.0	100.0	100.0	100.0	100.0	100.0	100.0	100.0	100.0	100.0	100.0	100.0	100.0
衣着加工服务费	101.2	100.0	100.0	100.0	100.0	100.4	100.8	100.8	100.8	100.8	100.8	103.5	106.1
缝　纫	102.2	100.0	100.0	100.0	100.0	101.7	103.5	103.5	103.5	103.5	103.5	103.5	103.5
清　洗	101.0	100.0	100.0	100.0	100.0	100.0	100.0	100.0	100.0	100.0	100.0	104.1	108.0
其　他	100.0	100.0	100.0	100.0	100.0	100.0	100.0	100.0	100.0	100.0	100.0	100.0	100.0
家庭设备用品及维修服务	**100.0**	**100.1**	**100.0**	**99.9**	**99.8**	**99.6**	**99.3**	**99.6**	**100.0**	**100.1**	**100.4**	**100.4**	**100.9**
耐用消费品	99.7	99.8	99.5	99.2	98.9	98.5	98.0	99.0	99.8	100.2	100.6	100.7	101.7
家　具	99.9	100.0	100.0	99.7	99.4	99.4	99.4	99.4	99.8	100.2	100.2	100.6	101.0
柜	100.2	100.0	100.0	99.9	99.8	99.8	99.8	99.8	100.3	100.8	100.8	100.8	100.8
床	99.7	100.0	100.0	99.5	98.9	98.9	98.9	98.9	99.6	100.3	100.3	100.3	100.3
桌	99.8	100.0	100.0	99.7	99.3	99.3	99.3	99.3	99.8	100.2	100.2	100.4	100.6
椅	100.3	100.0	100.0	99.6	99.1	99.1	99.1	99.1	99.5	99.9	99.9	102.7	105.5
沙　发	99.8	100.0	100.0	99.7	99.5	99.5	99.5	99.5	99.6	99.8	99.8	100.1	100.4
其　他	100.0	100.0	100.0	100.0	100.0	100.0	100.0	100.0	100.0	100.0	100.0	100.0	100.0
家庭设备	99.5	99.7	99.1	98.9	98.6	97.8	97.1	98.7	99.8	100.1	100.9	100.8	102.2
洗 衣 机	102.2	98.2	98.4	98.2	98.6	98.6	98.7	103.8	105.2	107.6	107.2	105.5	106.3
电 风 扇	101.0	105.8	105.8	105.8	105.8	100.0	95.2	97.9	99.5	99.5	99.5	99.5	99.5
电冰箱(柜)	102.5	99.7	98.8	98.8	98.8	98.8	99.5	103.9	105.4	105.4	106.3	107.0	107.7
吸排油烟机	101.1	103.7	103.0	102.7	102.7	102.7	102.7	99.5	99.1	99.1	99.3	99.4	99.0
空 调 器	93.5	97.2	96.7	96.1	94.8	94.5	91.5	91.2	91.3	91.3	91.6	91.3	94.5
热 水 器	100.7	99.1	99.1	98.3	97.8	96.8	96.8	102.8	102.8	102.8	103.5	103.3	105.9
微 波 炉	105.6	101.3	101.3	102.4	102.4	102.4	103.3	106.8	106.3	105.1	112.5	111.8	111.0
其　他	100.6	98.0	96.5	96.5	96.5	96.5	98.9	99.7	103.0	103.0	105.4	106.0	107.5
室内装饰品	100.9	101.0	101.0	101.0	101.0	101.0	101.0	101.0	101.0	101.0	101.0	101.0	100.0
纺织装饰品	100.0	100.0	100.0	100.0	100.0	100.0	100.0	100.0	100.0	100.0	100.0	100.0	100.0
装饰灯具	100.0	100.0	100.0	100.0	100.0	100.0	100.0	100.0	100.0	100.0	100.0	100.0	100.0
其　他	105.0	105.4	105.4	105.4	105.4	105.4	105.4	105.4	105.4	105.4	105.4	105.4	100.0
床上用品	100.0	100.0	100.0	100.0	100.0	100.0	100.0	100.0	100.0	100.0	100.0	100.0	100.0
被　子	100.0	100.0	100.0	100.0	100.0	100.0	100.0	100.0	100.0	100.0	100.0	100.0	100.0
床上套件	100.0	100.0	100.0	100.0	100.0	100.0	100.0	100.0	100.0	100.0	100.0	100.0	100.0
其　他	100.0	100.0	100.0	100.0	100.0	100.0	100.0	100.0	100.0	100.0	100.0	100.0	100.0
家庭日用杂品	99.9	100.0	100.2	100.1	100.0	100.1	100.1	99.8	99.8	99.6	99.6	99.6	99.6

4-1 续表 7

类 别	年 度	月 份											
		一	二	三	四	五	六	七	八	九	十	十一	十二
汽 油	80.4	78.0	77.6	79.4	79.5	83.3	82.7	80.4	77.1	77.5	80.5	84.1	85.8
柴 油	77.4	74.0	73.3	76.3	76.7	80.9	80.3	77.6	74.2	74.7	78.7	80.8	82.4
零配件	99.7	98.1	98.1	100.0	100.0	100.0	100.0	100.0	100.0	100.0	100.0	100.0	100.0
其 他	100.0	100.0	100.0	100.0	100.0	100.0	100.0	100.0	100.0	100.0	100.0	100.0	100.0
车辆使用及维修费	107.8	111.2	114.0	114.0	109.1	109.1	107.0	105.0	105.0	105.0	105.0	105.0	105.0
保险费	100.0	100.0	100.0	100.0	100.0	100.0	100.0	100.0	100.0	100.0	100.0	100.0	100.0
停车费	100.0	100.0	100.0	100.0	100.0	100.0	100.0	100.0	100.0	100.0	100.0	100.0	100.0
车辆修理服务费	104.9	115.5	115.5	115.5	106.9	106.9	103.3	100.0	100.0	100.0	100.0	100.0	100.0
其 他	131.9	116.7	133.3	133.3	133.3	133.3	133.3	133.3	133.3	133.3	133.3	133.3	133.3
市区公共交通费	100.0	100.0	100.0	100.0	100.0	100.0	100.0	100.0	100.0	100.0	100.0	100.0	100.0
公共汽车票	100.0	100.0	100.0	100.0	100.0	100.0	100.0	100.0	100.0	100.0	100.0	100.0	100.0
出租汽车	100.0	100.0	100.0	100.0	100.0	100.0	100.0	100.0	100.0	100.0	100.0	100.0	100.0
其 他	100.0	100.0	100.0	100.0	100.0	100.0	100.0	100.0	100.0	100.0	100.0	100.0	100.0
城市间交通费	110.3	100.0	106.5	113.8	120.6	124.3	124.5	118.2	110.7	99.8	105.0	102.1	101.2
飞机票	123.4	99.9	116.4	136.2	151.9	160.3	159.3	141.4	122.8	97.3	109.5	102.7	100.6
火车票	100.0	100.0	100.0	100.0	100.0	100.0	100.0	100.0	100.0	100.0	100.0	100.0	100.0
长途汽车	100.0	100.0	100.0	100.0	100.0	100.0	100.0	100.0	100.0	100.0	100.0	100.0	100.0
短途汽车	109.4	100.0	100.0	105.9	111.8	111.8	111.8	111.8	111.8	111.8	111.8	111.8	111.8
其 他	100.0	100.0	100.0	100.0	100.0	100.0	100.0	100.0	100.0	100.0	100.0	100.0	100.0
通信	99.1	101.0	100.5	100.2	99.9	99.3	98.4	98.6	98.1	98.1	98.1	98.5	98.5
通信工具	93.5	107.7	103.9	101.3	99.6	95.1	88.3	89.5	86.4	86.6	86.9	89.5	89.5
固定电话机	97.4	98.9	98.9	97.9	96.8	96.8	96.8	96.8	96.8	96.8	96.8	97.4	97.9
移动电话机	93.4	108.1	104.2	101.5	99.7	95.1	88.0	89.2	86.0	86.2	86.6	89.2	89.1
其 他	96.9	95.3	95.3	95.3	97.1	97.1	97.1	97.1	97.1	97.1	97.1	97.1	100.0
通信服务	100.0	100.0	100.0	100.0	100.0	100.0	100.0	100.0	100.0	100.0	100.0	100.0	100.0
移动通信费	100.0	100.0	100.0	100.0	100.0	100.0	100.0	100.0	100.0	100.0	100.0	100.0	100.0
市内电话费	100.0	100.0	100.0	100.0	100.0	100.0	100.0	100.0	100.0	100.0	100.0	100.0	100.0
长途电话费	100.0	100.0	100.0	100.0	100.0	100.0	100.0	100.0	100.0	100.0	100.0	100.0	100.0
月租费	100.0	100.0	100.0	100.0	100.0	100.0	100.0	100.0	100.0	100.0	100.0	100.0	100.0
上网费	100.0	100.0	100.0	100.0	100.0	100.0	100.0	100.0	100.0	100.0	100.0	100.0	100.0
邮政邮寄	100.0	100.0	100.0	100.0	100.0	100.0	100.0	100.0	100.0	100.0	100.0	100.0	100.0
其他邮寄	106.7	106.7	106.7	106.7	106.7	106.7	106.7	106.7	106.7	106.7	106.7	106.7	106.7
其 他	100.0	100.0	100.0	100.0	100.0	100.0	100.0	100.0	100.0	100.0	100.0	100.0	100.0
娱乐教育文化用品及服务	**102.1**	**103.5**	**103.5**	**103.4**	**102.9**	**102.4**	**102.1**	**102.0**	**102.3**	**100.6**	**100.6**	**100.8**	**100.8**
文娱用耐用消费品及服务	97.4	98.7	98.2	98.2	97.1	96.7	95.3	95.9	95.7	97.4	98.6	98.2	98.7

4-1 续表 8

类别	年度	月份											
		一	二	三	四	五	六	七	八	九	十	十一	十二
电视机	95.1	95.8	94.6	94.8	94.2	94.2	92.2	93.3	93.1	95.5	97.4	96.7	99.0
激光视盘机	99.7	99.6	99.6	99.6	99.6	99.6	99.6	99.6	99.6	99.6	99.6	99.8	100.0
摄像机	98.5	99.8	99.8	100.2	98.7	97.8	97.8	97.8	97.8	97.9	98.1	97.9	98.1
照相机	99.0	95.4	96.5	98.6	98.0	98.0	96.2	96.1	96.0	101.8	104.5	103.8	103.8
家用音响	98.6	98.4	98.4	98.4	98.4	98.4	98.4	98.4	98.4	98.4	98.4	99.2	100.0
便携式音响	98.3	98.4	98.4	98.2	98.1	98.1	98.1	98.1	98.1	98.1	98.1	98.1	99.7
电脑	98.2	102.0	101.4	100.8	98.5	97.5	96.0	96.7	96.3	97.3	97.9	97.6	96.8
修理服务	100.0	100.0	100.0	100.0	100.0	100.0	100.0	100.0	100.0	100.0	100.0	100.0	100.0
其他	100.0	100.0	100.0	100.0	100.0	100.0	100.0	100.0	100.0	100.0	100.0	100.0	100.0
教育	103.8	105.1	105.1	105.1	105.1	105.1	105.1	105.1	105.1	101.3	101.3	101.3	101.3
教材及参考书	98.6	100.0	100.0	100.0	100.0	100.0	100.0	100.0	100.0	95.9	95.9	95.9	95.9
工具书	100.0	100.0	100.0	100.0	100.0	100.0	100.0	100.0	100.0	100.0	100.0	100.0	100.0
教材	98.4	100.0	100.0	100.0	100.0	100.0	100.0	100.0	100.0	95.2	95.2	95.2	95.2
参考书	100.0	100.0	100.0	100.0	100.0	100.0	100.0	100.0	100.0	100.0	100.0	100.0	100.0
教育软件	100.0	100.0	100.0	100.0	100.0	100.0	100.0	100.0	100.0	100.0	100.0	100.0	100.0
教育服务	104.3	105.6	105.6	105.6	105.6	105.6	105.6	105.6	105.6	101.9	101.9	101.9	101.9
学前教育	119.6	126.5	126.5	126.5	126.5	126.5	126.5	126.5	126.5	107.7	107.7	107.7	107.7
中等教育	100.0	100.0	100.0	100.0	100.0	100.0	100.0	100.0	100.0	100.0	100.0	100.0	100.0
高等教育	100.0	100.0	100.0	100.0	100.0	100.0	100.0	100.0	100.0	100.0	100.0	100.0	100.0
专业技能培训	100.0	100.0	100.0	100.0	100.0	100.0	100.0	100.0	100.0	100.0	100.0	100.0	100.0
其他	100.0	100.0	100.0	100.0	100.0	100.0	100.0	100.0	100.0	100.0	100.0	100.0	100.0
文化娱乐类	101.2	99.8	99.8	99.8	100.1	100.1	100.1	100.1	102.2	102.2	102.2	103.8	103.6
文化娱乐用品	100.4	99.1	99.1	98.8	100.6	100.6	100.6	100.6	101.3	101.3	101.3	101.3	100.2
乐器	100.0	100.0	100.0	100.0	100.0	100.0	100.0	100.0	100.0	100.0	100.0	100.0	100.0
音像光盘和视盘	100.0	100.0	100.0	100.0	100.0	100.0	100.0	100.0	100.0	100.0	100.0	100.0	100.0
电子存储器	100.1	100.2	100.2	100.2	100.2	100.2	100.2	100.2	100.0	100.0	100.0	100.0	100.0
儿童玩具	99.7	96.3	96.3	95.7	100.0	100.0	100.0	100.0	101.7	101.7	101.7	101.7	101.7
纸张本册	99.9	100.0	100.0	100.0	100.0	100.0	100.0	100.0	100.0	100.0	100.0	100.0	99.2
文具	103.2	103.5	103.5	103.5	103.5	103.5	103.5	103.5	103.5	103.5	103.5	103.5	100.0
体育用品	100.8	101.0	101.0	101.0	101.0	101.0	101.0	101.0	101.0	101.0	101.0	101.0	99.3
其他	99.1	100.0	100.0	100.0	100.0	100.0	100.0	100.0	100.0	100.0	100.0	100.0	89.3
书报杂志	100.0	100.0	100.0	100.0	100.0	100.0	100.0	100.0	100.0	100.0	100.0	100.0	100.0
书籍	100.0	100.0	100.0	100.0	100.0	100.0	100.0	100.0	100.0	100.0	100.0	100.0	100.0
报纸	100.0	100.0	100.0	100.0	100.0	100.0	100.0	100.0	100.0	100.0	100.0	100.0	100.0
杂志	100.0	100.0	100.0	100.0	100.0	100.0	100.0	100.0	100.0	100.0	100.0	100.0	100.0

4-1 续表 9

类 别	年 度	月份 一	二	三	四	五	六	七	八	九	十	十一	十二
文娱费	101.6	100.0	100.0	100.0	100.0	100.0	100.0	100.0	103.0	103.0	103.0	105.2	105.2
电 影 票	100.0	100.0	100.0	100.0	100.0	100.0	100.0	100.0	100.0	100.0	100.0	100.0	100.0
景点门票	100.0	100.0	100.0	100.0	100.0	100.0	100.0	100.0	100.0	100.0	100.0	100.0	100.0
有线电视	100.0	100.0	100.0	100.0	100.0	100.0	100.0	100.0	100.0	100.0	100.0	100.0	100.0
健身活动	100.2	100.0	100.0	100.0	100.0	100.0	100.0	100.0	100.0	100.5	100.5	100.5	100.5
其 他	114.4	100.0	100.0	100.0	100.0	100.0	100.0	100.0	126.7	126.7	126.7	146.7	146.7
旅游	100.9	106.4	107.4	106.4	103.3	100.8	99.8	98.5	98.1	98.7	97.5	97.5	97.4
旅行社收费	100.9	106.7	107.7	106.6	103.4	100.8	99.8	98.4	98.0	98.6	97.3	97.3	97.2
宾馆住宿	100.5	100.0	100.5	100.5	100.5	100.5	100.5	100.5	100.5	100.5	100.5	100.5	100.5
其他住宿	102.8	100.0	103.0	103.0	103.0	103.0	103.0	103.0	103.0	103.0	103.0	103.0	103.0
居住	**101.6**	**102.3**	**101.8**	**101.4**	**101.3**	**101.3**	**101.3**	**101.2**	**101.6**	**101.8**	**101.6**	**101.6**	**101.6**
建房及装修材料	100.2	101.7	101.7	100.7	99.7	99.7	99.8	99.8	99.8	99.8	99.8	99.8	99.8
木 材	100.0	100.0	100.0	100.0	100.0	100.0	100.0	100.0	100.0	100.0	100.0	100.0	100.0
木 地 板	99.6	99.0	99.0	99.0	99.0	99.0	100.0	100.0	100.0	100.0	100.0	100.0	100.0
砖	100.4	102.2	102.2	101.1	100.0	100.0	100.0	100.0	100.0	100.0	100.0	100.0	100.0
水 泥	98.4	99.1	99.1	99.5	98.1	98.1	98.1	98.1	98.1	98.1	98.1	98.1	98.1
涂 料	101.7	109.0	109.0	104.3	100.0	100.0	100.0	100.0	100.0	100.0	100.0	100.0	100.0
板 材	100.2	100.8	100.8	100.4	100.0	100.0	100.0	100.0	100.0	100.0	100.0	100.0	100.0
玻 璃	100.0	100.0	100.0	100.0	100.0	100.0	100.0	100.0	100.0	100.0	100.0	100.0	100.0
粘 胶	101.1	105.5	105.5	102.6	100.0	100.0	100.0	100.0	100.0	100.0	100.0	100.0	100.0
厨卫设备	100.0	100.0	100.0	100.0	100.0	100.0	100.0	100.0	100.0	100.0	100.0	100.0	100.0
其 他	100.0	100.0	100.0	100.0	100.0	100.0	100.0	100.0	100.0	100.0	100.0	100.0	100.0
住房租金	101.4	101.6	101.3	101.1	101.2	101.2	101.3	101.2	101.5	101.6	101.4	101.4	101.4
公房房租	100.0	100.0	100.0	100.0	100.0	100.0	100.0	100.0	100.0	100.0	100.0	100.0	100.0
私房房租	106.5	108.0	106.2	105.4	105.8	106.0	106.4	106.0	107.2	107.8	106.5	106.5	106.5
其他费用	100.0	100.0	100.0	100.0	100.0	100.0	100.0	100.0	100.0	100.0	100.0	100.0	100.0
自有住房	103.2	104.1	103.2	102.7	102.7	102.9	102.8	102.6	103.3	103.8	103.3	103.3	103.3
住房估算租金	103.9	105.0	103.9	103.2	103.3	103.5	103.4	103.2	104.1	104.6	104.0	104.0	104.0
物业管理费用	100.0	100.0	100.0	100.0	100.0	100.0	100.0	100.0	100.0	100.0	100.0	100.0	100.0
维护修理费用	100.0	100.0	100.0	100.0	100.0	100.0	100.0	100.0	100.0	100.0	100.0	100.0	100.0
其 他	100.0	100.0	100.0	100.0	100.0	100.0	100.0	100.0	100.0	100.0	100.0	100.0	100.0
水、电、燃料	99.5	99.7	99.7	99.7	99.5	99.4	99.4	99.5	99.5	99.4	99.4	99.4	99.6
水	100.0	100.0	100.0	100.0	100.0	100.0	100.0	100.0	100.0	100.0	100.0	100.0	100.0
电	100.0	100.0	100.0	100.0	100.0	100.0	100.0	100.0	100.0	100.0	100.0	100.0	100.0
液化石油气	81.0	87.2	87.2	87.2	81.9	76.5	78.6	79.7	79.7	76.9	76.9	78.0	82.1
管道燃气	100.0	100.0	100.0	100.0	100.0	100.0	100.0	100.0	100.0	100.0	100.0	100.0	100.0
其他燃料	100.0	100.0	100.0	100.0	100.0	100.0	100.0	100.0	100.0	100.0	100.0	100.0	100.0

4-2 市区商品零售价格指数(2015 年)

(以上年价格为 100)

类　别	年　度	月　份											
		一	二	三	四	五	六	七	八	九	十	十一	十二
商品零售价格总指数	**99.0**	**99.3**	**99.5**	**99.3**	**99.2**	**98.8**	**98.3**	**98.6**	**98.7**	**98.7**	**98.5**	**99.0**	**99.4**
食品	**100.8**	**99.9**	**101.5**	**100.9**	**101.6**	**99.9**	**99.8**	**101.2**	**101.6**	**101.0**	**99.4**	**100.7**	**101.8**
粮食	101.5	103.3	103.1	102.3	102.1	101.4	100.6	100.8	100.9	100.8	100.3	101.4	101.4
大　米	100.4	100.4	100.4	100.4	100.7	100.5	100.4	100.4	100.4	100.4	100.4	100.4	100.4
面　粉	99.6	99.8	99.5	99.3	99.2	99.2	99.2	99.2	99.6	99.6	99.6	100.3	100.5
粮食制品	100.4	99.8	100.3	99.8	100.5	99.5	98.8	99.4	99.4	99.3	99.1	103.9	105.0
其　他	111.7	133.0	128.9	122.7	117.4	113.6	109.0	108.6	108.6	107.8	104.2	100.0	96.7
淀粉及制品	103.2	108.1	105.1	105.1	104.4	104.4	102.6	102.3	101.3	101.3	101.3	101.3	101.3
干豆类及豆制品	102.8	104.5	103.4	103.6	104.1	103.8	102.6	102.5	102.5	102.2	101.7	101.2	101.1
干　豆	106.4	114.2	115.1	114.0	114.0	110.7	103.6	103.2	103.2	101.6	101.1	100.1	99.5
豆 制 品	102.0	102.6	101.2	101.6	102.1	102.4	102.4	102.4	102.4	102.4	101.8	101.5	101.5
油脂	93.5	89.6	88.4	90.2	93.5	94.2	94.9	94.7	94.9	93.6	96.1	97.1	96.1
食用植物油	93.9	90.1	90.1	90.1	92.8	92.3	95.8	94.5	95.6	96.4	97.8	96.7	95.6
植物油制品	92.6	89.2	86.6	90.0	93.9	95.8	93.8	94.3	93.5	89.8	93.4	96.6	95.8
其　他	101.2	88.6	88.6	95.4	98.9	98.4	99.7	105.1	106.5	108.3	109.7	109.7	109.7
肉禽及其制品	102.3	97.1	97.7	99.3	101.4	99.2	100.4	104.4	105.0	104.6	105.1	105.9	107.3
食用畜肉及副产品	103.4	96.5	96.1	98.8	102.4	99.4	100.7	106.2	107.4	106.8	107.5	108.5	110.3
猪　肉	107.0	95.7	96.0	99.7	106.2	101.6	103.1	111.4	112.8	112.1	113.1	114.5	117.7
牛　肉	99.7	100.9	98.9	99.0	98.3	98.2	99.5	100.4	100.4	100.4	100.5	100.9	99.6
羊　肉	94.4	96.1	94.3	96.0	94.4	92.2	92.9	93.9	94.8	94.6	94.7	94.7	94.2
畜肉副产品	95.2	92.2	90.5	91.5	93.0	94.5	94.8	95.0	96.4	97.1	97.8	98.4	101.3
其　他	105.0	108.1	108.1	108.1	108.1	108.1	108.1	108.1	105.3	100.0	100.0	100.0	100.0
禽	97.8	95.6	101.6	100.4	97.6	95.4	96.6	98.8	97.4	96.0	96.1	97.8	100.1
鸡	97.4	94.9	101.6	100.1	97.1	94.6	96.0	98.5	97.0	95.6	95.8	97.7	100.2
鸭	101.0	102.3	102.3	103.7	102.9	102.0	102.1	102.0	100.6	99.3	98.5	98.5	98.6
其　他	101.6	102.5	102.5	102.5	102.5	102.5	102.5	102.5	101.7	100.0	100.0	100.0	100.0
加工肉禽	101.4	99.8	100.2	100.2	100.7	100.8	101.5	102.1	102.1	102.5	102.5	102.5	102.5
畜肉制品	101.1	99.6	99.6	99.6	99.8	100.0	100.9	101.9	101.9	102.5	102.5	102.5	102.5
禽 制 品	102.1	100.0	101.3	101.3	102.2	102.2	102.4	102.5	102.5	102.5	102.5	102.5	102.5
蛋	85.8	107.7	113.7	99.4	85.4	75.3	78.0	75.7	81.4	84.6	77.3	79.0	83.5
鲜　蛋	84.2	108.7	115.6	99.3	83.6	72.6	75.4	73.2	79.6	83.1	75.0	76.8	81.7
蛋 制 品	100.0	100.0	100.0	100.0	100.0	100.0	100.0	100.0	100.0	100.0	100.0	100.0	100.0
水产品	103.7	103.6	103.6	104.6	105.0	105.2	104.7	104.4	103.5	103.5	102.2	102.4	101.9
鱼	106.3	105.4	106.1	109.3	109.7	108.5	107.3	107.0	105.3	106.0	104.1	104.2	103.4
淡 水 鱼	103.6	102.8	105.0	108.8	109.6	106.9	104.8	104.3	100.9	102.8	98.6	99.0	99.6
海 水 鱼	108.8	107.6	107.1	109.7	109.8	109.8	109.5	109.4	109.3	108.9	108.9	108.9	106.6

4-2 续表 1

类别	年度	月份											
		一	二	三	四	五	六	七	八	九	十	十一	十二
其他水产品	100.0	101.1	100.0	98.5	98.6	100.8	101.0	100.6	100.8	99.9	99.4	99.7	99.9
虾蟹类	100.0	103.0	100.0	96.0	96.4	102.0	102.7	101.7	102.4	99.7	98.4	99.3	99.7
其他	100.0	100.0	100.0	100.0	100.0	100.0	100.0	100.0	100.0	100.0	100.0	100.0	100.0
菜	106.5	91.1	103.2	99.1	106.0	103.8	110.4	116.0	120.8	113.3	101.8	108.5	112.1
鲜菜	106.4	88.4	102.5	97.6	105.6	102.9	110.6	116.7	122.8	115.5	101.4	110.0	114.2
干菜及菜制品	111.2	114.3	115.0	115.2	115.2	115.2	115.2	115.2	114.6	105.5	104.9	103.6	104.2
薯类	92.2	83.4	87.6	88.8	87.7	85.9	90.8	102.4	100.9	97.5	98.0	96.7	94.8
调味品	108.5	112.7	112.3	112.4	113.4	113.7	114.1	114.1	106.5	104.4	100.6	100.6	100.5
食用盐	119.5	133.3	133.3	133.3	133.3	133.3	133.3	133.3	114.3	109.1	100.0	100.0	100.0
酱油	99.2	99.5	96.7	98.0	99.8	98.9	101.1	99.9	98.6	98.6	100.2	100.2	99.2
食醋	102.4	101.6	101.6	101.4	102.7	102.7	102.7	102.7	102.7	102.7	102.7	102.7	102.7
味精	100.1	100.0	100.0	100.0	100.0	100.0	100.0	100.0	100.0	100.0	100.0	100.0	100.6
其他	99.2	95.8	95.8	95.8	98.6	100.9	101.1	102.4	100.0	100.0	100.0	100.0	100.4
糖	103.5	101.1	101.6	101.9	102.0	102.2	102.6	104.1	104.1	105.4	105.4	105.7	106.2
食糖	109.9	105.6	105.6	105.6	105.6	105.6	105.6	110.3	115.0	115.0	115.0	115.0	115.0
糖果	101.2	97.8	98.8	100.2	101.2	101.2	102.4	102.4	99.9	103.3	103.3	103.3	101.2
巧克力制品	97.0	103.1	102.0	100.2	98.5	98.5	95.0	94.5	94.5	94.5	94.5	94.5	94.5
糖类小食品	101.2	97.3	99.4	99.4	99.4	100.9	103.7	103.7	99.4	99.4	99.4	101.6	110.9
干鲜瓜果	94.4	102.6	101.8	103.1	100.7	97.1	88.2	90.3	88.3	88.9	88.8	90.8	93.2
鲜瓜果	91.4	102.0	100.8	102.5	99.4	94.8	83.7	86.1	83.7	84.4	84.4	87.4	90.8
干(坚)果	104.7	104.8	105.1	105.1	105.1	105.7	105.7	105.7	105.7	105.1	104.5	102.5	101.1
糕点饼干面包	104.8	106.2	106.1	105.7	105.4	104.8	104.9	105.2	104.9	104.4	104.9	103.4	101.7
糕点	101.5	103.3	103.3	101.8	100.9	100.5	101.5	102.7	101.6	99.9	101.6	100.4	100.4
饼干	100.5	101.9	101.8	101.7	101.7	100.5	99.8	99.8	99.8	99.9	99.9	99.8	99.8
面包	112.3	113.4	113.4	113.4	113.4	113.4	113.4	113.4	113.4	113.4	113.4	109.9	104.7
液体乳及乳制品	99.1	98.9	98.6	98.6	99.0	98.9	99.3	99.3	99.3	99.3	99.3	99.3	99.3
巴氏杀菌奶或消毒奶	97.8	97.8	97.8	97.8	97.8	97.8	97.8	97.8	97.8	97.8	97.8	97.8	97.8
酸牛乳	100.1	101.5	100.0	100.0	100.0	100.0	100.0	100.0	100.0	100.0	100.0	100.0	100.0
乳粉	103.1	100.0	100.0	100.0	102.3	102.3	104.5	104.5	104.5	104.5	104.7	104.7	104.7
其他	98.9	100.0	100.0	100.0	99.2	98.4	98.4	98.4	98.4	98.4	98.4	98.4	98.4
在外用膳食品	101.3	102.2	101.9	101.8	101.8	101.8	101.4	101.1	101.1	101.0	100.7	100.4	100.4
主食	101.0	102.8	101.8	101.8	101.8	101.8	101.1	100.5	100.5	100.2	100.0	100.0	100.0
炒菜	100.0	100.0	100.0	100.0	100.0	100.0	100.0	100.0	100.0	100.0	100.0	100.0	100.0
地方小吃	105.7	107.8	107.8	107.8	107.8	107.8	106.5	105.3	105.3	105.3	103.7	102.2	102.2
其他	100.3	102.2	101.1	100.0	100.0	100.0	100.0	100.0	100.0	100.0	100.0	100.0	100.0
其他食品	99.0	103.5	103.0	102.2	101.9	99.6	97.0	97.1	98.5	97.9	96.6	96.4	95.0
烟酒	**100.7**	**100.6**	**99.4**	**99.4**	**98.9**	**99.7**	**100.7**	**101.3**	**101.1**	**101.6**	**101.7**	**102.0**	**102.4**

4-2 续表2

类别	年度	月份											
		一	二	三	四	五	六	七	八	九	十	十一	十二
茶及饮料	100.8	98.4	98.9	99.2	99.4	99.6	99.5	102.2	101.5	101.7	102.2	103.3	103.3
茶叶	100.0	100.0	100.0	100.0	100.0	100.0	100.0	100.0	100.0	100.0	100.0	100.0	100.0
茶　叶	100.0	100.0	100.0	100.0	100.0	100.0	100.0	100.0	100.0	100.0	100.0	100.0	100.0
饮料	101.0	97.7	98.4	98.9	99.2	99.4	99.4	103.1	102.0	102.4	103.1	104.6	104.6
固体饮料	96.4	95.9	96.4	96.4	92.3	94.2	98.5	95.3	95.0	95.3	93.3	101.1	103.2
液体饮料	98.2	96.9	98.1	99.0	98.2	98.0	96.7	98.7	96.9	97.4	99.2	99.8	99.4
冷冻饮品	108.3	100.0	100.0	100.0	104.4	104.4	104.4	114.4	114.4	114.4	114.4	114.4	114.4
烟草	103.1	100.0	100.0	100.0	100.0	102.3	104.9	104.9	104.9	104.9	104.9	104.9	104.9
高档卷烟	101.4	100.0	100.0	100.0	100.0	101.1	102.2	102.2	102.2	102.2	102.2	102.2	102.2
中档卷烟	103.5	100.0	100.0	100.0	100.0	102.8	105.6	105.6	105.6	105.6	105.6	105.6	105.6
其　他	104.1	100.0	100.0	100.0	100.0	102.5	106.7	106.7	106.7	106.7	106.7	106.7	106.7
酒	97.9	102.9	99.0	98.7	97.1	96.7	96.5	96.2	96.4	97.5	97.6	97.6	98.8
白　酒	96.8	103.7	98.3	97.8	95.8	95.3	95.3	95.3	95.3	96.3	96.3	96.3	96.1
葡萄酒	100.0	100.0	100.0	100.0	100.0	100.0	100.0	100.0	100.0	100.0	100.0	100.0	100.0
啤　酒	100.1	102.2	100.9	100.9	99.5	99.1	98.2	96.9	97.4	99.4	100.0	100.0	107.1
其　他	100.0	100.0	100.0	100.0	100.0	100.0	100.0	100.0	100.0	100.0	100.0	100.0	100.0
鞋帽	**102.2**	**102.6**	**102.6**	**102.7**	**102.6**	**102.5**	**102.5**	**102.4**	**102.4**	**102.1**	**101.9**	**101.3**	**100.7**
服装	102.6	103.0	103.0	103.2	102.9	102.8	102.9	102.9	102.9	102.6	102.3	101.5	100.7
男式服装	101.3	101.8	101.8	101.6	101.4	101.4	101.3	101.3	101.3	101.1	101.3	100.8	100.3
大　衣	110.2	111.8	111.8	111.8	111.8	111.8	111.8	111.8	111.8	111.8	111.8	105.6	100.0
毛线衣	100.0	100.0	100.0	100.0	100.0	100.0	100.0	100.0	100.0	100.0	100.0	100.0	100.0
夹克衫	100.0	100.0	100.0	100.0	100.1	100.1	100.1	100.1	100.1	100.1	100.1	100.1	100.1
衬　衫	101.6	101.9	101.9	101.9	101.9	101.9	101.9	101.9	101.9	100.9	101.2	101.2	101.2
T恤衫	99.5	103.5	103.5	101.3	99.1	99.1	99.1	99.1	99.1	97.7	97.7	97.7	97.7
裤　子	100.3	100.0	100.0	100.0	100.0	100.0	100.0	100.0	100.0	100.0	101.3	101.3	101.3
西　服	101.3	100.2	100.2	100.9	101.6	101.6	101.6	101.6	101.6	101.5	101.4	101.4	101.4
运动衫裤	99.8	101.1	101.1	101.1	101.1	101.1	98.6	98.1	98.1	99.4	99.3	99.3	99.3
内　衣	105.3	106.1	106.1	106.1	106.1	106.1	106.1	106.1	106.1	106.1	106.1	102.9	100.0
羽绒衣	101.9	102.2	102.2	102.2	102.2	102.2	102.2	102.2	102.2	102.2	102.2	101.1	100.0
其　他	102.9	103.7	103.7	103.7	101.5	101.5	103.2	103.2	103.2	103.2	103.2	103.2	101.7
女式服装	103.9	104.4	104.4	104.8	104.6	104.4	104.6	104.5	104.5	104.2	103.3	102.0	100.8
大　衣	109.9	111.5	111.5	111.5	111.5	111.5	111.5	111.5	111.5	111.5	111.5	105.4	100.0
毛线衣	100.0	100.0	100.0	100.0	100.0	100.0	100.0	100.0	100.0	100.0	100.0	100.0	100.0
羽绒衣	111.5	113.3	113.3	113.3	113.3	113.3	113.3	113.3	113.3	113.3	113.3	106.3	100.0
套　装	101.0	101.5	101.5	101.5	101.5	101.1	101.1	101.1	101.1	100.8	100.2	100.0	100.0
衬　衫	109.1	110.6	110.6	110.6	110.6	110.6	113.7	113.7	113.7	108.4	102.8	102.8	102.8
T恤衫	100.4	101.7	101.7	101.0	99.7	99.7	99.7	99.7	99.7	99.7	100.7	100.7	100.7
裙　子	106.2	103.4	103.4	107.8	108.1	108.8	107.7	107.7	107.7	107.5	104.2	104.2	104.2

4-2　续表3

类　　别	年 度	月 份											
		一	二	三	四	五	六	七	八	九	十	十一	十二
裤　　子	101.5	102.7	102.7	102.7	102.7	101.4	101.4	101.4	101.4	101.4	100.7	100.0	100.0
运动衫裤	99.0	105.5	105.5	102.5	99.3	99.3	96.6	95.4	95.8	96.8	97.5	97.5	97.5
内　　衣	105.1	105.9	105.9	105.9	105.9	105.9	105.9	105.9	105.9	105.9	105.9	102.8	100.0
其　　他	101.9	100.0	100.0	100.0	100.0	100.0	103.2	103.2	103.2	103.2	103.2	103.2	103.2
儿童服装	101.2	101.1	101.1	101.1	100.7	100.7	101.0	101.2	101.2	101.1	101.4	101.8	101.8
上　　衣	101.0	100.0	100.0	100.6	101.2	101.2	101.2	101.2	101.2	101.2	101.2	101.2	101.2
裤　　子	100.1	99.0	99.0	99.6	100.1	100.1	100.6	101.1	101.1	100.6	100.1	100.1	100.1
裙　　子	103.8	107.7	107.7	105.4	100.7	100.7	101.5	102.0	102.0	102.0	104.3	106.5	106.5
其　　他	100.0	100.0	100.0	100.0	100.0	100.0	100.0	100.0	100.0	100.0	100.0	100.0	100.0
鞋袜帽	101.2	101.4	101.4	101.6	101.8	101.5	101.6	101.2	101.1	100.9	100.7	100.7	100.7
鞋	101.3	101.6	101.6	101.9	102.1	101.8	101.6	101.2	101.0	100.8	100.5	100.5	100.5
男　　鞋	100.0	100.0	100.0	100.0	100.0	100.0	100.0	100.0	100.0	100.0	100.0	100.0	100.0
女　　鞋	101.9	102.0	102.0	102.5	103.0	102.3	102.2	102.0	102.0	101.5	101.1	101.1	101.1
童　　鞋	102.0	104.1	104.1	104.1	104.1	104.1	103.0	101.0	100.0	100.0	100.0	100.0	100.0
袜子	101.7	100.0	100.0	100.0	100.0	100.0	102.9	102.8	102.8	102.9	103.1	103.1	103.1
男　　袜	102.4	100.0	100.0	100.0	100.0	100.0	103.9	103.7	103.7	103.9	104.4	104.4	104.4
女　　袜	101.2	100.0	100.0	100.0	100.0	100.0	102.0	102.0	102.0	102.0	102.0	102.0	102.0
帽子	100.0	100.0	100.0	100.0	100.0	100.0	100.0	100.0	100.0	100.0	100.0	100.0	100.0
男　　帽	100.0	100.0	100.0	100.0	100.0	100.0	100.0	100.0	100.0	100.0	100.0	100.0	100.0
女　　帽	100.0	100.0	100.0	100.0	100.0	100.0	100.0	100.0	100.0	100.0	100.0	100.0	100.0
其他	101.7	102.4	102.4	102.4	102.4	102.4	102.4	102.4	102.4	101.2	100.0	100.0	100.0
领　　带	101.7	102.4	102.4	102.4	102.4	102.4	102.4	102.4	102.4	101.2	100.0	100.0	100.0
纺织品	**99.6**	**99.4**	**99.4**	**99.4**	**99.4**	**99.4**	**99.4**	**99.4**	**99.4**	**99.6**	**99.8**	**100.0**	**100.0**
衣着材料	98.2	97.6	97.6	97.6	97.6	97.6	97.6	97.6	97.6	98.2	99.4	100.0	100.0
棉　　布	90.6	87.8	87.8	87.8	87.8	87.8	87.8	87.8	87.8	90.5	96.5	100.0	100.0
化 纤 布	100.0	100.0	100.0	100.0	100.0	100.0	100.0	100.0	100.0	100.0	100.0	100.0	100.0
毛　　线	100.0	100.0	100.0	100.0	100.0	100.0	100.0	100.0	100.0	100.0	100.0	100.0	100.0
其　　他	100.0	100.0	100.0	100.0	100.0	100.0	100.0	100.0	100.0	100.0	100.0	100.0	100.0
床上用品	100.0	100.0	100.0	100.0	100.0	100.0	100.0	100.0	100.0	100.0	100.0	100.0	100.0
被　　子	100.0	100.0	100.0	100.0	100.0	100.0	100.0	100.0	100.0	100.0	100.0	100.0	100.0
床上套件	100.0	100.0	100.0	100.0	100.0	100.0	100.0	100.0	100.0	100.0	100.0	100.0	100.0
家用电器及音像器材	**98.2**	**98.6**	**98.2**	**98.2**	**97.8**	**97.3**	**96.1**	**97.5**	**97.8**	**98.7**	**99.6**	**99.2**	**99.7**
家庭设备	99.0	99.3	98.8	98.6	98.1	97.5	96.4	98.6	99.2	99.4	100.2	100.0	101.6
洗 衣 机	102.2	98.2	98.4	98.2	98.6	98.6	98.7	103.8	105.2	107.6	107.2	105.5	106.3
电 风 扇	101.0	105.8	105.8	105.8	105.8	100.0	95.2	97.9	99.5	99.5	99.5	99.5	99.5
电冰箱(柜)	102.5	99.7	98.8	98.8	98.8	98.8	99.5	103.9	105.4	105.4	106.3	107.0	107.7
吸排油烟机	101.1	103.7	103.0	102.7	102.7	102.7	102.7	99.5	99.1	99.1	99.3	99.4	99.0
空 调 器	93.5	97.2	96.7	96.1	94.8	94.5	91.5	91.2	91.3	91.3	91.6	91.3	94.5

4-2 续表4

类别	年度	一	二	三	四	五	六	七	八	九	十	十一	十二
		月份											
热水器	100.7	99.1	99.1	98.3	97.8	96.8	96.8	102.8	102.8	102.8	103.5	103.3	105.9
微波炉	105.6	101.3	101.3	102.4	102.4	102.4	103.3	106.8	106.3	105.1	112.5	111.8	111.0
其他	100.6	98.0	96.5	96.5	96.5	96.5	98.9	99.7	103.0	103.0	105.4	106.0	107.5
文娱用耐用消费品	97.2	97.1	96.7	97.1	96.6	96.6	95.4	95.8	95.7	97.8	99.1	98.7	99.9
电视机	95.1	95.8	94.6	94.8	94.2	94.2	92.2	93.3	93.1	95.5	97.4	96.7	99.0
激光视盘机	99.7	99.6	99.6	99.6	99.6	99.6	99.6	99.6	99.6	99.6	99.6	99.8	100.0
摄像机	98.5	99.8	99.8	100.2	98.7	97.8	97.8	97.8	97.8	97.9	98.1	97.9	98.1
照相机	99.0	95.4	96.5	98.6	98.0	98.0	96.2	96.1	96.0	101.8	104.5	103.8	103.8
家用音响	98.6	98.4	98.4	98.4	98.4	98.4	98.4	98.4	98.4	98.4	98.4	99.2	100.0
便携式音响	98.3	98.4	98.4	98.2	98.1	98.1	98.1	98.1	98.1	98.1	98.1	98.1	99.7
其他	100.0	100.0	100.0	100.0	100.0	100.0	100.0	100.0	100.0	100.0	100.0	100.0	100.0
专业音像器材	97.5	100.0	100.0	100.0	100.0	98.9	97.5	97.5	97.5	97.5	97.5	96.6	86.9
专业音响器材	95.8	100.0	100.0	100.0	100.0	98.0	95.4	95.4	95.4	95.4	95.4	95.4	79.4
专业声像器材	99.5	100.0	100.0	100.0	100.0	100.0	100.0	100.0	100.0	100.0	100.0	98.1	96.1
文化办公用品	**99.3**	**100.4**	**100.2**	**100.0**	**99.3**	**99.1**	**98.7**	**98.9**	**98.8**	**99.4**	**99.6**	**99.3**	**98.4**
纸张本册	99.9	100.0	100.0	100.0	100.0	100.0	100.0	100.0	100.0	100.0	100.0	100.0	99.2
文具	103.2	103.5	103.5	103.5	103.5	103.5	103.5	103.5	103.5	103.5	103.5	103.5	100.0
电脑	98.2	102.0	101.4	100.8	98.5	97.5	96.0	96.7	96.3	97.3	97.9	97.6	96.8
电脑附件	99.7	99.7	99.7	99.7	99.7	99.7	99.7	99.7	98.9	100.0	100.0	100.0	100.0
电子存储器	100.1	100.2	100.2	100.2	100.2	100.2	100.2	100.2	100.0	100.0	100.0	100.0	100.0
打印机及配件	97.7	95.5	95.5	95.5	95.5	96.6	97.8	97.8	98.3	100.0	100.0	100.0	100.0
扫描仪	99.0	100.0	100.0	100.0	100.0	100.0	100.0	100.0	100.0	100.0	100.0	96.0	91.8
复印机	100.0	100.0	100.0	100.0	100.0	100.0	100.0	100.0	100.0	100.0	100.0	100.0	100.0
计算器	100.0	100.0	100.0	100.0	100.0	100.0	100.0	100.0	100.0	100.0	100.0	100.0	100.0
教学设备	99.8	100.0	100.0	100.0	100.0	100.0	100.0	100.0	100.0	100.0	100.0	100.0	97.8
其他	100.0	100.0	100.0	100.0	100.0	100.0	100.0	100.0	100.0	100.0	100.0	100.0	100.0
日用品	**99.6**	**99.9**	**100.0**	**99.9**	**99.5**	**99.7**	**99.9**	**99.4**	**99.4**	**99.3**	**99.2**	**99.4**	**99.2**
日用百货	99.2	99.1	99.5	99.3	98.6	99.5	99.6	98.9	98.9	99.3	99.0	99.5	98.9
自行车	100.0	100.0	100.0	100.0	100.0	100.0	100.0	100.0	100.0	100.0	100.0	100.0	100.0
助动自行车	100.0	100.0	100.0	100.0	100.0	100.0	100.0	100.0	100.0	100.0	100.0	100.0	100.0
雨具	99.2	100.0	100.0	100.0	100.0	100.0	100.0	100.0	100.0	100.0	100.0	100.0	90.4
剃须刀具	100.8	101.3	101.3	99.9	99.9	99.9	103.9	99.9	99.9	99.9	101.3	101.3	101.3
电池	102.3	99.6	99.2	99.2	102.5	103.7	103.7	103.7	103.7	103.7	103.7	103.7	101.4
卫生用纸制品	96.8	96.8	98.2	97.6	94.5	98.0	97.7	95.9	95.6	96.6	95.7	97.5	97.9
其他	98.6	98.1	100.0	100.0	100.0	97.7	96.8	96.8	100.0	102.3	100.0	100.0	92.1
日用杂品	100.3	100.0	100.0	100.5	100.0	101.3	101.3	100.0	100.0	100.0	100.0	100.0	100.0
茶具	100.0	100.0	100.0	100.0	100.0	100.0	100.0	100.0	100.0	100.0	100.0	100.0	100.0
餐具	100.0	100.0	100.0	100.0	100.0	100.0	100.0	100.0	100.0	100.0	100.0	100.0	100.0

4-2 续表 5

类　别	年 度	月份 一	二	三	四	五	六	七	八	九	十	十一	十二
厨　具	100.6	100.0	100.0	101.3	100.0	103.3	103.3	100.0	100.0	100.0	100.0	100.0	100.0
其　他	100.0	100.0	100.0	100.0	100.0	100.0	100.0	100.0	100.0	100.0	100.0	100.0	100.0
洗涤用品	99.4	101.2	101.2	100.9	99.9	99.1	99.3	99.3	99.1	98.3	98.3	98.3	98.3
洗衣粉(液)	97.2	101.5	101.5	101.5	98.8	96.1	96.1	96.1	96.1	94.7	94.7	94.7	94.7
肥 皂 类	100.0	100.0	100.0	100.0	100.0	100.0	100.0	100.0	100.0	100.0	100.0	100.0	100.0
清洁洗涤剂	102.1	102.6	102.3	101.3	101.6	102.3	103.3	103.3	102.3	101.4	101.6	101.6	101.6
其他日用品	99.9	99.1	99.1	99.0	99.9	99.9	99.9	100.0	100.3	100.3	100.3	100.3	100.3
儿童玩具	99.7	96.3	96.3	95.7	100.0	100.0	100.0	100.0	101.7	101.7	101.7	101.7	101.7
照明器具	100.0	100.0	100.0	100.0	100.0	100.0	100.0	100.0	100.0	100.0	100.0	100.0	100.0
钟表眼镜及配件	100.0	100.0	100.0	100.0	100.0	100.0	100.0	100.0	100.0	100.0	100.0	100.0	100.0
日用普通饰品	100.0	100.0	100.0	100.0	100.0	100.0	100.0	100.0	100.0	100.0	100.0	100.0	100.0
日用皮革制品	99.9	99.8	99.8	99.8	99.8	99.8	99.9	100.0	100.0	100.0	100.0	100.0	100.0
其　他	97.1	98.1	98.1	98.1	98.1	98.1	98.1	100.0	95.2	95.2	95.2	95.2	95.2
体育娱乐用品	**100.2**	**100.3**	**100.3**	**100.3**	**100.3**	**100.3**	**100.3**	**100.3**	**100.4**	**100.4**	**100.4**	**100.4**	**99.1**
体育用品	100.3	100.5	100.5	100.5	100.5	100.5	100.5	100.5	100.6	100.6	100.6	100.6	98.4
球　类	101.2	101.5	101.5	101.5	101.5	101.5	101.5	101.5	101.5	101.5	101.5	101.5	98.9
棋　牌	99.8	100.0	100.0	100.0	100.0	100.0	100.0	100.0	100.8	100.8	100.8	100.8	94.5
健身器材	100.0	100.0	100.0	100.0	100.0	100.0	100.0	100.0	100.0	100.0	100.0	100.0	100.0
娱乐用品	100.0	100.0	100.0	100.0	100.0	100.0	100.0	100.0	100.0	100.0	100.0	100.0	100.0
游艺器材	100.0	100.0	100.0	100.0	100.0	100.0	100.0	100.0	100.0	100.0	100.0	100.0	100.0
乐　器	100.0	100.0	100.0	100.0	100.0	100.0	100.0	100.0	100.0	100.0	100.0	100.0	100.0
交通、通信用品	**96.0**	**100.9**	**100.1**	**99.4**	**99.1**	**98.7**	**93.8**	**94.0**	**93.3**	**93.3**	**92.9**	**93.5**	**93.5**
交通运输机械	96.6	99.0	99.0	98.9	99.1	99.7	95.0	95.0	95.0	95.0	94.4	94.3	94.3
轿　车	94.1	98.7	98.7	98.5	98.8	100.0	91.2	91.2	91.2	91.2	90.1	89.4	89.4
客　车	100.0	100.0	100.0	100.0	100.0	100.0	100.0	100.0	100.0	100.0	100.0	100.0	100.0
货　车	98.5	98.0	98.2	98.2	98.2	98.2	98.2	98.2	98.2	98.2	98.2	100.0	100.0
其　他	100.0	100.0	100.0	100.0	100.0	100.0	100.0	100.0	100.0	100.0	100.0	100.0	100.0
通信器材	94.6	106.0	103.0	100.8	99.3	95.8	90.4	91.3	88.8	88.9	89.1	91.3	91.3
固定电话机	97.4	98.9	98.9	97.9	96.8	96.8	96.8	96.8	96.8	96.8	96.8	97.4	97.9
移动电话机	93.4	108.1	104.2	101.5	99.7	95.1	88.0	89.2	86.0	86.2	86.6	89.2	89.1
传 真 机	100.0	100.0	100.0	100.0	100.0	100.0	100.0	100.0	100.0	100.0	100.0	100.0	100.0
其　他	100.0	100.0	100.0	100.0	100.0	100.0	100.0	100.0	100.0	100.0	100.0	100.0	100.0
家具	**100.0**	**100.0**	**100.0**	**99.7**	**99.4**	**99.4**	**99.4**	**99.4**	**99.8**	**100.3**	**100.3**	**100.8**	**101.4**
柜	100.2	100.0	100.0	99.9	99.8	99.8	99.8	99.8	100.3	100.8	100.8	100.8	100.8
床	99.7	100.0	100.0	99.5	98.9	98.9	98.9	98.9	99.6	100.3	100.3	100.3	100.3
桌	99.8	100.0	100.0	99.7	99.3	99.3	99.3	99.3	99.8	100.2	100.2	100.4	100.6
椅	100.3	100.0	100.0	99.6	99.1	99.1	99.1	99.1	99.5	99.9	99.9	102.7	105.5
沙　发	99.8	100.0	100.0	99.7	99.5	99.5	99.5	99.5	99.6	99.8	99.8	100.1	100.4

4-2 续表6

类　　别	年　度	月　　份											
		一	二	三	四	五	六	七	八	九	十	十一	十二
其　　他	100.0	100.0	100.0	100.0	100.0	100.0	100.0	100.0	100.0	100.0	100.0	100.0	100.0
化妆品	**101.1**	**101.6**	**101.6**	**101.6**	**101.8**	**101.3**	**100.8**	**100.9**	**100.8**	**100.9**	**100.5**	**100.5**	**100.4**
护　肤　品	101.8	103.8	103.8	103.8	103.8	102.5	101.2	101.2	101.2	100.6	100.0	100.0	100.0
美容、装饰类化妆品	100.0	100.0	100.0	100.0	100.0	100.0	100.0	100.0	100.0	100.0	100.0	100.0	100.0
护发美容品	100.0	99.7	99.7	99.7	99.7	99.7	99.9	100.3	100.0	100.3	100.0	100.5	100.2
洗发用品	101.1	101.1	101.1	100.9	101.2	100.8	100.8	100.8	100.8	101.3	101.3	101.3	101.3
洗浴用品	101.3	100.4	100.4	100.5	101.9	101.5	101.2	101.9	101.2	102.7	101.6	101.2	101.2
药物美容用品	101.2	101.1	101.1	101.1	101.1	101.1	101.1	101.1	101.2	101.3	101.3	101.3	101.3
金银珠宝	**88.0**	**95.4**	**92.2**	**87.1**	**89.3**	**88.1**	**84.9**	**81.0**	**82.5**	**86.8**	**90.6**	**89.0**	**89.2**
金　饰　品	92.8	100.3	94.2	88.0	91.9	92.0	91.9	87.0	88.3	94.4	97.3	94.3	95.4
银　饰　品	97.6	95.3	96.0	96.9	98.2	98.4	96.6	98.4	97.0	96.4	98.2	100.4	99.5
铂金饰品	76.4	88.4	86.5	80.0	81.0	78.1	70.2	65.4	67.6	71.6	77.5	75.7	75.2
其　　他	100.0	100.0	100.0	100.0	100.0	100.0	100.0	100.0	100.0	100.0	100.0	100.0	100.0
中西药品及医疗保健用品	**106.0**	**105.6**	**105.6**	**105.6**	**104.2**	**104.8**	**104.8**	**104.8**	**107.1**	**106.9**	**107.9**	**107.6**	**107.4**
医疗器具及用品	103.2	100.1	100.1	100.1	100.1	103.3	103.3	103.3	105.5	105.5	105.5	105.5	105.5
医疗器具及用品	103.2	100.1	100.1	100.1	100.1	103.3	103.3	103.3	105.5	105.5	105.5	105.5	105.5
中药材及中成药	109.3	110.8	110.8	110.8	107.6	107.6	107.6	107.6	112.3	110.5	109.7	108.8	108.2
中　药　材	109.6	112.4	112.4	112.4	108.0	108.0	108.0	108.0	109.2	109.2	109.2	109.2	109.2
中　成　药	109.3	110.2	110.2	110.2	107.4	107.4	107.4	107.4	113.5	110.9	109.9	108.6	107.9
西药	104.3	102.4	102.4	102.4	102.1	103.1	103.1	103.1	104.7	105.6	107.7	107.7	107.7
抗菌素(抗感染药)	99.8	100.0	100.0	100.0	100.0	100.0	100.0	100.0	99.5	99.5	99.5	99.5	99.5
消化系统用药	110.2	105.7	105.7	105.7	100.3	100.3	100.3	100.3	110.9	110.9	127.3	127.3	127.3
呼吸系统用药	105.7	100.9	100.9	100.9	103.3	107.9	107.9	107.9	107.9	107.9	107.9	107.9	107.9
解热镇痛药	100.6	99.9	99.9	99.9	100.0	99.8	99.8	99.8	100.0	105.4	101.2	101.2	101.2
抗肿瘤药	100.6	102.3	102.3	102.3	100.0	100.0	100.0	100.0	100.0	100.0	100.0	100.0	100.0
激素类药	116.7	110.7	110.7	110.7	110.7	116.2	116.2	116.2	118.3	118.3	124.0	124.0	124.0
心血管系统用药	105.1	107.6	107.6	107.6	104.3	103.5	103.5	103.5	103.5	103.5	105.7	105.7	105.7
中枢神经系统用药	97.8	91.8	91.8	91.8	100.0	100.0	100.0	100.0	100.0	100.0	100.0	100.0	100.0
消毒防腐及创伤外科用药	100.0	100.7	100.7	100.7	101.0	99.6	99.6	99.6	99.6	99.6	99.6	99.6	99.6
泌尿系统用药	99.4	97.6	97.6	97.6	100.0	100.0	100.0	100.0	100.0	100.0	100.0	100.0	100.0
维生素类	115.3	109.5	109.5	109.5	112.1	116.1	116.1	116.1	119.1	119.1	119.1	119.1	119.1
其　　他	100.0	100.0	100.0	100.0	100.0	100.0	100.0	100.0	100.0	100.0	100.0	100.0	100.0
保健器具及用品	105.0	107.0	107.0	107.0	104.8	104.8	104.8	104.8	103.7	103.7	104.3	104.3	104.3
保健器具	101.0	100.0	100.0	100.0	100.0	100.0	100.0	100.0	102.3	102.3	102.3	102.3	102.3
滋补保健用品	105.9	108.5	108.5	108.5	105.8	105.8	105.8	105.8	104.0	104.0	104.8	104.8	104.8
书报杂志及电子出版物	**99.7**	**100.0**	**100.0**	**100.0**	**100.0**	**100.0**	**100.0**	**100.0**	**100.0**	**99.0**	**99.0**	**99.0**	**99.0**
教材及参考书	99.2	100.0	100.0	100.0	100.0	100.0	100.0	100.0	100.0	97.6	97.6	97.6	97.6
工　具　书	100.0	100.0	100.0	100.0	100.0	100.0	100.0	100.0	100.0	100.0	100.0	100.0	100.0

4-2 续表7

类别	年度	月份											
		一	二	三	四	五	六	七	八	九	十	十一	十二
教材	98.4	100.0	100.0	100.0	100.0	100.0	100.0	100.0	100.0	95.2	95.2	95.2	95.2
参考书	100.0	100.0	100.0	100.0	100.0	100.0	100.0	100.0	100.0	100.0	100.0	100.0	100.0
教育软件	100.0	100.0	100.0	100.0	100.0	100.0	100.0	100.0	100.0	100.0	100.0	100.0	100.0
书报杂志	100.0	100.0	100.0	100.0	100.0	100.0	100.0	100.0	100.0	100.0	100.0	100.0	100.0
书籍	100.0	100.0	100.0	100.0	100.0	100.0	100.0	100.0	100.0	100.0	100.0	100.0	100.0
报纸	100.0	100.0	100.0	100.0	100.0	100.0	100.0	100.0	100.0	100.0	100.0	100.0	100.0
杂志	100.0	100.0	100.0	100.0	100.0	100.0	100.0	100.0	100.0	100.0	100.0	100.0	100.0
电子音像制品	100.0	100.0	100.0	100.0	100.0	100.0	100.0	100.0	100.0	100.0	100.0	100.0	100.0
音像光盘和视盘	100.0	100.0	100.0	100.0	100.0	100.0	100.0	100.0	100.0	100.0	100.0	100.0	100.0
计算机软件	100.0	100.0	100.0	100.0	100.0	100.0	100.0	100.0	100.0	100.0	100.0	100.0	100.0
燃料	**88.9**	**88.0**	**87.9**	**88.7**	**88.4**	**89.7**	**89.6**	**88.6**	**87.1**	**87.2**	**88.9**	**90.6**	**91.9**
煤炭及制品	100.0	100.0	100.0	100.0	100.0	100.0	100.0	100.0	100.0	100.0	100.0	100.0	100.0
原煤	100.0	100.0	100.0	100.0	100.0	100.0	100.0	100.0	100.0	100.0	100.0	100.0	100.0
煤制品	100.0	100.0	100.0	100.0	100.0	100.0	100.0	100.0	100.0	100.0	100.0	100.0	100.0
石油及制品	86.7	85.7	85.6	86.6	86.2	87.8	87.7	86.4	84.6	84.7	86.7	88.7	90.2
液化石油气	81.0	87.2	87.2	87.2	81.9	76.5	78.6	79.7	79.7	76.9	76.9	78.0	82.1
管道燃气	100.0	100.0	100.0	100.0	100.0	100.0	100.0	100.0	100.0	100.0	100.0	100.0	100.0
汽油	80.4	78.0	77.6	79.4	79.5	83.3	82.7	80.4	77.1	77.5	80.5	84.1	85.8
柴油	77.4	74.0	73.3	76.3	76.7	80.9	80.3	77.6	74.2	74.7	78.7	80.8	82.4
其他	100.0	100.0	100.0	100.0	100.0	100.0	100.0	100.0	100.0	100.0	100.0	100.0	100.0
建筑材料及五金电料	**100.0**	**101.0**	**101.0**	**100.5**	**99.8**	**99.8**	**99.8**	**99.8**	**99.8**	**99.9**	**99.4**	**99.4**	**99.4**
建筑装璜材料	99.9	101.4	101.4	100.7	99.7	99.7	99.8	99.8	99.8	99.8	99.1	99.1	99.1
木材	100.0	100.0	100.0	100.0	100.0	100.0	100.0	100.0	100.0	100.0	100.0	100.0	100.0
木地板	99.6	99.0	99.0	99.0	99.0	99.0	100.0	100.0	100.0	100.0	100.0	100.0	100.0
钢材	98.7	99.2	99.2	99.8	100.0	100.0	100.0	100.0	100.0	100.0	95.2	95.2	95.2
砖	100.4	102.2	102.2	101.1	100.0	100.0	100.0	100.0	100.0	100.0	100.0	100.0	100.0
水泥	98.4	99.1	99.1	99.5	98.1	98.1	98.1	98.1	98.1	98.1	98.1	98.1	98.1
涂料	101.7	109.0	109.0	104.3	100.0	100.0	100.0	100.0	100.0	100.0	100.0	100.0	100.0
板材	100.2	100.8	100.8	100.4	100.0	100.0	100.0	100.0	100.0	100.0	100.0	100.0	100.0
玻璃	100.0	100.0	100.0	100.0	100.0	100.0	100.0	100.0	100.0	100.0	100.0	100.0	100.0
粘胶	101.1	105.5	105.5	102.6	100.0	100.0	100.0	100.0	100.0	100.0	100.0	100.0	100.0
管材	102.1	111.0	111.0	105.2	100.0	100.0	100.0	100.0	100.0	100.0	100.0	100.0	100.0
厨卫设备	100.0	100.0	100.0	100.0	100.0	100.0	100.0	100.0	100.0	100.0	100.0	100.0	100.0
其他	100.0	100.0	100.0	100.0	100.0	100.0	100.0	100.0	100.0	100.0	100.0	100.0	100.0
五金电料	100.1	100.0	100.0	100.3	100.3	100.0	100.0	100.0	100.0	100.1	100.2	100.2	100.2
五金工具	100.1	100.0	100.0	100.0	100.0	100.0	100.0	100.0	100.0	100.2	100.5	100.5	100.5
电工电料	100.0	100.0	100.0	100.0	100.0	100.0	100.0	100.0	100.0	100.0	100.0	100.0	100.0
水暖器材	100.1	100.0	100.0	100.9	100.9	100.0	100.0	100.0	100.0	100.0	100.0	100.0	100.0
其他	100.0	100.0	100.0	100.0	100.0	100.0	100.0	100.0	100.0	100.0	100.0	100.0	100.0

4-3 市区居民消费及零售商品平均价格

（2015年）

品名	规格	单位	本年平均价格（元）	品名	规格	单位	本年平均价格（元）
大米	东北粳米一等散装	千克	6.20	植物油制品	山东菏泽调和油福临门天然谷物5l桶装	升	11.23
大米	原阳粳米一等散装	千克	5.44	植物油制品	周口调和油金龙鱼第二代5l桶装	升	11.98
面粉	郑州特一粉神象25kg袋装	千克	3.59	其他	郑州一级猪板油	千克	12.88
面粉	郑州精制粉金苑25kg袋装	千克	3.27	猪肉	郑州去骨五花猪肉	千克	27.67
粮食制品	郑州高筋挂面神象400g	千克	6.25	猪肉	郑州去骨后腿猪肉	千克	27.66
粮食制品	郑州黑芝麻大汤圆三全500g袋装(15个)	千克	18.35	牛肉	郑州去骨腿肉	千克	54.58
粮食制品	天津红烧牛肉面康师傅五连包袋装103g*5	千克	24.45	牛肉	郑州肋排肉	千克	53.38
粮食制品	郑州馒头(袋装)	千克	5.00	羊肉	郑州去骨腿肉	千克	60.23
小米	郑州一等散装	千克	14.43	羊肉	郑州带骨羊排肉	千克	50.65
玉米面	郑州一等散装	千克	4.27	畜肉副品	郑州猪肝	千克	13.70
淀粉及制品	郑州红薯类淀粉	千克	10.60	畜肉副品	郑州猪肚	千克	36.55
淀粉及制品	禹州红薯粉条	千克	15.60	其他	郑州兔肉	千克	20.00
干豆	郑州黄豆一等散装	千克	6.58	鸡	郑州活公鸡上等	千克	31.51
干豆	郑州绿豆一等散装	千克	12.58	鸡	郑州白条鸡上等	千克	14.39
豆制品	郑州水豆腐	千克	4.58	鸭	郑州活鸭上等	千克	30.36
豆制品	许昌腐竹	千克	24.80	鸭	郑州半片鸭	千克	11.80
豆制品	郑州豆腐干	千克	7.80	其他	郑州上等活鸽子	千克	24.60
食用植物油	郑州小磨香油	升	47.77	畜肉制品	郑州香肠	千克	39.20
食用植物油	周口花生油金龙鱼非转基因压榨一级5l桶装	升	21.95	畜肉制品	郑州五香熟牛肉	千克	100.00
食用植物油	周口大豆油金龙鱼维生素A营养5l桶装	升	8.80	畜肉制品	郑州熟猪头肉	千克	41.07

4-3 续表1

品 名	规 格	单位	本年平均价格（元）	品 名	规 格	单位	本年平均价格（元）
禽制品	郑州烧鸡	千克	38.00	鲜菜	郑州韭菜一等	千克	5.15
禽制品	郑州鸡爪	千克	41.82	鲜菜	郑州菜花一等	千克	5.55
禽制品	郑州鸡翅	千克	62.60	鲜菜	郑州黄瓜一等	千克	6.21
鲜蛋	郑州鸡蛋新鲜完整	千克	8.48	鲜菜	郑州冬瓜一等	千克	3.94
蛋制品	郑州咸鸭蛋	千克	20.00	鲜菜	郑州西红柿一等	千克	6.57
蛋制品	郑州松花蛋	千克	20.00	鲜菜	郑州茄子一等	千克	6.13
淡水鱼	郑州鲤鱼 0.5kg 以上	千克	13.73	鲜菜	郑州白萝卜一等	千克	2.54
淡水鱼	郑州鲢鱼 0.5kg 以上	千克	14.34	鲜菜	郑州胡萝卜一等	千克	4.56
淡水鱼	郑州草鱼 0.5 千克以上	千克	12.29	鲜菜	郑州青椒一等	千克	7.66
海水鱼	浙江带鱼 0.5kg 以上	千克	28.40	鲜菜	郑州四季豆一等	千克	9.48
海水鱼	浙江扒皮鱼中等	千克	69.83	鲜菜	郑州黄豆芽一等	千克	3.68
海水鱼	浙江黄花鱼	千克	38.80	鲜菜	郑州洋葱头一等	千克	3.64
虾蟹类	郑州河蟹	千克	80.00	鲜菜	郑州大葱一等	千克	4.85
虾蟹类	浙江竹节虾	千克	82.97	鲜菜	郑州生姜一等	千克	11.74
虾蟹类	浙江冷冻虾散装	千克	39.20	鲜菜	郑州大蒜一等	千克	8.03
其他	浙江海带(干)	千克	20.00	鲜菜	郑州莲藕一等	千克	9.46
鲜菜	郑州大白菜一等	千克	3.35	鲜菜	郑州蒜苔一等	千克	8.04
鲜菜	郑州洋白菜一等	千克	3.58	鲜菜	郑州西葫芦一等	千克	5.04
鲜菜	郑州菠菜一等	千克	6.55	鲜菜	郑州丝瓜一等	千克	8.29
鲜菜	郑州油菜一等	千克	5.60	鲜菜	郑州莴笋一等	千克	5.28
鲜菜	郑州芹菜一等	千克	4.49	干菜及菜制品	东北木耳(干)甲级	千克	108.00
				干菜及菜制品	郑州五香大头菜甲级	千克	5.20
				干菜及菜制品	柘城干辣椒甲级	千克	23.20

4-3 续表2

品 名	规 格	单位	本年平均价格（元）	品 名	规 格	单位	本年平均价格（元）
干菜及菜制品	淮阳黄花菜甲级	千克	67.05	液体饮料	浙江绍兴凉茶加多宝罐装310ml	升	11.73
薯类	郑州土豆一等	千克	4.50	液体饮料	郑州可口可乐2l瓶装	升	3.14
食用盐	平顶山加碘精盐卫群400g	千克	5.00	冷冻饮品	天津冰激淋小神童	支	1.96
酱油	广东草菇老抽李锦记500ml	升	14.31	冷冻饮品	内蒙伊犁冰激淋火炬	支	2.75
酱油	广东佛山金标生抽海天500ml	升	14.81	鲜瓜果	郑州苹果一级	千克	11.34
食醋	江苏香醋恒顺瓶装500ml	升	11.60	鲜瓜果	砀山梨一级	千克	5.49
食醋	山西清徐老陈醋紫林468ml	升	14.75	鲜瓜果	海南香蕉一级	千克	5.22
味精	周口味精莲花含麸酸纳99% 500g袋装	千克	20.88	鲜瓜果	郑州西瓜一级	千克	1.22
料酒	北京房山王致和500ml	瓶	4.53	鲜瓜果	四川橘子一级	千克	4.44
食糖	北京白砂糖厨大妈450g	千克	17.20	鲜瓜果	郑州葡萄一级	千克	8.48
食糖	北京红糖厨大妈450g袋装	千克	17.20	鲜瓜果	郑州桃子一级	千克	6.22
糖果	上海玉米硬糖金丝猴散装	千克	39.05	鲜瓜果	四川猕猴桃一级	千克	11.37
糖果	上海奶糖金丝猴散装	千克	56.13	干(坚)果	新疆干红枣一级	千克	50.00
巧克力制品	北京巧克力板糖德芙80g(丝滑牛奶)	千克	150.68	干(坚)果	郑州生花生米一级	千克	12.96
糖类小食品	郑州山楂片金泰散装	千克	24.37	干(坚)果	郑州核桃一级	千克	48.00
糖类小食品	郑州蜜枣灵宝散装	千克	17.35	糕点	郑州脆皮蛋糕散装	千克	18.44
茶叶	湖南长沙茉莉花茶猴王特级100g	千克	163.33	糕点	广东东莞沙琪玛徐福记鸡蛋470g	千克	31.45
茶叶	河南信阳碧螺春天潭一级100g	千克	106.00	糕点	郑州桃酥散装	千克	17.00
固体饮料	广东咖啡醇品雀巢100g瓶装	千克	418.67	饼干	苏州太平梳打饼干(香葱)卡夫100g袋装	千克	30.67
固体饮料	上海清凉菊花晶生字400g袋装	千克	38.08	饼干	浙江杭州3+2酥松夹心饼康师傅袋装118克g(草莓牛奶)	千克	39.12
液体饮料	河北承德杏仁露露露240ml罐装	升	14.04	饼干	广东鲜葱薄饼干嘉士力680g袋装	千克	27.23
				面包	郑州长条吐司诺蜜欧650g	千克	13.49
				面包	郑州圆形面包康诺416g	千克	18.33

4-3　续表 3

品　名	规　格	单位	本年平均价格（元）	品　名	规　格	单位	本年平均价格（元）
巴氏杀菌乳或灭菌乳	呼和浩特纯牛奶蒙牛 250ml 盒装	升	11.47	地方小吃	胡辣汤	碗	2.88
巴氏杀菌乳或灭菌乳	郑州纯牛奶花花牛 200ml 袋装（30 天保质）	升	10.00	地方小吃	豆腐脑	碗	2.00
酸牛乳	郑州酸奶花花牛 180g 袋装	升	1.77	其他食品	西式快餐超级鸡腿堡	个	15.17
酸牛乳	呼和浩特活性乳酸菌酸牛奶蒙牛 100g*8 盒	升	1.44	其他食品	上海冠生园 500g 瓶装蜂蜜	瓶	19.29
乳粉	呼和浩特奶粉全脂无糖伊利 400g 袋装（16*25g）	千克	76.44	其他食品	呼和浩特新家园 75g 烤馍锅巴	袋	1.86
乳粉	黑龙江双城婴儿奶粉力多精 400g 袋装（1 号）	千克	148.77	其他食品	上海上好佳 50g 袋装（番茄味）田园薯片	袋	3.09
早餐奶酪	呼和浩特蒙牛 200g（12 片装）	袋	20.60	高档卷烟	中华软盒	盒	73.33
主食	郑州大米饭二两一碗	碗	1.00	高档卷烟	苏烟软盒	盒	46.25
主食	郑州烩面四两一碗	碗	13.80	中档卷烟	玉溪软盒	盒	22.63
主食	油条	千克	10.80	中档卷烟	黄金叶黑帝豪	盒	20.83
炒菜	西芹百合	盘	32.33	其他	黄金叶红旗渠	盒	10.41
炒菜	土芹菜炒腊肉	盘	31.33	白酒	四川宜宾五粮液 52 度 500ml 瓶装	瓶	721.33
炒菜	蒜蓉上海青	盘	13.33	白酒	河南汝阳杜康 500ml 瓶装	瓶	97.33
炒菜	酸辣广肚	盘	74.00	白酒	北京二锅头 55 度普通红星 500ml	瓶	12.98
炒菜	清蒸鲈鱼	斤	51.33	葡萄酒	吉林红葡萄酒通化 720ml 瓶装	瓶	42.13
炒菜	上汤娃娃菜	盘	23.00	葡萄酒	山东烟台干红葡萄酒张裕 750ml 瓶装	瓶	45.20
炒菜	香菇菜心	盘	24.33	啤酒	青岛青岛啤酒 330ml 听装	瓶	4.40
炒菜	银杏蒸南瓜	盘	26.33	啤酒	郑州新一代啤酒金星 550ml 瓶装	瓶	2.96
炒菜	辣子鸡	盘	31.00	黄酒	浙江绍兴女儿红 600ml	瓶	9.80
炒菜	毛血旺	盘	39.67	大衣	皮尔卡丹男式羊毛大衣	件	6993.33
地方小吃	炒凉粉	份	5.00	大衣	雅戈尔男式大衣	件	3980.00

4-3　续表4

品　名	规　格	单位	本年平均价格（元）	品　名	规　格	单位	本年平均价格（元）
毛绒衣	鹿王男式羊绒衫	件	2980.00	毛线衣	鹿王女V领羊绒衫	件	2180.00
毛绒衣	鄂尔多斯男式羊绒衫	件	3380.00	毛线衣	鄂尔多斯羊绒衫	件	2680.00
夹克衫	雅戈尔男式夹克衫	件	2280.00	羽绒衣	耐克女羽绒服	件	1599.00
夹克衫	金利来男式夹克衫	件	2882.64	羽绒衣	阿迪达斯女羽绒服	件	1499.00
衬衫	雅戈尔男式衬衫	件	880.00	套装	衣恋女套装	套	1356.00
衬衫	皮尔卡丹男式衬衫	件	828.33	套装	PRICH女套装	套	1719.33
T恤衫	阿迪达斯男T恤衫	件	329.00	衬衫	阿玛施女衬衫	件	899.33
T恤衫	耐克男T恤衫	件	355.81	衬衫	衣恋女衬衫	件	616.78
裤子	皮尔卡丹男裤	条	1398.75	T恤衫	阿迪达斯女T恤衫	件	455.81
裤子	雅戈尔男裤	条	1080.00	T恤衫	耐克女T恤衫	件	462.33
西服	金利来男西服	套	5880.00	裙子	衣恋短裙	条	808.78
西服	雅戈尔男西服	套	3659.17	裙子	阿玛施短裙	条	725.03
运动衫裤	阿迪达斯男运动裤	条	385.39	裤子	阿玛施女裤	条	822.67
运动衫裤	耐克男运动裤	条	435.39	裤子	衣恋女裤	条	692.00
内衣	宜而爽男棉毛长袖衫裤	套	89.00	运动衫裤	阿迪达斯女运动裤	条	383.17
内衣	三枪加厚男内衣	套	89.00	运动衫裤	耐克女运动裤	条	449.00
羽绒衣	耐克（灰鹅绒85%）541457－011男羽绒服	件	1599.00	内衣	宜而爽女棉毛长袖衫裤	套	89.00
羽绒衣	阿迪达斯（灰鸭绒）M68839男羽绒服	件	1499.00	内衣	三枪加厚女内衣	套	85.67
其他	皮尔卡丹男棉睡衣	套	603.83	其他	皮尔卡丹女棉睡衣	套	636.33
大衣	阿玛施女羊毛大衣	件	2993.33	上衣	耐克女童针织夹克	件	399.00
大衣	衣恋女大衣	件	2818.67	上衣	耐克男童针织夹克	件	406.92

4-3 续表 5

品　名	规　格	单位	本年平均价格（元）	品　名	规　格	单位	本年平均价格（元）
裤子	阿迪达斯男儿童梭织男裤	条	339.56	男袜	皮尔卡丹男袜子(厚)	双	58.81
裤子	阿迪达斯少女梭织女裤	条	361.78	男袜	皮尔卡丹男袜(单)	双	40.03
裙子	依恋短裙童装	条	498.00	女袜	皮尔卡丹女袜(厚)	双	23.03
裙子	侨保马甲裙童装	条	442.83	女袜	皮尔卡丹女袜(单)	双	29.94
其他	快乐熊儿童内衣	套	52.63	男帽	耐克生活男线帽	顶	169.00
棉布	白棉布新疆 3.4m	米	8.50	男帽	阿迪达斯男运动帽	顶	99.00
棉布	床单布上海	米	19.33	女帽	阿迪达斯女运动帽	顶	99.00
化纤布	绍兴化纤布(厚)144cm	米	46.00	女帽	耐克生活女线帽	顶	169.00
化纤布	绍兴化纤布 144cm(薄)	米	30.33	缝纫	男西服缝纫费	套	300.00
毛线	上海恒源祥 100% 纯毛中粗团线	千克	244.00	缝纫	毛料女裤缝纫费	条	50.00
毛线	河北三利全毛中粗	千克	226.67	清洗	男毛料西服干洗费(深色)	套/次	20.42
其他	浙江丝绸	米	19.33	清洗	干洗羽绒服	件/次	33.33
男鞋	C. Deny 男牛皮鞋	双	1860.00	其他	换鞋跟	双	10.00
男鞋	耐克男慢跑鞋	双	999.00	柜	好风景书柜(五门)2.0m*0.4m*2.1m	个	3089.58
男鞋	BOSS 男牛皮鞋	双	1880.00	柜	五维空间衣柜板式 2m*0.6m*2.2m(五门)	个	3572.22
女鞋	百丽女小牛皮鞋	双	869.00	柜	明杨牌床头柜实木 0.3m*0.3m*0.4m	个	447.22
女鞋	耐克女慢跑鞋	双	999.00	床	华美 1.8m*2m 实木双人床	张	2815.97
女鞋	阿迪达斯女跑鞋	双	1058.72	床	宝莱国际单人床实木 1.2m*2m	张	2152.78
童鞋	阿迪达斯男训练鞋	双	399.00	桌	明杨餐桌实木 0.8m*1.6m	张	2756.94
童鞋	耐克毛毛虫男童鞋	双	469.00	桌	惠隆电脑桌 1.2m*0.8m	张	627.08
童鞋	耐克毛毛虫女童鞋	双	469.00	桌	新达实木老板台 2.0m*1.0m*0.76m	张	3773.61

4-3 续表6

品 名	规 格	单位	本年平均价格(元)	品 名	规 格	单位	本年平均价格(元)
椅	森志实木椅普通	把	264.44	微波炉	格兰仕 G80F23MN3XL-A7	台	1472.46
椅	大康实木椅高档	把	442.92	电饭煲	美的 YN402D	个	262.89
沙发	聚皇皮沙发(1+2+3)	套	15409.72	电磁炉	格兰仕 C2193A	个	292.74
沙发	贵人缘沙发实木(1+2+3)	套	9700.00	豆浆机	美的 DE12X12	个	446.22
玻璃茶几	鸿晟 1.1m*0.55m	件	1013.33	纺织装饰品	郑州化纤窗帘 6m*2.8m	幅	314.00
洗衣机	海尔 XQ70-1011W	台	2292.14	纺织装饰品	广州桌布大元(137*183)	个	19.57
洗衣机	海尔 XQG60-10266AW	台	2807.42	装饰灯具	广东中山冠雅护眼灯	个	198.33
洗衣机	三洋 DG-F60311BCG	台	2892.44	日用普通饰品	广州磨砂喷绘 76*110	件	325.00
电风扇	先锋 DD092	台	246.65	日用普通饰品	水晶画 60*60	件	260.00
电风扇	先锋 DK082	台	260.08	节能灯	上海产飞利浦 15W	个	16.99
电冰箱(柜)	海尔 BCD-215SEBB	台	2513.64	装饰灯具	广东佛山吸顶灯(50*70cm)	个	370.00
电冰箱(柜)	新飞 BCD-182TD	台	1743.99	其他	苏州莹辉果盘	个	27.57
电冰箱(柜)	新飞冰柜 BC/BD-221DA	台	1337.89	被子	馨亭豪华馨悦羊毛被 2m*2.3m	条	1588.00
吸排抽烟机	海尔 CXW-200-C681	台	3406.00	被子	馨亭超细纤维春秋被 2m*2.3m	条	858.00
吸排抽烟机	老板 CXW-185-8307	台	3448.14	床上四件套	馨亭印花四件套 2m*2.3m	套	699.00
空调器	美的变频空调 KFR-26GW/BP2DN	台	3733.85	床上套件	富安娜四件套 2m*2.3m	套	798.00
空调器	美的柜机空调 KFR-72LW/DY-ID	台	6631.86	其他	馨亭舒棉枕	个	238.00
空调器	美的空调 KFR-26GW/DY-ID(R2)	台	2392.24	茶具	弓箭玻璃杯 18953	件	9.67
热水器	史密斯 CEWH-60K6B	台	2771.33	茶具	闽通日式 7 头茶具	套	70.67
热水器	海尔 JSQ20-E1(12T)	台	2439.97	餐具	安徽含山靓影太阳雨牌 5 寸	件	6.23
微波炉	美的 MG720KG3-NA1	台	556.88	餐具	俏林铁木筷 J-04(5 双)	件	9.90

4-3　续表 7

品　名	规　格	单位	本年平均价格（元）	品　名	规　格	单位	本年平均价格（元）
厨具	日美砍骨刀	把	37.60	医疗器具及用品	广东徐州华峰胶布	盒	2.10
厨具	日美电铲	个	17.60	医疗器具及用品	江苏鱼跃血压计	个	102.67
雨具	浙江杭州天堂折叠伞	把	39.29	中药材	甘草一级	千克	60.00
雨具	浙江杭州天堂电动自行车雨披	件	54.11	中药材	银花一级	千克	273.33
剃须工具	珠海产飞利浦剃须刀牌 IQ6071	只	477.89	中药材	菊花一级	千克	54.33
剃须工具	上海吉列威锋刀头架	只	12.83	中药材	陈皮一级	千克	18.75
电池	福建南孚 7 号(2 节)	节	2.41	中药材	黄连一级	千克	203.33
电池	福建产南孚 5#碱性电池(2 节)	节	2.49	中成药	牛黄解毒片 0.25g＊24s 贵州百灵	盒	0.60
电池	广东惠州超霸纽扣电池	个	5.55	中成药	维 C 银翘片 12s 贵州百灵	盒	0.80
家用手工工具	好力得钢丝钳	把	23.73	中成药	复方板蓝根冲剂广州白云山	袋	17.80
家用手工工具	好力得螺丝刀	把	12.80	中成药	霍香正气滴丸 2.6g＊9 包禹州药王	盒	12.48
洗涤用品	雕牌洗洁精 500G	瓶	4.63	中成药	跌打丸 6 克＊6s 广西中华	盒	7.30
洗涤用品	奥妙无磷洗衣粉 3kg	袋	36.48	抗菌类(抗感染药)	罗红霉素 150mg＊6s 石家庄以岭	盒	3.52
洗涤用品	雕牌增白皂 242g(清新柠檬)	块	5.13	抗菌类(抗感染药)	阿莫西林 250mg＊20s 石家庄三精	盒	4.80
其他	顺荣料缸 22cm	个	22.60	消化系统用药	雷尼替丁胶囊 150mg＊30s 杭州赛诺菲	盒	3.21
家庭服务	钟点工	小时	35.00	消化系统用药	丽珠得乐胶囊 0.3g＊40s 广东丽珠	盒	26.89
家庭服务	保姆费	月	2587.50	呼吸系统用药	批把膏 300ml 香港念慈庵	瓶	38.47
家庭服务	月嫂	月	5638.89	呼吸系统用药	氨茶碱 0.1g＊100s 海南信宜	瓶	1.87
加工维修服务	清洗抽油烟机	次	66.67	解热镇痛药	芬必得 0.3g＊20s 天津中美史克	盒	16.31
加工维修服务	配门琐铜钥匙	把	2.00	解热镇痛药	扶他林 25mg＊30s 北京诺华	盒	20.10
医疗器具用品	山东东阿体温计	个	3.28	抗肿瘤药	摩昔芬片枸橼酸他 10mg＊60s	瓶	26.17

4-3　续表 8

品　名	规　格	单位	本年平均价格（元）	品　名	规　格	单位	本年平均价格（元）
抗肿瘤药	环磷酰胺针 0.2g 江苏恒瑞	支	4.91	挂号诊疗费	副主任医师挂号费	次	4.83
激素类药	强的松 5mg＊100s 浙江仙琚	瓶	3.59	注射费	肌肉注射费	次	2.50
激素类药	平消片 0.23g＊80s 西安正大	盒	22.96	注射费	静脉注射费	次	4.00
心血管系统用药	硝酸甘油片 0.5mg＊50s 北京益民	瓶	2.84	检查费	螺旋 CT	次	280.00
心血管系统用药	尼莫地平 20mg＊50s 山东新华	瓶	3.34	检查费	彩色 B 超	次	80.00
中枢神经系统用药	盐酸氯丙嗪片 25mg＊100s 常州康普	瓶	3.03	手术费	阑尾手术费	次	648.00
中枢神经系统用药	阿司匹林 25mg＊100s 石家庄欧意	瓶	2.07	手术费	剖腹手术费	次	585.33
消毒防腐及创伤外科用药	创可贴云南白药 100 片	盒	15.43	床位费	普通病房住院费（四人间）	床/天	11.67
消毒防腐及创伤外科用药	云南白药 4g	瓶	11.51	床位费	干部病房住院费（两人间）	床/天	33.33
泌尿系统用药	呋喃妥因肠溶片 20mg＊100s 山西云鹏	瓶	1.33	理疗费	超短波治疗	次	9.33
泌尿系统用药	盐酸左氧氟沙星 0.1g＊6s 浙江京新	盒	3.70	理疗费	激光理疗费（每个部位）	次部位	12.00
维生素类	维生素 c0.1g＊100s 湖北华中	瓶	1.40	化验费	尿常规	次	8.00
维生素类	维生素 b25mg＊100s 湖北华中	瓶	1.93	化验费	血脂全项	次	86.67
其他	肠虫清胶囊 200mg＊10s 天津中美史克	盒	10.03	护理费	二级	天	5.00
保健器具	频普仪 W301 北京周林 W301	台	682.78	化妆美容器具	飞利浦电吹风 HP8210 珠海	个	199.00
保健器具	护膝浙江江都	个	19.90	化妆美容器具	飞利浦电动剃须刀 IQ6071 珠海	个	477.89
保健器具	足浴盆浙江金鼎	个	462.33	化妆美容器具	飞利浦卷发器 HP8600 珠海	个	199.00
滋补保健用品	21 金维他杭州民生	瓶	43.00	美容化妆品	美宝莲新恒美眉笔（黑）天津 1.1g	支	49.00
滋补保健用品	东阿阿胶 500g 山东	瓶	1981.50	美容化妆品	美宝莲唇膏天津水晶胶原 1.9g	支	69.00
滋补保健用品	葡萄糖酸钙口服液 10mg＊12 支哈尔滨三精	盒	23.80	美容化妆品	玉兰油透白无痕美肌粉底液 28g	瓶	140.00
挂号诊疗费	主治医师挂号费	次	2.83	护肤品	欧莱雅复颜抗皱紧致滋润日霜 50ml	瓶	210.00

4-3　续表 9

品　名	规　格	单位	本年平均价格（元）	品　名	规　格	单位	本年平均价格（元）
护肤品	欧泊莱时光锁紧实弹润系列醒活柔润乳 130ml	瓶	230.00	美容	皮肤护理	次	63.33
护发美容品	迪彩发膜冰海泥深层修复 500g +500g	瓶	37.80	美容	绣眉	次	860.00
护发美容品	迪彩弹力素丰盈波浪 300g	瓶	31.13	理（烫）发	男理发	次	21.00
护发美容品	美涛啫喱膏清爽保湿 240g	瓶	26.69	理（烫）发	女短烫发	次	100.00
护发美容品	潘婷乳液修复润发精华素 400ml	瓶	34.77	洗浴	洗澡	次	13.83
药用美容用品	相宜本草红景天幼白面霜 50g	瓶	81.08	洗浴	搓背	次	10.28
药用美容用品	相宜本草红景天幼白抗氧修颜乳 50g	瓶	86.43	其他	保健按摩	次	34.44
药用美容用品	上海百雀羚水嫩倍现保湿精华乳液 100ml	瓶	76.63	助动自行车	电动车洪都（金玉兰）	辆	1899.00
药用美容用品	上海百雀羚水嫩倍现精华霜 50g	瓶	76.87	轿车	上汽 POLO1.4L 自动挡	辆	91866.67
洗发用品	海飞丝去屑止痒洗发露 400ml	瓶	44.68	轿车	上汽大众朗逸 1.4Tsi 自动挡	辆	137608.33
洗发用品	夏士莲黑亮焗油洗焗洗发露 400ML	瓶	24.60	轿车	上汽大众 PASST1.8Tsi 自动挡御尊	辆	224733.33
洗发用品	飘柔焗油护理洗发露 400ML	瓶	27.46	轿车	一汽奔腾 B501.6LMT 舒适型	辆	71966.67
洗浴用品	力士香皂白皙焕彩 115g	块	4.58	轿车	丰田 COROLLA1.6LGL 至酷版	辆	120116.67
洗浴用品	力士滋养柔肤娇肤沐浴乳 200ml	瓶	12.36	客车	南京依维柯 A30 型 2.8L17 座	辆	184000.00
洗浴用品	舒肤佳（纯白清香型）香皂 125g	块	5.41	货车	江铃轻卡凯锐宽体厢式卡车	辆	111500.00
卫生用纸制品	维达花之韵 12 卷装 1400g 加长型	提	24.34	其他交通机械	五菱荣光微型面包车 1.2L 手动舒适版	个	41800.00
卫生用纸制品	护理佳幻彩夜用干爽 10 片	包	4.90	自行车	自行车哈佛	辆	1298.00
卫生用纸制品	广东江门维达 10 卷 1400g	提	24.35	自行车	女自行车 26 型天津飞鸽	辆	472.67
卫生用纸制品	周口鹿邑品秀 1350g（绿色）	提	12.55	电动三轮车	深圳阿米尼 CER4901G	辆	3443.33
卫生用纸制品	鹿邑护理佳牌干爽卫生巾幻彩夜用 10 片装	包	4.90	汽油	97#乙醇	升	6.29
卫生用纸制品	湖北卫生巾侧吸护围护翼洁婷牌 16 片	包	13.17	汽油	93#乙醇	升	5.94

4-3 续表 10

品　名	规　格	单位	本年平均价格（元）	品　名	规　格	单位	本年平均价格（元）
柴油	0#柴油	升	5.61	火车票	郑州东-北京西 D2022（动车二等舱）火车票	人百公里	30.88
柴油	-10#柴油	升	5.61	长途汽车	郑州-北京豪华车（43 座）700 公里长途汽车票	人百公里	35.57
零配件	电动车蓄电池	件	450.00	长途汽车	郑州-成都豪华大巴长途汽车票 1300 公里	人百公里	24.38
零配件	雨刮器	件	73.33	短途汽车	城市间短途（郑州-偃师 120 公里）	人百公里	36.63
润滑油	北京 3.5 升机油	升	14.20	短途汽车	城市间短途（郑州-洛阳 158 公里）	人百公里	30.99
保险费	交强险费 25 万以内轿车	年	950.00	其他	郑州-西安高铁	元/次	229.00
保险费	车损险费 25 万以内轿车	年	2773.00	固定电话机	中诺电话机 G039	部	101.33
停车费	小汽车路边停车费	辆/次	4.00	固定电话机	摩托罗拉 D1802C	部	536.53
停车费	电动车停车费	辆/次	1.00	对讲机	泉州通易达 T7 型	部	360.00
车辆修理服务费	小轿车补胎	孔	20.00	移动电话机	苹果 iphone616G	部	5010.24
车辆修理服务费	桑塔纳 3000 型换三芯机油（中等）	次	193.33	移动电话机	三星 N7506V	部	2687.67
清洗费	小汽车	次	26.39	移动电话机	HTC820u（32G）	部	1685.79
公共汽车票	公共汽车市区单程投币票（普通车）	张	1.00	移动电话机	华为 G4620S	部	865.57
公共汽车票	公共汽车成人月票（每月 80 次）	月	40.00	移动电话机	诺基亚 535	部	690.74
出租汽车	市内出租车起步价（排气量 2.0 以下）	公里	3.00	传真机	松下激光 KX-FP719CN	部	1719.33
出租汽车	市内出租车（排气量 2.0 以下）	公里	1.50	移动通信费	联通大众卡（月租 25 元）主叫	分钟	0.20
其他	BRT 公交	次	1.00	移动通信费	全球通（带 50 元基本费）主叫	分钟	0.40
飞机票	郑州——北京 690 公里 CA1326 航班 15:00 起飞	人百公里	137.26	市内电话费	住宅固定电话三分钟后	分钟	0.11
飞机票	郑州——广州 1389 公里 CZ6632 航班 15:00 起飞	人百公里	84.32	长途电话费	郑州-北京长途电话费	分钟	0.70
飞机票	郑州-上海 887 公里 CZ3173 航班 15:00 起飞	人百公里	99.30	月租费	民用住宅固定电话月租费	月	20.00
火车票	郑州-北京西 180 次快速空调（硬座）火车票	人百公里	13.49	月租费	全球通月租费	月	50.00

4-3 续表 11

品　名	规　格	单位	本年平均价格（元）	品　名	规　格	单位	本年平均价格（元）
上网费	网吧上网费	小时	3.00	专业音响器材	摄像机上海索尼牌 I98P	架	28525.00
上网费	网通宽带	月	100.00	专业音响器材	摄像机日本松下牌 MDH1	架	12800.00
邮政邮寄	信件邮寄外省 20g 以内	封	1.20	电脑	联想一体机 B550	台	4127.36
邮政邮寄	包裹邮寄郑州-洛阳	件	3.60	电脑	惠普台式机 400-430CN	台	3577.32
其他邮寄	郑州-洛阳快递费	件	10.67	电脑	联想台式机 H520	台	3537.96
其他	短信发送	条	0.10	电脑	戴尔笔记本 15LR-1528BB	台	4436.10
电视机	四川长虹 LED32C2080I	台	1912.78	电脑	联想笔记本 G50-70	台	3815.04
电视机	四川长虹 3D42C6000ID	台	4266.38	电脑附件	鼠标罗技	件（只、个）	92.50
激光视盘机	DVD 飞利浦 DVPZ888/93	台	370.67	电脑附件	天津奥尼摄像头 D881	件	95.67
激光视盘机	DVD 杰科 BDP-G2805	台	496.00	打印机及配件	北京联想激光打印机 S1801 型	台	720.00
摄像机	索尼 HDR-CX610E	台	5500.63	打印机及配件	北京神舟色带	盒	9.33
摄像机	索尼 HDR-PT350E	台	3887.44	扫描仪	广州清华紫光 KA3000	台	620.83
照相机	索尼 DSC-WX350	架	1515.25	扫描仪	广州清华紫光牌 e85	台	750.00
照相机	佳能 G7X	架	3886.65	复印件	日本东芝数码 256	台	13666.67
家用音响	索尼家庭影院 BDV-N998W11MCN4	台	6160.00	计算器	中山卡西欧 DX-120v	个	98.90
家用音响	索尼 BDV-E29011MCN4	台	7156.67	教学设备	爱普生 CD/X24 多媒体液体	台	3895.83
便携式音响	索尼 NM2-B183F/RCCN	台	258.00	教学设备	地球仪 32CM	台	61.57
便携式音响	飞利浦 SA4TP304（TAP3）4G	台	347.42	教学设备	宁波显微镜 107 双目	台	1125.00
专业音响器材	放大器雅马哈 P700S 型	台	7060.42	其他	浙江宁波得力	个	23.33
专业音响器材	音箱雅马哈 R215	对	12883.33	修理服务	照相机检验费（理光 30SD）	次	146.67
专业音响器材	调音台雅马哈 MG166CX 型	台	3508.33	修理服务	25 寸彩电带摇控检修费	次	63.33

4-3 续表 12

品 名	规 格	单位	本年平均价格（元）	品 名	规 格	单位	本年平均价格（元）
其他	步步高点读机 T2	台	1398.00	专业技能培训	计算机应用培训	学期	750.00
工具书	现代汉语词典 32 开（商务印书馆）第六版	本	95.00	其他	择校费	三年	18000.00
工具书	牛津高阶双解英汉词典（外语与教学研究出版）	本	118.00	乐器	深圳和普轮吉它 40 型	件	750.00
工具书	辞海 16 开（缩印本）	本	260.00	乐器	广州珠江钢琴	件	16000.00
教材	高一语文 32 开（人民教育）普通班	本	7.66	乐器	广州红锦小提琴练习琴	件	400.00
教材	初一语文（人民教育）普通班	本	7.62	乐器	电子琴雅马哈 61 键 290 型	件	2600.00
教材	小学一年级语文（人民教育）普通班	本	6.10	音像光盘和视盘	汉语不用教 4CD 广东广州	盒	29.53
参考书	小学生优秀作文大全	本	29.70	音像光盘和视盘	新时代影响 2CD 广东广州	盒	25.60
参考书	初中生优秀作文（中国对外翻译出版社）	本	18.00	电子存储器	索尼 USM8SA1	个	65.33
参考书	高中生优秀作文极品总汇（朝华出版社）	本	48.00	电子存储器	朗科移动硬盘 K308-500G	卷	442.00
教育软件	轻轻松松背单词（电脑软件）北京大学出版社	册	38.00	儿童玩具	广东汕头精灵狗积木	包	45.97
教育软件	新概念 2 同步讲解辅导（北京外语音像社）	册	298.00	儿童玩具	广州乐昌龙赛车	辆	85.67
计算机软件	瑞星杀毒软件	套	110.00	儿童玩具	广东群兴铲车载人者 6825S	盒	38.50
计算机软件	XP 电脑操作系统安装盘	套	1300.00	纸张本册	英语本	本	1.00
学前教育	日托托幼费	月	857.60	纸张本册	六年级完全试卷	本	10.31
学前教育	全托托幼费	月	850.00	纸张本册	稿纸	本	3.30
中等教育	高中一年级	学期	212.00	纸张本册	江苏常熟亚信软抄本 32 开（40 页）	本	2.67
中等教育	中专一年级	学期	1900.00	文具	英雄纯蓝 203 墨水上海 60ml	瓶	4.30
高等教育	大专一年级（中州大学）	学年	3600.00	文具	上海真彩 12 色彩笔快乐小画家 5686A	盒	16.53
高等教育	本科教育（理工专业）	学年	3700.00	文具	上海英雄正姿笔 6003	支	18.07
专业技能培训	中式烹饪培训	学期	850.00	文具	上海真彩中性笔（2 支）	支	5.37

4-3 续表 13

品　名	规　格	单位	本年平均价格（元）	品　名	规　格	单位	本年平均价格（元）
体育用品	篮球福建漳州斯伯丁	个	204.97	杂志	女友	本	6.00
体育用品	足球广州祖迪斯	个	94.33	电影票	电影票(进口片)	张	46.67
体育用品	羽毛球拍广东广州祖迪斯铝碳一体	套	69.33	电影票	电影票(国产片)	张	46.67
球类	福建漳州斯伯丁篮球	个	204.97	景点门票	动物园门票	张	30.00
球类	天津祖迪斯足球	个	94.33	景点门票	世纪欢乐园门票	张	160.00
健身器材	广州狮普高握力器	件	18.57	有线电视	初装费	次	240.00
健身器材	天津奥建哑铃包胶 4 磅	只	56.87	有线电视	月租费	月	24.00
健身器材	广州产祖迪斯两用扩胸器	件	48.40	健身活动	游泳门票	次	40.33
游艺器材	广州产狮普高旱冰鞋套装	套	305.33	健身活动	乒乓球	场	9.00
游艺器材	上海产 SONY 游戏机	台	1150.00	健身活动	健身	月	336.67
游艺器材	广东佳利特活力板	个	195.67	其他	舞票	次	5.72
棋牌	浙江义乌产三 A 扑克	副	2.78	旅行社收费	郑州-海南(双飞五日游)	次/人	3710.42
棋牌	浙江义乌三 A 扑克 2020	付	2.78	旅行社收费	郑州-登封少林寺	次/人	200.00
棋牌	浙江丽水星球纸盒象棋	副	20.31	宾馆住宿	三星级宾馆标准间	天/间	266.78
书籍	草房子(32 开)少年儿童出版社	本	16.80	宾馆住宿	二星级标准间	天/套	169.50
书籍	红楼梦	套	59.70	其他住宿	普通招待所两人间	天/间	85.00
书籍	操作系统系统教程 16 开	本	43.00	其他住宿	快捷酒店标准间	天/床	160.89
书籍	上下五千年 16 开(少年儿童出版)	套	55.00	木材	进口白松木材	立方米	2590.00
报纸	大河报	份	1.00	木材	东北白松原木 3cm * 5cm	立方米	1900.00
报纸	郑州晚报	份	1.00	木地板	北美枫林 400mm * 900mm(实木)	平方米	274.00
报纸	大河文摘报	份	1.00	木地板	广州 400mm * 900mm(强化)	平方米	109.33
杂志	读者	本	5.00	木地板	百世实木	平方米	288.00
杂志	家庭医生	本	5.00	钢材	盘元	吨	3343.75

4-3 续表 14

品　名	规　格	单位	本年平均价格（元）	品　名	规　格	单位	本年平均价格（元）
钢材	角钢	吨	3443.75	板材	河北五合板 1.22m * 2.44m	张	35.00
管材	金德牌上水管 pvc	米	9.33	板材	河北板材 1.2m * 2.44m	张	105.00
管材	下水管铝塑管	米	6.67	玻璃	洛阳玻璃 5mm	平方米	32.67
管材	浙江金属软管	根	18.67	玻璃	洛阳磨砂玻璃 5mm	平方米	32.67
五金工具	浙江宁波好力得钢丝钳	把	23.73	粘胶	东北哥俩好白乳胶	升	12.23
五金工具	浙江宁波好力得螺丝刀	把	12.80	粘胶	广东鱼珠万能胶	瓶	19.17
五金工具	临沂铁哥们锤子	把	32.12	厨卫设备	广东佛山座便器	件	279.67
五金工具	浙江宁波好力得扳手	个	21.73	厨卫设备	不锈钢水池	件	78.33
电工电料	浙江子弹头插头 10A	个	7.00	防盗门	步阳 2050cm * 960cm * 8cm	樘	1700.00
电工电料	浙江子弹头插盘 10A 三相	个	47.73	公房房租	一级砖混楼房	平方米	1.70
电工电料	上海华立电表 20A	个	20.67	私房房租	高档住房	元/平方米	29.37
电工电料	湖北孝感电工胶布	件	2.00	私房房租	中档住房	元/平方米	19.31
电工电料	郑州二厂电线 4mm	件	6.53	私房房租	低档住房	元/平方米	13.51
水暖器材	深圳家必备立角阀门 JB-X8343	个	23.30	其他	卫生费	月	5.33
水暖器材	深圳家必备洗衣机笼头 JB-X8318	个	24.97	住房估算租金	高档住房	元/平方米	29.37
水暖器材	开封水表	件	29.33	住房估算租金	中档住房	元/平方米	19.31
8 分钉	郑州产	千克	9.00	物业管理费	小区一级	平方米	0.41
砖	民用砖	块	0.50	维护修理费用	疏通下水道维护修理费用	次	56.67
砖	地板砖广州佛山 300mm * 300mm	块	4.50	其他	暖气费	10 ㎡/天	1.90
水泥	新乡水泥 500 号(42.5 等级)	千克	0.35	水	居民用水	吨	2.40
水泥	新乡白水泥	千克	0.32	电	居民生活用电	百度	57.81
涂料	郑州 888(千克)	千克	1.50	液化石油气	液化气	千克	6.74
涂料	顺德聚酯漆	千克	74.67	管道燃气	天燃气	立方米	2.25
板材	河北三合板 1.22m * 2.44m	张	29.00	煤制品	蜂窝煤(12 孔)	百千克	75.55

主要统计指标解释

居民消费价格指数 居民消费价格是居民购买并用于日常生活消费的商品和服务项目的价格。居民消费价格指数是度量消费商品及服务项目的价格水平随时间而变动的相对数,反映居民家庭购买的消费品及服务价格水平的变动情况。它是宏观经济分析和调控、价格总水平监测以及国民经济核算的重要指标。其变动率在一定程度上反映了通货膨胀(或紧缩)的程度。编制居民消费价格指数是根据各调查商品和服务项目的基期和报告期的平均价格采用加权算术平均公式计算。目前,编制居民消费价格指数的商品和服务项目计 8 个大类,263 个基本分类。权数根据住户调查中居民的实际消费构成计算。

商品零售价格指数 商品零售价格是工业、商业、餐饮业和其他零售企业向城乡居民、机关团体出售生活消费品和办公用品的价格。商品零售价格指数是反映市场商品零售价格的变动趋势和变动程度。编制商品零售价格指数是根据各调查商品的基期和报告期的平均价格采用加权算术平均公式计算。目前,编制商品零售价格指数的商品计 16 个大类,229 个基本分类。权数根据典型调查、商品流转统计中商品销售构成及商品零售额计算。

五、人民生活

5-1 全市及县(市)区城镇居民家庭基本情况

(2015 年)

指 标	单位	全市	中原区	二七区	管城区	金水区
调查户数	户	652	82	69	71	106
期内住户常住成员数	人	1914	214	178	181	285
常住成员从业人数	人	1092	118	107	92	167
从业人员成员受教育程度	人					
未上过学	人	11	3	1		
小学	人	35		2	1	2
初中	人	286	23	18	29	38
高中	人	328	30	34	23	39
大学专科	人	280	36	34	21	50
大学本科	人	134	25	11	16	31
研究生	人	19	1	7	1	8
从事主要行业	人					
第一产业	人	97	1		7	3
第二产业	人	175	24	8	10	10
第三产业	人	821	93	99	75	154
可支配收入	元/人	31099.00	32068.67	33207.96	31487.74	36871.34
总收入	元/人	33116.91	34773.61	35321.04	32254.22	39136.22
总支出	元/人	25130.35	24880.59	23570.14	24460.47	23175.99
消费支出	元/人	21692.00	20586.20	20211.07	22857.34	19830.61
恩格尔系数	%	29.16	30.60	24.56	31.03	27.23
年末人均居住面积	平方米/人	36.84	28.40	29.07	29.45	34.48

5-1 续表 (2015 年)

指 标	单位	上街区	惠济区	中牟县	巩义市	荥阳市	新密市	新郑市	登封市
调查户数	户	36	38	45	58	27	42	40	39
期内住户常住成员数	人	83	99	164	199	85	160	129	138
常住成员从业人数	人	43	52	94	117	55	97	73	79
从业人员成员受教育程度	人								
未上过学	人			3					4
小学	人	1		6		1	5	12	5
初中	人	12	14	31	32	17	24	29	20
高中	人	18	14	25	46	23	24	21	32
大学专科	人	6	13	23	29	10	35	6	16
大学本科	人	5	11	5	10	4	9	5	3
研究生	人	1		1					
从事主要行业	人								
第一产业	人		1	17	33		8	18	9
第二产业	人	18	2	10	27	17	12	23	14
第三产业	人	25	49	67	57	38	77	32	56
可支配收入	元/人	36096.98	27041.37	24359.00	26104.70	26652.04	26633.00	26654.83	25689.16
总收入	元/人	37136.26	28639.10	26204.07	27772.18	28358.23	30665.72	28297.73	26273.06
总支出	元/人	21286.64	20771.99	18096.11	21528.73	22132.52	28816.81	29232.05	17310.81
消费支出	元/人	18595.71	19171.39	13819.60	17687.41	17971.36	22894.50	26436.15	15766.95
恩格尔系数	%	32.48	28.53	24.24	24.19	23.87	25.09	28.15	21.71
年末人均居住面积	平方米/人	44.11	36.56	44.84	39.19	40.14	58.59	55.64	48.36

5-2 城镇居民

（2015 年）

指　标	全市	中原区	二七区	管城区	金水区
可支配收入	**31099.00**	**32068.67**	**33207.96**	**31487.74**	**36871.34**
工资性收入	**19335.89**	**20256.24**	**18969.93**	**14145.13**	**26994.17**
工资	18308.04	20121.65	18248.82	14050.39	25828.33
实物福利	47.76	0.60	19.15	15.66	56.67
其他	980.08	133.98	701.96	79.08	1109.17
经营净收入	**4004.94**	**3212.85**	**7268.19**	**3601.48**	**632.82**
第一产业经营净收入	170.44			1.92	
第二产业经营净收入	237.50	33.35			
第三产业经营净收入	3597.00	3179.50	7268.19	3599.55	632.82
财产净收入	**3552.12**	**2527.90**	**2353.72**	**3349.84**	**6415.22**
利息净收入	37.94	222.86	-133.95	0.44	45.71
红利收入	310.62		283.33		849.91
储蓄性保险净收益	6.73				
转让承包土地经营权租金净收入	141.00				
出租房屋财产性收入	1277.63		61.19	378.85	3227.79
出租机械专利版权等资产的收入	-11.50				
其他财产净收入	141.34		-1.12	5.87	481.10
房屋虚拟租金	1648.34	2305.03	2144.27	2964.67	1810.71
转移净收入	**4206.05**	**6071.69**	**4616.12**	**10391.29**	**2829.14**
转移性收入	**5379.82**	**7028.89**	**6368.88**	**11122.39**	**4897.88**
养老金或离退休金	4693.99	6673.69	5837.13	10387.96	4400.57
社会救济和补助	35.95		49.41		6.05
政策性生活补贴	57.58		57.57	67.66	118.68
报销医疗费	188.50		193.64	1.19	122.14
家庭外出从业人员寄回带回收入	107.20		26.43	613.85	9.07
赡养收入	190.13	115.97	158.44	51.46	211.79
其他经常转移收入	80.94	239.23	39.54		29.35
从政府和组织得到的实物产品和服务折价	3.70		6.73	0.26	0.22
现金政策性惠农补贴	21.84				
转移性支出	**1173.77**	**957.20**	**1752.76**	**731.10**	**2068.74**
个人所得税	24.42	25.41	60.65	10.39	44.92
社会保障支出	853.42	914.39	1626.80	680.27	1364.70
外来从业人员寄给家人的支出	20.89		1.06		84.07
赡养支出	139.32	14.85	53.85		455.38
其他转移性支出	135.71	4.89	14.68	42.22	124.73
实物可支配收入	**1789.93**	**2311.26**	**2302.61**	**2991.01**	**1980.16**

人均可支配收入

单位:元

上街区	惠济区	中牟县	巩义市	荥阳市	新密市	新郑市	登封市
36096.98	**27041.37**	**24359.00**	**26104.70**	**26652.04**	**26633.00**	**26654.83**	**25689.16**
16620.50	**15025.49**	**14307.56**	**15447.54**	**18069.90**	**17380.41**	**12506.22**	**16429.38**
16317.12	14818.79	9205.11	13337.53	17760.35	16527.39	12423.95	16429.20
24.56	90.97	1.60	2.55	160.07	290.39	1.96	0.18
278.83	115.73	5100.85	2107.46	149.48	562.63	80.31	
528.64	**3139.74**	**6627.02**	**8430.83**	**2732.57**	**5500.88**	**6139.70**	**5412.43**
-1.25		1516.32	114.89	-0.93	77.02	26.82	652.74
	236.96		1680.86		371.40	1835.06	-2.46
529.89	2902.77	5110.70	6635.08	2733.51	5052.46	4277.82	4762.15
2065.14	**6419.47**	**2545.85**	**689.07**	**950.12**	**2543.19**	**3807.66**	**2752.37**
40.61		21.11	84.55		14.85	28.63	
734.11	419.83	17.17	5.37		206.69	532.09	
58.02					86.73		
			93.72			2655.70	22.37
482.70	3642.04	1763.67	32.25		727.13		2289.57
		-12.58			-133.19		-36.10
	689.09		0.30	7.63	0.19		
749.70	1668.51	756.48	472.88	942.50	1640.79	591.24	476.53
16882.70	**2456.67**	**878.57**	**1537.26**	**4899.45**	**1208.53**	**4201.25**	**1094.97**
17914.36	**2856.93**	**1249.91**	**1761.46**	**6048.34**	**3070.60**	**4365.08**	**1259.38**
15575.00	1991.65	608.59	897.72	4571.06	2114.74	3505.00	725.83
5.95		17.50	63.98	487.62			
67.54	10.38	54.01	56.21	111.43		7.84	
36.72	0.24	217.87	505.30	140.68	218.14	841.54	429.33
121.47	16.75			71.01	473.56	10.70	102.17
2079.87	4.65	37.80	233.64	617.55	157.24		
26.40	128.43	307.92		12.76	103.20		
1.41	27.06		0.73	36.24	3.71		
	677.77	6.23	3.89				2.04
1031.66	**400.26**	**371.35**	**224.21**	**1148.90**	**1862.07**	**163.84**	**164.41**
6.51	14.17	4.91		5.34	9.44	9.21	
784.15	357.78	361.11	198.12	507.27	641.24	136.06	164.56
229.08			23.48	221.50	35.18		
14.44	29.28	6.23	3.16	417.59	1180.76	18.96	0.25
807.05	**590.75**	**859.61**	**1029.65**	**1183.58**	**1381.15**	**1403.82**	**1138.83**

5-3 城镇居民

（2015 年）

指　　标	全市	中原区	二七区	管城区	金水区
总收入	**33116.91**	**34773.61**	**35321.04**	**32254.22**	**39136.22**
工资性收入	**19335.89**	**20256.24**	**18969.93**	**14145.13**	**26994.17**
工资	18308.04	20121.65	18248.82	14050.39	25828.33
实物福利	47.76	0.60	19.15	15.66	56.67
其他	980.08	133.98	701.96	79.08	1109.17
经营性收入	**4775.68**	**4960.59**	**7490.90**	**3634.37**	**650.54**
第一产业经营收入	222.82			1.94	
第二产业经营收入	288.59	79.91			
第三产业经营收入	4264.26	4880.68	7490.90	3632.43	650.54
财产性收入	**3625.52**	**2527.90**	**2491.34**	**3352.33**	**6593.63**
利息收入	77.25	222.86	2.55	2.94	133.58
红利收入	310.62		283.33		849.91
储蓄性保险净收益	6.73				
转让承包土地经营权租金净收入	141.00				
出租房屋财产性净收入	1277.63		61.19	378.85	3227.79
出租机械专利版权等资产的净收入					
其他财产净收入	163.94			5.87	571.64
房屋虚拟租金	1648.34	2305.03	2144.27	2964.67	1810.71
转移性收入	**5379.82**	**7028.89**	**6368.88**	**11122.39**	**4897.88**
养老金或离退休金	4693.99	6673.69	5837.13	10387.96	4400.57
社会救济和补助	35.95		49.41		6.05
政策性生活补贴	57.58		57.57	67.66	118.68
家庭外出从业人员寄回带回收入	107.20		26.43	613.85	9.07
赡养收入	190.13	115.97	158.44	51.46	211.79
报销医疗费	188.50		193.64	1.19	122.14
从政府和组织得到的实物产品和服务折价	3.70		6.73	0.26	0.22
现金政策性惠农补贴	21.84				
其他转移性收入	80.94	239.23	39.54		29.35

人均总收入

单位:元

上街区	惠济区	中牟县	巩义市	荥阳市	新密市	新郑市	登封市
37136.26	**28639.10**	**26204.07**	**27772.18**	**28358.23**	**30665.72**	**28297.73**	**26273.06**
16620.50	**15025.49**	**14307.56**	**15447.54**	**18069.90**	**17380.41**	**12506.22**	**16429.38**
16317.12	14818.79	9205.11	13337.53	17760.35	16527.39	12423.95	16429.20
24.56	90.97	1.60	2.55	160.07	290.39	1.96	0.18
278.83	115.73	5100.85	2107.46	149.48	562.63	80.31	
536.25	**4337.21**	**8086.41**	**9874.10**	**3289.86**	**7510.94**	**7605.30**	**5795.83**
0.18		1934.80	199.41		98.29	33.83	868.13
	327.55		2159.35		531.91	1840.44	
536.08	4009.66	6151.60	7515.34	3289.86	6880.74	5731.02	4927.70
2065.14	**6419.47**	**2560.19**	**689.07**	**950.12**	**2703.77**	**3821.13**	**2788.47**
40.61		22.86	84.55		41.42	42.11	
734.11	419.83	17.17	5.37		206.69	532.09	
58.02					86.73		
			93.72			2655.70	22.37
482.70	3642.04	1763.67	32.25		727.13		2289.57
	689.09		0.30	7.63	1.01		
749.70	1668.51	756.48	472.88	942.50	1640.79	591.24	476.53
17914.36	**2856.93**	**1249.91**	**1761.46**	**6048.34**	**3070.60**	**4365.08**	**1259.38**
15575.00	1991.65	608.59	897.72	4571.06	2114.74	3505.00	725.83
5.95		17.50	63.98	487.62			
67.54	10.38	54.01	56.21	111.43		7.84	
121.47	16.75			71.01	473.56	10.70	102.17
2079.87	4.65	37.80	233.64	617.55	157.24		
36.72	0.24	217.87	505.30	140.68	218.14	841.54	429.33
1.41	27.06		0.73	36.24	3.71		
	677.77	6.23	3.89				2.04
26.40	128.43	307.92		12.76	103.20		

5-4 城镇居民

（2015 年）

指　　标	全市	中原区	二七区	管城区	金水区
总支出	**25130.35**	**24880.59**	**23570.14**	**24460.47**	**23175.99**
消费支出	21692.00	20586.20	20211.07	22857.34	19830.61
生产经营费用支出	631.88	1747.74	155.93	32.89	3.32
第一产业经营费用支出	43.53			0.01	
第二产业经营费用支出	42.68	46.57			
第三产业经营费用支出	545.67	1701.17	155.93	32.88	3.32
财产性支出	61.91		137.62	2.49	178.42
生活贷款利息支出	39.31		136.49	2.49	87.88
其他财产性支出	22.60		1.12		90.54
转移性支出	1173.77	957.20	1752.76	731.10	2068.74
个人所得税	24.42	25.35	60.50	10.37	44.81
社会保障支出	853.42	912.16	1622.84	678.61	1361.38
外来从业人员寄给家人的支出	20.89		1.05		83.87
赡养支出	139.32	14.81	53.72		454.27
其他转移性支出	135.71	4.88	14.64	42.12	124.42
部分商业保险支出	43.14	13.47	50.58	16.71	55.66
意外伤害保险	9.68				
商业医疗保险（含大病保险）	8.62	13.47	0.26	16.71	
其他非储蓄性商业保险	7.62		47.95		1.80
其他储蓄性商业保险	17.22		2.37		53.87
购置资产及非经常性转移支出	1299.73	1199.07	1001.57	775.47	882.57
购置资产支出	280.20	228.54	33.86		1.57
非经常性转移支出	1019.53	970.52	967.71	775.47	881.00
借贷性支出	227.91	376.92	260.62	44.46	156.68

人均总支出

单位:元

上街区	惠济区	中牟县	巩义市	荥阳市	新密市	新郑市	登封市
21286.64	**20771.99**	**18096.11**	**21528.73**	**22132.52**	**28816.81**	**29232.05**	**17310.81**
18595.71	19171.39	13819.60	17687.41	17971.36	22894.50	26436.15	15766.95
1.43		1194.99	1351.69	458.50	1269.72	1433.84	200.38
1.43		318.15	84.52	0.93	21.27	7.01	200.38
			447.21		111.12	0.20	
		876.83	819.96	457.57	1137.32	1426.63	
		1.75			27.39	13.47	
		1.75			26.57	13.47	
					0.82		
1031.66	400.26	371.35	224.21	1148.90	1862.07	163.84	164.33
6.49	14.14	4.90		5.33	9.42	9.19	
782.24	356.91	360.23	197.64	506.04	639.68	135.73	164.15
228.52			23.42	220.96	35.09		
14.41	29.21	6.22	3.15	416.57	1177.89	18.91	0.17
124.23	98.72	94.73	43.85	41.42	24.14	14.30	2.98
77.97	0.07	94.50	0.35		5.62		2.98
46.26	65.90	0.24	2.35	41.42			
	26.36		17.78			0.18	
	6.39		23.37		18.52	14.13	
1533.61	1100.00	1794.01	2137.21	2096.48	2576.67	1130.53	1158.16
0.53	519.96	128.70	675.68		2576.67	3.89	158.77
1533.09	580.04	1665.31	1461.53	2096.48		1126.65	999.39
	1.63	819.68	84.36	415.86	162.31	39.91	18.02

5-5 城镇居民

(2015 年)

指 标	全市	中原区	二七区	管城区	金水区
消费支出	**21692.00**	**20586.20**	**20211.07**	**22857.34**	**19830.61**
食品烟酒	**6325.94**	**6299.63**	**4964.04**	**8299.72**	**5399.04**
食品	4345.95	4180.00	3377.32	6280.60	3427.84
谷物	597.20	496.26	362.62	708.24	351.36
薯类	68.66	39.71	56.27	86.13	42.31
豆类	56.77	58.89	39.73	128.73	39.00
食用油	192.89	142.94	178.53	310.60	130.55
蔬菜和食用菌	645.72	526.17	500.86	932.79	430.90
肉类	1004.04	903.46	670.06	1410.64	723.16
禽类	227.51	197.96	108.03	266.29	120.32
水产品	266.20	275.33	163.70	376.18	142.60
蛋类	133.67	115.83	108.89	225.86	163.32
奶类	347.55	368.49	290.48	606.91	442.17
干鲜瓜果类	482.31	700.74	495.31	746.44	487.27
糖果糕点类	142.10	99.67	133.71	208.21	174.15
其他食品	181.34	254.53	269.13	273.59	180.74
烟酒	602.65	951.38	303.51	291.57	500.39
烟草	325.29	323.74	131.77	78.15	299.93
酒类	277.36	627.64	171.74	213.42	200.46
饮料	152.36	162.14	118.69	179.88	149.12
饮食服务	1224.98	1006.11	1164.51	1547.67	1321.69
食堂用餐	67.57	17.52	64.57	71.60	73.56
其他在外饮食	1154.48	987.19	1099.85	1475.19	1246.58
食品加工服务费	2.94	1.40	0.09	0.88	1.55
衣着	**2542.27**	**1718.52**	**1781.41**	**1378.56**	**2424.43**
衣类	2072.70	1242.50	1459.24	997.10	1846.37
鞋类	469.57	476.03	322.17	381.46	578.06
居住	**4483.24**	**7301.14**	**5743.35**	**6937.74**	**5029.86**
租赁房房租	411.56	893.02	381.93	320.96	672.57
住房维修及管理	503.61	106.94	1301.48	170.51	194.01
水电燃料及其他	840.07	1052.25	649.74	1569.32	919.08
自有住房折算租金	2728.00	5248.93	3410.19	4876.95	3244.20
#租赁房房租中租赁公房房租	8.09		38.04	1.12	12.55
租赁房房租中租赁私房房租	403.47	893.02	343.89	319.84	660.02
住房维修及管理中物业管理费	76.09	90.17	91.39	167.95	113.94
生活用品及服务	**2028.21**	**1262.88**	**1667.22**	**1092.07**	**1704.36**

人均消费支出

单位:元

上街区	惠济区	中牟县	巩义市	荥阳市	新密市	新郑市	登封市
18595.71	**19171.39**	**13819.60**	**17687.41**	**17971.36**	**22894.50**	**26436.15**	**15766.95**
6039.55	**5468.83**	**3350.01**	**4278.94**	**4289.57**	**5744.88**	**7442.56**	**3422.83**
4300.68	3855.27	2161.53	2551.43	3065.03	3034.65	5301.06	2276.21
529.48	485.02	176.31	351.54	402.68	398.79	596.94	398.07
72.12	48.44	52.76	40.59	64.10	94.16	251.34	126.88
84.47	57.61	31.85	42.24	70.91	89.44	125.15	23.71
235.90	150.48	82.32	168.53	139.92	352.93	567.49	204.45
539.09	539.34	261.59	309.40	410.02	469.28	421.96	258.46
963.98	747.77	413.01	431.41	524.53	409.40	1294.87	467.37
169.29	182.77	107.59	40.04	78.89	60.74	279.07	43.54
287.13	139.05	77.15	56.14	58.25	51.77	519.58	52.74
148.97	117.17	118.79	92.54	136.53	102.28	184.88	115.21
306.78	318.06	287.31	358.20	288.85	230.92	383.90	182.27
617.81	698.72	317.17	408.29	546.74	460.32	371.28	248.00
196.67	195.28	92.04	144.51	134.38	115.97	224.23	80.25
148.97	175.57	143.64	108.00	209.23	198.66	80.37	75.25
550.87	508.22	355.37	485.13	212.30	592.78	816.47	325.51
225.64	416.65	169.70	156.91	95.30	296.84	433.66	169.84
325.23	91.57	185.67	328.22	117.00	295.94	382.81	155.67
158.25	113.49	63.87	203.86	132.80	119.30	375.21	202.39
1029.75	991.85	769.23	1038.52	879.44	1998.14	949.82	618.73
	7.87	11.25	28.71	161.29	259.67	69.12	33.05
1029.75	983.92	756.02	999.48	717.94	1736.24	880.67	563.83
	0.06	1.97	10.33	0.22	2.24	0.04	21.85
1803.87	**2209.89**	**1070.87**	**1548.82**	**2128.94**	**3263.54**	**2161.03**	**2256.80**
1382.07	1785.49	784.63	1214.25	1605.39	2448.53	1448.80	1762.34
421.80	424.40	286.25	334.56	523.54	815.01	712.23	494.47
4367.13	**5979.26**	**2776.63**	**3179.29**	**2979.48**	**3281.34**	**2680.54**	**2346.82**
	1930.76	235.66	134.21	127.20		7.56	8.20
555.83	46.08	556.15	1548.59	888.39	393.53	479.00	129.42
1063.03	1135.32	551.43	476.87	715.50	783.26	875.11	873.84
2748.28	2867.10	1433.39	1019.63	1248.38	2104.55	1318.88	1335.36
	3.70	2.58				0.35	4.06
	1927.06	233.08	134.21	127.20		7.20	4.14
108.80	41.02	89.44	50.10	28.02	15.56	6.15	2.10
1442.09	**930.94**	**889.59**	**1073.80**	**1318.83**	**2035.96**	**2017.06**	**1686.55**

5-5 续表 （2015 年）

指　　标	全市	中原区	二七区	管城区	金水区
家具及室内装饰品	328.06	26.88	132.83	85.19	251.76
家用器具	558.21	262.47	481.42	299.49	404.56
家用纺织品	351.22	116.55	225.10	61.09	136.26
家庭日用杂品	412.06	595.57	564.23	493.67	458.12
个人用品	337.77	245.81	123.69	96.51	427.37
家庭服务	40.89	15.61	139.94	56.12	26.30
#家政服务	17.72	2.94	102.25	26.63	1.84
交通通信	**2182.06**	**1641.98**	**1134.29**	**1420.00**	**1932.39**
交通	1367.67	486.27	484.56	569.47	889.84
交通工具	776.35	183.09	37.75	24.09	54.21
交通费	97.23	68.57	161.60	123.92	123.82
交通工具用燃料	328.52	146.00	145.60	298.26	521.38
交通工具使用及维修	165.57	88.62	139.61	123.20	190.43
#车辆保险支出	39.93	37.29	47.93	13.78	58.98
通信	814.39	1155.71	649.73	850.53	1042.56
通信工具	214.95	141.72	215.11	147.16	280.20
通信服务	599.44	1013.98	434.61	703.37	762.36
教育文化娱乐	**2048.32**	**1341.99**	**1969.20**	**1219.80**	**1783.01**
教育	938.83	596.32	628.63	391.38	448.27
学前教育	122.13	21.55	40.52	170.63	242.61
小学教育	154.92	47.79	99.87	14.62	102.21
初中教育	109.77	299.21	69.71	1.91	61.57
高中教育	117.63	38.75	46.21	7.53	16.39
中专职高教育	7.39		12.27	28.71	3.43
大专及以上教育	354.03	49.59	170.61	104.21	2.27
成人教育	72.96	139.43	189.44	63.77	19.78
文化娱乐	1109.49	745.67	1340.56	828.42	1334.74
文娱耐用消费品	152.45	139.63	65.29	29.10	63.41
其他文娱用品	156.63	91.10	166.08	93.56	247.03
文化娱乐服务	800.41	514.94	1109.20	705.77	1024.30
医疗保健	**1389.76**	**797.41**	**2462.71**	**2184.81**	**1137.93**
医疗器具及药品	520.40	497.39	936.88	879.12	419.56
医疗服务	869.36	300.01	1525.82	1305.69	718.38
门诊总费用	200.67	113.54	201.54	333.03	169.53
住院总费用	668.69	186.48	1324.29	972.67	548.85
其他用品和服务	**692.19**	**222.65**	**488.86**	**324.64**	**419.58**
其他用品	383.84	80.09	212.28	84.12	210.48
其他服务	308.35	142.56	276.58	240.53	209.10

单位:元

上街区	惠济区	中牟县	巩义市	荥阳市	新密市	新郑市	登封市
378.22	19.11	20.31	223.60	345.04	498.58	1079.62	119.89
300.67	76.98	395.62	218.25	261.76	562.92	486.04	368.09
231.80	77.27	48.32	158.03	147.46	319.77	90.96	335.06
275.14	391.86	218.01	180.81	430.80	322.38	212.91	654.23
235.75	315.26	197.09	250.45	118.58	304.91	128.91	164.62
20.50	50.47	10.24	42.66	15.18	27.40	18.62	44.66
	24.70	0.35	21.62	0.24	4.75	0.23	0.21
1515.31	**1813.28**	**3397.32**	**2810.06**	**2734.82**	**3627.80**	**4781.86**	**1443.98**
772.63	786.78	2661.07	2387.42	1828.76	2944.29	4032.35	703.57
	121.86	2003.49	1823.21	1279.01	2216.27	3442.16	212.44
78.75	47.73	53.68	155.98	77.90	76.72	10.78	80.01
389.45	425.92	444.77	189.25	293.59	387.84	485.07	196.40
304.43	191.27	159.13	218.98	178.26	263.47	94.33	214.73
189.24	2.84		44.42		113.40	25.95	
742.68	1026.50	736.25	422.64	906.07	683.50	749.51	740.41
275.44	332.51	306.94	158.57	279.97	168.53	203.87	135.34
467.24	693.99	429.32	264.07	626.09	514.98	545.63	605.07
2165.42	**1674.47**	**1101.32**	**3023.16**	**2671.64**	**3055.40**	**3169.24**	**2436.67**
1191.22	1250.71	396.12	1968.38	1488.93	1831.10	1842.36	2113.11
257.54	71.67	53.92	186.40	102.83	106.33	14.78	136.00
118.24	251.39	45.23	37.39	132.32	500.61	50.64	875.26
27.29	387.30	54.59	78.65	70.36	291.78	67.17	113.16
204.88	333.28	42.13	75.29	277.15	388.44	123.25	525.66
29.94	9.69	1.29		29.66			6.84
551.31	74.90	63.29	1527.13	821.68	517.00	1586.49	418.65
2.02	122.48	135.68	63.51	54.94	26.94	0.03	37.56
974.20	423.76	705.20	1054.78	1182.71	1224.30	1326.88	323.56
191.41	1.24	84.31	135.46	428.03	282.48	853.54	69.01
157.05	53.47	150.49	98.67	121.44	260.33	140.59	121.28
625.74	369.05	470.40	820.66	633.24	681.49	332.75	133.27
927.90	**405.33**	**922.09**	**1164.00**	**1198.80**	**761.03**	**3609.37**	**1393.52**
422.90	230.52	247.91	186.23	546.89	342.39	675.37	980.83
505.00	174.81	674.19	977.77	651.91	418.63	2934.00	412.69
250.28	131.17	240.92	197.64	567.58	82.87	325.16	59.21
254.72	43.64	433.27	780.13	84.34	335.77	2608.84	353.48
334.44	**689.39**	**311.77**	**609.34**	**649.29**	**1124.56**	**574.49**	**779.77**
191.05	321.87	219.94	455.60	361.97	650.70	423.18	703.01
143.40	367.52	91.83	153.75	287.32	473.86	151.31	76.76

5-6 全市及县(市)区城镇居民

(2015年)

指　标	单位	全市	中原区	二七区	管城区	金水区
购买生活消费品	**元**	**17117.10**	**15299.02**	**16727.06**	**15378.58**	**17830.46**
食品烟酒	元	5052.74	6299.63	4950.17	7095.25	5775.51
食品	元	3114.76	4180.00	3364.51	5383.24	3704.37
谷物	元	356.91	496.26	358.78	607.06	378.71
小麦	公斤	0.47	0.24			0.46
金额	元	1.13	0.64		0.01	1.27
面粉	公斤	14.12	15.24	10.15	19.90	12.55
金额	元	54.17	58.46	47.64	80.63	54.33
稻谷	公斤	0.04	0.18		0.02	0.01
金额	元	0.18	0.90		0.11	0.06
大米	公斤	14.76	16.85	16.47	29.12	20.88
金额	元	90.10	109.18	105.83	163.99	120.25
玉米	公斤	0.94	1.04	0.87	2.11	1.51
金额	元	5.12	6.58	5.28	12.94	8.50
小米	公斤	2.99	4.83	2.19	2.37	3.74
金额	元	30.39	49.55	20.49	26.23	32.24
其他谷物	公斤	1.37	2.88	0.88	2.55	1.64
金额	元	11.94	28.36	8.32	20.96	11.97
面粉制品	公斤	28.05	37.65	27.60	47.57	26.57
金额	元	150.39	227.00	149.21	282.15	139.02
其他谷物制品	公斤	1.34	1.46	2.20	2.07	1.03
金额	元	13.49	15.60	22.01	20.05	11.07
薯类	公斤	10.37	8.11	13.38	13.44	8.98
金额	元	61.15	39.71	56.27	73.82	45.84
红薯	公斤	4.28	2.32	6.70	4.60	3.79
金额	元	12.33	6.83	14.52	13.00	11.81
马铃薯	公斤	2.91	4.59	2.36	4.07	2.13
金额	元	11.71	19.32	9.25	16.86	7.14
其他薯类及制品	公斤	3.18	1.20	4.33	4.77	3.06
金额	元	37.11	13.56	32.49	43.96	26.89
豆类	公斤	8.44	9.13	7.49	19.20	7.56
金额	元	51.51	58.89	39.73	110.34	42.25

家庭人均购买生活消费品

上街区	惠济区	中牟县	巩义市	荥阳市	新密市	新郑市	登封市
15628.38	**16183.41**	**12384.62**	**16586.19**	**16526.66**	**20358.58**	**25078.96**	**14431.41**
6017.44	5380.46	3348.64	4241.76	4130.22	5462.53	7430.20	3422.65
4278.56	3766.90	2160.16	2514.25	3035.73	3010.79	5288.69	2276.02
528.41	467.59	174.94	335.42	394.75	397.14	586.03	398.07
0.03	0.03	0.10	1.75	4.85	0.01		0.08
0.14	0.11	0.36	4.21	10.53	0.03		0.28
20.72	5.49	5.44	25.46	17.55	19.08	32.63	26.10
88.56	23.04	18.74	86.52	62.39	66.59	115.63	88.42
0.15		0.03		0.18		0.03	0.03
0.64		0.14	0.01	1.06		0.09	0.14
24.67	14.09	7.86	9.45	14.58	11.91	20.15	11.79
159.60	89.25	40.12	57.27	90.82	78.07	155.78	66.62
0.88	1.76	0.55	0.96	0.53	0.44	0.64	0.59
6.31	9.73	2.32	2.91	2.30	2.83	2.62	2.24
2.72	2.58	0.60	3.08	5.64	4.64	5.83	3.82
31.57	32.81	5.60	33.56	67.92	44.24	61.82	42.50
0.92	1.40	0.30	0.97	0.60	1.45	0.65	3.80
9.59	16.74	2.77	8.30	6.75	13.68	5.49	32.02
28.96	46.09	25.13	23.96	27.08	39.75	34.32	34.87
192.67	278.14	96.42	134.00	134.33	181.44	211.10	159.16
3.63	1.22	0.91	0.83	2.28	1.42	2.87	0.90
39.33	17.77	8.47	8.64	18.65	10.25	33.50	6.69
12.72	7.54	9.23	9.40	17.28	13.12	27.32	11.05
72.12	48.44	52.76	40.59	64.10	76.15	251.34	126.88
3.83	3.88	2.57	4.21	9.40	4.04	15.08	2.47
10.29	8.97	5.09	9.72	16.18	14.25	69.05	4.00
6.05	0.62	3.66	3.64	5.07	5.55	4.86	0.69
21.37	2.76	12.96	10.95	17.28	25.09	31.07	2.43
2.85	3.04	3.00	1.55	2.81	3.53	7.38	7.89
40.46	36.71	34.71	19.91	30.64	36.82	151.23	120.45
12.19	7.56	6.44	6.78	10.84	15.16	15.22	3.74
84.47	57.61	31.85	42.24	70.91	89.44	125.15	23.71

5-6 续表 1

(2015 年)

指　　标	单位	全市	中原区	二七区	管城区	金水区
大豆	公斤	0.95	0.52	0.49	1.23	1.12
金额	元	6.86	3.39	2.75	7.56	7.02
其他豆类及制品	公斤	7.49	8.61	7.00	17.96	6.44
金额	元	44.66	55.50	36.99	102.77	35.23
食用油	公斤	9.33	8.18	10.71	14.68	8.25
金额	元	169.99	142.94	172.75	266.23	137.26
食用植物油	公斤	9.12	8.07	10.58	14.63	8.23
金额	元	163.38	141.16	170.82	264.68	137.06
食用动物油	公斤	0.21	0.12	0.12	0.04	0.02
金额	元	6.61	1.78	1.93	1.55	0.20
蔬菜和食用菌	公斤	87.79	103.43	101.83	160.36	93.75
金额	元	404.04	526.17	500.86	799.52	466.30
鲜菜	公斤	83.72	99.31	98.12	147.88	88.03
金额	元	338.32	455.90	444.32	657.18	388.59
干菜及菜制品	公斤	1.58	0.27	0.64	8.28	2.54
金额	元	23.69	5.10	9.70	79.33	37.68
鲜菌	公斤	2.09	3.60	2.80	3.48	2.27
金额	元	25.84	46.37	32.94	42.91	23.58
干菌及制品	公斤	0.40	0.26	0.26	0.70	0.91
金额	元	16.18	18.81	13.91	20.11	16.46
肉类	公斤	19.68	28.26	21.55	33.77	26.69
金额	元	638.23	903.46	669.62	1209.02	782.50
猪肉	公斤	12.45	19.47	12.61	16.75	16.93
金额	元	304.42	475.93	307.10	462.51	384.15
牛肉	公斤	2.26	3.74	2.16	6.01	3.38
金额	元	126.75	188.68	109.58	315.65	186.01
羊肉	公斤	1.73	2.92	1.51	3.91	2.41
金额	元	94.21	162.06	80.45	209.04	117.93
其他肉类及制品	公斤	3.25	2.13	5.27	7.10	3.96
金额	元	112.85	76.80	172.49	221.82	94.41
禽类	公斤	5.07	8.65	5.31	10.52	6.36
金额	元	115.72	197.96	108.03	228.25	130.35
鸡	公斤	3.62	6.41	3.77	7.62	4.66

上街区	惠济区	中牟县	巩义市	荥阳市	新密市	新郑市	登封市
1.26	0.51	0.43	0.29	0.26	0.44	7.64	0.39
8.75	4.21	2.54	1.96	1.90	3.40	65.12	2.34
10.93	7.05	6.00	6.49	10.58	14.72	7.58	3.36
75.72	53.40	29.30	40.29	69.01	86.05	60.03	21.36
12.92	5.36	3.99	9.41	8.28	15.90	24.89	13.65
228.05	100.44	82.32	150.09	125.67	352.93	566.37	204.27
12.87	5.36	3.99	9.40	8.28	15.71	21.68	13.64
226.88	100.44	82.32	149.96	125.67	351.10	448.59	204.06
0.04			0.01		0.19	3.21	0.01
1.16			0.13		1.84	117.78	0.20
107.54	108.84	82.46	58.70	109.46	120.30	93.04	71.70
538.88	538.70	261.59	308.69	410.02	465.08	421.96	258.46
102.70	104.82	81.06	56.00	105.33	116.49	89.36	69.89
455.63	457.01	245.73	176.64	343.62	402.88	317.67	238.51
1.03	1.51	0.57	0.92	1.03	1.10	0.38	0.63
11.84	35.29	6.15	54.26	18.06	22.82	10.48	8.60
3.38	2.35	0.79	1.22	2.83	2.56	2.67	1.04
37.85	35.31	7.32	14.31	30.46	33.17	59.92	9.18
0.43	0.16	0.05	0.56	0.27	0.16	0.62	0.14
33.57	11.08	2.39	63.47	17.89	6.21	33.88	2.16
27.31	20.85	15.66	11.05	15.80	13.50	32.11	14.98
955.42	741.74	413.01	430.56	523.34	409.40	1294.87	467.37
18.16	14.16	10.56	7.18	9.44	9.17	21.73	12.00
478.66	380.25	233.86	180.64	247.18	224.10	535.06	306.22
2.38	0.64	1.02	0.35	1.61	1.23	3.87	1.23
143.66	48.78	63.00	19.94	88.95	79.52	266.11	89.35
3.01	2.11	0.52	1.13	1.31	0.61	2.82	1.19
163.39	117.58	28.16	63.16	74.81	37.21	206.62	59.02
3.76	3.94	3.57	2.40	3.44	2.49	3.69	0.55
169.71	195.14	87.99	166.82	112.40	68.56	287.07	12.78
6.60	7.38	6.24	1.52	3.39	2.76	6.58	1.47
169.29	182.77	107.59	40.04	78.89	60.74	279.07	43.54
3.63	4.61	5.00	0.90	1.65	1.48	5.11	1.20

5-6 续表 2 （2015 年）

指 标	单位	全市	中原区	二七区	管城区	金水区
金额	元	73.89	137.21	68.24	156.47	92.76
鸭	公斤	0.49	1.00	0.21	1.39	1.04
金额	元	10.95	21.69	3.61	33.04	23.76
鹅	公斤	0.01	0.12		0.02	0.01
金额	元	0.44	3.78		0.25	0.40
其他禽类及制品	公斤	0.94	1.11	1.34	1.49	0.65
金额	元	30.43	35.28	36.18	38.49	13.43
水产品	公斤	5.92	10.62	7.73	12.37	8.20
金额	元	150.75	275.33	163.10	322.44	154.48
鱼类	公斤	4.33	8.24	5.61	9.37	6.57
金额	元	76.54	145.04	95.36	185.83	103.68
虾类	公斤	0.78	1.62	0.76	1.73	1.14
金额	元	41.39	93.57	33.60	107.92	41.62
蟹类	公斤	0.08	0.20	0.38	0.02	0.04
金额	元	4.63	21.72	15.70	1.90	1.26
贝类	公斤	0.04	0.07	0.03	0.09	0.02
金额	元	0.83	1.08	0.88	1.87	0.66
藻类	公斤	0.17	0.12	0.20	0.30	0.12
金额	元	3.90	3.40	2.02	3.98	1.32
其他水产品及制品	公斤	0.52	0.36	0.74	0.87	0.31
金额	元	23.47	10.52	15.55	20.94	5.94
蛋类	公斤	13.92	13.10	11.82	22.06	19.51
金额	元	121.30	115.83	108.89	193.59	176.93
鲜蛋	公斤	12.53	12.48	11.38	20.47	18.76
金额	元	111.29	107.79	104.95	178.00	168.71
蛋制品	公斤	1.39	0.62	0.44	1.59	0.75
金额	元	10.01	8.05	3.95	15.59	8.23
奶类	公斤	27.85	23.67	28.23	75.08	51.65
金额	元	315.39	368.49	290.48	520.21	479.01
鲜奶	公斤	16.08	15.11	18.71	48.02	26.97
金额	元	138.62	194.57	150.50	302.16	211.80
酸奶	公斤	9.45	7.59	5.86	25.04	22.45
金额	元	80.84	108.75	51.67	162.63	149.01

上街区	惠济区	中牟县	巩义市	荥阳市	新密市	新郑市	登封市
84.44	94.36	82.82	15.34	32.15	27.35	150.89	29.28
0.51	0.20	0.56	0.02	0.14	0.05	0.05	0.04
10.64	6.65	10.04	0.16	3.36	0.94	0.40	1.28
0.05							
1.04							
2.41	2.57	0.68	0.60	1.60	1.24	1.43	0.23
73.16	81.76	14.72	24.54	43.37	32.46	127.77	12.98
11.95	5.28	4.05	2.23	3.00	2.67	7.11	1.96
287.13	139.05	77.15	56.14	58.25	51.77	519.58	52.74
8.27	4.03	2.97	1.28	2.27	1.77	2.43	1.53
157.61	82.65	45.65	23.45	36.35	30.85	59.44	36.19
1.17	0.69	0.53	0.27	0.32	0.25	1.23	0.07
69.77	41.63	17.65	18.88	13.97	9.69	131.13	1.87
0.13	0.03	0.05	0.02	0.03			
6.58	3.10	4.19	0.72	1.52	0.10		
0.37	0.17	0.07	0.01	0.01			
8.21	2.51	1.58	0.28	0.07			
0.69		0.07	0.14	0.25	0.26	0.74	0.04
8.01	0.14	0.52	1.99	2.94	2.88	42.71	0.61
1.31	0.35	0.37	0.51	0.13	0.39	2.71	0.32
36.95	9.02	7.56	10.83	3.39	8.25	286.30	14.07
16.41	12.46	13.04	10.51	15.67	12.42	28.94	11.72
148.97	117.17	118.79	92.54	136.53	102.28	184.88	115.21
15.78	11.69	12.93	10.37	15.38	12.18	10.48	11.61
140.22	108.46	117.78	89.94	133.55	100.07	84.50	114.04
0.62	0.77	0.10	0.14	0.29	0.24	18.46	0.12
8.75	8.72	1.00	2.60	2.98	2.21	100.38	1.17
26.52	18.12	11.47	16.27	23.51	12.78	18.90	18.55
306.78	318.06	287.31	358.20	288.85	230.92	383.90	182.27
15.46	0.73	6.77	11.20	13.21	6.50	11.55	10.56
160.67	8.10	62.61	167.65	116.62	91.86	129.46	75.38
9.51	8.33	1.65	4.33	4.86	3.41	5.61	5.70
104.26	115.95	26.04	75.69	76.91	45.76	67.23	38.33

5-6 续表3 （2015年）

指　标	单位	全市	中原区	二七区	管城区	金水区
奶粉	公斤	0.41	0.34	0.42	0.69	0.48
金额	元	55.39	52.84	38.80	41.65	64.44
其他奶制品	公斤	1.91	0.62	3.23	1.33	1.74
金额	元	40.54	12.33	49.50	13.77	53.77
干鲜瓜果类	公斤	57.38	95.24	53.24	77.48	59.28
金额	元	437.19	700.74	493.87	639.79	527.20
鲜瓜果	公斤	51.81	91.47	48.51	69.48	51.76
金额	元	307.59	601.14	370.50	433.96	346.12
瓜果制品	公斤	1.38	1.34	0.94	1.89	1.67
金额	元	29.21	32.71	24.66	35.82	29.18
坚果类	公斤	4.19	2.43	3.80	6.11	5.84
金额	元	100.38	66.89	98.71	170.00	151.89
糖果糕点类	公斤	7.26	5.38	8.44	12.54	11.98
金额	元	128.24	99.67	133.37	178.46	188.08
食糖	公斤	1.02	1.06	0.78	1.13	1.44
金额	元	8.79	9.30	7.18	10.28	11.38
糖果	公斤	0.71	0.86	0.72	0.57	1.65
金额	元	15.15	18.03	15.16	11.17	36.97
糕点	公斤	4.34	3.27	5.32	7.36	7.33
金额	元	78.74	68.68	77.85	112.87	108.09
其他糖果糕点	公斤	1.19	0.20	1.61	3.49	1.56
金额	元	25.56	3.66	33.18	44.14	31.63
其他食品	元	164.34	254.53	268.76	234.50	195.46
调味品	元	72.76	134.16	90.72	120.61	76.00
其他食品	元	91.58	120.36	178.04	113.89	119.46
饮料	元	138.26	162.14	118.69	154.18	161.54
茶叶	公斤	0.26	0.28	0.25	0.35	0.41
金额	元	47.36	30.41	28.84	51.45	50.19
咖啡	元	4.27	4.09	9.20	13.88	4.71
其他固体饮料	元	6.14	53.66	0.86	1.04	0.22
瓶装饮用水	元	7.71	9.21	2.94	5.55	8.50
果汁饮料	元	24.41	16.29	17.68	33.02	48.78
其他液体饮料	元	48.37	48.48	59.18	49.24	49.14

上街区	惠济区	中牟县	巩义市	荥阳市	新密市	新郑市	登封市
0.16	0.03	0.69	0.38	0.13	0.37	1.02	0.38
22.09	6.46	117.14	80.48	7.84	58.92	175.63	52.41
1.40	9.04	2.37	0.36	5.30	2.50	0.71	1.92
19.76	187.55	81.52	34.37	87.48	34.39	11.57	16.14
73.78	90.74	61.74	50.36	78.04	67.10	62.03	45.76
616.82	695.57	317.17	408.29	545.15	460.32	370.94	248.00
62.81	84.17	56.55	43.22	68.91	60.43	55.32	42.23
347.98	517.90	236.54	200.54	337.06	336.52	263.31	186.79
3.48	2.29	1.64	1.57	1.91	1.06	1.15	2.10
101.01	72.05	31.61	47.76	39.30	20.34	13.96	34.31
7.49	4.27	3.55	5.58	7.22	5.61	5.56	1.43
167.82	105.61	49.02	159.98	168.79	103.45	93.67	26.90
7.52	8.13	5.50	5.27	7.91	6.07	6.23	6.48
193.25	186.97	92.04	143.46	130.71	115.97	224.23	80.25
0.94	1.76	0.90	1.08	1.04	1.37	1.13	1.31
9.97	22.43	7.44	9.61	9.27	9.90	11.22	9.20
0.66	0.31	0.17	0.21	0.09	0.49	0.56	1.68
24.07	16.37	2.74	6.83	1.61	11.56	12.49	18.67
4.79	3.85	3.51	3.80	5.48	3.41	2.55	2.93
115.31	94.25	63.67	119.22	96.45	74.44	105.26	43.08
1.14	2.21	0.93	0.18	1.30	0.80	1.99	0.55
43.89	53.92	18.19	7.79	23.38	20.08	95.26	9.30
148.97	172.77	143.64	108.00	208.57	198.66	80.37	75.25
95.50	82.43	54.59	51.56	77.10	81.13	68.54	55.63
53.46	90.34	89.06	56.44	131.47	117.53	11.83	19.62
158.25	113.49	63.87	203.86	132.80	119.30	375.21	202.39
0.25	0.12	0.02	0.18	0.07	0.09	0.88	0.48
39.06	53.57	1.80	79.73	7.56	17.93	256.75	109.43
0.96	0.80	0.34	10.10		0.12	2.94	0.40
9.67	5.35	0.25	4.73	7.39	1.21	3.31	1.02
6.37	5.09	9.53	4.75	14.54	12.87	11.68	20.26
17.96	21.84	38.08	3.55	11.58	14.62	11.58	52.49
84.24	26.85	13.87	101.00	91.73	72.55	88.95	18.78

5-6 续表4 （2015 年）

指标	单位	全市	中原区	二七区	管城区	金水区
烟酒	元	465.56	951.38	303.51	249.92	542.09
烟草	元	204.44	323.74	131.77	66.99	324.93
卷烟	盒	14.82	24.91	8.99	4.65	22.38
金额	元	203.80	323.74	130.82	65.93	324.08
烟丝烟叶	公斤	0.05		0.09	0.08	0.09
金额	元	0.65		0.95	1.05	0.85
酒类	元	261.12	627.64	171.74	182.93	217.16
啤酒	公斤	3.20	5.98	2.60	3.50	4.81
金额	元	23.70	40.33	17.50	21.30	29.76
白酒	公斤	2.14	3.28	3.63	2.33	2.30
金额	元	184.43	563.15	125.46	132.37	170.23
果酒	公斤	0.16	0.23	0.06	0.33	0.17
金额	元	5.71	13.42	3.44	9.45	8.16
其他酒	元	8.64	10.74	25.34	19.81	9.01
饮食服务	元	984.16	1006.11	1163.46	1307.92	1367.50
食堂用餐	元	24.58	17.52	63.51	42.71	15.36
其他在外饮食	元	956.91	987.19	1099.85	1264.45	1350.46
食品加工服务费	元	2.66	1.40	0.09	0.75	1.68
衣着	元	1762.51	1718.52	1781.41	1181.32	2626.47
衣类	元	1336.39	1242.50	1459.24	854.36	2000.24
服装	元	1252.07	1130.81	1384.69	807.57	1824.77
服装材料	元	12.69	52.11	2.83	6.18	17.47
其他衣类及配件	元	68.37	59.24	68.50	37.94	151.05
衣类加工服务费	元	3.27	0.33	3.21	2.66	6.94
鞋类	元	426.13	476.03	322.17	326.96	626.23
鞋	双	2.76	2.77	2.75	2.95	3.26
金额	元	423.68	471.14	320.23	324.97	622.10
鞋类配件及加工服务费	元	2.44	4.89	1.94	1.99	4.14
居住	元	1590.36	2052.22	2327.35	1766.40	1934.46
租赁房房租	元	373.48	893.02	381.93	275.11	728.62
租赁公房房租	元	7.34		38.04	0.96	13.60
租赁私房房租	元	366.14	893.02	343.89	274.15	715.02
住房维修及管理	元	457.01	106.94	1301.48	146.16	210.17

上街区	惠济区	中牟县	巩义市	荥阳市	新密市	新郑市	登封市
550.87	508.22	355.37	485.13	212.30	592.78	816.47	325.51
225.64	416.65	169.70	156.91	95.30	296.84	433.66	169.84
19.12	27.44	12.78	17.08	11.63	14.62	24.60	19.24
214.68	413.27	169.70	156.76	95.30	296.84	433.66	169.84
0.34	0.30						
10.96	3.38		0.15				
325.23	91.57	185.67	328.22	117.00	295.94	382.81	155.67
6.04	1.72	2.01	1.98	1.92	2.95	6.25	3.17
53.40	12.52	21.53	12.20	13.56	26.87	73.93	19.79
5.98	0.86	3.24	1.49	1.22	1.59	1.72	1.95
244.72	67.02	163.78	299.83	99.97	261.92	308.37	117.77
0.38	0.02	0.01	0.33	0.02	0.14	0.03	0.69
12.34	3.25	0.36	9.80	1.34	2.38	0.29	12.38
14.78	8.77		6.39	2.12	4.76	0.22	5.73
1029.75	991.85	769.23	1038.52	749.39	1739.66	949.82	618.73
	7.87	11.25	28.71	31.24	1.19	69.12	33.05
1029.75	983.92	756.02	999.48	717.94	1736.24	880.67	563.83
	0.06	1.97	10.33	0.22	2.24	0.04	21.85
1803.87	2209.35	1070.87	1548.82	2128.94	3263.54	2161.03	2256.80
1382.07	1784.94	784.63	1214.25	1605.39	2448.53	1448.80	1762.34
1314.27	1716.07	665.88	1176.99	1530.04	2410.78	1351.24	1700.98
5.28	6.08	0.40	0.51	4.35	2.67	56.63	9.38
61.95	62.27	116.62	36.37	67.61	33.35	40.88	35.33
0.56	0.52	1.72	0.38	3.40	1.73	0.06	16.64
421.80	424.40	286.25	334.56	523.54	815.01	712.23	494.47
3.50	3.20	2.71	2.92	3.64	3.33	4.34	3.59
420.30	420.10	285.42	332.09	520.45	814.83	710.61	490.02
1.50	4.30	0.83	2.48	3.09	0.19	1.62	4.45
1618.85	3112.16	1343.24	2159.67	1728.75	1149.82	1361.66	1011.46
	1930.76	235.66	134.21	127.20		7.56	8.20
	3.70	2.58				0.35	4.06
	1927.06	233.08	134.21	127.20		7.20	4.14
555.83	46.08	556.15	1548.59	888.39	393.53	479.00	129.42

5-6 续表 5 （2015 年）

指　　标	单位	全市	中原区	二七区	管城区	金水区
住房装潢	元	316.67	0.15	1208.68	0.24	41.78
住房维修	元	65.02	16.04	0.09	1.56	30.64
物业管理费	元	69.05	90.17	91.39	143.96	123.44
其他	元	6.28	0.58	1.32	0.39	14.31
水电燃料及其他	元	759.87	1052.25	643.94	1345.13	995.67
水	吨	41.19	73.35	32.39	59.99	79.16
金额	元	89.46	164.04	75.46	114.66	170.42
电	度	678.43	846.70	500.96	1093.76	990.48
金额	元	409.37	560.13	280.58	617.20	616.69
燃料	元	184.95	192.74	202.13	328.92	183.28
煤炭	公斤	14.97				
金额	元	12.08				
管道天然气	立方米	36.50	66.37	54.46	82.22	51.88
金额	元	82.46	144.34	135.28	162.98	121.22
管道煤气	立方米	0.06	0.13		0.01	
金额	元	0.14	0.28		0.06	
管道液化石油气	立方米	0.01			0.08	
金额	元	0.02			0.20	
罐装液化石油气	公斤	11.78	2.62	4.70	18.43	8.32
金额	元	73.01	12.70	30.62	117.67	39.35
汽油	升	2.47	5.22	5.61	6.92	3.00
金额	元	16.62	33.50	36.23	44.96	22.72
柴油	升	0.09	0.24		0.48	
金额	元	0.59	1.57		2.99	
其他油	升	0.01	0.14			
金额	元	0.03	0.35			
其他生活燃料	元	0.01			0.01	
取暖费	元	60.20	131.25	72.59	282.90	23.46
其他	元	15.89	4.09	13.19	1.44	1.82
生活用品及服务	元	1293.40	1261.92	1665.64	936.04	1845.89
家具及室内装饰品	元	206.96	26.88	132.83	73.02	272.74
家具	元	175.63	26.28	123.27	32.29	222.59
家具材料	元	19.61	0.19	4.22	20.62	25.76

上街区	惠济区	中牟县	巩义市	荥阳市	新密市	新郑市	登封市
415.46	3.17	181.18	1439.36	698.29	229.65	282.77	0.84
5.01		282.23	57.98	146.34	132.40	189.82	113.49
108.80	41.02	89.44	50.10	28.02	15.56	6.15	2.10
26.55	1.89	3.31	1.16	15.74	15.92	0.25	13.00
1063.03	1135.32	551.43	476.87	713.16	756.30	875.11	873.84
55.36	58.29	24.59	8.80	24.75	30.67	39.02	20.00
122.14	120.67	41.89	23.75	43.85	101.69	75.43	44.36
788.49	1005.58	528.54	480.08	590.47	774.73	723.03	789.71
443.14	756.58	312.78	269.33	343.85	443.47	412.75	457.53
230.18	212.55	172.20	134.15	155.29	188.91	314.40	313.13
6.32		1.02	102.31	12.95	5.25	12.26	122.82
5.05		1.23	61.18	8.73	6.00	13.51	120.57
76.13	26.15	34.14	13.04	15.63	6.07	30.68	0.78
183.78	59.99	83.06	29.43	33.26	12.60	62.07	2.87
1.82	0.10	0.19					
4.06	0.22	0.43					
3.42	19.18	17.74	5.17	20.63	24.74	32.21	25.55
22.52	141.95	87.47	43.50	113.31	170.32	236.54	163.45
2.24	1.57					0.37	3.36
14.77	10.40					2.28	22.27
							0.62
							3.94
			0.04				0.03
167.76	40.12	24.56	26.13			59.27	58.39
99.80	5.40		23.52	170.17	22.22	13.26	0.43
1442.09	902.31	889.36	1073.80	1289.52	2035.96	2017.06	1686.55
378.22	19.11	20.31	223.60	345.04	498.58	1079.62	119.89
325.16	6.72	20.31	213.82	343.15	444.67	849.13	113.35
			0.26		30.06	210.54	0.40

5-6 续表6 （2015 年）

指 标	单位	全市	中原区	二七区	管城区	金水区
室内装饰品	元	11.72	0.41	5.34	20.12	24.39
家用器具	元	325.07	262.47	481.42	256.70	438.27
耐用消费品	元	260.87	192.69	236.31	213.00	376.40
洗衣机	台	0.02	0.02	0.01		0.03
金额	元	31.96	58.04	7.77	9.23	69.33
电冰箱(柜)	台	0.01			0.02	0.02
金额	元	25.49		10.20	47.37	32.95
空调器	台	0.03	0.01	0.01	0.02	0.03
金额	元	90.51	24.81	33.55	89.85	86.82
吸尘器	台			0.01		
金额	元	0.12		0.99	0.18	
抽油烟机	台	0.01		0.01		0.02
金额	元	14.73		1.58	0.09	34.10
微波炉	台	0.01			0.01	0.02
金额	元	6.46		2.36	3.71	9.26
非太阳能热水器	台	0.01	0.01	0.02	0.02	0.04
金额	元	20.08	36.27	39.48	2.16	48.06
太阳能热水器	台					0.01
金额	元	3.52				14.12
燃气炉具	套		0.01			0.01
金额	元	3.02	4.97			3.40
洗碗机	台				0.02	
金额	元	1.16			5.90	
消毒碗柜	台					0.01
金额	元	4.05				4.45
其他	元	59.79	68.61	140.38	54.51	73.91
小家电	元	64.20	69.77	245.11	43.70	61.87
家用纺织品	元	137.23	116.55	225.10	52.37	147.62
床上用品	元	114.93	93.25	218.70	44.74	124.52
窗帘门帘	元	15.09		4.20	0.89	14.71
其他家用纺织品	元	7.20	23.30	2.20	6.73	8.39
家庭日用杂品	元	371.27	594.60	562.65	423.13	495.79
洗涤及卫生用品	元	145.32	321.74	147.32	169.00	236.84

上街区	惠济区	中牟县	巩义市	荥阳市	新密市	新郑市	登封市
53.06	12.39		9.52	1.89	23.85	19.96	6.14
300.67	76.98	395.62	218.25	261.76	562.92	486.04	368.09
268.53	67.95	299.50	184.15	208.91	540.30	476.93	346.48
	0.01		0.01	0.02	0.02	0.06	0.03
	11.25		26.08	14.49	19.43	90.98	67.48
0.01			0.01	0.01		0.02	0.03
75.81		11.84	25.34	21.77	36.22	74.11	62.55
0.04		0.05	0.01	0.04	0.07	0.05	0.04
144.08	13.04	177.68	74.17	91.20	334.24	115.76	138.44
0.01				0.01	0.01	0.03	
17.06		6.69		13.48	15.19	111.34	
						0.03	0.01
	1.27	1.32	2.33		7.69	55.30	10.54
				0.01	0.01	0.01	0.01
			4.69	12.44	22.07	13.50	6.56
							0.01
			4.23		2.44		7.46
0.03	0.03		0.01				
9.47	7.48	2.11	20.17				1.31
					10.61		
					0.02		0.01
					43.62		7.46
22.12	34.90	99.85	27.15	55.53	48.79	15.93	44.67
32.14	9.03	96.11	34.09	52.86	22.63	9.12	21.61
231.80	77.27	48.32	158.03	147.46	319.77	90.96	335.06
212.72	67.84	37.05	145.21	140.45	213.53	79.02	251.28
0.95		9.70	4.64		91.73	11.94	78.13
18.13	9.43	1.56	8.19	7.01	14.51		5.65
275.14	363.22	217.78	180.81	401.50	322.38	212.91	654.23
85.16	216.71	45.44	37.84	160.33	144.32	82.18	142.89

5-6　续表 7　　　　　　　　　　　　　　　　（2015 年）

指　　标	单位	全市	中原区	二七区	管城区	金水区
厨具餐具茶具	元	42.67	14.67	29.01	47.52	54.94
家用手工工具	元	3.46	9.44	1.31	0.35	9.19
其他	元	179.81	248.75	385.00	206.25	194.82
个人用品	元	215.77	245.81	123.69	82.72	462.98
化妆品	元	134.94	116.25	93.71	41.79	286.75
其他个人用品	元	80.83	129.56	29.98	40.93	176.23
家庭服务	元	37.11	15.61	139.94	48.10	28.49
家政服务	元	16.08	2.94	102.25	22.82	1.99
家庭设备修理费	元	21.03	12.67	37.69	25.28	26.50
交通通信	元	1943.29	1604.69	1086.36	1205.33	2029.53
交通	元	1204.26	448.99	436.63	476.31	900.10
交通工具	元	704.51	183.09	37.75	20.65	58.72
汽车	辆	0.01				
金额	元	624.61				
自行车	辆	0.01	0.03	0.05		
金额	元	8.18	30.34	24.47	2.07	1.95
电动自行车	辆	0.02	0.05		0.01	0.02
金额	元	66.88	152.75	13.28	15.95	54.63
其他交通工具	元	1.41			2.63	2.14
交通费	元	87.61	68.57	161.60	106.22	134.14
飞机	元	9.80		22.29	31.19	7.15
火车	元	22.81	12.81	37.96	47.55	23.32
长途汽车	元	13.13	17.79	18.82	11.03	19.99
市内公共交通	元	19.84	9.55	62.53	9.13	36.85
出租汽车费	元	8.56	8.87	12.20	4.65	10.86
其他交通费	元	13.47	19.55	7.81	2.67	35.96
交通工具用燃料	元	298.13	146.00	145.60	255.65	564.83
汽油	升	45.62	23.44	22.77	38.37	82.29
金额	元	292.02	145.59	145.60	254.10	537.00
柴油	升	0.19			0.14	0.68
金额	元	1.14			1.02	4.15
其他燃料和润滑剂	元	4.97	0.41		0.53	23.67
交通工具使用及维修	元	114.01	51.33	91.68	93.79	142.41

上街区	惠济区	中牟县	巩义市	荥阳市	新密市	新郑市	登封市
46.05	73.31	46.82	50.18	102.01	47.88	11.72	100.26
2.28	0.95	4.57	3.59	0.12		0.74	0.36
141.65	72.25	120.95	89.20	139.03	130.18	118.27	410.71
235.75	315.26	197.09	250.45	118.58	304.91	128.91	164.62
98.77	96.80	126.09	183.95	65.14	239.78	84.93	135.84
136.98	218.46	71.00	66.50	53.44	65.13	43.98	28.78
20.50	50.47	10.24	42.66	15.18	27.40	18.62	44.66
	24.70	0.35	21.62	0.24	4.75	0.23	0.21
20.50	25.77	9.90	21.04	14.95	22.64	18.38	44.45
1321.79	1810.44	3397.32	2765.64	2734.82	3505.73	4755.91	1443.98
579.11	783.93	2661.07	2343.00	1828.76	2822.23	4006.40	703.57
	121.86	2003.49	1823.21	1279.01	2216.27	3442.16	212.44
		0.02	0.01	0.01	0.02	0.03	
		1877.61	1732.66	1243.85	2042.97	3376.92	
	0.01	0.03	0.01		0.02		0.01
	3.03	15.15	2.53		10.08	0.71	4.22
	0.06	0.04	0.02	0.01	0.05	0.02	0.05
	113.62	101.72	56.84	35.16	163.21	62.37	185.85
	5.21	6.44				2.17	
74.47	47.73	53.68	155.98	77.90	68.06	10.78	80.01
8.22	7.07	6.05	34.57		6.50		
52.18	0.34	20.86	48.69	49.94	9.44	4.24	7.27
1.10	26.52	3.88	33.00	1.33	9.91	5.42	11.04
9.99	8.06	9.64	16.90	15.23	17.58	0.36	6.14
2.54	3.26	2.11	22.06	8.77	20.67	0.76	9.32
0.45	2.49	11.15	0.76	2.64	3.95		46.24
389.45	425.92	444.77	189.25	293.59	387.84	485.07	196.40
63.54	68.45	67.93	30.47	47.83	59.23	78.49	31.88
388.53	423.90	443.60	186.91	291.15	387.73	485.07	192.62
	0.14	0.15					0.58
	0.93	0.84					3.18
0.92	1.09	0.33	2.34	2.44	0.11		0.60
115.19	188.42	159.13	174.56	178.26	150.07	68.38	214.73

5-6 续表 8 （2015 年）

指　　标	单位	全市	中原区	二七区	管城区	金水区
交通工具零配件和维修	元	70.70	27.83	31.39	41.08	94.52
停车费	元	8.97	15.72	16.17	16.90	13.46
车辆使用税费(含过桥过路费)	元	15.20	0.47	8.61	0.99	14.05
其他	元	19.14	7.31	35.51	34.83	20.36
通信	元	739.04	1155.71	649.73	729.02	1129.44
通信工具	元	195.06	141.72	215.11	126.13	303.55
移动电话机	部	0.12	0.07	0.12	0.13	0.17
金额	元	182.79	141.72	206.83	124.17	263.54
其他通信工具及零配件	元	12.23		8.29	1.54	40.01
通信服务	元	543.98	1013.98	434.61	602.89	825.89
固定电话费	元	22.51	49.51	18.41	61.67	17.55
移动电话费	元	410.81	717.55	303.91	400.70	624.94
上网费	元	108.42	246.82	104.35	137.35	180.90
邮费	元	1.02	0.09	4.22	1.90	0.70
其他通信服务费	元	1.21		3.72	1.27	1.80
教育文化娱乐	元	1768.05	1341.99	1969.20	1045.54	1931.59
教育	元	851.97	596.32	628.63	335.47	485.62
学前教育	元	110.83	21.55	40.52	146.26	262.83
教育用品	元	3.62	3.63	1.12	0.27	14.26
学杂费	元	22.61	6.30	18.88	9.17	41.09
培训费	元	18.11	11.62	11.68	13.47	41.95
赞助费	元	0.10				
一揽子教育服务(含食宿)	元	54.00		6.63	123.34	125.58
其他费用	元	12.39		2.22		39.96
小学教育	元	140.59	47.79	99.87	12.53	110.73
教育用品	元	8.26	0.65	6.58	2.63	15.14
学杂费	元	2.91	2.43	9.21	1.34	1.74
培训费	元	99.55	43.10	75.93	3.52	35.46
赞助费	元	2.69				
一揽子教育服务(含食宿)	元	15.23				43.17
其他费用	元	11.95	1.61	8.15	5.04	15.22
初中教育	元	99.61	299.21	69.71	1.64	66.70
教育用品	元	5.66	10.26	5.09	1.15	1.37
学杂费	元	5.96	10.97	8.86		

上街区	惠济区	中牟县	巩义市	荥阳市	新密市	新郑市	登封市
70.55	36.25	109.02	85.99	143.48	95.59	50.80	212.86
9.47	14.88	1.70	0.39	6.48	1.52	15.03	
29.14	11.47	48.41	58.64	7.28	38.60		1.80
6.04	125.82		29.55	21.02	14.36	2.55	0.07
742.68	1026.50	736.25	422.64	906.07	683.50	749.51	740.41
275.44	332.51	306.94	158.57	279.97	168.53	203.87	135.34
0.14	0.19	0.22	0.15	0.20	0.07	0.13	0.12
269.83	332.23	292.07	152.20	274.87	155.44	199.51	124.59
5.61	0.28	14.87	6.24	5.10	13.09	4.36	10.75
467.24	693.99	429.32	264.07	626.09	514.98	545.63	605.07
25.58	9.19	7.71	9.95	16.64	24.74	55.34	14.95
324.51	571.96	355.95	203.85	473.33	413.44	434.79	538.56
109.81	112.80	65.58	47.44	134.36	73.83	55.25	50.96
2.51	0.05	0.07	0.86		2.27	0.25	0.15
4.83			1.97	1.76	0.70		0.45
2165.42	1674.47	1101.32	3023.16	2671.64	3055.40	3169.24	2436.67
1191.22	1250.71	396.12	1968.38	1488.93	1831.10	1842.36	2113.11
257.54	71.67	53.92	186.40	102.83	106.33	14.78	136.00
3.61	1.05	0.76	0.06	0.72		1.26	3.70
191.53	18.20	12.19		2.66	36.87	9.30	70.66
54.22	46.83		17.58	22.80	33.83	0.01	
							1.90
			168.76	65.90	32.47		59.65
8.19	5.58	40.97		10.74	3.16	4.21	0.09
118.24	251.39	45.23	37.39	132.32	500.61	50.64	875.26
2.70	18.75	4.25	1.22	8.68	7.70	4.00	41.95
0.83	1.69	2.94			2.84	15.51	
103.33	168.69	1.54	18.26	73.59	417.02	25.01	764.04
						3.19	47.42
2.02	26.98	3.45	16.14	12.45	54.85	2.94	10.00
9.35	35.28	33.04	1.78	37.59	18.19		11.85
27.29	387.30	54.59	78.65	70.36	291.78	67.17	113.16
	65.51	0.93	2.41	2.00	4.54	18.93	5.12
		23.73				18.79	22.56

5-6 续表 9 （2015 年）

指　　标	单位	全市	中原区	二七区	管城区	金水区
培训费	元	40.60	206.68	14.83		17.23
一揽子教育服务(含食宿)	元	28.42	17.05	40.93		24.04
其他费用	元	18.97	54.24		0.49	24.06
高中教育	元	106.75	38.75	46.21	6.45	17.76
教育用品	元	3.38		3.94	0.55	1.11
学杂费	元	16.99			5.90	
培训费	元	11.85	38.75	6.99		9.22
一揽子教育服务(含食宿)	元	55.54		19.91		2.15
其他费用	元	18.98		15.38		5.28
中专职高教育	元	6.71		12.27	24.61	3.72
教育用品	元	0.74				
学杂费	元	2.10			22.89	
培训费	元	0.04			0.53	
一揽子教育服务(含食宿)	元	3.24		12.27	1.19	3.43
其他费用	元	0.58				0.29
大专及以上教育	元	321.27	49.59	170.61	89.33	2.46
教育用品	元	5.71		12.82	0.61	
学杂费	元	99.42		98.37	16.03	
培训费	元	6.98		4.07		
一揽子教育服务(含食宿)	元	193.05		40.69	55.34	
其他费用	元	16.12	49.59	14.66	17.35	2.46
成人教育	元	66.21	139.43	189.44	54.66	21.43
教育用品	元	2.22		0.69	0.30	
培训费	元	49.04	139.43	174.45	53.30	7.65
其他费用	元	14.95		14.30	1.06	13.77
文化娱乐	元	916.08	745.67	1340.56	710.08	1445.97
文娱耐用消费品	元	138.34	139.63	65.29	24.94	68.70
彩色电视机	台	0.01	0.02			0.01
金额	元	45.78	75.21		14.69	33.57
照相机	台		0.01			0.01
金额	元	13.93	8.10			13.88
家用台式电脑	台		0.01			
金额	元	14.75	35.26		1.76	
家用笔记本电脑	台	0.01	0.01	0.01		

上街区	惠济区	中牟县	巩义市	荥阳市	新密市	新郑市	登封市
25.27	118.72	0.32	9.77	2.07	167.82	21.72	22.56
2.02	37.73		63.71	60.98	97.34	1.68	62.36
	165.34	29.62	2.76	5.30	22.07	6.05	0.55
204.88	333.28	42.13	75.29	277.15	388.44	123.25	525.66
3.79	4.42	2.16	1.90	1.30	17.93	16.30	3.11
	27.25	13.13	4.25		17.43	17.43	231.56
3.98	13.49				62.07	20.63	9.30
182.49	273.25	21.60	69.14	264.43	202.45	34.49	146.48
14.62	14.87	5.24		11.42	88.56	34.40	135.21
29.94	9.69	1.29		29.66			6.84
	0.38			15.24			
		1.29					2.92
29.94	6.98			9.38			
	2.33			5.04			3.92
551.31	74.90	63.29	1527.13	821.68	517.00	1586.49	418.65
			0.55		2.00	69.52	11.41
436.26		32.42		4.69	25.10	1135.92	348.96
30.82						113.69	5.64
84.24	16.28		1526.21	793.54	472.30	263.15	22.41
	58.61	30.87	0.37	23.45	17.60	4.21	30.22
2.02	122.48	135.68	63.51	54.94	26.94	0.03	37.56
		22.21	5.08		0.14	0.03	
	120.85	15.06	54.46	23.84	21.81		25.72
2.02	1.63	98.41	3.98	31.10	4.99		11.83
974.20	423.76	705.20	1054.78	1182.71	1224.30	1326.88	323.56
191.41	1.24	84.31	135.46	428.03	282.48	853.54	69.01
0.03		0.01	0.02	0.02	0.02	0.07	0.01
133.00		54.00	72.17	84.64	77.35	204.88	21.29
						0.02	
			26.35			176.28	
				0.03	0.02		0.01
			7.61	109.97	57.82	15.89	24.07
				0.03	0.02	0.03	

5-6 续表 10 （2015 年）

指 标	单位	全市	中原区	二七区	管城区	金水区
金额	元	31.65	16.61	44.87		
中高档乐器	元	7.60				5.44
健身器材	元	6.68		0.28	0.73	0.84
其他文娱耐用消费品	元	7.44	3.10	1.16	2.54	11.07
文娱耐用消费品的零配件及维修	元	5.87	1.34	18.38	2.06	1.87
其他文娱用品	元	142.14	91.10	166.08	80.19	267.61
书报杂志及音像制品	元	31.97	42.30	27.22	20.23	55.72
文具纸张	元	22.49	30.59	11.72	5.32	34.78
体育户外用品	元	22.42	4.32	16.25	2.86	89.36
游戏用品和玩具	元	35.59	8.82	97.54	18.99	27.91
园艺花卉及有关产品	元	6.85		6.35	6.69	14.90
宠物及有关产品	元	2.16	1.22	1.78	12.97	1.34
其他文娱用品及维修	元	20.66	3.85	5.22	13.14	43.60
文化娱乐服务	元	635.60	514.94	1109.20	604.94	1109.66
团体旅游	元	436.39	380.99	762.02	338.85	744.34
景点门票	元	55.25	30.24	82.51	48.96	102.84
体育健身活动	元	12.93	18.13	12.66	48.38	8.09
电影话剧演出票	元	21.18	14.52	26.75	14.75	66.04
有线电视费	元	65.49	61.17	135.10	136.23	70.23
其他文化娱乐服务	元	44.36	9.89	90.16	17.78	118.13
医疗保健	元	1261.11	797.41	2462.71	1872.75	1232.47
医疗器具及药品	元	472.25	497.39	936.88	753.53	454.52
药品	元	364.74	411.70	653.65	637.06	294.24
滋补保健品	元	88.89	70.50	255.37	72.94	151.74
医疗卫生器具	元	7.18	5.82	6.10	41.88	2.77
保健器具	元	11.43	9.37	21.77	1.64	5.77
医疗服务	元	788.86	300.01	1525.82	1119.22	777.94
门诊医疗总费用	元	182.49	113.54	201.54	285.51	185.68
住院医疗总费用	元	606.38	186.48	1324.29	833.71	592.26
其他用品和服务	元	445.63	222.65	484.23	275.94	454.54
其他用品	元	256.64	80.09	207.65	69.77	228.02
首饰及手表	元	206.87	67.95	156.87	59.01	194.95
其他杂项用品	元	49.77	12.14	50.78	10.76	33.08
其他服务	元	188.99	142.56	276.58	206.17	226.52
旅馆住宿费	元	26.23	41.19	36.20	22.68	38.69
美容美发洗浴	元	118.12	87.73	112.98	68.19	172.90
其他杂项服务	元	44.65	13.64	127.39	115.29	14.94

上街区	惠济区	中牟县	巩义市	荥阳市	新密市	新郑市	登封市
		28.75	10.77	133.45	68.23	216.59	12.31
					14.08	112.47	
	0.37			24.85	0.53	103.11	
23.62	0.87		14.09	48.64	4.59	3.26	11.35
9.52		1.56	4.47	26.49	5.26	21.05	
157.05	53.47	150.49	98.67	121.44	260.33	140.59	121.28
24.80	15.64	40.11	15.27	31.44	73.90	16.14	17.86
25.60	1.44	17.47	13.36	19.94	32.50	28.86	80.53
13.19	0.30	3.09	8.58	4.20	9.90	20.56	2.35
48.72	12.72	44.54	20.78	37.52	87.23	56.27	19.68
9.84	19.45	9.48	6.13	8.12	6.34	0.69	0.50
6.44	1.02	2.09	1.53	1.89	0.67	0.54	
28.46	2.89	33.70	33.02	18.33	49.79	17.55	0.37
625.74	369.05	470.40	820.66	633.24	681.49	332.75	133.27
291.34	291.54	270.31	653.64	452.39	565.70	250.52	59.95
112.33	21.01	133.03	32.35	40.99	35.29	12.55	0.27
4.94	3.32		53.38		7.05	8.42	0.45
16.74	16.19	5.46	10.06	7.86	14.28	0.91	0.89
50.26	20.93	44.30	45.79	86.58	37.35	56.99	71.27
150.13	16.06	17.30	25.44	45.43	21.83	3.35	0.44
927.90	405.33	922.09	1164.00	1198.80	761.03	3609.37	1393.52
422.90	230.52	247.91	186.23	546.89	342.39	675.37	980.83
353.62	198.35	183.51	136.19	438.72	323.10	472.64	936.87
59.10	30.06	58.97	28.02	27.13	15.47	156.73	32.57
10.18	2.12	1.84	3.16	8.81	3.82	7.81	8.85
		3.58	18.85	72.23		38.19	2.53
505.00	174.81	674.19	977.77	651.91	418.63	2934.00	412.69
250.28	131.17	240.92	197.64	567.58	82.87	325.16	59.21
254.72	43.64	433.27	780.13	84.34	335.77	2608.84	353.48
331.02	688.90	311.77	609.34	643.97	1124.56	574.49	779.77
187.62	321.38	219.94	455.60	358.30	650.70	423.18	703.01
68.59	33.05	130.50	372.85	270.15	625.43	404.93	593.97
119.03	288.33	89.44	82.75	88.15	25.27	18.26	109.03
143.40	367.52	91.83	153.75	285.67	473.86	151.31	76.76
17.33	8.09	31.43	28.96	8.21	19.19	47.16	11.55
46.67	168.31	60.40	115.98	117.66	446.96	86.04	52.72
79.39	191.11		8.80	159.80	7.71	18.11	12.49

5-7　全市及县(市)区城镇居民

(2015 年)

指　　标	单位	全市	中原区	二七区	管城区	金水区
住户居住空间样式						
单栋楼房	%	15.5	6.1	2.9	8.5	17.0
单栋平房	%	7.1	2.4			0.9
四居室及以上单元房	%	4.2			4.3	4.3
三居室单元房	%	37.3	24.5	24.5	39.8	41.4
二居室单元房	%	31.3	52.3	62.5	47.4	35.5
一居室单元房	%	4.0	14.7	5.8		0.9
筒子楼或连片平房	%	0.3		2.9		
其他	%	0.3		1.4		
主要建筑材料						
钢筋混凝土	%	45.1	14.7	59.2	55.3	50.1
砖混材料	%	54.3	85.3	37.9	44.7	49.9
砖瓦砖木	%	0.3				
其他	%	0.3		2.9		
现住房房屋来源						
租赁公房	%	0.6		2.9		
租赁私房	%	10.8	23.2	10.1	10.5	18.4
自建住房	%	16.9	1.2	1.4	5.7	4.7
购买商品房	%	37.7	29.4	30.3	17.4	20.8
购买房改住房	%	24.0	43.7	29.2	35.5	41.1
购买保障性住房	%	1.2			7.1	
拆迁安置房	%	6.3		23.1	21.0	6.6
继承或获赠住房	%	0.6			2.8	1.9
免费借用房	%	0.8	2.4	2.9		
其他来源	%	1.0				6.4
现住房建筑面积	**平方米/人**	**36.84**	**28.40**	**29.07**	**29.45**	**34.48**

家庭现居住情况

上街区	惠济区	中牟县	巩义市	荥阳市	新密市	新郑市	登封市
2.8	18.4	37.8	27.6		21.4	27.5	22.4
5.6		2.2	19.0		21.4	22.5	28.2
2.8	7.9		13.8	3.8	16.7		
29.6	26.3	44.4	32.8	96.2	40.5	32.5	49.4
59.2	26.3	15.6	5.2			15.0	
	21.1					2.5	
			1.7				
54.9	42.1	57.8	24.1	94.3	57.1	52.5	7.7
45.1	57.9	40.0	74.1	5.7	42.9	47.5	92.3
		2.2	1.7				
		2.2				2.5	
	15.8	15.6	5.2	5.7			
	13.2	22.2	48.3		33.3	50.0	55.8
39.4	57.9	60.0	39.7	94.3	64.3	27.5	44.2
50.7	13.2				2.4	20.0	
			5.2				
9.9							
			1.7				
44.11	**36.56**	**44.84**	**39.19**	**40.14**	**58.59**	**55.64**	**48.36**

5-8　全市及县(市)区城镇居民

(2015 年)

指　　标	单位	全市	中原区	二七区	管城区	金水区
家用汽车	辆	30	16	25	15	30
摩托车	辆	21	4	4	5	17
助力车	台	73	60	72	60	80
洗衣机	台	96	86	100	100	93
电冰箱(柜)	台	92	81	103	98	89
微波炉	台	55	51	59	60	67
彩色电视机	台	118	101	117	106	117
#接入有线电视	台	97	84	99	96	102
空调	台	148	121	133	140	170
热水器	台	85	73	82	97	82
#太阳能热水器	台	28	10	16	20	11
消毒碗柜	台	8	10	4	4	9
洗碗机	台	1		1		
排油烟机	台	72	72	79	92	79
固定电话	线	33	46	46	52	23
移动电话	部	217	193	193	194	214
#接入互联网	部	81	69	108	27	76
计算机	台	77	89	80	73	82
#接入互联网	台	58	71	57	54	52
摄像机	台	7	1	6	1	14
照相机	台	39	46	41	65	44
中高档乐器	架	3		3		3
健身器材	台	3		6		3
组合音响	套	4	2	2	4	3

每百户耐用消费品拥有量

上街区	惠济区	中牟县	巩义市	荥阳市	新密市	新郑市	登封市
37	34	60	30	43	71	32	23
32	25	44	41	10	31	77	74
39	63	113	45	129	53	87	69
100	83	99	101	103	107	102	102
98	82	99	80	100	97	100	87
41	46	41	28	54	47	73	33
111	116	128	125	121	180	120	132
90	100	89	73	118	105	91	129
146	115	148	134	189	227	137	103
106	77	99	74	100	92	103	62
53	24	68	31	47	79	73	56
15	19		3		17	2	25
2	2				7		3
85	62	51	33	100	80	42	41
58	13	18	32	14	19	44	16
194	197	258	215	286	331	206	232
78	121	106	78	147	58	67	149
74	81	73	43	80	108	44	54
55	61	67	31	80	84	36	42
10	14	6		3	8	2	16
33	38	15	13	21	40	15	21
9	6	4		3	5	10	5
6	11	1		4	6	13	5
5	3	12	5		14		14

5-9 全市及县(市)区城镇居民人均食品消费量

(2015 年)

单位:公斤

项　　目	郑州市	中原区	二七区	管城区	金水区	上街区	惠济区	中牟县	巩义市	荥阳市	新密市	新郑市	登封市
粮食消费量	**95.88**	**86.97**	**90.16**	**135.55**	**92.01**	**103.79**	**104.98**	**62.77**	**103.72**	**108.70**	**122.71**	**123.26**	**113.91**
谷物消费量	**85.33**	**78.91**	**80.00**	**117.31**	**83.39**	**91.51**	**95.91**	**54.48**	**95.06**	**94.40**	**104.30**	**106.72**	**107.96**
小麦	57.53	53.07	50.33	74.99	48.54	55.23	68.81	40.86	75.72	64.35	79.08	75.68	81.62
稻谷	21.13	18.18	23.52	34.72	27.53	29.49	20.14	11.26	13.50	21.01	17.02	23.05	17.09
玉米	0.95	0.78	0.87	1.76	1.40	0.73	1.76	0.55	0.96	0.53	0.70	0.51	0.59
其他谷物	5.71	6.88	5.27	5.83	5.92	6.06	5.20	1.81	4.88	8.52	7.51	7.48	8.66
薯类消费量	**2.11**	**1.22**	**2.68**	**2.24**	**1.65**	**2.12**	**1.51**	**1.85**	**1.88**	**3.46**	**3.25**	**4.37**	**2.21**
红薯	0.90	0.35	1.34	0.77	0.70	0.64	0.78	0.51	0.84	1.88	1.44	2.41	0.49
马铃薯	0.58	0.69	0.47	0.68	0.39	1.01	0.12	0.73	0.73	1.01	1.11	0.78	0.14
其他薯类	0.64	0.18	0.87	0.79	0.56	0.47	0.61	0.60	0.31	0.56	0.71	1.18	1.58
豆类消费量	**8.43**	**6.85**	**7.49**	**15.99**	**6.97**	**10.16**	**7.56**	**6.44**	**6.78**	**10.84**	**15.16**	**12.18**	**3.74**
大豆	0.95	0.39	0.49	1.03	1.03	1.05	0.51	0.43	0.29	0.26	0.44	6.12	0.39
其他豆类	7.49	6.45	7.00	14.96	5.93	9.11	7.05	6.00	6.49	10.58	14.72	6.06	3.36
油脂类消费量	**9.61**	**6.14**	**10.71**	**12.25**	**7.63**	**10.76**	**5.36**	**3.99**	**13.62**	**8.28**	**15.90**	**19.91**	**13.60**
植物油	9.40	6.05	10.58	12.22	7.61	10.73	5.36	3.99	13.60	8.28	15.71	17.34	13.59
动物油	0.21	0.09	0.12	0.04	0.02	0.04			0.01		0.19	2.56	0.01
蔬菜及菜制品消费量	**87.97**	**77.57**	**101.83**	**133.80**	**86.52**	**89.71**	**108.84**	**82.46**	**59.08**	**109.46**	**122.59**	**74.43**	**71.60**
鲜菜	83.90	74.48	98.12	123.41	81.24	85.67	104.82	81.06	56.39	105.33	118.78	71.49	69.80
干菜及菜制品	1.58	0.20	0.64	6.90	2.34	0.86	1.51	0.57	0.92	1.03	1.10	0.31	0.63
鲜菌	2.09	2.70	2.80	2.90	2.09	2.81	2.35	0.79	1.22	2.83	2.56	2.14	1.04
干菌及菌制品	0.40	0.19	0.26	0.59	0.84	0.36	0.16	0.05	0.56	0.27	0.16	0.49	0.14
肉类	**19.69**	**21.19**	**21.55**	**28.16**	**24.62**	**22.76**	**20.85**	**15.66**	**11.05**	**15.80**	**13.50**	**25.69**	**15.06**
猪肉	12.44	14.60	12.61	13.95	15.62	15.13	14.16	10.56	7.18	9.44	9.17	17.38	12.02
牛肉	2.27	2.80	2.16	5.02	3.12	1.99	0.64	1.02	0.35	1.61	1.23	3.09	1.27
羊肉	1.73	2.19	1.51	3.28	2.22	2.51	2.11	0.52	1.13	1.31	0.61	2.26	1.22
其他肉类及制品	3.25	1.60	5.27	5.92	3.65	3.13	3.94	3.57	2.40	3.44	2.49	2.95	0.55
禽类	**5.06**	**6.49**	**5.31**	**8.78**	**5.86**	**5.50**	**7.38**	**6.24**	**1.52**	**3.39**	**2.76**	**5.26**	**1.47**
鸡	3.62	4.81	3.77	6.36	4.30	3.02	4.61	5.00	0.90	1.65	1.48	4.09	1.19
鸭	0.49	0.75	0.21	1.17	0.96	0.43	0.20	0.56	0.02	0.14	0.05	0.04	0.04
鹅	0.01	0.09		0.01	0.01	0.04							

5-9 续表 （2015 年）

项　　目	郑州市	中原区	二七区	管城区	金水区	上街区	惠济区	中牟县	巩义市	荥阳市	新密市	新郑市	登封市
其他禽类及制品	0.94	0.84	1.34	1.24	0.59	2.01	2.57	0.68	0.60	1.60	1.24	1.14	0.23
水产品	**5.92**	**7.96**	**7.73**	**10.31**	**7.56**	**9.96**	**5.28**	**4.05**	**2.23**	**3.00**	**2.67**	**5.69**	**1.96**
鱼类	4.33	6.18	5.61	7.80	6.06	6.90	4.03	2.97	1.28	2.27	1.77	1.94	1.53
虾贝蟹类	0.89	1.42	1.17	1.53	1.10	1.39	0.89	0.65	0.30	0.36	0.25	0.99	0.07
藻类	0.17	0.09	0.20	0.25	0.11	0.58		0.07	0.14	0.25	0.26	0.59	0.04
其他	0.52	0.27	0.74	0.73	0.29	1.09	0.35	0.37	0.51	0.13	0.39	2.17	0.32
蛋类及蛋制品	**13.92**	**9.83**	**11.82**	**18.37**	**18.00**	**13.67**	**12.46**	**13.04**	**10.51**	**15.67**	**12.42**	**23.15**	**11.66**
鲜蛋	12.53	9.36	11.38	17.05	17.31	13.15	11.69	12.93	10.37	15.38	12.18	8.38	11.54
蛋制品	1.39	0.47	0.44	1.32	0.69	0.52	0.77	0.10	0.14	0.29	0.24	14.76	0.12
奶和奶制品	**27.84**	**17.75**	**28.23**	**62.57**	**47.63**	**22.10**	**18.12**	**11.47**	**16.27**	**23.51**	**12.78**	**15.12**	**18.45**
鲜奶	16.06	11.33	18.71	40.01	24.84	12.88	0.73	6.77	11.20	13.21	6.50	9.24	10.46
酸奶	9.45	5.69	5.86	20.87	20.74	7.92	8.33	1.65	4.33	4.86	3.41	4.49	5.70
奶粉	0.41	0.26	0.42	0.58	0.44	0.13	0.03	0.69	0.38	0.13	0.37	0.82	0.38
其他奶制品	1.91	0.46	3.23	1.10	1.61	1.16	9.04	2.37	0.36	5.30	2.50	0.57	1.92
干鲜瓜果类	**57.40**	**71.43**	**53.24**	**64.66**	**54.70**	**61.49**	**90.74**	**61.74**	**50.36**	**78.04**	**67.10**	**49.62**	**46.11**
鲜瓜果	51.83	68.60	48.51	57.98	47.78	52.34	84.17	56.55	43.22	68.91	60.43	44.26	42.52
瓜果制品	1.38	1.01	0.94	1.58	1.54	2.90	2.29	1.64	1.57	1.91	1.06	0.92	2.17
坚果类	4.19	1.82	3.80	5.10	5.38	6.24	4.27	3.55	5.58	7.22	5.61	4.45	1.43
糖果糕点类	**7.26**	**4.04**	**8.44**	**10.45**	**11.02**	**6.26**	**8.13**	**5.50**	**5.27**	**7.91**	**6.07**	**4.98**	**6.55**
食糖	1.02	0.80	0.78	0.94	1.33	0.78	1.76	0.90	1.08	1.04	1.37	0.90	1.33
糖果	0.72	0.64	0.72	0.48	1.52	0.55	0.31	0.17	0.21	0.09	0.49	0.45	1.75
糕点	4.33	2.45	5.32	6.13	6.73	3.99	3.85	3.51	3.80	5.48	3.41	2.04	2.91
其他糖果糕点	1.19	0.15	1.61	2.90	1.44	0.95	2.21	0.93	0.18	1.30	0.80	1.60	0.55
饮料	**0.26**	**0.21**	**0.25**	**0.29**	**0.38**	**0.21**	**0.12**	**0.02**	**0.18**	**0.07**	**0.09**	**0.71**	**0.49**
茶叶	0.26	0.21	0.25	0.29	0.38	0.21	0.12	0.02	0.18	0.07	0.09	0.71	0.49
烟叶消费量	**14.84**	**18.68**	**9.07**	**3.90**	**20.74**	**16.22**	**27.73**	**12.78**	**17.08**	**11.63**	**14.62**	**19.68**	**18.87**
酒	**5.51**	**7.12**	**6.28**	**5.14**	**6.71**	**10.33**	**2.60**	**5.26**	**3.81**	**3.15**	**4.67**	**6.40**	**5.97**
白酒	2.14	2.46	3.63	1.94	2.12	4.98	0.86	3.24	1.49	1.22	1.59	1.38	2.00
啤酒	3.21	4.48	2.60	2.92	4.43	5.03	1.72	2.01	1.98	1.92	2.95	5.00	3.29
果酒	0.16	0.17	0.06	0.28	0.16	0.32	0.02	0.01	0.33	0.02	0.14	0.02	0.69

5-10 全市按相对收入分的城镇居民人均可支配收入情况

(2015 年)

指　　标	低收入户	中低收入户	中等收入户	中高收入户	高收入户
可支配收入	**13879.97**	**23273.00**	**29575.50**	**38518.71**	**62271.48**
工资性收入	**10121.43**	**16776.42**	**21751.94**	**23313.09**	**29675.48**
工资	8751.91	16198.24	21106.00	21876.74	28558.88
实物福利	34.31	61.91	48.26	44.91	49.93
其他	1335.21	516.26	597.68	1391.45	1066.67
经营净收入	**1116.06**	**1707.79**	**1322.64**	**3796.31**	**15345.78**
第一产业经营净收入	277.04	228.65	127.77	95.20	54.54
第二产业经营净收入	-1.07	66.51	4.26	338.56	1021.84
第三产业经营净收入	840.09	1412.63	1190.62	3362.55	14269.40
财产净收入	**1229.91**	**2466.19**	**3373.85**	**4414.57**	**7942.32**
利息净收入	-24.60	14.57	61.29	-57.19	254.71
红利收入	4.80	154.12	494.84	380.74	713.36
储蓄性保险净收益	4.73		13.40	9.52	8.43
转让承包土地经营权租金净收入	19.65		389.59	4.41	401.47
出租房屋财产性收入	287.33	914.72	562.91	1899.43	3471.07
出租机械专利版权等资产的收入		-28.94	-22.17		-4.31
其他财产净收入	256.83	5.50	76.57	-65.21	481.49
房屋虚拟租金	681.17	1406.22	1797.43	2242.88	2616.08
转移净收入	**1412.57**	**2322.60**	**3127.06**	**6994.73**	**9307.90**
转移性收入	2032.33	3353.60	4431.15	8673.09	10790.36
养老金或离退休金	1377.92	2943.68	3876.04	8127.48	9334.18
社会救济和补助	42.47	2.58	0.63	2.35	156.77
政策性生活补贴	18.10	29.01	6.68	115.96	152.93
报销医疗费	182.40	154.46	259.40	116.00	246.30
家庭外出从业人员寄回带回收入	62.08	59.11	150.48	26.37	291.33
赡养收入	188.58	53.85	49.56	173.61	579.78
其他经常转移收入	154.19	58.11	84.01	52.78	28.21
从政府和组织得到的实物产品和服务折价	4.55	4.96	3.43	3.62	0.86
现金政策性惠农补贴	2.04	47.83	0.90	54.92	
转移性支出	619.76	1030.99	1304.08	1678.35	1482.47
个人所得税	5.21	16.78	34.10	34.69	41.75
社会保障支出	441.94	632.43	967.71	1295.33	1152.82
外来从业人员寄给家人的支出	35.76	35.53	21.12		
赡养支出	62.24	151.76	122.84	210.34	175.39
其他转移性支出	74.61	194.50	158.32	138.00	112.51
实物可支配收入	**926.23**	**1507.07**	**2039.98**	**2145.48**	**2815.22**

5-11 全市按相对收入分的城镇居民人均消费支出情况

（2015 年）

单位:元

指　　标	低收入户	中低收入户	中等收入户	中高收入户	高收入户
消费支出	**12055.93**	**15989.92**	**17886.41**	**22570.30**	**31902.56**
食品烟酒	**3181.66**	**4810.34**	**5270.88**	**6321.14**	**7919.25**
食品	**2315.50**	**3061.39**	**3431.20**	**4044.82**	**5004.89**
谷物	318.37	357.57	423.90	435.68	491.23
薯类	67.03	57.74	57.66	81.55	83.49
豆类	42.91	47.36	58.60	63.02	81.30
食用油	143.20	175.25	206.31	197.44	270.23
蔬菜和食用菌	325.04	410.92	458.22	496.48	599.44
肉类	427.36	632.32	686.06	803.70	1128.98
禽类	78.19	109.05	121.53	161.08	196.26
水产品	80.17	139.31	152.67	250.19	253.33
蛋类	95.91	122.96	116.30	162.38	192.00
奶类	226.79	302.77	327.98	400.15	555.19
干鲜瓜果类	289.14	424.34	518.06	593.61	683.56
糖果糕点类	85.87	121.06	113.59	185.99	239.90
其他食品	135.50	160.75	190.32	213.54	229.99
烟酒	**236.94**	**726.96**	**562.53**	**646.90**	**692.85**
烟草	110.63	183.27	240.07	356.10	288.76
酒类	126.31	543.69	322.46	290.80	404.09
饮料	**92.08**	**118.60**	**136.22**	**167.21**	**294.64**
饮食服务	**537.14**	**903.39**	**1140.93**	**1462.21**	**1926.87**
食堂用餐	43.28	63.35	69.01	82.25	90.98
其他在外饮食	489.60	837.57	1068.63	1376.86	1835.04
食品加工服务费	4.26	2.47	3.29	3.10	0.85
衣着	**984.78**	**1810.98**	**1806.80**	**2472.79**	**3121.14**
衣类	721.27	1380.29	1357.64	1884.98	2398.81
鞋类	263.51	430.69	449.16	587.81	722.33
居住	**2530.57**	**3550.23**	**4664.98**	**5049.61**	**7919.57**
租赁房房租	313.72	396.87	661.94	231.11	488.82
住房维修及管理	248.57	141.35	302.53	182.65	2048.31
水电燃料及其他	607.15	687.62	825.94	912.60	1339.79
自有住房折算租金	1361.13	2324.39	2874.57	3723.26	4042.66
租赁房房租中租赁公房房租	9.80	3.12	7.82	17.95	1.21
租赁房房租中租赁私房房租	303.92	393.74	654.12	213.16	487.60
住房维修及管理中物业管理费	29.23	60.41	49.11	139.37	128.26
生活用品及服务	**839.48**	**1204.57**	**1179.82**	**1901.90**	**2382.05**

5-11 续表 （2015 年）

指 标	低收入户	中低收入户	中等收入户	中高收入户	高收入户
家具及室内装饰品	105.38	230.39	90.29	264.94	532.67
家用器具	224.79	335.96	249.18	480.47	576.96
家用纺织品	110.56	128.10	154.07	168.26	221.56
家庭日用杂品	274.59	343.24	407.02	519.74	597.12
个人用品	111.58	148.54	244.54	366.18	401.41
家庭服务	12.58	18.33	34.71	102.30	52.34
#家政服务	0.17	0.94	2.45	81.71	12.22
交通通信	**1862.91**	**1597.52**	**1645.47**	**2664.35**	**3562.93**
交通	**1409.73**	**900.83**	**739.12**	**1665.13**	**2358.64**
交通工具	1083.46	470.62	255.24	749.14	1384.10
交通费	59.20	56.78	91.17	160.45	146.67
交通工具用燃料	188.99	255.87	292.00	460.98	533.25
交通工具使用及维修	78.09	117.55	100.71	294.57	294.63
#车辆保险支出	6.60	8.02	10.77	132.99	63.27
通信	**453.18**	**696.70**	**906.35**	**999.22**	**1204.29**
通信工具	107.47	194.20	201.26	262.51	368.65
通信服务	345.71	502.50	705.09	736.71	835.64
教育文化娱乐	**1220.43**	**1700.69**	**1779.39**	**2207.85**	**3300.13**
教育	**848.63**	**903.69**	**857.15**	**902.89**	**1247.61**
学前教育	74.77	91.26	35.01	283.30	152.62
小学教育	63.44	174.08	183.70	153.20	233.38
初中教育	67.37	88.89	219.76	109.98	71.99
高中教育	90.14	172.48	145.34	78.85	88.97
中专职高教育	2.61	18.38	8.22	0.06	6.10
大专及以上教育	496.72	324.38	150.85	207.90	581.36
成人教育	53.58	34.22	114.27	69.60	113.19
文化娱乐	**371.81**	**796.99**	**922.24**	**1304.96**	**2052.52**
文娱耐用消费品	59.87	214.79	137.21	115.92	262.74
其他文娱用品	90.12	128.29	153.14	207.65	242.55
文化娱乐服务	221.81	453.91	631.89	981.39	1547.24
医疗保健	**1290.60**	**959.35**	**1036.24**	**1329.72**	**2640.82**
医疗器具及药品	396.60	333.48	353.37	660.33	1012.32
医疗服务	894.00	625.87	682.87	669.39	1628.50
门诊总费用	187.88	138.13	132.18	336.83	228.94
住院总费用	706.12	487.74	550.69	332.56	1399.56
其他用品和服务	**145.49**	**356.25**	**502.84**	**622.95**	**1056.68**
其他用品	61.74	165.95	288.75	352.09	712.64
其他服务	83.75	190.30	214.09	270.86	344.04

5-12　农村居民家庭基本情况

（2015 年）

指　　标	单位	全市	中原区	二七区	管城区	金水区
调查户数	户	486	28	10	20	30
期内住户常住成员数	人	1782	93	39	76	125
常住成员从业人数	人	1117	55	17	44	72
从业人员成员受教育程度	人	1117	55	17	44	72
未上过学	人	18				
小学	人	149	7	4	6	8
初中	人	617	24	13	27	18
高中	人	221	12		9	26
大学专科	人	73	12		2	10
大学本科	人	40				10
研究生	人					
从事主要行业	人	1117	55	17	44	72
第一产业	人	434	22	2	30	38
第二产业	人	286	16	2	2	6
第三产业	人	398	17	13	12	28
可支配收入	元/人	17125.00	18231.39	19340.09	20589.02	20643.00
总收入	元/人	20316.66	18617.04	20418.59	20901.00	21454.26
总支出	元/人	17602.96	11475.00	13692.09	23368.85	18067.81
消费支出	元/人	12080.00	10878.22	12622.98	21504.15	16258.33
恩格尔系数	%	23.85	29.90	19.42	14.73	19.12
年末人均居住面积	平方米/人	53.57	59.41	63.35	64.55	47.15

5-12　续表　（2015 年）

指　　标	单位	上街区	惠济区	中牟县	巩义市	荥阳市	新密市	新郑市	登封市
调查户数	户	30	19	49	49	70	60	60	61
期内住户常住成员数	人	91	73	194	178	243	224	240	205
常住成员从业人数	人	52	50	125	99	157	151	146	150
从业人员成员受教育程度	人	52	50	125	99	157	151	146	150
未上过学	人			4	1	2	3	1	7
小学	人	5	7	19	9	22	12	13	37
初中	人	23	20	69	61	91	93	104	74
高中	人	17	11	27	15	32	31	17	24
大学专科	人	5	7	1	9	7	7	7	6
大学本科	人	2	5	5	4	3	5	4	2
研究生	人								
从事主要行业	人	52	50	125	99	157	151	146	150
第一产业	人		11	92	20	51	29	50	89
第二产业	人	18	13	16	30	57	64	29	33
第三产业	人	34	26	18	49	49	58	67	28
可支配收入	元/人	17857.00	20079.18	15349.00	17984.69	16224.01	16242.01	17053.97	14682.98
总收入	元/人	19310.33	21111.47	18610.70	21705.01	20580.47	21914.01	20951.11	17622.09
总支出	元/人	13950.18	24665.28	13400.15	15567.97	19328.57	17063.15	25200.75	18152.40
消费支出	元/人	10729.41	20481.53	8281.13	8524.09	10620.73	10740.09	15997.84	13589.64
恩格尔系数	%	27.83	17.68	27.10	23.84	26.91	28.77	28.65	20.74
年末人均居住面积	平方米/人	43.93	115.73	57.90	42.20	55.58	58.38	56.36	45.59

5-13 农民居民

（2015 年）

指　　标	全　市	中原区	二七区	管城区	金水区
可支配收入	**17125.00**	**18231.39**	**19340.09**	**20589.02**	**20643.00**
工资性收入	**11029.10**	**14091.13**	**9861.03**	**11877.44**	**15658.40**
工资	9544.89	14071.59	9855.90	11464.89	15490.01
实物福利	39.62	6.26		1.63	
其他	1444.59	13.28	5.13	410.92	168.38
经营净收入	**4113.11**	**1138.17**	**2881.62**	**2620.85**	**3021.31**
第一产业经营净收入	1588.05	14.40		-175.91	36.96
第二产业经营净收入	653.73	1067.12		328.86	-4.01
第三产业经营净收入	1871.33	56.64	2881.62	2467.90	2988.35
财产净收入	**1088.95**	**827.27**	**5732.44**	**3650.56**	**1811.12**
利息净收入	-0.65			-39.48	
红利收入	119.87	769.81	361.54		200.27
储蓄性保险净收益					
转让承包土地经营权租金净收入	395.46		754.74	118.39	115.49
出租房屋财产性收入	369.36		4616.15	3556.67	
出租机械专利版权等资产的收入	7.07				
其他财产净收入	197.84	57.46		14.98	1495.35
房屋虚拟租金					
转移净收入	**893.84**	**2174.82**	**865.00**	**2440.16**	**152.18**
转移性收入	1310.95	2560.47	1298.21	2505.93	682.85
养老金或离退休金	615.72	2245.45	546.92	1195.07	682.85
社会救济和补助	73.30				
政策性生活补贴	51.14				
报销医疗费	214.27	260.91	610.26	1200.34	
家庭外出从业人员寄回带回收入	119.11	7.93		47.38	
赡养收入	134.01	39.14			
其他经常转移收入	44.31		141.03		
从政府和组织得到的实物产品和服务折价	7.44	7.06			
现金政策性惠农补贴	51.67			63.14	
转移性支出	417.11	385.66	433.21	65.77	530.67
个人所得税	1.53				
社会保障支出	186.28	374.42	86.15	65.77	520.57
外来从业人员寄给家人的支出					
赡养支出	27.67				9.48
其他转移性支出	201.63	11.23	347.05		0.62
实物可支配收入	**333.81**	**288.63**	**464.96**	**591.30**	**-283.94**

人均可支配收入

单位:元

上街区	惠济区	中牟县	巩义市	荥阳市	新密市	新郑市	登封市
17857.00	**20079.18**	**15349.00**	**17984.69**	**16224.01**	**16242.01**	**17053.97**	**14682.98**
10911.46	**13221.16**	**9088.70**	**11747.38**	**9723.21**	**10877.54**	**10607.99**	**8977.35**
10741.32	13072.36	1712.61	10606.19	9508.35	10211.19	10586.07	8962.46
2.12	69.02		4.90	48.17	231.23	5.51	
168.03	79.78	7376.09	1136.29	166.68	435.11	16.41	14.88
71.83	**1075.21**	**5297.08**	**5037.32**	**4822.07**	**4331.32**	**3488.42**	**4727.50**
23.20	875.39	4372.24	843.01	1576.08	665.30	2063.96	2330.76
-47.30	22.72	508.06	1858.15	1230.39	645.92	421.41	
95.93	177.09	416.79	2336.16	2015.59	3020.10	1003.04	2396.73
2691.88	**3776.40**	**304.44**	**96.54**	**395.75**	**532.74**	**2491.24**	**65.68**
52.01		14.90	-49.40	43.36	3.68		
612.06	0.86			152.76	251.09		58.98
1831.69	372.83	11.18	140.74	189.52	197.94	2491.24	6.69
191.06	3379.22		8.17				
	22.94	40.26					
5.07	0.56	238.11	-2.97	10.12	80.03		
4181.83	**2006.41**	**658.78**	**1103.46**	**1282.98**	**500.42**	**466.33**	**912.46**
4283.37	2418.75	713.18	1386.92	1566.04	1841.23	900.10	1070.84
3151.64	365.44	438.02	571.68	708.91	665.53	379.21	340.06
109.79	111.68	12.48	21.47	17.07	8.03	80.79	451.06
6.71	1339.89	11.18	15.95	33.40	2.64	7.38	29.34
350.78	57.34	142.72	68.47	109.98	321.41	314.66	136.74
	249.44		235.36	243.78	257.26	42.24	107.30
636.42	272.74	4.84	428.00	231.45	282.38		
0.58		30.02	7.83	64.44	206.45		
15.10	20.21		13.17	41.09	1.08	1.90	
12.36	2.01	73.92	25.00	115.94	96.45	73.91	6.34
101.54	412.33	54.40	283.46	283.06	1340.82	433.77	158.38
	35.12				0.01	4.65	
30.84	253.00	51.81	254.07	161.78	111.95	132.48	157.35
65.88	40.56	1.34	7.78	38.04	2.22	181.00	
4.82	83.66	1.25	21.61	83.24	1226.64	115.64	1.03
316.59	**-373.63**	**510.36**	**22.41**	**420.78**	**831.03**	**15.02**	**697.40**

5-14 农民居民

(2015 年)

指　　标	全市	中原区	二七区	管城区	金水区
总收入	**20316.66**	**18617.04**	**20418.59**	**20901.00**	**21454.26**
工资性收入	**11029.10**	**14091.13**	**9861.03**	**11877.44**	**15658.40**
工资	9544.89	14071.59	9855.90	11464.89	15490.01
实物福利	39.62	6.26		1.63	
其他	1444.59	13.28	5.13	410.92	168.38
经营性收入	**6877.28**	**1138.17**	**3526.92**	**2827.58**	**3301.90**
第一产业经营收入	3235.25	14.40		30.81	57.49
第二产业经营收入	1093.61	1067.12		328.86	
第三产业经营收入	2548.42	56.64	3526.92	2467.90	3244.41
财产性收入	**1099.32**	**827.27**	**5732.44**	**3690.05**	**1811.12**
利息收入	8.86				
红利收入	119.87	769.81	361.54		200.27
储蓄性保险净收益					
转让承包土地经营权租金净收入	395.46		754.74	118.39	115.49
出租房屋财产性净收入	369.36		4616.15	3556.67	
出租机械专利版权等资产的净收入	7.07				
其他财产净收入	198.71	57.46		14.98	1495.35
房屋虚拟租金					
转移性收入	**1310.95**	**2560.47**	**1298.21**	**2505.93**	**682.85**
养老金或离退休金	615.72	2245.45	546.92	1195.07	482.85
社会救济和补助	73.30				
政策性生活补贴	51.14				
家庭外出从业人员寄回带回收入	119.11	7.93		47.38	
赡养收入	134.01	39.14			
报销医疗费	214.27	260.91	610.26	1200.34	
从政府和组织得到的实物产品和服务折价	7.44	7.06			
现金政策性惠农补贴	51.67			63.14	
其他转移性收入	44.31		141.03		

人均总收入

单位:元

上街区	惠济区	中牟县	巩义市	荥阳市	新密市	新郑市	登封市
19310.33	**21111.47**	**18610.70**	**21705.01**	**20580.47**	**21914.01**	**20951.11**	**17622.09**
10911.46	**13221.16**	**9088.70**	**11747.38**	**9723.21**	**10877.54**	**10607.99**	**8977.35**
10741.32	13072.36	1712.61	10606.19	9508.35	10211.19	10586.07	8962.46
2.12	69.02		4.90	48.17	231.23	5.51	
168.03	79.78	7376.09	1136.29	166.68	435.11	16.41	14.88
1415.17	**1695.16**	**8504.38**	**8415.96**	**8895.26**	**8656.58**	**6951.78**	**7508.23**
23.75	1099.98	7036.35	2941.28	2331.51	2573.77	4966.88	4610.14
1266.16	22.72	941.19	2270.42	3289.92	1093.79	705.45	
125.26	572.46	526.83	3204.25	3273.83	4989.03	1279.45	2898.09
2700.33	**3776.40**	**304.44**	**154.76**	**395.96**	**538.66**	**2491.24**	**65.68**
52.01		14.90	5.86	43.36	6.59		
612.06	0.86			152.76	251.09		58.98
1831.69	372.83	11.18	140.74	189.52	197.94	2491.24	6.69
191.06	3379.22		8.17				
	22.94	40.26					
13.51	0.56	238.11		10.33	83.04		
4283.37	**2418.75**	**713.18**	**1386.92**	**1566.04**	**1841.23**	**900.10**	**1070.84**
3151.64	365.44	438.02	571.68	708.91	665.53	379.21	340.06
109.79	111.66	12.48	21.47	17.07	8.03	80.79	451.06
6.71	1339.89	11.18	15.95	33.40	2.64	7.38	29.34
	249.44		235.36	243.78	257.26	42.24	107.30
636.42	272.74	4.84	428.00	231.45	282.38		
350.78	57.34	142.72	68.47	109.98	321.41	314.66	136.74
15.10	20.21		13.17	41.09	1.08	1.90	
12.36	2.01	73.92	25.00	115.94	96.45	73.91	6.34
0.58		30.02	7.83	64.44	206.45		

5-15 农民居民

(2015 年)

指　标	全市	中原区	二七区	管城区	金水区
总支出	**17602.96**	**11475.00**	**13692.09**	**23368.85**	**18067.81**
消费支出	**12080.00**	**10878.22**	**12622.98**	**21504.15**	**16258.33**
生产经营费用支出	**2559.74**		**500.00**	**206.72**	**26.66**
第一产业经营费用支出	1583.93			206.72	20.53
第二产业经营费用支出	400.30				4.01
第三产业经营费用支出	575.52		500.00		2.12
财产性支出	**10.37**			**39.48**	
生活贷款利息支出	9.50			39.48	
其他财产性支出	0.87				
转移性支出	**417.11**	**385.66**	**433.21**	**65.77**	**530.67**
个人所得税	1.53				
社会保障支出	186.28	374.42	86.15	65.77	520.57
外来从业人员寄给家人的支出					
赡养支出	27.67				9.48
其他转移性支出	201.63	11.23	347.05		0.62
部分商业保险支出	**26.22**				**6.54**
意外伤害保险	4.71				
商业医疗保险(含大病保险)	1.98				6.54
其他非储蓄性商业保险	3.85				
其他储蓄性商业保险	15.67				
购置资产及非经常性转移支出	**2266.96**	**211.13**	**135.90**	**1552.71**	**1145.47**
购置资产支出	1078.74		135.90		106.85
非经常性转移支出	1188.22	211.13		1552.71	1038.62
借贷性支出	**242.55**				**100.14**

人均总支出

单位:元

上街区	惠济区	中牟县	巩义市	荥阳市	新密市	新郑市	登封市
13950.18	**24665.28**	**13400.15**	**15567.97**	**19328.57**	**17063.15**	**25200.75**	**18152.40**
10729.41	**20481.53**	**8281.13**	**8524.09**	**10620.73**	**10740.09**	**15997.84**	**13589.64**
1340.53	**237.67**	**3077.02**	**3180.86**	**3653.55**	**3987.70**	**3283.00**	**2717.90**
0.54	224.59	2549.11	2038.39	723.36	1846.49	2730.40	2225.72
1313.46		433.13	328.01	1835.47	415.43	284.04	
26.52	13.08	94.78	814.45	1094.72	1725.78	268.56	492.18
8.45			**58.22**	**0.21**	**5.92**		
			55.25		2.91		
8.45			2.97	0.21	3.01		
101.54	**412.33**	**54.40**	**283.46**	**283.06**	**1340.82**	**433.77**	**158.38**
	35.12				0.01	4.65	
30.84	253.00	51.81	254.07	161.78	111.95	132.48	157.35
65.88	40.56	1.34	7.78	38.04	2.22	181.00	
4.82	83.66	1.25	21.61	83.24	1226.64	115.64	1.03
8.43	**69.34**	**27.24**	**27.81**	**112.67**	**25.41**	**0.51**	**0.15**
8.43	5.23	27.24		0.99	0.23	0.51	
				9.05	2.91		
			27.81		0.24		
	64.11			102.63	22.02		0.15
1705.01	**3426.46**	**1945.26**	**3066.98**	**4152.41**	**833.83**	**5051.51**	**1239.86**
	401.60	268.58	1549.41	2005.29	617.55	4126.92	457.05
1705.01	3024.86	1676.68	1517.57	2147.12	216.28	924.60	782.81
56.81	37.94	15.10	426.55	505.95	129.38	434.11	446.47

5-16 农民居民

（2015 年）

指　　标	全市	中原区	二七区	管城区	金水区
消费支出	**12080.00**	**10878.22**	**12622.98**	**21504.15**	**16258.33**
食品烟酒	**2880.58**	**3253.05**	**2451.31**	**3168.59**	**3109.35**
食品	1939.91	2330.44	1405.08	1818.88	2085.22
谷物	383.36	327.42	120.77	177.26	277.11
薯类	65.72	17.30	75.35	26.94	24.87
豆类	37.75	60.56	31.68	12.26	26.69
食用油	123.09	75.92	48.43	80.50	84.24
蔬菜和食用菌	244.75	239.37	190.46	268.09	281.69
肉类	329.78	581.12	215.14	323.52	393.05
禽类	54.27	95.43	51.60	76.61	91.55
水产品	61.20	153.36	36.89	80.17	65.50
蛋类	84.18	64.40	118.03	87.51	107.95
奶类	138.78	185.01	28.28	132.94	167.01
干鲜瓜果类	209.32	343.55	292.69	183.31	257.09
糖果糕点类	81.41	151.92	20.72	70.51	130.47
其他食品	126.29	35.07	175.03	299.26	178.00
烟酒	295.26	319.36	310.95	503.39	284.18
烟草	176.24	277.61	254.06	390.48	132.18
酒类	119.02	41.75	56.89	112.90	152.00
饮料	103.57	145.22	30.54	132.93	101.69
饮食服务	541.83	458.03	704.74	713.39	638.26
食堂用餐	52.71	3.76		13.35	10.01
其他在外饮食	482.16	454.27	704.74	698.39	626.62
食品加工服务费	6.96			1.66	1.63

人均消费支出

单位:元

上街区	惠济区	中牟县	巩义市	荥阳市	新密市	新郑市	登封市
10729.41	**20481.53**	**8281.13**	**8524.09**	**10620.73**	**10740.09**	**14997.84**	**13589.64**
2985.95	**3621.18**	**2244.14**	**2032.34**	**2858.19**	**3090.35**	**3583.58**	**2818.41**
2307.34	2253.64	1112.11	1486.87	2074.61	2092.03	2417.31	2012.98
415.85	313.85	288.26	236.54	323.32	307.46	260.82	294.27
47.23	79.10	20.79	23.22	50.66	45.55	78.78	260.77
58.98	26.38	9.92	44.27	45.55	55.35	49.66	50.19
86.50	35.17	64.86	105.35	110.78	172.85	271.47	148.83
345.00	293.89	163.32	179.02	311.87	348.57	264.89	221.90
318.25	357.40	177.83	293.10	390.95	320.62	574.14	259.81
35.61	25.89	25.72	27.21	56.12	48.75	114.74	40.95
40.30	45.02	16.35	21.96	33.08	29.45	197.61	90.60
131.93	88.51	53.37	64.73	112.67	95.75	77.09	100.21
310.17	430.37	66.14	147.59	141.94	168.47	134.70	123.16
349.13	302.15	133.49	197.70	264.08	239.27	222.68	150.22
69.81	59.05	23.14	72.15	76.57	104.80	106.84	101.19
98.58	196.86	68.93	74.04	157.00	155.12	63.87	170.87
252.39	373.10	277.74	151.72	243.74	167.96	545.30	396.75
164.84	238.18	160.03	78.51	180.96	111.08	187.41	307.21
87.54	134.91	117.71	73.21	62.79	56.88	357.90	89.53
81.02	168.93	16.20	96.16	61.78	121.43	197.85	155.35
345.21	825.51	838.09	297.60	478.06	708.94	423.11	253.33
11.16	0.22	3.89	7.96	56.95	225.99	72.93	41.51
333.21	821.57	827.62	285.07	413.76	471.89	345.11	193.89
0.83	3.72	6.58	4.56	7.35	11.06	5.07	17.93

5-16 续表 1 （2015 年）

指　　标	全市	中原区	二七区	管城区	金水区
衣着	**1068.73**	**728.10**	**789.69**	**1175.52**	**1458.24**
衣类	806.49	470.71	570.03	891.17	1134.25
鞋类	262.24	257.39	219.66	284.36	323.99
居住	**3216.07**	**3886.43**	**5397.74**	**12071.58**	**7277.83**
租赁房房租	152.34	0.73		2.63	3.29
住房维修及管理	771.65	46.15		27.64	511.80
水电燃料及其他	610.79	623.42	2180.95	970.49	437.59
自有住房折算租金	1681.28	3216.13	3216.78	11070.82	6325.15
#租赁房房租中租赁公房房租	3.03				
租赁房房租中租赁私房房租	149.31	0.73		2.63	3.29
住房维修及管理中物业管理费	5.36	42.98		22.24	20.31
生活用品及服务	**865.03**	**921.91**	**167.69**	**1372.20**	**1192.93**
家具及室内装饰品	148.73	52.08	9.23	59.42	300.46
家用器具	271.21	390.59	1.54	604.04	231.91
家用纺织品	99.77	122.88	11.54	71.90	106.10
家庭日用杂品	220.50	141.01	121.42	577.99	335.29
个人用品	89.14	215.35	23.97	44.77	171.55
家庭服务	35.67			14.08	47.62
#家政服务	1.49				7.29
交通通信	**1819.11**	**764.14**	**733.48**	**2130.25**	**1469.43**
交通	1251.71	302.97	397.17	768.18	811.89
交通工具	709.03	81.64	221.54	320.62	32.25
交通费	38.74	66.81		8.72	35.14
交通工具用燃料	290.98	135.42	110.40	376.38	507.79
交通工具使用及维修	212.96	19.10	65.23	62.46	236.71

单位:元

上街区	惠济区	中牟县	巩义市	荥阳市	新密市	新郑市	登封市
965.54	**1439.39**	**719.76**	**765.98**	**1152.37**	**1230.79**	**981.60**	**1526.55**
729.16	1076.00	586.45	575.30	868.85	884.12	631.79	1244.06
236.38	363.39	133.31	190.68	283.52	346.66	349.81	282.49
2136.54	**8613.45**	**2010.82**	**2197.78**	**2095.55**	**1648.19**	**4269.38**	**5162.60**
126.70	1598.56	184.19		79.20	30.17	2.40	527.70
69.20	1858.07	86.05	12.71	568.74	120.50	2375.63	2644.44
601.04	748.05	487.80	466.72	490.64	494.67	530.92	1003.56
1339.59	4408.77	1252.78	1718.35	956.96	1002.86	1360.43	986.89
				16.21	1.89	2.40	6.69
126.70	1598.56	184.19		62.99	28.29		521.01
20.42	1.58	0.36	0.07	3.60	0.70	5.89	0.90
1327.27	**1698.89**	**374.46**	**531.52**	**647.34**	**726.32**	**783.70**	**1073.08**
1.31	382.89	28.99	103.26	70.65	39.34	425.94	219.37
113.38	514.37	94.56	84.04	128.29	225.45	121.40	133.03
796.98	77.29	39.73	69.70	139.51	104.85	31.67	246.93
221.80	642.65	160.23	129.16	245.46	205.10	131.23	232.99
127.17	76.30	40.51	101.24	40.89	130.20	68.40	101.71
66.63	5.39	10.44	44.11	22.55	21.37	5.05	139.04
32.36		0.17	2.88	0.33	0.72	0.77	
1097.04	**1835.09**	**1540.29**	**1244.10**	**1283.04**	**1477.34**	**2647.12**	**1306.03**
557.31	1044.39	1073.53	909.16	585.82	811.01	2064.29	826.67
204.59	259.01	451.91	539.10	110.75	284.47	1633.16	17.56
31.05	44.84	24.32	52.51	62.83	61.62	9.12	39.99
265.24	458.94	371.26	162.71	286.31	330.62	328.83	112.27
56.43	281.60	226.04	154.84	125.94	134.30	93.18	656.85

5-16 续表 2　　　　(2015 年)

指　标	全市	中原区	二七区	管城区	金水区
#车辆保险支出	20.37				21.36
通信	567.39	461.17	336.31	1362.07	657.54
通信工具	205.37	113.76	95.38	1042.65	201.72
通信服务	362.02	347.41	240.92	319.43	455.82
教育文化娱乐	**976.62**	**715.52**	**259.48**	**754.43**	**1112.06**
教育	588.21	481.25	43.08	473.18	370.30
学前教育	93.30	272.42		45.93	96.24
小学教育	95.00	187.96	9.23	155.07	128.51
初中教育	77.67	20.87	6.15	82.65	17.15
高中教育	86.04		27.69	86.60	26.17
中专职高教育	24.60				15.99
大专及以上教育	169.77			102.91	4.95
成人教育	41.83				81.28
文化娱乐	388.40	234.26	216.40	281.25	741.77
文娱耐用消费品	100.26		92.31	8.69	54.45
其他文娱用品	94.83	48.38	44.34	23.33	183.27
文化娱乐服务	193.32	185.89	79.75	249.24	504.05
医疗保健	**882.25**	**356.37**	**2780.37**	**761.26**	**386.43**
医疗器具及药品	327.34	142.99	12.68	517.16	249.68
医疗服务	554.91	213.39	2767.69	244.10	136.75
门诊总费用	254.78	107.19	13.85	194.17	73.69
住院总费用	300.14	106.20	2753.85	49.93	63.06
其他用品和服务	**371.62**	**252.70**	**43.23**	**70.31**	**252.06**
其他用品	282.20	6.26			155.42
其他服务	89.42	246.44	43.23	70.31	96.65

单位:元

上街区	惠济区	中牟县	巩义市	荥阳市	新密市	新郑市	登封市
	44.05	53.33	19.36	20.00	22.91		4.89
539.73	790.71	466.77	334.95	697.22	666.34	582.83	479.37
272.16	191.63	137.90	90.58	241.31	339.01	183.06	63.05
267.57	599.08	328.87	244.37	455.91	327.32	399.78	416.32
815.68	**2282.04**	**667.69**	**888.75**	**1601.69**	**1084.75**	**1131.19**	**629.43**
510.62	1561.45	447.09	489.20	1195.57	746.23	507.45	427.31
61.12	460.18	78.73	47.01	71.58	70.10	179.68	48.46
78.28	78.30	72.22	71.16	197.65	86.76	21.22	105.36
48.89	182.49	169.50	44.16	142.71	82.69	20.98	40.28
25.34	265.46	60.47	103.97	177.27	141.01	25.43	58.78
8.45	56.60			171.80	12.97	4.60	7.08
260.91	476.56	10.33	220.28	357.19	310.04	224.03	118.12
27.63	41.87	55.85	2.61	77.35	42.66	31.52	49.24
305.05	720.59	220.60	399.55	406.12	338.52	623.74	202.12
35.98	29.13	0.08	73.91	155.74	114.10	388.80	56.64
73.38	141.32	73.04	48.54	85.30	128.54	119.51	96.59
195.69	550.14	147.48	277.10	165.09	95.89	115.43	48.89
1295.48	**612.68**	**636.97**	**590.17**	**829.84**	**943.95**	**1338.51**	**598.31**
414.06	109.25	124.69	160.15	295.95	509.64	81.54	194.40
881.42	503.43	512.27	430.01	533.89	434.31	1256.97	403.91
258.14	149.13	284.42	193.01	268.50	151.33	644.48	338.16
623.28	354.29	227.85	237.00	265.39	282.98	612.49	65.75
105.91	**378.82**	**87.01**	**273.46**	**152.70**	**538.40**	**262.75**	**475.23**
38.56	185.20	56.56	189.09	53.65	383.64	194.65	401.45
67.35	193.62	30.44	84.37	99.05	154.76	68.11	73.77

5-17 农民居民人均

(2015 年)

指　　标	单位	全市	中原区	二七区	管城区	金水区
购买生活消费品	**元**	**9620.68**	**7606.38**	**7838.50**	**10431.70**	**9911.82**
食品烟酒	**元**	**2548.16**	**3218.72**	**2042.76**	**3168.35**	**3109.35**
食品	**元**	**1861.22**	**2296.11**	**1170.90**	**1818.64**	**2085.22**
谷物	元	258.12	327.42	100.64	177.26	277.11
小麦	公斤	1.00	0.15			0.02
金额	元	2.14	0.56			0.06
面粉	公斤	16.59	8.24	0.38	1.15	23.77
金额	元	55.66	32.70	2.62	4.80	78.07
稻谷	公斤	0.15	0.36		0.35	0.07
金额	元	0.51	1.89		0.92	0.26
大米	公斤	11.07	15.37	1.54	7.97	20.29
金额	元	59.50	85.08	6.15	46.49	91.74
玉米	公斤	0.41		0.03		0.97
金额	元	2.00		0.10	0.66	3.51
小米	公斤	1.93	2.34	0.44	1.38	1.33
金额	元	20.99	30.74	3.85	11.37	11.72
其他谷物	公斤	0.42	1.54	0.75	1.08	0.58
金额	元	3.63	12.04	8.08	8.99	4.03
面粉制品	公斤	23.25	35.34	23.09	23.25	18.97
金额	元	101.13	163.76	77.67	101.77	84.18
其他谷物制品	公斤	3.00	0.07	0.23	0.34	0.45
金额	元	12.56	0.65	2.18	2.25	3.54
薯类	**公斤**	**9.86**	**5.08**	**17.68**	**9.82**	**6.55**
金额	元	63.30	17.30	62.79	26.94	24.87
红薯	公斤	3.29	0.78	0.03	4.05	2.09
金额	元	6.45	2.48	0.13	9.53	4.07
马铃薯	公斤	2.27	4.30	8.65	2.09	2.97
金额	元	7.01	14.81	28.41	4.98	8.60
其他薯类及制品	公斤	4.29		9.00	3.68	1.48
金额	元	49.85		34.26	12.44	12.19
豆类	**公斤**	**6.41**	**7.70**	**8.71**	**2.20**	**4.52**
金额	元	37.41	60.56	26.40	12.26	26.69
大豆	公斤	0.30	1.01		0.28	0.19

购买生活消费品

上街区	惠济区	中牟县	巩义市	荥阳市	新密市	新郑市	登封市
9372.34	**15889.61**	**6998.67**	**6756.22**	**9404.04**	**9360.63**	**13441.06**	**12588.24**
2968.47	**3544.88**	**2234.37**	**2002.18**	**2658.68**	**2736.65**	**3386.94**	**2808.97**
2289.85	**2177.35**	**1102.34**	**1456.71**	**1896.88**	**1962.50**	**2220.67**	**2003.54**
405.58	291.64	288.26	218.88	261.94	226.54	335.91	288.97
0.03		0.46	1.07	3.50	2.23		0.95
0.10		1.16	3.25	7.48	2.69		2.87
17.53	8.06	33.08	12.13	2.14	4.96	22.90	28.90
56.78	32.88	112.15	38.68	6.76	18.02	77.12	94.62
0.07		0.61	0.16				
0.30		2.06	0.53	0.02			
8.60	10.04	7.83	8.03	15.04	11.39	11.07	11.65
44.84	59.77	40.48	46.18	85.40	67.85	62.49	58.38
0.43	0.48	1.16	0.21	0.10	0.82	0.40	0.45
1.74	2.89	12.04	0.74	0.40	2.38	2.33	2.21
3.89	2.34	0.31	3.05	2.32	3.33	2.49	1.35
42.40	27.25	3.19	35.39	27.43	35.73	25.08	15.21
0.89	0.52	0.12	0.70	0.12	0.25	0.48	0.25
6.37	4.15	1.10	5.47	1.26	2.04	4.74	3.04
47.09	42.15	17.67	14.60	25.86	20.26	28.71	35.35
240.23	135.67	67.07	85.16	127.29	91.30	147.50	111.33
1.43	1.39	14.73	0.29	0.71	1.03	2.42	0.25
12.83	9.03	48.98	3.49	5.92	6.53	16.64	1.31
12.73	**14.93**	**3.44**	**5.38**	**11.25**	**11.05**	**14.80**	**18.35**
47.23	79.10	20.79	22.77	40.42	44.90	73.92	258.44
6.04	3.88	0.98	1.41	4.38	6.14	8.95	1.40
11.92	12.96	2.43	2.85	8.07	10.51	15.32	4.18
4.83	5.34	0.83	2.97	4.25	2.77		0.09
15.05	18.18	2.18	8.19	12.50	10.24		0.32
1.86	5.71	1.63	1.00	2.62	2.14	5.85	16.86
20.26	47.95	16.18	11.74	19.85	24.15	58.60	253.95
12.40	**5.48**	**1.91**	**6.85**	**8.02**	**9.51**	**7.66**	**8.79**
58.98	26.38	9.92	44.27	45.14	55.03	49.40	50.15
0.78	0.35	0.47	0.17	0.18	0.43	0.29	0.21

5-17 续表 1 (2015 年)

指 标	单位	全市	中原区	二七区	管城区	金水区
金额	元	1.83	6.54		1.12	1.36
其他豆类及制品	公斤	6.11	6.69	8.71	1.92	4.33
金额	元	35.58	54.02	26.40	11.14	25.34
食用油	**公斤**	**8.10**	**3.97**	**2.54**	**2.96**	**7.37**
金额	元	112.13	64.63	40.36	80.50	84.24
食用植物油	公斤	7.97	3.85	2.54	2.32	7.36
金额	元	106.18	62.98	40.36	66.97	83.96
食用动物油	公斤	0.14	0.13		0.64	0.01
金额	元	5.95	1.65		13.53	0.28
蔬菜和食用菌	公斤	63.26	51.82	46.50	96.14	60.72
金额	元	224.90	216.33	158.72	268.09	281.69
鲜菜	公斤	61.70	49.79	46.34	94.67	59.63
金额	元	195.28	194.51	155.72	251.23	267.43
干菜及菜制品	公斤	0.65	0.23	0.16	0.73	0.20
金额	元	12.20	1.59	3.00	6.78	2.33
鲜菌	公斤	0.56	1.79		0.52	0.81
金额	元	6.26	20.13		5.33	9.78
干菌及制品	公斤	0.34	0.01		0.22	0.07
金额	元	11.15	0.10		4.75	2.15
肉类	**公斤**	**11.69**	**16.69**	**7.43**	**12.79**	**17.05**
金额	元	327.23	581.12	179.28	323.52	393.05
猪肉	公斤	9.10	11.99	6.54	10.27	13.51
金额	元	203.05	339.57	144.72	235.89	262.91
牛肉	公斤	0.75	2.35	0.25	0.67	1.44
金额	元	47.67	141.16	16.41	33.03	72.93
羊肉	公斤	0.50	0.98	0.35	0.60	0.74
金额	元	28.67	58.31	11.79	24.49	31.81
其他肉类及制品	公斤	1.34	1.37	0.29	1.25	1.36
金额	元	47.83	42.08	6.36	30.11	25.41
禽类	**公斤**	**2.43**	**4.25**	**2.74**	**5.91**	**5.25**
金额	元	53.75	95.43	43.00	76.61	91.55
鸡	公斤	1.72	3.07	2.27	4.24	4.77
金额	元	30.38	72.68	33.95	56.51	80.50
鸭	公斤	0.09	1.18		0.07	0.35

上街区	惠济区	中牟县	巩义市	荥阳市	新密市	新郑市	登封市
6.00	2.27	2.67	1.28	1.19	2.48	1.89	1.19
11.62	5.12	1.44	6.68	7.84	9.08	7.37	8.58
52.97	24.12	7.24	43.00	43.95	52.55	47.51	48.96
6.90	**3.63**	**4.23**	**7.55**	**7.68**	**12.15**	**11.33**	**13.50**
79.55	33.40	64.86	98.58	96.32	163.22	215.90	148.00
6.90	3.63	4.23	7.55	7.67	11.98	10.58	13.50
79.55	33.40	64.86	98.58	96.21	160.05	170.65	148.00
				0.02	0.17	0.75	
				0.11	3.17	45.25	
105.62	61.60	58.66	51.66	65.20	84.77	69.10	56.21
344.74	258.43	153.55	176.78	236.05	318.32	238.96	221.15
103.05	59.27	57.85	50.25	63.83	82.89	67.01	53.56
318.29	232.15	145.70	136.25	214.43	278.31	190.56	167.07
0.90	0.61	0.76	0.46	0.50	1.38	0.68	0.64
9.86	5.17	7.48	22.06	10.44	25.04	12.16	11.93
1.59	1.18	0.05	0.85	0.72	0.40	0.80	0.31
14.04	12.13	0.38	9.34	7.67	6.19	8.13	2.72
0.08	0.55		0.10	0.15	0.10	0.61	1.70
2.55	8.97		9.12	3.51	8.77	28.11	39.43
12.21	**14.57**	**7.63**	**9.18**	**14.74**	**10.51**	**16.44**	**10.25**
318.25	355.90	177.83	291.18	390.14	320.62	571.88	259.81
9.55	10.11	6.65	6.98	11.73	7.94	11.01	8.93
217.44	213.63	138.11	163.28	277.60	190.41	243.11	195.36
0.58	0.29	0.27	0.37	0.43	1.11	1.38	0.61
31.64	17.10	17.28	21.81	27.95	82.76	97.12	36.94
0.20	0.46	0.15	0.56	0.47	0.32	1.09	0.39
11.08	25.31	7.82	31.71	26.46	15.22	83.02	22.06
1.89	3.72	0.56	1.28	2.11	1.15	2.97	0.33
58.08	99.86	14.62	74.38	58.13	32.22	148.63	5.45
1.56	**1.80**	**1.60**	**1.26**	**2.41**	**2.07**	**3.53**	**0.84**
35.61	25.89	25.72	27.21	55.55	48.69	113.49	40.95
1.06	1.14	1.54	0.91	1.53	1.17	1.74	0.32
21.60	15.98	24.58	15.22	28.86	20.34	42.65	5.15
0.14	0.03	0.02	0.01	0.07	0.03		0.02

5-17 续表2 （2015年）

指 标	单位	全市	中原区	二七区	管城区	金水区
金额	元	1.90	22.75		1.46	8.94
鹅	公斤	0.01			0.13	
金额	元	0.09			2.24	
其他禽类及制品	公斤	0.61		0.47	1.47	0.13
金额	元	21.39		9.05	16.40	2.11
水产品	**公斤**	**2.34**	**5.33**	**1.98**	**4.50**	**4.14**
金额	元	60.85	153.36	30.74	80.17	65.50
鱼类	公斤	1.82	3.88	1.72	3.41	3.46
金额	元	36.36	69.07	28.28	59.06	46.61
虾类	公斤	0.13	0.84		0.37	0.48
金额	元	5.73	56.60		13.35	16.23
蟹类	公斤	0.01	0.49			
金额	元	0.63	23.72			0.02
贝类	公斤		0.13		0.03	0.01
金额	元	0.13	3.97		0.39	0.13
藻类	公斤	0.18		0.26	0.49	0.11
金额	元	2.05		2.46	3.88	0.68
其他水产品及制品	公斤	0.19			0.20	0.08
金额	元	15.96			3.49	1.83
蛋类	**公斤**	**9.55**	**7.39**	**10.67**	**10.08**	**13.17**
金额	元	82.09	64.40	98.36	87.51	107.95
鲜蛋	公斤	9.37	7.27	10.35	9.73	13.12
金额	元	80.03	62.11	94.00	82.42	107.57
蛋制品	公斤	0.18	0.11	0.32	0.35	0.04
金额	元	2.06	2.30	4.36	5.09	0.38
奶类	**公斤**	**8.10**	**16.46**	**3.36**	**7.95**	**11.41**
金额	元	137.95	185.01	23.56	132.94	167.01
鲜奶	公斤	4.07	7.13	3.28	4.18	2.66
金额	元	39.71	66.73	23.26	37.84	21.36
酸奶	公斤	2.37	8.86	0.08	2.59	4.97
金额	元	27.32	108.05	0.31	33.78	42.05
奶粉	公斤	0.50	0.02		0.38	0.87
金额	元	49.45	1.04		52.10	56.64
其他奶制品	公斤	1.16	0.44		0.80	2.91

上街区	惠济区	中牟县	巩义市	荥阳市	新密市	新郑市	登封市
1.58	0.58	0.30	0.07	1.49	0.69		0.65
0.36	0.62	0.05	0.35	0.81	0.87	1.79	0.50
12.42	9.33	0.83	11.92	25.20	27.66	70.84	35.15
2.36	**2.90**	**1.09**	**1.19**	**1.98**	**1.51**	**3.29**	**3.20**
40.30	45.02	16.35	21.96	33.08	29.45	197.61	90.60
1.42	1.74	1.01	0.82	1.33	1.32	1.99	2.96
20.67	21.56	13.62	13.99	22.96	23.26	61.39	85.04
0.25	0.26	0.06	0.03	0.04	0.06	0.10	0.04
10.10	10.67	2.52	2.22	1.78	3.23	4.10	0.79
	0.01						
	1.20						
0.01							
0.09							
0.35	0.70	0.02	0.09	0.42	0.05	0.33	0.16
3.88	8.40	0.20	1.51	4.86	0.69	3.65	2.24
0.33	0.18		0.25	0.19	0.08	0.88	0.04
5.57	3.18		4.24	3.49	2.27	128.48	2.52
15.69	**9.42**	**6.09**	**7.43**	**12.26**	**10.45**	**9.38**	**11.43**
131.93	88.51	53.37	64.34	108.34	89.26	75.17	100.03
15.48	8.87	5.98	7.33	12.19	10.27	8.97	11.18
129.36	84.32	52.57	62.89	107.37	87.15	70.30	97.71
0.21	0.55	0.11	0.10	0.07	0.18	0.41	0.24
2.56	4.19	0.80	1.45	0.98	2.11	4.87	2.32
13.46	**32.73**	**1.98**	**7.56**	**11.18**	**7.77**	**8.70**	**5.48**
310.17	430.37	66.14	147.59	141.69	168.47	134.70	123.16
7.57	19.43	1.36	5.77	5.93	4.52	3.30	1.51
74.55	99.03	15.62	78.38	44.28	62.46	29.66	9.63
3.54	2.54	0.14	1.26	2.31	1.04	4.75	3.25
34.19	21.84	2.61	23.68	34.18	19.88	46.53	29.21
1.09	5.04	0.18	0.31	0.35	0.18	0.53	0.49
184.40	228.94	35.99	42.67	32.12	27.65	56.39	82.08
1.26	5.73	0.30	0.23	2.60	2.03	0.12	0.23

5-17 续表 3 （2015 年）

指　　标	单位	全市	中原区	二七区	管城区	金水区
金额	元	21.47	9.18		9.23	46.96
干鲜瓜果类	**公斤**	**41.60**	**49.10**	**55.98**	**23.14**	**51.59**
金额	元	207.67	343.55	243.91	183.07	257.09
鲜瓜果	公斤	38.49	47.27	52.27	22.45	49.52
金额	元	155.31	275.02	186.96	155.93	212.53
瓜果制品	公斤	0.72	0.51	0.52		0.29
金额	元	11.41	16.62	12.38		8.46
坚果类	公斤	2.39	1.32	3.18	0.69	1.79
金额	元	40.95	51.91	44.56	27.14	36.09
糖果糕点类	**公斤**	**5.69**	**6.61**	**1.67**	**6.54**	**7.25**
金额	元	80.37	151.92	17.27	70.51	130.47
食糖	公斤	1.01	0.36	1.49	0.87	0.61
金额	元	7.31	3.28	14.87	7.87	4.64
糖果	公斤	1.42	0.50	0.10	0.31	0.77
金额	元	14.49	19.31	1.92	5.09	18.00
糕点	公斤	2.19	5.76		1.66	3.71
金额	元	38.28	129.33		20.14	80.55
其他糖果糕点	公斤	1.07		0.08	3.71	2.16
金额	元	20.29		0.47	37.41	27.28
其他食品	**元**	**124.45**	**35.07**	**145.86**	**299.26**	**178.00**
调味品	元	53.72	33.28	34.50	57.68	47.75
其他食品	元	70.73	1.78	111.36	241.58	130.25
饮料	**元**	**102.97**	**145.22**	**25.45**	**132.93**	**101.69**
茶叶	公斤	0.14	0.25		0.27	0.09
金额	元	19.16	121.13		20.78	32.88
咖啡	元	1.12	5.47		1.32	4.24
其他固体饮料	元	2.59	1.04	0.18	0.13	1.62
瓶装饮用水	元	7.57	10.42	2.76	9.21	6.98
果汁饮料	元	13.60	5.89	4.21	28.67	17.86
其他液体饮料	元	58.94	1.27	18.31	72.82	38.11
烟酒	**元**	**293.55**	**319.36**	**259.13**	**503.39**	**284.18**
烟草	元	175.22	277.61	211.72	390.48	132.18
卷烟	盒	18.12	25.94	19.03	37.28	10.79
金额	元	175.12	277.61	211.72	390.48	132.18

上街区	惠济区	中牟县	巩义市	荥阳市	新密市	新郑市	登封市
17.03	**80.57**	**11.92**	**2.85**	**31.12**	**58.48**	**2.12**	**2.25**
57.37	56.34	26.55	34.39	52.49	49.93	49.47	37.65
349.13	300.13	133.49	197.70	261.06	238.89	222.68	150.22
51.77	50.84	24.35	30.56	48.25	45.70	46.58	34.70
231.70	235.02	104.65	110.43	184.37	181.51	178.06	115.88
2.01	1.97	1.12	0.79	0.42	0.69	0.88	0.71
50.64	24.17	10.77	16.80	10.79	11.83	11.42	7.80
3.59	3.54	1.08	3.04	3.83	3.53	2.01	2.24
66.78	40.93	18.07	70.47	65.91	45.55	33.20	26.55
3.94	**5.74**	**1.67**	**4.27**	**4.59**	**6.37**	**5.74**	**12.97**
69.81	59.05	23.14	71.41	73.88	104.29	105.78	101.19
0.74	1.53	0.35	0.88	0.63	1.67	1.54	1.54
4.87	9.54	2.44	6.98	5.15	10.89	10.72	10.51
0.21	0.98	0.03	0.17	0.21	0.39	0.59	9.58
6.09	7.07	1.11	3.55	6.69	8.40	9.30	70.37
2.41	1.93	0.76	3.15	2.86	2.78	1.14	1.77
42.56	25.35	9.56	59.55	48.52	47.72	18.70	19.29
0.59	1.30	0.53	0.06	0.89	1.54	2.46	0.09
16.28	17.10	10.03	1.34	13.53	37.28	67.06	1.01
98.58	**183.52**	**68.93**	**74.04**	**153.27**	**154.83**	**61.27**	**170.87**
49.70	43.44	38.97	52.14	49.78	66.82	43.45	95.92
48.88	140.08	29.96	21.90	103.49	88.01	17.82	74.95
81.02	**168.93**	**16.20**	**96.16**	**61.78**	**121.43**	**197.85**	**155.35**
0.04	0.09		0.02	0.01	0.05	0.66	0.29
5.91	14.37	0.22	7.93	0.44	8.38	73.31	12.12
0.53			0.23	0.35	3.24	0.11	
5.55	4.61	0.06	0.26	5.58	1.77	8.18	4.03
3.80	10.44	6.07	3.42	6.74	6.76	14.05	11.05
5.46	0.84	5.63	3.20	7.36	27.64	22.48	18.58
59.76	138.67	4.23	81.12	41.29	73.64	79.72	109.58
252.39	**373.10**	**277.74**	**151.72**	**243.74**	**167.96**	**545.30**	**396.75**
164.84	238.18	160.03	78.51	180.96	111.08	187.41	307.21
18.44	21.41	15.63	8.80	23.94	13.25	19.72	30.63
161.48	235.56	160.03	78.51	180.96	111.08	187.41	307.08

5-17 续表4 (2015年)

指　　标	单位	全市	中原区	二七区	管城区	金水区
烟丝烟叶	公斤	0.01				
金额	元	0.11				
酒类	元	118.33	41.75	47.41	112.90	152.00
啤酒	公斤	3.42	1.05	8.36	4.86	3.38
金额	元	20.10	5.78	17.92	31.07	23.60
白酒	公斤	1.03	0.58	0.29	2.20	1.03
金额	元	97.41	35.97	29.49	81.04	126.05
果酒	公斤	0.03			0.01	0.01
金额	元	0.37			0.16	0.85
其他酒	元	0.46			0.63	1.50
饮食服务	**元**	**506.41**	**458.03**	**587.28**	**713.39**	**638.26**
食堂用餐	元	20.12	3.76		13.35	10.01
其他在外饮食	元	479.37	454.27	587.28	698.39	626.62
食品加工服务费	元	6.92			1.66	1.63
衣着	**元**	**1062.50**	**728.10**	**658.08**	**1174.13**	**1458.24**
衣类	**元**	**801.77**	**470.71**	**475.03**	**889.77**	**1134.25**
服装	元	770.14	461.95	474.77	881.73	1087.45
服装材料	元	2.74	0.94		6.19	7.16
其他衣类及配件	元	27.22	6.79	0.26	1.26	32.64
衣类加工服务费	元	1.67	1.04		0.59	7.00
鞋类	**元**	**260.72**	**257.39**	**183.05**	**284.36**	**323.99**
鞋	双	2.83	2.13	2.28	3.30	3.72
金额	元	258.12	257.39	181.13	282.25	314.01
鞋类配件及加工服务费	元	2.61		1.92	2.11	9.98
居住	**元**	**1525.42**	**670.30**	**1817.46**	**1000.76**	**952.68**
租赁房房租	**元**	**151.46**	**0.73**		**2.63**	**3.29**
租赁公房房租	元	3.01				
租赁私房房租	元	148.45	0.73		2.63	3.29
住房维修及管理	**元**	**767.18**	**46.15**		**27.64**	**511.80**
住房装潢	元	523.41				20.03
住房维修	元	124.97	3.17			466.56
物业管理费	元	5.33	42.98		22.24	20.31
其他	元	113.47			5.40	4.90
水电燃料及其他	**元**	**606.78**	**623.42**	**1817.46**	**970.49**	**437.59**

上街区	惠济区	中牟县	巩义市	荥阳市	新密市	新郑市	登封市
0.41	0.29						0.03
3.37	2.62						0.14
87.54	134.91	117.71	73.21	62.79	56.88	357.90	89.53
2.86	4.56	1.66	1.65	3.69	2.51	3.50	7.64
23.89	29.51	11.46	11.50	27.84	21.47	18.56	31.94
1.75	3.28	1.32	0.33	0.55	0.59	1.42	1.48
61.57	100.95	106.25	60.91	34.68	34.49	338.99	56.51
0.06	0.13		0.14	0.04		0.04	
0.20	4.45		0.69	0.22		0.28	
1.89			0.11	0.05	0.92	0.06	1.08
345.21	**825.51**	**838.09**	**297.60**	**456.29**	**484.76**	**423.11**	**253.33**
11.16	0.22	3.89	7.96	35.18	1.81	72.93	41.51
333.21	821.57	827.62	285.07	413.76	471.89	345.11	193.89
0.83	3.72	6.58	4.56	7.35	11.06	5.07	17.93
965.54	**1439.39**	**719.76**	**765.98**	**1152.37**	**1230.79**	**981.60**	**1526.55**
729.16	**1076.00**	**586.45**	**575.30**	**868.85**	**884.12**	**631.79**	**1244.06**
671.62	1064.90	537.18	563.35	841.15	827.11	615.30	1208.75
4.82		1.54	0.54	1.24	5.36	2.95	2.31
38.19	10.39	47.32	9.61	25.38	50.05	13.50	31.17
14.54	0.71	0.41	1.80	1.08	1.60	0.04	1.83
236.38	**363.39**	**133.31**	**190.68**	**283.52**	**346.66**	**349.81**	**282.49**
2.48	3.33	1.65	2.23	3.18	3.16	3.61	3.37
233.23	358.99	133.13	189.26	281.53	342.87	346.79	281.73
3.15	4.40	0.17	1.42	2.00	3.79	3.02	0.76
796.94	**4204.68**	**758.04**	**479.43**	**1134.25**	**645.33**	**2908.94**	**4175.52**
126.70	**1598.56**	**184.19**		**79.20**	**30.17**	**2.40**	**527.70**
				16.21	1.89	2.40	6.69
126.70	1598.56	184.19		62.99	28.29		521.01
69.20	**1858.07**	**86.05**	**12.71**	**568.74**	**120.50**	**2375.63**	**2644.44**
47.30	275.16	68.92	3.88	111.54	65.52	2282.96	1982.17
1.32	716.17	14.02	8.76	59.86	52.91	58.94	300.81
20.42	1.58	0.36	0.07	3.60	0.70	5.89	0.90
0.15	865.16	2.76		393.74	1.37	27.85	360.56
601.04	**748.05**	**487.80**	**466.72**	**486.31**	**494.67**	**530.92**	**1003.38**

5-17 续表 5 （2015 年）

指　　标	单位	全市	中原区	二七区	管城区	金水区
水	吨	18.22	5.77		11.89	21.96
金额	元	33.93	13.88		23.45	42.77
电	度	579.23	684.94	3092.67	1401.54	437.31
金额	元	335.13	392.13	1733.74	848.45	274.14
燃料	元	207.33	217.41	83.72	97.82	120.67
煤炭	公斤	60.99	189.94			
金额	元	40.12	104.36			
沼气	立方米					
金额	元					
管道天然气	立方米	4.06	17.09		5.82	24.06
金额	元	9.23	38.46		14.61	49.31
管道煤气	立方米					
金额	元	0.01				
管道液化石油气	立方米	0.03			0.13	0.17
金额	元	0.23			1.71	0.60
罐装液化石油气	公斤	18.97	3.45	11.90	11.70	13.77
金额	元	123.70	37.21	83.72	81.50	70.76
汽油	升	4.42	5.90			
金额	元	29.65	37.38			
柴油	升	0.66				
金额	元	4.32				
其他油	升	0.01				
金额	元	0.05				
其他生活燃料	元	0.02				
取暖费	元	2.12			0.76	
其他	元	28.28				
生活用品及服务	**元**	**755.17**	**921.91**	**139.74**	**1372.20**	**1192.93**
家具及室内装饰品	**元**	**147.87**	**52.08**	**7.69**	**59.42**	**300.46**
家具	元	125.40	21.19	7.69	48.93	297.24
家具材料	元	11.47	27.03		2.63	
室内装饰品	元	11.00	3.86		7.86	3.23
家用器具	**元**	**170.22**	**390.59**	**1.28**	**604.04**	**231.91**
耐用消费品	元	140.82	382.66	1.28	599.83	104.50
洗衣机	台	0.02	0.04		0.03	

上街区	惠济区	中牟县	巩义市	荥阳市	新密市	新郑市	登封市
43.50	5.66	27.99	23.37	9.83	14.37	20.25	19.62
87.86	4.59	31.52	51.87	18.61	40.65	35.02	39.64
493.77	1002.44	511.07	450.92	519.95	487.46	396.71	334.10
280.26	624.98	297.92	253.98	293.56	273.96	225.80	191.15
141.17	118.48	156.01	160.86	171.14	162.80	270.10	542.93
		4.47	224.77	23.63	11.03	17.29	160.06
		4.77	108.02	29.23	8.31	16.96	135.08
46.74		4.19	0.07	0.04	0.99	0.31	0.19
107.38		10.82	0.44	0.23	2.43	1.79	1.02
				0.04			
				0.10			
			0.08				
			0.75				
8.33	20.48	22.43	6.30	23.15	21.19	27.12	29.40
10.55	111.39	138.86	51.65	141.44	151.56	192.18	185.17
3.55	1.13	0.14		0.02		3.81	32.23
23.24	7.10	0.98		0.14		24.64	217.62
		0.08				5.35	0.59
		0.58				34.53	4.04
					0.06		
					0.38		
					0.12		
55.63		2.35			11.04		
36.12				3.00	6.22		229.65
1327.27	**1636.23**	**374.46**	**531.52**	**613.28**	**726.32**	**783.61**	**1073.08**
1.31	**382.89**	**28.99**	**103.26**	**70.65**	**39.34**	**425.94**	**219.37**
	243.15	14.00	103.26	70.44	18.96	425.88	119.18
0.59	95.54	14.98		0.10	16.36		28.32
0.72	44.20			0.10	4.02	0.06	71.86
113.38	**514.37**	**94.56**	**84.04**	**128.29**	**225.45**	**121.40**	**133.03**
90.24	466.57	74.38	75.22	118.61	211.02	110.02	77.46
0.01	0.03	0.01	0.01	0.02	0.03	0.02	0.01

5-17 续表 6 (2015 年)

指 标	单位	全市	中原区	二七区	管城区	金水区
金额	元	20.61	26.10		63.18	
电冰箱(柜)	台	0.01	0.04		0.04	0.02
金额	元	21.17	72.51		88.18	39.18
空调器	台	0.02	0.06		0.07	0.01
金额	元	55.49	131.64		192.16	14.01
吸尘器	台				0.01	
金额	元	1.47			6.58	
抽油烟机	台	0.01	0.08		0.01	
金额	元	5.19	51.16		18.69	
微波炉	台		0.04		0.01	
金额	元	1.90	26.11		9.08	
非太阳能热水器	台	0.01	0.02			0.02
金额	元	7.19	37.57			26.41
太阳能热水器	台					
金额	元	1.91				
燃气炉具	套					
金额	元	1.12				
金额	元	0.03				
其他	元	24.14	37.57	1.28	221.96	24.90
小家电	元	29.40	7.93		4.21	127.40
家用纺织品	**元**	**99.19**	**122.88**	**9.62**	**71.90**	**106.10**
床上用品	元	85.39	84.88	9.62	39.00	102.31
窗帘门帘	元	5.60	24.22		4.47	0.57
其他家用纺织品	元	8.20	13.78		28.43	3.22
家庭日用杂品	**元**	**213.80**	**141.01**	**101.18**	**577.99**	**335.29**
洗涤及卫生用品	元	78.00	104.70	61.15	104.06	133.70
厨具餐具茶具	元	22.46	30.59		8.16	45.99
家用手工工具	元	1.31	4.38			5.39
其他	元	112.03	1.33	40.03	465.77	150.21
个人用品	**元**	**88.63**	**215.35**	**19.97**	**44.77**	**171.55**
化妆品	元	52.69	131.02	18.46	22.77	100.53
其他个人用品	元	35.94	84.33	1.51	22.00	71.02
家庭服务	**元**	**35.47**			**14.08**	**47.62**
家政服务	元	1.49				7.29

上街区	惠济区	中牟县	巩义市	荥阳市	新密市	新郑市	登封市
14.96	53.64	7.82	10.49	21.71	57.82	18.78	9.77
	0.03		0.01	0.01	0.01	0.01	0.01
	42.29		11.58	24.82	28.10	5.80	19.75
0.01	0.07	0.02	0.02		0.04	0.02	
15.20	256.14	61.45	39.98	9.94	86.12	57.92	15.15
	0.01						
	41.87						
0.01	0.01						0.01
1.37	19.63				1.90		20.12
0.01						0.01	
1.57				0.84	4.15	2.31	
0.03			0.01		0.01		
31.21			8.17	3.36	10.15	6.55	
0.01	0.01					0.01	
7.18	5.02					15.92	
	0.01		0.01	0.01		0.01	
	0.52		5.01	2.41		1.44	
					0.24		
18.76	47.47	5.10		49.92	22.54	1.31	12.67
23.14	47.80	20.18	8.82	9.68	14.43	11.38	55.56
796.98	**77.29**	**39.73**	**69.70**	**139.51**	**104.85**	**31.67**	**246.93**
791.69	49.90	36.59	63.71	124.42	98.32	30.81	191.50
	12.23	2.93	2.50	9.76	1.06	0.65	20.08
5.29	15.16	0.21	3.49	5.33	5.47	0.21	35.35
221.80	**579.99**	**160.23**	**129.16**	**211.39**	**205.10**	**131.14**	**232.99**
68.06	115.31	23.05	31.79	96.17	105.24	45.98	133.52
20.59	8.11	7.55	19.65	17.85	27.61	14.40	47.07
0.83	1.15	1.21	0.70	0.58	0.90	0.18	1.27
132.33	455.43	128.42	77.03	96.79	71.34	70.57	51.13
127.17	**76.30**	**40.51**	**101.24**	**40.89**	**130.20**	**68.40**	**101.71**
19.10	49.67	24.62	58.32	20.70	96.01	39.41	46.35
108.07	26.63	15.89	42.92	20.19	34.19	28.99	55.36
66.63	**5.39**	**10.44**	**44.11**	**22.55**	**21.37**	**5.05**	**139.04**
32.36		0.17	2.88	0.33	0.72	0.77	

5-17 续表 7 (2015 年)

指 标	单位	全市	中原区	二七区	管城区	金水区
家庭设备修理费	元	33.98			14.08	40.33
交通通信	元	**1490.06**	**764.14**	**611.23**	**2130.25**	**1448.07**
交通	元	**925.95**	**302.97**	**330.97**	**768.18**	**790.53**
交通工具	元	406.66	81.64	184.62	320.62	32.25
汽车	辆					
金额	元	304.42				
摩托车	辆					
金额	元	7.51				
自行车	辆	0.01	0.06		0.01	0.01
金额	元	6.58	25.70		15.93	3.40
电动自行车	辆	0.03	0.02	0.05	0.08	0.02
金额	元	80.25	55.94	184.62	262.57	28.84
其他交通工具	元	7.90			42.12	
交通费	元	**38.52**	**66.81**		**8.72**	**35.14**
飞机	元	1.67				14.09
火车	元	5.57				1.09
长途汽车	元	8.59	0.13			1.34
市内公共交通	元	11.64	37.20		5.83	5.99
出租汽车费	元	4.35	29.48			10.79
其他交通费	元	6.69			2.89	1.85
交通工具用燃料	元	**289.30**	**135.42**	**92.00**	**376.38**	**507.79**
汽油	升	43.49	21.62	16.03	52.74	70.50
金额	元	275.43	135.42	92.00	365.58	468.65
柴油	升	1.04			1.46	0.18
金额	元	6.34			9.21	1.06
其他燃料和润滑剂	元	7.53			1.58	38.08
交通工具使用及维修	元	**191.47**	**19.10**	**54.36**	**62.46**	**215.35**
交通工具零配件和维修	元	169.15	18.79	38.97	36.76	183.86
停车费	元	2.68	0.31		25.70	2.22
车辆使用税费(含过桥过路费)	元	14.65				23.85
其他	元	4.99		15.38		5.41
通信	元	**564.11**	**461.17**	**280.26**	**1362.07**	**657.54**
通信工具	元	**204.18**	**113.76**	**79.49**	**1042.65**	**201.72**
电话机	部	0.01	0.02			0.04

上街区	惠济区	中牟县	巩义市	荥阳市	新密市	新郑市	登封市
34.27	5.39	10.27	41.23	22.22	20.65	4.28	139.04
1097.04	**1791.04**	**1486.96**	**1224.75**	**1263.05**	**1454.44**	**2647.12**	**1301.15**
557.31	**1000.34**	**1020.20**	**889.80**	**565.83**	**788.10**	**2064.29**	**821.78**
204.59	259.01	451.91	539.10	110.75	284.47	1633.16	17.56
		0.01	0.01			0.02	
		300.82	495.48		172.07	1520.99	
	0.01		0.01		0.01	0.01	
	10.04		30.56	5.73	15.53	3.08	
	0.07	0.02		0.01			
	80.33	9.44		2.47	5.75		1.08
0.09	0.05	0.05		0.04	0.02	0.04	
204.23	113.69	139.57		100.32	74.55	108.90	15.82
0.36	54.95	2.09	13.06	2.22	16.58	0.19	0.65
31.05	**44.84**	**24.32**	**52.51**	**62.83**	**61.62**	**9.12**	**39.99**
					2.23		
5.54	29.63	5.23	7.15	14.32	9.31	0.04	
3.59		0.52	16.99	25.61	9.96	5.25	12.04
20.60	3.40	7.15	14.78	7.31	29.91	1.78	13.50
1.27	4.72	0.95	4.25	5.67	2.82	0.39	5.71
0.05	7.09	10.47	9.35	9.93	7.38	1.66	8.73
265.24	**458.94**	**371.26**	**162.71**	**286.31**	**330.62**	**328.83**	**112.27**
44.11	67.96	52.17	26.68	45.77	54.42	48.91	17.24
264.53	436.41	349.16	160.52	280.04	326.27	297.02	108.35
		2.88		0.23	0.07	3.88	0.41
		16.79		1.36	0.49	24.68	2.71
0.72	22.53	5.31	2.18	4.91	3.86	7.13	1.20
56.43	**237.55**	**172.71**	**135.49**	**105.94**	**111.39**	**93.18**	**651.97**
48.14	148.76	165.42	96.16	98.46	66.35	82.06	646.81
0.98	3.45	0.37			0.50	11.07	0.25
5.94	16.62	6.92	36.52	1.67	41.05	0.06	0.20
1.37	68.72		2.81	5.81	3.49		4.70
539.73	**790.71**	**466.77**	**334.95**	**697.22**	**666.34**	**582.83**	**479.37**
272.16	**191.63**	**137.90**	**90.58**	**241.31**	**339.01**	**183.06**	**63.05**
0.01			0.01	0.01			0.02

5-17 续表 8 (2015 年)

指 标	单位	全市	中原区	二七区	管城区	金水区
金额	元	3.64	4.17			30.04
移动电话机	部	0.14	0.13	0.10	0.16	0.11
金额	元	196.06	109.58	79.49	1042.65	164.80
其他通信工具及零配件	元	4.48				6.89
通信服务	**元**	**359.93**	**347.41**	**200.77**	**319.43**	**455.82**
固定电话费	元	10.64	10.44		11.18	4.53
移动电话费	元	290.61	226.70	200.77	230.99	371.32
上网费	元	57.03	110.27		77.25	79.97
邮费	元	0.18				
其他通信服务费	元	1.46				
教育文化娱乐	**元**	**970.71**	**705.50**	**216.23**	**754.43**	**1112.06**
教育	**元**	**584.81**	**481.25**	**35.90**	**473.18**	**370.30**
学前教育	**元**	**92.76**	**272.42**		**45.93**	**96.24**
教育用品	元	2.24	0.63			
学杂费	元	18.84	2.54			16.65
培训费	元	15.81	269.26			19.59
赞助费	元	2.32				
一揽子教育服务(含食宿)	元	37.60			45.41	56.93
其他费用	元	15.94			0.53	3.07
小学教育	**元**	**94.45**	**187.96**	**7.69**	**155.07**	**128.51**
教育用品	元	5.19	9.50	7.69	11.08	
学杂费	元	11.58	17.74		105.24	4.77
培训费	元	7.96	18.79			12.19
赞助费	元	0.42				
一揽子教育服务(含食宿)	元	33.02	132.54		11.31	28.59
其他费用	元	36.28	9.39		27.44	82.96
初中教育	**元**	**77.22**	**20.87**	**5.13**	**82.65**	**17.15**
教育用品	元	2.81		5.13		
学杂费	元	12.22			16.06	
培训费	元	5.53	20.87			
赞助费	元	0.75			2.63	3.87
一揽子教育服务(含食宿)	元	27.68			63.97	2.67
其他费用	元	28.24				10.61
高中教育	**元**	**85.54**		**23.08**	**86.60**	**26.17**

上街区	惠济区	中牟县	巩义市	荥阳市	新密市	新郑市	登封市
1.01			1.59	1.67		0.79	1.09
0.21	0.13	0.17	0.11	0.18	0.18	0.14	0.08
260.59	171.20	133.16	88.08	232.16	331.50	180.75	59.15
10.55	20.43	4.73	0.91	7.48	7.51	1.51	2.81
267.57	**599.08**	**328.87**	**244.37**	**455.91**	**327.32**	**399.78**	**416.32**
5.88	36.43	2.88	12.16	7.73	15.87	15.18	14.53
211.21	398.33	274.32	185.41	349.40	276.50	329.74	364.05
47.23	146.44	51.68	44.68	97.09	31.53	53.21	37.69
1.85			0.14	0.78	0.43	0.08	0.05
1.39	17.88		1.98	0.91	2.99	1.57	
815.68	**2282.04**	**667.69**	**888.75**	**1601.68**	**1084.75**	**1131.19**	**629.43**
510.62	**1561.45**	**447.09**	**489.20**	**1195.57**	**746.23**	**507.45**	**427.31**
61.12	**460.18**	**78.73**	**47.01**	**71.58**	**70.10**	**179.68**	**48.46**
				0.45	0.55	8.14	10.35
4.53	8.11	6.71	1.39	28.39	7.05	78.72	26.72
			7.42	1.65	10.10	32.20	9.66
						21.33	0.03
56.59	362.06		38.19	40.43	45.23	36.19	0.11
	90.00	72.02		0.66	7.17	3.10	1.58
78.28	**78.30**	**72.22**	**71.16**	**197.65**	**86.76**	**21.22**	**105.36**
7.83	6.09	2.62	3.09	4.04	10.18	2.76	9.91
9.17	9.16	1.92		11.61	9.92	12.57	17.79
27.21		0.06	16.62	12.69	13.67	5.65	0.92
				0.32			3.26
32.27	4.44		51.46	134.66	22.71		16.11
1.81	58.60	67.62		34.33	30.28	0.24	57.37
48.89	**182.49**	**169.50**	**44.16**	**142.71**	**82.69**	**20.98**	**40.28**
2.39	0.73	2.41	1.66	6.63	1.41	0.11	9.56
		65.70		8.48	1.40		0.57
27.16	29.44	8.14	8.14	5.93	2.02	5.65	0.92
				2.54			
19.34	123.34		34.37	113.16	12.66	15.23	10.72
	28.98	93.25		5.97	65.21		18.51
25.34	265.46	60.47	103.97	177.27	141.01	25.43	58.78

5-17 续表9 （2015年）

指　　标	单位	全市	中原区	二七区	管城区	金水区
教育用品	元	5.71		23.08		
学杂费	元	5.05				
培训费	元	0.15				
赞助费	元	0.50				
一揽子教育服务（含食宿）	元	55.73			86.60	21.22
其他费用	元	18.39				4.95
中专职高教育	**元**	**24.46**				**15.99**
教育用品	元	0.03				
一揽子教育服务（含食宿）	元	18.41				
其他费用	元	6.02				15.99
大专及以上教育	**元**	**168.79**			**102.91**	**4.95**
教育用品	元	2.62				
学杂费	元	29.40				
培训费	元	0.08				
一揽子教育服务（含食宿）	元	93.12			83.18	4.95
其他费用	元	43.56			19.73	
成人教育	**元**	**41.59**				**81.28**
教育用品	元	0.23				
培训费	元	21.08				45.92
其他费用	元	20.28				35.37
文化娱乐	**元**	**385.90**	**224.25**	**180.33**	**281.25**	**741.77**
文娱耐用消费品	**元**	**99.68**		**76.92**	**8.69**	**54.45**
组合音响	台					
金额	元	3.48				
彩色电视机	台	0.01		0.03		
金额	元	14.02		76.92		
照相机	台				0.01	0.02
金额	元	5.22			7.11	50.80
家用台式电脑	台	0.01				
金额	元	20.72				
家用笔记本电脑	台	0.01				
金额	元	40.95				
中高档乐器	元	8.48				
健身器材	元	0.01				

上街区	惠济区	中牟县	巩义市	荥阳市	新密市	新郑市	登封市
	87.52	3.21	3.95	1.63	5.85	0.87	3.38
	8.60	7.23	4.15	6.91	16.91	0.79	0.02
	5.16						
				4.17	0.47		
25.34	18.96	30.99	95.87	163.55	84.40	5.92	20.09
	145.21	19.04		1.01	33.37	17.85	35.29
8.45	**56.60**			**171.80**	**12.97**	**4.60**	**7.08**
	0.42			0.17			
8.45				169.16		4.60	
	56.19			2.47	12.97		7.08
260.91	**476.56**	**10.33**	**220.28**	**357.19**	**310.04**	**224.03**	**118.12**
1.11					0.97	3.84	17.60
	43.01		20.42	96.40	59.31	36.75	27.49
19.26							
214.52	107.09		199.86	259.07	186.19	47.19	4.59
26.01	326.46	10.33		1.72	63.56	136.26	68.43
27.63	**41.87**	**55.85**	**2.61**	**77.35**	**42.66**	**31.52**	**49.24**
	7.85						
27.03	27.48	16.72		34.30	19.33	31.52	28.93
0.60	6.54	39.13	2.61	43.05	23.33		20.31
305.05	**720.59**	**220.60**	**399.55**	**406.11**	**338.52**	**623.74**	**202.12**
35.98	**29.13**	**0.08**	**73.91**	**155.74**	**114.10**	**388.80**	**56.64**
						32.03	
	0.01			0.01			0.02
	28.64			57.97	16.97		22.04
			0.01		0.02	0.01	0.01
			23.82		67.61	40.00	34.46
0.01			0.01	0.02		0.02	
32.94			30.63	62.16	26.12	243.97	
			7.83			68.06	
							0.09

5-17 续表 10 （2015 年）

指 标	单位	全市	中原区	二七区	管城区	金水区
其他文娱耐用消费品	元	1.95				0.62
文娱耐用消费品的零配件及维修	元	4.84			1.58	3.03
其他文娱用品	**元**	**94.03**	**38.36**	**36.95**	**23.33**	**183.27**
书报杂志及音像制品	元	18.96	17.80	15.31	7.87	68.06
文具纸张	元	19.17	6.26	6.82	12.44	49.32
体育户外用品	元	5.18	2.09	0.13		12.69
游戏用品和玩具	元	22.37	6.47	13.92		32.79
园艺花卉及有关产品	元	3.10	5.74		3.03	12.66
宠物及有关产品	元	0.55				1.52
其他文娱用品及维修	元	24.69		0.77		6.24
文化娱乐服务	**元**	**192.20**	**185.89**	**66.46**	**249.24**	**504.05**
团体旅游	元	120.13	16.70		32.89	378.60
景点门票	元	25.59	144.86		106.03	72.12
体育健身活动	元	2.38				16.91
电影话剧演出票	元	2.46	19.94			12.51
有线电视费	元	24.44	4.39	66.46	57.77	5.96
其他文化娱乐服务	元	17.21			52.55	17.96
医疗保健	**元**	**782.80**	**345.02**	**2316.97**	**761.26**	**386.43**
医疗器具及药品	**元**	**226.02**	**142.99**	**10.56**	**517.16**	**249.68**
药品	元	207.44	114.91	10.56	517.16	224.69
滋补保健品	元	13.89	28.07			23.90
医疗卫生器具	元	3.25				1.09
保健器具	元	1.45				
医疗服务	**元**	**556.78**	**202.03**	**2306.41**	**244.10**	**136.75**
门诊医疗总费用	元	254.95	113.53	11.54	194.17	73.69
住院医疗总费用	元	301.82	88.50	2294.87	49.93	63.06
其他用品和服务	**元**	**269.85**	**252.70**	**36.03**	**70.31**	**252.06**
其他用品	**元**	**180.95**	**6.26**			**155.42**
首饰及手表	元	138.24				63.19
其他杂项用品	元	42.71	6.26			92.22
其他服务	**元**	**88.90**	**246.44**	**36.03**	**70.31**	**96.65**
旅馆住宿费	元	8.45				
美容美发洗浴	元	48.92	61.41	34.74	70.31	81.33
其他杂项服务	元	31.53	185.03	1.28		15.32

上街区	惠济区	中牟县	巩义市	荥阳市	新密市	新郑市	登封市
1.52	0.29			16.08	1.35		
1.52	0.20	0.08	11.63	19.52	2.05	4.74	0.05
73.38	**141.32**	**73.04**	**48.54**	**85.29**	**128.54**	**119.51**	**96.59**
17.75	12.55	13.25	5.90	17.25	28.68	8.76	10.00
8.08	32.62	14.55	7.80	10.23	14.85	19.89	33.49
2.69	0.13	0.38	0.03	2.54	1.07	26.21	4.66
25.89	58.47	15.47	3.60	29.23	26.40	52.05	13.31
3.64	4.97	0.31	3.91	1.76	4.42		0.74
3.82		0.35	2.40	0.02			
11.49	32.57	28.73	24.89	24.27	53.12	12.59	34.39
195.69	**550.14**	**147.48**	**277.10**	**165.09**	**95.89**	**115.43**	**48.89**
141.80	387.38	85.70	232.00	81.91	41.76	88.61	2.44
9.79	126.89	6.29	1.22	30.00	9.64	13.22	0.51
	1.96		1.36	0.48		4.00	
6.63	6.31			2.08	2.24		0.08
20.18	6.80	28.54	29.81	7.56	32.22	8.48	39.76
17.29	20.80	26.95	12.71	43.05	10.03	1.11	6.11
1295.48	**612.68**	**670.38**	**590.17**	**829.84**	**943.95**	**1338.90**	**598.31**
414.06	**109.25**	**124.69**	**160.15**	**295.95**	**509.64**	**81.54**	**194.40**
391.29	104.59	113.83	150.69	262.69	475.40	81.43	159.64
13.31	1.52	10.25	4.16	32.45	29.00	0.12	10.53
9.33		0.62	0.57	0.48	0.20		24.23
0.13	3.14		4.73	0.33	5.04		
881.42	**503.43**	**545.68**	**430.01**	**533.89**	**434.31**	**1257.36**	**403.91**
258.14	149.13	294.22	193.01	268.50	151.33	643.89	338.16
623.28	354.29	251.46	237.00	265.39	282.98	613.47	65.75
105.91	**378.67**	**87.01**	**273.46**	**150.88**	**538.40**	**262.75**	**475.23**
38.56	**185.05**	**56.56**	**189.09**	**51.83**	**383.64**	**194.65**	**401.45**
22.79	71.96	37.84	168.61	20.79	273.47	178.49	361.91
15.77	113.09	18.73	20.48	31.04	110.18	16.16	39.54
67.35	**193.62**	**30.44**	**84.37**	**99.05**	**154.76**	**68.11**	**73.77**
0.66	5.36		22.23	12.45	2.40	31.46	1.51
46.55	77.14	8.73	44.51	53.88	91.93	33.55	35.58
20.14	111.12	21.71	17.63	32.72	60.43	3.09	36.68

5-18 农民居民

（2015 年）

指　　标	全市	中原区	二七区	管城区	金水区
住户居住空间样式					
单栋楼房	47.1	21.7	100.0	95.0	50.4
单栋平房	44.2	34.9		5.0	5.4
四居室及以上单元房	1.3				8.8
三居室单元房	2.6	4.3			17.7
二居室单元房	3.8	39.1			17.7
一居室单元房					
筒子楼或连片平房					
其他	1.0				
主要建筑材料					
钢筋混凝土	21.8	4.3	60.0	60.0	10.8
砖混材料	72.6	90.4	40.0	40.0	84.7
砖瓦砖木	4.3	5.3			
其他	1.2				4.4
现住房房屋来源					
租赁公房	0.2				
租赁私房	1.0	4.3			
自建住房	90.8	56.6	100.0	100.0	55.8
购买商品房	4.4	4.3			39.8
购买房改住房	1.8	34.7			
购买保障性住房					
拆迁安置房	1.1				4.4
继承或获赠住房	0.2				
免费借用房	0.2				
其他来源	0.2				
现住房建筑面积	53.57	72.71	77.54	79.01	57.72

家庭现住房情况

单位：平方米/人

上街区	惠济区	中牟县	巩义市	荥阳市	新密市	新郑市	登封市
	100.0	85.8	52.1	22.2	27.1	39.8	19.3
		14.2	43.6	76.8	72.9	49.3	77.5
3.7			1.9				1.6
77.4				1.0		2.9	
18.9			2.4				
						7.9	1.5
5.1	68.8	12.0	4.7	51.0	5.0	40.7	13.9
94.9	31.2	86.5	93.5	46.6	86.3	40.5	78.2
		1.6	1.9	2.4	8.7	10.8	8.0
						7.9	
		1.6					
		5.9					
	94.5	92.5	97.6	99.0	100.0	98.5	93.4
			2.4	1.0		1.5	
							1.6
100.0	5.5						
							1.6
							1.6
							1.6
53.77	141.66	57.90	42.20	55.58	58.38	56.36	45.59

5-19 农民居民家庭

（2015 年）

指　　标	单位	全市	中原区	二七区	管城区	金水区
家用汽车	辆	38	27	40	70	69
摩托车	辆	58	11		10	6
助力车	台	75	107	80	135	75
洗衣机	台	102	104	110	115	105
电冰箱(柜)	台	89	100	100	110	92
微波炉	台	29	51	10	60	48
彩色电视机	台	125	107	140	150	136
#接入有线电视	台	68	71	120	130	111
空调	台	110	93	140	140	169
热水器	台	65	71	60	85	76
#太阳能热水器	台	48	35	20	70	41
消毒碗柜	台	1				
洗碗机	台					
排油烟机	台	29	59	30	70	44
固定电话	线	18	4		15	24
移动电话	部	244	209	240	240	217
#接入互联网	部	100	52		25	184
计算机	台	51	46	30	25	87
#接入互联网	台	45	30	10	25	87
摄像机	台	2			10	4
照相机	台	10	13	20	15	33
中高档乐器	架	1				
健身器材	台	1		20		
组合音响	套	4	9	10	10	5

每百户耐用消费品用有量

上街区	惠济区	中牟县	巩义市	荥阳市	新密市	新郑市	登封市
28	47	39	12	35	42	54	23
48	31	57	86	46	88	74	83
47	141	75	37	131	40	110	33
100	100	95	102	103	108	107	87
89	94	78	79	100	100	95	74
18	27	12	24	38	27	42	15
105	126	114	124	120	153	123	100
81	106	65	84	34	73	16	51
142	164	45	114	146	136	115	51
96	100	45	51	92	74	95	20
70	84	41	29	89	56	75	14
	6	2			2	2	2
8					2		
84	57	19	21	29	36	20	10
30	43	15	28	27	11	14	12
241	251	228	215	296	293	275	202
93	197	75	116	178	92	34	87
48	47	45	42	92	57	36	26
44	42	40	32	91	51	23	24
	6		4	4	2		
20	11		4	16	11		5
4			2	1	2	3	
3				1			2
4	5	1	2	1	7	5	

5-20 农民居民

（2015 年）

指　　标	全市	中原区	二七区	管城区	金水区
粮食消费量	**104.03**	**93.76**	**84.93**	**92.22**	**95.22**
谷物消费量	**95.54**	**84.77**	**62.89**	**84.73**	**89.39**
小麦	66.91	58.48	56.34	58.56	57.01
稻谷	16.00	22.49	3.96	21.12	29.06
玉米	7.18		0.05		0.97
其他谷物	5.44	3.79	2.55	5.05	2.35
薯类消费量	**2.04**	**1.10**	**6.36**	**3.53**	**1.31**
红薯	0.72	0.18	0.01	1.46	0.42
马铃薯	0.46	0.92	3.12	0.75	0.59
其他薯类	0.86		3.24	1.33	0.30
豆类消费量	**6.44**	**7.89**	**15.68**	**3.96**	**4.52**
大豆	0.33	1.01		0.50	0.19
其他豆类	6.11	6.88	15.68	3.46	4.33
油脂类消费量	**9.44**	**4.06**	**4.57**	**5.32**	**7.37**
植物油	9.30	3.93	4.57	4.17	7.36
动物油	0.14	0.13		1.15	0.01
蔬菜及菜制品消费量	**72.84**	**62.76**	**83.70**	**96.14**	**60.72**
鲜菜	71.29	60.63	83.42	94.67	59.63
干菜及菜制品	0.65	0.23	0.29	0.73	0.20
鲜菌	0.57	1.89		0.52	0.81
干菌及菌制品	0.34	0.01		0.22	0.07
肉类	**11.68**	**17.02**	**13.37**	**12.79**	**17.05**
猪肉	9.09	12.17	11.77	10.27	13.51
牛肉	0.75	2.45	0.45	0.67	1.44
羊肉	0.50	1.04	0.63	0.60	0.74
其他肉类及制品	1.34	1.37	0.52	1.25	1.36
禽类	**2.47**	**4.24**	**4.92**	**5.91**	**5.25**
鸡	1.76	3.07	4.08	4.24	4.77
鸭	0.09	1.17		0.07	0.35
鹅	0.01			0.13	

人均食品消费量

单位:公斤

上街区	惠济区	中牟县	巩义市	荥阳市	新密市	新郑市	登封市
120.14	**102.00**	**98.89**	**65.11**	**103.95**	**111.24**	**152.91**	**121.47**
105.19	**93.54**	**96.34**	**57.16**	**93.21**	**99.41**	**142.05**	**108.90**
86.19	73.39	68.19	41.26	64.32	66.30	115.78	89.18
12.36	14.34	11.82	11.63	21.49	16.28	15.98	16.70
0.43	1.56	1.16	0.24	3.54	12.06	4.90	1.11
6.21	4.26	15.17	4.04	3.86	4.77	5.39	1.90
2.55	**2.99**	**0.64**	**1.09**	**2.61**	**2.23**	**3.13**	**3.79**
1.21	0.78	0.15	0.30	1.23	1.25	1.96	0.36
0.97	1.07	0.17	0.59	0.85	0.55		0.02
0.37	1.14	0.33	0.20	0.52	0.43	1.17	3.41
12.40	**5.48**	**1.91**	**6.85**	**8.13**	**9.60**	**7.73**	**8.78**
0.78	0.35	0.47	0.17	0.29	0.52	0.37	0.22
11.62	5.12	1.44	6.68	7.84	9.08	7.37	8.56
6.90	**3.63**	**4.09**	**7.57**	**7.82**	**13.27**	**22.02**	**13.72**
6.90	3.63	4.09	7.57	7.80	13.10	21.26	13.72
				0.02	0.17	0.75	
105.76	**80.85**	**61.47**	**52.88**	**106.37**	**101.21**	**83.19**	**56.67**
103.19	78.52	60.66	51.47	105.00	99.33	81.10	54.02
0.90	0.61	0.76	0.46	0.50	1.38	0.68	0.64
1.59	1.18	0.05	0.85	0.72	0.40	0.80	0.31
0.08	0.55		0.10	0.15	0.10	0.61	1.70
12.21	**14.57**	**7.69**	**9.18**	**14.75**	**10.51**	**16.43**	**10.04**
9.55	10.11	6.71	6.98	11.74	7.94	11.00	8.75
0.58	0.29	0.27	0.37	0.43	1.11	1.38	0.60
0.20	0.46	0.15	0.56	0.47	0.32	1.09	0.38
1.89	3.72	0.56	1.28	2.11	1.15	2.97	0.32
1.56	**1.80**	**1.62**	**1.26**	**2.53**	**2.08**	**3.78**	**0.86**
1.06	1.14	1.55	0.91	1.64	1.18	1.99	0.32
0.14	0.03	0.02	0.01	0.07	0.03		0.02

5-20 续表 1 （2015 年）

指 标	全市	中原区	二七区	管城区	金水区
其他禽类及制品	0.62		0.84	1.47	0.13
水产品	**2.35**	**5.41**	**3.56**	**4.50**	**4.14**
鱼类	1.83	3.95	3.09	3.41	3.46
虾贝蟹类	0.15	1.46		0.40	0.49
藻类	0.18		0.47	0.49	0.11
其他	0.19			0.20	0.08
蛋类及蛋制品	**9.76**	**7.77**	**19.20**	**10.08**	**13.17**
鲜蛋	9.58	7.64	18.64	9.73	13.12
蛋制品	0.18	0.14	0.57	0.35	0.04
奶和奶制品	**8.11**	**16.13**	**6.05**	**7.95**	**11.41**
鲜奶	4.07	6.86	5.91	4.18	2.66
酸奶	2.38	8.80	0.14	2.59	4.97
奶粉	0.50	0.03		0.38	0.87
其他奶制品	1.16	0.44		0.80	2.91
干鲜瓜果类	**41.69**	**49.41**	**50.38**	**23.14**	**51.59**
鲜瓜果	38.57	47.52	47.04	22.45	49.52
瓜果制品	0.72	0.52	0.47		0.29
坚果类	2.40	1.37	2.86	0.69	1.79
糖果糕点类	**5.70**	**6.59**	**3.00**	**6.54**	**7.25**
食糖	1.01	0.36	2.68	0.87	0.61
糖果	1.44	0.56	0.18	0.31	0.77
糕点	2.19	5.68		1.66	3.71
其他糖果糕点	1.07		0.14	3.71	2.16
饮料	**0.14**	**0.26**		**0.27**	**0.09**
茶叶	0.14	0.26		0.27	0.09
烟叶消费量	**18.16**	**26.61**	**34.25**	**37.28**	**10.79**
酒	**4.49**	**1.77**	**15.58**	**7.07**	**4.41**
白酒	1.03	0.64	0.53	2.20	1.03
啤酒	3.42	1.12	15.05	4.86	3.38
果酒	0.03			0.01	0.01

单位:公斤

上街区	惠济区	中牟县	巩义市	荥阳市	新密市	新郑市	登封市
0.36	0.62	0.05	0.35	0.81	0.87	1.79	0.52
2.36	**2.90**	**1.12**	**1.19**	**1.98**	**1.51**	**3.29**	**3.24**
1.42	1.74	1.03	0.82	1.33	1.32	1.99	3.00
0.26	0.27	0.07	0.03	0.04	0.06	0.10	0.04
0.35	0.70	0.02	0.09	0.42	0.05	0.33	0.16
0.33	0.18		0.25	0.19	0.08	0.88	0.04
15.69	**9.42**	**5.81**	**7.49**	**12.91**	**11.43**	**9.68**	**11.48**
15.48	8.87	5.70	7.39	12.84	11.25	9.27	11.23
0.21	0.55	0.11	0.10	0.07	0.18	0.41	0.24
13.46	**32.73**	**1.98**	**7.56**	**11.27**	**7.77**	**8.70**	**5.55**
7.57	19.43	1.36	5.77	6.02	4.52	3.30	1.51
3.54	2.54	0.14	1.26	2.31	1.04	4.75	3.31
1.09	5.04	0.18	0.31	0.35	0.18	0.53	0.49
1.26	5.73	0.30	0.23	2.60	2.03	0.12	0.23
57.37	**56.34**	**26.60**	**34.39**	**52.49**	**49.93**	**49.50**	**38.22**
51.77	50.84	24.35	30.56	48.25	45.70	46.61	35.27
2.01	1.97	1.12	0.79	0.42	0.69	0.87	0.71
3.59	3.54	1.13	3.04	3.83	3.53	2.01	2.24
3.94	**5.74**	**1.67**	**4.27**	**4.59**	**6.37**	**5.73**	**13.09**
0.74	1.53	0.35	0.88	0.63	1.67	1.54	1.55
0.21	0.98	0.03	0.17	0.21	0.39	0.59	9.68
2.41	1.93	0.76	3.15	2.86	2.78	1.14	1.77
0.59	1.30	0.53	0.06	0.89	1.54	2.46	0.09
0.04	**0.09**		**0.02**	**0.01**	**0.05**	**0.66**	**0.29**
0.04	0.09		0.02	0.01	0.05	0.66	0.29
18.85	**21.70**	**15.64**	**8.80**	**23.94**	**13.25**	**19.63**	**30.80**
4.66	**7.97**	**2.99**	**2.12**	**4.28**	**3.10**	**4.96**	**9.14**
1.75	3.28	1.33	0.33	0.55	0.59	1.42	1.49
2.86	4.56	1.66	1.65	3.69	2.51	3.50	7.64
0.06	0.13		0.14	0.04		0.04	

5-21 农村居民按五等份分组人均可支配收入

（2015 年）

单位:元

指　　标	低收入户	中低收入户	中等收入户	中高收入户	高收入户
可支配收入	**8176.28**	**12279.44**	**15760.86**	**20077.47**	**33306.56**
工资性收入	**6574.87**	**9820.39**	**11447.97**	**13084.39**	**15458.47**
工资	5230.48	8406.55	10540.83	10991.89	13680.44
实物福利	23.11	55.04	61.93	19.78	34.44
其他	1321.27	1358.80	845.21	2072.71	1743.59
经营净收入	**1043.36**	**1492.49**	**2622.72**	**4472.15**	**12940.98**
第一产业经营净收入	818.49	1028.14	1575.80	2279.53	2557.01
第二产业经营净收入	-31.37	18.62	39.73	1036.01	2696.78
第三产业经营净收入	256.24	445.73	1007.20	1156.61	7687.19
财产净收入	**112.15**	**316.54**	**652.17**	**1332.48**	**3624.31**
利息净收入	-0.40	-1.27	2.40	-19.15	16.87
红利收入	27.22	48.77	93.90	92.49	395.05
储蓄性保险净收益					
转让承包土地经营权租金净收入	81.57	140.23	330.58	545.32	1047.78
出租房屋财产性收入	1.43	113.26	207.79	483.55	1248.26
出租机械专利版权等资产的收入				15.14	25.14
其他财产净收入	2.32	15.55	17.49	215.12	891.20
房屋虚拟租金					
转移净收入	**445.91**	**650.02**	**1038.00**	**1188.45**	**1282.80**
转移性收入	755.53	1045.41	1362.15	1615.38	1966.65
养老金或离退休金	225.46	436.70	681.32	794.17	1069.67
社会救济和补助	83.65	22.11	105.32	77.88	85.76
政策性生活补贴	5.48	47.35	15.61	64.63	141.77
报销医疗费	179.27	236.76	178.04	269.85	209.65
家庭外出从业人员寄回带回收入	45.29	148.83	81.84	206.82	118.77
赡养收入	169.89	49.35	139.45	104.34	230.52
其他经常转移收入	21.56	38.93	94.23	36.11	28.58
从政府和组织得到的实物产品和服务折价	5.79	6.03	8.28	8.16	9.56
现金政策性惠农补贴	19.14	59.36	58.06	53.40	72.36
转移性支出	**309.62**	**395.39**	**324.16**	**426.92**	**683.85**
个人所得税			0.01		9.09
社会保障支出	108.24	147.11	124.78	206.83	389.42
外来从业人员寄给家人的支出					
赡养支出	94.46	1.30	13.35	17.42	8.53
其他转移性支出	106.92	246.98	186.02	202.67	276.81
实物可支配收入	**304.10**	**561.72**	**542.06**	**545.00**	**-428.02**

5-22 农村居民按五等份分组人均消费支出

（2015 年）

单位:元

指　　标	低收入户	中低收入户	中等收入户	中高收入户	高收入户
消费支出	**8690.77**	**10267.74**	**10304.28**	**12619.22**	**19942.86**
食品烟酒	**2046.25**	**2676.96**	**2500.43**	**2985.02**	**4452.24**
食品	**1379.47**	**1816.17**	**1759.67**	**1900.22**	**3009.16**
谷物	261.66	269.02	258.63	363.44	852.48
薯类	102.88	67.51	50.78	37.90	63.66
豆类	27.67	34.91	41.73	41.31	44.14
食用油	111.04	137.24	107.22	101.95	157.75
蔬菜和食用菌	164.46	248.59	273.04	243.61	298.81
肉类	219.40	325.34	322.44	340.65	459.89
禽类	30.17	61.05	41.62	50.38	93.25
水产品	38.33	71.92	37.56	45.96	119.11
蛋类	68.84	88.92	75.35	89.07	99.43
奶类	66.71	143.09	161.34	131.09	199.81
干鲜瓜果类	134.58	195.21	204.32	223.25	305.71
糖果糕点类	58.20	79.97	73.80	71.10	130.52
其他食品	95.52	93.40	111.85	160.51	184.58
烟酒	**180.77**	**272.93**	**233.81**	**330.52**	**494.65**
烟草	123.97	147.83	157.44	234.93	231.73
酒类	56.80	125.10	76.38	95.59	262.92
饮料	**79.12**	**86.13**	**96.21**	**100.05**	**167.32**
饮食服务	**406.89**	**501.73**	**410.73**	**654.24**	**781.11**
食堂用餐	58.97	60.97	67.53	29.51	39.72
其他在外饮食	339.50	435.12	334.52	618.89	735.57
食品加工服务费	8.43	5.64	8.69	5.84	5.83

5-21　续表 1　　单位:元

指　　标	低收入户	中低收入户	中等收入户	中高收入户	高收入户
衣着	**834.49**	**941.21**	**811.57**	**1037.06**	**1847.98**
衣类	648.69	681.92	606.11	789.08	1409.64
鞋类	185.81	259.28	205.45	247.99	438.34
居住	**2735.00**	**2473.25**	**3505.55**	**4407.00**	**6584.19**
租赁房房租	141.49	68.87	66.17	376.24	128.70
住房维修及管理	598.79	361.11	392.40	775.25	1977.55
水电燃料及其他	488.44	549.33	741.98	566.00	717.42
自有住房折算租金	1506.28	1493.94	2305.00	2689.51	3760.52
租赁房房租中租赁公房房租		6.48	6.22		1.55
租赁房房租中租赁私房房租	141.49	62.39	59.96	376.24	127.14
住房维修及管理中物业管理费	0.49	1.15	3.88	8.70	15.06
生活用品及服务	**464.91**	**803.49**	**584.34**	**811.08**	**1231.95**
家具及室内装饰品	55.45	298.30	28.01	155.35	197.17
家用器具	98.96	150.95	182.42	186.78	252.54
家用纺织品	74.80	85.91	74.22	105.80	170.88
家庭日用杂品	161.08	187.76	176.75	270.60	329.31
个人用品	53.39	49.40	95.55	60.86	208.79
家庭服务	21.23	31.17	27.38	31.68	73.26
#家政服务	0.40	0.64	1.83	0.91	4.23
交通通信	**891.56**	**1230.81**	**1255.32**	**1496.52**	**2993.09**
交通	**479.28**	**706.97**	**794.01**	**970.07**	**2016.27**
交通工具	47.32	181.18	346.70	453.47	1184.90
交通费	24.83	34.44	38.68	50.01	48.20
交通工具用燃料	195.11	291.78	214.19	300.80	482.85
交通工具使用及维修	212.02	199.57	194.45	165.79	300.33

5-21 续表2

单位:元

指　　标	低收入户	中低收入户	中等收入户	中高收入户	高收入户
#车辆保险支出	19.49	23.52	14.40	17.67	26.80
通信	**412.28**	**523.84**	**461.31**	**526.45**	**976.82**
通信工具	93.62	164.96	134.10	163.48	527.14
通信服务	318.66	358.88	327.21	362.97	449.68
教育文化娱乐	**1006.71**	**1017.43**	**831.35**	**644.55**	**1398.09**
教育	**688.09**	**706.37**	**562.84**	**392.56**	**531.82**
学前教育	90.55	124.58	70.07	72.99	102.07
小学教育	143.75	90.27	77.48	37.86	122.16
初中教育	92.69	147.28	50.05	55.79	19.69
高中教育	71.84	127.11	74.37	113.67	28.46
中专职高教育	26.76	13.16	65.63	0.31	13.80
大专及以上教育	232.39	169.59	187.41	87.92	155.62
成人教育	30.11	34.38	37.82	24.02	90.02
文化娱乐	**318.62**	**311.06**	**268.51**	**251.99**	**866.27**
文娱耐用消费品	154.44	97.59	85.09	31.66	127.57
其他文娱用品	81.50	104.60	57.67	65.73	172.84
文化娱乐服务	82.68	108.87	125.74	154.61	565.87
医疗保健	**490.86**	**808.40**	**647.79**	**982.68**	**1025.48**
医疗器具及药品	170.02	207.80	228.58	247.87	293.62
医疗服务	320.85	600.60	419.20	734.81	731.86
门诊总费用	193.21	238.96	197.40	468.48	175.76
住院总费用	127.64	361.64	221.81	266.33	556.10
其他用品和服务	**220.99**	**316.20**	**167.93**	**255.31**	**409.83**
其他用品	175.01	238.58	80.82	184.86	228.88
其他服务	45.98	77.61	87.12	70.45	180.95

主要统计指标解释

住户 指居住在一个住宅内,共同分享生活开支或收入的一群人。居住在同一房间内、不共同分享生活开支的人群,每个人都视为一个住户。住家保姆、住家家庭帮工视为单独的住户。

常住成员 指住户成员中,经常在家居住、或者调查期内居住时间超过一半的人员,以及本住户供养的学生。

可支配收入 指调查户在调查期内获得的、可用于最终消费支出和储蓄的总和,即调查户可以用来自由支配的收入。可支配收入既包括现金,也包括实物收入。按照收入的来源,可支配收入包含四项,分别为:工资性收入、经营净收入、财产净收入和转移净收入。可支配收入=工资性收入+经营净收入+财产净收入+转移净收入

工资性收入 指就业人员通过各种途径得到的全部劳动报酬和各种福利,包括受雇于单位或个人、从事各种自由职业、兼职和零星劳动得到的全部劳动报酬和福利。

经营净收入 指住户或住户成员从事生产经营活动所获得的净收入,是全部经营收入中扣除经营费用、生产性固定资产折旧和生产税之后得到的净收入。经营净收入=经营收入-经营费用-生产性固定资产折旧-生产税

财产净收入 指住户或住户成员将其所拥有的金融资产、住房等非金融资产和自然资源交由其他机构单位、住户或个人支配而获得的回报并扣除相关的费用之后得到的净收入。财产净收入包括利息净收入、红利收入、储蓄性保险净收益、转让承包土地经营权租金净收入、出租房屋净收入、出租其他资产净收入和自有住房折算净租金等。财产净收入=财产性收入-财产性支出

转移性收入 指国家、单位、社会团体对住户的各种经营性转移支付和住户之间的经常性收入转移。包括养老金或退休金、社会救济和补助、政策性生产补贴、政策性生活补贴、救灾款、经营性捐赠和赔偿、报销医疗费、住户之间的赡养收入,以及本住户非常住成员寄回带回的收入等。转移净收入=转移性收入-转移性支出

消费支出 指出户用于满足家庭日常生活消费需要的全部支出,包括用于消费品的支出和用于服务性消费的支出。根据用途不同,消费支出可划分为食品烟酒、衣着、居住、生活用品及服务、交通通信、教育文化娱乐、医疗保健、其他用品及服务八大类。根据来源不同,消费支出可划分为现金消费支出、实物消费支出(含自产自用、来自单位、来自政府和其他社会组织)。

六、城市公用事业和环保

6-1　城市设施水平

指　　标	单位	2014 年	2015 年
人口密度	人/平方公里	14530.0	15055.0
人均日生活用水量	升	90.6	97.1
用水普及率	%	100.0	100.0
每万人拥有公共交通车辆	标台	18.0	18.0
燃气普及率	%	90.2	92.1
人均拥有道路面积	平方米	6.5	7.1
排水管道密度	公里/平方公里	8.7	8.7
污水处理率	%	95.9	96.0
人均公园绿地面积	平方米	7.0	7.1
建成区绿地率	%	34.9	35.3
建成区绿化覆盖率	%	40.2	40.3
垃圾粪便无害化处理率	%	95.0	100.0

6-2　城市建设用地情况

指　　标	单位	2014 年	2015 年
城市市区面积	平方公里	1010.3	1010.3
建成区面积	平方公里	412.7	437.6
#城市建设用地面积	平方公里	370.9	393.3
#工业	平方公里	33.2	35.2
物流仓储	平方公里	14.9	15.8
交通设施	平方公里	68.5	72.7
居住	平方公里	95.0	100.7
公共设施	平方公里	54.2	57.5
市政公共设施	平方公里	14.9	15.8
绿地	平方公里	76.6	81.2
商业服务业设施	平方公里	13.7	14.5
本年征用土地面积	平方公里	8.5	9.3

6-3 城市供水、供电情况

指　　标	单位	2014 年	2015 年
供　水			
水厂数	个	7	9
自来水综合生产能力	万立方米/日	145	187
#地下水	万立方米/日	44	42
供水管道长度	公里	2902	2997
全年供水总量	万立方米	34131	35181
#生产用水	万立方米	4157	3877
生活用水	万立方米	26198	28692
#家庭用量	万立方米	15488	17381
用水人口	万人	638	661
节约用水			
取水量	万立方米	11849	11258
生产用水重复利用量	万立方米	132135	138227
节约用水量	万立方米	4931	6426
供　电			
公用配电线路长度	公里	19149	23318
全年销售总量	亿千瓦时	345	352
#生活用电	亿千瓦时	48	53
售给居民每千度电售价	元	593.3	551.4

6-4 城市燃气及供热

指　　标	单位	2014 年	2015 年
液化石油气			
储气能力	吨	970	970
外购气量	吨	62607	61615
供气总量	吨	62018	61078
#家庭用量	吨	45244	43166
用气家庭户数	户	218770	209601
用气人口数	万人	99	95
天然气			
储气能力	万立方米	240	240
供气总量	万立方米	95319	106894
#家庭用量	万立方米	29121	34280
用气家庭户数	户	1550790	1691182
用气人口数	万人	476	513
输送管道长度	公里	4200	5495
供热能力			
蒸汽	吨/小时	550	550
热水	兆瓦	2786	4023
供热总量			
蒸汽	万吉焦	160	117
热水	万吉焦	1370	1599
管道长度			
蒸汽	公里	199	91
热水	公里	1190	1190
集中供热面积	**万平方米**	**4520**	**5270**
#住宅	万平方米	3903	4370

6-5 市政设施及公共交通

指　　标	单位	2014 年	2015 年
实有铺装道路长度	公里	1630	1809
实有铺装道路面积	万平方米	4174	4720
人行道面积	万平方米	873	979
实有桥梁数	座	207	226
#立交桥	座	52	57
路灯盏数	盏	85212	93551
排水管道长度	公里	3592	3812
污水年排放量	万立方米	30601	48077
污水处理厂	座	4	5
处理能力	万立方米/日	99	139
污水年处理量	万立方米	29342	46173
公共汽、电车运营车数	辆	6297	6221
标准运营车数	标台	8288.7	8298.2
运营线路网长度	公里	1248.3	1302.6
全年客运总量	万人次	98748	95387
实有出租汽车数	辆	10608	10608

6-6 园林绿化及环境卫生

名　　称	单位	2014 年	2015 年
绿化覆盖面积	公顷	18164.7	19374
#建成区	公顷	16589.9	17654
园林绿地面积	公顷	15167.53	16369
#建成区	公顷	14400.53	15457
公园绿地面积	公顷	4456	4720
公园个数	个	74	83
公园面积	公顷	2260	2466
实际清扫面积	万平方米	4174	4720
生活垃圾清运量	万吨	177	207
垃圾无害化处理厂(场)	座	2	2
无害化处理能力	吨/日	4700	4700
公厕数量	座	963	966
市容环卫专用车辆总数	台	1269	2355

6-7 房产市场交易

名　称	单位	2014 年	2015 年
房产买卖			
成交面积	万平方米	1091.55	1289.43
#住宅	万平方米	841.38	1078.43
办公用房	万平方米	456.64	129.36
商服用房	万平方米	89.24	68.91
成交金额	万元	9854621.53	11942244.4
#住宅	万元	6744532.27	9550884.7
办公用房	万元	1684632.55	1241662.6
商服用房	万元	1397306.97	1084363
房产租赁			
出租面积	万平方米	936.8	1087.6
#住宅	万平方米	196	228
办公用房	万平方米	98	119
商服用房	万平方米	340	402
租金收入	万元	831162	946453
#住宅	万元	257632	309158
办公用房	万元	134360	154514
商服用房	万元	468720	482781
向个人出售住宅			
新建住宅出售			
面积	万平方米	835.04	1073.5
销售额	万元	6696927.7	9508655.0
旧住宅出售			
面积	万平方米	359.3	524.7
销售额	万元	2521717	4279543

6-8 全市工业污染排放及处理利用情况

（2015 年）

指　　标	单位	数量
工业废水		
废水治理设施数	套	375
废水治理处理能力	万吨/日	98.2
废水治理设施运行费用	万元	22342.7
工业废水处理量	万吨	19846.3
工业废水排放量	万吨	17580.4
化学需氧量产生量	吨	49879.8
化学需氧量排放量	吨	14533
氨氮产生量	吨	2017.4
氨氮排放量	吨	548
工业废气		
工业废气排放量	亿立方米	3451.2
废气治理设施数	套	1472
废气治理设施处理能力	万立方米/时	8187.2
废气治理设施运行费用	万元	65707.1
二氧化硫产生量	吨	281162.6
二氧化硫排放量	吨	78988.8
烟(粉)尘产生量	吨	7791096.5
烟(粉)尘排放量	吨	47781.6
工业固体废物		
一般工业固体废物产生量	万吨	1548
一般工业固体废物综合利用量	万吨	1175.8
一般工业固体废物处置量	万吨	330.8
危险废物产生量	万吨	2.99
危险废物综合利用量	万吨	1.703
危险废物处置量	万吨	1.4322
企业基本情况		
工业企业数	个	717
工业企业工业总产值	万元	
工业锅炉	台/蒸吨	508/30730.4
工业炉窑数	座	598

6-9 全市工业污染防治投资情况

（2015 年）

指　　标	单位	数量	指　　标	单位	数量
工业企业数	**个**	**63**	**施工项目本年投资来源**		
施工项目总数	**个**	**63**	企业自筹	万元	22984.8
废水治理项目	个	3	其中:银行贷款	万元	100
废气治理项目	个	41	**竣工项目数**	**个**	**53**
其他治理项目	个	19	废水治理项目	个	3
施工项目本年完成投资	**万元**	**22984.8**	废气治理项目	个	32
废水治理项目	万元	68.8	其他治理项目	个	18
废气治理项目	万元	19236	**竣工项目新增设计处理能力**		
其他治理项目	万元	3680	治理废水	吨/日	5259
			治理废气	万标立方米/时	257.1

6-10 城镇生活污染排放情况及污水处理厂运行情况

（2015 年）

指　　标	单位	数值	指　　标	单位	数值
污染排放			烟尘排放量	吨	14000
城镇生活污水排放系数	升/人·日	250	**污水处理厂运行情况**		
城镇生活污水排放量	万吨	55516	污水处理厂数	个	24
生活化学需氧量产生量	吨	132757.8	本年运行费用	万元	33715
生活化学需氧量排放量	吨	19901	污水设计处理能力	万吨/日	174.5
生活氨氮产生量	吨	15488.4	污水实际处理量	万吨	57262
生活氨氮排放量	吨	7849.1	生活污水处理量	万吨	53959
二氧化硫排放量	吨	15883	工业废水处理量	万吨	3303

主要统计指标解释

供水综合生产能力 指按供水设施取水、净化、送水、出厂输水干管等环节设计能力计算的综合生产能力。包括在原设计能力的基础上，经挖、革、改增加的生产能力。计算时，以四个环节中最薄弱的环节为主确定能力。原则上按设计能力填报，对于经过更新改造后，实际生产能力与设计能力相差很大的，按实际能力填报。

年底供水管道长度 指从送水泵至用户水表之间所有管道的长度。不包括新安装尚未使用、水厂内以及用户建筑物内的管道。在同一条街道埋设两条或两条以上管道时，应按每条管道的长度计算。

供水总量 指各种水源为用水户提供的包括输水损失在内的毛水量。

生活用水 指城镇生活用水。城镇生活用水由居民用水和公共用水（含第三产业及建筑业等用水）组成。

城市人口用水普及率 指报告期末城市用水人口数与城区人口总数的比率。计算公式：

$$用水普及率=\frac{城区用水人口(含暂住人口)}{城区人口+城区暂住人口}\times100\%$$

全年供气总量 指报告期燃气企业（单位）向用户供应的燃气数量。包括销售量和损失量。

城市供热管道长度 指从各类热源到热用户建筑物接入口之间的全部蒸汽和热水的管道长度。不包括各类热源厂内部的管道长度。可按管沟敷设方式（管沟、直埋、架空等）分类统计。

道路长度 指道路长度和与道路相通的桥梁、隧道的长度，按车行道中心线计算。

桥梁 指为跨越天然或人工障碍物而修建的构筑物。包括跨河桥、立交桥、人行天桥以及人行地下通道等。

排水管道长度 指所有排水总管、干管、支管、检查井及连接井进出口等长度之和。计算时应按单管计算，即在同一条街道上如有两条或两条以上并排的排水管道时，应按每条排水管道的长度相加计算。

无营运线路长度 指设置的固定营运线路长度，包括郊区营运线路长度。不包括临时行驶的线路长度。

绿地面积 指报告期末用作园林和绿化的各种绿地面积。包括公园绿地、生产绿地、防护绿地、附属绿地和其他绿地的面积。

公园绿地 城市中向公众开放的、以游憩为主要功能，有一定的游憩设施和服务设施，同时兼有健全生态、美化景观、防灾减灾等综合作用的绿化用地。

工业废气排放量 指报告期内企业厂区内燃料燃烧和生产工艺过程中产生的各种排入空气中含有污染物的气体的总量，以标准状态（273K，101325Pa）计算。

工业固体废物产生量 指未被列入《国家危险废物名录》或者根据国家规定的危险废物鉴别标准（GB5085）、固体废物浸出毒性浸出方法（GB5086）及固体废物浸出毒性测定方法（GB/T 15555）鉴别方法判定不具有危险特性的工业固体废物。计算公式是：

一般工业固体废物产生量=（一般工业固体废物综合利用量-其中：综合利用往年贮存量）+一般工业固体废物贮存量+（一般工业固体废物处置量-其中：处置往年贮存量）+一般工业固体废物倾倒丢弃量

工业固体废物处置量 指报告期内企业将工业固体废物焚烧和用其他改变工业固体废物的物理、化学、生物特性的方法，达到减少或者消除其危险成分的活动，或者将工业固体废物最终置于符合环境保护规定要求的填埋场的活动中，所消纳固体废物的量。

工业废水排放量 指报告期内经过企业厂区所有排放口排到企业外部的工业废水量。包括生产废水、外排的直接冷却水、废气治理设施废水、超标排放的矿井地下水和与工业废水混排的厂区生活污水，不包括独立外排的间接冷却水（清浊不分流的间接冷却水应计算在内）。

七、农　业

7-1 农村基本情况及从业人员

（2015 年）

指　　标	单位	总计	中原区	二七区	管城区	金水区	上街区	惠济区	中牟县
乡村人口从业人员									
乡村户数	万户	103.81	2.22	0.65	1.66	0.85	1.13	4.45	9.40
乡村人口数	万人	411.13	7.37	2.97	6.54	3.44	4.27	16.50	40.00
乡村从业人员数	万人	235.90	3.10	1.91	3.08	1.45	1.93	8.90	24.38
按性别分									
#男劳动力	万人	128.16	1.63	1.04	1.64	0.81	1.14	4.84	12.94
女劳动力	万人	107.74	1.48	0.87	1.44	0.64	0.79	4.05	11.44
按行业分									
农业从业人员	万人	93.15	0.06	0.43	1.25	0.46	0.63	4.37	15.22

注：乡镇数不包括县（市）所在地的城关镇。

7-1　续表

指　　标	单位	巩义市	荥阳市	新密市	新郑市	登封市	经开区	高新区	郑东新区	航空港实验区
乡村人口从业人员										
乡村户数	万户	15.07	13.46	15.61	11.38	14.29	2.20	2.19	2.84	6.42
乡村人口数	万人	60.37	50.51	60.85	43.13	57.77	8.80	8.20	12.42	27.97
乡村从业人员数	万人	33.37	32.19	33.27	26.93	34.83	4.49	3.26	5.96	16.85
按性别分										
#男劳动力	万人	18.65	17.24	18.02	14.20	19.29	2.41	1.69	3.36	9.26
女劳动力	万人	14.71	14.94	15.25	12.73	15.54	2.08	1.57	2.61	7.59
按行业分										
农业从业人员	万人	10.57	9.76	8.48	10.89	14.33	2.48	1.48	3.16	9.57

注：乡镇数不包括县（市）所在地的城关镇。

7-2 农业机械、电气、化学、水利情况

(2015 年)

指　　标	单位	合计	中原区	二七区	管城区	金水区	上街区	惠济区	中牟县
农业机械化情况									
实际机耕面积	千公顷	234.67	1.84	0.20	1.63	1.14	0.63	9.30	45.70
当年机播面积	千公顷	362.75	1.89	0.20	1.53	1.81	1.26	7.24	52.30
当年机收面积	千公顷	325.47	1.85	0.19	1.46	1.66	1.18	7.15	48.32
农村用电量	**万千瓦时**	**370603**	**9939**	**1100**	**3593**	**587**	**3331**	**7974**	**17230**
农用化肥施用量									
按折纯量计算	吨	220677	249	780	1022	1017	1406	4456	37435
氮肥	吨	66672	31	327	207	377	401	1484	10387
磷肥	吨	35677	7	163	231	104	64	662	6439
钾肥	吨	17219	1	44	18	174	128	410	3757
复合肥	吨	101110	210	246	566	362	814	1900	16852
农田水利化情况									
有效灌溉面积	千公顷	191.09	5.34	0.33	5.51	1.81	0.13	8.5	59.4
机电井数量	眼	57027	1107	638	2748	2300	388	4582	20300

7-2 续表

指　　标	单位	巩义市	荥阳市	新密市	新郑市	登封市	经开区	高新区	郑东新区	航空港实验区
农业机械化情况										
实际机耕面积	千公顷	24.67	21.60	25.80	32.35	29.29	5.70	2.95	6.58	25.30
当年机播面积	千公顷	41.33	55.32	53.65	53.21	46.35	6.62	5.47	7.98	26.59
当年机收面积	千公顷	32.31	52.19	46.82	48.42	39.65	6.22	5.15	7.78	25.13
农村用电量	**万千瓦时**	**137785**	**33029**	**42701**	**43094**	**45751**	**3918**	**5766**	**4381**	**10426**
农用化肥施用量										
按折纯量计算	吨	28460	30040	25790	35463	25238	3465	4947	5335	15574
氮肥	吨	10480	11986	6060	10812	6542	536	1347	1796	3899
磷肥	吨	4178	7191	3985	2925	5236	580	630	833	2449
钾肥	吨	1468	1710	767	2617	3128	151	360	511	1975
复合肥	吨	12334	9153	14978	19109	10332	2198	2610	2195	7251
农田水利化情况										
有效灌溉面积	千公顷	15.92	30.71	15.79	36.81	10.84				
机电井数量	眼	1973	5937	2219	12474	2361				

7-3 水果产量

(2015 年)

单位:吨

指　标	总计	二七区	管城区	金水区	上街区	惠济区	中牟县
水果产量	**275401**	**10144**	**1322**	**380**	**1790**	**2683**	**17861**
苹果	55761	129	55	30	151	287	8099
#红富士	33377	119	45	25		267	5377
国光	2510	10	10	5			933
梨	19993	497	120	55	1494	664	633
#雪花梨	5924	265	48	26			504
鸭梨	3010	232	72			664	
其它	199647	9518	1147	295	145	1732	9129
#桃子	35720	423	715	207	27	162	4418
猕猴桃	380	10					
葡萄	41710	7350	15	33	104	1139	2644
红枣	59199		417	3		75	557
柿子	10198	14		19		356	1310

7-3 续表

(2015 年)

单位:吨

指　标	巩义市	荥阳市	新密市	新郑市	登封市	经开区	郑东新区	航空港实验区
水果产量	**31102**	**42982**	**21091**	**86793**	**25035**	**14048**	**4006**	**16164**
苹果	16120	6394	4325	5196	10461	1215		3299
#红富士	14161	2982	792	960	6492	1215		942
国光	550	715	499	87	251			
梨	2240	4264	2105	1522	1961		496	3942
#雪花梨	859	10	344	46	741		496	2585
鸭梨	154	189	631	451	617			
其它	12742	32324	14661	80075	12613	12833	3510	8923
#桃子	1580	4525	3784	4803	2015	7437	3450	2174
猕猴桃		170			200			
葡萄	6567	1926	7171	12253	1661		30	817
红枣	123	80	169	47042	232	5396		5105
柿子	2181	4325	453	39	672		2	827

7-4 农业机械主要

（2015 年）

指　　标	单位	总计	中原区	二七区	管城区	金水区	上街区	惠济区	中牟县
农业机械总动力	**千瓦**	**5820473**	**22318**	**72197**	**56843**	**43245**	**35384**	**111771**	**749994**
拖拉机及配套机械									
拖拉机	台	127130	117	358	382	119	685	372	36106
	千瓦	1799195	4793	6531	7708	2609	14792	13669	425111
大中型拖拉机	台	14838	113	75	125	56	257	262	2764
	千瓦	705112	4744	3219	4875	2168	9912	12719	124536
小型拖拉机	台	112292	4	283	257	63	428	110	33342
	千瓦	1094083	49	3312	2833	441	4880	950	300575
拖拉机配套农具	部	195354	294	648	712	153		1150	50971
种植业机械									
耕整地及种植业机械									
机引犁	台	81163	72	826	297	18	148	280	26087
机引耙	台	69907	45	192	188	31	140		25837
播种机	台	28697	25	81	100	81	314	85	1151
化肥深施机	台	2477		54			10		925
秸杆粉碎还田机	台	9690	29	34	58	49	110	180	1159
农用排灌动力机械									
排灌动力机械	台	93079	332	554	2322	1215	500	2880	8578
	千瓦	753186	5446	9925	13844	7214	7898	11610	49339
#柴油机	台	16512		57	269	315	100		4253
	千瓦	137835		709	2556	2835	998		34202
电动机	台	76561	332	497	2053	900	400	2880	4325
	千瓦	614951	5446	9216	11288	4379	6900	11610	15137
农用水泵	台	98537	332	616	2390	1710	400	2600	31716
节水喷灌机械	套	12145	3	108			100	30	736
植保机械									
机动喷雾（粉）机	台	11428	10	198	76	40	100	120	275

生产情况

巩义市	荥阳市	新密市	新郑市	登封市	经开区	高新区	郑东新区	航空港实验区
595347	**856529**	**1060081**	**913564**	**693010**	**89780**	**27681**	**151881**	**340848**
14741	5012	9572	12960	24322	4627	136	6007	11614
181087	113564	223611	225163	323815	52425	4846	68408	131063
1843	1853	2190	2477	1158	317	126	408	814
74053	72497	129518	128066	67362	13300	4745	18023	35375
12898	3159	7382	10483	23164	4310	10	5599	10800
107034	41067	94093	97097	256453	39125	101	50385	95688
20536	10026	9980	22738	47063	6695	329	8620	15439
8577	4565	2506	8343	15214	3330	80	4768	6052
4293	4303	2042	5213	13949	3390	50	4291	5943
3646	2757	2758	4017	12219	135	28	289	1011
164	66	52	345	395	120		145	201
633	1703	1717	2320	756	125	89	196	532
4387	7610	11914	13206	27413	1325	483	3043	7317
48763	106159	178263	98362	154404	12200	7954	17523	24282
73	910	726	2560	3134	555		1080	2480
638	9555	7248	10986	41768	4700		9148	12492
4314	6700	11188	10646	24279	765	483	1962	4837
48125	96604	171015	87376	112636	7100	7954	8375	11790
4402	6120	4807	10616	13309	972	483	7217	10847
141	1170	380	5027	3546	3	4		897
469	820	900	7147	810	51	12	95	305

7-4 续表

指　　标	单位	总计	中原区	二七区	管城区	金水区	上街区	惠济区	中牟县
	千瓦	34455	28	1736	304	40	100	318	552
收获机械									
联合收获机	台	9700	68	36	52	56	54	136	1012
	千瓦	643452	3433	1806	3380	3050	3184	8844	62368
脱粒烘干机械									
机动脱粒机	台	33534	68	305	50	122	100	22	780
农副产品加工机械									
动力机械	台	46885	94	324	550		400	220	6113
	千瓦	373373	336	3240	4302		2500	1920	23280
#柴油机	台	805							
	千瓦	10321							
电动机	台	46080	94	324	550		400	220	6113
	千瓦	363052	336	3240	4302		2500	1920	23280
加工作业机械									
粮食加工机械	台	23478	61	214	541		300	120	2111
棉花加工机械	台	2027	6				200	12	186
油料加工机械	台	3685	26	108			100	25	331
运输机械									
农用运输车	辆	113685	230	2246	2116	810	500	3300	15072
	千瓦	1621665	3008	31974	23287	8910	7700	45637	161270
#三轮运输车	辆	95042	210	1166	1971	600	300	2700	15072
	千瓦	1108683	2670	12577	21681	6600	3700	30511	161270
低速载货汽车	辆	18632	20	1080	145	210	200	600	
	千瓦	512852	338	19397	1606	2310	4000	15126	

（2015 年底）

巩义市	荥阳市	新密市	新郑市	登封市	经开区	高新区	郑东新区	航空港实验区
607	2460	1360	19312	6514	130	34	159	801
838	1653	2319	1709	1092	75	86	155	359
39260	102464	176097	116320	75339	4523	3501	9676	30207
10586	3102	4336	1688	11408	120	75	327	445
10467	8083	10005	3276	3990	400	104	1011	1848
59177	54877	150550	26274	28554	3500	377	4823	9663
9	521	275						
80	4741	5500						
10458	7562	9730	3276	3990	400	104	1011	1848
59097	50136	145050	26274	28554	3500	377	4823	9663
4715	3275	5136	2517	2675	305	70	670	768
113	389	411	127	405	35		63	80
100	470	688	450	910	65	29	155	228
5467	28902	12534	22575	4800	2025	636	3912	8560
108849	439491	228510	325100	57300	21780	8306	42367	108176
3475	26098	8484	19119	2000	2025	573	3471	7778
38274	310789	127260	219787	18700	21700	7442	37467	88255
1992	2804	4050	3456	2800		63	440	772
70575	128702	101250	105313	38600		864	4850	19921

7-5 果园面积

（2015 年）

单位:公顷

指　　标	总　计	二七区	管城区	金水区	上街区	惠济区	中牟县
果园面积	**21.45**	**0.45**	**0.48**	**0.07**	**0.06**	**0.24**	**1.18**
苹果园	3.76	0.02	0.01		0.01	0.03	0.55
梨园	1.10	0.03	0.01	0.01	0.04	0.03	0.05
桃园	2.44	0.02	0.24	0.05		0.02	0.26
猕猴桃园	0.02						
葡萄园	2.21	0.27			0.01	0.10	0.11
枣园	7.32		0.22			0.02	0.09
柿园	0.86	0.01				0.04	0.07

7-5　续表

（2015 年）

单位:公顷

指　　标	巩义市	荥阳市	新密市	新郑市	登封市	经开区	郑东新区	航空港实验区
果园面积	**2.24**	**2.64**	**1.38**	**7.58**	**2.59**	**0.91**	**0.22**	**1.42**
苹果园	1.41	0.26	0.44	0.23	0.61	0.03		0.17
梨园	0.11	0.15	0.14	0.05	0.16		0.04	0.28
桃园	0.17	0.35	0.22	0.20	0.27	0.39	0.15	0.11
猕猴桃园		0.01			0.02			
葡萄园	0.31	0.10	0.38	0.57	0.30		0.01	0.03
枣园		0.01	0.03	5.50	0.19	0.50		0.78
柿园	0.24	0.11	0.03		0.30		0.01	0.05

7-6 林业生产情况

(2015 年)

单位:公顷

县(市)区	当年造林面积	用材林	经济林	四旁植树(万株)	育苗面积	森林抚育实际面积
总计	**3446**	**1132**	**925**	**685**	**2518**	**2837**
中原区				45	361	
金水区					212	
上街区					23	
惠济区						
中牟县	1287	762	525	277	521	322
巩义市	329		140		90	680
荥阳市	545	370	175		454	605
新密市	404		85	47	528	676
新郑市	167			80	286	221
登封市	714			216	30	333

7-7 渔业生产情况

(2015 年)

指　　标	单位	合计	二七区	管城区	金水区	惠济区	中牟县	巩义市	荥阳市	新密市	新郑市	登封市	郑东新区
水产品总产量	**吨**	**153952**	**180**	**90**	**12800**	**17067**	**58396**	**5085**	**19850**	**880**	**430**	**2120**	**37054**
#鱼类产量	吨	153499	180	90	12800	17067	58088	5070	19720	880	430	2120	37054
虾蟹类产量	吨	45					45						
#养殖产量	吨	153949	180	90	12800	17067	58396	5085	19847	880	430	2120	37054
天然捕捞产量	吨	3							3				
养殖面积	**公顷**	**10170**	**13**	**29**	**300**	**1160**	**2827**	**359**	**1934**	**460**	**240**	**1321**	**1527**
池塘	公顷	7903	13		300	1160	2827	243	1663	130	40		1527
水库	公顷	2267		29				116	271	330	200	1321	

7-8 牧业主要产品产量

（2015 年）

指　　标	单位	合计	中原区	二七区	管城区	金水区	上街区	惠济区	中牟县
猪当年出栏头数	万头	228.66	1.10	0.61	1.59	0.53	0.53	4.36	32.91
牛当年出栏头数	万头	13.52	0.01	0.01	0.06	0.04		0.35	2.54
羊当年出栏只数	万只	54.23	0.02	0.06	0.24	0.12	0.17	0.27	19.74
禽当年出栏只数	万只	4168.96	23.70	24.50	19.00	49.84	7.00	280.60	409.07
肉类总产量	吨	259422	1039	782	1462	1111	499	7315	41324
#猪肉产量	吨	178291	828	445	1145	414	375	3175	29180
牛肉产量	吨	20623	12	11	66	65	5	500	4358
羊肉产量	吨	6837	2	8	26	13	28	33	2468
禽肉产量	吨	51219	197	318	225	619	91	3577	5318
兔肉产量	吨	1374							
奶类总产量	吨	436025	1485	748	1015	5714	400	35630	124580
#生牛奶产量	吨	428463	1485	748	1015	5714	400	35530	124580
山羊毛产量	公斤	92945							
绵羊毛产量	公斤	197937							
蜂蜜产量	公斤	368207							
禽蛋产量	吨	230497	408	3717	385	422	2610	6030	21974

7-8 续表 （2015 年）

指　　标	单位	巩义市	荥阳市	新密市	新郑市	登封市	经开区	高新区	郑东新区	航空港实验区
猪当年出栏头数	万头	28.01	41.22	20.30	50.31	22.21	4.02	0.49	2.50	17.98
牛当年出栏头数	万头	0.63	2.66	0.99	0.68	2.46	0.39	0.01	0.18	2.50
羊当年出栏只数	万只	2.34	4.69	2.70	5.34	6.19	1.70	0.03	1.70	8.91
禽当年出栏只数	万只	166.28	830.92	467.73	1305.87	269.19	26.82	3.96	9.76	274.71
肉类总产量	吨	26245	48322	22105	52974	26770	4004	429	2478	22563
#猪肉产量	吨	22246	33945	14251	34942	18146	2956	357	1908	13978
牛肉产量	吨	900	3977	1235	1004	3925	524	8	271	3762
羊肉产量	吨	317	669	297	636	757	218	4	201	1160
禽肉产量	吨	2061	9701	5361	16308	3370	306	60	98	3609
兔肉产量	吨	175	21	900	76	148				54
奶类总产量	吨	5720	98954	31843	54030	4550	5033	990	15511	49822
#生牛奶产量	吨	5720	95827	27508	54030	4550	5033	990	15511	49822
山羊毛产量	公斤	10463		53205	774	28503				
绵羊毛产量	公斤	3491		174660	8044	11742				
蜂蜜产量	公斤	62701	1010	298088	2428	3980				
禽蛋产量	吨	11088	77095	29448	46543	22311	1086	54	600	6726

7-9 全市粮经比

单位:%

县(市)区	1995 年	2000 年	2005 年	2010 年	2011 年	2012 年	2013 年	2014 年	2015 年
全　市	**79.8:20.2**	**74.9:25.1**	**69.0:31.0**	**70.9:29.1**	**71.2:28.8**	**71.5:28.5**	**72.1:27.9**	**73.2:26.8**	**74.0:26.0**
中原区		59.0:41.0	51.3:48.7	53.8:46.2	55.0:45.0	55.1:44.9	56.3:43.7	65.7:34.3	68.0:32.0
二七区		73.4:26.6	59.9:40.1	63.0:37.0	69.9:30.1	73.1:26.9	77.5:22.5	74.5:25.5	72.9:27.1
管城区	79.0:21.0	76.4:23.6	55.2:44.8	60.9:39.1	62.2:37.8	62.0:38.0	58.7:41.3	56.9:43.1	60.2:39.8
金水区		87.9:12.1	83.5:16.5	94.1:5.9	89.1:10.9	91.4:8.6	92.7:7.3	90.8:9.2	90.3:9.7
上街区	46.1:53.9	66.7:33.3	86.8:13.2	91.2:8.8	91.1:8.9	90.5:9.5	90.6:9.4	94.0:6.0	94.3:5.7
惠济区		48.8:51.2	36.9:63.1	37.4:62.6	37.8:62.2	38.7:61.3	38.8:61.2	39.9:60.1	40.2:59.8
中牟县	65.9:34.1	56.6:43.4	47.3:52.7	46.4:53.6	46.0:54.0	45.8:54.2	45.1:54.9	44.5:55.5	44.2:55.8
巩义市	89.0:11.0	90.0:10.0	86.6;13.4	88.4:11.6	88.4:11.6	88.7:11.3	88.4:11.6	89.6:10.4	89.1:10.9
荥阳市	84.9:15.1	82.3:17.7	74.8:25.2	79.0:21.0	79.4:20.6	80.1:19.9	80.0:20.0	80.6:19.4	81.6:18.4
新密市	88.7:11.3	86.6:13.4	86.2:13.8	85.1:14.9	84.9:15.1	84.4:15.6	84.4:15.6	85.4:14.6	85.6:14.4
新郑市	78.6:21.4	71.8:28.2	71.0:29.0	72.2:27.8	73.8:26.2	74.4:25.6	74.9:25.1	77.9:22.1	78.7:21.3
登封市	86.1:13.9	84.8:15.2	81.4:18.6	86.5:13.5	86.7:13.3	87.4:12.6	87.4:12.6	86.6:13.4	86.8:13.2
经开区			64.2:35.8	72.8:27.2	74.0:26.0	78.7:21.3	65.0:35.0	65.6:34.4	67.6:32.4
高新区			76.2:23.8	86.2:13.8	86.9:13.1	89.6:10.4	89.5:10.5	90.7:9.3	91.4:8.6
郑东新区					93.4:6.6	98.9:1.1	73.6:26.4	77.9:22.1	76.0:24.0
航空港实验区					67.0:33.0	69.3:30.7	49.2:50.8	52.0:48.0	53.8:46.2

7-10 农作物主要

（2015 年）

指　　标	总计	中原区	二七区	管城区	金水区	上街区	惠济区	中牟县
农作物总播种面积	**469.77**	**2.76**	**0.29**	**2.28**	**2.14**	**1.46**	**11.50**	**70.62**
粮食作物播种面积	**347.70**	**1.87**	**0.21**	**1.37**	**1.93**	**1.38**	**4.62**	**31.24**
总产量	1683064	8635	751	6717	9691	7366	26917	192390
夏收粮食播种面积	172.17	1.11	0.12	0.86	1.01	0.71	2.36	12.75
总产量	855895	4971	477	4046	5234	4005	14444	77808
秋收粮食播种面积	175.53	0.77	0.09	0.52	0.92	0.67	2.26	18.50
总产量	827169	3664	274	2671	4457	3361	12473	114582
谷物合计播种面积	325.50	1.87	0.20	1.35	1.90	1.36	4.56	28.63
总产量	1587202	8625	747	6398	9629	7218	26787	177869
稻谷播种面积	0.11						0.11	
总产量	808						808	
小麦播种面积	172.17	1.11	0.12	0.86	1.01	0.71	2.36	12.75
总产量	855888	4971	477	4046	5234	4005	14444	77808
玉米播种面积	152.29	0.77	0.08	0.50	0.89	0.65	2.09	15.88
总产量	729314	3654	270	2566	4395	3213	11535	100061
谷子播种面积	0.93							
总产量	2051							
豆类合计播种面积	9.99		0.01		0.03		0.06	1.25
总产量	15841	10	4		62	9	130	3121
大豆播种面积	8.34		0.01		0.03		0.06	1.25
总产量	14190	10	2		62	9	130	3121
绿豆播种面积	1.63		0.01					
总产量	1626		2					

产品生产情况

单位:千公顷、吨

巩义市	荥阳市	新密市	新郑市	登封市	经开区	高新区	郑东新区	航空港实验区
48.38	**75.08**	**66.61**	**67.53**	**58.79**	**9.41**	**6.31**	**10.65**	**35.98**
43.10	**61.23**	**56.98**	**53.13**	**51.04**	**6.36**	**5.77**	**8.10**	**19.36**
169313	336385	218755	279357	194368	37391	29158	43341	122529
22.52	32.14	27.92	26.71	24.69	3.26	3.02	3.36	9.66
94001	179695	116828	144100	91958	19402	16700	19913	62313
20.58	29.10	29.07	26.42	26.35	3.10	2.75	4.75	9.70
75312	156690	101927	135257	102410	17989	12458	23428	60216
41.36	58.71	52.91	50.84	45.25	5.92	5.77	7.12	17.75
162363	325803	210345	269999	164885	34680	28510	40726	112618
22.52	32.14	27.92	26.71	24.69	3.26	3.02	3.36	9.66
93994	179695	116828	144100	91958	19402	16700	19913	62313
18.58	26.18	24.91	24.03	20.47	2.66	2.75	3.77	8.09
68026	145121	93237	125532	72850	15278	12458	20813	50305
0.26	0.39	0.09	0.11	0.08				
340.00	987	280	367	77				
0.59	1.01	2.21	0.96	3.01	0.04		0.81	
385	1046	2449	2379	4556	98		1592	
0.30	0.70	1.71	0.86	2.57	0.04		0.81	
200	725	2075	2191	3975	98		1592	
0.29	0.31	0.50	0.10	0.43				
177	321	374	188	564				

7-10 续表 (2015 年)

指　　标	总计	中原区	二七区	管城区	金水区	上街区	惠济区	中牟县
红小豆播种面积	0.01							
总产量	17							
红薯播种面积	12.2							1.4
总产量	79159			105		139		11400
油料合计播种面积	**43.12**	**0.35**	**0.05**	**0.32**	**0.04**	**0.04**	**0.32**	**9.58**
总产量	153847	962	45	802	88	41	1014	47218
花生播种面积	34.82	0.15	0.02	0.23	0.01	0.01	0.28	9.25
总产量	139764	561	27	680	57	15	970	46530
油菜籽播种面积	7.18	0.20	0.03	0.09	0.03	0.03	0.02	0.33
总产量	12894	401	18	122	28	21	18	688
芝麻播种面积	1.11					0.01	0.02	
总产量	1171				3	5	15	
向日葵播种面积	0.01						0.01	
总产量	11						11	
棉花播种面积	**2.75**						**0.15**	**0.96**
总产量	2516				12		88	1000
烟叶播种面积	**0.76**							
总产量	1690							
药材播种面积	**0.37**							
蔬菜(含菜用瓜)播种面积	**64.54**	**0.50**	**0.03**	**0.44**	**0.16**	**0.04**	**6.18**	**23.51**
总产量	2735635	17560	1166	19276	5144	1990	250325	920249
瓜类(果用瓜)播种面积	**9.52**	**0.03**		**0.15**			**0.01**	**5.21**
总产量	375151	550		4380			203	210931
#西瓜播种面积	8.50	0.03		0.09			0.01	4.79
总产量	346486	550		3046			203	198476
其他作物播种面积	**1.02**						**0.22**	**0.12**

单位:千公顷、吨

巩义市	荥阳市	新密市	新郑市	登封市	经开区	高新区	郑东新区	航空港实验区
				0.01				
				17				
1.1	1.5	1.9	1.3	2.8	0.4		0.2	1.6
6565	9536	5961	6979	24927	2613		1023	9911
2.80	**3.81**	**3.38**	**7.77**	**3.74**	**1.73**	**0.14**	**0.45**	**8.60**
5265	10079	10588	28813	5314	6091	347	1494	35686
1.64	2.59	1.80	6.75	1.76	1.42	0.12	0.39	8.41
3480	7228	7406	27246	3287	5340	323	1356	35258
0.85	0.95	1.38	0.93	1.77	0.32	0.02	0.06	0.19
1499	2581	2858	1435	1893	751	24	138	419
0.31	0.27	0.20	0.09	0.21				0.01
279	270	324	132	134				9.00
0.85	**0.16**	**0.04**	**0.02**	**0.33**			**0.20**	**0.03**
769	150	42	27	298			99	31
				0.76				
				1690				
0.03	**0.09**	**0.25**						
1.36	**9.51**	**5.24**	**6.17**	**2.18**	**0.92**	**0.41**	**1.54**	**6.36**
55031	432828	273300	255237	103556	43204	14607	76048	266114
0.19	**0.08**	**0.30**	**0.43**	**0.74**	**0.39**		**0.36**	**1.62**
3998	3260	11296	16548	28515	14910		13100	67460
0.18	0.04	0.21	0.32	0.60	0.27		0.35	1.62
3667	2246	7189	12370	26163	12230		12970	67376
0.06	**0.20**	**0.42**						

7-11 农林牧

（2015 年）

指　　标	全市	中原区	二七区	管城区	金水区	上街区	惠济区	中牟县
农林牧渔业总产值	**2765804**	**12666**	**8856**	**12777**	**20068**	**7813**	**124577**	**408783**
农业	**1399317**	**8265**	**4049**	**8303**	**3045**	**3877**	**60126**	**234454**
谷物及其他作物	505323	2414	223	1963	2258	1696	6853	56868
谷物	350135	1828	160	1409	2032	1525	5684	36897
#小麦	193714	1123	108	914	1184	905	3264	17585
稻谷	194						194	
玉米	140962	705	52	495	848	620	2226	19312
薯类	27072			36		48		3459
油料	82478	459	60	421	47	24	561	10461
#花生	74913	301	24	364	31	8	520	10140
油菜籽	6021	158	13	57	13	10	8	321
豆类	8047	5	3		29	6	60	1439
棉花	5321				25		186	2115
烟草	4666							
其他农作物	23485	122		97	125	93	362	2497
蔬菜园艺作物	657354	5782	59	3896	631	644	52275	167628
蔬菜（含菜用瓜）	623679	5782	59	3885	631	453	50794	167515
花卉	4276						1198	
水果、坚果、饮料和香料作物	234262	69	3767	2444	156	1537	998	9958
水果（含果用瓜）	189100	69	3767	2444	108	541	998	9958
#苹果	22322		49	21	11	57	109	2570
梨	5778		144	35	16	432	192	183
坚果	40486				48	996		
香料作物	4676							
中草药材	2377							
林业	**55502**	**830**	**76**	**224**	**1225**	**215**	**4105**	**4975**
林木的培育和种植	48873	794		122	1147	210	3974	3977
竹木采运	1560	36	76	102	78	5	131	998
牧业	**1093484**	**2920**	**4135**	**3920**	**4993**	**3721**	**34482**	**126984**
牲畜饲养	384150	621	311	931	3085	282	16798	63759
牛的饲养	139419	80	28	447	439	8	3895	11196
羊的饲养	31964	9	15	121	600	130	147	4600
其他牲畜饲养	1667							
奶产品	199892	532	268	363	2046	144	12756	47963
猪的饲养	403004	1759	662	2434	879	1094	7089	41984
家禽饲养	268018	540	3162	555	1029	2345	9795	21241
肉禽	61914	223	270	255	700	104	4970	4615
禽蛋	206104	317	2892	300	329	2241	4825	16626
狩猎和捕捉动物	11000							
其他畜牧业	27312						800	
渔业	**175606**	**138**	**176**	**175**	**10805**		**25384**	**37142**
鱼类	173788	138	176	175	10805		25259	36537
虾蟹类	210							105
其他	1600						125	
农林牧渔服务业	**41279**	**513**	**420**	**151**			**480**	**5266**

渔业总产值

单位:万元

巩义市	荥阳市	新密市	新郑市	登封市	经开区	高新区	郑东新区	航空港实验区
208954	**530737**	**370364**	**358811**	**281504**	**80108**	**8814**	**96464**	**211215**
80997	**283284**	**156193**	**173335**	**132582**	**31122**	**7544**	**28066**	**118414**
44980	82594	66367	79741	65743	17918	6743	11277	48205
34935	68838	44460	56876	38879	7334	6178	8517	23792
21526	40611	26403	32567	20783	4385	3774	4500	14083
13333	28008	17995	24228	18067	2949	2404	4017	9709
2245	3261	2039	2387	8525	418		350	3390
2925	5427	5724	15444	3356	3213	184	920	19106
1865	3874	3970	14604	2091	2862	173	727	18898
700	1205	1336	670	1052	351	11	64	196
253	626	1297	1181	2441	45		734	
1626	106	89	57	630			209	22
				4666				
2995	4336	12758	3796	2580	6908	381	547	1895
11776	102353	53177	51175	36343	6908	801	14232	54162
10726	100603	48932	51124	25610	6908	811	14232	54162
633	150	1334		648				
23263	97597	23443	42419	30496	6296		2557	16047
12438	94652	7927	41578	11754	6296		2557	16047
6109	2423	1271	1969	6067	462			1250
647	2511	556	440	639			143	1139
6345	2522	15322	841	18742				
4480	2	194						
977	740	660						
13048	**4419**	**38757**	**3403**	**39852**	**17770**		**7304**	**1832**
7091	3951	34099	2920	39698	17770		7070	
888	468	3460	483	154			138	
97264	**217781**	**155993**	**177403**	**98101**	**19541**	**1270**	**13764**	**89703**
14092	67441	52981	37460	33490	12154	427	7652	48675
6083	26887	12973	6787	27568	3543	54	1670	25433
1478	3118	1385	2964	4193	1016	19	429	5406
581	10	4266	25	100				
2048	37426	14517	19343	1629	1802	354	5553	17836
47289	80462	43389	83630	34360	6284	759	4101	30564
10945	69336	36693	56274	20155	1103	84	2011	10392
2337	9355	8045	19752	2895	346	42	311	4648
8608	59981	28648	36522	17260	757	42	1700	5744
		8235						
24938	542	14695	39	10096				72
6083	**20417**	**2112**	**854**	**6089**	**3518**		**42326**	
5983	20417	1357	854	3861	3518		42326	
				1537				
100		755		565				
10946	**4929**	**17309**	**3816**	**12968**	**8157**		**5004**	**1266**

7-12 农林牧

（2015 年）

指　　标	全市	中原区	二七区	管城区	金水区	上街区	惠济区
合计							
农林牧渔业总产值	2765804	12666	8856	12777	20068	7813	124577
中间消耗	1230411	4685	3985	5865	8555	3439	65034
增加值	1535393	7981	4871	6912	11513	4374	59543
农业							
总产值	1399317	8265	4049	8303	3045	3877	60126
中间消耗	595763	2810	1852	4024	1298	1707	33891
中间物质消耗	512347	2811	1811	3109	2062	1459	32538
生产服务支出	83411			523	347	247	1353
增加值	803554	5455	2197	4279	1747	2170	26235
林业							
总产值	55502	830	76	224	1225	215	4105
中间消耗	21260	290	61	74	522	95	1764
中间物质消耗	18091	290	197	111	228	86	1726
生产服务支出	3170			15	32	12	38
增加值	34242	540	15	150	703	120	2341
牧业							
总产值	1093484	2920	4135	3920	4993	3721	34482
中间消耗	516444	1310	1893	1610	2129	1637	17014
中间物质消耗	455478	1215	1490	1723	2539	1439	15853
生产服务支出	60967	96	207	240	353	200	1161
增加值	577040	1610	2242	2310	2864	2084	17468
渔业							
总产值	175606	138	176	175	10805		25384
中间消耗	81230	82	78	88	4606		12132
中间物质消耗	73582	83	80	70	2583		11587
生产服务支出	7649			6	292		545
增加值	94376	56	98	87	6199		13252
农林牧渔服务业							
总产值	41279	513	420	151			480
中间消耗	15098	193	101	65			233
增加值	26181	320	319	86			247

渔业增加值

单位:万元

中牟县	巩义市	荥阳市	新密市	新郑市	登封市	经开区	高新区	郑东新区	航空港实验区
408783	208954	530737	370364	358811	281504	80108	8814	96464	211215
175175	88977	222910	164815	162847	114925	32721	2882	45674	92408
233608	119977	307827	205549	195964	166579	47387	5932	50790	118807
234454	80997	283284	156193	173335	132582	31122	7544	28066	118414
99658	34294	118979	49195	74486	49055	12561	2306	12645	51214
62799	31764	114970	44437	60578	41989	10750	4515	10823	44044
36858	2530	4009	4757	18577	7066	1811	1042	1821	7170
134796	46703	164305	106998	98849	83527	18561	5238	15421	67200
4975	13048	4419	38757	3403	39852	17770		7304	1832
2867	4754	1856	12978	1091	16091	6655		3121	671
2122	3590	1690	8864	1331	14131	5847		2744	510
746	1164	168	4113	132	1956	808		379	161
2108	8294	2563	25779	2312	23761	11115		4183	1161
126984	97264	217781	155993	177403	98101	19541	1270	13764	89703
53835	42194	91469	88944	85308	45127	8856	576	6590	40061
38028	39174	73412	83344	78249	39614	7776	2621	5592	35350
15808	3020	18055	5599	2120	5515	1082	166	778	4711
73149	55070	126312	67049	92095	52974	10685	694	7174	49642
37142	6083	20417	2112	854	6089	3518		42326	
16683	3520	8575	926	432	2861	1589		21315	
13727	3043	7971	796	297	2597	1442		19348	
2956	477	604	129	105	264	147		1967	
20459	2563	11842	1186	422	3228	1929		21011	
5266	10946	4929	17309	3816	12968	8157		5004	1266
2170	3599	2124	12772	1530	9879	3060		2003	462
3096	7347	2805	4537	2286	3089	5097		3001	804

7-13 主要牲畜

（2015 年）

指　　标	合计	中原区	二七区	管城区	金水区	上街区	惠济区	中牟县
大牲畜年末总头数	**21.72**	**0.05**	**0.02**	**0.08**			**0.86**	**5.51**
牛年末总头数	21.49	0.05	0.02	0.08			0.86	5.51
肉牛年末总头数	13.62			0.02			0.02	2.88
奶牛年末总头数	7.87	0.05	0.02	0.06			0.84	2.63
马年末存栏数	0.09							
驴年末存栏数	0.11							
骡年末存栏数	0.03							
猪年末总头数	**167.66**	**0.18**	**0.40**	**0.90**	**0.21**	**0.36**	**2.09**	**26.30**
能繁殖母猪	18.96	0.01	0.02	0.05	0.02	0.03	0.21	2.59
羊年末总只数	**45.40**		**0.10**	**0.08**	**0.12**	**0.12**	**0.18**	**12.67**
山羊年末总只数	38.78		0.10	0.08	0.03	0.06	0.15	12.43
绵羊年末总只数	6.62				0.08	0.06	0.02	0.23
家禽期末存栏数	**2854.61**	**4.70**	**27.87**	**8.10**	**10.07**	**9.50**	**129.70**	**304.19**
兔期末总只数	**55.16**							

年末存栏情况

单位:万头(只)

巩义市	荥阳市	新密市	新郑市	登封市	经开区	高新区	郑东新区	航空港实验区
0.76	**2.22**	**1.77**	**2.13**	**3.48**	**0.57**	**0.07**	**0.57**	**3.62**
0.73	2.22	1.69	2.13	3.37	0.57	0.07	0.57	3.62
0.54	0.70	1.35	1.31	3.37	0.26		0.30	2.86
0.20	1.51	0.34	0.81		0.31	0.07	0.28	0.75
0.01		0.02		0.06				
0.02		0.05		0.04				
0.01		0.01		0.01				
19.46	**24.37**	**19.67**	**36.74**	**20.54**	**1.53**	**0.41**	**0.46**	**14.03**
2.22	2.41	2.01	4.16	2.39	0.11	0.05	0.15	2.54
3.02	**6.68**	**3.17**	**4.17**	**4.08**	**0.59**	**0.02**	**0.81**	**9.61**
1.93	5.93	2.25	2.44	2.66	0.59	0.02	0.61	9.49
1.09	0.75	0.92	1.72	1.42			0.20	0.12
114.55	**409.20**	**496.14**	**793.83**	**396.06**	**6.64**	**3.49**	**8.74**	**131.83**
6.53	**0.80**	**12.42**	**1.20**	**33.57**				**0.64**

主要统计指标解释

农林牧渔业总产值 是以货币表现的农林牧渔业全部产品的总量和对农林牧渔业生产活动进行的各种支持性服务活动的价值,它反映一定时期内农业生产的总规模和总成果。

农林牧渔五业统计范围是:1. 种植业:包括粮、棉、油、糖料、麻类、烟叶、蔬菜、药材、瓜类、采集野生植物和其他农作物的种植以及茶园、桑园、果园的生产经营。

2. 林业:包括林木的栽培、林产品的采集和竹木采伐。

3. 牧业:包括除渔业以外的一切动物饲养和放牧及捕猎野兽。

4. 渔业:包括水生动物和海藻类植物养殖和捕捞。

5. 农林牧渔服务业:包括农林牧渔服务业营业收入。

农业总产值的计算方法通常是以农林牧渔业产品的产量乘以该项单位价格而得该项产品产值。少数生产周期较长,当年没有产品或产品不易统计的则采用间接方法匡算产值。五业产品产值之和即为农业总产值。

农业增加值 指各单位生产经营或劳务活动提供最终产品的货币表现,即本单位或本行业对社会所做的贡献。农业增加值是社会各经济单位,即企业、事业单位和行政单位及个体经营户在报告期内生产经营和业务活动最终成果的货币表现。

农业增加值主要采用生产法和分配法(收入法)两种方法计算。

农作物种植业 包括谷物、豆类、薯类、棉、油料、糖料、麻类、烟叶、蔬菜、药材、瓜类和其他农作物的种植,以及茶园、桑园、果园的生产经营。

其他农业 包括采集野生植物的果实、纤维、树胶、树脂、油料以及柴草、野生药材、菌类等。

粮食产量 指全社会的产量。包括国有经济经营的、集体统一经营的和农民家庭经营的粮食产量,还包括工矿企业家属办的农场和其他生产单位的产量。粮食除包括稻谷、小麦、玉米、高粱、谷子及其他杂粮外,还包括薯类和大豆。其产量计算方法,豆类按去豆荚后的干豆计算;薯类(包括甘薯和马铃薯,不包括芋头和木薯)1963 年以前按每 4 公斤鲜薯折 1 公斤粮食计算,从 1964 年开始及以后改为按 5 公斤鲜薯折 1 公斤粮食计算。郑州辖区作为蔬菜的薯类(如:马铃薯等)按鲜品计算,并且不做为粮食统计。其他粮食一律按脱粒后的原粮计算。

油料产量 指全部油料作物的生产量。包括花生、油菜籽、芝麻、向日葵籽、胡麻籽(亚麻籽)和其他油料。不包括大豆,也不包括木本油料和野生油料。花生以带壳干花生计算。

水产品产量 指人工养殖的水产品和天然生长的水产品的捕捞量。包括海水的鱼类、虾蟹类、贝类和藻类以及内陆水域的鱼类、虾蟹类和贝类,不包括淡水生植物。

猪、牛、羊肉产量 指当年出栏并已屠宰后除去头蹄下水 后带骨肉(即胴体重)的重量。

耕地面积 指年初可以用来种植农作物、经常进行耕锄的田地,除包括熟地、当年新开荒地、连续撩荒未满三年的耕地和当年的休闲地(轮歇地)外,还包括以种植农作物为主并附带种植桑树、茶树、果树和其他林木的土地,以及沿海、沿湖地区已围垦利用的"海涂"、"湖田"等面积。但不包括属于专业性的桑园、茶园、果园、果木苗圃、林地、芦苇地、天然或人工草地面积。

农作物播种面积 指实际播种或移植有农作物的面积,凡是实际种植有农作物的面积,不论种植在耕地上还是种植在非耕地上,均包括在农作物播种面积中,同时还包括因遭灾而重新改种和补种的农作物面积,种一公顷算一公顷。

农用化肥施用量 指本年内实际用于农业生产的化肥数量。包括氮肥、磷肥、钾肥和复合肥。化肥施用量要求按折纯量计算数量。折纯法化肥施用量是把氮肥、磷肥和钾肥分别按含氮、含五氧化二磷、含氧化钾的百分之百有效成份计算。复合肥按其所含主要成分折算。

农业机械总动力 指主要用于农、林、牧、渔业的各种动力机械的动力总和。包括耕作机械、排灌机械、收获机械、农产品加工机械、运输机械、植物保护机械、牧业机械、林业机械、渔业机械和其他农业机械〔内燃机按引擎马力折成瓦(特)计算,电动机按功率折成瓦(特)计算〕。不包括专门用于乡、镇、村、组办工业、基本建设、非农业运输、科学试验和教学等非农业生产方面用的动力机械与作业机械。

八、工　业

8-1 规模以上工业总产值、增加值及销售产值

（2015 年）

单位：万元

项目	工业总产值	工业增加值	工业销售产值
总计	**147795699**	**33122658**	**145027156**
按轻重工业分			
轻工业	22549145	7826908	23145346
重工业	125246554	25295750	121881810
按登记注册类型分			
国有控股企业	23227616	7233727	23128373
国有企业	15431809	4499217	15422760
集体企业	1041471	239224	1013830
股份合作企业	32180	7322	31008
股份制企业	91409748	21172259	89709249
外商和港澳台商投资企业	33955131	5875816	33093186
其他	5925361	1328820	5757123
按所有制类型分			
公有制	25368166	7729288	25227491
非公有制	122427533	25393370	119799665
按企业规模分			
大型企业	64997340	14800357	63963884
中型企业	34796595	7777161	33890178
小型企业	47954262	10534900	47125786
微型企业	47502	10240	47308

注：本表工业增加值、总产值、销售产值包含河南中烟工业公司和河南电力公司的全口径统计数据。

8-2 规模以上工业企业分行业总产值、增加值及销售产值

（2015 年）

单位：万元

行 业	工业总产值	工业增加值	工业销售产值
总 计	**147795699**	**33122658**	**145027156**
煤炭开采和洗选业	1578391	668448	1317604
黑色金属矿采选业	36208	9316	35848
有色金属矿采选业	577313	109228	594761
非金属矿采选业	1366970	337108	1245801
农副食品加工业	3516988	713385	3146130
食品制造业	3167225	698053	3764015
酒、饮料和精制茶制造业	1285354	349843	1160731
烟草制品业	4502933	3669655	4498567
纺织业	362049	80271	355253
纺织服装、服饰业	1838508	459555	1805802
皮革、毛皮、羽毛及其制品和制鞋业	27068	6541	19590
木材加工和木、竹、藤、棕、草制品业	230431	52396	212836
家具制造业	478192	117177	419710
造纸和纸制品业	2540477	597850	2467697
印刷和记录媒介复制业	574722	143509	796228
文教、工美、体育和娱乐用品制造业	808972	179937	939265
石油加工、炼焦和核燃料加工业	174437	24197	163444
化学原料和化学制品制造业	4491963	893191	4271031
医药制造业	1397069	337884	1161960
化学纤维制造业	21280	4509	21436
橡胶和塑料制品业	2115288	474298	2076982
非金属矿物制品业	30541481	7334451	29652533
黑色金属冶炼和压延加工业	3063781	634350	2970737
有色金属冶炼和压延加工业	10014983	1345291	9519568
金属制品业	2451346	539829	2238881
通用设备制造业	6338821	1361375	6285147
专用设备制造业	8056271	1758344	7993025
汽车制造业	10412899	2330136	10194512
铁路、船舶、航空航天和其他运输设备制造业	246408	58866	324048
电气机械和器材制造业	2593073	535596	2627708
计算机、通信和其他电子设备制造业	27885880	4563650	27096420
仪器仪表制造业	564758	167557	382255
其他制造业	36980	8535	17562
废弃资源综合利用业	16475	3461	34219
金属制品、机械和设备修理业	193	49	
电力、热力生产和供应业	13971540	2430546	14705065
燃气生产和供应业	424428	86074	427567
水的生产和供应业	84550	38200	83218

注：本表工业增加值、总产值、销售产值包含河南中烟工业公司和河南电力公司的全口径统计数据。

8-3 各种分组的规模以上工业增加值指数

（2015 年）

上年＝100

项　　目	2012	2013	2014	2015
指　　数	**117.2**	**111.3**	**111.2**	**110.2**
按注册类型分				
内资企业	112.4	108.8	109.5	108.6
国有	108.8	107.8	101.9	102.3
集体	124.4	101.0	111.7	104.2
股份合作	115.1	112.2	96.8	121.4
联营	92.1	116.5	96.6	7.0
有限责任公司	115.1	112.7	112.8	108.5
股份有限公司	114.1	105.4	104.1	113.1
私营	112.3	106.4	110.3	108.1
其他	94.4	144.5	117.2	122.3
港澳台商投资	213.8	134.6	122.2	122.4
外商投资	100.4	105.6	109.3	99.6
按控股类型分				
国有控股	107.0	105.6	102.1	100.1
集体控股	129.0	104.0	111.6	109.2
私人控股	112.7	109.4	111.8	110.3
港澳台控股	212.1	137.0	122.7	121.7
外商控股	105.5	100.7	102.5	101.5
按所有制分				
公有制	109.1	105.4	103.1	101.2
非公有制	119.6	112.7	113.0	111.7
按轻重工业分				
轻工业	108.4	105.5	106.6	106.4
重工业	119.5	112.7	112.3	111.1
按企业规模份				
大型企业	125.4	116.3	110.9	110.5
中型企业	109.7	109.8	109.3	107.5
小型企业	117.7	109.1	113.1	112.0
微型企业	161.1	71.9	142.5	100.7

8-4 分行业规模以上工业增加值指数

（2015年）

上年=100

行　　业	2012	2013	2014	2015
总　　计	**117.2**	**111.3**	**111.2**	**110.2**
煤炭开采和洗选业	100.0	102.1	102.0	93.3
黑色金属矿采选业	85.8	81.2	154.2	199.3
有色金属矿采选业	115.1	84.7	117.8	119.0
非金属矿采选业	111.3	120.0	111.0	114.5
农副食品加工业	123.6	100.8	110.3	110.1
食品制造业	101.8	112.1	107.0	105.1
酒、饮料和精制茶制造业	109.2	124.2	102.0	111.0
烟草制品业	118.5	107.4	100.6	99.8
纺织业	108.2	97.6	77.9	80.9
纺织服装、服饰业	100.3	105.6	124.8	112.9
皮革、毛皮、羽毛及其制品和制鞋业	113.9	67.0	98.9	67.7
木材加工和木、竹、藤、棕、草制品业	113.1	99.0	104.3	67.7
家具制造业	132.3	77.3	98.7	112.7
造纸和纸制品业	94.9	111.3	103.2	106.3
印刷和记录媒介复制业	104.7	94.7	101.9	93.4
文教、工美、体育和娱乐用品制造业	106.4	100.3	111.8	115.3
石油加工、炼焦和核燃料加工业	98.8	78.8	100.5	107.1
化学原料和化学制品制造业	125.1	109.4	108.7	111.4
医药制造业	89.0	92.9	117.5	113.5
化学纤维制造业	115.0	105.2	135.8	100.2
橡胶和塑料制品业	112.4	112.3	121.1	107.2
非金属矿物制品业	114.2	109.8	110.4	107.9
黑色金属冶炼和压延加工业	118.3	114.1	115.8	107.1
有色金属冶炼和压延加工业	112.3	109.9	107.1	115.3
金属制品业	102.6	111.0	116.6	105.0
通用设备制造业	132.8	115.7	113.1	108.3
专用设备制造业	110.7	103.9	109.8	110.6
汽车制造业	106.1	115.1	116.6	113.1
铁路、船舶、航空航天和其他运输设备制造业	119.3	99.1	134.6	150.3
电气机械和器材制造业	112.9	111.6	116.8	110.1
计算机、通信和其他电子设备制造业	273.4	137.9	124.5	126.3
仪器仪表制造业	118.5	147.7	118.1	119.2
其他制造业	55.8	97.1	149.0	83.7
废弃资源综合利用业			213.7	118.0
金属制品、机械和设备修理业	64.9	70.9	32.0	60.1
电力、热力生产和供应业	103.6	108.2	94.9	96.3
燃气生产和供应业	115.3	113.0	123.7	98.1
水的生产和供应业	103.0	108.9	111.5	97.8

8-5 规模以上工业企业单位数、总产值、增加值及销售产值

（2015 年）

项目	单位数（个）	工业总产值（万元）	工业总产值指数（上年=100）	工业增加值（万元）	工业销售产值（万元）
总计	**2820**	**135217062**	**111.8**	**29091500**	**132448519**
#国有及国有控股企业	106	10648979	100.9	3202568	10549736
集体企业	38	1041471	104.9	239224	1013830
港澳台商投资企业	51	28530392	123.3	4718633	27709642
外商投资企业	65	5424738	99.9	1157183	5383543
按轻重工业分					
轻工业	631	19442154	107.7	5289428	20038355
重工业	2189	115774908	112.5	23802072	112410164
按企业规模分					
大型工业	76	52418703	113.8	10769198	51385247
中型工业	576	34796595	108.0	7777161	33890178
小型工业	2063	47954262	112.4	10534901	47125785
微型工业	105	47502	99.6	10240	47308

8-6 各县（市）、区规模以上工业企业单位数

（2015 年底）

单位：个

县（市）区	合计	#国有及国有控股	#集体	#港澳台投资	#外商投资	轻工业	重工业	#大型	#中型
全市	**2820**	**106**	**38**	**51**	**65**	**631**	**2189**	**76**	**576**
中原区	40	7		2	2	12	28	3	15
二七区	97	3	1	1	4	39	58	5	11
管城区	16	1	2	3		10	6	3	4
金水区	24	3	1		2	16	8	2	5
上街区	88	9	1	1	3	4	84	3	10
惠济区	23	2	1		3	11	12	3	1
中牟县	135	4	1	3	3	47	88	2	21
巩义市	477	6	6		6	17	460	10	61
荥阳市	444	7	10	1	4	70	374	6	149
新密市	486	6	8	3	3	113	373	7	68
新郑市	283	8	4	6	6	126	157	6	81
登封市	354	9	3	3	1	46	308	5	83
经济技术开发区	149	15		14	16	58	91	9	28
高新技术开发区	144	20		9	10	39	105	6	34
郑东新区	10	1		1		4	6	1	1
航空港区	47	2		4	2	19	28	2	4

8-7 各县(市)、区规模以上工业总产值

(2015 年)

单位:万元

县(市)区	合计	#国有及国有控股	#集体	#港澳台投资	#外商投资	轻工业	重工业	#大型	#中型
全 市	**135217062**	**10648979**	**1041471**	**28530392**	**5424738**	**19442154**	**115774908**	**52418703**	**34796595**
中原区	2598794	1706197		418071	55089	218771	2380023	2036706	363154
二七区	1909294	169365	3611	14027	531189	923569	985725	708677	306341
管城区	1487939	29625	41622	90482		190239	1297701	1281653	128318
金水区	384260	89196	4589	3277	119499	338067	46193	172432	108478
上街区	3784246	1137978	14097	3179	46653	60824	3723422	1110980	624713
惠济区	905754	19490			577841	722266	183489	636494	31515
中牟县	4667190	1414787	13768	22959	1255549	1014350	3652840	1259786	1790905
巩义市	19719213	228641	98824		1321776	699670	19019543	3295103	6535609
荥阳市	16415687	358933	425014	45656	149897	1932237	14483450	1054997	9855098
新密市	14700270	437353	145653	70305	13648	3458392	11241878	1603300	2902621
新郑市	12344214	481354	96094	170480	262696	4855719	7488496	1245044	5037659
登封市	13055856	2039516	187838	135627	18720	922205	12133651	2467434	3857491
经济技术开发区	11824404	2010727		1013703	680977	3237610	8586794	7818767	1303876
高新技术开发区	4194084	465368		230445	399106	589660	3604424	1404635	1733746
郑东新区	292054	13563		98326		44706	247348	98326	13563
航空港区	26995603	3951		26221481	4804	298778	26696825	26168975	79177

注:本表按当年价格计算。

8-8 各县(市)、区规模以上工业销售产值

(2015 年)

单位:万元

县(市)区	合计	#国有及国有控股	#集体	#港澳台投资	#外商投资	轻工业	重工业	#大型	#中型
全 市	**132448519**	**10549736**	**1013830**	**27709642**	**5383543**	**20038355**	**112410164**	**51385247**	**33890178**
中原区	2576305	1707277		418071	54628	232912	2343394	2037577	348230
二七区	1874966	169336	3611	14027	529138	905904	969062	696570	305906
管城区	1464965	29086	44652	89345		191264	1273701	1257329	128895
金水区	503044	93519	4589	2759	233855	455405	47638	286789	109005
上街区	3751670	1146155	13398	3179	43586	60575	3691095	1087668	612247
惠济区	895304	17592			573653	716693	178611	631687	29506
中牟县	4457781	1337502	13768	21472	1176931	977956	3479824	1182275	1719134
巩义市	18857657	223030	97541		1220476	831613	18026044	3128752	6150420
荥阳市	16190464	350001	399355	40951	150785	1899426	14291039	1061299	9724291
新密市	14655055	435670	145191	70203	12514	3443943	11211112	1595199	2902522
新郑市	12212711	506004	96197	157304	262453	4945703	7267009	1247767	4982062
登封市	12835025	1992605	186176	131364	19859	1271206	11563819	2414968	3813058
经济技术开发区	11693442	2043706		961170	729147	3271315	8422127	7751862	1235272
高新技术开发区	3960082	438081		182849	384336	544039	3416043	1377110	1610329
郑东新区	281367	13760		99429		47005	234362	99429	13760
航空港区	26293043	3550		25524635	5129	315641	25977402	25473204	78021

注:本表按当年价格计算。

8-9 各县(市)、区规模以上工业增加值

(2015 年)

单位:万元

县(市)区	合计	#国有及国有控股	#集体	#港澳台投资	#外商投资	轻工业	重工业	#大型	#中型
全　市	**29091500**	**3202568**	**239224**	**4718633**	**1157183**	**5289428**	**23802072**	**10769198**	**7777161**
中原区	502764	297321		94525	12489	64190	438574	371881	83441
二七区	430183	25183	660	2989	137552	224161	206023	168218	68376
管城区	333947	6379	11266	17340		43403	290544	289132	29217
金水区	85104	19643	1152	855	25621	73299	11805	36970	22055
上街区	718169	171413	2661	798	8583	15460	702709	179347	131103
惠济区	199005	6194			126385	157783	41222	136464	8962
中牟县	1031372	306773	3340	4577	283151	225772	805600	284100	392002
巩义市	3751993	51777	20476		255831	149762	3602231	548737	1233719
荥阳市	3732455	89378	92936	5474	28041	448091	3284363	207130	2285440
新密市	3507649	145184	34495	13712	3146	830961	2676687	419552	718762
新郑市	2846912	110596	23751	41263	60934	1111247	1735665	323873	1149987
登封市	3186511	588922	46349	21754	4629	216240	2970271	712635	940682
经济技术开发区	3511362	1264924		273617	147313	1531610	1979753	2621087	294651
高新技术开发区	886614	104325		58951	65324	132640	753974	282110	365646
郑东新区	76567	3052		27964		9293	67274	27964	3052
航空港区	4298721	1785		4156635	952	69994	4228727	4148334	18051

注:本表按当年价格计算。

8-10 历年主要

（2015 年）

产品名称	单位	1978 年	1980 年	1985 年	1990 年	1995 年	1998 年	1999 年	2000 年	2001 年	2002 年
原煤	万吨	868	897	1352	1628	2220	2613	1724	1830	2039	2581
饲料	万吨		0.5	3.3	5.3	6.6	11.5	16.3	21.6	27.3	38.8
速冻米面食品	万吨										
方便面	万吨							5.5	6.9	14.7	18.7
啤酒	万千升			0.7	6.9	14.2	34.4	36.7	38.1	37.2	36.0
软饮料	万吨		0.2	1.4	1.6	4.5	2.0	6.8	6.4	8.2	21.1
卷烟	亿支	243.0	350.4	443.2	456.1	476.3	412.2	423.0	428.7	393.1	403.7
纱	万吨	7.7	8.5	7.9	8.8	8.8	7.6	8.4	6.9	7.3	7.4
布	万米	41876	44804	38904	40510	40981	32762	30530	23391	21735	21239
印染布	万米	15086	19188	13210	8758	20321	10321	9884	14620	14833	16258
服装	万件		1529	1730	2260	1619	939	912	1132	1240	1306
人造板	立方米		1548	5622	3788	196849	46744	75312	51276	47750	34895
家具	万件		23.2	66.0	72.1	49.4	8.6	8.2	9.9	6.0	4.7
机制纸机制纸板	万吨	2.7	3.6	9.2	6.7	35.4	59.9	90.9	92.3	101.3	101.9
硫酸	万吨	0.5	0.9	1.3	2.8	13.3	11.5	9.7	9.4	7.3	6.2
化学农药原药	吨			435	768	1976	3264	4772	2684	5390	5126
中成药	吨	422	895	1851	1322	1763	2774	2634	3276	4618	2822
化学肥料	万吨	8.9	3.8	3.4	8.0	11.7	18.2	15.9	15.7	15.1	13.8
塑料制品	万吨			1.5	1.9	5.6	4.2	5.0	5.8	6.3	6.4
水泥	万吨	38	55	119	227	737	881	966	932	1006	1030
工业陶瓷	万件										
耐火材料制品	万吨										
日用玻璃制品	万吨		1.7	3.2	2.6	7.3	4.3	3.5	2.1	1.1	0.8
石墨及炭素制品	万吨										
磨具	万吨	1.3	1.6	1.8	1.9	4.2	9.4	7.1	5.2	4.1	3.8
粗钢	万吨	2.2	3.7	4.5	5.9	13.0	16.3	11.8	1.6	1.1	1.2
钢材	万吨		1.9	4.5	7.4	15.5	25.1	27.6	14.1	14.7	17.6
原铝(电解铝)	万吨	1.8	2.9	3.4	4.0	5.9	13.0	15.5	15.8	26.5	35.5
氧化铝	万吨	40.0	40.6	53.3	60.1	66.6	73.1	87.5	96.6	107.1	127.1
阀门	万吨		0.1	0.2	1.0	3.9	3.5	3.0	3.2	3.7	3.9
小型拖拉机	台	8623	13954	34090	59661	41916	17898	13420	15048	8450	5518
汽车	辆	695	1577	1625	1043	16187	10118	7698	7689	9129	15650
变压器	万千伏安	54.9	36.9	62.5	50.1	94.2	98.3	128.7	169.9	168.4	177.1
电力电缆	千米	2513	3533	6318	7853	5732	4633	11810	7801	6970	5823
移动通信手持机(手机)	万台										
发电量	亿千瓦小时	13.3	11.1	10.6	18.3	65.7	87.8	77.0	85.1	95.1	108.0
供热量	万百万千焦		451	468	464	1901	2297	2040	2862	1166	3060
自来水生产量	万立方米		13127	17570	19435	30119	26427	27766	26079	25465	31013

注:2010 年始卷烟产量含河南中烟工业有限责任公司。从 2010 年至 2015 年郑州地区卷烟产量分别为 572.4 亿支，581.3

工业产品产量

2003 年	2004 年	2005 年	2006 年	2007 年	2008 年	2009 年	2010 年	2011 年	2012 年	2013 年	2014 年	2015 年
3297	4096	6217	6699	6707	6629	6660	5963	6914	4568	4084	3554	3223
57.4	62.8	65.1	114.1	126.5	150.8	106.2	148.1	178.4	210.7	266.5	239.3	192.9
21.5	23.8	32.3	59.6	70.2	87.1	90.9	100.6	125.3	100.6	109.5	125	122.4
22.3	17.9	20.5	25.5	32.8	24.0	30.4	44.5	28.2	26.4	29.0	30.2	37.9
32.0	39.1	41.6	25.1	28.7	45.3	49.0	56.0	48.4	58.6	63.6	54.3	60.6
19.2	22.1	25.5	46.0	70.2	108.1	163.4	216.6	236.3	251.1	344.7	300.4	328.5
404.6	419.0	408.4	436.7	477.1	487.6	559.6	1650.4	1676.1	1691.0	1713.0	1733.25	1674.3
7.5	7.7	8.4	7.8	11.1	11.4	3.3	4.1	4.5	6.7	5.3	4.7	4.8
20442	24063	24647	22513	26034	27388	86063	81715	75968	87995	96156	6053	3505
23138	22574	23949	36615	59217	67429	67446	62277	53171	60895	66909	64582	12557
1483	1784	2974	4804	5681	7377	10117	10950	11708	12987	15590	20820	20410
46920	99406	104698	111770	101649	76398	118077	155128	170786	200844	259772	200494	152393
5.4	5.5	7.2	26.2	97.1	81.9	249.6	196.6	233.5	284.7	223.4	236.8	283.0
123.3	143.2	183.4	237.5	273.4	280.8	266.9	260.2	275.1	209.4	218.3	206.8	216.9
8.8	8.5	9.0	10.2	10.3	10.7	10.0	17.1	29.4	33.4	41.6	13.5	19.2
2770	3861	5016	4615	12361	3097	18255	14048	20244	22171	13881	37476	42505
3664	2208	3972	11334	13973	65055	106412	3941	3290	5957	7772	8773	9003
13.4	13.8	13.8	13.4	18.7	40.3	25.6	8.3	1.5	5.8	10.6	1.6	6.1
5.9	5.7	7.5	8.0	11.7	14.3	16.6	112.6	17.6	20.7	20.8	28.7	33.1
1134	1278	1538	1592	2109	1898	2198	2096	2153	2322	2518	2427.8	2184.4
	7397	8844	10100	11211	42277	37670	47209	36348	49585	192593	524363	555763
265.5	406.3	544.1	810.4	1267.7	1368.3	1533.4	1807.7	2080.6	2417.1	2897.6	3235.8	3375.5
1.1	1.0	0.6	0.0	0.0	4.3	3.2	3.6	4.3				3.0
						280.5	311.6	439.7	514.2	581.4	590.4	601.2
3.7	4.8	4.8	4.4	6.1	8.0	20.4	9.4	14.6	45.4	69.4	75.8	73.0
1.3	7.6	9.8	13.0	12.2	24.1	19.5	17.3	4.8	4.8	2.2	2.95	0.2
46.1	103.8	159.7	215.8	326.1	358.7	339.7	377.0	424.7	481.1	525.6	657.2	627.4
37.3	42.2	49.3	49.1	67.0	66.4	60.1	58.4	56.8	69.7	65.2	53.2	55.7
138.3	148.1	171.4	234.3	237.8	219.7	167.3	221.8	246.0	253.0	264.9	238.3	260.6
5.6	7.4	9.9	18.3	29.0	52.4	65.3	79.9	102.5	126.7	144.4	156.3	160.5
2525	2479	3732	9811	16280	4081	5861	3569	0				
27327	29806	35855	47688	62261	74044	112874	225196	354985	367597	461479	507047	513908
174.7	112.4	126.3	202.2	168.9	138.9	218.9	247.3	357.9	377.9	350.6	240.2	241.7
9062	3103	5758	6855	41031	60818	91775	83450	296201	321919	401496	401579	313043
								2445	6846	9645	11890	19672.4
119.0	159.8	204.6	206.1	254.3	285.2	266.8	292.8	386.3	447.4	518.0	494.98	444.2
3440	3369	3355	3186	3050	2982	2229	2851	3464	4015	3928	3604	3867
31622	32772	24936	25754	26044	27595	27744	29368	26900	29265	44281	58599	61722

亿支,586.4 亿支,594.1 亿支,601.09 亿支,514.7 亿支。

8-11 各县(市)、区

(2015 年)

产 品 名 称	计量单位	全 市	市 直	中原区	二七区	管城区	金水区	上街区	惠济区
小麦粉	吨	2429493				127351	78560		
饲料	吨	1928849			70991	51243	24235		136485
精制食用植物油	吨	431976					203		
速冻米面食品	吨	1223663			27107		183421		673866
方便面	吨	379392			160221				
饮料酒	千升	615936			5649	260910			
白酒	千升	9500			5649				
啤酒	千升	606436				260910			
软饮料	吨	3285229			822377				
卷烟	万支	5146755							
纱	吨	48450							
布	万米	3505		1190					
印染布	万米	12557		3104					
服装	万件	20410		1260	50				
人造板	立方米	152393							
家具	件	2829547			108455	67118		41660	
机制纸及机制纸板	吨	2169185							
硫酸(折 100%)	吨	192179							
农用氮、磷、钾化学肥料总计	吨	61210							
化学农药原药	吨	42505				2279			
涂料	吨	156013			57876				
中成药	吨	9003							
塑料制品	吨	331036		10327	4419				2297

主要工业产品产量

中牟县	巩义市	荥阳市	新密市	新郑市	登封市	经济技术开发区	高新技术开发区	郑东新区	航空港区
		425288	53205	705725	353621	685743			
220269		24209		813026		78220	358557	88717	62897
9568		92310		309961					19934
81134				223960			34175		
33805			1968	80257		84004			19137
			3851	345526					
			3851						
				345526					
31383	205668	95015		1150744	225807	194413	333460		226362
						5146755			
6696				31395		6410		3949	
		528						1787	
		8241					1212		
278	32	7425	10143	1060	8	34	120		
	72496				79897				
428864		16594			457889	1708967			
			2169185						
		158379	33800						
		61210							
26652					13574				
18039	30754	24555				24789			
		686	831	1477			6009		
23373	17503	5306		249166		14309	1812		2524

8-11 续表 （2015 年）

产 品 名 称	计量单位	全 市	市 直	中原区	二七区	管城区	金水区	上街区	惠济区
水泥	万吨	2184						78	
工业陶瓷	万件	555763						18690	
耐火材料制品	吨	33754784			77869			199685	
磨具	吨	730442		76213	8963				3889
钢材	吨	6273627		294458	353410				
焊接钢管	吨	998938		145628	353410				
铁合金	吨	122445							
氧化铝	吨	2606482						2142952	
原铝（电解铝）	吨	556611							
铝材	吨	4499078						184731	
工业锅炉	蒸发量吨	10610							
泵	台	289662				229		78032	
阀门	吨	1605450						425630	
矿山专用设备	吨	775621	47976	113110	249			46626	
水泥专用设备	吨	93789					1889		
汽车	辆	513908				27764			
基本型乘用车（轿车）	辆	91631							
客车	辆	106410				27764			
载货汽车	辆	68926							
改装汽车	辆	21288							347
电动自行车	辆	87183							
变压器	千伏安	2416710		394570					
通信及电子网络用电缆	对千米	1000449							
电力电缆	千米	313043			184385			65805	
电线	公里	1025722							
太阳能电池	千瓦	30665							
移动通信手持机（手机）	台	196724132							
发电量	万千瓦小时	4442421		371552	650			95039	
自来水生产量	万立方米	61722		32846					9198

中牟县	巩义市	荥阳市	新密市	新郑市	登封市	经济技术开发区	高新技术开发区	郑东新区	航空港区
	390	405	152	250	809			100	
	38641				498156		276		
	16305627	178561	13384520	37483	3571039				
	196978	38900	326484				79015		
1026432	563004	454224		3002770		259380	31159		288790
				499900					
					122445				
					463530				
	432788				123823				
	3537068	159412		23554	349299		232885		12129
		346				6666	2637		961
	1344	210057							
		1178159					1661		
	126758	245867	17118	34552	17477	93071	32817		
1422	90478								
133723		1753				350668			
						91631			
37056		1753				39837			
68926									
6869		9360		4712					
					8231		78952		
			95225	1490306		190890	245719		
	1000449								
	7426						55354		
	860514						165208		
					30665				
									196724132
	711763	502811	1009916	5977	1311021		255393	178299	
			1375		16369	1934			

8-12 规模以上工业

(2015 年)

指　　标	合　计	#国有及国有控股	#集体	#股份制工　业
企业单位数(个)	2820	106	38	2481
#亏损企业	188	32	2	153
资产总计	112967347	18947127	823308	74558150
应收帐款	17709180	1574077	151763	7897956
存货	9727769	2331686	75723	5171782
#产成品	3805624	476386	25140	2197836
负债合计	62574130	12431732	378814	33382821
主营业务收入	135875214	12917767	1049736	90921935
主营业务成本	117737257	10922006	874355	77185677
营业费用	2717304	229369	29031	2048690
主营业务税金及附加	1400309	830617	5150	560203
管理费用	3028733	568246	28227	2265534
财务费用	1102037	323303	3599	800700
#利息支出	1100224	330836	3644	790604
利润总额	10442526	232395	111367	8519943
亏损企业亏损额	573763	285717	206	350779
利税总额	15395780	1602330	159805	11897346
本年应交增值税	3540784	533254	43287	2806774
全部从业人员年平均人数(人)	1074664	125674	7900	686347

企业主要经济指标

单位:万元

#外商及港澳台投资	按轻重工业分		按企业规模分			
	轻工业	重工业	大型企业	中型企业	小型企业	微型企业
116	631	2189	76	576	2063	105
28	54	134	12	52	115	9
29821071	17959067	95008280	52612843	31073975	27764915	1515614
9134769	1869554	15839626	11379720	3315295	2938811	75354
3567580	1783439	7944330	5948911	1843569	1860679	74610
1477718	494949	3310675	2011121	846814	905470	42218
24855851	8405237	54168894	37952638	13618347	10539392	463753
33821116	20726784	115148430	55823579	36474485	42720655	856495
31637962	16360422	101376835	50103880	30607623	36299839	725916
435950	749373	1967931	901750	919747	879915	15892
54346	853031	547278	931750	247340	213824	7395
532393	599311	2429422	1225967	946859	834964	20944
227132	137864	964173	525369	311276	258988	6404
239766	137971	962252	556296	324583	213668	5677
970925	2147740	8294786	2511972	3534945	4319933	75676
212239	62756	511007	274141	226445	66109	7069
1254392	3787139	11608640	4325594	5130672	5829112	110402
228965	785377	2755408	876707	1342794	1293956	27327
333214	194902	879762	503340	308539	261938	847

8-13 规模以上工业企业

（2015 年）

项 目	企 业 单位数 （个）	资产总计	应收帐款	存货	#产成品
总 计	**2820**	**112967347**	**17709180**	**9727769**	**3805624**
按轻重工业分					
轻工业	631	17959067	1869554	1783439	494949
重工业	2189	95008280	15839626	7944330	3310675
按企业规模分					
大型企业	76	52612843	11379720	5948911	2011121
中型企业	576	31073975	3315295	1843569	846814
小型企业	2063	27764915	2938811	1860679	905470
微型企业	105	1515614	75354	74610	42218
按行业分					
煤炭开采和洗选业	48	5756480	419273	515590	108597
黑色金属矿采选业	3	45654	3143	1902	1511
有色金属矿采选业	10	485971	56028	121091	27944
非金属矿采选业	46	848761	31261	38991	32097
农副食品加工业	92	2557562	199638	219269	69911
食品制造业	87	3511877	490986	248588	111832
酒、饮料和精制茶制造业	26	850901	166627	56661	17202
烟草制品业	3	1437523	187337	695703	20265
纺织业	25	881580	75360	52963	27677
纺织服装、服饰业	53	2060632	94276	100575	46116
皮革、毛皮、羽毛及其制品和制鞋业	2	28683	480	20324	14939

分行业主要经济指标

单位:万元

负债合计	主营业务收入	营业费用	主营业务税金及附加	利润总额	利税总额	全部从业人员年平均人数(人)
62574130	**135875214**	**2717304**	**1400309**	**10442526**	**15395780**	**1074664**
8405237	20726784	749373	853031	2147740	3787139	194902
54168894	115148430	1967931	547278	8294786	11608640	879762
37952638	55823579	901750	931750	2511972	4325594	503340
13618347	36474485	919747	247340	3534945	5130672	308539
10539392	42720655	879915	213824	4319933	5829112	261938
463753	856495	15892	7395	75676	110402	847
4037970	2951660	33403	36223	-109907	25738	77045
13169	35762	1247	252	5652	7765	294
243925	574100	9096	4099	101155	123788	3390
292971	1273937	15761	5916	171795	234279	8222
1202626	3302585	56466	9796	269266	333162	20379
1939961	3914220	211947	20335	298306	445019	42201
474840	1246735	126473	18050	106273	165434	15835
477418	1575499	44494	738794	244548	1175922	5152
617243	404977	5004	1934	20740	31155	6656
939355	1809915	60114	19725	166115	239312	23488
20972	19769	1600	75	32	681	618

8-13 续表 (2015年)

项目	企业单位数(个)	资产总计	应收帐款	存货	#产成品
木材加工和木、竹、藤、棕、草制品业	10	183807	13156	13855	6121
家具制造业	26	268004	32320	33540	17966
造纸和纸制品业	85	1345392	75463	72841	36987
印刷和记录媒介复制业	54	666841	57227	55119	28331
文教、工美、体育和娱乐用品制造业	27	421738	24606	23226	10902
石油加工、炼焦和核燃料加工业	7	56612	9847	12769	7139
化学原料和化学制品制造业	167	3067384	233032	184807	96754
医药制造业	39	1449288	230440	79083	37629
化学纤维制造业	2	34733	280	559	218
橡胶和塑料制品业	77	1571806	72085	46031	26314
非金属矿物制品业	929	20049049	2306422	928175	514292
黑色金属冶炼和压延加工业	48	2373908	65764	131469	45713
有色金属冶炼和压延加工业	134	6969243	442983	612234	121278
金属制品业	109	2292688	241877	241476	122619
通用设备制造业	140	4121752	588841	490229	275476
专用设备制造业	234	7530469	881275	753818	308260
汽车制造业	90	6576716	1378644	393906	168711
铁路、船舶、航空航天和其他运输设备制造业	15	774159	187235	97739	29677
电气机械和器材制造业	108	1909276	302179	219377	105956
计算机、通信和其他电子制造业	45	22247249	8230502	3034441	1314044
仪器仪表制造业	28	889063	152237	70858	29810
其他制造业	2	11324	1154	290	0
废弃资源综合利用业	4	44885	1863	4882	3278
金属制品、机械和设备修理业	1	8830	3157		0
电力、热力生产和供应业	21	7900736	375492	141819	19592
燃气生产和供应业	15	986951	62280	13168	466
水的生产和供应业	8	749822	14410	401	0

单位:万元

负债合计	主营业务收入	营业费用	主营业务税金及附加	利润总额	利税总额	全部从业人员年平均人数(人)
53677	198497	7501	2156	28251	36153	1973
94150	436643	14241	4377	53164	72730	4295
371706	2496232	47328	7313	339005	446305	20736
278736	798325	16521	4258	79610	118169	8639
122237	858898	51183	4542	99341	133996	7241
25175	168162	4756	2611	6397	12772	590
1089573	4269120	74976	30013	463171	608078	28033
686995	1296913	43599	7661	187657	252199	14919
13933	23674	396	160	4504	5623	236
547678	2023522	30359	13102	261833	343846	13287
6893047	30172487	879306	192274	3302438	4663965	198025
1020637	3032770	35232	8481	251335	349945	12178
4454955	9540996	99086	19394	290948	503873	44059
1011435	2213673	46096	14781	157287	232000	22423
1467995	6453294	100557	42613	552514	775330	39324
2641571	8168198	203329	57563	700798	1035502	60033
3507625	9764088	285209	83576	873810	1162219	47700
448972	564530	14369	3114	41569	54760	7034
885675	2578681	55743	11310	199075	264098	20359
19374073	27231820	47108	4847	874523	897327	278979
215127	368477	30125	3557	81765	111678	5746
1319	12464	96	33	1831	2161	110
30474	34022	218	309	-2457	-1323	377
3976	14626		307	65	1782	500
6035252	5458792	13739	22489	243911	435718	27436
551559	488486	42113	3535	82827	97598	3212
486131	98668	8515	738	-6620	-2978	3940

8-14 国有及国有控股

(2015 年)

项 目	企业单位数(个)	资产总计	应收帐款	存货	#产成品
总 计	**106**	**18947127**	**1574077**	**2331686**	**476386**
按轻重工业分					
轻工业	23	2895174	234916	751016	45783
重工业	83	16051954	1339161	1580670	430603
按企业规模分					
大型企业	15	14546261	1092260	1809499	281867
中型企业	44	3119396	323997	394431	148762
小型企业	46	1261293	157821	127631	45728
微型企业	1	20178		125	30
按行业分					
煤炭开采和洗选业	12	4536034	205580	480173	90573
有色金属矿采选业	1	207912	156	111540	19453
农副食品加工业	3	136062	23678	23237	2386
食品制造业	2	55420	3122	6483	5851
烟草制品业	2	1424560	181118	693013	18559
纺织业	2	282443	2498	8631	7723
纺织服装、服饰业	1	4159	192		
印刷和记录媒介复制业	4	86805	4752	13595	9742

工业企业主要经济指标

单位:万元

负债合计	主营业务收入	营业费用	主营业务税金及附加	利润总额	利税总额	全部从业人员年平均人数(人)
12431732	**12917767**	**229369**	**830617**	**232395**	**1602330**	**125674**
1369734	1977254	59950	740058	239203	1178597	14615
11061998	10940513	169419	90559	−6808	423733	111059
9576658	10222938	174626	811913	193827	1455328	86295
1976087	1712764	34021	10368	−15389	58016	33039
867388	977823	20632	8194	54765	89080	6340
11599	4242	89	142	−807	−93	
3458016	2505494	20073	31739	−167236	−61863	51364
126966	127249		992	8448	17349	1273
91567	200142	2235	60	−2222	−5732	1231
28536	24214	402	101	2461	3274	515
471841	1556253	44494	738656	244294	1174373	4776
251859	36157	582	59	−1400	−1016	1339
414	3802	17	81	−60	21	354
13329	53423	1404	515	3349	8890	1535

8-14 续表 (2015 年)

项目	企业单位数（个）	资产总计	应收帐款	存货	#产成品
石油加工、炼焦和核燃料加工业	2	24132	2740	7276	3375
化学原料和化学制品制造业	1	5529	1647	1128	427
医药制造业	2	229559	6905	4687	1096
橡胶和塑料制品业	3	30815	3827	1860	609
非金属矿物制品业	13	611254	51605	110898	34265
黑色金属冶炼和压延加工业	1	58325	4504	15655	4856
有色金属冶炼和压延加工业	3	764817	51123	120251	17280
金属制品业	2	60010	10692	13070	2827
通用设备制造业	7	225485	87931	29817	15678
专用设备制造业	8	2169904	443906	349869	138647
汽车制造业	6	822565	44286	77531	30203
铁路、船舶、航空航天和其他运输设备制造业	2	425381	102230	81807	24234
电气机械和器材制造业	4	207987	53108	39841	22405
计算机、通信和其他电子设备制造业	2	57987	8612	12785	6463
仪器仪表制造业	2	9920	4361	4656	141
电力、热力生产和供应业	13	5827622	263305	123216	19592
燃气生产和供应业	2	11804	1196	425	1
水的生产和供应业	6	670638	11003	242	0

单位:万元

负债合计	主营业务收　　入	营业费用	主营业务税金及附加	利润总额	利税总额	全部从业人员年平均人数(人)
11728	137440	4520	2583	2780	8423	215
1954	4019	100	96	925	1457	66
84660	22444	2725	201	2424	5017	991
12974	21238	953	111	2464	3478	522
367758	166639	10737	1765	21389	30968	4204
40713	103693	857	370	3828	4302	66
599128	502115	12218	3285	-30489	-6	4003
37893	39708	1327	302	2068	4424	775
107768	152032	5293	942	11729	19330	1963
920839	725382	31005	4929	10756	56450	8847
501022	1211233	59737	26107	19277	21310	5173
325258	291708	3933	994	13886	17593	4827
119066	96429	2750	326	5598	8720	2858
24530	38460	2871	280	4092	6896	715
5838	5857	482	38	-843	-734	121
4394387	4806346	12622	15784	124811	287766	24027
8113	9490	42	13	-811	-673	106
425575	76800	7991	290	-10569	-7686	3808

8-15 规模以上集体工业

（2015 年）

项　　目	企　业 单位数 （个）	资产总计	应收帐款	存货	#产成品
总　　计	**38**	**823308**	**151763**	**75723**	**25140**
按轻重工业分					
轻工业	11	204044	54995	14202	7491
重工业	27	619264	96768	61521	17648
按企业规模分					
大型企业					
中型企业	10	613669	125658	58311	16075
小型企业	27	205693	25490	17186	8901
微型企业	1	3947	615	226	164
按行业分					
非金属矿采选业	1	19030	3561	3170	1597
烟草制品业	1	12963	6218	2690	1706
纺织业	1	20655	167	56	6
造纸和纸制品业	2	6010	890	966	388
印刷和记录媒介复制业	3	47181	15604	5630	3650
化学原料和化学制品制造业	2	31445	10751	3720	1053
医药制造业	2	85275	31146	4404	1668
橡胶和塑料制品业	1	29594	899	134	119
非金属矿物制品业	12	144223	47789	4494	2447
黑色金属冶炼和压延加工业	1	3849	383	329	
有色金属冶炼和压延加工业	1	13522	682	827	603
金属制品业	3	15193	7579	2385	551
通用设备制造业	4	369214	22737	43542	8623
专用设备制造业	2	15951	2086	2973	2622
电气机械和器材制造业	1	681	438	116	108
其他制造业	1	8524	834	290	

企业主要经济指标

单位:万元

负债合计	主营业务收　　入	营业费用	主营业务税金及附加	利润总额	利税总额	全部从业人员年平均人数(人)
378814	**1049736**	**29031**	**5150**	**111367**	**159805**	**7900**
119939	220263	5052	1400	24830	38741	2241
258875	829473	23979	3750	86537	121064	5659
292378	637535	18073	4025	64211	97920	5118
83439	408795	10883	1117	46831	61329	2782
2998	3407	74	8	326	555	
7406	49382	3457	151	10192	12812	282
5577	19246		139	254	1549	376
17743	3629	58	9	549	569	50
1801	7602	418	34	1115	1407	120
17723	47773	250	454	5276	9174	522
24883	46441	1221	69	1281	1839	1094
64676	99973	4021	662	11010	18234	743
9256	55479	395	116	8726	11071	102
69926	290194	4954	1226	38258	49015	1999
1877	3398	18	22	339	423	84
2582	66785	197	102	2510	2857	182
4197	20519	459	60	1323	1934	291
144407	305221	12259	1935	26512	43477	1733
5162	22113	892	119	2798	3629	165
428	3503	350	35	105	420	47
1169	8479	81	21	1119	1395	110

8-16　各县(市)、区规模以上工业企业主要经济指标

(2015 年)　　单位:万元

县(市)区	企业单位数(个)	资产总计	应收帐款	存货	#产成品	负债合计
全　市	**2820**	**112967347**	**17709180**	**9727769**	**3805624**	**62574130**
中原区	40	4173768	301531	173781	72719	2591130
二七区	97	2387390	349861	193171	74697	1666561
管城区	15	1523644	452761	97966	43862	874174
金水区	24	861316	230720	60728	16634	587045
上街区	88	2317411	175460	375995	82306	1462376
惠济区	23	788665	239063	80788	48406	482949
中牟县	135	2532509	255987	258724	121258	1230830
巩义市	477	11521609	785994	839211	296497	5852408
荥阳市	444	13585850	875530	874588	426243	3936050
新密市	486	12779754	860884	633676	258104	5872074
新郑市	283	13139673	402643	502666	195156	6112498
登封市	354	10605325	1964635	460482	179263	5032149
经济技术开发区	149	9223854	1909727	1502095	306174	4454841
高新技术开发区	144	5650012	921954	704672	341127	2743014
郑东新区	10	646319	54344	16108	4691	559945
航空港区	47	21016881	7872592	2932306	1324336	19073038

8-16　续表　　(2015 年)　　单位:万元

县(市)区	主营业务收入	营业费用	主营业务税金及附加	利润总额	利税总额	全部从业人员年平均人数(人)
全　市	**135875214**	**2717304**	**1400309**	**10442526**	**15395780**	**1074664**
中原区	2658668	90985	11230	95925	197978	22839
二七区	2201022	82077	3691	79759	112093	22901
管城区	1489471	92866	16232	154161	192702	14908
金水区	599223	47219	2099	20289	42820	12171
上街区	3815236	54035	13074	105120	205366	20122
惠济区	842678	65838	3497	5739	29397	10706
中牟县	4143753	97541	41012	256731	425370	26381
巩义市	18596385	577805	74219	899200	1448014	104287
荥阳市	17240309	225234	156731	1534913	2271360	123133
新密市	15705471	367967	89289	1576503	2227904	121485
新郑市	12785078	190688	65821	1584212	2170904	97595
登封市	13475139	251240	92510	1599515	2067605	114556
经济技术开发区	11697453	298008	798079	1524215	2749356	74621
高新技术开发区	3803265	199229	26625	374914	586931	44983
郑东新区	292068	5634	1057	23134	26665	6371
航空港区	26452297	67133	4576	607658	630128	257042

8-17 各县(市)、区国有及国有控股工业企业主要经济指标

(2015 年)

单位:万元

县(市)区	企业单位数(个)	资产总计	应收帐款	存货	#产成品	负债合计
全 市	**106**	**18947127**	**1574077**	**2331686**	**476386**	**12431732**
中原区	7	2814119	166969	103810	45991	1761578
二七区	3	1343632	106521	83371	13385	1069217
管城区	1	46549	22556	7953	4712	36239
金水区	3	74883	4329	8649	4914	10481
上街区	9	1611619	64603	300398	44857	1204562
惠济区	2	42654	690	4974	107	23925
中牟县	4	810868	37365	71940	29272	492575
巩义市	6	428529	5069	20260	11633	375385
荥阳市	7	714301	84774	44532	26252	422333
新密市	6	2378370	110356	274373	47837	1857438
新郑市	8	1178911	87932	125979	33554	934051
登封市	9	3438542	260000	210468	38063	2394125
经济技术开发区	15	2469540	408561	910022	107512	994452
高新技术开发区	20	1183336	152969	133200	51716	652896
郑东新区	1	125350	912	3338	2430	100765
航空港区	2	72558	4978	7606		58660

8-17 续表

(2015 年)

单位:万元

县(市)区	主营业务收入	营业费用	主营业务税金及附加	利润总额	利税总额	全部从业人员年平均人数(人)
全 市	**12917767**	**229369**	**830617**	**232395**	**1602330**	**125674**
中原区	1683390	19470	5852	4768	73079	9889
二七区	548754	2979	1748	12927	22834	6952
管城区	22949	1274	105	525	1781	390
金水区	47034	1206	550	4072	9538	1276
上街区	1158205	15789	6307	-8302	47329	7828
惠济区	13339	407	56	-2977	-2477	622
中牟县	1280985	59289	26192	-15405	27374	5086
巩义市	224560	5512	1987	-76285	-64176	8903
荥阳市	382595	5517	2617	28819	52263	3100
新密市	1466898	9127	16272	-63559	-15974	22796
新郑市	835678	8120	6274	-21187	-1781	10204
登封市	2595518	18037	13835	67078	161458	29365
经济技术开发区	2086320	61039	741726	284714	1234731	8646
高新技术开发区	449032	16978	6416	15432	42978	8941
郑东新区	27977	541	32	843	1200	714
航空港区	16835	283	82	394	1210	398

8-18 各县(市)、区规模以上集体工业企业主要经济指标

(2015 年)　　单位:万元

县(市)区	企业单位数(个)	资产总计	应收帐款	存货	#产成品	负债合计
全市	**38**	**823308**	**151763**	**75723**	**25140**	**378814**
中原区						
二七区	1	681	438	116	108	428
管城区	2	43531	15071	5553	3650	15542
金水区	1	3651	532	77		2181
上街区	1	24936	8391	2669	80	21242
惠济区	1	4375	511	1990	549	5770
中牟县	1	8524	834	290		1169
巩义市	6	26448	2972	2717	1700	8524
荥阳市	10	493703	56446	48783	11983	231854
新密市	8	46444	4942	3364	2055	11716
新郑市	4	78025	14073	5221	2440	27699
登封市	3	92991	47553	4944	2574	52689

8-18 续表　　(2015 年)　　单位:万元

县(市)区	主营业务收入	营业费用	主营业务税金及附加	利润总额	利税总额	全部从业人员年平均人数(人)
全市	**1049736**	**29031**	**5150**	**111367**	**159805**	**7900**
中原区						
二七区	3503	350	35	105	420	47
管城区	43760	247	426	5263	8896	393
金水区	4013	3	28	14	277	129
上街区	13016	1124	66	-127	329	947
惠济区	2923	609	15	-78	57	87
中牟县	8479	81	21	1119	1395	110
巩义市	93866	1768	200	5412	7023	554
荥阳市	436170	16804	2753	41777	67008	2732
新密市	138721	2977	295	15441	20776	888
新郑市	119111	713	355	14731	19491	918
登封市	186176	4354	957	27711	34133	1095

8-19 规模以上工业企业主要经济效益指标

(2015 年)

单位:%

项目	总资产贡献率	成本费用利润率	资产负债率	产品销售率
总计	**14.45**	**8.28**	**55.39**	**97.87**
按轻重工业分				
轻工业	21.76	11.89	46.80	99.38
重工业	13.06	7.68	57.01	97.60
按企业规模分				
大型企业	8.97	4.66	72.14	98.03
中型企业	17.53	10.69	43.83	97.52
小型企业	21.73	11.27	37.96	98.03
微型企业	7.65	9.63	30.60	95.72
按行业分				
煤炭开采和洗选业	2.60	-3.54	70.15	97.76
黑色金属矿采选业	18.22	18.93	28.84	98.84
有色金属矿采选业	26.53	21.29	50.19	100.57
非金属矿采选业	28.39	15.54	34.52	97.48
农副食品加工业	14.11	8.72	47.02	98.61
食品制造业	13.12	8.12	55.24	103.52
酒、饮料和精制茶制造业	19.95	9.35	55.80	98.31
烟草制品业	81.86	40.77	33.21	100.40
纺织业	4.79	4.14	70.02	96.97
纺织服装、服饰业	12.34	10.22	45.59	98.85
皮革、毛皮、羽毛及其制品和制鞋业	4.13	0.16	73.11	91.69
木材加工和木、竹、藤、棕、草制品业	20.16	16.81	29.20	98.77
家具制造业	27.92	14.03	35.13	98.05
造纸和纸制品业	33.51	15.76	27.63	99.44
印刷和记录媒介复制业	18.18	11.04	41.80	100.23
文教、工美、体育和娱乐用品制造业	32.69	13.07	28.98	92.03
石油加工、炼焦和核燃料加工业	23.13	4.02	44.47	90.57
化学原料和化学制品制造业	20.43	12.21	35.52	98.56
医药制造业	18.16	16.85	47.40	96.66
化学纤维制造业	16.25	23.69	40.11	97.89
橡胶和塑料制品业	22.33	14.97	34.84	99.03
非金属矿物制品业	23.97	12.33	34.38	97.17
黑色金属冶炼和压延加工业	15.35	9.05	42.99	98.85
有色金属冶炼和压延加工业	9.69	3.10	63.92	97.84
金属制品业	11.06	7.65	44.12	97.64
通用设备制造业	19.50	9.20	35.62	97.95
专用设备制造业	14.30	9.39	35.08	98.12
汽车制造业	18.11	9.60	53.33	97.64
铁路、船舶、航空航天和其他运输设备制造业	8.64	7.99	57.99	97.71
电气机械和器材制造业	14.84	8.33	46.39	98.69
计算机、通信和其他电子设备制造业	3.89	3.31	87.09	97.21
仪器仪表制造业	12.83	26.72	24.20	88.78
其他制造业	19.89	17.25	11.65	100.00
废弃资源综合利用业	-2.62	-6.35	67.89	92.87
金属制品、机械和设备修理业	20.21	0.45	45.03	100
电力、热力生产和供应业	8.17	4.11	76.39	99
燃气生产和供应业	8.87	20.42	55.89	99.8
水的生产和供应业	0.74	-5.49	64.83	98.44

8-20 国有及国有控股工业企业主要经济效益指标

（2015 年）

单位：%

项目	总资产贡献率	成本费用利润率	资产负债率	产品销售率
总计	**10.03**	**1.79**	**65.61**	**98.26**
按轻重工业分				
轻工业	41.36	21.58	47.31	101.31
重工业	4.38	-0.06	68.91	97.60
按企业规模分				
大型企业	11.62	1.91	65.84	98.51
中型企业	3.04	-0.83	63.35	95.89
小型企业	9.10	5.67	68.77	100.44
微型企业	-0.46	-16.45	57.49	100.00
按行业分				
煤炭开采和洗选业	1.26	-6.16	76.23	97.19
有色金属矿采选业	8.51	6.81	61.07	104.26
农副食品加工业	-4.56	-1.03	67.30	112.87
食品制造业	7.08	11.70	51.49	98.80
烟草制品业	82.49	42.05	33.12	100.40
纺织业	1.50	-1.37	89.17	97.43
纺织服装、服饰业	-1.48	-1.53	9.96	100.00
印刷和记录媒介复制业	9.99	6.35	15.36	110.36
石油加工、炼焦和核燃料加工业	35.81	2.10	48.60	95.32
化学原料和化学制品制造业	26.10	19.87	35.35	84.19
医药制造业	4.26	9.45	36.88	72.09
橡胶和塑料制品业	13.45	12.79	42.10	105.30
非金属矿物制品业	5.35	11.18	60.16	99.58
黑色金属冶炼和压延加工业	7.90	3.85	69.80	100.00
有色金属冶炼和压延加工业	3.66	-5.29	78.34	98.77
金属制品业	8.40	5.11	63.14	99.45
通用设备制造业	8.84	7.55	47.8	95.36
专用设备制造业	2.54	1.50	42.4	91.90
汽车制造业	2.52	-1.54	60.9	94.06
铁路、船舶、航空航天和其他运输设备制造业	6.40	4.97	76.5	97.18
电气机械和器材制造业	5.10	5.94	57.3	96.36
计算机、通信和其他电子设备制造业	11.93	11.60	42.3	97.87
仪器仪表制造业	-7.31	-12.66	58.9	98.62
电力、热力生产和供应业	6.96	2.31	75.4	99.27
燃气生产和供应业	-4.10	-7.82	68.7	100.00
水的生产和供应业	0.09	-10.37	63.5	98.43

8-21 集体工业企业主要经济效益指标

（2015 年）

单位:%

项　　目	总资产贡献率	成本费用利润率	资产负债率	产品销售率
总　　计	**19.86**	**11.90**	**46.01**	**97.15**
按轻重工业分				
轻工业	19.40	12.69	58.78	95.89
重工业	20.01	11.68	41.80	97.47
按企业规模分				
中型企业	16.39	11.23	47.64	96.07
小型企业	30.30	12.96	40.56	98.82
微型企业	14.62	10.60	75.95	98.00
按行业分				
有色金属矿采选业	67.47			
非金属矿采选业		26.11	38.92	99.80
酒、饮料和精制茶制造业	12.67			
烟草制品业	3.12	1.35	43.02	101.59
纺织业		17.86	85.90	97.73
家具制造业	23.47			
造纸和纸制品业	19.65	17.28	29.97	86.72
印刷和记录媒介复制业		12.09	37.56	106.55
石油加工、炼焦和核燃料加工业	5.89			
化学原料和化学制品制造业	21.85	2.75	79.13	98.15
医药制造业		12.47	75.84	89.93
化学纤维制造业	37.54			
橡胶和塑料制品业	34.68	18.71	31.28	100.00
非金属矿物制品业	11.54	15.27	48.48	98.83
黑色金属冶炼和压延加工业	22.83	11.15	48.78	100.00
有色金属冶炼和压延加工业	13.32	3.91	19.09	99.08
金属制品业	12.13	6.90	27.63	99.24
通用设备制造业	24.00	9.58	39.11	95.31
专用设备制造业		14.57	32.36	94.33
铁路、船舶、航空航天和其他运输设备制造业	61.75			
电气机械和器材制造业		3.13	62.82	100.00
仪器仪表制造业	17.43			
其他制造业		15.22	13.71	

8-22 各县(市)、区规模以上工业企业主要经济效益指标

(2015 年)

单位:%

县(市)区	总资产贡献率	成本费用利润率	资 产负债率	产 品销售率
全 市	**14.45**	**8.28**	**55.39**	**97.87**
中原区	5.7	8.25	60.93	97.74
二七区	5.88	3.87	69.52	97.86
管城区	9.75	5.33	66.14	100.03
金水区	5.91	3.32	68.16	129.56
上街区	11.33	2.99	59.85	98.7
惠济区	4.03	0.67	61.24	98.71
中牟县	17.35	6.54	48.6	95.4
巩义市	14.46	5.07	50.8	95.64
荥阳市	17.67	9.87	29.03	98.56
新密市	22.52	12.9	38.82	99.01
新郑市	17.91	14.71	44.74	98.68
登封市	22.45	13.54	44.77	98.27
经济技术开发区	35	16.71	48.56	99.11
高新技术开发区	11.11	10.23	48.55	95.01
郑东新区	7.09	8.23	86.64	96.44
航空港区	2.87	2.35	90.75	97.41

8-23 各县(市)、区国有及国有控股工业企业主要经济效益指标

(2015 年)

单位:%

县(市)区	总资产贡献率	成本费用利润率	资 产负债率	产 品销售率
全 市	**10.03**	**1.79**	**65.61**	**98.26**
中原区	0.76	-6.18	60.81	101.0
二七区	3.16	2.85	79.63	99.07
管城区	4.13	1.75	77.85	88.34
金水区	12.42	8.70	14.00	109.33
上街区	4.81	-1.36	73.32	99.89
惠济区	-5.39	-18.98	56.09	90.26
中牟县	3.29	-1.17	60.75	94.49
巩义市	-11.89	-28.24	87.60	98.96
荥阳市	10.51	8.87	64.86	97.76
新密市	-0.42	-4.17	64.07	99.36
新郑市	1.78	-0.72	80.02	105.78
登封市	8.48	3.28	66.71	97.56
经济技术开发区	59.07	30.48	44.12	97.48
高新技术开发区	4.88	3.17	55.17	94.54
郑东新区	3.32	2.28	80.39	101.45
航空港区	2.14	2.43	80.85	97.49

8-24 各县(市)区集体工业企业主要经济效益指标

(2015 年)　　单位:%

县(市)区	总资产贡献率	成本费用利润率	资产负债率	产品销售率
全　市	**19.86**	**11.90**	**46.01**	**97.15**
二七区	61.75	3.13	62.82	100.00
管城区	20.67	13.27	35.70	107.28
金水区	7.54	0.34	59.75	100.00
上街区	1.37	-0.87	85.18	95.04
惠济区	1.32	-2.63	131.88	87.53
中牟县	17.43	15.22	13.71	100.00
巩义市	28.35	6.13	32.23	98.61
荥阳市	13.99	10.67	46.96	93.96
新密市	44.88	12.56	25.23	98.80
新郑市	25.26	14.16	35.50	100.09
登封市	37.46	17.59	56.66	99.12

8-25 规模以上工业企业全员劳动生产率

(2015 年)　　单位:元/人·年

项　　目	合计	#国有及国有控股	#集体	#港澳台投资	#外商投资
全　　市	**270703**	**254831**	**302816**	**163523**	**259144**
按企业规模分					
大型企业	213955	308215		163154	281653
中型企业	252064	109488	291534	135417	191249
小型企业	402191	285624	323570	224663	286062
微型企业	120901				
按轻重工业分					
轻工业	271389	847527	194048	141835	194637
重工业	270551	176835	345888	164159	313505

8-26 各县(市)、区规模以上工业企业全员劳动生产率

(2015 年)

单位:元/人·年

县(市)区	合计	#国有及国有控股	#集体	#港澳台投资	#外商投资	轻工业	重工业	大型	中型	小型
全　市	**270703**	**254831**	**302816**	**163523**	**259144**	**271389**	**270551**	**213955**	**252064**	**402191**
中原区	220136	300664		221317	217953	74874	441310	515999	99335	163367
二七区	187847	36226	140447	1067536	336806	250151	155395	152482	144618	297756
管城区	224008	163556	286656	134834		66815	1363414	479409	173807	170473
金水区	69923	153944	89295		52641	66274	106252	48269	78936	151109
上街区	356913	218982	28102	98506	194190	286300	375018	326977	229081	508955
惠济区	185882	99579			205771	174655	246542	175517	247566	208558
中牟县	390953	603172	303645	151563	530941	268233	448452	405394	390207	386078
巩义市	359776	58157	369594		310136	284557	363774	215537	342139	463351
荥阳市	303123	288302	340174	228088	149235	240289	315068	254179	282408	367270
新密市	288731	63688	388454	315935	90913	270742	382171	352595	211781	432137
新郑市	291706	108381	258721	125955	357804	285925	330849	186994	289116	402808
登封市	278162	200552	423274	132892	220443	178977	313125	264949	194039	484895
经济技术开发区	470562	1462945		142836	263199	806917	434375	732741	218114	390241
高新技术开发区	197100	116681		262122	131623	121521	221314	221315	186783	188671
郑东新区	120180	42739		58113		89267	126217	58113	42739	539064
航空港区	167238			165743	35793	131223	168001	165637	98857	274665

8-27 规模以上工业企业分行业全员劳动生产率

（2015 年） 单位:元/人·年

行业	合计	#国有及国有控股	#集体	#港澳台投资	#外商投资
全市	**270703**	**254831**	**302816**	**163523**	**259144**
煤炭开采和洗选业	86761	92367			
黑色金属矿采选业	316881				
有色金属矿采选业	322205				
非金属矿采选业	410007		425585		
农副食品加工业	350059	241802		387458	1142267
食品制造业	165411	246111		48123	150974
酒、饮料和精制茶制造业	220930			1144633	219281
烟草制品业	2197545	2358086	158330		
纺织业	120599	56863		83069	53398
纺织服装、服饰业	195655	23401		30650	380351
皮革、毛皮、羽毛及其制品和制鞋业	105846				
木材加工和木、竹、藤、棕、草制品业	265566				
家具制造业	272821				
造纸和纸制品业	288315		94717	18871	
印刷和记录媒介复制业	166117	78134	168228	95582	
文教、工美、体育和娱乐用品制造业	248497				
石油加工、炼焦和核燃料加工业	410119	864693			
化学原料和化学制品制造业	318621	887136	69274	73123	
医药制造业	226479	141693	327197		1550726
化学纤维制造业	191072				
橡胶和塑料制品业	356964	57718	1239676	134206	437044
非金属矿物制品业	370380	212687	350234	268530	350798
黑色金属冶炼和压延加工业	520899	4460545			119971
有色金属冶炼和压延加工业	305338	279517	759654	131969	190787
金属制品业	240748	161297	52808	432083	61849
通用设备制造业	346195	91383	394891		171163
专用设备制造业	292896	161170	296000	505807	24303
汽车制造业	488498	609274			468931
铁路、船舶、航空航天和其他运输设备制造业	83687	32767			
电气机械和器材制造业	263076	66884	155128		
计算机、通信和其他电子设备制造业	163584	211790		162121	92490
仪器仪表制造业	291607	245331		167787	
其他制造业	775909				
废弃资源综合利用业	91790				
金属制品、机械和设备修理业	986				
电力、热力生产和供应业	341474	277093		200532	5225959
燃气生产和供应业	267976	181887		252082	
水的生产和供应业	96953	93281			129779

8-28 企业能源购进、消费与库存情况

（2015 年）

指标	计量单位	年初库存量	购进量		消费量					年末库存量
			实物量	金额（千元）	合计	工业生产消费	用于原材料	非工业生产消费	合计中：运输工具消费	
原煤	**吨**	**1928619**	**32342140**	**3031265**	**33167659**	**33141542**	**246514**	**26117**	**26**	**1111240**
采矿业	吨	13306	1526727		1554027	1532390		21638	26	16870
煤炭开采和洗选业	吨	13306	1519921		1547222	1531742		15480		16870
黑色金属矿采选业	吨		5		5	5				
有色金属矿采选业	吨		6196		6196	38		6158		
非金属矿采选业	吨		605		605	605			26	
制造业	吨	518002	8692796	1420561	8982521	8978042	246514	4479		238984
农副食品加工业	吨	1246	60590		60081	59867		214		1755
食品制造业	吨	4929	201977	21400	201970	201650	2694	320		2236
酒、饮料和精制茶制造业	吨	1385	51317		51763	51568		195		572
纺织业	吨	5	3725		3725	3720		5		
纺织服装、服饰业	吨		123540		123440	123440				100
木材加工和木、竹、藤、棕、草制品业	吨	45	384		369	369				50
家具制造业	吨		6		6	6				
造纸和纸制品业	吨	4111	357877	247961	358078	358065	352	13		3902
印刷和记录媒介复制业	吨	37	17923		18660	18611		49		35
文教、工美、体育和娱乐用品制造业	吨	751	1167		1314	1314				601
石油加工、炼焦和核燃料加工业	吨		17		17	17				
化学原料和化学制品制造业	吨	10750	584578	233540	594423	594423	162770			4957
医药制造业	吨	6485	30438		33284	33284				6787
橡胶和塑料制品业	吨	66	32627		32376	32359		17		310
非金属矿物制品业	吨	71729	2840797	457386	2871967	2868493		3474		38843
黑色金属冶炼和压延加工业	吨	4348	138349		139608	139537		71		3089
有色金属冶炼和压延加工业	吨	411470	4167483	460274	4411588	4411588	80575			174662
金属制品业	吨	148	44013		43711	43629		82		808
通用设备制造业	吨	91	18615		18590	18584	65	6		165
专用设备制造业	吨	254	14546		14716	14683	57	33		16
汽车制造业	吨	82	1404		1413	1413				73
电气机械和器材制造业	吨	50	919		919	919				
计算机、通信和其他电子设备制造业	吨		39		39	39				
仪器仪表制造业	吨	1	12		12	12				2
其他制造业	吨		2		2	2				
废弃资源综合利用业	吨	20	452		451	451				21
电力、热力、燃气及水生产和供应业	吨	1397311	22122617	1610704	22631110	22631110				855386
电力、热力生产和供应业	吨	1397311	22122617	1610704	22631110	22631110				855386

8-28 续表1 （2015年）

指标	计量单位	年初库存量	购进量		消费量					年末库存量
			实物量	金额（千元）	合计	工业生产消费	用于原材料	非工业生产消费	合计中:运输工具消费	
洗精煤	**吨**	**2367**	**37542**	**348**	**38887**	**38887**				**1022**
制造业	吨	37	8758	348	8750	8750				45
造纸和纸制品业	吨		312		312	312				
非金属矿物制品业	吨	37	8446	348	8438	8438				45
电力、热力、燃气及水生产和供应业	吨	2330	28784		30137	30137				977
电力、热力生产和供应业	吨	2330	28784		30137	30137				977
其他洗煤	**吨**	**190**	**5602**		**5602**	**5602**				**190**
制造业	吨	190	5602		5602	5602				190
化学原料及化学制品制造业	吨	190	5602		5602	5602				190
煤制品	**吨**	**189**	**1766**		**1835**	**1835**				**125**
制造业	吨	189	1766		1835	1835				125
饮料制造业	吨	182	1526		1595	1595				113
专用设备制造业	吨	7	240		240	240				12
焦炭	**吨**	**17105**	**242982**		**252126**	**252126**	**50379**			**7936**
制造业	吨	17105	242982		252126	252126	50379			7936
食品制造业	吨		160		160	160				
化学原料和化学制品制造业	吨		42253		42253	42253	18237			
非金属矿物制品业	吨		24971		24971	24971	24661			
黑色金属冶炼和压延加工业	吨	7169	138532		140754	140754				4947
有色金属冶炼和压延加工业	吨	9854	28584		35512	35512	7481			2926
通用设备制造业	吨	62	8361		8360	8360				63
专用设备制造业	吨	20	121		116	116				
其他焦化产品	**吨**	**48**	**17418**		**17466**	**17466**	**17466**			
制造业	吨		641		641	641	641			
非金属矿物制品业	吨		641		641	641	641			
电力、热力、燃气及水生产和供应业	吨	48	16777		16825	16825	16825			
电力、热力生产和供应业	吨	48	16777		16825	16825	16825			
天然气	**万立方米**	**169**	**123980**	**20173**	**124416**	**123953**	**1845**	**464**	**4**	**10**
制造业	万立方米	169	99583	170	100018	99566	1845	452	4	10
农副食品加工业	万立方米		1141		1141	1134	42	7		
食品制造业	万立方米	9	1926		1925	1909		17		10
酒、饮料和精制茶制造业	万立方米		256	91	256	255		2		
烟草制品业	万立方米		900		900	862		38		
纺织业	万立方米		214		214	214				
纺织服装、服饰业	万立方米		131		131	131				

8-28　续表 2　　　　　　　　　　(2015 年)

指　　标	计量单位	年初库存量	购进量		消费量					年末库存量
			实物量	金额（千元）	合计	工业生产消费	用于原材料	非工业生产消费	合计中：运输工具消费	
皮革、毛皮、羽毛及其制品和制鞋业	万立方米		7		7	7				
造纸和纸制品业	万立方米		146		146	142		4	4	
印刷和记录媒介复制业	万立方米		16		21	20				
化学原料和化学制品制造业	万立方米		32		32	31		1		
医药制造业	万立方米		71		71	71				
橡胶和塑料制品业	万立方米		19		19	19				
非金属矿物制品业	万立方米		50171		50303	50303	1401			
黑色金属冶炼和压延加工业	万立方米		377		377	377				
有色金属冶炼和压延加工业	万立方米		37712	13	37712	37650	367	62		
金属制品业	万立方米		1973		2058	2058	33			
通用设备制造业	万立方米		395		395	392		3		
专用设备制造业	万立方米	159	172	67	323	305	2	17		
汽车制造业	万立方米		3338		3396	3095		301		
电气机械和器材制造业	万立方米		82		85	85				
计算机、通信和其他电子设备制造业	万立方米		504		504	504				
电力、热力、燃气及水生产和供应业	万立方米		24396	20002	24396	24384		12		
电力、热力生产和供应业	万立方米		24396	20002	24396	24384		12		
液化天然气	**吨**		**16894**		**16894**	**16889**		**6**		
制造业	吨		16894		16894	16889		6		
非金属矿物制品业	吨		2545		2545	2545				
黑色金属冶炼和压延加工业	吨		97		97	97				
有色金属冶炼和压延加工业	吨		12974		12974	12974				
金属制品业	吨		1060		1060	1060				
通用设备制造业	吨		185		185	185				
专用设备制造业	吨		19		19	19				
汽车制造业	吨		14		14	8		6		
煤层气	**吨**		**1913**		**3182**	**3182**				
制造业	吨		1913		1913	1913				
黑色金属冶炼和压延加工业	吨		242		242	242				
有色金属冶炼和压延加工业	吨		1671		1671	1671				
电力、热力、燃气及水生产和供应业	吨				1269	1269				
电力、热力生产和供应业	吨				1269	1269				
原油	**吨**	**1**	**25**		**25**	**17**		**8**		**1**
制造业	吨	1	25		25	17		8		1
纺织服装、服饰业	吨	1	17		17	17				1
金属制品业	吨		8		8			8		

8-28 续表 3 (2015 年)

指标	计量单位	年初库存量	购进量		消费量					年末库存量
			实物量	金额（千元）	合计	工业生产消费	用于原材料	非工业生产消费	合计中：运输工具消费	
汽油	**吨**	**510**	**40925**	**299**	**41088**	**32627**	**1984**	**8462**	**9327**	**436**
采矿业	吨	101	1919		1954	1256		697	962	91
煤炭开采和洗选业	吨		1289		1300	733		567	823	
黑色金属矿采选业	吨		1		1	1			1	
有色金属矿采选业	吨	101	373		383	383			75	91
非金属矿采选业	吨		255		269	139		130	63	
制造业	吨	408	36122	299	36255	29315	1984	6940	6804	340
农副食品加工业	吨	19	944		943	926	78	18	209	
食品制造业	吨	11	1728		1736	1534		202	52	4
酒、饮料和精制茶制造业	吨		176		176	170		7	159	
烟草制品业	吨		134		134	134			134	
纺织业	吨		126		126	121		5	17	
纺织服装、服饰业	吨	3	382		382	339		42	42	3
皮革、毛皮、羽毛及其制品和制鞋业	吨		74		74	68		6		
木材加工和木、竹、藤、棕、草制品业	吨		52		48	48			9	4
家具制造业	吨		150		157	138		19		
造纸和纸制品业	吨	13	3228		3236	2951	14	286	85	1
印刷和记录媒介复制业	吨	1	515		555	382	3	173	175	
文教、工美、体育和娱乐用品制造业	吨		288		288	231		58	153	
石油加工、炼焦和核燃料加工业	吨		35		35	20		15	15	
化学原料和化学制品制造业	吨	82	4806	37	4822	4586	1667	236	381	56
医药制造业	吨	3	1033		1036	824	29	212	394	
橡胶和塑料制品业	吨		3156		3156	3105		50	28	
非金属矿物制品业	吨	1	6661	1	6662	4022	2	2640	2317	4
黑色金属冶炼和压延加工业	吨		273		273	201		72		
有色金属冶炼和压延加工业	吨	66	1503		1526	1454	13	72	178	51
金属制品业	吨		841		843	436		407	164	
通用设备制造业	吨	24	2296		2302	1881		421	427	3
专用设备制造业	吨	145	2655	222	2699	1808		891	944	151
汽车制造业	吨	41	2503		2482	2314	99	169	458	62
铁路、船舶、航空航天和其他运输设备制造业	吨		506		506	126		380	7	
电气机械和器材制造业	吨		1235		1235	1008	80	228	273	1
计算机、通信和其他电子设备制造业	吨		521		521	310		211	58	
仪器仪表制造业	吨		284	39	284	163		121	126	1
其他制造业	吨		8		8	8				

8-28 续表 4 (2015 年)

指标	计量单位	年初库存量	购进量		消费量					年末库存量
			实物量	金额（千元）	合计	工业生产消费	用于原材料	非工业生产消费	合计中:运输工具消费	
废弃资源综合利用业	吨		9		9	9				
电力、热力、燃气及水生产和供应业	吨		2885		2879	2055		824	1561	6
电力、热力生产和供应业	吨		2189		2189	1383		806	1248	
燃气生产和供应业	吨		382		382	370		12	276	
水的生产和供应业	吨		313		308	302		6	37	6
煤油	**吨**		**243**	**1**	**241**	**229**	**2**	**11**	**6**	**3**
制造业	吨		243	1	241	229	2	11	6	3
印刷和记录媒介复制业	吨		53		53	45	2	8	3	
非金属矿物制品业	吨		140		140	140				
通用设备制造业	吨		25		25	25				
专用设备制造业	吨		5	1	5	2		3	3	
汽车制造业	吨		19		17	17				3
柴油	**吨**	**1603**	**49727**	**350**	**49237**	**44730**	**654**	**4508**	**11994**	**2078**
采矿业	吨	209	6440		6409	5590		819	3164	281
煤炭开采和洗选业	吨	28	3285		3314	3231		82	2443	7
黑色金属矿采选业	吨		2		2	2			2	
有色金属矿采选业	吨	181	2125		2032	2021		11	207	274
非金属矿采选业	吨		1028		1062	337		725	513	
制造业	吨	457	40002	350	39564	35960	654	3604	8668	847
农副食品加工业	吨		152		152	139		13	43	1
食品制造业	吨	2	4628		4623	4279		344	196	6
酒、饮料和精制茶制造业	吨		484		484	475		9	460	
纺织业	吨		2524		2524	2524			17	
纺织服装、服饰业	吨		23		23	12		11		
家具制造业	吨		115		127	115		12		
造纸和纸制品业	吨	6	529		531	531	8		1	4
印刷和记录媒介复制业	吨		330		346	342		5	9	
化学原料和化学制品制造业	吨	2	1261		1261	1144	550	117	135	2
医药制造业	吨		803		803	775		28	378	
橡胶和塑料制品业	吨		112		112	112				
非金属矿物制品业	吨	40	11532		11530	10283		1247	3337	5
黑色金属冶炼和压延加工业	吨	5	2596		2594	2561		33		7
有色金属冶炼和压延加工业	吨	130	3068		3063	2471		592	2547	135
金属制品业	吨	9	178		181	173		8	45	8
通用设备制造业	吨	48	539		539	427		112	295	
专用设备制造业	吨	149	2156	350	2157	1382	4	775	862	157

8-28 续表 5 （2015 年）

指 标	计量单位	年初库存量	购进量		消费量					年末库存量
			实物量	金额（千元）	合计	工业生产消费	用于原材料	非工业生产消费	合计中：运输工具消费	
汽车制造业	吨	58	7117		7001	6828	10	173	276	172
铁路、船舶、航空航天和其他运输设备制造业	吨		4		4	4				
电气机械和器材制造业	吨	5	362		361	303	82	58	58	6
计算机、通信和其他电子设备制造业	吨		114		114	56		58		
仪器仪表制造业	吨		21		21	12		9	9	
废弃资源综合利用业	吨	3	1354		1014	1014				344
电力、热力、燃气及水生产和供应业	吨	937	3285		3265	3179		86	162	950
电力、热力生产和供应业	吨	936	3064		3048	2962		86	139	945
燃气生产和供应业	吨		24		24	24			24	
水的生产和供应业	吨	2	197		194	194				5
燃料油	**吨**	**8483**	**14836**		**19407**	**19366**		**40**	**40**	**3912**
制造业	吨	7906	13076		17462	17422		40	40	3520
农副食品加工业	吨	9			9			9		
烟草制品业	吨		21		21	21			21	
非金属矿物制品业	吨	317	5165		5312	5312				170
有色金属冶炼和压延加工业	吨	7581	7859		12089	12089				3350
汽车制造业	吨		19		19			19	19	
电气机械和器材制造业	吨		13		13			13		
电力、热力、燃气及水生产和供应业	吨	577	1760		1945	1945				392
电力、热力生产和供应业	吨	577	1760		1945	1945				392
液化石油气	**吨**	**7**	**3352**	**17**	**3352**	**3338**	**64**	**14**	**8**	
制造业	吨	7	3352	17	3352	3338	64	14	8	
印刷和记录媒介复制业	吨		55		55	55				
非金属矿物制品业	吨	7	1127	17	1127	1127				
黑色金属冶炼和压延加工业	吨		42		42	42				
有色金属冶炼和压延加工业	吨		559		559	559				
金属制品业	吨		606		606	606				
专用设备制造业	吨		888		887	885		2		
汽车制造业	吨		76		76	64	64	12	8	
润滑油	**吨**		**50**		**50**	**50**				
制造业	吨		50		50	50				
汽车制造业	吨		50		50	50				
石油焦	**吨**	**18678**	**297878**	**1932**	**302621**	**302621**	**261237**			**13936**
制造业	吨	12118	181523	1932	186041	186041	144657			7599
非金属矿物制品业	吨	1613	80092	1932	78529	78529	37145			3175
有色金属冶炼和压延加工业	吨	10505	101431		107512	107512	107512			4424

8-28 续表 6 （2015 年）

指标	计量单位	年初库存量	购进量		消费量					年末库存量
			实物量	金额（千元）	合计	工业生产消费	用于原材料	非工业生产消费	合计中:运输工具消费	
电力、热力、燃气及水生产和供应业	吨	6561	116356		116580	116580	116580			6337
电力、热力生产和供应业	吨	6561	116356		116580	116580	116580			6337
石油沥青	**吨**	**334**	**25981**		**25945**	**25945**	**24238**			**370**
制造业	吨		1707		1707	1707				
非金属矿物制品业	吨		1707		1707	1707				
电力、热力、燃气及水生产和供应业	吨	334	24274		24238	24238	24238			370
电力、热力生产和供应业	吨	334	24274		24238	24238	24238			370
其他石油制品	**吨**	**219**	**13205**	**139**	**13155**	**13155**				**270**
制造业	吨	119	12778	139	12729	12729				170
非金属矿物制品业	吨		11854		11854	11854				1
有色金属冶炼和压延加工业	吨	119	522	139	482	482				159
通用设备制造业	吨		26		26	26				
专用设备制造业	吨		376		367	367				10
电力、热力、燃气及水生产和供应业	吨	100	427		427	427				100
电力、热力生产和供应业	吨	100	427		427	427				100
热力	**百万千焦**		**5105526**		**12469079**	**12426312**		**42767**		
制造业	百万千焦		1118406		8481959	8439192		42767		
农副食品加工业	百万千焦		346964		346964	346964				
食品制造业	百万千焦		16993		16993	11895		5098		
酒、饮料和精制茶制造业	百万千焦		141097		141097	141097				
烟草制品业	百万千焦		2168		2168			2168		
纺织业	百万千焦		213884		213884	213884				
纺织服装、服饰业	百万千焦		142849		142849	142849				
印刷和记录媒介复制业	百万千焦		8029		8029	8029				
石油加工、炼焦和核燃料加工业	百万千焦		2660		2660	2660				
化学原料和化学制品制造业	百万千焦		2212		20346	20346				
医药制造业	百万千焦		28393		28393	28393				
非金属矿物制品业	百万千焦		1246		1246	1246				
有色金属冶炼和压延加工业	百万千焦				7345419	7345419				
通用设备制造业	百万千焦		1967		1967	1967				
专用设备制造业	百万千焦		77976		77976	77976				
汽车制造业	百万千焦		126306		126306	95136		31170		
计算机、通信和其他电子设备制造业	百万千焦		5662		5662	1331		4331		
电力、热力、燃气及水生产和供应业	百万千焦		3987120		3987120	3987120				
电力、热力生产和供应业	百万千焦		3987120		3987120	3987120				

8-28 续表 7 （2015 年）

指标	计量单位	年初库存量	购进量		消费量					年末库存量
			实物量	金额（千元）	合计	工业生产消费	用于原材料	非工业生产消费	合计中:运输工具消费	
电力	**万千瓦时**		**2810139**	**6272**	**3796394**	**3771021**		**25372**	**171413**	
采矿业	万千瓦时		149739		158850	149276		9574		
煤炭开采和洗选业	万千瓦时		127607		136547	127986		8561		
黑色金属矿采选业	万千瓦时		468		468	468				
有色金属矿采选业	万千瓦时		5592		5592	4579		1013		
非金属矿采选业	万千瓦时		16072		16243	16243				
制造业	万千瓦时		2193743	6260	2922304	2911132		11172	373	
农副食品加工业	万千瓦时		37494	15	37514	36804		711		
食品制造业	万千瓦时		52978		52978	52016		962		
酒、饮料和精制茶制造业	万千瓦时		21190	884	21190	21148		42		
烟草制品业	万千瓦时		5903		5903	5244		659		
纺织业	万千瓦时		16098		18700	18695		5		
纺织服装、服饰业	万千瓦时		24510		24510	24481		29		
皮革、毛皮、羽毛及其制品和制鞋业	万千瓦时		127		127	127				
木材加工和木、竹、藤、棕、草制品业	万千瓦时		1404		1835	1835				
家具制造业	万千瓦时		5291		5291	5291				
造纸和纸制品业	万千瓦时		54966		54966	54952		14		
印刷和记录媒介复制业	万千瓦时		17546		17671	16842		829		
文教、工美、体育和娱乐用品制造业	万千瓦时		12082	229	12082	12059		23		
石油加工、炼焦和核燃料加工业	万千瓦时		1127		1942	1917		25		
化学原料和化学制品制造业	万千瓦时		173297		173934	173740		194		
医药制造业	万千瓦时		27635	240	27635	27401		234		
化学纤维制造业	万千瓦时		292		292	292				
橡胶和塑料制品业	万千瓦时		25627		26687	26635		52		
非金属矿物制品业	万千瓦时		785035	871	805289	803425		1865	160	
黑色金属冶炼和压延加工业	万千瓦时		240657	38	240657	240034		623		
有色金属冶炼和压延加工业	万千瓦时		218970	1457	917244	916045		1199	18	
金属制品业	万千瓦时		72517	689	74829	74745		84		
通用设备制造业	万千瓦时		58796		59055	59014		41	1	
专用设备制造业	万千瓦时		107039	1498	107464	106108		1356	195	
汽车制造业	万千瓦时		54589		55580	53860		1720		
铁路、船舶、航空航天和其他运输设备制造业	万千瓦时		3372		3372	3297		75		
电气机械和器材制造业	万千瓦时		33769	140	33841	33671		170		
计算机、通信和其他电子设备制造业	万千瓦时		139079		139079	138951		128		

8-28　续表 8　　　　　　　　　　　　(2015 年)

指　　标	计量单位	年初库存量	购进量		消费量					年末库存量
			实物量	金额(千元)	合计	工业生产消费	用于原材料	非工业生产消费	合计中:运输工具消费	
仪器仪表制造业	万千瓦时		1644	200	1796	1662		134		
其他制造业	万千瓦时		99		99	99				
废弃资源综合利用业	万千瓦时		612		744	744				
电力、热力、燃气及水生产和供应业	万千瓦时		466657	12	715239	710613		4626	171040	
电力、热力生产和供应业	万千瓦时		450468		699050	695125		3925	171040	
燃气生产和供应业	万千瓦时		3770	12	3770	3761		9		
水的生产和供应业	万千瓦时		12419		12419	11727		692		
煤矸石用于燃料	**吨**				**49**	**49**				
制造业	吨				49	49				
有色金属冶炼及压延加工业	吨				49	49				
城市生活垃圾用于燃烧	**吨**		**425346**		**425346**	**425346**				
电力、热力、燃气及水生产和供应业	吨		425346		425346	425346				
电力、热力生产和供应业	吨		425346		425346	425346				
生物质废料用于燃烧	**吨**	**67**	**18655**		**18627**	**18627**				**85**
制造业	吨	67	18655		18627	18627				85
农副食品加工业	吨		751		741	741				
烟草制品业	吨	29	1014		1024	1024				18
纺织服装、服饰业	吨		3693		3693	3693				
化学原料和化学制品制造业	吨		80		80	80				
医药制造业	吨		8866		8866	8866				
非金属矿物制品业	吨		3657		3657	3657				
金属制品业	吨	38	595		566	566				67
余热余压	**百万千焦**				**2853441**	**2853441**				
采矿业	百万千焦				521995	521995				
煤炭开采和洗选业	百万千焦				521995	521995				
制造业	百万千焦				2331447	2331447				
非金属矿物制品业	百万千焦				2331447	2331447				
其他燃料	**吨标准煤**				**261**	**215**		**46**		
制造业	吨标准煤				261	215		46		
印刷和记录媒介复制业	吨标准煤				16			16		
橡胶和塑料制品业	吨标准煤				240	210		30		
汽车制造业	吨标准煤				5	5				

8-29 规模以上工业企业分行业能耗情况

（2015 年）

行　　业	企业数	综合能源消费量（吨标准煤）	同比增速(%)
全　市	**2729**	**19629101**	**-7.35**
轻工业	613	1188283	-3.05
重工业	2116	18440818	-7.62
采矿业	106	562646	-15.93
煤炭开采和洗选业	48	531811	-17.11
黑色金属矿采选业	3	583	-54.02
有色金属矿采选业	10	9163	-2.07
非金属矿采选业	45	21089	23.41
制造业	2580	10781061	-3.99
农副食品加工业	80	116963	-0.57
食品制造业	84	217305	-18.09
酒、饮料和精制茶制造业	25	72810	-3.07
烟草制品业	2	18392	-6.90
纺织业	26	39629	-1.48
纺织服装、服饰业	51	127272	8.39
皮革、毛皮、羽毛及其制品和制鞋业	3	353	-31.98
木材加工和木、竹、藤、棕、草制品业	15	2589	-29.95
家具制造业	26	6879	39.39
造纸和纸制品业	86	330587	0.13
印刷和记录媒介复制业	54	36038	8.96
文教、工美、体育和娱乐用品制造业	27	16099	6.24
石油加工、炼焦和核燃料加工业	7	2488	-30.53
化学原料和化学制品制造业	167	717672	-1.20
医药制造业	38	66134	-8.07
化学纤维制造业	2	358	-28.03
橡胶和塑料制品业	70	61048	0.97
非金属矿物制品业	899	3854543	-5.46
黑色金属冶炼和压延加工业	49	560377	-38.53
有色金属冶炼和压延加工业	125	3766631	4.02
金属制品业	100	150680	4.08
通用设备制造业	132	102995	9.25
专用设备制造业	229	155792	6.67
汽车制造业	90	124835	-17.10
铁路、船舶、航空航天和其他运输设备制造业	13	4244	11.31
电气机械和器材制造业	107	45093	21.78
计算机、通信和其他电子设备制造业	43	178086	15.92
仪器仪表制造业	24	2308	7.13
其他制造业	2	135	-3.61
废弃资源综合利用业	4	2728	106.63
电力、热力、燃气及水生产和供应业	43	8285395	-10.80
电力、热力生产和供应业	21	8265055	-10.79
燃气生产和供应业	15	5201	-0.83
水的生产和供应业	7	15138	-15.71

主要统计指标解释

按照国家统计方法制度规定，1998 年独立核算工业统计范围由原乡及乡以上调整为全部国有及年销售收入 500 万元及以上非国有工业企业（即新口径）。2007 年起为规模以上工业企业，即年主营业务收入为 500 万元及以上的法人工业企业。2011 年起为年主营业务收入为 2000 万元及以上的法人工业企业。同时，统计分类中的原经济组织类型分组相应地调整为按企业登记注册类型分组。

工业 指从事自然资源的开采，对采掘品和农产品进行加工和再加工的物质生产部门。具体包括：1. 对自然资源的开采，如采矿、晒盐、森林采伐等（但不包括禽兽捕猎和水产捕捞）；2. 对农副产品的加工、再加工，如粮油加工、食品加工、轧花、缫丝、纺织、制革等；3. 对采掘品的加工、再加工，如炼铁、炼钢、化工生产、石油加工、机器制造、木材加工等，以及电力、自来水、煤气的生产和供应等；4. 对工业品的修理、翻新，如机器设备的修理，交通运输工具（包括小卧车）的修理等。1984 年以前农村的村及村以下办工业归属农业，1984 年以后划归工业。

工业统计调查单位工业统计调查单位分为两类：独立核算法人工业企业和工业活动单位。

1. 独立核算法人工业企业是指从事工业生产经营活动的单位。独立核算法人工业企业应同时具备以下条件：（1）依法成立，有自己的名称、组织机构和场所，能够承担民事责任；（2）独立拥有和使用资产，承担负债，有权与其他单位签订合同；（3）独立核算盈亏，并能够编制资产负债表。

2. 工业活动单位是指在一个场所从事一种或主要从事一种工业生产活动的经济单位。它包括独立核算工业企业按主营业务活动（即工业生产活动）划分的主营业务活动单位和非工业企业所属的工业生产活动单位（即原非独立核算工业生产单位）。工业活动单位，一般应同时具备以下三个条件：（1）具有一个场所，从事一种或主要从事一种工业活动；（2）单独组织工业生产、经营或业务活动；（3）单独核算收入和支出。

轻工业 主要是指生产消费资料的工业部门。如：食品、纺织、皮革、造纸、日用化工、文教艺术体育用品工业等。

轻工业主要指提供生活消费品的工业部门，包括：①以农产品为原料的。如棉、毛、麻、丝的纺织及缝纫，皮革及其制品，纸浆及造纸，食品制造等工业；②以非农产品为原料的。如日用金属、日用化工、日用玻璃、日用陶瓷、化学纤维及其织品、火柴、生活用木制品等工业。轻工业产品大部门是生产消费品，一部分作为原料和半成品用于生产，如化学纤维、工业用布、纸张、盐等。

重工业 指为国民经济各部门提供物质技术基础的主要生产资料的工业。按其生产性质和产品用途，可以分为下列三类：1. 采掘（伐）工业，是指对自然资源的开采，包括石油开采、煤炭开采、金属矿开采、非金属矿开采和木材采伐等工业；2. 原材料工业，指向国民经济各部门提供基本材料、动力和燃料的工业。包括金属冶炼及加工、炼焦及焦炭化学、化工原料、水泥、人造板以及电力、石油和煤炭加工业等工业；3. 加工工业，是指对工业原材料进行再加工制造的工业。包括装备国民经济各部门的机械设备制造工业、金属结构、水泥制品等工业，以及为农业提供的生产资料如化肥、农药等工业。

根据上述划分原则，修理业中以重工业产品为修理作业对象的划为重工业，反之划为轻工业。

工业增加值 指工业行业在报告期内以货币表现的工业生产活动的最终成果。

成本费用利润率 指在一定时期内实现的利润与成本费用之比，是反映工业生产成本及费用投入的经济效益指标，同时也是反映降低成本的经济效益的指标。计算公式：工业成本费用

$$利润率(\%)=\frac{利润总额}{成本费用总额}\times100\%$$

全员劳动生产率 指根据产品的价值量指标计算的平均每个职工在单位时间内的产品生产量。是考核企业经济活动的重要指标，是企业生产技术水平、经营管理水平、职工技术熟练程度和劳动积极性的综合表现。目前我国的全员劳动生产率是将工业企业的工业增加值除以同一时期全部职工的平均人数来计算的。计算公式：

$$全员劳动生产率=\frac{工业增加值}{全部职工平均人数}\times100\%$$

总资产贡献率 该指标反映企业全部资产的获利能力，是企业经营业绩和管理水平的集中体现，是

评价和考核企业盈利能力的核心指标。计算公式为：

$$总资产贡献率=(利润总额+税金总额+利息支出)/平均资产总额\times\frac{12}{累计月数}$$

#税金总额为产品销售税金及附加与应交增值税之和；平均资产总额为期初期末资产总计的算术平均值。

资产负债率 该指标既反映企业经营风险的大小，也反映企业利用债权人提供的资金从事经营活动的能力。计算公式为：

资产负债率=负债总额/资产总额

产品销售率 该指标反映工业产品已实现销售的程度，是分析工业产销衔接情况、研究工业产品满足社会需求的指标。计算公式为：

产品销售率=工业销售产值/工业总产值(现价)

主营业务收入 指企业销售产品的销售收入和提供劳务等主要经营业务取得的业务收入总额。

主营业务成本 指企业销售产品和提供劳务等主要经营业务的实际成本。

营业费用 指企业在报告期内在产品销售和提供工业性劳务等主要经营业务过程中所发生的各项费用，包括运输费、装卸费、包装费、保险费、展览费、广告费，以及为销售本企业产品而专设的销售机构的职工工资、福利费、业务费等经常费用。

主营业务税金及附加指企业在报告期销售产品和提供工业性劳务等应负担的销售税金及附加，包括产品税、增值税、营业税、城市维护建设税、资源税和教育费附加。

利润总额 指企业在报告期内实现的利润，反映企业最终的财务成果。亏损以"—"表示，计算公式为：

利润总额=营业利润+投资收益+补贴收入+营业外收入-营业外支出+以前年度损益调整

利税总额 指企业产品销售税金及附加和利润总额之和。

总资产 指企业拥有或控制的全部资产。包括流动资产、长期投资、固定资产、无形及递延资产、其他资产等，即为企业资产负债表的资产总计项。

1. 流动资产指企业可以在一年内或者超过一年的一个生产周期内变现或耗用的资产合计。包括现金及各种存款、短期投资、应收及预付款项、存货等。

2. 固定资产指企业固定资产净值、固定资产清理、在建工程、待处理固定资产损失所占用的资金合计。

3. 无形资产指企业长期使用而没有实物形态的资产。包括专利权、非专利技术、商标权、著作权、土地使用权、商誉等。

总负债 指企业承担并需要偿还的全部债务。包括流动负债和长期负债等。即为企业资产负债表的负债合计项。

1. 流动负债指企业在一年内或者超过一年的一个营业周期内需要偿还的债务合计，其中包括短期借款、应付及预收款项、应付工资、应交税金和应交利润等。

2. 长期负债指企业在一年以上或者超过一年的一个生产周期以上需要偿还的债务合计，其中包括长期借款、应付债务、长期应付款项等。

所有者权益 指企业投资人对企业净资产的所有权。企业净资产等于企业全部资产减去全部负债后的余额，其中包括投资者对企业的最初投入，以及公积金、盈余公积金和未分配利润，对股份制企业即为股东权益。

从业人员平均人数 是指报告期内平均拥有的从业人员人数。

成本费用利润率 反映企业投入的生产成本及费用的经济效益，同时也反映企业降低成本所取得的经济效益。

流动资产周转次数 指一定时期内流动资产完成的周转次数，反映投入工业企业流动资金的周转速度。

应交增值税 指企业按税法规定，从事货物销售或提供加工、修理修配劳务等增加货物价值的活动本期应交纳的税金。计算公式为：

应交增值税=销项税额-(进项税额-进项税额转出)-出口抵减内销产品应纳税额-减免税款+出口退税

进项税额指工业企业在报告期内购入货物或接受应税劳务而支付的、准予从销项税额中抵扣的增值税额。

销项税额指工业企业在报告期内销售货物或提供应税劳务应收取的增值税额。

能源生产总量 指一定时期内，全国一次能源生产量的总和。该指标是观察全国能源生产水平、规模、构成和发展速度的总量指标。一次能源生产量包括原煤、原油、天然气、水电、核能及其他动力能（如风能、地热能等）发电量，不包括低热值燃料生产量、生物质能、太阳能等的利用和由一次能源加工转换而成的二次能源产量。

能源消费总量 指一定时期内，全国各行业和居民生活消费的各种能源的总和。该指标是观察能源消费水平、构成和增长速度的总量指标。能源消费总量包括原煤和原油及其制品、天然气、电力，不包括低热值燃料、生物质能和太阳能等的利用。能源消费总量分为终端能源消费量、能源加工转换损失量和能源损失量三部分。

九、建　筑　业

9-1 建筑业生产情况

(2015 年)

指　　标	合　计	内资企业	国有企业	集体企业	港、澳、台商投资企业	外商投资企业
建筑业企业个数(个)	1446	1438	14	18	4	4
签订的合同额(千元)	531803337	531147814	18363764	1390832	586991	68532
上年结转合同额	223805681	223221174	6540997	413197	584507	0
本年新签合同额	307997656	307926640	11822767	977635	2484	68532
承包工程完成情况(千元)						
直接从建设单位承揽工程完成的产值	270056846	269998115	8638685	1003169	16705	42026
自行完成施工产值	269585988	269527257	8547692	1003169	16705	42026
分包出去工程的产值	470858	470858	90993			
从建设单位以外承揽工程完成的产值	1887758	1887758	444512			
建筑业总产值(千元)	271473746	271415015	8992204	1003169	16705	42026
#装饰装修产值	14749044	14728243	1285670	13500		20801
建筑工程产值	237337631	237278900	6577659	667781	16705	42026
安装工程产值	24485587	24485587	2220032	271845		
其他产值	9650528	9650528	194513	63543		
建筑业竣工产值(千元)	117386974	117317085	2837108	993413	27863	42026
从事主营业务活动的人业人员平均人数(人)	641757	641510	15387	4479	92	155
年末从业人数	605998	605751	14577	4491	92	155
#工程技术人员	89157	89143	3286	616	1	13
全员劳动生产率按总产值计算(元/人)	423016	423088	584403	223972	181576	271135
房屋建筑施工面积(平方米)	232058767	231946121	200283	440106	112646	
#本年新开工面积	79147565	79127454	63948	172933	20111	
#实行投标承包面积	186565616	186565616	159406	347559		
房屋建筑竣工面积(平方米)	43178872	43153885	62470	249022	24987	
房屋竣工率(%)	18.61	18.61	31.19	56.58	22.18	
招投标率按房屋施工面积计算(%)	80.40	80.43	79.59	78.97		
年末自有施工机械设备(净值)(千元)	8752294	8747482	319010	30057		4812
年末自有施工机械设备(总台数)(台)	131615	131577	8525	1779		38
年末自有施工机械设备(总功率)(千瓦)	5043040	5039420	152322	23612		3620
技术装备率(元/人)	14443	14441	21884	6693		31045
动力装备率(千瓦/人)	8.3	8.3	10.4	5.3		23.4

9-1　续表

指　　标	合　计	房屋建筑业	土木工程建筑业	建筑安装业	建筑装饰和其他建筑业	建筑装饰业	其他建筑业
建筑业企业个数(个)	1446	312	294	281	559	394	137
签订的合同额(千元)	531803337	310553262	152388288	38653393	30208394	23417019	5021082
上年结转合同额	223805681	150304005	59183707	10667697	3650272	2067917	1042700
本年新签合同额	307997656	160249257	93204581	27985696	26558122	21349102	3978382
承包工程完成情况(千元)							
直接从建设单位承揽工程完成的产值	270056846	136923805	92819776	21878466	18434799	13319181	3970845
自行完成施工产值	269585988	136841862	92731642	21613091	18399393	13318448	3936202
分包出去工程的产值	470858	81943	88134	265375	35406	733	34643
从建设单位以外承揽工程完成的产值	1887758	223569	896271	560906	207012	73534	22560
建筑业总产值(千元)	271473746	137065431	93627913	22173997	18606405	13391982	3958762
#装饰装修产值	14749044	1498599	1344165	2156902	9749378	9593378	129821
建筑工程产值	237337631	126491831	87790345	10747281	12308174	9020117	2195025
安装工程产值	24485587	5840925	4600011	10734773	3309878	2003558	1235481
其他产值	9650528	4732675	1237557	691943	2988353	2368307	528256
建筑业竣工产值(千元)	117386974	67383601	27978792	11832491	10192090	6455281	2448675
从事主营业务活动的人业人员平均人数(人)	641757	393597	124984	57979	65197	49566	12881
年末从业人数	605998	368842	113117	60492	63547	48217	12863
#工程技术人员	89157	42331	28340	11849	6637	3794	2547
全员劳动生产率按总产值计算(元/人)	423016	348238	749119	382449	285387	270185	307333
房屋建筑施工面积(平方米)	232058767	223094043	2514446	5812889	637389		178305
#本年新开工面积	79147565	74603842	1184362	3124227	235134		46045
#实行投标承包面积	186565616	181133707	1916284	3423308	92317		91417
房屋建筑竣工面积(平方米)	43178872	40165326	1194442	1625647	193457		164967
房屋竣工率(%)	18.61	18.00	47.50	27.97	30.35		92.52
招投标率按房屋施工施工面积计算(%)	80.40	81.19	76.21	58.89	14.48		51.27
年末自有施工机械设备(净值)(千元)	8752294	2836548	4409892	733750	772104	594129	134121
年末自有施工机械设备(总台数)(台)	131615	61309	40000	16671	13635	8298	4422
年末自有施工机械设备(总功率)(千瓦)	5043040	1852309	2570843	410343	209545	98375	97773
技术装备率(元/人)	14443	7690	38985	12130	12150	12322	10427
动力装备率(千瓦/人)	8.3	5.0	22.7	6.8	3.3	2.0	7.6

9-2 建筑业主要经济指标

（2015 年）

单位：千元

指　　标	合　计	内资企业	国有	集体	港澳台投资企业	外商投资企业
年初存货	**41955333**	**41816099**	**1219008**	**69199**	**125094**	**14140**
年末资产负债						
流动资产合计	199058171	197284351	8987320	602110	1620263	153557
应收工程款	50064422	49979571	2734268	167327	63553	21298
#存货	41661170	41461109	1041979	111189	166604	33457
固定资产合计	20989853	20961058	1473705	116789	25026	3769
固定资产减值准备	88159	88159	6500			
固定资产原价	27545786	27492647	2145609	173694	35569	17570
累计折旧	12209849	12183269	1014551	66964	10543	16037
#本年折旧	1852010	1850424	274245	6683	1565	21
在建工程	2795756	2793521	195171	937		2235
资产合计	241388715	239453130	11138312	836276	1775643	159942
流动负债合计	149945207	148263229	8142459	371922	1634756	47222
应付账款	58973330	58835163	2999419	213633	138349	-182
非流动负债合计	7344620	7343900	373501		720	0
负债合计	161054622	159370865	8515960	432877	1636286	47471
所有者权益合计	80334193	80082365	2622352	403399	139357	112471
#实收资本	44751040	44630793	1667569	198890	43670	76577
#国家资本	10218694	10218694	1345509	20000		
#集体资本	736010	736010		142560		
#法人资本	11552391	11519920	322060	23330	21880	10591
#个人资本	22207564	22136097		13000	11073	60394
#港澳台资本	10753	36			10717	
#外商资本	5628	36				5592
损益及分配						
营业收入	268069031	267627445	10401984	868497	393023	48563
主营业务收入	265704226	265264379	10323259	813657	391784	48063
营业成本	235560234	235184163	9001867	670649	337964	38107
主营业务成本	230907459	230531388	8963874	666814	337964	38107
营业税金及附加	8565185	8552777	266899	27620	11227	1181
主营业务税金及附加	8318322	8305914	260806	27450	11227	1181
其他业务利润	275292	273554	24410	845	1239	499
销售费用	708929	707816		2219	1	1112
管理费用	8173205	8151307	724296	55434	15607	6291
#税金	332408	331509	67245	746	548	351
财务费用	1841714	1832213	102274	3453	9511	-10
#利息收入	942341	942422	59096	-9	-61	-20
#利息支出	2152339	2135543	128882	2603	16796	
资产减值损失	359734	359734	178358			
公允价值变动收益	-9963	-9963				
投资收益	115423	104331	10698		11092	
营业利润	10535135	10503448	120554	109075	29805	1882
营业外收入	254069	247113	14704	62	6814	142
补贴收入	12139	12139	2286			
营业外支出	371267	371126	13769	5456	138	3
利润总额	10390595	10352093	121488	104681	36481	2021
应交所得税	2701173	2694438	37745	11296	6278	457
应付职工薪酬(本年贷方累计发生额)	25758229	25696642	1394839	143790	47981	13606
建筑业企业在境外完成的营业收入	5891608	5891608	535692			
利税总额	19041325	18989516	449539	132877	48256	3553

9-2 续表 单位:千元

指 标	合 计	房屋建筑业	土木工程建筑业	建筑安装业	建筑装饰和其他建筑业	建筑装饰业	其他建筑业
年初存货	**41955333**	**16542543**	**18978272**	**3838239**	**2596279**	**1345764**	**727348**
年末资产负债							
流动资产合计	199058171	80178241	81321807	20474746	17083377	10498740	4389546
应收工程款	50064422	20648169	18147328	6140120	5128805	3403441	1413403
#存货	41661170	18048560	17330041	3273101	3009468	1646287	774422
固定资产合计	20989853	8689759	7962848	2099193	2238053	1329579	703479
固定资产减值准备	88159	63175	18405	3468	3111	2023	1088
固定资产原价	27545786	8824147	13534196	2916815	2270628	1137520	929579
累计折旧	12209849	2767778	7203317	1351212	887542	435907	350397
#本年折旧	1852010	476741	1032858	199193	143218	71558	58320
在建工程	2795756	1151591	1081759	252835	309571	264573	42922
资产合计	241388715	103704430	92717581	24112856	20853848	12656360	5752439
流动负债合计	149945207	62427155	63430649	14712820	9374583	5496933	2239254
应付账款	58973330	24345795	23696308	6680873	4250354	2796421	919186
非流动负债合计	7344620	2823903	4071020	287063	162634	86311	41047
负债合计	161054622	67561718	68343468	15336905	9812531	5784446	2353688
所有者权益合计	80334193	36142712	24374113	8775951	11041417	6872014	3398751
#实收资本	44751040	18388959	13992398	5858420	6511263	3838347	2148769
#国家资本	10218694	3583496	5646347	684027	304824	40661	57270
#集体资本	736010	83235	454315	156106	42354	8100	34254
#法人资本	11552391	4706240	3012589	2087110	1746452	1011598	679766
#个人资本	22207564	10015918	4855555	2927458	4408633	2768988	1377479
#港澳台资本	10753	35		3718	7000	7000	
#外商资本	5628	35	3592	1	2000	2000	
损益及分配							
营业收入	268069031	128822340	94004301	24555637	20686753	14736560	4322010
主营业务收入	265704226	127527082	93372934	24399380	20404830	14684693	4095502
营业成本	235560234	116165167	81392876	21053376	16948815	12052697	3428104
主营业务成本	230907459	112966937	80594797	20648226	16697499	11977133	3252352
营业税金及附加	8565185	4329924	2956810	596439	682012	500855	122743
主营业务税金及附加	8318322	4139470	2917465	589894	671493	495686	117395
其他业务利润	275292	80902	116622	48248	29520	11989	13983
销售费用	708929	138045	153344	221463	196077	96202	82755
管理费用	8173205	2371589	3394441	1458545	948630	564503	323836
#税金	332408	102079	115094	76666	38569	21856	13468
财务费用	1841714	764049	847108	120007	110550	71769	34908
#利息收入	942341	697119	209800	26447	8975	3286	3837
#利息支出	2152339	1163537	801124	123840	63838	37717	24887
资产减值损失	359734	126203	188390	32242	12899	2292	10607
公允价值变动收益	-9963	-1138	-9625	800			
投资收益	115423	53873	40772	16402	4376	21	4355
营业利润	10535135	4736251	3035333	954874	1808677	1467237	314143
营业外收入	254069	61104	71935	110585	10445	2554	7717
补贴收入	12139	2867	6811	1547	914	12	902
营业外支出	371267	119683	149101	89174	13309	10389	2223
利润总额	10390595	4681410	2934068	976392	1798725	1459402	319584
应交所得税	2701173	1428458	638264	226748	407703	335700	63713
应付职工薪酬(本年贷方累计发生额)	25758229	13003177	7484707	2816107	2454238	1885179	471068
建筑业企业在境外完成的营业收入	5891608	427685	3180651	2203342	79930	55134	18946
利税总额	19041325	8922959	5966627	1642952	2508787	1976944	450447

9-3 劳务分包建筑企业生产经营情况

（2015 年）

单位：千元、人

指标名称	总计	内资企业	私营企业
企业个数	285	285	190
建筑业总产值	1606096	1606096	1086348
#装饰装修产值（千元）	83773	83773	73060
从业人员期末人数	16590	16590	12943
#工程技术人员	2353	2353	1766
#现场施工工人	11382	11382	9039
从事主营业务活动的从业人员平均人数	17292	17292	13496
资产负债			
固定资产原价	690589	690589	627354
本年折旧	28653	28653	19753
资产总计	1646580	1646580	1112077
负债合计	1952366	1952366	552100
实收资本	616578	616578	417762
损益及分配			
营业收入合计	1648337	1648337	1118886
#主营业务收入（工程结算收入）	1618725	1618725	1101265
营业成本	1324964	1324964	907944
主营业务成本（工程结算成本）	1287786	1287786	878605
营业税金及附加	63262	63262	36426
主营业务税金及附加（工程结算税金及附加）	54993	54993	34220
销售费用	15613	15613	7293
管理费用	166520	166520	115974
#税金	5048	5048	2607
财务费用	805	805	2611
营业利润	122219	122219	67774
利润总额	104916	104916	65988
应付职工薪酬	544845	544845	397183

9-4 建筑业企业房屋建筑工程完成情况

（2015 年）

单位：万平方米

指　　标	房屋建筑竣工面积	
	2014 年	2015 年
合计	**5240.23**	**4317.89**
住宅房屋	3585.28	3049.46
商业及服务用房屋	230.54	147.35
商厦房屋（批发和零售用房）	94.64	45.77
宾馆用房屋（住宿用房）	20.82	11.72
餐饮用房屋（餐饮用房）	0.38	0.98
商务会展用房屋	4.69	7.61
其他商业及服务用房屋（居民服务业用房）	110.00	81.27
办公用房屋	452.00	267.00
科研、教育、医疗用房屋	320.13	234.67
科学研究用房屋	28.92	29.35
教育用房屋	221.16	162.82
医疗用房屋（卫生医疗用房）	70.05	42.50
文化、体育、娱乐用房屋	13.04	38.70
厂房及建筑物	499.81	438.32
厂房	178.56	190.63
仓库	69.86	55.24
其他未列明的房屋建筑物	69.58	87.16

9-5 各县（市）区建筑业企业个数

（2015 年）

县（市）区	企业个数（个）	国有控股	集体控股	年末从业人数（人）	直接从事生产经营活动的平均人数	国有控股	集体控股
郑州市	**1446**	**67**	**38**	**605998**	**641757**	**75387**	**11500**
中原区	122	11	7	86541	85925	11331	4270
二七区	125	11	5	30892	34708	8599	751
管城区	99	6	1	47173	46909	5328	120
金水区	575	19	4	196952	223564	33156	1057
上街区	29	2	2	6258	6565	1160	50
惠济区	56	2	1	37910	36505		180
中牟县	26	2	1	15737	15496	500	228
巩义市	22		2	6705	7753		730
荥阳市	28	1	1	24193	26528	27	64
新密市	39		3	26380	28848		626
新郑市	30		7	8307	8179		1992
登封市	27	1	4	8678	8421	35	1432
经开区	82	6		39049	40068	8103	
高新区	82	4		34767	32952	6837	
郑东新区	100	2		34827	37021	311	
航空港实验区	4			1629	2315		

9-6 各县(市)区建筑业合同及承包工程完成情况

(2015年)

单位:千元

县(市)区	签订的合同额	上年结转合同额	本年新签合同额	直接从建设单位承揽工程完成的产值	自行完成施工产值	分包出去工程的产值	从建设单位以外承揽工程完成的产值
郑州市	**531803337**	**223805681**	**307997656**	**270056846**	**269585988**	**470858**	**1887758**
中原区	59496606	23702761	35793845	28016699	28001414	15285	516468
二七区	50092184	22748796	27343388	22567726	22527206	40520	304284
管城区	29803945	17914879	11889066	13720295	13687082	33213	8002
金水区	224157710	98355451	125802259	94847728	94772430	75298	124679
上街区	7568334	1262859	6305475	2970136	2961873	8263	15079
惠济区	16006336	7680197	8326139	8917783	8897510	20273	97484
中牟县	4464069	1240418	3223651	3064971	3056051	8920	13510
巩义市	2721061	1405013	1316048	1454171	1454171		51760
荥阳市	12846074	5689077	7156997	6997171	6992164	5007	17536
新密市	8626306	3106542	5519764	5973415	5955743	17672	24269
新郑市	4057584	1661705	2395879	3113767	3099697	14070	14040
登封市	2602177	959926	1642251	1710320	1707460	2860	2170
经开区	47996195	9841540	38154655	43659957	43547206	112751	155620
高新区	42958236	21575549	21382687	21213804	21126734	87070	140289
郑东新区	18071161	6638510	11432651	11047023	11017367	29656	387068
航空港实验区	335359	22458	312901	781880	781880		15500

9-7 各县(市)区企业总产值

(2015年)

单位:千元

县(市)区	建筑业总产值	国有控股	集体控股	建筑工程产值	国有控股	集体控股
郑州市	**271473746**	**56321489**	**2481885**	**237337631**	**47435271**	**1651633**
中原区	28517882	9043178	489093	21064372	5027172	395210
二七区	22831490	9873579	153180	20521868	9360383	113170
管城区	13715279	2270929	18200	12023813	2149060	18200
金水区	94897109	22219677	420928	83702371	20938409	64917
上街区	2976952	664961	13272	2277490	543378	
惠济区	8994994		26874	7545311		26874
中牟县	3069561	106849	154613	2691816	106849	
巩义市	1505931		23620	1301767		16320
荥阳市	7009700	36967	1550	6816712		1550
新密市	5980012		36680	5378457		27950
新郑市	3113737		671851	2798543		522928
登封市	1709630	7115	472024	1470377		464514
经济开发区	43702826	4787510		42401546	4746627	
高新开发区	21246828	6991017		16992761	4272100	
郑东新区	11404435	319707		9763787	291293	
航空港实验区	797380			586640		

9-8 各县(市)区建筑业竣工产值

(2015 年)

单位:千元

县(市)区	竣工产值	国有控股	集体控股
郑州市	**117386974**	**18127251**	**2333270**
中原区	14098076	3054788	686298
二七区	6744884	1913836	29820
管城区	6732698	196915	10000
金水区	43084865	8872602	274008
上街区	1742737	380369	10272
惠济区	5534291		26874
中牟县	2530375	11059	154613
巩义市	713577		11100
荥阳市	2582782	36967	1550
新密市	3905888		35730
新郑市	3213528		631241
登封市	1058289	7115	461764
经济开发区	3997858	964490	
高新开发区	14092135	2397817	
郑东新区	6762811	291293	
航空港实验区	592180		

9-9 各县(市)区建筑业全员劳动生产率

(2015 年)

单位:元/人

县(市)区	按总产值计算全员劳动生产率	国有控股	集体控股
郑州市	**423016**	**747098**	**215816**
中原区	331893	798092	114542
二七区	657816	1148224	203968
管城回族区	292381	426225	151667
金水区	424474	670156	398229
上街区	453458	573242	265440
惠济区	246404		149300
中牟县	198087	213698	678127
巩义市	194238		32356
荥阳市	264238	1369148	24219
新密市	207294		58594
新郑市	380699		337275
登封市	203020	203286	329626
经济开发区	1090716	590832	
高新开发区	644781	1022527	
郑东新区	308053	1027997	
航空港区	344441		

9-10 各县(市)区建筑业施工、竣工面积

(2015 年)

单位:平方米

县(市)区	施工面积	国有控股	集体控股	竣工面积	国有控股	集体控股
郑州市	**232058767**	**20879223**	**1676296**	**43178872**	**5219837**	**684418**
中原区	63697761	4543902	322115	7100763	286521	211615
二七区	10917092	625981	136112	1887568	174186	6200
管城区	11496859	98226	48670	2772613	86742	8900
金水区	95959592	11592891	44966	15650859	3801496	
上街区	1843033	267300		1156200	211316	
惠济区	13782334			2754957		
中牟县	2055894			1580374		
巩义市	1583796		150822	417131		2460
荥阳市	6746766		1240	2091405		1240
新密市	5132288			1776969		
新郑市	2200257		717612	1155190		323870
登封市	1506259		254759	371082		130133
经济开发区	4135156	2981150		1074740	555403	
高新开发区	2342135	769773		686591	104173	
郑东新区	8437195			2519841		
航空港实验区	222350			182589		

9-11 各县(市)区建筑业自有机械设备情况

(2015 年)

单位:千瓦、千元

县(市)区	总功率	国有控股	集体控股	设备净值	国有控股	集体控股
郑州市	**5043040**	**881869**	**29466**	**8752294**	**1456610**	**76390**
中原区	222222	90761	7141	608165	300733	58520
二七区	513244	325459	2922	1738765	454882	5582
管城区	985610	28321	784	388511	15873	236
金水区	1656769	294253	55	1901314	436082	22
上街区	27656	19813	2	43000	16707	81
惠济区	166033			230696		
中牟县	77575	2426	100	154840	6426	51
巩义市	16469		200	88449		300
荥阳市	64661			41255		
新密市	39333		900	109736		150
新郑市	39405		14102	84069		6616
登封市	27883		3260	31917		4832
经济开发区	703230	33029		1912918	141132	
高新开发区	324697	83167		1163982	77793	
郑东新区	178158	4640		254097	6982	
航空港实验区	95			580		

9-12 各县(市)区建筑业实收资本及资产合计

(2015 年)

单位:千元

县(市)区	实收资本	国有控股	集体控股	资产合计	国有控股	集体控股
郑州市	**44751040**	**6447161**	**752126**	**241388715**	**62896391**	**2627071**
中原区	3729327	1353706	94355	21051047	11223960	371779
二七区	4647635	1789735	24461	26097802	12810780	177934
管城区	2308233	285990	20050	13317171	4695931	48300
金水区	16147488	1894950	68000	84361877	19900725	364674
上街区	671531	194836	10024	3710561	1453500	36524
惠济区	2208040	23773	5000	6192495	561969	19522
中牟县	840287	42186	12236	4608454	129806	123598
巩义市	520545		188500	2049916		677918
荥阳市	1386399	2407	6060	3986354	22560	8155
新密市	768277		21200	3912164		102985
新郑市	1061429		142419	3631288		323149
登封市	653594	24000	159821	1359417	39420	372533
经开区	4253018	467580		35515892	4853158	
高新区	2286138	302160		19327297	6753427	
郑东新区	3089099	65838		11794850	451155	
航空港实验区	180000			472130		

9-13 各县(市)区建筑业流动资产及固定资产

(2015 年)

单位:千元

县(市)区	流动资产合计	国有控股	集体控股	固定资产合计	国有控股	集体控股
郑州市	**199058171**	**56315642**	**1669716**	**20989853**	**3611005**	**752337**
中原区	17207270	9908057	305888	1990256	817999	56688
二七区	23306815	11679717	157606	1844877	750392	19524
管城区	10696176	4144250	16680	1022116	242205	31620
金水区	66469031	17561166	339423	5728956	983546	25250
上街区	3380472	1284384	30750	189400	90234	5731
惠济区	4706414	560263	15766	1064824	1706	3756
中牟县	2990865	105325	17685	1083018	10492	1875
巩义市	1248501		163134	663291		442284
荥阳市	3283101	9161	3892	539038	12482	4263
新密市	3162847		88830	417078		14154
新郑市	3203626		256198	373229		58318
登封市	1038681	7998	273864	301983	29899	88874
经开区	31227435	4416810		2810386	284055	
高新区	16991449	6239873		1688224	340636	
郑东新区	9749836	398638		1258026	47359	
航空港实验区	395652			15151		

9-14 各县(市)区建筑业工程结算收入及负债合计

(2015 年)

单位:千元

县(市)区	负债合计	国有控股	集体控股	工程结算收入	国有控股	集体控股
郑州市	**161054622**	**51089090**	**1357277**	**265704226**	**58207867**	**2477472**
中原区	13365535	7995893	214148	28642377	10818650	407350
二七区	19134431	10222865	91979	24139422	10584648	125894
管城区	9115468	4116916	23360	13124413	2907771	18200
金水区	56440070	16421103	260423	88445325	19516111	398842
上街区	2744774	1164249	25993	3450340	1185046	14236
惠济区	2845851	422280	315	9921537	245046	26874
中牟县	1050987	84761	105161	4214210	106849	154600
巩义市	826182		297068	1638919		221313
荥阳市	1954224	13475	2095	6787406	18529	5770
新密市	2342726		66715	4355240		71578
新郑市	1503923		107184	3043677		545199
登封市	465714	11512	162836	1525953	7100	487616
经开区	28422128	4254778		41073426	4702769	
高新区	15116314	6027468		21936208	7781016	
郑东新区	5416570	353790		12494231	334332	
航空港实验区	309725			911542		

9-15 各县(市)区建筑业利润、利税总额

(2015 年)

单位:千元

县(市)区	利润总额	国有控股	集体控股	利税总额	国有控股	集体控股
郑州市	**10390595**	**1527548**	**191784**	**19041325**	**3317213**	**277729**
中原区	710143	205192	25360	1526321	421596	39955
二七区	1047439	674155	18275	1862976	1041154	22622
管城区	539339	66142	448	975815	172909	1111
金水区	3899045	311106	9725	6860051	971406	22906
上街区	180095	58549	307	277472	75352	851
惠济区	333574	4900	2150	676822	13624	3055
中牟县	349008	5678	3029	480065	8617	7000
巩义市	105582		1993	168775		8266
荥阳市	273179	7916	1114	518764	9042	1320
新密市	299752		4302	430434		6767
新郑市	217042		20472	324427		42236
登封市	193146	1621	104609	246492	1874	121640
经开区	824193	53024		2125512	212556	
高新区	564045	136237		1245462	375884	
郑东新区	836700	3028		1272671	13199	
航空港实验区	18313			49266		

主要统计指标解释

建筑业统计单位 指从事房屋、构筑物建造和设备安装活动的法人企业。建筑业法人企业应同时具备的条件是:①依法成立,有自己的名称、组织机构和场所,能够承担民事责任;②独立拥有和使用资产,承担负债,有权与其他单位签订合同;③独立核算盈亏,能够编制资产负债表。

建筑业总产值(即自行完成施工产值) 是以货币表现的建筑安装企业在一定时期内生产的建筑业产品的总和。建筑业总产值包括:

(1)建筑工程产值:指列入建筑工程预算内的各种工程价值。

(2)设备安装工程产值:指设备安装工程价值,不包括被安装设备本身价值。

(3)房屋、构筑物修理产值:指房屋、构筑物修理所完成的价值,但不包括被修理房屋、构筑物本身的价值和生产设备的修理价值。

(4)非标准设备制造产值:指加工制造没有定型的、非标准的生产设备的加工费和原材料价值,以及附属加工厂为本企业承建工程制作的非标准设备的价值。

建筑业增加值 指建筑业企业在报告期内以货币表现的建筑业生产经营活动的最终成果。目前建筑业增加值采用分配法(收入法)计算,即从收入的角度出发,根据生产要素在生产过程中应得的收入份额计算。具体计算公式为:

建筑业增加值=本年提取的固定资产折旧+应付工资+应付福利费+管理费用中的劳动待业保险金、税金+工程结算税金及附加+工程结算利润

房屋建筑施工面积 指在报告期内施工的全部房屋建筑面积,包括本期新开工的房屋面积、上期施工跨入本期继续施工的房屋面积、上期停缓建在本期恢复施工的房屋面积、本期竣工的房屋面积及本期施工后又停缓建的房屋面积。

房屋建筑竣工面积 指在报告期内房屋建筑按照设计要求全部完工,达到了住人和使用条件,经验收鉴定合格,正式移交使用单位的房屋建筑面积。

自有机械设备年末总台数 指归本企业所有,属于本企业固定资产的生产性机械设备年末总台数。包括施工机械、生产设备、运输设备以及其他设备。

自有机械设备年末总功率 指本企业自有施工机械、生产设备、运输设备以及其他设备等列为在册固定资产的生产性机械设备年末总功率,按设定能力或查定能力计算。包括机械本身的动力和为该机械服务的单独动力设备,如电动机等。计算单位用千瓦,动力换算可按 1 马力=0.735 千瓦折合成千瓦数。电焊机、变压器、锅炉不计算动力。

工程结算收入 指企业承包工程实现的工程价款结算收入,以及向发包单位收取的除工程价款以外的按规定列作营业收入的各种款项,如临时设施费、劳动保险费、施工机械调迁费等以及向发包单位收取的各种索赔款。

工程结算利润 指已结算工程实现的利润,如亏损以"-"号表示。计算公式为:

工程结算利润=工程结算收入-工程结算成本-工程结算税金及附加

企业总收入 指与企业生产经营直接有关的各项收入,包括工程结算收入和其他业务收入。计算公式为:

企业总收入=工程结算收入+其他业务收入

十、交通运输、邮电通讯

10-1 公路里程、桥梁、涵洞年报

(2015 年)

指　　标	单位	合计	干线	#国道	#省道	县道	乡道	专用道	村道
公路里程合计	**公里**	**12084**	**672**	**209**	**464**	**995**	**3945**	**214**	**6258**
一级公路	公里	200	200	127	73				
二级公路	公里	1735	448	82	366	715	458	13	102
三级公路	公里	1644	18		18	196	1074	161	196
四级公路	公里	7278	7		7	79	2314	37	4842
等外公路	公里	1227				6	99	3	1118
按路面等级分	**公里**	**12084**	**672**	**209**	**464**	**995**	**3945**	**214**	**6258**
有铺装路面	公里	8705	604	198	405	901	2979	149	4073
简易铺装路面	公里	2130	65	10	55	88	854	61	1061
无铺装路面	公里	1249	4		4	6	113	3	1124
养护里程	**公里**	**12084**	**672**	**209**	**464**	**995**	**3945**	**214**	**6258**
专用道班养护	公里	1667	672	209	464	995			
#油路养护	公里	1667	672	209	464	995			
群众养护	公里	10417					3945	214	6258
公路绿化里程	**公里**	**5996**	**592**	**207**	**385**	**964**	**2646**	**189**	**1605**
涵洞	**米**	**55572.8**	**15388**	**5854**	**9534**	**12534.5**	**19170.7**	**1545**	**6934.6**
	道	5503	583	188	395	947	2603	167	1203
隧道	**米**	**2685**				**780**	**1050**	**465**	**390**
	座	10				1	3	2	4
桥梁总计	**米**	**41972**	**13785**	**6868**	**6917**	**7396**	**12887**	**514**	**7390**
	座	1010	170	52	118	171	380	20	269
永久性桥梁合计	米	41959	13785	6868	6917	7396	12887	514	7377
	座	1009	170	52	118	171	380	20	268
半永久性桥梁合计	米	13							13
	座	1							1
总计中:大中桥合计	**米**	**29001**	**11270**	**5399**	**5871**	**5801**	**8086**	**133**	**3710**
	座	358	90	36	54	80	122	2	64
#大桥	米	14176	7904	4121	3783	2669	2927		676
	座	68	29	14	15	13	19		7
总计中:危险桥	**米**	**3016**	**315**	**125**	**190**	**390**	**1192**		**1120**
	座	114	14	1	13	8	48		44

10-2 民用车辆拥有量

(2015 年)

单位:辆

指　　标	总　计	营运	非营运	校车	进口	个人	新注册	报废
合　计	**3203495**	**345624**	**2856834**	**1037**	**133696**	**2814427**	**407268**	**246775**
汽车	2468532	195084	2272411	1037	130971	2240506	401521	195713
载客汽车	2217048	30480	2185531	1037	130594	2053286	383991	74866
#大型	19047	14146	4152	749	197	325	2484	11833
中型	6906	1131	5487	288	360	2101	557	7943
小型	2134728	15157	2119571		129889	2000096	379403	39938
微型	56367	46	56321		148	50764	1547	15152
#轿车	1378222	14998	1363224		45925	1297876	225334	26631
载货汽车	155998	109649	46349		373	93687	17530	103964
#重型	40309	37828	2481		57	18309	4601	31978
中型	10712	9477	1235		3	7146	587	17256
轻型	103186	61829	41357		313	67246	12341	33599
微型	1791	515	1276			986	1	21131
#普通载货	62875	32687	30188		283	47893	7074	40663
其它汽车	95486	54955	40531		4	93533		16883
#三轮汽车	67350	35113	32237		4	66341		12720
低速货车	28136	19842	8294			27192		4163
摩托车	**568591**	**47**	**568544**		**1970**	**562280**	**1989**	**43013**
普通	550785	47	550738		1957	544585	1982	34811
轻便	17806		17806		13	17695	7	8202
拖拉机	**127130**	**123824**	**3306**			**16**		**6**
挂车	**15592**	**14335**	**1257**		**48**	**3486**	**1133**	**2882**
其他类型车	**23650**	**12334**	**11316**		**707**	**8139**	**2625**	**5161**

补充资料:1. 机动车驾驶员 3251494 人,其中:汽车驾驶员 3160048 人;2. 数据来源:郑州市公安局。

10-3 邮电通信行业基本情况

（2015 年）

指标名称	计量单位	本年实际	指标名称	计量单位	本年实际
邮政业网点及邮递线路			#期刊数	万份	835
营业网点	处	247	国定本地电话通话时长	万分钟	214335
#邮政局所	处	247	国定长途电话通话时长	万分钟	44241
邮政信筒信箱	个	517	移动电话通话时长合计	万分钟	5463246
邮路条数	条	1369	#去话通话时长	万分钟	2432304
邮路总长度	公里	121194.5	非漫游	万分钟	4261663
#汽车邮路	公里	61216.5	国内漫游	万分钟	632188
铁路邮路	公里	3508	国际及港澳台漫游	万分钟	420262
航空邮路	公里	56470	移动短信业务量	亿条	36
农村投递线路总长度	公里	16991	移动电话年末用户	户	13446086
城市投递线路总长度	公里	10279	#3G 移动电话用户	户	5078177
通信业务量			本年移动电话新增用户	户	3386284
邮电业务总量(2010 年不变价)	万元	2977621	固定本地电话年末用户	户	2043296
邮政业务总量	万元	637061	#公用电话用户	户	229766
电信业务总量	万元	2340561	城市电话用户	户	1449200
函件	万件	4769	#住宅电话用户	户	763818
包裹	万件	50	农村电话用户	户	342120
汇票	万笔	70	#住宅电话用户	户	230964
快递	万件	28929	互联网接入用户数	户	2398546
#国内同城快递	万件	5085	#互联网宽带接入用户	户	2008460
国内异地快递	万件	23609	**电信主要通信能力**		
国际及港澳台快递	万件	235	光缆线路长度	公里	95523
快递业务收入	万元	376949	固定长途电话交换机容量	万门	14
订销报刊期发数	万份	95	局用电话交换机容量	万门	112
#期刊数	万份	43	移动电话交换机容量	万门	2056
订销报刊累计数	万份	13054	移动电话基站	万个	3

10-4 社会客货运输量

(2015 年)

指　标	单位	总　计	铁路	航空	公路	天然气管道
货运量	万吨	24639	2745	10	21813	71.4
货运周转量	万吨公里	5481827	1727423	54276	3700057	71.4
客运量	万人	18725	4349	462	13914	
客运周转量	万人公里	2796171	1344851	654042	797278	
换算周转量	万吨公里	6953460	3072274	101330	3779785	71.4

注:1. 天然气管道外购量:101952 万立方;
2. 换算货运量周转量 74.1 万吨;
3. 换算比例 0.7 千克。
4. 2014 年 6 月开始郑州市交通委使用交通部新的公路运输统计报表制度,货运量、货运周转量、客运量、客运周转量数据有较大的变动。
5. 2014 年 6 月开始航空货运量、货运周转量新增了国泰航空有限公司郑州代表处、美国 UPS 联合包裹航空公司郑州代表处、俄罗斯空桥货运航空公司郑州代表处三家公司的数据

10-5 电话用户情况

(2015 年)

县(市)区	计量单位	移动电话用户期末数	本地电话用户期末数
市区	户	8992661	1315369
上街区	户	162988	39922
中牟县	户	779405	82508
巩义市	户	698593	126128
荥阳市	户	597308	123049
新密市	户	797997	112890
新郑市	户	816312	129051
登封市	户	600822	114379

10-6 新郑国际机场运输生产情况

（2015 年）

指　　标	单位	工作量	增长%	份额%
旅客吞吐量	**人次**	**17297385**	**9.4**	**100.0**
航线				
国内航线	人次	16099769	8.0	93.1
国际地区航线	人次	1197616	32.9	6.9
流向				
出港人数	人次	9558175	8.2	55.3
进港人数	人次	7739210	11.0	44.7
货邮吞吐量	**吨**	**403339**	**8.9**	**100.0**
航线				
国内航线	吨	175869.8	7.0	43.6
国际地区航线	吨	227469.2	10.4	56.4
流向				
出港货邮	吨	223012.6	12.3	55.3
进港货邮	吨	180326.4	5.0	44.7
总起降架次	**架次**	**154469**	**4.6**	**-**
其中运输飞行架次	**架次**	**153891**	**4.6**	**100.0**
航线				
国内航线	架次	136894	3.7	89.0
国际地区航线	架次	16997	11.9	11.0
流向				
出港架次	架次	76964	4.6	50.0
进港架次	架次	76927	4.6	50.0

注：数据来源：河南省机场集团有限公司

主要统计指标解释

公路里程 指在一定时期内实际达到《公路工程技术标准 JTJ01—88》规定的等级公路，并经公路主管部门正式验收交付使用的公路里程数。其计算单位为：km。它包括大中城市的郊区公路以及通过小城镇街道部分的公路里程，也包括桥梁、渡口的长度，但不包括大中城市的街道、厂矿、林区生产用道和农业生产用道的里程。两条或多条公路共同经由同一路段，只计算一次，不得重复计算里程长度。公路里程是反映公路建设发展规模的重要指标，也是计算运输网密度等指标的基础资料。

货（客）运量 指在一定时期内，各运输部门实际运送的货物（旅客）数量。是反映运输业为国民经济和人民生活服务的数量指标，也是制定和检查运输生产计划，研究运输发展规模和速度的重要指标。货运按吨计算，客运按人计算。货物不论运输距离长短，货物类别，均按实际重量统计；旅客不论里程远近或票价多少，均按一人一次作为客运量统计。半价票、小孩票也按一人统计。

货物（旅客）周转量 指在一定时期内，由各种运输工具运送的货物（旅客）数量与其相应运输距离的乘积之总和，是反映运输业生产总成果的重要指标，也是编制和检查运输生产计划，计算运输效率、劳动生产率以及核算运输单位成本的主要基础资料。通常以吨公里和人公里为计算单位。计算货物周转量通常按发出站到达站之间的最短距离，也就是计费距离计算。

邮电业务总量 指以货币表现的邮电部门用于传递信息和提供其他邮电服务的总数量。它综合反映了一定时期邮电工作的总成果，是研究邮电业务量构成和发展趋势的重要指标。根据邮电管理体制不同，分为中央国营业务总量和地方国营业务总量。它用各种邮电分类业务量，如函件件数、电报份数、长话张数、市内电话和农村电话的年均户数、订销报刊累计份数等，分别乘以相应的平均单价（不变价），加总后再加上出租电路和设备的收入、代用户维护电话交换机和线路等设备的收入、其他业务收入求得。

十一、国内贸易

11-1 社会消费品零售总额

（2015 年）

单位:万元

类别	合计	按企业、个体分		按限上、限下分	
		批发零售住宿餐饮企业	贸易住宿餐饮个体	限额以上单位	限额以下单位
社会消费品零售总额	**32947106**	**19753136**	**13193970**	**16277627**	**16669479**
按销售单位所在地分					
城镇	29983015	19415229	10567786	15602106	14380909
乡村	2964091	337907	2626184	675521	2288570
按行业分					
批发业	3799545	2729891	1069654	1984935	1814610
零售业	23992722	15952847	8039875	13344730	10647992
住宿业	230859	170891	59968	172867	57992
餐饮业	4923980	899507	4024473	775095	4148885

11-2 分县(市)区社会消费品零售总额

（2015 年）

单位:万元

县(市)区	合　计	批发零售业	住宿餐饮业
中原区	1766468	1476885	289583
二七区	3935900	3550533	385367
管城区	2590826	2474961	115865
金水区	6732180	6034009	698171
上街区	476292	405273	71019
惠济区	1081401	996550	84851
中牟县	943737	861991	81746
巩义市	2482916	1943896	539020
荥阳市	2227747	1719164	508583
新密市	2429384	1988207	441177
新郑市	1991952	1699604	292348
登封市	1917259	1669024	248235
经开区	1410632	1403047	7585
高新区	578219	556460	21759
郑东新区	1607937	1543619	64318
航空港实验区	805685	624796	180889

11-3 限额以上批发和零售业商品

（2015 年）

指　　标	法人企业数（个）	个体（产业）单位数（个）	从业人员期末人数（人）	商品购进额	进口
总计	**1721**	**506**	**120024**	**43299351**	**1457701**
批发业	**801**	**36**	**46073**	**31685997**	**1040856**
按批发行业小类分					
农、林、牧产品批发	**48**	**2**	**2854**	**1015480**	**405755**
谷物、豆及薯类批发	9		191	128258	3157
种子批发	10		764	68648	
饲料批发	12	1	412	101459	2694
棉、麻批发	6		109	93998	580
林业产品批发	1		8	1896	
牲畜批发	3	1	1175	154269	
其他农牧产品批发	7		195	466951	399324
食品、饮料及烟草制品批发	**58**	**12**	**8609**	**5389453**	**2681**
米、面制品及食用油批发	13		1739	227404	
糕点、糖果及糖批发	4	1	346	110367	
果品、蔬菜批发	8	2	3522	3892915	
肉、禽、蛋、奶及水产品批发	6	2	310	36324	
盐及调味品批发	6	6	595	60632	
酒、饮料及茶叶批发	10	1	406	54361	28
烟草制品批发	2		877	919829	530
其他食品批发	9		814	87621	2122
纺织、服装及家庭用品批发	**58**	**2**	**3341**	**2295795**	**86783**
纺织品、针织品及原料批发	15		505	279557	78748
服装批发	25		1432	151761	2334
鞋帽批发	1		32	5404	
化妆品及卫生用品批发	4	1	489	39020	
厨房、卫生间用具及日用杂货批发	1	1	97	6666	
家用电器批发	9		681	1793238	
其他家庭用品批发	3		105	20149	5702
文化、体育用品及器材批发	**24**		**1600**	**1043885**	**499**
文具用品批发	7		126	121975	
体育用品及器材批发	2		253	73690	
图书批发	4		758	354855	499
首饰、工艺品及收藏品批发	3		202	299320	
其他文化用品批发	8		261	194046	
医药及医疗器材批发	**84**		**9539**	**5394700**	**211110**
西药批发	27		2626	1728115	
中药批发	28		5351	2718961	124014
医疗用品及器材批发	29		1562	947624	87096
矿产品、建材及化工产品批发	**317**	**17**	**11787**	**13405923**	**305814**
煤炭及制品批发	77		2165	1743173	
石油及制品批发	25		3412	4347507	
非金属矿及制品批发	23	1	693	250719	46
金属及金属矿批发	83	3	1870	3678828	95025
建材批发	52	7	2157	434987	2081
化肥批发	6	4	233	699984	

购进、销售、库存总额

单位:万元

商品销售额	#通过公共网络实现的商品销售额	#使用银行卡支付的商品销售额	批发额		零售额		期末商品库存额	年末零售营业面积(万平方米)
				出口		#通过公共网络实现的商品零售额		
47518491	**3413271**	**4600658**	**32188826**	**623465**	**15329665**	**622673**	**2884255**	**398.91**
33264148	**2795586**	**2825322**	**31279213**	**620162**	**1984935**	**47709**	**1729472**	**75.95**
1119646	**2860**	**23586**	**1112210**	**75010**	**7436**		**70097**	**5.78**
139777		11851	133768		6009		8658	1.44
80757	2860	11735	80757				35711	0.17
99265			99255		9		9163	0.31
96674			96674	4010			13998	0.02
2143			2143				152	
195224			195208	62472	16		516	2.97
505807			504405	8529	1401		1898	0.87
5770937	**1329695**	**1301274**	**5638778**	**5792**	**132159**	**7062**	**160670**	**2.90**
234911	96541	13250	205287		29624	6287	59576	0.26
115084		7833	78455		36630		12400	0.16
3894947		20	3851041		43906		4057	1.46
43228		17982	38881	5406	4347		2741	0.31
74022		27765	73075		947		4971	0.24
56655		12790	49018		7637	774	11885	0.40
1245220	1233155	1217187	1245220	386			60753	0.01
106869		4448	97801		9069		4287	0.07
2069370	**20710**	**13130**	**2033574**	**191956**	**35796**	**845**	**498006**	**1.59**
290018	1989		289804	152911	214		12930	0.12
175754	7893	4235	163182	37908	12573	110	34551	1.14
4204			4204				580	
42209		2090	29879		12330		8557	0.15
11683			9668		2015		689	0.06
1524321	10828	6806	1516342		7979	735	439633	0.09
21182			20495	1138	687		1067	0.03
1079083	**10928**		**1038094**	**29878**	**40989**	**5885**	**74312**	**1.75**
126659	3106		124757		1902		9877	0.11
75507	636		63627		11881		8189	
364880	5185		348762	3317	16118	5185	3952	0.86
297716			291114	16411	6602		42565	0.20
214320	2000		209834	10150	4486	700	9729	0.59
5757051	**394286**	**135233**	**5622439**	**864**	**134613**	**20827**	**379659**	**3.07**
1821943	21050	54144	1772462		49480		136470	1.58
2934682		35624	2885464	853	49218		157428	0.83
1000427	373236	45464	964512	11	35915	20827	85761	0.66
14083710	**924903**	**1260317**	**12850504**	**181601**	**1233206**	**2537**	**303720**	**52.20**
1952001	2477	25946	1902241		49760		40491	8.75
4622489			3576238		1046251		109029	32.81
295995		4098	269887	46304	26108	610	4219	1.97
3757369	897997	13118	3715450	118895	41919	1190	79638	3.30
479152	10395	19570	419696	557	59456	737	19637	2.28
699621		4901	695847		3774		14625	0.06

11-3 续表 1 （2015 年）

指 标	法人企业数（个）	个体（产业）单位数（个）	从业人员期末人数（人）	商品购进额	进口
农药批发	4		264	13254	5129
其他化工产品批发	47	2	993	2237471	203533
机械设备、五金产品及电子产品批发	**185**	**2**	**7608**	**2996675**	**6559**
农业机械批发	8		167	19920	
汽车批发	22		1563	1695294	403
汽车零配件批发	18		463	78542	
摩托车及零配件批发	6		250	62010	
五金产品批发	15	1	374	91992	
电气设备批发	8	1	303	67216	1388
计算机、软件及辅助设备批发	32		935	239371	
通讯及广播电视设备批发	10		603	203543	
其他机械设备及电子产品批发	66		2950	538789	4767
贸易经纪与代理	**3**		**47**	**11448**	
贸易代理	2		37	7806	
其他贸易经纪与代理	1		10	3642	
其他批发业	**24**	**1**	**688**	**132638**	**21656**
再生物资回收与批发	12	1	186	55586	4524
其他未列明批发业	12		502	77052	17132
按登记注册类型分					
内资企业	**795**	**2**	**45021**	**30199011**	**1040856**
国有企业	12		1504	1030955	
集体企业	5		98	41014	
股份合作企业	1		133	5279	
有限责任公司	520		30305	22899472	629760
国有独资公司	18		2972	1559171	6232
其他有限责任公司	502		27333	21340301	623529
股份有限公司	23		4702	3074905	8364
私营企业	231		7149	3049635	402732
私营独资企业	1		29	1351	
私营有限责任公司	226		7067	3003784	402732
私营股份有限公司	4		53	44500	
其他企业	3	1	1130	97752	
港、澳、台商投资企业	**4**	**1**	**517**	**1257957**	
港澳台商独资企业	4	1	517	1257957	
外商投资企业	**2**	**1**	**73**	**75483**	
中外合资经营企业	1	1	69	75483	
外资企业	1		4		
按控股情况分					
国有控股	78		11291	11815333	27515
集体控股	10		252	586935	397578
私人控股	573		24656	12062904	608792
港澳台商控股	4		402	1251834	
外商控股	1		4		
其他	135		7717	5677816	6971

单位：万元

商品销售额	#通过公共网络实现的商品销售额	#使用银行卡支付的商品销售额	批发额	出口	零售额	#通过公共网络实现的商品零售额	期末商品库存额	年末零售营业面积（万平方米）
17605			16610		995		3497	0.04
2259479	14033	1192685	2254537	15845	4942		32585	2.99
3194130	**84596**	**82838**	**2796373**	**118662**	**397758**	**9253**	**209020**	**8.38**
24332			22389		1943		3342	0.18
1736327	8776	97	1446936	7430	289392		55487	2.67
82100	90	23410	80440	20722	1660	7	17261	0.13
69573			63501		6072		12865	0.31
104805			100228	10753	4577		4767	0.43
75558		4123	74918	47231	639		11114	0.07
251355	39567	43085	238681		12674	2278	20312	0.49
209314	5176		201485		7830	2658	9431	0.50
640767	30987	12124	567796	32527	72972	4311	74444	3.59
12711	**3911**	**2016**	**12711**	**10395**			**469**	**0.02**
8918	117	2016	8918	6601			469	0.02
3794	3794		3794	3794				
177510	**23697**	**6927**	**174530**	**6004**	**2980**	**1300**	**33519**	**0.26**
59988		6927	59201		787		2160	0.22
117522	23697		115329	6004	2194	1300	31359	0.05
31755264	**2790905**	**1587019**	**29774589**	**553020**	**1980675**	**47709**	**1716463**	**75.76**
1366063	1233155	1217187	1357165		8898		57137	0.35
45671			45626		45		399	0.05
5238			5238				107	
23672630	1479795	254380	22653952	370977	1018678	42336	1222870	64.30
1632995	5185		1364739	10420	268255	5185	93701	31.93
22039635	1474609	254380	21289213	360557	750422	37150	1129169	32.37
3170965	5606	8100	2459385	5185	711580		199271	1.83
3356905	72350	107352	3121252	176859	235653	5373	236406	9.02
12265			10469		1796		74	0.12
3298606	72350	107352	3095136	176859	203470	5373	225140	8.22
46034			15648		30386		11192	0.68
137793			131972		5821		274	0.22
1265173		**1197955**	**1265173**	**62472**			**2726**	**0.11**
1265173		1197955	1265173	62472			2726	0.11
84132		**140**	**84132**	**4669**			**1497**	
79462		140	79462				1497	
4669			4669	4669				
12793099	2438459	1228655	11637633	94084	1155467	22999	490370	33.34
631038	14742		630993		45		4045	0.05
12707462	183497	232889	11965269	366243	742193	20014	566235	33.30
1257340		1190122	1257340	62472			1265	0.11
4669			4669	4669				
5532945	154207	125475	5449975	92694	82970	4696	656738	9.07

11-3 续表 2 （2015 年）

指　　标	法人企业数（个）	个体（产业）单位数（个）	从业人员期末人数（人）	商品购进额	进口
按经营形式分					
独立门店	494	34	27116	17388049	195993
连锁总店	3		352	10540	
连锁门店	3	1	440	17907	
其他	301	1	18165	14269502	844864
按单位规模分					
大型	20		14608	12756264	122164
中型	257		18936	11918078	812745
小型	433		9880	6441056	105948
微型	91		898	279423	
零售业	**920**	**470**	**73951**	**11613354**	**416845**
按零售行业小类分					
综合零售	**95**	**177**	**27225**	**2247501**	**48886**
百货零售	56	70	14865	1283609	48886
超级市场零售	28	19	9814	510829	
其他综合零售	11	88	2546	453063	
食品、饮料及烟草制品专门零售	**64**	**35**	**3161**	**246532**	
粮油零售	6	2	106	18408	
糕点、面包零售	2	1	96	1513	
果品、蔬菜零售	12	1	557	18011	
肉、禽、蛋、奶及水产品零售	12	4	950	66145	
营养和保健品零售	2		62	8213	
酒、饮料及茶叶零售	12	9	476	46054	
烟草制品零售		3	19	752	
其他食品零售	18	15	895	87435	
纺织、服装及日用品专门零售	**59**	**70**	**4424**	**353988**	**470**
纺织品及针织品零售	9	5	532	35146	
服装零售	22	35	2325	199141	470
鞋帽零售	7	5	397	18599	
化妆品及卫生用品零售	7	9	354	29908	
钟表、眼镜零售	1	2	330	26665	
箱、包零售		1	4	685	
厨房用具及日用杂品零售	1	1	11	1937	
自行车零售		4	61	3205	
其他日用品零售	12	8	410	38702	
文化、体育用品及器材专门零售	**53**	**44**	**2911**	**296877**	
文具用品零售	6	5	103	13876	
体育用品及器材零售	7	4	865	42406	
图书、报刊零售	15		902	68333	
珠宝首饰零售	8	29	644	106926	
工艺美术品及收藏品零售	4	4	202	35566	
乐器零售	4		54	14151	
照相器材零售	7	1	115	12799	
其他文化用品零售	2	1	26	2819	
医药及医疗器材专门零售	**29**	**5**	**4769**	**239573**	**2400**
药品零售	24	5	4691	228406	2400
医疗用品及器材零售	5		78	11167	

单位:万元

商品销售额	#通过公共网络实现的商品销售额	#使用银行卡支付的商品销售额	批发额	出口	零售额	#通过公共网络实现的商品零售额	期末商品库存额	年末零售营业面积（万平方米）
18097907	208558	105012	16700166	231323	1397741	17497	1009097	62.29
16049		7438	10796		5253		644	0.39
19065		12352	19065				1107	
15131126	2587027	2700520	14549186	388838	581941	30212	718625	13.27
13240541	1704438	1236345	11890601		1349940	23734	527701	31.82
12996971	154800	225457	12525675	425936	471297	16262	632801	15.08
6398314	923521	1310765	6248215	183552	150099	6688	541895	23.95
290727	8145	4573	281387	10674	9340	1025	16255	5.02
14254343	**617685**	**1775336**	**909613**	**3303**	**13344730**	**574964**	**1154783**	**322.96**
3697006	**55181**	**354388**	**189805**	**1050**	**3507201**	**93699**	**167505**	**148.41**
2528293	54078	241949	89355		2438938	92776	74299	87.73
651604	1103	109428	7185		644419	923	80472	53.12
517109		3011	93265	1050	423844		12735	7.56
276304	**84**	**20751**	**44405**		**231899**		**24064**	**5.70**
20720		416	3590		17131		403	0.51
2485		137	205		2280		900	0.20
21469	84	2332	2691		18778		2438	0.67
76274		416	11756		64518		1449	1.40
8349					8349		129	0.16
52149		12509	12647		39502		13282	0.61
1409			136		1273		40	0.05
93450		4941	13381		80069		5423	2.11
422334	**2565**	**51424**	**82021**		**340314**	**4534**	**48553**	**11.85**
40708		5511	8306		32402		6509	2.61
248182	2145	36847	33881		214301	2053	25786	6.78
20792		806	8620		12172	2061	2255	0.76
33557		162	20855		12702		6359	0.69
32329		121	382		31947		2836	0.12
1029		135			1029		6	0.04
2241			109		2133		98	0.05
3193					3193		79	0.17
40304	420	7842	9868		30437	420	4625	0.63
349368	**9853**	**25685**	**67301**		**282067**	**6188**	**67317**	**5.51**
15270			6254		9017		1755	0.08
63514			25582		37933		12992	0.48
75420	499	6890	14200		61220	679	19381	2.53
116362	5147	17812	10311		106051		18527	1.80
46647	424				46647	424	9667	0.32
15711	3783		9212		6498	3783	1059	0.11
13495		983	957		12538	1302	3004	0.10
2949			786		2164		932	0.07
265940		**33150**	**2649**		**263291**		**24851**	**7.96**
253345		33150	2649		250696		22270	7.86
12595					12595		2581	0.10

11-3 续表3 (2015年)

指标	法人企业数(个)	个体(产业)单位数(个)	从业人员期末人数(人)	商品购进额	进口
汽车、摩托车、燃料及零配件专门零售	**314**	**35**	**20407**	**6625480**	**363928**
汽车零售	252	19	18361	6139486	343233
汽车零配件零售	14	4	802	144744	20695
摩托车及零配件零售	3	3	98	17785	
机动车燃料零售	45	9	1146	323465	
家用电器及电子产品专门零售	**235**	**35**	**7896**	**1280968**	
家用视听设备零售	26	7	577	108687	
日用家电设备零售	27	23	3413	685303	
计算机、软件及辅助设备零售	142	2	2199	314720	
通信设备零售	12	3	1149	135691	
其他电子产品零售	28		558	36568	
五金、家具及室内装饰材料专门零售	**48**	**66**	**2481**	**216653**	**1161**
五金零售	29	9	1203	64086	236
灯具零售	1	5	58	32462	
家具零售	13	37	1024	89660	
卫生洁具零售		1	6	787	
陶瓷、石材装饰材料零售	2	8	69	11384	
其他室内装饰材料零售	3	6	121	18274	925
货摊、无店铺及其他零售业	**23**	**3**	**677**	**105783**	
互联网零售	3		48	1427	
生活用燃料零售	11	1	337	63418	
其他未列明零售业	9	2	292	40939	
按登记注册类型分					
内资企业	**897**	**2**	**56307**	**9242378**	**409554**
国有企业	11	1	663	39469	
集体企业	9		401	37452	
股份合作企业	2		34	7829	
联营企业	1		63	2118	
其他联营企业	1		63	2118	
有限责任公司	585	1	41744	6627638	267096
国有独资公司	5		240	73351	
其他有限责任公司	580	1	41504	6554287	267096
股份有限公司	24		2325	476687	90798
私营企业	259		10933	2038170	51660
私营独资企业	6		78	14167	
私营合伙企业	1		105	3662	
私营有限责任公司	245		10484	1983528	51544
私营股份有限公司	7		266	36812	117
其他企业	6		144	13017	
港、澳、台商投资企业	**9**	**1**	**5427**	**557268**	
与港澳台商合资经营企业	3		691	227615	

单位:万元

商品销售额	#通过公共网络实现的商品销售额	#使用银行卡支付的商品销售额	批发额	出口	零售额	#通过公共网络实现的商品零售额	期末商品库存额	年末零售营业面积（万平方米）
7137776	**256303**	**1235364**	**149000**		**6988776**	**175816**	**679310**	**81.23**
6615949	246550	1181806	107132		6508817	139841	642895	71.35
136890	1797	33686	8933		127957	31022	22095	2.59
19210		485	10764		8446		2367	0.30
365728	7956	19388	22172		343556	4954	11953	6.99
1517581	**69367**	**35386**	**331286**		**1186296**	**70540**	**128326**	**30.65**
127572		6975	7206		120366		8749	2.41
664923	64464	10527	44336		620587	62101	63276	22.95
347931	4768	4713	109155		238776	8414	38104	2.54
323241	135		160045		163196	25	14318	2.21
53914		13172	10543		43371		3879	0.54
246488		**17531**	**30572**	**2253**	**215916**		**11516**	**25.73**
72693		2948	9822		62870		5160	1.90
32744		10263	13634		19111		606	0.41
102803		2903	5861	2253	96942		4698	22.20
1099		136			1099		9	0.07
13795		1282			13795		474	0.48
23355			1256		22100		569	0.66
341545	**224333**	**1658**	**12573**		**328971**	**224187**	**3342**	**5.93**
225570	224128	1	658		224912	224128	18	1.81
68576	146	1657	3148		65428		1229	1.36
47399	59		8767		38631	59	2094	2.76
11046840	**608654**	**1533919**	**661963**	**3303**	**10384877**	**558926**	**999864**	**248.18**
39259			5986		33274		2348	1.54
39916		59			39916		4331	0.85
7899			6676		1223		174	0.40
3402					3402		99	0.20
3402					3402		99	0.20
8120497	570530	1282730	512336	1050	7608162	491921	738315	186.98
79839			2790		77049		2303	1.40
8040658	570530	1282730	509546	1050	7531113	491921	736012	185.59
589562	2905	20641	15994		573568	39052	40414	15.01
2225062	33696	229272	119835	2253	2105227	26430	212146	40.52
15303	1210	519	2899		12404	1210	2388	0.44
3620			3060		560		1076	0.02
2166914	32486	228753	113876	2253	2053039	25220	206830	39.21
39225					39225		1851	0.85
21243	1523	1218	1138		20105	1523	2036	2.68
1186365	**2752**	**100443**			**1186365**	**2752**	**53954**	**22.56**
245509	2053	71296			245509	2053	24660	0.87

11-3 续表4 （2015年）

指　标	法人企业数（个）	个体（产业）单位数（个）	从业人员期末人数（人）	商品购进额	进口
港澳台商独资企业	5		4637	328442	
港澳台商投资股份有限公司	1	1	99	1211	
外商投资企业	**14**		**3032**	**383857**	**7291**
中外合资经营企业	4		894	66416	7050
外资企业	5		1567	91548	
外商投资股份有限公司	4		496	219685	241
其他外商投资企业	1		75	6208	
按控股情况分					
国有控股	30		2245	400704	31076
集体控股	22		1481	185951	
私人控股	685		39375	6573973	196220
港澳台商控股	7		5017	472726	
外商控股	14		3032	383857	7291
其他	162		13559	2163454	182258
按经营形式分					
独立门店	758	453	50697	9351245	412562
连锁总店	27		14048	1353900	
连锁门店	17	8	5292	270099	
其他	118	9	3914	638110	4283
按单位规模分					
大型	22		20670	1733018	52
中型	285		32851	6503102	330300
小型	413		9334	1703035	85569
微型	200		1854	241509	925
按零售业态分					
有店铺零售	**888**	**470**	**73293**	**11481779**	**416845**
食杂店	4	1	41	7125	
便利店	9	63	1595	257629	
折扣店	1		10	594	
超市	37	76	3875	276328	
大型超市	19	3	15234	910684	
仓储会员店	1		12	1302	
百货店	63	74	8600	955862	48886
专业店	496	152	25050	5308036	77412
专卖店	204	75	16057	3554996	290430
家居建材商店	6	20	379	26743	
购物中心	8		397	34351	
厂家直销中心	40	6	2043	148130	117
无店铺零售	**32**		**658**	**131575**	

单位:万元

商品销售额	#通过公共网络实现的商品销售额	#使用银行卡支付的商品销售额	批发额	出口	零售额	#通过公共网络实现的商品零售额	期末商品库存额	年末零售营业面积（万平方米）
932261	700	29148			932261	700	29157	20.30
8595					8595		137	1.40
463785		**94929**	**11151**		**452634**	**7328**	**59227**	**13.44**
101080					101080		13542	2.78
135876		40837	1065		134811		11384	7.85
219216		54092	10086		209131	7328	33435	2.67
7613					7613		867	0.14
481339		53187	22891		458449		43297	9.06
285733		3907	3152		282580		12193	6.95
7133598	218936	999571	342016	3303	6791582	193613	742683	152.34
1092343	700	29148			1092343	700	45259	21.94
463785		94929	11151		452634	7328	59227	13.44
3237005	391770	548549	293904		2943100	367365	209824	79.77
11131906	315336	1668708	762383	3303	10369523	275179	888239	224.07
1898437	64244	74101	6251		1892186	64154	161445	57.47
321891		16955	41045		280846	2061	36144	30.00
902109	238105	15573	99934		802175	233570	68955	11.42
2856140	62324	343138	33388		2822752	62324	201307	97.36
7434801	201310	1234820	339922		7094879	179531	717009	133.78
1906093	115708	139051	240557	2253	1665536	92061	165058	41.91
496769	232064	12282	59247	1050	437521	235090	29109	10.44
13895801	**393557**	**1773326**	**892504**	**2253**	**13003297**	**350836**	**1146315**	**319.98**
7906			5257		2649		212	0.07
268909		5030	28194		240715		9187	5.39
621			621				41	0.01
321256	3635	13324	49190		272066	3282	17679	9.23
1635268	938	145311	12160		1623108	938	121873	83.49
1310			786		524		578	0.05
1654877	51058	214787	131892		1522985	90110	29557	54.75
5845219	115853	778100	353509	2253	5491710	77710	572470	108.76
3887093	207199	592893	282378		3604714	164763	372068	47.67
34684		1142	5476		29207		3317	2.57
37904		17843	1105		36799		4495	3.56
200757	14875	4895	21936		178820	14035	14840	4.43
358542	**224128**	**2011**	**17109**	**1050**	**341433**	**224128**	**8468**	**2.98**

11-4　分县(市)区限额以上批发和零售业商品购销存总额

(2015 年)

单位:万元

县(市)区	商品购进额	进口	商品销售额	#通过公共网络实现的商品销售额	#使用银行卡支付的商品销售额	批发额	出口	零售额	#通过公共网络实现的商品零售额	期末商品库存总额
中原区	889758	9204	956064	1594	18507	608802	12744	347262	40646	54581
二七区	1761221		2430826	77605	448487	698197	7873	1732630	68665	130466
管城区	3579167	31036	3760683	56337	182808	2054036	2157	1706647	25080	323919
金水区	7391284	635496	8963924	209128	653617	4626034	340324	4337891	83626	735380
上街区	232827		267766	4949	6249	216884	38080	50882	610	4341
惠济区	2709213	83620	2499292	52230	218021	1548430		950862	21619	539940
中牟县	4856140	2400	4975155	8865	24190	4702402	2245	272754	409	30624
巩义市	397812		415081	10689	7805	106673		308408	5537	22924
荥阳市	1006109		1107017	8402	9956	630857		476159	4051	50114
新密市	1195356		1332508	223	74531	842167		490341		37861
新郑市	3099654	7732	3463701	89087	28476	2848022	1050	615678	1190	46046
登封市	1431545		1660274	2606	1734	1013066		647208	2606	47051
经开区	7702570	281208	8541359	1920177	1353835	7138251	27038	1403108	295990	494431
高新区	1760455	1739	1736718	7520	178647	990417	7420	746300		131906
郑东新区	2840639	359864	2950541	115842	202885	1738198	149244	1212343	72644	208670
航空港实验区	2445602	45402	2457584	848016	1190910	2426391	35290	31193		26001

11-5 分县(市)区限额以上批发和零售企业主要经济指标

（2015 年）

单位:万元

县(市)区	流动资产合计	#存货	固定资产原价	资产总计	所有者权益	#实收资本	主营业务收入
中原区	362284	70646	18784	411908	89769	46906	807949
二七区	486243	114837	75150	751880	85780	104078	1810832
管城区	1056125	243153	190018	1356608	304794	187810	3228545
金水区	4184742	700821	757157	5191892	975374	822030	7837746
上街区	35508	5439	2425	37516	12018	10365	217563
惠济区	1080890	458765	46599	1157140	151184	52866	2073981
中牟县	132801	23631	77933	230422	59467	55749	4665501
巩义市	49992	13697	23546	75109	27195	24742	231127
荥阳市	192381	31776	51465	489526	141596	75277	746164
新密市	309366	93075	120844	463836	225593	92925	957528
新郑市	254716	37753	39464	340150	52188	86795	2510325
登封市	306612	16505	146887	767600	318286	121141	1094236
经开区	3476773	403873	191485	4054449	931415	273286	7419942
高新区	330892	82269	89258	688052	151421	101006	1702705
郑东新区	1014890	208670	89622	1247665	327342	263210	3103810
航空港实验区	1848245	22370	26819	1964717	684358	448628	2116151

11-5 续表

（2015 年）

单位:万元

县(市)区	主营业务成本	主营业务税金及附加	管理费用	#税金	利润总额	应付职工薪酬	应缴增值税
中原区	775367	1081	15716	484	24671	10941	12690
二七区	1661040	8589	61200	1066	-6382	61364	22164
管城区	2993752	5500	46385	1810	49660	55882	36442
金水区	7327741	17001	221867	6663	69348	142292	65016
上街区	210628	440	2146	157	279	1505	1322
惠济区	1961641	3155	19581	425	53329	21793	31532
中牟县	4064235	8803	19412	326	423909	26192	5204
巩义市	197543	4359	7050	554	10631	5569	1543
荥阳市	640965	2143	13559	682	15682	13031	10940
新密市	707651	23333	33220	1128	158242	19630	20061
新郑市	2463212	945	15726	1228	-380	22287	5614
登封市	886877	18160	11865	2701	122245	15688	10981
经开区	6742255	119569	109706	4439	254048	101503	102702
高新区	1638534	1752	25328	1118	-19518	26415	11806
郑东新区	2985720	2718	31443	953	13365	30866	18526
航空港实验区	2106392	663	5822	1460	3940	1095	1152

11-6 限额以上批发和零售业法人企业财务状况

（2015 年）

单位：万元

指标	法人企业数（个）	执行《2006年企业会计准则》企业数（个）	年初存货	流动资产合计	应收帐款	存货	固定资产合计	固定资产原价
总计	**1721**	**1431**	**2480384**	**15122459**	**3009877**	**2527277**	**1368620**	**1947455**
批发业	**801**	**684**	**1421046**	**10565930**	**2487209**	**1537945**	**576247**	**863191**
按批发行业小类分								
农、林、牧产品批发	**48**	**40**	**125415**	**562239**	**120452**	**112495**	**47195**	**86151**
谷物、豆及薯类批发	9	9	28168	100529	10160	52213	5993	9294
种子批发	10	10	51347	91205	6026	40289	20653	31112
饲料批发	12	8	3790	22586	4056	5766	12156	12716
棉、麻批发	6	5	12597	92407	9984	13061	2971	25999
林业产品批发	1	1	69	137	65	15	3	4
牲畜批发	3	3	421	25279	732		3377	4168
其他农牧产品批发	7	4	29024	230097	89430	1151	2042	2858
食品、饮料及烟草制品批发	**58**	**44**	**145824**	**651830**	**31227**	**140254**	**118552**	**164004**
米、面制品及食用油批发	13	10	68966	135322	7408	49597	14073	19671
糕点、糖果及糖批发	4	4	11644	63004	6451	12442	6236	8128
果品、蔬菜批发	8	5	2339	9116	1774	1686	57570	61564
肉、禽、蛋、奶及水产品批发	6	4	2205	8892	1333	2191	3461	4232
盐及调味品批发	6	4	1152	12665	2545	2349	4319	6308
酒、饮料及茶叶批发	10	9	11478	37199	2639	11480	4823	5386
烟草制品批发	2	1	42817	327407	1342	56558	26789	57176
其他食品批发	9	7	5222	58226	7735	3951	1282	1539
纺织、服装及家庭用品批发	**58**	**47**	**289442**	**1045501**	**56315**	**438559**	**16506**	**25631**
纺织品、针织品及原料批发	15	11	17271	99658	25461	12452	7096	11953
服装批发	25	21	36164	128946	16088	36776	4804	6257
鞋帽批发	1		408	2855	212	1952	12	23
化妆品及卫生用品批发	4	3	9450	12649	1680	8140	184	717
厨房、卫生间用具及日用杂货批发	1	1	473	1989	466	614	32	53
家用电器批发	9	9	223322	778644	2908	377142	192	471
其他家庭用品批发	3	2	2354	20760	9501	1484	4186	6157
文化、体育用品及器材批发	**24**	**23**	**52091**	**389003**	**66478**	**66605**	**27137**	**40758**
文具用品批发	7	6	9699	58287	16025	10246	543	1009
体育用品及器材批发	2	2	4011	8899	350	6999	117	525
图书批发	4	4	2523	169733	25377	3760	19053	28828
首饰、工艺品及收藏品批发	3	3	28337	98848	4126	36940	960	1758
其他文化用品批发	8	8	7520	53236	20601	8660	6464	8638
医药及医疗器材批发	**84**	**73**	**321061**	**2681233**	**1370709**	**356788**	**49850**	**74419**
西药批发	27	24	105027	817928	438147	122582	10968	19389
中药批发	28	22	150965	1286383	642970	152967	32349	44982
医疗用品及器材批发	29	27	65069	576922	289592	81239	6533	10048
矿产品、建材及化工产品批发	**317**	**280**	**240774**	**3901156**	**474058**	**230327**	**276250**	**401026**
煤炭及制品批发	77	67	41633	618651	109508	56531	74884	91736
石油及制品批发	25	21	28034	447099	39047	28126	132537	207115
非金属矿及制品批发	23	22	4871	35317	5935	3129	12458	16436
金属及金属矿批发	83	73	72376	1871026	158540	74753	29301	46237
建材批发	52	48	17879	347223	82525	18761	16751	22624
化肥批发	6	5	11523	108109	5405	12205	3194	4546
农药批发	4	3	3462	9852	1301	2829	1096	1518
其他化工产品批发	47	41	60996	463878	71798	33993	6030	10816
机械设备、五金产品及电子产品批发	**185**	**157**	**197702**	**1122479**	**306420**	**176873**	**35555**	**61787**
农业机械批发	8	7	2225	7580	2669	2644	1374	1773
汽车批发	22	16	21117	356908	30929	24711	7374	9868
汽车零配件批发	18	16	20041	44915	12777	17841	772	2139
摩托车及零配件批发	6	5	15634	34376	2873	12821	516	2374

11-6 续表1 (2015年) 单位:万元

指标	法人企业数(个)	执行《2006年企业会计准则》企业数(个)	年初存货	流动资产合计	应收帐款	存货	固定资产合计	固定资产原价
五金产品批发	15	13	5392	44261	20581	6850	3908	4650
电气设备批发	8	7	4396	29655	4163	9806	231	992
计算机、软件及辅助设备批发	32	25	16267	79104	27369	19639	2197	3268
通讯及广播电视设备批发	10	9	8585	43840	14190	9259	392	837
其他机械设备及电子产品批发	66	59	104045	481841	190869	73302	18792	35885
贸易经纪与代理	**3**	**1**	**515**	**17162**	**11820**	**474**	**131**	**188**
贸易代理	2		515	1478	259	469	131	188
其他贸易经纪与代理	1	1		15684	11561	5		
其他批发业	**24**	**19**	**48223**	**195327**	**49731**	**15571**	**5072**	**9226**
再生物资回收与批发	12	10	2830	11882	3970	2819	4437	6857
其他未列明批发业	12	9	45393	183446	45761	12752	635	2369
按登记注册类型分								
内资企业	**795**	**678**	**1419290**	**10109110**	**2433141**	**1535393**	**574017**	**860141**
国有企业	12	9	46154	352087	9780	52380	34823	67210
集体企业	5	5	793	12408	1866	99	1399	1575
股份合作企业	1	1	87	530	101	115	118	449
有限责任公司	520	447	1012286	7744474	1818758	1136082	331533	484228
国有独资公司	18	16	112399	717857	166875	80288	53753	89849
其他有限责任公司	502	431	899887	7026617	1651883	1055794	277780	394379
股份有限公司	23	19	123629	820397	318925	122703	115625	173228
私营企业	231	194	236288	1170861	275554	223957	90346	133240
私营独资企业	1	1	27	561	124	108	764	820
私营有限责任公司	226	189	223427	1115115	271442	212533	86798	128038
私营股份有限公司	4	4	12834	55185	3988	11316	2783	4382
其他企业	3	3	52	8354	8157	57	173	210
港、澳、台商投资企业	**4**	**4**	**889**	**436456**	**46304**	**1081**	**2197**	**2875**
港、澳、台商独资经营企业	4	4	889	436456	46304	1081	2197	2875
外商投资企业	**2**	**2**	**867**	**20363**	**7764**	**1471**	**33**	**175**
中外合资经营企业	1	1	867	20091	7537	1471	31	159
外资企业	1	1		273	227		2	15
按控股情况分								
国有控股	78	71	368728	2984056	893925	393769	223264	358724
集体控股	10	10	34676	291795	101833	3388	3370	5233
私人控股	573	475	558430	4471726	933937	569007	303613	404522
港澳台商控股	4	4	889	436456	46304	1081	2197	2875
外商控股	1	1		273	227		2	15
其他	135	123	458322	2381624	510983	570700	43801	91820
按经营形式分								
独立门店	494	408	782241	4085642	664461	920232	354847	529296
连锁总店	3	3	1140	5167	739	1061	3919	4188
连锁门店	3	3	2271	9169	2188	2526	99	327
其他	301	270	635394	6465952	1819821	614126	217382	329380
按单位规模分								
大型	20	17	322817	2780677	961364	375166	201290	306970
中型	257	224	740699	4258404	1198875	636306	215853	345503
小型	433	366	335788	3368871	299206	510017	148925	195815
微型	91	77	21743	157978	27764	16456	10179	14902
零售业	**920**	**747**	**1059338**	**4556529**	**522668**	**989332**	**792372**	**1084264**
按零售行业小类分								
综合零售	**95**	**82**	**97837**	**1024150**	**157520**	**89699**	**492887**	**628561**
百货零售	56	48	50317	857250	151122	45428	446927	549366
超级市场零售	28	25	44064	152036	4560	41749	43621	76431
其他综合零售	11	9	3456	14863	1838	2521	2339	2765

11-6 续表2　　(2015年)　　单位:万元

指标	法人企业数(个)	执行《2006年企业会计准则》企业数(个)	年初存货	流动资产合计	应收帐款	存货	固定资产合计	固定资产原价
食品、饮料及烟草制品专门零售	**64**	**54**	**20806**	**61770**	**10798**	**19890**	**21709**	**22644**
粮油零售	6	3	2239	3842	423	2267	710	730
糕点、面包零售	2	1	795	1475	274	892	31	178
果品、蔬菜零售	12	11	462	8941	1157	1164	8236	9400
肉、禽、蛋、奶及水产品零售	12	11	2101	6664	2459	1374	5331	6541
营养和保健品零售	2	2	407	3465	3208	129	46	60
酒、饮料及茶叶零售	12	9	12562	29238	1237	11071	5951	4060
其他食品零售	18	17	2240	8145	2041	2993	1404	1676
纺织、服装及日用品专门零售	**59**	**46**	**42242**	**136817**	**25728**	**42589**	**12717**	**17540**
纺织品及针织品零售	9	7	6063	15633	2625	3740	370	849
服装零售	22	15	20089	87253	14928	23245	10455	13528
鞋帽零售	7	7	1827	6401	2247	1733	310	550
化妆品及卫生用品零售	7	5	6106	8078	778	6152	64	165
钟表、眼镜零售	1	1	3522	8996	2423	2762	399	891
厨房用具及日用杂品零售	1			126	21	71	8	9
其他日用品零售	12	11	4636	10331	2706	4886	1111	1549
文化、体育用品及器材专门零售	**53**	**41**	**60787**	**138596**	**25078**	**57676**	**13970**	**21780**
文具用品零售	6	3	907	6247	917	1290	155	261
体育用品及器材零售	7	4	13294	19184	5518	11138	212	545
图书、报刊零售	15	14	12232	42162	11250	13578	10557	15748
珠宝首饰零售	8	7	16402	37195	4074	13850	2609	3970
工艺美术品及收藏品零售	4	4	7992	13562	1205	8290	155	494
乐器零售	4	3	1243	3340	442	1059	28	59
照相器材零售	7	5	7595	15178	1289	7538	174	604
其他文化用品零售	2	1	1123	1729	384	934	79	100
医药及医疗器材专门零售	**29**	**20**	**25972**	**130445**	**33608**	**24483**	**24582**	**54529**
药品零售	24	18	24122	120773	29064	22041	24232	53881
医疗用品及器材零售	5	2	1850	9672	4544	2442	351	648
汽车、摩托车、燃料及零配件专门零售	**314**	**252**	**712624**	**2438501**	**132192**	**645617**	**171600**	**267277**
汽车零售	252	204	686575	2345801	115314	618591	147698	235973
汽车零配件零售	14	11	16437	40531	4141	18015	7930	9408
摩托车及零配件零售	3	1	2067	5227	1677	1884	781	1024
机动车燃料零售	45	36	7546	46942	11061	7128	15192	20871
家用电器及电子产品专门零售	**235**	**192**	**86345**	**501944**	**108670**	**97867**	**22533**	**31142**
家用视听设备零售	26	23	8763	24331	1679	8274	5943	6886
日用家电设备零售	27	22	31769	191539	21540	33310	5323	6687
计算机、软件及辅助设备零售	142	116	31324	178623	51410	31886	3897	8611
通信设备零售	12	11	10936	73248	22891	19882	1792	2965
其他电子产品零售	28	20	3553	34203	11149	4516	5579	5994
五金、家具及室内装饰材料专门零售	**48**	**40**	**8398**	**80030**	**14594**	**8777**	**17792**	**22502**
五金零售	29	24	6699	30014	10028	6708	1959	3994
灯具零售	1	1	32	22				
家具零售	13	10	1436	45482	2101	1620	14212	16746
陶瓷、石材装饰材料零售	2	2	9	515	370	81	347	412
其他室内装饰材料零售	3	3	222	3998	2095	369	1275	1350
货摊、无店铺及其他零售业	**23**	**20**	**4327**	**44276**	**14481**	**2735**	**14581**	**18288**
互联网零售	3	3	40	14202	952	30	346	379
生活用燃料零售	11	10	1226	19289	8410	813	13146	16074
其他未列明零售业	9	7	3061	10785	5119	1891	1090	1836
按登记注册类型分								
内资企业	**897**	**726**	**962008**	**3754095**	**371935**	**900142**	**347737**	**534295**
国有企业	11	10	4101	4336	613	783	6185	7704
集体企业	9	8	3746	9265	1717	4051	1403	2259
股份合作企业	2	1	192	770	61	192	174	249
联营企业	1	1	123	162				
其他联营企业	1	1	123	162				
有限责任公司	585	474	665121	2520902	249554	640975	234704	356002

11-6 续表3 (2015年) 单位:万元

指标	法人企业数(个)	执行《2006年企业会计准则》企业数(个)	年初存货	流动资产合计	应收帐款	存货	固定资产合计	固定资产原价
国有独资公司	5	5	1978	20970	2563	1384	729	1425
其他有限责任公司	580	469	663143	2499932	246991	639591	233975	354577
股份有限公司	24	23	41885	373960	21873	41107	39267	62041
私营企业	259	203	245091	840568	96650	212272	64158	104105
私营独资企业	6	3	993	4473	299	698	2942	3609
私营合伙企业	1	1	1718	1952	190	1762	5	9
私营有限责任公司	245	193	238681	828936	95628	207400	57106	95556
私营股份有限公司	7	6	3699	5207	532	2413	4105	4931
其他企业	6	6	1748	4132	1468	763	1846	1935
港、澳、台商投资企业	**9**	**8**	**44462**	**671082**	**146151**	**39647**	**426781**	**503681**
合资经营企业(港或澳、台资)	3	2	25735	48822	5750	21119	22103	27252
港、澳、台商独资经营企业	5	5	18655	619858	140261	18449	404574	476033
港、澳、台商投资股份有限公司	1	1	72	2402	141	79	104	396
外商投资企业	**14**	**13**	**52868**	**131352**	**4582**	**49544**	**17855**	**46289**
中外合资经营企业	4	4	15540	26274	931	16374	8477	27538
外资企业	5	5	11741	25149	702	13630	6142	12094
外商投资股份有限公司	4	3	23956	76981	2838	18673	2712	5661
其他外商投资企业	1	1	1630	2949	111	867	525	995
按控股情况分								
国有控股	30	28	64695	116507	10693	36905	39430	57722
集体控股	22	20	8332	36692	2072	8521	9826	18479
私人控股	685	541	685063	2551731	250258	650550	228689	353901
港澳台商控股	7	6	32455	646959	144907	32195	409215	483215
外商控股	14	13	52868	131352	4582	49544	17855	46289
其他	162	139	215925	1073289	110155	211618	87357	124659
按经营形式分								
独立门店	758	611	868707	3201006	273987	800546	345447	502865
连锁总店	27	25	84775	947625	175204	85255	415846	516460
连锁门店	17	13	35693	109371	5132	36810	13664	37090
其他	118	98	70162	298527	68345	66722	17416	27850
按单位规模分								
大型	22	22	122720	1289880	184168	117258	459479	601693
中型	285	245	731297	2390907	194021	686401	225496	342774
小型	413	328	179524	729962	115260	159166	96216	122996
微型	200	152	25797	145781	29219	26508	11181	16800
按零售业态分								
有店铺零售	888	723	1051496	4495938	506861	980799	790275	1081155
食杂店	4	4	67	258	87	58	317	357
便利店	9	7	2300	5041	402	2480	946	1125
折扣店	1		59	657	206	41		
超市	37	30	13147	37269	6933	13014	18087	19717
大型超市	19	17	71856	791718	143485	69860	431970	539520
仓储会员店	1	1	586	1313	384	578	17	39
百货店	63	56	20302	226418	15658	14551	43955	71480
专业店	496	417	550828	1883758	182224	501648	155256	230159
专卖店	204	150	366881	1455461	127304	357415	113766	186483
家居建材商店	6	3	287	3844	2286	803	1499	2199
购物中心	8	7	4338	14905	3554	4237	14557	15466
厂家直销中心	40	31	20846	75296	24339	16116	9905	14610
无店铺零售	32	24	7842	60591	15807	8533	2098	3110

11-6 续表 4 （2015 年） 单位:万元

指标	期末资产负债							
	累计折旧	本年折旧	在建工程	资产总计	流动负债合计	应付帐款	非流动负债合计	负债合计
总计	**586904**	**115352**	**123650**	**19228471**	**13809733**	**3575256**	**857675**	**14690692**
批发业	**289944**	**51142**	**70538**	**13206030**	**9156425**	**2742982**	**642138**	**9810930**
按批发行业小类分								
农、林、牧产品批发	**38957**	**3773**	**6691**	**762550**	**454738**	**35608**	**13484**	**470275**
谷物、豆及薯类批发	3301	256	185	122461	86036	4217	10539	96575
种子批发	10459	2054	4425	164161	52175	7939	-257	51918
饲料批发	561	133		34869	20925	1513	14	21318
棉、麻批发	23028	678	2081	157007	89198	3153	3143	92341
林业产品批发	1			253	132	78	21	153
牲畜批发	791	353		45226	969	140	23	992
其他农牧产品批发	816	298		238574	205303	18567	1	206979
食品、饮料及烟草制品批发	**45755**	**8235**	**4412**	**848664**	**409800**	**109849**	**42387**	**451700**
米、面制品及食用油批发	5658	2208	509	177245	136216	8671	26338	162073
糕点、糖果及糖批发	1891	426		71761	51573	5655	1585	53158
果品、蔬菜批发	3995	1520	26	72312	16648	11232	12257	28899
肉、禽、蛋、奶及水产品批发	771	130		13978	6300	2513		6300
盐及调味品批发	1989	246	3877	22778	7881	2861	177	8058
酒、饮料及茶叶批发	563	116		42747	32489	2417	2020	34509
烟草制品批发	30630	3527	1	388065	107898	72806	10	107908
其他食品批发	258	63		59778	50795	3694		50795
纺织、服装及家庭用品批发	**9401**	**1386**		**1115357**	**961047**	**65058**	**5354**	**964896**
纺织品、针织品及原料批发	4857	873		136930	90851	9254	547	91514
服装批发	1729	238		136005	121855	28481	1781	122016
鞋帽批发	10	2		2868	2698	262		2698
化妆品及卫生用品批发	533	70		12834	11156	5805		11156
厨房、卫生间用具及日用杂货批发	21	8		2198	2139	338		2139
家用电器批发	279	65		796366	711170	8652		711170
其他家庭用品批发	1972	131		28157	21179	12265	3026	24205
文化、体育用品及器材批发	**13621**	**1938**	**5045**	**645473**	**331323**	**155122**	**6**	**331329**
文具用品批发	466	66	351	62768	53058	28128	6	53063
体育用品及器材批发	408	58		9021	4465	1645		4465
图书批发	9776	1153	4694	397562	156436	97946		156436
首饰、工艺品及收藏品批发	797	101		100346	71891	16254		71891
其他文化用品批发	2174	560		75776	45473	11149		45473
医药及医疗器材批发	**24684**	**10496**	**10557**	**2857050**	**2414572**	**1247952**	**12886**	**2427458**
西药批发	8422	1463	278	834362	736620	395567	527	737147
中药批发	12633	7980	10066	1416852	1178672	644487	5036	1183708
医疗用品及器材批发	3630	1053	214	605837	499279	207899	7323	506602
矿产品、建材及化工产品批发	**126995**	**18398**	**35662**	**5310002**	**3291457**	**647909**	**540592**	**3843381**
煤炭及制品批发	17331	3192	162	1206952	495970	94772	317534	820154
石油及制品批发	76318	9628	22404	939040	777733	16216	64895	844368
非金属矿及制品批发	3977	648		61715	31682	5636	3925	35607
金属及金属矿批发	16936	2159	3436	2048337	1169630	72629	136127	1305757
建材批发	5873	1717		419403	272409	78762	5462	280813
化肥批发	1352	320	12	120079	97880	22695	8012	105892
农药批发	422	88		11179	3152	692	299	3451
其他化工产品批发	4786	645	9649	503298	443001	356505	4338	447339
机械设备、五金产品及电子产品批发	**26320**	**6301**	**7245**	**1396140**	**1060988**	**444342**	**27375**	**1089336**
农业机械批发	400	46		9367	6460	3012	50	6510
汽车批发	2583	475	1	377874	339317	124009	19050	358368
汽车零配件批发	1367	330		46556	32319	11502		32319
摩托车及零配件批发	1858	118		35248	28284	14722	1950	30234
五金产品批发	742	195		197697	101517	38555	484	102002
电气设备批发	761	61		35716	22728	4321		22728

11-6 续表5 （2015年） 单位：万元

指标	期末资产负债							
	累计折旧	本年折旧	在建工程	资产总计	流动负债合计	应付帐款	非流动负债合计	负债合计
计算机、软件及辅助设备批发	1072	164	318	104828	69443	17020		70415
通讯及广播电视设备批发	445	69		48353	29630	15015		29630
其他机械设备及电子产品批发	17093	4843	6927	540501	431290	216186	5841	437131
贸易经纪与代理	**56**	**9**		**17578**	**13975**	**11691**		**13975**
贸易代理	56	9		1609	1376	121		1376
其他贸易经纪与代理				15969	12599	11569		12599
其他批发业	**4154**	**606**	**925**	**253216**	**218525**	**25452**	**55**	**218580**
再生物资回收与批发	2420	352		20126	14404	2285	33	14437
其他未列明批发业	1735	254	925	233090	204122	23167	22	204143
按登记注册类型分								
内资企业	**289124**	**50851**	**70538**	**12731597**	**8755327**	**2399375**	**642138**	**9409831**
国有企业	32387	3703	4447	429300	142577	73100	3851	145948
集体企业	176	92		20279	3124	2090	1727	4851
股份合作企业	331	23		929	1371	165	1	1372
有限责任公司	155581	24006	19229	9389518	6606565	1638781	412961	7029584
国有独资公司	38079	4313	5306	1337250	864967	225389	35077	901783
其他有限责任公司	117502	19693	13923	8052268	5741598	1413392	377884	6127801
股份有限公司	57603	13667	40872	1200342	906456	411667	28833	935289
私营企业	43009	9352	5989	1682661	1087094	273571	194577	1284460
私营独资企业	56	4		1325	124	108	36	161
私营有限责任公司	41355	9007	5989	1582236	1022749	272467	190242	1215779
私营股份有限公司	1598	342		99101	64222	996	4299	68521
其他企业	37	9		8568	8139		188	8328
港、澳、台商投资企业	**678**	**288**		**454035**	**382699**	**331052**		**382699**
港、澳、台商独资经营企业	678	288		454035	382699	331052		382699
外商投资企业	**142**	**3**		**20398**	**18400**	**12555**		**18400**
中外合资经营企业	129			20123	18256	12486		18256
外资企业	13	3		275	144	69		144
按控股情况分								
国有控股	137444	22917	38697	4121060	2768801	982824	92798	2862859
集体控股	1863	326		305928	252605	46559	1727	254332
私人控股	101591	21837	25833	5780184	3602165	966304	533733	4147005
港澳台商控股	678	288		454035	382699	331052		382699
外商控股	13	3		275	144	69		144
其他	48355	5772	6007	2544548	2150012	416174	13880	2163892
按经营形式分								
独立门店	177246	24555	42650	5643866	3927320	712283	299767	4239344
连锁总店	269	136		10475	3921			3921
连锁门店	228	74		9272	8413	4123		8413
其他	112201	26378	27888	7542417	5216772	2026576	342371	5559252
按单位规模分								
大型	105740	18563	33640	3704987	2741533	1167902	57758	2799291
中型	130446	21732	32643	5537412	3841169	997080	429884	4273747
小型	47295	10325	4232	3748793	2391062	552744	153561	2552555
微型	6463	523	23	214839	182662	25256	936	185337
零售业	**296960**	**64210**	**53112**	**6022442**	**4653307**	**832274**	**215536**	**4879762**
按零售行业小类分								
综合零售	**136058**	**8079**	**21497**	**1685939**	**1370012**	**445657**	**114982**	**1484994**
百货零售	102438	4935	19717	1420280	1093284	386470	101221	1194505
超级市场零售	33137	2961	648	241649	260885	58197	12285	273170
其他综合零售	483	183	1131	24010	15842	989	1477	17319

11-6 续表 6　　　　(2015 年)　　　　单位:万元

指标	期末资产负债							
	累计折旧	本年折旧	在建工程	资产总计	流动负债合计	应付帐款	非流动负债合计	负债合计
食品、饮料及烟草制品专门零售	**4247**	**1315**	**5217**	**105769**	**55575**	**12101**	**510**	**57351**
粮油零售	20	9	8	4993	3333	313	128	3461
糕点、面包零售	147			1506	1945	990		1945
果品、蔬菜零售	1164	280	4613	25085	8952	272	188	9140
肉、禽、蛋、奶及水产品零售	1365	720	596	17845	6736	1428	83	6819
营养和保健品零售	14	14		3525	3261	2127		3261
酒、饮料及茶叶零售	1265	231		37270	23945	1792	10	24044
其他食品零售	272	60		15546	7403	5178	101	8681
纺织、服装及日用品专门零售	**4822**	**1281**		**170723**	**141602**	**28823**	**5453**	**144133**
纺织品及针织品零售	479	87		16243	12164	7544	4927	14025
服装零售	3073	897		102006	88698	8498	323	89167
鞋帽零售	240	47		6711	4632	2454	59	4691
化妆品及卫生用品零售	101	10		8173	7501	984	47	7548
钟表、眼镜零售	492	93		10184	4109	3946		4109
厨房用具及日用杂品零售	1	1		134	102			102
其他日用品零售	438	146		27272	24396	5397	96	24492
文化、体育用品及器材专门零售	**7845**	**1593**	**5377**	**176832**	**129752**	**34350**	**266**	**130018**
文具用品零售	121	23		6402	3705	2010	54	3759
体育用品及器材零售	333	77		20681	19695	4683	5	19701
图书、报刊零售	5190	736	5377	65545	41572	20766	44	41616
珠宝首饰零售	1361	528		45784	39006	4297	151	39156
工艺美术品及收藏品零售	339	191		16516	12007	689	12	12020
乐器零售	44	3		4330	1709	1160		1709
照相器材零售	430	32		15762	11308	453		11308
其他文化用品零售	28	3		1812	750	291		750
医药及医疗器材专门零售	**29947**	**14949**		**173946**	**98156**	**37920**	**24528**	**122684**
药品零售	29650	14915		163786	92500	35318	24528	117028
医疗用品及器材零售	298	34		10159	5656	2602		5656
汽车、摩托车、燃料及零配件专门零售	**96839**	**30907**	**12464**	**2936990**	**2342532**	**145027**	**64070**	**2419444**
汽车零售	89438	29557	12139	2791398	2271651	125684	62446	2347223
汽车零配件零售	1478	512	2	53429	39283	7175	82	39365
摩托车及零配件零售	244	46		6008	3772	278		3772
机动车燃料零售	5679	791	323	86155	27826	11891	1542	29084
家用电器及电子产品专门零售	**8783**	**4142**	**6238**	**584508**	**391656**	**95118**	**2595**	**393981**
家用视听设备零售	943	191		32806	14574	3924	180	14754
日用家电设备零售	1537	916	6238	212654	188644	43712	969	189330
计算机、软件及辅助设备零售	4715	2777		207825	93405	31231	1419	94838
通信设备零售	1173	150		91244	77908	8508	10	77918
其他电子产品零售	415	108		39979	17125	7743	17	17142
五金、家具及室内装饰材料专门零售	**4709**	**1221**		**119941**	**82517**	**7332**	**2728**	**85246**
五金零售	2035	500		39760	20464	5727	1195	21659
灯具零售				1010				
家具零售	2534	660		72935	59186	1332	476	59662
陶瓷、石材装饰材料零售	66	59		963	91	60	330	421
其他室内装饰材料零售	75	3		5273	2776	213	727	3503
货摊、无店铺及其他零售业	**3709**	**722**	**2320**	**67795**	**41507**	**25947**	**405**	**41911**
互联网零售	33	29		14573	11377	11222	54	11432
生活用燃料零售	2930	607	2320	41045	23779	10694	351	24130
其他未列明零售业	746	87		12177	6350	4031		6350
按登记注册类型分								
内资企业	**190400**	**58188**	**32906**	**4697732**	**3622887**	**476914**	**213193**	**3839629**
国有企业	1519	174	422	13784	7059	569	1001	8059
集体企业	912	56	625	12694	7198	2710	508	7706
股份合作企业	75	12		944	442	3	28	469
联营企业				162	19		5	24

11-6 续表 7 （2015 年） 单位:万元

指标	期末资产负债							
	累计折旧	本年折旧	在建工程	资产总计	流动负债合计	应付帐款	非流动负债合计	负债合计
其他联营企业				162	19		5	24
有限责任公司	124719	41018	18450	3066363	2505635	367860	98811	2601643
国有独资公司	696	99	5	23085	7731	2417		7731
其他有限责任公司	124023	40919	18445	3043278	2497904	365443	98811	2593912
股份有限公司	22774	885	2671	546026	346952	23297	73702	420655
私营企业	40312	15984	10739	1051267	751537	80745	39138	797028
私营独资企业	667	133	103	11765	1390	268	1120	2227
私营合伙企业	5			17124	16123	765		16123
私营有限责任公司	38645	15716	10636	1012835	726060	79330	37965	770660
私营股份有限公司	996	135		9542	7964	382	53	8017
其他企业	89	59		6492	4046	1729		4046
港、澳、台商投资企业	**76900**	**3383**	**17263**	**1160394**	**873145**	**335068**	**29**	**873174**
合资经营企业(港或澳、台资)	5149	1339		74171	56769	16272		56769
港、澳、台商独资经营企业	71459	2016	17241	1083373	813965	317851	29	813993
港、澳、台商投资股份有限公司	292	28	22	2851	2411	945		2411
外商投资企业	**29660**	**2638**	**2943**	**164316**	**157275**	**20292**	**2315**	**166959**
中外合资经营企业	20288	1159	2913	39143	34187	6221		41555
外资企业	5952	1313	30	37968	58471	12990	2315	60786
外商投资股份有限公司	2949	167		83625	62322	1045		62322
其他外商投资企业	471			3580	2296	37		2296
按控股情况分								
国有控股	18291	2099	7749	194401	117645	25948	4925	122570
集体控股	8710	469	714	55755	44026	16525	13773	57799
私人控股	128979	48073	14290	3078161	2410727	304402	76248	2490524
港澳台商控股	74001	2759	17263	1117323	838903	331087	29	838932
外商控股	29660	2638	2943	164316	157275	20292	2315	166959
其他	37319	8171	10154	1412486	1084731	134020	118247	1202978
按经营形式分								
独立门店	162094	41602	26169	4029817	3107267	309901	170158	3287006
连锁总店	100615	16208	23463	1497043	1117892	416564	35004	1152896
连锁门店	23753	2236	633	140208	197732	43802	7087	205996
其他	10499	4164	2846	355374	230416	62006	3287	233864
按单位规模分								
大型	142542	20430	29321	2003256	1557845	465959	112822	1670667
中型	118404	28704	21639	2914717	2394958	228724	68773	2472266
小型	30193	12002	2120	939771	604721	104622	31147	638780
微型	5822	3073	33	164697	95783	32970	2794	98049
按零售业态分								
有店铺零售	295948	64029	53112	5951858	4610418	806215	213174	4834497
食杂店	41	14		1065	492	18	7	498
便利店	235	59	625	6618	4841	419	179	5019
折扣店				657	599	597		599
超市	1630	334		66227	38059	12065	1189	39248
大型超市	107877	5711	17874	1346526	1118462	387042	19760	1138222
仓储会员店	21	2		1336	329	291		329
百货店	27526	2548	2998	310208	243384	56323	94373	337757
专业店	79253	24311	13338	2243959	1675307	205427	37387	1725511
专卖店	72896	29673	13396	1831828	1438916	118832	57479	1494482
家居建材商店	700	120		11998	10145	554	1113	11258
购物中心	909	176		30652	11689	1832	105	11794
厂家直销中心	4861	1080	4881	100786	68196	22817	1582	69778
无店铺零售	1012	181		70584	42889	26059	2362	45265

11-6 续表 8　　（2015 年）　　单位：万元

指标	所有者权益合计	实收资本	国家资本	集体资本	法人资本	个人资本	港澳台资本	外商资本
总计	**4537780**	**2766814**	**401983**	**47263**	**1160156**	**1000214**	**131221**	**25976**
批发业	**3395100**	**1852323**	**368039**	**43273**	**811405**	**560718**	**65007**	**3881**
按批发行业小类分								
农、林、牧产品批发	**292275**	**252359**	**14688**	**40385**	**69393**	**92882**	**35006**	**5**
谷物、豆及薯类批发	25886	24193	8683	300	14710	500		
种子批发	112242	54248	5786		10694	37768		
饲料批发	13551	5254	10	9	2317	2914	3	
棉、麻批发	64667	89860			39680	50180		
林业产品批发	100	100				100		
牲畜批发	44234	35535	10	6	6	505	35003	5
其他农牧产品批发	31596	43169	200	40069	1985	915		
食品、饮料及烟草制品批发	**396963**	**102962**	**43817**		**29389**	**29756**		
米、面制品及食用油批发	15171	36689	29945		631	6113		
糕点、糖果及糖批发	18604	2900	700		300	1900		
果品、蔬菜批发	43413	27309			12609	14700		
肉、禽、蛋、奶及水产品批发	7678	6974			5364	1610		
盐及调味品批发	14720	5385	5285		50	50		
酒、饮料及茶叶批发	8239	5047			4651	396		
烟草制品批发	280157	7886	7886					
其他食品批发	8983	10772			5785	4987		
纺织、服装及家庭用品批发	**150461**	**47462**	**9858**		**2917**	**34687**		
纺织品、针织品及原料批发	45416	29506	7090		727	21688		
服装批发	13989	9048			770	8278		
鞋帽批发	170	100			100			
化妆品及卫生用品批发	1678	1050				1050		
厨房、卫生间用具及日用杂货批发	59	300			20	280		
家用电器批发	85196	3690			800	2890		
其他家庭用品批发	3953	3769	2768		500	501		
文化、体育用品及器材批发	**314144**	**59676**	**27200**		**7844**	**22560**		**2072**
文具用品批发	9704	8515			100	6343		2072
体育用品及器材批发	4556	1000			750	250		
图书批发	241126	15500	14500		500	500		
首饰、工艺品及收藏品批发	28455	15266			300	14966		
其他文化用品批发	30303	19395	12700		6194	501		
医药及医疗器材批发	**429593**	**235063**	**44603**	**1154**	**113959**	**75344**	**1**	**3**
西药批发	97214	72388	73	1	57030	15280	1	3
中药批发	233144	116175	18246		43049	54880		
医疗用品及器材批发	99235	46501	26285	1153	13880	5184		
矿产品、建材及化工产品批发	**1466622**	**907112**	**170038**	**1148**	**500761**	**205164**	**30000**	
煤炭及制品批发	386798	165046	14756	908	76393	72991		
石油及制品批发	94672	105813	64030		15993	25790		
非金属矿及制品批发	26109	16870			4103	12767		
金属及金属矿批发	742579	473143	74417		367834	30893		
建材批发	138589	70078	11300		9825	18953	30000	
化肥批发	14187	18902	5300		7506	6096		
农药批发	7728	7306			1850	5456		
其他化工产品批发	55960	49954	236	240	17258	32219		
机械设备、五金产品及电子产品批发	**306804**	**218706**	**37834**	**50**	**84518**	**94504**		**1800**
农业机械批发	2857	1724			500	1224		
汽车批发	19507	40478			27701	12778		
汽车零配件批发	14237	5889			2236	3653		
摩托车及零配件批发	5014	3605			750	2855		
五金产品批发	95695	52025	34750		89	17186		
电气设备批发	12988	9580	100		500	8980		

11-6 续表 9　　　　（2015 年）　　　　单位:万元

指标	所有者权益合计	实收资本	国家资本	集体资本	法人资本	个人资本	港澳台资本	外商资本
计算机、软件及辅助设备批发	34413	36147	2000		14867	19280		
通讯及广播电视设备批发	18723	16012			13591	2421		
其他机械设备及电子产品批发	103371	53246	984	50	24285	26127		1800
贸易经纪与代理	**3603**	**661**				**661**		
贸易代理	233	300				300		
其他贸易经纪与代理	3370	361				361		
其他批发业	**34636**	**28322**	**20000**	**537**	**2624**	**5161**		
再生物资回收与批发	5689	3650		537	2480	633		
其他未列明批发业	28947	24672	20000		144	4528		
按登记注册类型分								
内资企业	**3321766**	**1785186**	**368039**	**43273**	**811341**	**560718**	**7**	**1808**
国有企业	283352	28159	18379		9731	50		
集体企业	15428	14139		869	13269			
股份合作企业	-443	92	72			20		
有限责任公司	2359934	1349151	293419	41943	716796	295183	3	1805
国有独资公司	435467	125802	123167		2636			
其他有限责任公司	1924468	1223348	170252	41943	714161	295183	3	1805
股份有限公司	265052	99065	56128	450	15475	27011		
私营企业	398202	294353	31	1	56060	238257	1	3
私营独资企业	1164	374				374		
私营有限责任公司	366457	239483	31	1	56060	183387	1	3
私营股份有限公司	30580	54496				54496		
其他企业	241	228	10	9	9	197	3	
港、澳、台商投资企业	**71336**	**65000**					**65000**	
港、澳、台商独资经营企业	71336	65000					65000	
外商投资企业	**1998**	**2137**			**64**			**2072**
中外合资经营企业	1867	2072						2072
外资企业	131	64			64			
按控股情况分								
国有控股	1258201	462064	353127	450	91214	17273		
集体控股	51596	60642		40869	19622	150		
私人控股	1633179	981598	8187	1461	485696	486237	7	8
港澳台商控股	71336	65000					65000	
外商控股	131	64			64			
其他	380656	282954	6725	492	214807	57058		3872
按经营形式分								
独立门店	1404523	684259	119019	1880	232827	330517	7	8
连锁总店	6554	5563	3		5510	50		
连锁门店	859	1900				1900		
其他	1983165	1160601	249016	41393	573068	228252	65000	3872
按单位规模分								
大型	905695	198690	115359		82831	500		
中型	1263665	793945	163094	41651	236317	314011	35000	3872
小型	1196238	799718	77894	1367	476020	214433	30001	3
微型	29502	59970	11692	255	16237	31774	6	5
零售业	**1142680**	**914491**	**33944**	**3991**	**348751**	**439496**	**66214**	**22096**
按零售行业小类分								
综合零售	**200944**	**156502**	**5463**	**946**	**45154**	**25885**	**61106**	**17950**
百货零售	225774	113529	4539	838	20768	14390	59760	13233
超级市场零售	-31522	40590			23396	11132	1345	4717
其他综合零售	6692	2383	924	108	989	363		

11-6 续表 10 （2015 年） 单位:万元

指标	所有者权益合计	实收资本	国家资本	集体资本	法人资本	个人资本	港澳台资本	外商资本
食品、饮料及烟草制品专门零售	**48419**	**29151**	**923**	**320**	**13490**	**13067**	**65**	**1287**
粮油零售	1532	395	140			255		
糕点、面包零售	-439	138				138		
果品、蔬菜零售	15945	9372	276	170	3550	4023	65	1287
肉、禽、蛋、奶及水产品零售	11026	6140	136		2234	3769		
营养和保健品零售	263	600			580	20		
酒、饮料及茶叶零售	13226	3897	5		1382	2510		
其他食品零售	6865	8610	366	150	5744	2351		
纺织、服装及日用品专门零售	**26590**	**18717**		**261**	**8789**	**8774**	**893**	
纺织品及针织品零售	2218	1981			1796	185		
服装零售	12839	8275			2579	4803	893	
鞋帽零售	2020	2002			702	1300		
化妆品及卫生用品零售	625	1060			611	449		
钟表、眼镜零售	6075	3000			3000			
厨房用具及日用杂品零售	32	10				10		
其他日用品零售	2780	2390		261	101	2028		
文化、体育用品及器材专门零售	**46814**	**48238**	**2930**	**453**	**22006**	**22849**		
文具用品零售	2644	2460			1061	1399		
体育用品及器材零售	981	2300			1150	1150		
图书、报刊零售	23929	10583	2930	132	2003	5518		
珠宝首饰零售	6628	22849		321	13713	8816		
工艺美术品及收藏品零售	4496	3480			1727	1753		
乐器零售	2621	1463			1008	455		
照相器材零售	4454	4042			1289	2753		
其他文化用品零售	1062	1061			55	1006		
医药及医疗器材专门零售	**51262**	**24609**	**744**		**15459**	**8406**		
药品零售	46758	19995	744		15334	3917		
医疗用品及器材零售	4503	4614			125	4489		
汽车、摩托车、燃料及零配件专门零售	**517546**	**428095**	**18370**	**1130**	**163699**	**238156**	**3970**	**2770**
汽车零售	444175	387610	5210	1110	157536	218014	2970	2770
汽车零配件零售	14065	8936			3110	5826		
摩托车及零配件零售	2236	200			50	150		
机动车燃料零售	57071	31349	13160	20	3003	14166	1000	
家用电器及电子产品专门零售	**190526**	**156583**	**155**	**366**	**55325**	**100687**	**50**	
家用视听设备零售	18052	13467	5	5	4043	9414		
日用家电设备零售	23325	15907			12974	2933		
计算机、软件及辅助设备零售	112986	101729	100	242	31602	69735	50	
通信设备零售	13326	7158			1950	5208		
其他电子产品零售	22837	18323	50	119	4756	13397		
五金、家具及室内装饰材料专门零售	**34695**	**40270**	**1359**	**515**	**20418**	**17759**	**130**	**89**
五金零售	18101	14581	1200	193	5645	7543		
灯具零售	1010	1001				1001		
家具零售	13272	23533	159	322	13722	9111	130	89
陶瓷、石材装饰材料零售	542	104				104		
其他室内装饰材料零售	1770	1051			1051			
货摊、无店铺及其他零售业	**25884**	**12326**	**4000**		**4412**	**3914**		
互联网零售	3142	1390			500	890		
生活用燃料零售	16915	7740	3000		3830	910		
其他未列明零售业	5827	3196	1000		82	2114		
按登记注册类型分								
内资企业	**858103**	**807269**	**33944**	**3991**	**329964**	**437998**	**1245**	**128**
国有企业	5725	6138	6058		80			
集体企业	4988	2757	600	523	1513	121		
股份合作企业	475	578				578		
联营企业	138	132		132				

11-6 续表 11 （2015 年） 单位:万元

指标	所有者权益合计	实收资本	国家资本	集体资本	法人资本	个人资本	港澳台资本	外商资本
其他联营企业	138	132		132				
有限责任公司	464720	464820	26441	2612	247152	187241	1245	128
国有独资公司	15354	11600	11600					
其他有限责任公司	449366	453220	14841	2612	247152	187241	1245	128
股份有限公司	125372	115763	846	581	9611	104725		
私营企业	254239	214482		142	69840	144499		
私营独资企业	9539	3808			1169	2640		
私营合伙企业	1001	1001				1001		
私营有限责任公司	242175	204277		142	67068	137067		
私营股份有限公司	1525	5395			1604	3791		
其他企业	2446	2600			1768	832		
港、澳、台商投资企业	**287220**	**74061**			**8392**	**700**	**64969**	
合资经营企业（港或澳、台资）	17401	5590			3392		2198	
港、澳、台商独资经营企业	269379	63471				700	62771	
港、澳、台商投资股份有限公司	439	5000			5000			
外商投资企业	**−2643**	**33161**			**10396**	**798**		**21968**
中外合资经营企业	−2412	12762			6128			6635
外资企业	−22819	15333						15333
外商投资股份有限公司	21303	4566			3768	798		
其他外商投资企业	1284	500			500			
按控股情况分								
国有控股	71830	43939	29174		8661	6105		
集体控股	−2044	6555	600	2034	3647	274		
私人控股	587637	515702	3141	988	230814	280387	245	128
港澳台商控股	278391	70471			5800	700	63971	
外商控股	−2643	33161			10396	798		21968
其他	209508	244663	1030	969	89434	151232	1998	
按经营形式分								
独立门店	742811	696297	24844	3779	266682	371296	14024	15672
连锁总店	344146	87864	500		29873	5301	52190	
连锁门店	−65788	30739	5000	10	18306	1000		6424
其他	121510	99591	3600	202	33891	61899		
按单位规模分								
大型	332588	220113	1000		37011	106100	59760	16242
中型	442451	357086	21361	1868	192681	131585	3738	5853
小型	300992	273337	11504	1533	96775	160810	2715	
微型	66649	63955	80	590	22284	41001		
按零售业态分								
有店铺零售	1117361	892582	30944	3849	342859	426621	66214	22096
食杂店	566	370		150	170	50		
便利店	1598	1366		40	665	660		
折扣店	57	100			100			
超市	26979	25254	276	238	6065	18572	65	39
大型超市	208303	104549			22872	2622	61106	17950
仓储会员店	1007	1006				1006		
百货店	−27550	46008	5463	838	25388	14319		
专业店	518448	397625	16876	1224	181145	193790	1820	2770
专卖店	337346	262585	7200	1169	76781	176114	1320	
家居建材商店	740	3358	129	190	1622	1198	130	89
购物中心	18857	16815			14642	1400	773	
厂家直销中心	31009	33546	1000		13408	16890	1000	1248
无店铺零售	25319	21909	3000	142	5893	12874		

11-6 续表 12 （2015 年） 单位:万元

指标	营业收入	主营业务收入	营业成本	主营业务成本	营业税金及附加	主营业务税金及附加	其他业务利润
总计	**40934634**	**40524106**	**37545271**	**37363554**	**223327**	**218210**	**222604**
批发业	**30175767**	**30045879**	**27946250**	**27846770**	**177947**	**174739**	**26659**
按批发行业小类分							
农、林、牧产品批发	**905357**	**894969**	**854110**	**846853**	**740**	**629**	**2941**
谷物、豆及薯类批发	141040	140530	134072	134072	123	120	1773
种子批发	86058	85748	65471	65290	89	21	-108
饲料批发	56107	56107	51793	51793	61	61	46
棉、麻批发	107946	98701	100551	93517	107	85	951
林业产品批发	1779	1779	1574	1574	3	3	
牲畜批发	67022	66698	64384	64341	131	113	279
其他农牧产品批发	445406	445406	436267	436267	226	226	
食品、饮料及烟草制品批发	**5477175**	**5473548**	**4598281**	**4578147**	**121076**	**121064**	**1747**
米、面制品及食用油批发	209593	208615	208785	189823	587	584	118
糕点、糖果及糖批发	97589	97235	93677	93475	112	112	
果品、蔬菜批发	3891080	3891041	3345213	3345196	7864	7864	
肉、禽、蛋、奶及水产品批发	31778	31777	26718	26717	192	192	
盐及调味品批发	32230	32061	21119	21091	537	537	
酒、饮料及茶叶批发	51275	50964	45691	45508	124	124	8
烟草制品批发	1068247	1067692	771192	771059	111438	111438	
其他食品批发	95384	94165	85887	85278	222	214	1621
纺织、服装及家庭用品批发	**1815361**	**1812166**	**1713115**	**1710898**	**2460**	**2446**	**596**
纺织品、针织品及原料批发	270658	270408	261159	261069	46	32	147
服装批发	164508	164474	142539	142539	577	577	347
鞋帽批发	4204	4204	4031	4031	3	3	
化妆品及卫生用品批发	35428	33162	33266	31734	20	20	
厨房、卫生间用具及日用杂货批发	5099	5089	4255	4255	10	9	
家用电器批发	1314942	1314522	1248200	1248064	1795	1795	102
其他家庭用品批发	20523	20306	19665	19205	8	8	
文化、体育用品及器材批发	**994822**	**990955**	**936103**	**935080**	**942**	**941**	**2816**
文具用品批发	126008	126008	120043	120043	70	70	
体育用品及器材批发	64645	64536	60122	59995	86	86	-2
图书批发	360515	358081	327404	326869	291	290	1758
首饰、工艺品及收藏品批发	254467	254467	248435	248435	58	58	26
其他文化用品批发	189187	187862	180100	179738	437	437	1034
医药及医疗器材批发	**5231606**	**5223305**	**4909228**	**4904503**	**7612**	**7599**	**6329**
西药批发	1615140	1613445	1538227	1537787	1714	1708	1341
中药批发	2730431	2725273	2559960	2556020	4344	4344	4394
医疗用品及器材批发	886035	884587	811041	810696	1555	1548	595
矿产品、建材及化工产品批发	**12834979**	**12778063**	**12259332**	**12224855**	**38419**	**35498**	**6979**
煤炭及制品批发	1765612	1762524	1507626	1507103	21178	21119	1226
石油及制品批发	4093781	4075159	3970608	3953510	3259	3221	1753
非金属矿及制品批发	236677	233569	217506	214685	2914	2826	
金属及金属矿批发	3685994	3654478	3604653	3590712	5259	4225	3353
建材批发	402606	402527	346250	346250	4357	2678	199
化肥批发	666958	666958	662154	662154	28	28	
农药批发	16874	16802	14957	14900	29	29	12
其他化工产品批发	1966476	1966046	1935578	1935541	1396	1372	435
机械设备、五金产品及电子产品批发	**2731670**	**2688560**	**2511828**	**2482294**	**5774**	**5641**	**4874**
农业机械批发	21732	21732	17201	17201	435	435	
汽车批发	1474432	1445893	1385714	1360292	1250	1195	2853
汽车零配件批发	77964	77906	68181	68181	278	277	223
摩托车及零配件批发	63047	63040	58566	58566	126	126	7
五金产品批发	89320	86980	78250	77686	364	286	597
电气设备批发	47320	47302	42608	42596	50	50	

11-6 续表13 （2015年） 单位:万元

指标	营业收入	主营业务收入	营业成本	主营业务成本	营业税金及附加	主营业务税金及附加	其他业务利润
计算机、软件及辅助设备批发	226926	226895	215963	215141	211	211	1
通讯及广播电视设备批发	200487	198941	194270	193726	238	238	181
其他机械设备及电子产品批发	530441	519871	451075	448905	2823	2823	1012
贸易经纪与代理	**12711**	**12711**	**11700**	**11700**	**13**	**13**	
贸易代理	8918	8918	8059	8059	13	13	
其他贸易经纪与代理	3794	3794	3642	3642			
其他批发业	**172085**	**171601**	**152554**	**152441**	**911**	**911**	**378**
再生物资回收与批发	47192	47192	32213	32207	853	853	
其他未列明批发业	124893	124409	120341	120235	58	58	378
按登记注册类型分							
内资企业	**29009431**	**28879927**	**26790076**	**26690638**	**177820**	**174637**	**26380**
国有企业	1165438	1162743	855066	852263	111733	111676	1336
集体企业	42289	38884	35776	28745	325	301	
股份合作企业	4569	4477	4370	4370	5	5	93
有限责任公司	21794589	21690809	20363532	20284868	46797	43929	22848
国有独资公司	1521185	1505983	1443503	1433069	2797	1096	4099
其他有限责任公司	20273404	20184826	18920028	18851799	44000	42833	18749
股份有限公司	2975298	2963975	2780983	2770857	5541	5473	101
私营企业	3019251	3011043	2743426	2742611	13317	13156	2003
私营独资企业	11406	11406	7091	7091	36	36	
私营有限责任公司	2967121	2958918	2696926	2696112	13159	12998	2003
私营股份有限公司	40724	40719	39409	39409	122	122	
其他企业	7997	7997	6924	6924	103	98	
港、澳、台商投资企业	**1084273**	**1083889**	**1078733**	**1078690**	**78**	**54**	**279**
港、澳、台商独资经营企业	1084273	1083889	1078733	1078690	78	54	279
外商投资企业	**82063**	**82063**	**77442**	**77442**	**48**	**48**	
中外合资经营企业	77394	77394	72921	72921	48	48	
外资企业	4669	4669	4521	4521			
按控股情况分							
国有控股	11414498	11346976	10674667	10627133	123172	121410	10396
集体控股	588864	579637	567997	560965	433	408	
私人控股	11730736	11684148	10494600	10469293	46915	45601	7168
港澳台商控股	1084273	1083889	1078733	1078690	78	54	279
外商控股	4669	4669	4521	4521			
其他	5352726	5346559	5125733	5106167	7348	7265	8816
按经营形式分							
独立门店	16121362	16047439	14817412	14741333	47521	47084	14334
连锁总店	15155	15155	11964	11964	187	187	
连锁门店	15245	15245	14187	14187	21	19	
其他	14024005	13968039	13102687	13079285	130218	127450	12325
按单位规模分							
大型	12290893	12237445	10990087	10928225	131021	129332	6490
中型	11809637	11775574	11159469	11144704	24580	24319	14641
小型	5791819	5750981	5524134	5501361	21945	20756	5271
微型	283418	281879	272561	272479	400	333	256
零售业	**10758868**	**10478227**	**9599020**	**9516785**	**45381**	**43471**	**195946**
按零售行业小类分							
综合零售	**2000139**	**1835115**	**1551758**	**1539764**	**18684**	**17650**	**133398**
百货零售	1504802	1385785	1169045	1165864	15367	14934	97973
超级市场零售	463368	418509	361308	353305	2841	2350	35422
其他综合零售	31969	30822	21405	20596	475	366	3

11-6 续表 14 （2015 年） 单位：万元

指标	营业收入	主营业务收入	营业成本	主营业务成本	营业税金及附加	主营业务税金及附加	其他业务利润
食品、饮料及烟草制品专门零售	**189068**	**186130**	**154669**	**152240**	**1302**	**1075**	**325**
粮油零售	16090	15689	15230	14632	8	2	12
糕点、面包零售	1173	1173	1010	1010	2	2	
果品、蔬菜零售	20293	20271	15625	15599	216	216	
肉、禽、蛋、奶及水产品零售	57552	55036	47176	45371	505	367	111
营养和保健品零售	17243	17243	12481	12481	41	41	
酒、饮料及茶叶零售	34277	34277	30699	30699	169	169	20
其他食品零售	42442	42442	32448	32448	362	279	181
纺织、服装及日用品专门零售	**294566**	**291985**	**248637**	**248354**	**1121**	**1072**	**2254**
纺织品及针织品零售	32780	32780	29119	29119	87	87	
服装零售	177237	175108	147292	147292	623	623	2129
鞋帽零售	14052	13863	12148	12010	41	36	111
化妆品及卫生用品零售	20415	20197	18448	18312	84	42	9
钟表、眼镜零售	26019	26019	21467	21467	110	109	
厨房用具及日用杂品零售	597	597	542	542	2	2	
其他日用品零售	23467	23422	19623	19613	174	174	5
文化、体育用品及器材专门零售	**243849**	**239376**	**203034**	**201167**	**2104**	**2058**	**2019**
文具用品零售	10168	10168	9480	9480	10	10	
体育用品及器材零售	45798	45604	37260	37240	186	186	176
图书、报刊零售	70308	67282	56381	54611	185	140	589
珠宝首饰零售	50620	49401	41267	41195	1630	1630	1147
工艺美术品及收藏品零售	37589	37584	31783	31783	41	41	
乐器零售	15740	15711	14229	14223	29	28	107
照相器材零售	11663	11663	10893	10893	16	16	
其他文化用品零售	1963	1963	1741	1741	8	8	
医药及医疗器材专门零售	**236078**	**224465**	**183203**	**171505**	**1312**	**1310**	**376**
药品零售	223094	211481	171874	160176	1285	1283	376
医疗用品及器材零售	12984	12984	11329	11329	27	27	
汽车、摩托车、燃料及零配件专门零售	**6281431**	**6205974**	**5909857**	**5861205**	**11832**	**11572**	**28413**
汽车零售	5839703	5769440	5540996	5495962	8380	8195	25627
汽车零配件零售	123386	123193	113732	113702	346	340	156
摩托车及零配件零售	7228	7197	6367	6347	52	52	31
机动车燃料零售	311115	306144	248761	245194	3054	2985	2599
家用电器及电子产品专门零售	**1270326**	**1252670**	**1136990**	**1132328**	**6859**	**6588**	**28227**
家用视听设备零售	100315	99033	82166	81364	1437	1346	4
日用家电设备零售	485614	479911	418094	418065	1886	1886	3157
计算机、软件及辅助设备零售	322518	318891	298209	295483	860	837	83
通信设备零售	312559	306623	295609	295476	2302	2199	24977
其他电子产品零售	49320	48213	42913	41941	373	320	5
五金、家具及室内装饰材料专门零售	**84870**	**84394**	**64160**	**63636**	**1694**	**1673**	**518**
五金零售	35055	35015	29175	29175	345	345	454
灯具零售	545	545	492	492			
家具零售	41083	40716	27974	27671	1272	1254	64
陶瓷、石材装饰材料零售	1904	1904	1238	1238	39	39	
其他室内装饰材料零售	6284	6215	5282	5062	38	34	
货摊、无店铺及其他零售业	**158540**	**158118**	**146712**	**146586**	**474**	**474**	**418**
互联网零售	74859	74750	71761	71652	100	100	1
生活用燃料零售	66944	66944	61323	61323	328	328	
其他未列明零售业	16737	16424	13628	13611	46	46	418
按登记注册类型分							
内资企业	**9253928**	**9052403**	**8344913**	**8264104**	**37314**	**35858**	**122428**
国有企业	30144	27645	26195	23907	318	163	418
集体企业	35382	32957	28376	26581	570	433	
股份合作企业	6954	6954	6841	6841	31	31	
联营企业	6667	6667	4810	4810	82	82	

11-6 续表15　　(2015年)　　单位:万元

指标	营业收入	主营业务收入	营业成本	主营业务成本	营业税金及附加	主营业务税金及附加	其他业务利润
其他联营企业	6667	6667	4810	4810	82	82	
有限责任公司	6663686	6528827	5960704	5931888	26388	25771	105710
国有独资公司	75852	75710	71284	71255	95	95	112
其他有限责任公司	6587834	6453117	5889420	5860633	26293	25676	105598
股份有限公司	516319	471973	470133	428021	2034	1976	7267
私营企业	1976308	1958912	1831089	1825291	7878	7389	8228
私营独资企业	11853	11721	8077	8067	154	134	795
私营合伙企业	4020	3980	3589	3580	5	5	
私营有限责任公司	1924030	1907226	1787879	1782530	7441	7072	7336
私营股份有限公司	36405	35985	31544	31114	278	178	98
其他企业	18469	18469	16765	16765	14	14	804
港、澳、台商投资企业	**1098461**	**1024285**	**880326**	**878922**	**7155**	**6939**	**70668**
合资经营企业(港或澳、台资)	230292	226982	209474	208070	495	477	
港、澳、台商独资经营企业	859549	790926	665405	665405	6474	6275	68424
港、澳、台商投资股份有限公司	8620	6377	5446	5446	187	187	2244
外商投资企业	**406478**	**401539**	**373782**	**373759**	**912**	**674**	**2850**
中外合资经营企业	97382	97276	89412	89412	102	73	2812
外资企业	113772	109022	94881	94881	574	402	
外商投资股份有限公司	187576	187521	182189	182187	207	171	38
其他外商投资企业	7748	7721	7300	7280	29	27	
按控股情况分							
国有控股	423174	411971	369051	362213	1792	1553	3659
集体控股	176380	167014	142648	140750	2524	2330	9375
私人控股	6183779	6083602	5611001	5584003	22450	21605	59452
港澳台商控股	1008011	934787	801305	800057	6949	6751	70668
外商控股	406478	401539	373782	373759	912	674	2850
其他	2561046	2479315	2301234	2256002	10754	10558	49942
按经营形式分							
独立门店	8182200	8015540	7471794	7402379	31705	29958	99145
连锁总店	1665711	1561122	1329645	1317237	10128	10128	89515
连锁门店	252178	243760	198373	198373	1420	1279	5813
其他	658779	657805	599208	598795	2127	2105	1472
按单位规模分							
大型	2087862	1939659	1653015	1636831	13062	12910	119561
中型	6685713	6573283	6171733	6119223	21847	20780	71054
小型	1674307	1655421	1491017	1478962	8812	8151	5542
微型	310986	309864	283256	281770	1660	1630	-211
按零售业态分							
有店铺零售	10560241	10279903	9409635	9327615	45172	43266	195932
食杂店	7623	7623	6250	6250	75	75	
便利店	11797	11792	10061	10061	85	85	
折扣店	531	531	510	510	1	1	
超市	113836	110266	94330	92323	1233	869	4
大型超市	1362154	1236902	1049427	1042359	9421	9164	114480
仓储会员店	1310	1310	1244	1244	4	4	
百货店	588032	551176	459467	456376	8837	8419	19109
专业店	4850179	4802167	4420037	4403117	16972	16282	25635
专卖店	3400548	3336552	3175924	3124039	7628	7502	33598
家居建材商店	7680	7243	5402	4879	274	270	64
购物中心	38373	36866	32220	31871	218	171	1028
厂家直销中心	178181	177477	154764	154587	424	424	2016
无店铺零售	198627	198324	189385	189169	209	205	13

11-6 续表 16 （2015 年） 单位:万元

指标	损益及分配								
	销售费用	管理费用	税金	财务费用	利息收入	利息支出	资产减值损失	公允价值变动收益	投资收益
总计	**1196865**	**640026**	**25192**	**209319**	**49358**	**150680**	**22027**	**210**	**53546**
批发业	**659657**	**307920**	**15143**	**126838**	**42860**	**106075**	**19534**	**86**	**50774**
按批发行业小类分									
农、林、牧产品批发	**18824**	**20283**	**967**	**8711**	**3639**	**6246**	**3436**		**4416**
谷物、豆及薯类批发	2048	1907	72	1292	449	917			24
种子批发	7922	12363	278	1236	13	650	3445		1031
饲料批发	1317	1731	297	876	13	36			
棉、麻批发	934	2009	36	3161	203	3336			-352
林业产品批发	125	65	1	1					
牲畜批发	692	932	45	-116	7	13			1582
其他农牧产品批发	5786	1275	238	2262	2954	1295	-9		2132
食品、饮料及烟草制品批发	**154096**	**60808**	**1869**	**4180**	**6141**	**3626**	**21**		**250**
米、面制品及食用油批发	20696	6183	53	2504	503	2404	40		24
糕点、糖果及糖批发	831	2200	102	139	454	466	-35		-27
果品、蔬菜批发	81881	14193	5	6357	34	284			
肉、禽、蛋、奶及水产品批发	2184	771	8	362	45	68	-11		
盐及调味品批发	3021	3900	109	15	24	15			4
酒、饮料及茶叶批发	3364	1543	52	279	-129	141	69		
烟草制品批发	34325	30784	1521	-5615	5614	-19	-42		250
其他食品批发	7794	1234	19	139	-405	267			
纺织、服装及家庭用品批发	**34384**	**12804**	**278**	**72**	**8951**	**6240**	**-429**		**2134**
纺织品、针织品及原料批发	8861	3004	173	704	382	566	-13		1912
服装批发	9772	5961	51	2241	59	668			
鞋帽批发	146	19		-1	-1				
化妆品及卫生用品批发	1297	689	11	-1	3				
厨房、卫生间用具及日用杂货批发	367	11	2	17		16			
家用电器批发	13333	2449	38	-3169	8507	4937	-65		195
其他家庭用品批发	608	671	4	281	1	53	-352		28
文化、体育用品及器材批发	**26724**	**13381**	**979**	**1631**	**1008**	**2335**	**2821**		**8385**
文具用品批发	4242	1120	83	207	151	233			
体育用品及器材批发	2716	935	35	2	14	3			219
图书批发	13274	8339	673	523	781	1295	2312		8060
首饰、工艺品及收藏品批发	3765	982	52	373	3	286			-19
其他文化用品批发	2727	2005	136	526	60	519	509		125
医药及医疗器材批发	**84784**	**63979**	**1043**	**44748**	**4350**	**42398**	**2835**		**1890**
西药批发	26418	15726	455	8378	606	8199	743		
中药批发	43397	33238	321	26810	4815	23868	1767		147
医疗用品及器材批发	14969	15015	267	9559	-1071	10331	325		1743
矿产品、建材及化工产品批发	**187287**	**89293**	**8234**	**51475**	**15237**	**33327**	**3711**		**33444**
煤炭及制品批发	72965	21115	1944	17436	183	7372	174		144
石油及制品批发	72981	28189	2484	8049	6566	6310	107		4548
非金属矿及制品批发	2641	2654	157	468	463	-177			
金属及金属矿批发	16292	13427	1929	14603	7378	12320	-17		-825
建材批发	6992	12831	626	5581	301	4095	3349		29585
化肥批发	2422	2532	355	2391	118	2450	55		
农药批发	722	1152	12	122	6	122	-3		
其他化工产品批发	12273	7392	727	2825	222	835	46		-9
机械设备、五金产品及电子产品批发	**149879**	**44499**	**1670**	**10156**	**3085**	**7419**	**3875**	**86**	**145**
农业机械批发	1088	1370	25	55	9	8			
汽车批发	95562	8173	630	-1630	2145	500	2977		
汽车零配件批发	3153	2231	80	224	-32	219	225		
摩托车及零配件批发	2362	1746	17	315	183	241	37		
五金产品批发	2381	2510	190	515	37	368	1		
电气设备批发	2705	1504	36	20	87	52			

11-6 续表 17 （2015 年） 单位:万元

指标	损益及分配								
	销售费用	管理费用		财务费用			资产减值损失	公允价值变动收益	投资收益
			税金		利息收入	利息支出			
计算机、软件及辅助设备批发	3620	5864	107	602	64	568	-25		129
通讯及广播电视设备批发	3578	2358	40	489	18	2		23	
其他机械设备及电子产品批发	35430	18744	544	9566	576	5461	660	63	16
贸易经纪与代理	626	191	3	12	-1	8			
贸易代理	580	88	2	13		8			
其他贸易经纪与代理	45	103	1	-2	-1				
其他批发业	**3054**	**2683**	**101**	**5854**	**449**	**4476**	**3265**		**110**
再生物资回收与批发	1532	1342	58	1711	34	62	-188		80
其他未列明批发业	1522	1342	44	4143	415	4415	3453		30
按登记注册类型分									
内资企业	**654932**	**305365**	**14609**	**124245**	**42771**	**103856**	**19534**	**86**	**49192**
国有企业	38270	36126	1758	-5464	5726	55	140		-21
集体企业	167	619	54	1561					1
股份合作企业	18	195	9	30	30				
有限责任公司	428267	182692	9192	83245	26622	65583	16547	86	41959
国有独资公司	35295	23237	1306	11186	2420	12853	8854		38289
其他有限责任公司	392973	159455	7886	72059	24202	52730	7694	86	3670
股份有限公司	75290	44009	1588	19072	9376	24837	3005		5595
私营企业	112769	41110	1950	25693	1016	13381	-158		1658
私营独资企业	44	88	13	151					
私营有限责任公司	111854	40088	1929	22625	1046	10422	-158		1658
私营股份有限公司	871	934	8	2918	-30	2958			
其他企业	151	614	58	108					
港、澳、台商投资企业	**674**	**2075**	**481**	**2609**	**-58**	**2088**			**1582**
港、澳、台商独资经营企业	674	2075	481	2609	-58	2088			1582
外商投资企业	**4051**	**481**	**54**	**-16**	**147**	**132**			
中外合资经营企业	3973	443	53	-16	147	132			
外资企业	78	38	1						
按控股情况分									
国有控股	220891	121949	7001	37208	17865	48358	16720		45361
集体控股	6986	2383	149	4376	3072	2006			2077
私人控股	341512	135838	5662	60216	11645	33346	1035		1301
港澳台商控股	674	2075	481	2609	-58	2088			1582
外商控股	78	38	1						
其他	89516	45638	1850	22430	10336	20277	1779	86	453
按经营形式分									
独立门店	346133	145778	8571	45236	17444	33453	6874	89	10429
连锁总店	1540	625	13	11	43		-11		
连锁门店	549	352	8	-38	-41	3			
其他	311435	161166	6551	81630	25414	72618	12671	-2	40345
按单位规模分									
大型	341851	112875	4583	38052	16755	45194	10546		44299
中型	255744	134234	5732	66947	12736	43214	8057	-2	7501
小型	58504	56035	4594	18992	13490	16452	715	89	-1030
微型	3558	4776	234	2848	-120	1215	217		4
零售业	**537208**	**332106**	**10049**	**82481**	**6497**	**44605**	**2493**	**124**	**2772**
按零售行业小类分									
综合零售	**194276**	**161991**	**4466**	**15091**	**-370**	**6238**	**1325**		**176**
百货零售	100184	143647	3802	14418	-697	5874	1044		31
超级市场零售	93381	13491	190	586	325	334	281		145
其他综合零售	711	4854	474	87	3	29			

11-6　续表 18　　　　（2015 年）　　　　单位：万元

指标	损益及分配								
	销售费用	管理费用	税金	财务费用	利息收入	利息支出	资产减值损失	公允价值变动收益	投资收益
食品、饮料及烟草制品专门零售	**15753**	**5180**	**123**	**902**	**140**	**230**	**−8**	**6**	**13**
粮油零售	110	299	11	118		107			
糕点、面包零售	158	158							
果品、蔬菜零售	365	1348	11	420	1	66			
肉、禽、蛋、奶及水产品零售	2185	732	50	136	22	4			
营养和保健品零售	4736	308	7	1					
酒、饮料及茶叶零售	1296	1235	27	−5	108	52		6	13
其他食品零售	6904	1101	17	231	8		−8		
纺织、服装及日用品专门零售	**29706**	**9490**	**238**	**1871**	**70**	**977**	**57**		
纺织品及针织品零售	1610	1544	38	65		42			
服装零售	21538	5057	150	1422	53	845	17		
鞋帽零售	765	805	7	84	1	−4	40		
化妆品及卫生用品零售	1106	667	15	29	1	10			
钟表、眼镜零售	3611	107	12	53	16	69			
厨房用具及日用杂品零售	4	17		9		9			
其他日用品零售	1072	1292	17	208	−1	5			
文化、体育用品及器材专门零售	**16358**	**13033**	**701**	**2581**	**287**	**1836**	**376**	**44**	**331**
文具用品零售	68	452	10	29	−2	−4			
体育用品及器材零售	6381	1623	29	33		20	115	40	30
图书、报刊零售	5407	5749	488	90	6	40	246		20
珠宝首饰零售	4165	1604	145	1987	282	1758	10		101
工艺美术品及收藏品零售	76	1630	1	388			5	4	180
乐器零售	43	1332	13	22	1	19			
照相器材零售	164	512	16	23		3			
其他文化用品零售	53	131		9					
医药及医疗器材专门零售	**27892**	**10888**	**209**	**2267**	**13**	**1533**	**3**		**74**
药品零售	27044	10291	199	2264	6	1532	3		74
医疗用品及器材零售	848	597	10	3	7	1			
汽车、摩托车、燃料及零配件专门零售	**171094**	**89702**	**3164**	**54674**	**6102**	**31096**	**469**	**40**	**1504**
汽车零售	150451	82516	2551	53385	5664	30726	451		1458
汽车零配件零售	3663	3267	113	657	43	302			
摩托车及零配件零售	216	455	4	22		19			
机动车燃料零售	16764	3465	496	610	396	49	19	40	47
家用电器及电子产品专门零售	**71735**	**32496**	**867**	**3371**	**296**	**1444**	**−137**	**15**	**674**
家用视听设备零售	1748	2038	128	259	1	86			
日用家电设备零售	51448	12219	295	815	210	488	−148		423
计算机、软件及辅助设备零售	5792	11231	258	1099	48	696	11		221
通信设备零售	11784	5307	142	1152	27	140			
其他电子产品零售	964	1701	43	47	10	34		15	30
五金、家具及室内装饰材料专门零售	**7465**	**5415**	**96**	**1142**	**−27**	**931**	**8**	**20**	
五金零售	3324	1804	55	189	2	148	1	20	
灯具零售		50							
家具零售	3873	3247	41	841	−29	754	7		
陶瓷、石材装饰材料零售	78	174	1	82		28			
其他室内装饰材料零售	190	139		30					
货摊、无店铺及其他零售业	**2931**	**3911**	**185**	**582**	**−14**	**321**	**399**		
互联网零售	179	456	74	17	18				
生活用燃料零售	1775	1963	72	491	−39	315	335		
其他未列明零售业	977	1492	39	74	6	6	64		
按登记注册类型分									
内资企业	**448671**	**245808**	**6738**	**72937**	**6247**	**42602**	**1263**	**124**	**2319**
国有企业	641	1289	76	286	9	116	11	1	
集体企业	531	606	70	56		6			
股份合作企业	48	55		15					
联营企业	24	173							

11-6 续表19 （2015年） 单位:万元

指标	损益及分配								
	销售费用	管理费用	税金	财务费用	利息收入	利息支出	资产减值损失	公允价值变动收益	投资收益
其他联营企业	24	173							
有限责任公司	367784	191537	4811	44609	3715	26053	1031	83	922
国有独资公司	1504	1594	231	267	23	285	326		
其他有限责任公司	366280	189944	4580	44342	3691	25768	704	83	922
股份有限公司	17620	14582	350	9562	273	7037	66		920
私营企业	61329	37359	1428	18193	2229	9185	155	40	477
私营独资企业	202	255	88	58	7	6			
私营合伙企业	91	231							
私营有限责任公司	60545	35486	1319	17742	2081	8792	155	40	477
私营股份有限公司	490	1387	20	393	141	387			
其他企业	694	207	4	216	21	205			
港、澳、台商投资企业	**56129**	**81338**	**3220**	**8138**	**144**	**1120**	**15**		**14**
合资经营企业（港或澳、台资）	11314	3200	141	1273	85	1013	7		14
港、澳、台商独资经营企业	42152	77156	3075	6868	63	107	9		
港、澳、台商投资股份有限公司	2664	982	4	−3	−3				
外商投资企业	**32408**	**4960**	**91**	**1406**	**106**	**883**	**1215**		**439**
中外合资经营企业	8159	2701	23	494			1		
外资企业	20840	1135	35	1139	38	826	1030		
外商投资股份有限公司	3111	1016	33	−214	47	65	176		439
其他外商投资企业	298	108		−14	22	−9	8		
按控股情况分									
国有控股	25488	11505	733	3482	555	2919	593	1	
集体控股	7152	12987	317	241	−797	853	−8		
私人控股	294698	129678	3790	46884	5178	22468	769	123	847
港澳台商控股	49486	79252	3079	7049	60	107	9		
外商控股	32408	4960	91	1406	106	883	1215		439
其他	127976	93724	2039	23418	1396	17375	−85		1485
按经营形式分									
独立门店	315748	191237	5676	68857	6091	40246	1418	124	1807
连锁总店	139271	111934	3524	8677	238	1415	−25		497
连锁门店	59175	11327	288	864	12	217	672		236
其他	23014	17608	562	4083	156	2728	428		232
按单位规模分									
大型	215032	143647	3946	12894	−1034	7117	1095		1457
中型	256228	131329	3810	60204	6670	33945	849	9	978
小型	60631	48177	1985	8029	839	3220	548	95	373
微型	5318	8954	308	1354	22	323		20	−35
按零售业态分									
有店铺零售	535480	328632	9941	81831	6460	44075	2082	124	2752
食杂店	132	134	9	9		4			
便利店	443	778	15	54	1	6			
折扣店	12	47							
超市	7356	4609	288	251	−21	81	40		
大型超市	147303	100832	3194	8261	357	1294	1363		145
仓储会员店	35	20							
百货店	48853	58734	1141	7018	−727	5138	−37		31
专业店	189512	96872	3340	32517	3830	16164	380	104	832
专卖店	126782	58334	1765	31839	2859	20591	331		1734
家居建材商店	1428	352	5	56	3	38	7		
购物中心	3538	1056	34	366	8	338			
厂家直销中心	10086	6864	151	1460	151	423		20	10
无店铺零售	1728	3474	108	650	37	530	410		20

11-6 续表 20 （2015 年） 单位：万元

指标	营业利润	营业外收入	政府补助	营业外支出	利润总额	应交所得税	人工成本及增值税		从事批发和零售业活动的从业人员平均人数(人)
							应付职工薪酬	应交增值税	
总计	**1176768**	**60345**	**9388**	**51962**	**1173069**	**180329**	**556053**	**357696**	**113648**
批发业	**1006358**	**36677**	**9017**	**45785**	**1011429**	**131660**	**279426**	**217657**	**50826**
按批发行业小类分									
农、林、牧产品批发	**-2138**	**3922**	**2939**	**572**	**2011**	**569**	**10847**	**689**	**1573**
谷物、豆及薯类批发	1623	1234	1230	2	2852	164	938	140	205
种子批发	-3436	1798	1509	419	-2052	333	5998	27	603
饲料批发	329				291	47	1136	149	339
棉、麻批发	-4975	635		146	-3641	6	657	76	112
林业产品批发	11				11		24		8
牲畜批发	2580	30		3	2597		1241	166	111
其他农牧产品批发	1730	224	200	1	1953	20	853	131	195
食品、饮料及烟草制品批发	**557838**	**5823**	**3578**	**154**	**562430**	**35674**	**84720**	**54342**	**9134**
米、面制品及食用油批发	-10486	4753	3410	26	-6875	646	10767	1071	1777
糕点、糖果及糖批发	841	28		7	861	61	1045	494	231
果品、蔬菜批发	435551	123	119	8	435666	161	13423	395	3167
肉、禽、蛋、奶及水产品批发	1564	7		22	1596	523	1664	216	306
盐及调味品批发	3642	19		14	3647	908	4195	1263	544
酒、饮料及茶叶批发	205	388		26	559	14	2000	687	384
烟草制品批发	126415	497	49	45	126867	33208	48124	48700	1893
其他食品批发	108	7		6	108	154	3503	1516	832
纺织、服装及家庭用品批发	**58328**	**1626**	**98**	**406**	**58789**	**14516**	**20231**	**16995**	**3289**
纺织品、针织品及原料批发	-1191	709	98	38	-522	82	2725	199	443
服装批发	6655	8		49	6256	936	4565	1512	1431
鞋帽批发	6				6	1	4204	25	32
化妆品及卫生用品批发	157	7			164	51	1634	169	504
厨房、卫生间用具及日用杂货批发	439	2			44	19	193	79	60
家用电器批发	52593	491		1	53080	13417	6443	14943	724
其他家庭用品批发	-331	409		318	-240	9	467	68	95
文化、体育用品及器材批发	**21631**	**3036**	**150**	**7**	**24185**	**1205**	**11781**	**2116**	**1528**
文具用品批发	326	1			253	13	960	524	127
体育用品及器材批发	1004				1004	264	927	716	239
图书批发	16432	3005	150	7	19431	88	6598	47	701
首饰、工艺品及收藏品批发	862				890	245	663	223	202
其他文化用品批发	3007	30			2607	595	2633	606	259
医药及医疗器材批发	**120401**	**2216**	**1485**	**2252**	**117657**	**28638**	**38476**	**53913**	**9203**
西药批发	23935	187	1	1703	22413	6176	12822	13042	2634
中药批发	61099	1556	1039	415	62222	16161	12957	32450	4953
医疗用品及器材批发	35368	474	445	135	33022	6301	12697	8421	1616
矿产品、建材及化工产品批发	**239262**	**11374**	**702**	**41484**	**235785**	**43857**	**63474**	**64709**	**17846**
煤炭及制品批发	125278	145		40	121064	11890	9666	16496	1890
石油及制品批发	15342	1827		1414	15640	10699	27701	26597	10094
非金属矿及制品批发	10495	103	13	5	7277	998	2293	2403	578
金属及金属矿批发	30954	545	108	288	27572	6678	8669	8917	1803
建材批发	52965	57		48	53975	10901	9064	6839	2205
化肥批发	-2624	3238	579	12	675	144	597	-230	110
农药批发	-105	6		5	-105	7	929	135	246
其他化工产品批发	6957	5454	2	39673	9687	2540	4554	3553	920
机械设备、五金产品及电子产品批发	**7016**	**8569**	**58**	**867**	**9343**	**5237**	**46986**	**23560**	**7549**
农业机械批发	1584	5		3	1566	197	665	211	168
汽车批发	-17490	590		95	-16879	-1830	12498	6878	1483
汽车零配件批发	3673	4387	9	19	5783	1116	2180	1329	470
摩托车及零配件批发	-31	122		9	81	45	808	1047	263
五金产品批发	5365	50	5	1	4105	376	2171	531	351
电气设备批发	433	100		5	528	37	1101	288	259

11-6 续表21 （2015年） 单位:万元

指标	营业利润	营业外收入		营业外支出	利润总额	应交所得税	人工成本及增值税		从事批发和零售业活动的从业人员平均人数(人)
			政府补助				应付职工薪酬	应交增值税	
计算机、软件及辅助设备批发	1682	144		52	1743	465	3910	1354	912
通讯及广播电视设备批发	-422	3		3	-436	678	3953	1177	614
其他机械设备及电子产品批发	12222	3169	44	681	12852	4155	19701	10745	3029
贸易经纪与代理	**170**	**6**	**6**		**176**	**6**	**170**	**2**	**47**
贸易代理	165	4	4		169	5	134	2	37
其他贸易经纪与代理	5	2	2		7	1	36		10
其他批发业	**3850**	**105**	**1**	**43**	**1053**	**1958**	**2741**	**1330**	**657**
再生物资回收与批发	9810	7		37	7030	1773	656	931	176
其他未列明批发业	-5960	98	1	6	-5978	186	2085	400	481
按登记注册类型分									
内资企业	**1004615**	**36596**	**9017**	**45782**	**1009607**	**131153**	**277047**	**216780**	**50386**
国有企业	131491	692	71	158	131023	34212	53825	49990	2506
集体企业	3843				731	17	336	15	87
股份合作企业	-48	16		1	-33	3	277	29	133
有限责任公司	728026	30148	6467	43813	732040	66160	165035	100701	29336
国有独资公司	34807	8318	4075	418	42222	7959	21820	4349	2982
其他有限责任公司	693219	21831	2392	43395	689818	58202	143216	96352	26354
股份有限公司	53147	3626	2030	1247	55588	20454	25700	39338	11225
私营企业	88060	2114	449	564	90187	10266	31748	26581	7003
私营独资企业	3997				3997		111	260	29
私营有限责任公司	87592	1648	449	422	89395	10258	31320	25955	6922
私营股份有限公司	-3529	465		141	-3205	8	317	367	52
其他企业	96				72	41	126	125	96
港、澳、台商投资企业	**1686**	**80**		**3**	**1764**	**499**	**1774**	**474**	**398**
港、澳、台商独资经营企业	1686	80		3	1764	499	1774	474	398
外商投资企业	**57**	**1**			**58**	**8**	**605**	**403**	**42**
中外合资经营企业	25	1			26		583	403	38
外资企业	32				32	8	22		4
按控股情况分									
国有控股	268421	14141	6903	2051	279015	75582	122045	110855	18509
集体控股	2959	224	200	8	135	17	1494	821	239
私人控股	655516	11288	1023	2222	650884	28949	106541	70939	23813
港澳台商控股	1686	80		3	1764	499	1774	474	398
外商控股	32				32	8	22		4
其他	77744	10944	892	41502	79599	26606	47551	34567	7863
按经营形式分									
独立门店	739752	22318	4957	42189	741022	46282	129599	89367	24917
连锁总店	841	3		19	825	197	1617	31	436
连锁门店	173	4			177	39	2065	118	408
其他	265592	14352	4061	3577	269404	85142	146146	128142	25065
按单位规模分									
大型	727509	6718	1318	2733	731380	82135	131514	124358	22197
中型	171142	16691	6650	2323	173680	24603	98430	67252	17847
小型	108177	8229	1044	40661	105894	24249	45918	23429	9750
微型	-471	5039	5	69	475	672	3564	2618	1032
零售业	**170409**	**23668**	**371**	**6177**	**161640**	**48669**	**276627**	**140039**	**62822**
按零售行业小类分									
综合零售	**62604**	**3227**	**28**	**2749**	**60816**	**25532**	**85724**	**43756**	**21729**
百货零售	63667	1388	8	1201	63922	23233	47016	29051	12260
超级市场零售	-5669	1827	20	1547	-7508	1607	37568	14505	9118
其他综合零售	4606	12			4401	692	1140	200	351

11-6　续表 22　　（2015 年）　　单位：万元

指标	营业利润	营业外收入	政府补助	营业外支出	利润总额	应交所得税	人工成本及增值税 应付职工薪酬	应交增值税	从事批发和零售业活动的从业人员平均人数（人）
食品、饮料及烟草制品专门零售	**11729**	**548**	**121**	**9**	**8219**	**779**	**9125**	**2281**	**2419**
粮油零售	338	18	2		35	1	211	62	84
糕点、面包零售	-156	2			-154	5	256	17	85
果品、蔬菜零售	2318	141	119		2785	33	1740	791	512
肉、禽、蛋、奶及水产品零售	7249	346			4356	262	2904	135	802
营养和保健品零售	-323	1			-323		1501	203	62
酒、饮料及茶叶零售	901	8		2	1000	219	1517	800	308
其他食品零售	1403	33		7	522	259	998	273	566
纺织、服装及日用品专门零售	**3677**	**351**	**9**	**73**	**3595**	**1286**	**10394**	**5274**	**3457**
纺织品及针织品零售	349			2	356	83	1587	454	470
服装零售	1288	323		55	1459	725	6138	3181	1715
鞋帽零售	169	9	4	5	23	14	780	281	338
化妆品及卫生用品零售	81			1	62	2	679	187	236
钟表、眼镜零售	671	14		10	674	172	300	902	320
厨房用具及日用杂品零售	22				22		10		8
其他日用品零售	1099	5	5		999	290	900	268	370
文化、体育用品及器材专门零售	**6707**	**578**	**3**	**315**	**3864**	**806**	**10562**	**1284**	**2514**
文具用品零售	130			5	125	23	267	40	76
体育用品及器材零售	271	496		15	523	31	2216	103	826
图书、报刊零售	2239	67	3	32	2303	134	5610	143	875
珠宝首饰零售	57	1		244	-352	536	1383	407	389
工艺美术品及收藏品零售	3850	10		20	1114	45	542	308	166
乐器零售	86	2		1	76	27	217	233	54
照相器材零售	55	1			56	2	262	34	105
其他文化用品零售	21				21	7	65	18	23
医药及医疗器材专门零售	**10587**	**870**		**274**	**11218**	**351**	**14495**	**6319**	**4567**
药品零售	10407	870		270	11088	310	14160	6214	4491
医疗用品及器材零售	180			3	130	42	336	106	76
汽车、摩托车、燃料及零配件专门零售	**46665**	**9949**	**18**	**2305**	**42423**	**13415**	**104756**	**62067**	**19220**
汽车零售	5129	3497	7	2228	6963	6026	94344	49538	17395
汽车零配件零售	1721	9		23	1601	64	3513	4280	762
摩托车及零配件零售	116				116	29	292	149	61
机动车燃料零售	39700	6443	12	54	33743	7296	6606	8099	1002
家用电器及电子产品专门零售	**19934**	**6460**	**7**	**398**	**24461**	**4864**	**33926**	**16951**	**7031**
家用视听设备零售	12667	52			12272	2969	1639	1519	465
日用家电设备零售	1722	6015	6	268	7436	624	18244	5833	3003
计算机、软件及辅助设备零售	5751	270	1	73	4887	654	8225	2292	2024
通信设备零售	-3595	122		55	-1327	324	4022	6927	1017
其他电子产品零售	3389			2	1194	293	1797	380	522
五金、家具及室内装饰材料专门零售	**4974**	**1316**		**23**	**2912**	**457**	**5416**	**809**	**1374**
五金零售	198	8			431	263	3040	533	714
灯具零售	3				9	2	37	59	11
家具零售	3876	1308		23	2178	119	1969	103	556
陶瓷、石材装饰材料零售	292				292	73	194	114	26
其他室内装饰材料零售	606				3		176		67
货摊、无店铺及其他零售业	**3532**	**370**	**185**	**31**	**4133**	**1180**	**2228**	**1298**	**511**
互联网零售	2346	5		1	2350	577	173	635	47
生活用燃料零售	730	175		28	1139	488	1188	338	309
其他未列明零售业	457	190	185	2	645	114	867	326	155
按登记注册类型分									
内资企业	**110419**	**21955**	**371**	**4406**	**101061**	**31466**	**244296**	**119076**	**54921**
国有企业	1405			2	422	138	2042	223	502
集体企业	5244	31		3	2039	265	1164	136	399
股份合作企业	-37	3			-34		141	19	34
联营企业	1578						168		63

11-6 续表 23　　(2015 年)　　单位:万元

指标	营业利润	营业外收入	政府补助	营业外支出	利润总额	应交所得税	人工成本及增值税		从事批发和零售业活动的从业人员平均人数(人)
							应付职工薪酬	应交增值税	
其他联营企业	1578						168		63
有限责任公司	75872	19755	86	3540	77268	27110	187317	102987	40902
国有独资公司	781	6379	5	12	869	303	1847	1060	235
其他有限责任公司	75091	13376	81	3528	76400	26808	185471	101928	40667
股份有限公司	5782	353	185	237	5138	1001	8803	3992	2234
私营企业	20035	1802	100	624	15667	2947	44216	11665	10646
私营独资企业	3108				3401	8	310	286	78
私营合伙企业	104						230		108
私营有限责任公司	14512	1797	100	590	10226	2808	42740	11234	10195
私营股份有限公司	2312	6		34	2040	131	936	145	265
其他企业	541	12			561	6	445	53	141
港、澳、台商投资企业	**65375**	**954**		**1706**	**65306**	**16836**	**19315**	**15867**	**4873**
合资经营企业(港或澳、台资)	4544	490		700	4334	1091	5018	3988	674
港、澳、台商独资经营企业	61486	463		1007	60971	15745	13569	11718	4117
港、澳、台商投资股份有限公司	-655						727	161	82
外商投资企业	**-5385**	**760**		**65**	**-4727**	**367**	**13016**	**5097**	**3028**
中外合资经营企业	-1107	29		22	-1118	1	2555	319	812
外资企业	-5828	561		7	-5274	28	6696	1717	1622
外商投资股份有限公司	1530	138		36	1632	338	3589	3060	519
其他外商投资企业	20	31			33		176		75
按控股情况分									
国有控股	11276	6533	7	141	10407	2867	12747	10013	2127
集体控股	13374	107	8	122	7857	1439	6260	2986	1544
私人控股	80688	8404	339	3160	66390	19814	159109	61737	38108
港澳台商控股	63960	720		1115	64248	16572	16985	14113	4469
外商控股	-5385	760		65	-4727	367	13016	5097	3028
其他	6496	7145	18	1574	17464	7610	68511	46094	13546
按经营形式分									
独立门店	106782	13494	78	2848	92090	28765	183246	97646	40439
连锁总店	66577	8464	6	1968	73184	16986	57065	22870	13877
连锁门店	-16711	1170	8	1114	-16706	409	20654	13973	4964
其他	13762	541	279	248	13071	2510	15661	5551	3542
按单位规模分									
大型	53282	9549	6	3111	59748	17949	81712	39756	20314
中型	49044	12380	286	2987	45213	19527	154079	83659	31793
小型	57614	1655	79	22	46659	8973	36003	13783	8817
微型	10469	84		58	10019	2221	4833	2841	1898
按零售业态分									
有店铺零售	167575	23303	185	6131	158629	47881	274020	138376	62245
食杂店	1022				330	81	130	57	40
便利店	375	25	15	14	386	45	938	79	306
折扣店	-39				-39	1		4	7
超市	6018	53	12	27	3922	924	8030	1620	2207
大型超市	48400	3009		2565	48878	20543	58159	26622	14951
仓储会员店	6				6		32	3	12
百货店	7899	189	8	166	7783	4249	24026	16696	5463
专业店	93672	9525	21	1754	73413	16922	100993	56454	22731
专卖店	2866	8348	46	1539	16918	4072	69991	34040	14320
家居建材商店	168	1300			-518	30	944	80	213
购物中心	974			2	817	257	1288	817	395
厂家直销中心	6213	853	85	65	6735	758	9489	1906	1600
无店铺零售	2834	366	185	46	3012	788	2607	1664	577

11-7 限额以上住宿和餐饮业法人企业财务状况

(2015 年)

单位:万元

指标	法人企业数(个)	执行《2006年企业会计准则》企业数(个)	一、年初存货	流动资产合计	应收帐款	存货	固定资产合计	固定资产原价
总计	**408**	**314**	**39852**	**925165**	**58726**	**34539**	**422164**	**812376**
住宿业	**219**	**175**	**28614**	**692821**	**41078**	**24739**	**312139**	**643572**
按住宿行业小类分								
旅游饭店	128	98	20444	610110	31199	16214	247356	533949
一般旅馆	82	70	8111	81822	9609	8434	63556	107802
其他住宿业	9	7	59	888	270	92	1227	1822
按登记注册类型分								
内资企业	214	170	21748	519224	40064	17961	271411	544424
国有企业	25	18	3690	45319	6214	3696	77535	166232
集体企业	4	3	3213	8632	168	708	7389	18087
有限责任公司	124	97	11541	240185	17575	10029	139339	258639
国有独资公司	5	3	536	9213	424	520	23052	34228
其他有限责任公司	119	94	11005	230972	17151	9509	116287	224412
股份有限公司	8	7	141	33186	2066	174	8427	25956
私营企业	53	45	3163	191902	14041	3355	38721	75511
私营独资企业	1		18	25	2	21	67	120
私营有限责任公司	50	43	3128	191822	14039	3310	38587	74764
私营股份有限公司	2	2	17	55		24	67	627
港、澳、台商投资企业	**5**	**5**	**6866**	**173597**	**1015**	**6779**	**40728**	**99148**
与港澳台商合资经营企业	4	4	6634	165834	970	6577	37569	80491
与港澳台商合作经营企业	1	1	232	7763	45	202	3159	18657
按控股情况分								
国有控股	52	40	6536	145709	11853	6542	153353	339091
集体控股	10	6	3304	9943	576	831	14913	30324
私人控股	124	102	8727	370115	26596	9138	87469	162763
港澳台商控股	3	3	6223	141676	729	6191	36413	64804
其他	30	24	3825	25379	1325	2038	19991	46590
按经营形式分								
独立门店	202	160	28218	686274	40906	24309	307889	627984
连锁总店(总部)	2	1	83	2379	3	78	574	7885
连锁门店	8	8	106	2292	8	106	1084	3349
其他	7	6	207	1875	162	247	2593	4354
按单位规模分								
大型	3	3	2493	206499	5022	2437	46356	89237
中型	47	39	13920	373350	22158	13518	181199	397385
小型	159	124	11891	107611	13460	8551	82564	151339
微型	10	9	310	5360	439	233	2021	5612
按星级分								
五星	14	13	5399	360065	6702	3438	96092	196814
四星	25	22	4078	112125	11566	4327	55539	135177
三星	40	29	10600	60589	7661	8051	45043	114492

11-7 续表1 (2015年) 单位:万元

指标	法人企业数(个)	执行《2006年企业会计准则》企业数(个)	一、年初存货	流动资产合计	应收帐款	存货	固定资产合计	固定资产原价
二星	9	6	408	4569	235	384	13514	19256
其他	131	105	8128	155473	14914	8538	101952	177833
餐饮业	**189**	**139**	**11238**	**232344**	**17648**	**9799**	**110025**	**168804**
按餐饮业行业小类分								
正餐服务	174	126	7477	203424	15761	6751	73905	112894
快餐服务	9	7	3221	15659	119	2474	27056	39603
其他餐饮业	6	6	540	13262	1769	574	9065	16307
餐饮配送服务	1	1	104	4482	214	105	2011	3195
其他未列明餐饮业	5	5	436	8779	1555	469	7054	13112
按登记注册类型分								
内资企业	**184**	**136**	**7963**	**214726**	**17376**	**7259**	**83209**	**128535**
集体企业	1		35	263		48	2351	2919
股份合作企业	1	1	6	94		6	521	808
有限责任公司	103	81	5487	158628	10469	4695	49891	82216
其他有限责任公司	103	81	5487	158628	10469	4695	49891	82216
股份有限公司	4	4	383	15055	1358	596	1455	2237
私营企业	75	50	2052	40686	5549	1915	28992	40356
私营独资企业	6	4	134	3722	2810	51	6042	7419
私营合伙企业	1			40			4	4
私营有限责任公司	64	42	1829	35833	2582	1746	20389	30231
私营股份有限公司	4	4	89	1091	156	118	2558	2702
港、澳、台商投资企业	**1**	**1**	**349**	**1608**	**104**	**373**	**5458**	**11496**
与港澳台商合作经营企业	1	1	349	1608	104	373	5458	11496
外商投资企业	**4**	**2**	**2927**	**16010**	**168**	**2168**	**21358**	**28773**
外资企业	4	2	2927	16010	168	2168	21358	28773
按控股情况分								
国有控股	2	2	615	1009	87	427	1022	2308
集体控股	1		35	263		48	2351	2919
私人控股	153	113	4784	151193	8568	4453	64002	96042
港澳台商控股	1	1	349	1608	104	373	5458	11496
外商控股	4	2	2927	16010	168	2168	21358	28773
其他	28	21	2528	62262	8721	2332	15834	27266
独立门店	171	126	7504	186712	10230	6718	77444	120306
连锁总店(总部)	4	3	3411	34921	5145	2599	27469	40741
连锁门店	4	2	2	212	75		57	64
其他	10	8	322	10500	2198	483	5055	7694
大型	2	2	2932	5004	119	2320	13059	27770
中型	18	12	2431	144888	9064	1706	35379	52237
小型	154	116	5682	80765	8341	5537	61369	88298
微型	15	9	193	1686	125	235	219	499

11-7　续表 2　　（2015 年）　　单位:万元

指标	二、期末资产负债							
	累计折旧	本年折旧	在建工程	资产总计	流动负债合计	应付帐款	非流动负债合计	负债合计
总计	**406028**	**54888**	**126611**	**1726297**	**1124805**	**64357**	**259796**	**1385454**
住宿业	**336445**	**43472**	**94996**	**1244697**	**820777**	**40889**	**209997**	**1031570**
按住宿行业小类分								
旅游饭店	288842	29578	37519	1009383	682701	32309	156281	839998
一般旅馆	47008	13502	57477	232247	136160	8406	53284	189443
其他住宿业	595	392		3068	1917	174	433	2129
按登记注册类型分								
内资企业	278025	34436	67566	993729	618011	34244	160450	779256
国有企业	89172	6290	9811	141286	55910	6942	8633	64543
集体企业	10697	548		18850	11793	101	2801	14595
有限责任公司	122268	20065	54653	518003	306507	19483	107045	413552
国有独资公司	13896	1217	23	40066	25596	642	256	25852
其他有限责任公司	108373	18849	54630	477937	280912	18841	106789	387701
股份有限公司	17528	1025	90	50546	16314	888	1712	17981
私营企业	38359	6508	3013	265044	227486	6829	40259	268587
私营独资企业	53			731	326	23	326	477
私营有限责任公司	37746	6475	3013	264089	227064	6782	39825	267905
私营股份有限公司	560	32		224	96	24	109	205
港、澳、台商投资企业	**58420**	**9036**	**27430**	**250969**	**202767**	**6645**	**49548**	**252314**
与港澳台商合资经营企业	42922	8863	20033	233438	199724	6522	26318	226042
与港澳台商合作经营企业	15498	173	7398	17530	3042	123	23230	26272
按控股情况分								
国有控股	188934	16662	24463	349004	162243	11281	36791	199034
集体控股	15616	981	46	28178	15343	924	2977	18319
私人控股	76905	13266	55584	603520	426721	18643	124564	552080
港澳台商控股	28390	8738	13670	201959	176648	6161	26318	202966
其他	26599	3825	1234	62036	39822	3881	19349	59171
按经营形式分								
独立门店	325108	42057	94683	1231465	814296	39490	209230	1024322
连锁总店(总部)	7311	539		3341	257	27	640	898
连锁门店	2265	336	290	4577	3062	1046		3062
其他	1762	539	23	5314	3161	326	127	3288
按单位规模分								
大型	42881	3224	7170	270567	186320	5043	29166	215486
中型	216661	27604	42699	653836	437801	21491	114432	552233
小型	73313	12411	45081	308394	189349	13173	66400	256544
微型	3591	232	46	11901	7307	1181		7307
按星级分								
五星	100723	13463	14143	515221	391830	6554	103806	495636
四星	79638	7530	4049	192873	100589	5274	8652	109241
三星	70129	8682	14943	138958	82717	8606	29236	111953

11-7 续表 3 （2015 年） 单位:万元

指标	二、期末资产负债							
	累计折旧	本年折旧	在建工程	资产总计	流动负债合计	应付帐款	非流动负债合计	负债合计
二星	7311	636	1309	21076	7581	1209	2933	11530
其他	78643	13160	60551	376571	238060	19246	65371	303210
餐饮业	**69583**	**11417**	**31615**	**481599**	**304028**	**23468**	**49798**	**353884**
按餐饮业行业小类分								
正餐服务	40068	8900	29940	393037	227295	12543	40328	267681
快餐服务	22273	1380	1676	65017	56372	8743	9070	65441
其他餐饮业	7242	1137		23546	20361	2181	400	20761
餐饮配送服务	1184	219		7136	1439	749		1439
其他未列明餐饮业	6058	918		16410	18922	1433	400	19322
按登记注册类型分								
内资企业	46404	10234	29940	413958	244259	14180	40293	284608
集体企业	568	568		4821	52			52
股份合作企业	287	19		891	743			743
有限责任公司	32519	6504	27657	265140	174897	10851	36196	211179
其他有限责任公司	32519	6504	27657	265140	174897	10851	36196	211179
股份有限公司	783	217		59286	16132	395		16132
私营企业	12248	2926	2283	83820	52434	2934	4097	56502
私营独资企业	1378	843	13	11993	5566	104	451	6016
私营合伙企业				44	6			6
私营有限责任公司	10726	1940	2270	67841	45873	2699	3639	49483
私营股份有限公司	144	143		3943	990	132	6	997
港、澳、台商投资企业	**6038**			**12390**	**17507**		**553**	**18060**
与港澳台商合作经营企业	6038			12390	17507		553	18060
外商投资企业	**17141**	**1183**	**1676**	**55251**	**42263**	**9288**	**8953**	**51215**
外资企业	17141	1183	1676	55251	42263	9288	8953	51215
按控股情况分								
国有控股	1286	155		4158	5255	248		5255
集体控股	568	568		4821	52			52
私人控股	33059	7320	23584	307798	179603	8160	33084	212743
港澳台商控股	6038			12390	17507		553	18060
外商控股	17141	1183	1676	55251	42263	9288	8953	51215
其他	11491	2190	6356	97181	59349	5772	7209	66558
独立门店	43940	9432	29940	376201	209093	9682	40242	249392
连锁总店(总部)	22997	1476	1676	87831	88371	11541	9020	97391
连锁门店	7	2		276	129	58	45	174
其他	2638	507		17292	6435	2187	493	6927
大型	14711	1170	1676	40106	46020	1271	1547	47567
中型	26643	3756	23413	260966	148481	13794	15462	163943
小型	27948	6448	6526	178376	108510	8328	32790	141357
微型	281	43		2151	1017	75		1017

11-7　续表 4　　　　　　　　　　　　　　（2015 年）　　　　　　　　　　　　　　单位:万元

指标	所有者权益合计	实收资本						
			国家资本	集体资本	法人资本	个人资本	港澳台资本	外商资本
总计	**340843**	**427448**	**119144**	**8855**	**123593**	**119140**	**47426**	**9290**
住宿业	**213127**	**313225**	**118610**	**7879**	**85059**	**56032**	**45354**	**291**
按住宿行业小类分								
旅游饭店	169385	251452	110509	4405	58777	41476	35995	290
一般旅馆	42804	60091	8074	3474	25746	13436	9359	1
其他住宿业	938	1683	27		536	1120		
按登记注册类型分								
内资企业	**214473**	**237880**	**98977**	**7493**	**74796**	**56032**	**291**	**291**
国有企业	76743	65428	62279		3150			
集体企业	4256	3953	482	2903	568			
有限责任公司	104451	133350	29998	4439	57952	40380	291	291
国有独资公司	14215	27775	22775		5000			
其他有限责任公司	90236	105575	7223	4439	52952	40380	291	291
股份有限公司	32566	10823	6219	152	320	4133		
私营企业	-3543	24326			12806	11520		
私营独资企业	254	254			254			
私营有限责任公司	-3816	24059			12548	11510		
私营股份有限公司	19	14			4	10		
港、澳、台商投资企业	**-1346**	**75345**	**19632**	**386**	**10262**		**45064**	
与港澳台商合资经营企业	7397	61978	10918	386	10262		40411	
与港澳台商合作经营企业	-8742	13367	8714				4653	
按控股情况分								
国有控股	149971	154259	111704	100	36037		6419	
集体控股	9859	9851	901	7092	1768	90		
私人控股	51440	81874	76	1	28760	53036	1	1
港澳台商控股	-1008	54916	5622	386	10262		38645	
其他	2865	12325	308	300	8232	2906	290	290
按经营形式分								
独立门店	207143	307334	118335	7502	82613	53239	45354	291
连锁总店(总部)	2443	505	75		5	425		
连锁门店	1515	1901			1141	760		
其他	2025	3485	200	377	1300	1608		
按单位规模分								
大型	55081	74120	24572		10262	10000	29286	
中型	101603	139035	74607	2799	35914	9358	16068	290
小型	51850	96126	19012	4928	35661	36523	1	1
微型	4593	3944	419	152	3221	152		
按星级分								
五星	19585	103869	36574	386	11442	12420	43047	
四星	83631	55855	26277	300	22171	6528	290	290
三星	27005	58271	18527	1831	31126	4771	2017	

11-7 续表5 （2015年） 单位：万元

指标	所有者权益合计	实收资本	国家资本	集体资本	法人资本	个人资本	港澳台资本	外商资本
二星	9545	8830	7038	152	227	1413		
其他	73361	86399	30194	5210	20093	30900	1	1
餐饮业	**127716**	**114223**	**535**	**976**	**38535**	**63107**	**2072**	**8999**
按餐饮业行业小类分								
正餐服务	125355	95045	535	976	37070	55462	2	1000
快餐服务	-424	11277			364	844	2070	7999
其他餐饮业	2785	7902			1101	6801		
餐饮配送服务	5697	4100				4100		
其他未列明餐饮业	-2912	3802			1101	2701		
按登记注册类型分								
内资企业	**129350**	**103154**	**535**	**976**	**38535**	**63107**	**2**	
集体企业	4769	1000			500	500		
股份合作企业	148	78				78		
有限责任公司	53961	80163	535	976	32029	46622	2	
其他有限责任公司	53961	80163	535	976	32029	46622	2	
股份有限公司	43154	2550			1310	1240		
私营企业	27319	19364			4696	14668		
私营独资企业	5976	1304			150	1154		
私营合伙企业	38	30				30		
私营有限责任公司	18359	17819			4516	13303		
私营股份有限公司	2946	211			30	181		
港、澳、台商投资企业	**-5670**	**2070**					**2070**	
与港澳台商合作经营企业	-5670	2070					2070	
外商投资企业	**4036**	**8999**						**8999**
外资企业	4036	8999						8999
按控股情况分								
国有控股	-1097	1500	500		1000			
集体控股	4769	1000			500	500		
私人控股	95055	59438	35	101	15258	44042	2	
港澳台商控股	-5670	2070					2070	
外商控股	4036	8999						8999
其他	30624	41217		875	21777	18565		
独立门店	126810	96195	535	976	37054	56629	2	1000
连锁总店（总部）	-9560	10269			200		2070	7999
连锁门店	102	199			171	28		
其他	10364	7560			1110	6450		
大型	-7461	3808					2070	1738
中型	97024	56259	532		20540	28926		6261
小型	37019	52785	3	976	17134	33670	2	1000
微型	1134	1372			861	511		

11-7　续表 6　（2015 年）　单位：万元

指标	营业收入	主营业务收入	营业成本	主营业务成本	营业税金及附加	主营业务税金及附加	其他业务利润
总计	**680802**	**661079**	**277810**	**267521**	**35267**	**34800**	**15740**
住宿业	**374116**	**369344**	**122042**	**118961**	**20408**	**20123**	**15381**
按住宿行业小类分							
旅游饭店	283068	278960	89634	86783	15722	15440	14970
一般旅馆	85736	85072	31038	30808	4415	4411	411
其他住宿业	5312	5312	1370	1370	272	272	
按登记注册类型分							
内资企业	**346371**	**342413**	**116430**	**113398**	**18964**	**18679**	**14639**
国有企业	69191	67689	28301	26534	3727	3702	1374
集体企业	7655	7655	1945	1945	370	370	
有限责任公司	191484	189665	58083	57094	10716	10588	11010
国有独资公司	10227	10227	1838	1838	563	563	88
其他有限责任公司	181257	179438	56244	55256	10154	10026	10921
股份有限公司	18025	18025	6355	6355	995	995	50
私营企业	60016	59379	21746	21470	3156	3024	2205
私营独资企业	577	577	220	220	3	3	
私营有限责任公司	58808	58171	21254	20977	3118	2986	2205
私营股份有限公司	631	631	273	273	35	35	
港、澳、台商投资企业	**27745**	**26931**	**5612**	**5563**	**1444**	**1444**	**742**
与港澳台商合资经营企业	25583	24768	5355	5306	1335	1335	742
与港澳台商合作经营企业	2162	2162	257	257	109	109	
按控股情况分							
国有控股	138333	135663	50775	48188	7620	7471	1578
集体控股	13518	13518	4167	4167	690	690	50
私人控股	164951	163671	54485	54042	8810	8674	13008
港澳台商控股	22965	22150	4997	4948	1204	1204	742
其他	34350	34342	7619	7616	2084	2084	3
按经营形式分							
独立门店	356930	352201	117090	114009	19513	19228	15381
连锁总店（总部）	5470	5470	1633	1633	307	307	
连锁门店	6108	6074	1168	1168	355	355	
其他	5608	5600	2151	2151	233	233	
按单位规模分							
大型	38848	37522	9017	8397	2079	2079	10771
中型	182000	179865	57080	55210	10291	10148	1441
小型	143714	142410	54037	53483	7504	7362	3120
微型	9554	9547	1909	1871	534	534	50
按星级分							
五星	60968	60495	12913	12880	3307	3307	10439
四星	83643	83362	35952	34461	4703	4687	957
三星	69746	67437	23678	22942	4030	3834	2726

11-7 续表7 (2015年) 单位:万元

指标	营业收入	主营业务收入	营业成本	主营业务成本	营业税金及附加	主营业务税金及附加	其他业务利润
二星	9911	9911	4800	4800	463	463	50
其他	149849	148139	44698	43878	7906	7832	1209
餐饮业	**306686**	**291735**	**155768**	**148560**	**14859**	**14677**	**358**
按餐饮业行业小类分							
正餐服务	176894	175910	89016	88726	8817	8635	264
快餐服务	102727	88759	48589	42128	4731	4731	-11
其他餐饮业	27065	27065	18163	17706	1311	1311	106
餐饮配送服务	5540	5540	4061	4061	67	67	106
其他未列明餐饮业	21525	21525	14102	13645	1244	1244	
按登记注册类型分							
内资企业	**204271**	**203287**	**107977**	**107231**	**10085**	**9903**	**369**
集体企业	1412	1199	660	660	41	41	
股份合作企业	1192	1192	1016	1016	11	11	5
有限责任公司	122917	122205	65578	64977	6013	5994	368
其他有限责任公司	122917	122205	65578	64977	6013	5994	368
股份有限公司	9748	9748	3942	3942	573	573	
私营企业	69001	68944	36781	36636	3446	3284	-3
私营独资企业	9932	9926	6904	6904	359	359	
私营合伙企业	362	362	80	80	20	20	
私营有限责任公司	57088	57037	28989	28843	3003	2840	-3
私营股份有限公司	1618	1618	808	808	65	65	
港、澳、台商投资企业	**20034**	**20034**	**7070**	**7070**	**1049**	**1049**	
与港澳台商合作经营企业	20034	20034	7070	7070	1049	1049	
外商投资企业	**82381**	**68413**	**40721**	**34260**	**3724**	**3724**	**-11**
外资企业	82381	68413	40721	34260	3724	3724	-11
按控股情况分							
国有控股	3873	3781	1860	1816	244	244	47
集体控股	1412	1199	660	660	41	41	
私人控股	149186	148509	78702	78456	7157	6975	166
港澳台商控股	20034	20034	7070	7070	1049	1049	
外商控股	82381	68413	40721	34260	3724	3724	-11
其他	49799	49799	26755	26299	2643	2643	156
独立门店	178748	177765	91157	90867	8904	8722	112
连锁总店(总部)	105007	91039	48531	42070	4908	4908	-11
连锁门店	1769	1769	1146	1146	95	95	
其他	21163	21162	14934	14478	952	952	257
大型	82248	81627	39315	38683	4390	4390	-11
中型	88109	74523	37551	31677	3742	3742	208
小型	132702	131966	77048	76444	6511	6331	162
微型	3627	3618	1854	1757	215	213	

11-7 续表 8 (2015 年) 单位:万元

指标	三、损益及分配							
	销售费用	管理费用	税金	财务费用	利息收入	利息支出	资产减值损失	投资收益
总计	**220081**	**169482**	**5614**	**26700**	**69**	**12782**	**1362**	**813**
住宿业	**132665**	**126985**	**4083**	**17609**	**663**	**7575**	**193**	**477**
按住宿行业小类分								
旅游饭店	100354	103770	3147	14389	517	7065	87	97
一般旅馆	28864	21944	884	3123	145	452	105	379
其他住宿业	3448	1271	52	98	1	58		
按登记注册类型分								
内资企业	**119774**	**111418**	**3665**	**14212**	**481**	**4999**	**193**	**477**
国有企业	23255	19044	760	451	170	247		8
集体企业	2551	1441	263	866	10	864		
有限责任公司	68585	70003	2131	7129	265	1839	193	379
国有独资公司	3397	5310	327	481	93	476		
其他有限责任公司	65188	64693	1804	6648	171	1363	193	379
股份有限公司	4685	4281	72	-9		-30		90
私营企业	20698	16649	440	5775	36	2080		
私营独资企业	48	28		1				
私营有限责任公司	20411	16558	430	5740	3	2080		
私营股份有限公司	239	63	9	35	33			
港、澳、台商投资企业	**12891**	**15567**	**418**	**3398**	**182**	**2575**		
与港澳台商合资经营企业	10371	14133	418	2423	182	1600		
与港澳台商合作经营企业	2521	1433		975		975		
按控股情况分								
国有控股	45403	45120	1634	1355	386	1117	185	8
集体控股	4342	2584	337	906	13	866		90
私人控股	59258	53595	1107	10692	83	3149		379
港澳台商控股	8666	12557	418	3128	182	2305		
其他	14996	13128	587	1530		138	8	
按经营形式分								
独立门店	123679	124458	3973	17250	662	7255	192	175
连锁总店(总部)	2990	372		247		247		302
连锁门店	4270	1048	101	33	1			
其他	1726	1106	10	79		72		
按单位规模分								
大型	12257	21486	38	4494	117	2308		
中型	63780	58899	2811	9932	392	4430	182	309
小型	53156	42617	1170	3244	89	836	6	78
微型	3472	3983	65	-60	64	1	4	90
按星级分								
五星	25629	31943	890	9317	187	4774		
四星	23429	20888	937	1828	211	124	129	
三星	24799	19265	944	1076	151	248	12	8

11-7 续表 9　　　　(2015 年)　　　　单位:万元

指标	三、损益及分配							
	销售费用	管理费用	税金	财务费用	利息收入	利息支出	资产减值损失	投资收益
二星	2894	1906	3	10	40	4		90
其他	55915	52983	1309	5377	74	2426	53	379
餐饮业	**87415**	**42497**	**1530**	**9091**	**-594**	**5208**	**1169**	**337**
按餐饮业行业小类分								
正餐服务	50843	25291	1033	8223	126	4895	87	337
快餐服务	33511	13770	40	527	-732		1082	
其他餐饮业	3062	3436	457	341	12	312		
餐饮配送服务	96	452		-6	6			
其他未列明餐饮业	2966	2984	457	347	5	312		
按登记注册类型分								
内资企业	**52208**	**28790**	**1494**	**8555**	**140**	**5208**	**87**	**337**
集体企业	261	402	382	651	50			
股份合作企业	5	160	8					
有限责任公司	29221	19729	825	5843	78	4024	27	150
其他有限责任公司	29221	19729	825	5843	78	4024	27	150
股份有限公司	2742	1323	1	1045		1025	18	
私营企业	19979	7176	279	1017	12	159	43	186
私营独资企业	698	435	14	311		2	43	
私营合伙企业	165	93						
私营有限责任公司	18778	6418	245	571	12	157		186
私营股份有限公司	339	230	19	134				
港、澳、台商投资企业	**12173**	**687**		**1**				
与港澳台商合作经营企业	12173	687		1				
外商投资企业	**23034**	**13020**	**36**	**535**	**-734**		**1082**	
外资企业	23034	13020	36	535	-734		1082	
按控股情况分								
国有控股	1515	676		16	1			
集体控股	261	402	382	651	50			
私人控股	37574	21039	609	5019	80	2612	61	337
港澳台商控股	12173	687		1				
外商控股	23034	13020	36	535	-734		1082	
其他	12859	6672	503	2870	9	2595	26	
独立门店	46325	26015	1029	8519	130	5205	76	337
连锁总店(总部)	38480	13749	36	551	-732		1093	
连锁门店	321	116	2	2				
其他	2290	2618	464	19	8	2		
大型	33185	7348	36	629	-623		1082	
中型	24632	15842	246	4404	-34	4201	44	186
小型	28637	18715	1248	4046	62	1005	43	150
微型	962	593		12		3		

11-7 续表 10　　　　（2015 年）　　　　单位：万元

指标	营业利润	营业外收入	政府补助	营业外支出	利润总额	应交所得税	四、人工成本及增值税		五、从事住宿和餐饮业活动的从业人员平均人数(人)
							应付职工薪酬	应交增值税	
总计	**-54671**	**4939**	**1322**	**1982**	**-34030**	**2996**	**154253**	**233**	**40374**
住宿业	**-42821**	**2432**	**447**	**1020**	**-30322**	**1699**	**92155**	**101**	**22774**
按住宿行业小类分									
旅游饭店	-39924	2125	442	896	-27624	975	74075	74	17636
一般旅馆	-1751	306	5	122	-1416	677	16720	27	4800
其他住宿业	-1146			2	-1281	47	1359		338
按登记注册类型分									
内资企业	**-31654**	**1821**	**447**	**973**	**-19719**	**1518**	**85174**	**67**	**20959**
国有企业	-4809	717	413	306	-3035	139	24055	25	4281
集体企业	482	295		1	488	110	2517		304
有限责任公司	-21504	602	19	597	-10845	1069	43115	40	12014
国有独资公司	-1327	39		15	-1258	27	3885		810
其他有限责任公司	-20177	563	19	582	-9587	1042	39230	40	11204
股份有限公司	1926	4			1810	12	2746		865
私营企业	-7749	203	15	69	-8136	188	12740	2	3495
私营独资企业	277						100		20
私营有限责任公司	-8013	203	15	69	-8122	186	12476	2	3411
私营股份有限公司	-14				-14	2	164		64
港、澳、台商投资企业	**-11167**	**611**		**47**	**-10603**	**181**	**6981**	**34**	**1815**
与港澳台商合资经营企业	-8034	611		42	-7466	181	5927	34	1507
与港澳台商合作经营企业	-3132			5	-3137		1054		308
按控股情况分									
国有控股	-11255	1332	419	677	-9165	385	40894	39	9179
集体控股	1036	298		1	924	114	3898	7	722
私人控股	-20031	445	25	254	-10571	808	33947	18	9249
港澳台商控股	-7587	221		41	-7406	181	5204	34	1313
其他	-4984	135	3	47	-4104	211	8212	2	2311
按经营形式分									
独立门店	-42620	2400	447	1016	-30216	1530	89680	94	21777
连锁总店（总部）	222	11			233		765		409
连锁门店	-766	9			-758	15	836		291
其他	344	12		4	420	154	874	7	297
按单位规模分									
大型	-10484	505	410	108	-23		11873	32	2349
中型	-17029	1082	26	516	-15112	823	45840	43	10546
小型	-15413	835	10	388	-15161	814	31670	26	9211
微型	105	10		9	-26	62	2771		668
按星级分									
五星	-22182	648	18	108	-10308	221	15433	34	3756
四星	-2431	441	8	346	-2296	134	19912	1	4646
三星	-3096	532		174	-3262	212	20068	40	5274

11-7 续表11 (2015年) 单位:万元

指标	营业利润	营业外收入	政府补助	营业外支出	利润总额	应交所得税	四、人工成本及增值税		五、从事住宿和餐饮业活动的从业人员平均人数(人)
							应付职工薪酬	应交增值税	
二星	47	12			-21	68	1645		542
其他	-15159	800	420	391	-14435	1063	35097	25	8556
餐饮业	**-11850**	**2507**	**875**	**962**	**-3708**	**1298**	**62098**	**132**	**17600**
按餐饮业行业小类分									
正餐服务	-6060	1570	866	157	-3228	1528	39181	59	10920
快餐服务	-6999	913	9	758	-2999	-501	20035	73	5903
其他餐饮业	1209	24		47	2519	270	2881		777
餐饮配送服务	871	19		1	995	257	124		271
其他未列明餐饮业	338	6		46	1524	12	2757		506
按登记注册类型分									
内资企业	**-3651**	**1587**	**866**	**203**	**478**	**1816**	**41618**	**61**	**11625**
集体企业	-1278				-1278		366		42
股份合作企业	1			1	4	1	238		25
有限责任公司	-3198	923	666	131	85	884	23658	59	6762
其他有限责任公司	-3198	923	666	131	85	884	23658	59	6762
股份有限公司	105	175	150	15	265	307	2095		287
私营企业	720	490	50	56	1402	623	15261	1	4509
私营独资企业	1183				801	8	1145		349
私营合伙企业	4				4		108		25
私营有限责任公司	-511	490	50	56	575	604	13385	1	3957
私营股份有限公司	43				22	11	624		178
港、澳、台商投资企业	**-946**	**766**		**4**	**-184**		**2890**		**616**
与港澳台商合作经营企业	-946	766		4	-184		2890		616
外商投资企业	**-7252**	**154**	**9**	**755**	**-4001**	**-518**	**17590**	**72**	**5359**
外资企业	-7252	154	9	755	-4001	-518	17590	72	5359
按控股情况分									
国有控股	-439	20		4	-422	28	939		278
集体控股	-1278				-1278		366		42
私人控股	-370	1008	342	164	2121	1548	31861	50	9382
港澳台商控股	-946	766		4	-184		2890		616
外商控股	-7252	154	9	755	-4001	-518	17590	72	5359
其他	-1564	559	524	35	57	240	8451	11	1923
独立门店	-2928	1556	860	180	-162	1523	38139	51	10975
连锁总店(总部)	-9823	924	9	780	-5828	-518	21105	81	5920
连锁门店	89				83	4	163		70
其他	812	28	6	2	2199	289	2692		635
大型	-3700	861	9	758	-3597	-851	16016	72	4985
中型	-5626	1266	668	91	1695	1384	17033	34	4652
小型	-2600	379	197	108	-1879	760	28460	27	7779
微型	76	2	1	5	73	4	589		184

11-8 限额以上住宿和餐饮业

（2015 年）

指　　标	法人企业数（个）	个体（产业）单位数（个）	从业人员期末人数（人）	营业额	#使用银行卡支付的营业额	客房收入	#通过公共网络实现的客房收入
总计	**408**	**717**	**61378**	**1314041**	**179027**	**300857**	**14978**
住宿业	**219**	**90**	**25649**	**476018**	**93686**	**265898**	**13884**
按住宿业行业小类分							
旅游饭店	128	31	19133	342437	70150	170297	7314
一般旅馆	82	57	6141	127528	21816	90428	6556
其他住宿业	9	2	375	6053	1720	5173	14
按登记注册类型分							
内资企业	**214**	**10**	**22198**	**379499**	**78919**	**198325**	**12281**
国有企业	25	3	4423	70929	12848	32009	581
集体企业	4		514	7841	1332	2683	285
有限责任公司	124	4	12564	219062	49708	118685	5773
国有独资公司	5		810	9990	3329	5389	454
其他有限责任公司	119	4	11754	209072	46379	113296	5319
股份有限公司	8	1	912	19512	1667	6928	195
私营企业	53	1	3727	61261	12855	37127	5448
私营独资企业	1		26	1000		980	
私营有限责任公司	50	1	3637	59630	12702	35687	5448
私营股份有限公司	2		64	631	153	460	
其他企业		1	58	895	510	895	
港、澳、台商投资企业	**5**		**1678**	**27495**	**10186**	**9427**	
与港澳台商合资经营企业	4		1457	25536	10186	8503	
与港澳台商合作经营企业	1		221	1959		923	
按控股情况分							
国有控股	52		8586	135888	25681	60077	1362
集体控股	10		907	13835	2142	6330	395
私人控股	124		9214	163721	44717	96509	9337
港澳台商控股	3		1281	23052	10186	7358	
其他	30		2436	35831	2867	20945	376
按经营形式分							
独立门店	202	85	23703	430942	88387	239218	12026
连锁总店	2		409	5322	2042	4913	285
连锁门店	8	3	770	21067	2035	11821	1192
其他	7	2	767	18688	1222	9947	381
按单位规模分							
大型	3		2272	38008	21113	12348	634
中型	47		10892	181118	31858	85452	1874
小型	159		9104	143517	32601	89281	8925
微型	10		156	9683	22	4138	37
按星级分							
五星	14	3	4523	87925	20211	36035	1530
四星	25	1	4519	84679	14734	35631	910
三星	40	2	5336	70552	12326	30708	1015
二星	9	13	784	31398	854	23860	396
一星		4	95	3356	11	3049	

经营情况

单位:万元

餐费收入	#通过公共网络实现的餐费收入	商品销售额收入	其他收入	客房数(间)	床位数(个)	餐位数(位)	年末餐饮营业面积(万平方米)
882823	**34444**	**65139**	**65223**	**47251**	**81775**	**275971**	**127.67**
153211	**3782**	**19656**	**37254**	**41291**	**70483**	**73284**	**47.20**
124878	2521	16484	30778	24925	41446	54052	32.51
27866	1259	3086	6148	15163	26990	18407	14.32
467	1	86	328	1203	2047	825	0.36
133616	**3152**	**15319**	**32239**	**35070**	**59161**	**68616**	**44.10**
24886	387	6669	7365	5266	9703	11853	6.60
2266	233	65	2827	509	944	1312	1.01
78569	1663	5060	16748	20287	33694	41249	26.50
2836	15	374	1391	890	1492	3246	1.24
75734	1648	4686	15357	19397	32202	38003	25.26
7004	60	2630	2950	1653	2828	2999	2.39
20891	809	895	2348	7275	11817	11203	7.61
10		10		142	253	35	0.01
20750	809	865	2328	6863	11026	10568	7.46
131		20	20	270	538	600	0.14
				80	175		
12166		**2045**	**3858**	**1256**	**1955**	**1826**	**0.76**
11414		1962	3657	1182	1870	1674	0.50
753		83	201	74	85	152	0.26
47621	172	8994	19196	9907	17126	24974	12.61
3745	257	367	3394	1367	2667	2988	2.51
54535	1865	4809	7869	17927	29648	29490	21.72
10493		1876	3325	1087	1770	1609	0.40
12503	262	767	1616	4198	7017	8591	4.79
136326	3144	19229	36170	36407	62108	70092	42.94
210		54	144	2100	4160	400	0.22
8547	312	280	418	1701	2431	1564	1.96
8127	326	93	522	1083	1784	1228	2.08
19890	3	2099	3671	1306	1998	2097	1.41
62439	365	10594	22633	13703	23522	28985	15.84
43749	2164	3506	6981	18485	31082	35104	23.39
2818	24	613	2115	992	1626	1466	1.37
41989	343	3766	6135	4006	6108	7474	7.11
32794	113	6575	9679	5578	9859	16509	9.33
25410	618	4538	9897	6758	12111	16404	7.03
6512	82	618	408	2174	3293	3066	2.20
		172	135	168	318		

11-8 续表 （2015 年）

指　　标	法人企业数(个)	个体(产业)单位数(个)	从业人员期末人数(人)	营业额	#使用银行卡支付的营业额	客房收入	#通过公共网络实现的客房收入
其他	131	67	10392	198107	45551	136615	10033
餐饮业	**189**	**627**	**35729**	**838023**	**85341**	**34959**	**1095**
按餐饮业行业小类分							
正餐服务	174	602	28748	693839	81417	33860	883
快餐服务	9	10	6190	109262	3719		
饮料及冷饮服务		8	190	5726			
茶馆服务		2	60	1492			
咖啡馆服务		6	130	4233			
其他餐饮业	6	7	601	29197	205	1099	212
小吃服务		5	54	5896			
餐饮配送服务	1		271	5540			
其他未列明餐饮业	5	2	276	17761	205	1099	212
按登记注册类型分							
内资企业	184		11470	200864	38067	24295	1070
集体企业	1		120	1412	689	724	50
股份合作企业	1		98	1192			
有限责任公司	103		6422	119139	22095	13859	736
其他有限责任公司	103		6422	119139	22095	13859	736
股份有限公司	4		461	9795	4052	1859	284
私营企业	75		4369	69326	11230	7854	
私营独资企业	6		350	9656	277	1094	
私营合伙企业	1		25	362			
私营有限责任公司	64		3796	57700	10687	6604	
私营股份有限公司	4		198	1608	266	156	
港、澳、台商投资企业	**1**		**616**	**20034**			
与港澳台商合作经营企业	1		616	20034			
外商投资企业	**4**		**5462**	**82431**	**5166**		
外资企业	4		5462	82431	5166		
按控股情况分							
国有控股	2		272	3873	799		
集体控股	1		120	1412	689	724	50
私人控股	153		9223	148834	29340	17844	982
港澳台商控股	1		616	20034			
外商控股	4		5462	82431	5166		
其他	28		1855	46745	7238	5728	37
按经营形式分							
独立门店	171	593	27800	687210	76420	34464	1071
连锁总店	4		6006	105057	6321		
连锁门店	4	23	818	18858	771		
其他	10	11	1105	26898	1829	495	24
按单位规模分							
大型	2		5063	82248	3111		
中型	18		4738	89132	21431	11535	405
小型	154		7677	128348	18250	11076	665
微型	15		70	3601	441	1685	

单位:万元

餐费收入	#通过公共网络实现的餐费收入	商品销售额收入	其他收入	客房数(间)	床位数(个)	餐位数(位)	年末餐饮营业面积(万平方米)
46505	2625	3987	11000	22607	38794	29831	21.53
729613	**30663**	**45482**	**27969**	**5960**	**11292**	**202687**	**80.47**
605005	26304	42438	12537	5895	11202	174850	73.12
95019	4046	874	13369			22134	4.74
4465		1261				1033	0.49
1422		70				235	0.18
3043		1191				798	0.31
25124	313	910	2064	65	90	4670	2.13
5260		636				515	0.21
5434		106					
14430	313	168	2064	65	90	4155	1.92
156105	5266	8545	11919	5086	9686	64670	29.20
689	100			120	170	500	0.07
40		999	154			80	0.02
96258	2389	4015	5007	2899	5868	44277	18.49
96258	2389	4015	5007	2899	5868	44277	18.49
2957		159	4821	621	1266	1883	0.68
56162	2778	3373	1937	1446	2382	17930	9.95
8107		445	11	141	239	2656	0.82
362						35	0.05
46263	2778	2914	1920	1239	2037	14494	8.43
1431		15	7	66	106	745	0.66
19590		**444**				**6720**	**1.41**
19590		444				6720	1.41
69020	**3331**	**30**	**13382**			**14905**	**3.54**
69020	3331	30	13382			14905	3.54
3781			92			1400	0.49
689	100			120	170	500	0.07
114819	5059	6057	10115	3849	7302	47885	23.10
19590		444				6720	1.41
69020	3331	30	13382			14905	3.54
36818	108	2487	1712	1117	2214	14885	5.54
594156	26642	44222	14369	5719	10928	171082	71.29
91215	3137	473	13369			21931	5.02
18181	614	496	181			4103	1.56
26061	270	291	50	241	364	5571	2.61
81804	3111	444				20175	3.96
53124	180	2131	22342	1642	2957	17244	7.37
107886	5307	6428	2958	3288	6441	47840	21.41
1901		16		156	288	1036	1.41

11-9 分县(市)区限额以上住宿和餐饮业法人财务状况

(2015 年)　　单位:万元

县(市)区	流动资产合计	存货	固定资产原价	资产合计	所有者权益	实收资本	主营业务收入
中原区	144140	1382	55429	184866	12938	47457	34913
二七区	85357	7252	113361	174104	16340	60162	70213
管城区	6446	223	15489	22805	7469	11429	9370
金水区	233724	10428	282043	502390	69711	128873	257993
上街区	1724	110	1403	3514	2195	1653	4886
惠济区	60000	2081	94154	145674	76713	62682	26023
中牟县	11053	2516	23496	42635	3926	8373	8946
巩义市	7278	1877	26397	33914	16286	9344	17063
荥阳市	23565	358	26158	91930	65266	3435	17900
新密市	121022	398	28513	145365	-8477	9407	18615
新郑市	11645	566	5260	20502	6409	5520	7517
登封市	28917	1977	52949	75346	22456	20085	50616
经开区	7090	601	6519	17276	9251	9990	9653
高新区	2808	211	13321	8273	4709	5000	4819
郑东新区	163039	3628	38487	217726	20810	31357	85100
航空港实验区	17355	930	29398	39976	14838	12683	37452

11-9 续表　　(2015 年)　　单位:万元

县(市)区	主营业务成本	主营业务税金及附加	销售费用	管理费用	税金	营业利润	利润总额	应付职工薪酬
中原区	10936	1821	12444	14636	188	-6919	-7256	9645
二七区	29619	3520	20427	17584	975	-2522	-981	16212
管城区	3647	553	4399	2084	112	-1365	-1339	2433
金水区	102213	14432	104166	62933	1522	-29738	-24515	64652
上街区	3320	135	560	597	14	235	243	882
惠济区	6138	1444	10823	8735	63	-4480	-3444	8376
中牟县	4116	394	3582	2559	175	-2166	-2160	2521
巩义市	9472	705	2800	2269	329	1663	1910	3345
荥阳市	5775	864	6710	3410	40	324	384	4144
新密市	7249	1041	3665	2940	114	1080	1095	3596
新郑市	3289	359	2135	2151	86	-834	-1026	2414
登封市	31431	1819	8340	4736	716	1445	793	6652
经开区	2436	572	4286	3028	110	-721	-867	2416
高新区	1367	280	1181	1675	148	227	32	1208
郑东新区	23466	4947	30773	32044	431	-11664	545	21295
航空港实验区	23048	1913	3790	8102	591	766	2560	4463

11-10 分县(市)区限额以上住宿和餐饮业经营情况

(2015年)

单位:万元

县(市)区	营业额	#使用银行卡支付的营业额	客房收入	#通过公共网络实现的客房收入	餐费收入	#通过公共网络实现的餐费收入	商品销额收入	其他收入
中原区	74389	12075	14341	520	52419	487	5959	1670
二七区	151941	44441	37611	4072	97346	20111	7610	9375
管城区	19493	3715	5806	415	13288	880	235	164
金水区	309482	37410	69887	3217	201833	4432	7086	30676
上街区	16966	4952	3210	474	11486	1671	2063	208
惠济区	54494	10414	10168	173	36489	3	3661	4176
中牟县	19692	1535	3637	229	13864	841	1738	453
巩义市	79520	281	15051	14	61243	52	2181	1045
荥阳市	89473	7486	14562	294	60515	24	7033	7363
新密市	62544	5356	9789	270	43724	1092	6797	2234
新郑市	122391	2643	5757	35	106435	143	10081	119
登封市	139327	2875	39791	644	88804	525	7812	2920
经开区	12783	4901	6908	1320	5286	1012	329	260
高新区	4819	2694	1678	29	1764	38	125	1252
郑东新区	120143	36325	53304	2860	62018	3053	2061	2760
航空港实验区	36582	1923	9357	413	26311	81	367	547

11-11　限额以上批发、零售贸易业商品销售类值

（2015 年）

单位:万元

指　　标	批发业				零售业			
	销售额		零售额		销售额		零售额	
	2015 年	2014 年	2015 年	2014 年	2015 年	2014 年	2015 年	2014 年
总计	**29654666**	**28373082**	**2102924**	**1725576**	**14078327**	**13154712**	**13666094**	**12723648**
粮油、食品类	4902470	2924721	115494	61496	978297	884082	972845	879292
#粮油类	307292	276937	22175	22083	176102	146108	173903	144045
肉禽蛋类	208786	178391	7372	4065	182883	167240	181730	166296
水产品类	6470	6261	49	40	26366	20256	26366	20140
蔬菜类	2503977	1422063	48639	19253	73439	57335	73439	57315
干鲜果品类	1757514	941072	33361	13154	183658	162177	182326	159593
饮料类	14629	9739	8910	694	205153	173146	199021	168050
烟酒类	1455158	1330000	89348	32089	222968	189830	210349	183692
服装、鞋帽、针纺织品类	301305	315221	16036	14783	1425973	1371268	1410321	1355862
服装类	194860	203302	15259	14021	1070198	1033438	1057654	1021084
鞋帽类	54966	47133	156	163	239684	232266	238536	231258
针纺织品类	51479	64786	622	600	116092	105564	114131	103520
化妆品类	26778	19761	10724	691	466350	243141	466220	242842
金银珠宝类	397232	158645	95529	669	303987	304285	302229	295954
日用品类	75664	83005	24732	18733	605560	537025	603746	535177
#儿童玩具类		3			26119	21991	25661	21736
五金、电料类	42575	54523	4993	5104	142294	129601	139492	125690
体育、娱乐用品类	2310	2800			48475	41959	48294	41840
#照相器材类					6589		6515	
书报杂志类	330012	368965	12398	10130	64924	61428	63510	60008
电子出版物及音像制品类	132	657	127	185	13962	12567	13962	12567
家用电器和音像器材类	1498304	2274083	5527	3695	824766	750250	821742	748070
中西药品类	5255245	5183574	211625	121069	273772	227841	273465	227395
#西药类	3110488	3026475	91236	41819	133421	112198	133201	112094
中草药及中成药类	644537	705369	5753	50	51099	31409	50974	31302
文化办公用品类	386981	398121	16580	8876	373567	328513	362242	310360
#计算机及其配套产品	81642		5735		90796	10421	89287	9969
家具类		76			116824	97699	114226	95138
通讯器材类	95872	82171	24367	9828	338072	263886	250513	204231
煤炭及制品类	1515807	1492495	63361	35644	37434	3072	37434	3072
木材及制品类	35392	17244			885	643		
石油及制品类	4623913	4805534	1006865	1083794	374523	330104	356760	306862
化工材料及制品类	1426418	1707928			71576	61404		
#化肥类	659560	752265			48405	44799		
金属材料类	2331710	2390689			3017	47971		
建筑及装潢材料类	197219	196541	25158	6088	80036	66356	76249	62812
机电产品及设备类	774034	803823	48393	19888	57534	54495	40878	35417
#农机类	13206	10453			500	710		
汽车类	1867424	1876217	306426	267909	6843791	6805486	6719219	6675814
种子饲料类	550928	562513			14052	12047		
棉麻类	288633.7	210653			1238	1213	323	1153
其他类	1259486.2	1103382	16331	24212	189299	155400	183054	152350

11-12 全市批发、零售贸易企业年销售额前50名排序

（2015年）　　　　单位：万元

序号	批发企业		零售企业	
	单位名称	销售额	单位名称	销售额
1	郑州亿人万邦农产品有限公司	3872117	郑州丹尼斯百货有限公司	874790
2	河南延长石油销售有限公司	2253379	大商集团郑州新玛特购物广场有限公司	337525
3	河南省烟草公司郑州市公司	1233155	郑州之星汽车销售服务有限公司	235230
4	国药控股河南股份有限公司	1199483	郑州维纳斯信息科技有限公司	224127
5	黄河国际贸易（郑州）有限公司	1190122	郑州郑德宝汽车销售服务有限公司	203570
6	中国石油化工股份有限公司河南郑州石油分公司	997626	大商集团（郑州）商贸有限公司	169101
7	郑州航空港区兴瑞实业有限公司	837109	河南省国美电器有限公司	167432
8	海马汽车销售有限公司	829850	河南世纪联华超市有限公司	155888
9	郑州日产汽车销售有限公司	751351	郑州利星汽车有限公司	152623
10	河南盛世欣兴格力贸易有限公司	727524	河南永乐生活电器有限公司	148269
11	华润河南医药有限公司	685957	郑州中升汇迪汽车销售服务有限公司	145399
12	河南弘力环保科技有限公司	663334	永辉超市河南有限公司	140315
13	河南九州通医药有限公司	619477	河南中油联合石油天然气销售有限公司	133995
14	中国石油天然气股份有限公司河南销售分公司	541805	河南苏宁云商销售有限公司	129734
15	河南阳光国际贸易有限公司	482582	河南丰之元汽车销售服务有限公司	127763
16	河南裕隆金属材料有限公司	436143	河南张仲景大药房股份有限公司	122510
17	天脊集团河南农资有限公司	433741	河南裕华江南汽车销售有限公司	113422
18	中国石油天然气股份有限公司河南郑州销售分公司	373881	河南豫海汽车销售有限公司	112655
19	河南中钢网电子商务有限公司	361300	河南中德宝汽车销售服务有限公司	112269
20	河南惠泽物资供销有限公司	350504	郑州宝莲祥汽车销售服务有限公司	99153
21	河南省新华书店发行集团有限公司	325873	河南天道汽车贸易服务有限公司	95124
22	河南欣豫国际浆纸有限公司	317959	郑州聚龙实业发展有限公司	88569
23	河南省医药有限公司	288364	郑州鹏龙万通汽车销售有限公司	88191
24	中原裕阔商贸有限公司	242043	河南省奥鑫汽车销售有限公司	86975
25	河南省金利福珠宝有限公司	238301	河南安吉汽车销售有限公司	86879
26	郑州铁路煤炭运销有限公司	223496	郑州世纪鸿图丰田汽车销售服务有限公司	86756
27	河南康信医药有限公司	213468	大商集团河南超市连锁发展有限公司	83562
28	郑州煤炭工业（集团）正运煤炭销售有限公司	211744	河南合众汇金实业有限公司	78078
29	河南迪信通商贸有限公司	204974	河南天行健汽车服务有限公司	78070
30	河南同舟棉业有限公司	197889	河南新纪元汽车销售服务有限公司	78035
31	河南省信成医药有限公司	188668	河南通孚祥汽车销售服务有限公司	77817
32	河南省国药医药开发有限公司	180614	郑州保福利汽车销售有限公司	77792
33	河南汇通甲醇有限公司	174199	郑州北环汽车贸易有限公司	77618
34	郑州嘉瑞供应链管理有限公司	169735	郑州永达和谐汽车销售服务有限公司	75826
35	河南华丰集团有限公司	158824	河南亚立石油化工有限公司矿区分公司	73071
36	河南金汇国际贸易有限公司	150091	河南万通一汽贸易有限公司	71687
37	登封颖源铝矾土有限公司	147826	河南华润万家生活超市有限公司	71376
38	中铝河南国际贸易有限公司	147522	河南威佳汽车贸易集团有限公司	70323
39	河南华益药业有限责任公司	147059	河南裕华金阳光汽车销售服务有限公司	67237
40	河南汇通新能源股份有限公司	144747	河南裕华上联汽车销售有限公司	66615
41	平煤国际河南矿业有限公司	144375	上海大众汽车河南豫港销售服务有限公司	66378
42	郑州煤矿机械集团物资供销有限公司	142185	郑州市豫北机电设备有限公司	64971
43	郑州太钢销售有限公司	136091	河南国际汽车贸易有限公司	63957
44	河南现代农业生产资料有限公司	131945	河南现代普汇实业有限公司	62886
45	郑州市旭中煤业有限公司	130496	河南东城天道汽车销售服务公司	61810
46	河南永安医药有限公司	126456	河南长江汽车销售服务有限公司	61434
47	郑州市钢联商贸有限公司	126205	河南昌河汽车实业有限责任公司	60813
48	郑州邦正医药有限公司	118840	河南省中大门网络科技有限公司	60028
49	河南省迪康医药有限责任公司	118550	河南合众明德汽车销售服务有限公司	59153
50	中铁七局集团物资贸易有限公司	117814	河南正道思达连锁商业有限公司	57592

主要统计指标解释

社会消费品零售总额 指企业(单位、个体户)通过交易直接售给个人、社会集团非生产、非经营用的实物商品金额,以及提供餐饮服务所取得的收入金额。个人包括城乡居民和入境人员,社会集团包括机关、社会团体、部队、学校、企事业单位、居委会或村委会等。

商品购进额 指从本企业以外的单位和个人购进(包括从国外直接进口)作为转卖或加工后转卖的商品金额(含增值税)。本指标反映批发和零售业从国内外市场上购进商品的总价。

商品购进包括:(1)从工农业生产者、批发和零售业企业、住宿和餐饮业企业、出版社或报社的出版发行部门和其他服务业企业购进的商品;(2)从机关团体、事业单位购进的商品;(3)从海关、市场管理部门购进的缉私和没收的商品;(4)从居民收购的废旧商品等。

不包括:(1)企业为本单位自身经营用,不是作为转卖而购进的商品,如材料物资、包装物、低值易耗品、办公用品等;(2)未通过买卖行为而收入的商品,如接受其他部门移交的商品、借入的商品、收入代其他单位保管的商品、其他单位赠送的样品、加工回收的成品等;(3)经本单位介绍,由买卖双方直接结算,本单位只收取手续费的业务;(4)销售退回和买方拒付货款的商品;(5)商品溢余。

商品销售额 指对本单位以外的单位和个人出售的商品金额(包括售给本单位消费用的商品,含增值税),本指标反映批发和零售业在国内市场上销售商品以及出口商品的总量。

商品销售包括:(1)售给城乡居民和社会集团消费用的商品;(2)售给农业、工业、建筑业、运输邮电业、服务业、公用事业等国民经济各行业用于生产、经营用的商品,包括售予批发和零售业作为转卖或加工后转卖的商品;(3)对国(境)外直接出口的商品。

商品销售不包括:(1)未通过买卖行为付出的商品,如随机构变动移交给其他企业单位的商品、借出的商品、归还受其他单位委托代保管的商品、付出的加工原料和赠送给其他单位的样品等;(2)经本单位介绍,由买卖双方直接结算,本单位只收取手续费的业务;(3)购货退回的商品;(4)商品损耗和损失;(5)出售本单位自用的废旧物资。

期末商品库存额 对于批发和零售业法人单位和个体经营户,是指取得所有权的全部商品金额(含增值税);对于批发和零售业产业活动单位,是指期末实际在库且归属法人具有所有权的全部商品金额(含增值税)。这个指标反映批发和零售业的商品库存情况,以及对市场商品供应的保证程度。

库存商品包括:(1)存放在本单位(如门市部、批发站、采购站、经营处)的仓库、货场、货柜和货架中的商品;(2)挑选、整理、包装中的商品;(3)已记入购进而尚未运到本单位的商品,即发货单或银行承兑凭证已到而货未到的商品;(4)寄放他处的商品,如因购货方拒绝付款而暂时存在购货方的商品;(5)委托其他单位代销(未作销售或调出)尚未售出的商品;(6)代其他单位购进尚未交付的商品。

库存商品不包括:(1)所有权不属于本单位的商品,如商品已作销售但买方尚未取走的商品,代替他人保管、运输、加工的商品,代其他单位销售(未做购进或调入)而未售出的商品;(2)委托外单位加工的商品(包括本单位所属加工厂和其他生产单位加工生产尚未收回成品的商品);(3)外贸企业代理其他单位从国外进口,尚未付给订货单位的商品;(4)代国家储备部门保管的商品。

连锁总店(总部) 负责连锁企业资源(商号、商誉、经营模式、服务标准、管理模式等等)的开发、配置、控制或使用等功能的企业核心管理机构。连锁经营是指经营同类商品或服务,使用统一商号的若干店铺,在同一总店(总部)的管理下,采取统一采购或特许经营等方式,实现规模效益的组织形式,包括直营连锁、特许连锁和自愿连锁三种形式。

十二、对外经济贸易和旅游

12-1 对外经济贸易

单位:万美元

项目	2014 年	2015 年	2015 年比 2014 年±%
全市进出口总值	**4643090**	**5702633**	**22.9**
#全市进口总值	1977380	2578048	30.5
全市出口总值	2665710	3124586	17.2
#国内企业	458162	383144	-16.4
外资企业	2207548	2741442	24.2
新批外资企业	66	58	-12.0
合同外资额	144557	125514	-13.2
实际利用外商直接投资	363002	382661	5.4
国外经济合作营业额	193212	209850	8.6

12-2 分县(市)、区进出口总值

单位:万美元

县(市)区	2014 年	2015 年	2015 年比 2014 年±%
合　计	**4643090**	**5702633**	**22.9**
中原区	30945	27990	-9.6
二七区	13918	11879	-14.6
管城区	81418	78072	-4.1
金水区	236826	197911	-16.4
上街区	7861	8281	5.3
惠济区	6011	5181	-13.8
中牟县	20608	21123	2.5
巩义市	49472	54959	30.2
荥阳市	9407	9691	3.0
新密市	6949	8726	25.6
新郑市	8717	6886	-21.0
登封市	7696	5139	-33.2
经开区	206838	290772	40.6
高新区	61165	58581	-4.2
郑东新区	103662	84333	-18.6
航空港试验区	3791596	4833109	27.5

12-3 分县(市)、区实际利用外资表

单位:万美元

名　　称	2014 年	2015 年	2015 年比 2014 年±%
合　计	**363002**	**382661**	**5.4**
中原区	12646	17375	37.4
二七区	23185	22790	-1.7
管城区	8348	9881	18.4
金水区	27268	29039	6.5
上街区	9198	8261	-10.2
惠济区	12878	10765	-16.4
中牟县	5235	5351	2.2
巩义市	27774	30090	8.0
荥阳市	14752	15565	5.5
新密市	20009	19895	-0.6
新郑市	21140	18370	-13.1
登封市	6902	1955	-71.7
经开区	48069	52578	9.4
高新区	25489	27537	8.0
郑东新区	42141	62709	48.8
航空港实验区	57968	50500	-12.9

12-4 向各大洲出口总额

单位:万美元

地　　区	2014 年	2015 年	2015 年比 2014 年±%
直接出口总值	**2665710**	**3124586**	**17.2**
亚洲	755272	909164	20.4
非洲	60306	58531	-2.9
欧洲	506919	442520	-12.7
拉丁美洲	140681	145144	3.2
北美洲	1162516	1485611	27.8
大洋洲	40016	83616	109.0

12-5　出口总额分类

单位:万美元

类　　别	2014 年	2015 年	2015 年比 2014 年±%
总计	**2665710**	**3124586**	**17.2**
动物类	10507	10868	3.4
植物类	46	454	889.0
食品、饮料、烟草及制品	10115	15774	55.9
矿产品	5155	5121	-0.7
化学工业及相关工业的产品	41381	34184	-17.4
塑料、橡胶及其制品	1433	1357	-5.3
皮革制品	529	433	-18.1
木及木制品	4946	2941	-40.5
木浆及其制品	1355	1532	13.1
纺织原料及纺织制品	62257	26997	-56.6
鞋、帽、羽毛及其制品	79245	38430	-51.5
贱金属及其制品	120311	123086	2.3
机械、电气、图象、声音录放设备	93294	81115	-13.1
交通运输设备	83910	75922	-9.5
光学、计量、医疗设备、精密仪器	7565	5442	-28.1
杂制品	6070	5424	-10.6

12-6　与郑州市建立友好关系的城市

国　　家	城　　市	建立时间
日本	埼玉市	1981.10
美国	里士满市	1994.9
罗马尼亚	克卢日·纳波卡市	1995.5
韩国	晋州市	2000.7
俄罗斯	萨马拉市	2000.8
纳米比亚	马林塔尔市	2001.8
约旦	伊尔比德市	2002.2
巴西	若茵维莱市	2003.11
德国	什未林市	2006.4
保加利亚	舒门市	2007.4
白俄罗斯	莫吉廖夫市	2014.6

12-7 旅　　游

指　　标	单位	2014 年	2015 年	2015 年比 2014 年±%
海内外游客	**万人次**	**7766.01**	**8674.4**	**11.7**
#国际旅游人数	万人次	45.1	47.3	4.8
国内旅游人数	万人次	7720.9	8627.1	11.7
旅游外汇收入	亿美元	1.7	1.8	5.0
国内旅游收入	亿元	810.8	992.5	12.5
旅游总收入	亿元	892.6	1004.2	12.5
国际国内旅行社	家	214	218	2.0
星级宾馆	个	45	40	-10.0

注:旅游外汇收入和国内旅游收入为不含巩义数据,其余均含。

12-8 郑州市出口企业30强

（2015年）

单位：万美元

序号	企 业 名 称	出口额	比上年±%
1	鸿富锦精密电子郑州有限公司	2678067	25.6
2	郑州宇通客车股份有限公司	64090	-17.0
3	河南明泰铝业有限公司	16431	-13.9
4	郑州明泰实业有限公司	16028	5.8
5	中平能化国际贸易有限公司	14395	-6.6
6	华润肉类食品（河南）有限公司	10379	9.6
7	郑州喜万年食品有限公司	7797	114.1
8	新密市万力实业发展有限公司	6120	142.3
9	河南方正博研实业有限公司	5965	-3.2
10	河南万达铝业有限公司	5488	19.6
11	河南省通用机械进出口有限公司	5410	7.7
12	中国磨料磨具进出口公司	4682	59.8
13	河南中孚实业股份有限公司	4532	286.9
14	郑州宇通重工有限公司	4488	51.3
15	富鼎精密工业（郑州）有限公司	3701	-18.9
16	中铁七局集团有限公司	3588	21.9
17	河南东方丝绸进出口有限公司	3576	-8.4
18	郑州名扬窗饰材料有限公司	3150	-9.9
19	中国河南国际合作集团有限公司	3084	-38.5
20	河南东方丝绸进出口有限公司	3031	582.5
21	郑州旭飞光电科技有限公司	2886	1562.8
22	河南悦源贸易有限公司	2667	-0.9
23	河南金汇国际贸易有限公司	2666	0.8
24	中石化河南石油工程有限公司	2525	3.8
25	郑州拓洋生物工程有限公司	2519	-9.6
26	河南中艺进出口有限公司	2499	-21.3
27	郑州银石贸易有限公司	2498	-4.0
28	河南省新异进出口贸易有限公	2322	27.6
29	河南永阳进出口贸易有限公司	2309	29.5
30	河南威龙进出口有限公司	2245	-1.8

主要统计指标解释

进出口总额　海关进出口总额指实际进出我国国境的货物总金额。包括对外贸易实际进出口货物，来料加工装配进出口货物，国家间、联合国及国际组织无偿援助的物资和赠送品，华侨、港澳台同胞、外籍华人的捐赠品的金额。租赁期满归承租人所有的租赁货物，进料加工进出口货物，边境地方贸易及边境地区小额贸易进出口货物(边民互市贸易除外)，中外合资企业、中外合作经营企业、外商独资经营企业进出口货物和公用物品，到、离岸价格在规定限额以上的进出口货样和广告品(无商业价值、无使用价值和免费提供出口的除外)，从保税仓库提取在中国境内销售的进口货物，以及其他进出口货物。进出口总额用以观察一个国家在对外贸易方面的总规模。我国规定出口货物按离岸价格统计，进口货物按到岸价格统计。

出口总值　指在对外贸易中实际离开我国口岸或边境直接出口或转口的商品，包括来料加工装配(工缴费)和补偿贸易出口。

进口总值　指在对外贸易中实际到达我国口岸或边境的进口商品。

利用外资　是指我国各级政府、部门、企业、中国银行和其他单位通过对外借款、吸收外商直接投资和外商其他投资方式，从国外和港澳台地区筹措的资金。

利用外资协议金额　是指在一定时期内，经主管部门批准的与境外政府、部门、银行、企业和国际组织新签订的借款或投资协议(合同)资金总额。包括大陆与港、澳、台同胞及华侨签订的协议金额。它是反映全国及各地区、各部门同境外发生借贷关系和利用外资规模、方式、来源、用途及其效益的重要统计指标。利用外资金额包括我国各级政府、部门、企业和其他经济组织的对外借款(政府贷款、国际金融组织贷款、出口信贷、外国银行商业贷款、对外发行债券股票)，吸收外商直接投资(合资、合作、外商独资经营和合作开发)，以及外商补偿贸易、加工装配、国际租赁等其他境外现汇、设备、技术投资。其计量单位都折算成美元统计。

外商直接投资　是指外国企业和经济组织或个人(包括华侨、港澳台胞以及我国在境外注册的企业)按我国有关政策、法规，用现汇、实物、技术等在我国境内开办外商独资企业、与我国境内的企业或经济组织共同举办中外合资经营企业、合作经营企业或合作开发资源的投资(包括外商投资收益的再投资)以及经政府有关部门批准的项目投资总额内，企业从境外借入的资金。

对外承包工程　指各对外承包公司以招标议标承包方式承揽的下列业务：1. 承包国外工程建设项目；2. 承包我国对外经援项目；3. 承包我国驻外机构的工程建设项目；4. 承包我国境内利用外资进行建设的工程项目；5. 与外国承包公司合营或联合承包工程项目时我国公司分包部分；6. 对外承包兼营的房屋开发业务。对外承包工程的营业额是以货币表现的本期内完成的对外承包工程的工作量，包括以前年度签订的合同和本年度新签订的合同在报告期内完成的工作量。

旅游人数　包括入境国际旅游者人数、出境居民人数和国内旅游者人数。1. 入境国际旅游者人数：指来我国参观、访问、旅行、探亲、访友、休养、考察、参加会议和从事经济、科技、文化、教育、体育、宗教等活动的外国人、华侨、港澳和台湾同胞的人数。不包括外国在我国的常驻机构，如使领馆、通讯社、企业办事处的工作人员；来我国常住的外国专家、留学生以及在岸逗留不过夜人员。2. 出境居民人数：指大陆居民因公务活动或私人事务短期出境的人数。公务活动出境居民人数包括在国际交通工具上的中国服务员工，因私出境居民人数不包括在国际交通工具上的中国服务员工，因私出境居民人数不包括在国际交通工具上的中国服务员工。3. 国内旅游者人数：指我国大陆居民和在我国常住 1 年以上的外国人、华侨、港澳台同胞离开常住地在境内其他地方的旅游设施内至少停留一夜，最长不超过 6 个月的人数。

旅游外汇收入　指国内各部门为来我国旅游的外国人、华侨、港澳和台湾同胞提供商品和劳务而获得的外汇收入。包括供应商品、饮食和提供住宿、交通、邮电文化娱乐、导游等各项服务所得到的全部外汇收入。

对外借款　指通过对外正式签订借款协议，从境外筹措的资金，包括外国政府贷款、国际金融组织贷款、外国银行商业贷款、出口信贷以及对外发行债券等。1996 年及以前还包括对外发行股票。该指标是我国利用外资的重要部分。

十三、财政金融

13-1 金融机构信贷收支

（2015 年底）

单位:万元

项　　目	合计	2015 年比年初	2015 年比年初±%	市区	中牟县	巩义市	荥阳市	新密市	新郑市	登封市	上街区
各项存款	**169362732**	**23859013**	**16.40**	**148414988**	**3923008**	**3209004**	**2672954**	**3370326**	**4930243**	**2842208**	**1280760**
境内存款	169298967	23847298	16.40	148354787	3922939	3208138	2672742	3370209	4928079	2842073	1280465
住户存款	56954874	5775525	11.28	43231921	2593370	2261457	1861481	2520102	2511903	1974639	829706
活期存款	24098499	2693529	12.58	18587167	1289229	847600	660838	911071	1145645	656950	313256
定期及其他存款	32856375	3081996	10.35	24644755	1304141	1413857	1200643	1609032	1366259	1317689	516450
非金融企业存款	72303264	10381185	16.76	66970197	969129	720740	605285	673740	1773849	590324	312967
活期存款	32436755	5307847	19.57	28741796	751310	326378	448715	481515	1437544	249498	165442
定期及其他存款	39866509	5073338	14.58	38228401	217819	394362	156570	192226	336305	340826	147526
广义政府存款	27429109	3424596	14.27	25648619	357740	225758	195976	150963	612503	237549	123357
财政性存款	3600486	880302	32.36	3467294	10690	8085	14392	6094	69135	24797	40549
机关团体存款	23828622	2544294	11.95	22181325	347050	217673	181585	144869	543368	212752	82808
非银行业金融机构存款	12611720	4265991	51.12	12504049	2699	184	10000	25403	29824	39560	14435
境外存款	63765	11715	22.51	60201	69	866	212	117	2165	135	295
各项贷款	**126594807**	**17891310**	**16.46**	**115001090**	**1910307**	**1823956**	**1470658**	**1723939**	**3469376**	**1195482**	**623022**
境内贷款	126588489	17890606	16.46	114994785	1910294	1823955	1470658	1723939	3469376	1195482	623022
住户贷款	35288113	6540356	22.75	31897297	737937	345352	629656	372451	1101577	203843	311352
短期贷款	9107810	377468	4.32	7870529	336699	123963	170196	154326	394329	57767	17596
消费贷款	3090497	697602	29.15	2984241	26643	15129	12861	11449	19304	20870	3141
经营贷款	6017313	-320135	-5.05	4886288	310055	108834	157335	142877	375025	36897	14455
中长期贷款	26180303	6162888	30.79	24026768	401238	221388	459461	218125	707248	146075	293756
消费贷款	22680820	5613722	32.89	20839419	337626	203862	413919	186609	591623	107760	264595
经营贷款	3499483	549166	18.61	3187349	63612	17526	45542	31515	115625	38315	29161
非金融企业及机关团体贷款	91290376	11360250	14.21	83097488	1172358	1478604	841001	1351488	2357799	991639	311670
短期贷款	30088462	2551982	9.27	25476871	640747	1044846	500843	645287	1281668	498201	159070
中长期贷款	57339945	7099728	14.13	53792242	530296	427903	340158	706201	1070180	472965	150880
票据融资	3683752	1673758	83.27	3656141		1187			5950	20474	920
融资租赁	400	-400	-50.00	400							
各项垫款	177817	35180	24.66	171835	1314	4667					800
非银行业金融机构贷款	10000	-10000	-50.00						10000		
境外贷款	6318	704	12.54	6304	12	1					

13-2 中资全国性四家行信贷收支

（2015 年底）

单位：万元

项　　目	合　计	市　区	中牟县	巩义市	荥阳市	新密市	新郑市	登封市	上街区
各项存款	**50091472**	**42154109**	**819755**	**1571314**	**1028861**	**1549058**	**1783593**	**1184781**	**655814**
境内存款	50054568	42120599	819686	1570610	1028649	1548946	1781432	1184646	655520
个人存款	23675262	18378025	540190	1086421	725817	1228811	832027	883972	485331
其中：活期储蓄存款	11212185	8864218	321292	449673	322599	491744	433783	328874	203464
定期储蓄存款	10101698	7557776	184555	550928	348370	664652	333554	461863	250057
结构性存款	205294	179842	1496	10894	1855	4594	1105	5510	2930
单位存款	22767109	20239050	276797	483005	292832	294733	919580	261113	155710
其中：活期存款	11775984	10015235	244182	205452	243792	218839	699944	148540	119264
定期存款	5029576	4788615	4859	66771	18117	18535	84613	48065	23884
保证金存款	1184599	948794	8500	130696	19242	8776	45741	22850	4432
结构性存款	469452	419382					50070		
国库定期存款	321000	320000		1000					
非存款类金融机构存款	3291196	3183524	2699	184	10000	25403	29826	39560	14479
境外存款	36903	33510	69	704	212	112	2161	135	295
各项贷款	**37980394**	**33360884**	**374865**	**868693**	**674166**	**713230**	**1564066**	**424490**	**367687**
境内贷款	37978936	33359440	374852	868692	674166	713230	1564066	424490	367687
短期贷款	4498806	3505718	20293	465052	63968	122938	203374	117464	73589
个人贷款及透支	993915	921779	7730	9213	8771	17914	14036	14471	2278
其中：个人消费贷款	676407	631197	6192	5647	6569	7297	8509	10997	1874
单位贷款及透支	3504891	2583938	12563	455838	55196	105024	189337	102993	71310
经营贷款及透支	3038564	2150561	12563	455838	51196	95024	173859	99522	70975
固定资产贷款	54671	40500			4000	10000		171	
贸易融资	411656	392878					15478	3300	336
中长期贷款	31398230	27782079	354340	399553	610198	590292	1354742	307026	294098
个人贷款	13375753	11909838	233582	183370	321674	124152	524674	78464	215828
其中：个人消费贷款	12694419	11325778	231060	176112	314484	120325	450644	76016	191142
单位贷款	18022477	15872242	120758	216182	288524	466140	830068	228563	78270
经营贷款	2027507	1879260	3400	10700	21600	30000	30647	51900	
固定资产贷款	15859642	13889203	117358	188732	266924	436140	799421	161863	78270
并购贷款	88550	57000		16750				14800	
贸易融资	46778	46778							
票据融资	2057019	2049881		1187			5950		
各项垫款	24881	21762	220	2900					
境外贷款	1458	1444	12	1					

13-3 农村合作金融机构(农信、农商)信贷收支表

(2015 年底)

单位:万元

项目	合计	市区	中牟县	巩义市	荥阳市	新密市	新郑市	登封市	上街区
各项存款	**12250145**	**5260144**	**1483742**	**901573**	**856521**	**900651**	**2005577**	**841937**	**74196**
境内存款	12250145	5260144	1483742	901573	856521	900651	2005577	841937	74196
个人存款	9431195	3988547	1224264	734926	687406	674866	1334247	786939	50457
其中:活期储蓄存款	3809804	1839381	654137	233703	154764	170364	546279	211176	15208
定期储蓄存款	5617673	2147891	568588	500570	532642	504483	787736	575763	35221
单位存款	2818950	1271597	259478	166647	169115	225785	671330	54998	23739
其中:活期存款	2298739	1054309	212634	93001	162697	151614	598673	25811	9755
定期存款	375335	210682	34473	27349	5207	19198	62866	15560	13931
保证金存款	144876	6606	12371	46297	1211	54973	9791	13627	53
各项贷款	**6163589**	**2337374**	**715817**	**600629**	**445573**	**572009**	**946385**	**545802**	**62569**
境内贷款	6163589	2337374	715817	600629	445573	572009	946385	545802	62569
短期贷款	4870306	1904365	555192	472697	368097	415227	844654	310074	62290
个人贷款及透支	1520635	753571	157921	76345	122240	97733	289951	22874	4493
其中:个人消费贷款	38063	23596		6209		2716	441	5101	662
单位贷款及透支	3319671	1150794	397271	376352	245857	317494	544703	287200	57797
经营贷款及透支	3319671	1150794	397271	376352	245857	317494	544703	287200	57797
非存款类金融机构贷款	30000			20000			10000		
中长期贷款	1293283	433009	160625	127932	77476	156782	101731	235728	279
个人贷款	573033	289422	61087	14339	44467	34638	84454	44626	279
其中:个人消费贷款	316319	170315	43076	10352	12420	13103	51753	15300	100
单位贷款	720250	143587	99538	113593	33009	122144	17277	191102	
经营贷款	720250	143587	99538	113593	33009	122144	17277	191102	

13-4 财　政

（2015 年）

单　　位	郑州市	市本级	中原区	二七区	管城区	金水区	上街区	惠济区
公共预算收入	**9428968**	**5617913**	**287789**	**306946**	**229612**	**551140**	**120338**	**125065**
税收收入	**6992628**	**4119367**	**274206**	**290454**	**211420**	**533433**	**92119**	**115929**
增值税	678290	351178	29823	26356	23786	61835	9710	10536
国内增值税	445606	216640	19553	10063	18025	24521	7345	6917
国有企业增值税	44001	20405	8528	411	216	1816	706	107
集体企业增值税	3469	1098	14	168	458	186	119	70
股份制企业增值税	293631	142772	8193	5554	10400	16314	3957	3567
联营企业增值税	60	21			16	5		
港澳台和外商投资企业增值税	57443	29642	1406	3135	1550	3243	581	1721
私营企业增值税	7856	3155	5	67	32	28	826	49
其他增值税	26732	10824	821	765	1629	4013	1009	1387
增值税税款滞纳金、罚款收入	1300	629	28	8	42	94	22	6
福利企业增值税退税	-7403	-1082	-117	-229	-23	-685	-84	-10
软件增值税退税	-3204	-3042	-2			-160		
宣传文化单位增值税退税	-1664	-1034		-13		-617		
资源综合利用增值税退税	-4519	-210	-44	-20		-3	-97	
其他增值税退税	-129	-46		-5	-2			
免抵调增增值税	28077	13552	721	222	3707	287	306	20
成品油价格和税费改革增值税划出	-44	-44						
改征增值税（项）	232684	134538	10270	16293	5761	37314	2365	3619
改征增值税（目）	232791	134714	10268	16285	5757	37275	2362	3612
改征增值税税款滞纳金、罚款收入	193	91	2	8	4	39	3	7
改征增值税国内退税	-300	-267						
营业税	2555835	1641702	78809	101665	60519	142569	31834	40189
金融保险业营业税（地方）	606362	564855		100	10	1896	2207	16
一般营业税	1944509	1074337	78542	100806	60459	140491	29587	40159
营业税税款滞纳金、罚款收入	4964	2510	267	759	50	182	40	14
企业所得税	1133300	780596	27134	27861	30350	70022	7724	15032
个人所得税（款）	292890	206514	13058	9911	9852	23350	1333	3057
个人所得税（项）	292359	206204	13055	9855	9850	23286	1325	3056
储蓄存款利息所得税	13	13						
其他个人所得税	292346	206191	13055	9855	9850	23286	1325	3056
个人所得税税款滞纳金、罚款收入	531	310	3	56	2	64	8	1
资源税	32837			239		1	115	
城市维护建设税	361064	183927	23741	21484	19561	39114	5712	10074
房产税	193513	77955	14206	24981	12578	36278	3290	3885
印花税	116451	59586	6188	6978	5236	17745	1912	2749
城镇土地使用税	197913	53623	9098	12088	11783	14488	7712	7177
土地增值税	662939	258776	63084	46697	28209	126927	6741	20465
车船税（款）	84796	62516					3759	
耕地占用税（款）	191592	48327	9065	12194	9546	1104	6623	2765
契税（款）	490928	394667					5654	
烟叶税（款）	280							
非税收入	**2436340**	**1498546**	**13583**	**16492**	**18192**	**17707**	**28219**	**9136**
专项收入	586112	486875	32	205	44	3461	4350	22

收　入

单位:万元

经开区	高新区	郑东新区	航空港实验区	中牟县	巩义市	荥阳市	新密市	新郑市	登封市
330217	**289044**	**778533**	**295001**	**360516**	**347335**	**316038**	**303097**	**600369**	**262810**
293030	**252684**	**722830**	**212258**	**237822**	**173969**	**230032**	**156372**	**414624**	**142881**
35642	31666	13688	6518	24015	32945	16762	34711	26626	30007
29723	24558	6597	2931	20189	29516	14348	31356	20294	26839
3830	409	29		1106	2087	1532	3110	1808	2169
64	37	1		24	241	371	224	412	84
21218	19574	4392	864	9545	22158	12413	28298	16275	14185
						6			12
3141	2397	802	1600	3558	253	380	519	476	10979
10	760	715	2	34	3359	88	173	23	17
124	449	236	293	304	1780	711	542	1145	1802
42	60	118		3	161	31	70	112	94
-7			-2	-71	-1467	-356	-2102	-923	-254
-28	-1412								
		-156							
			-8	-148		-1463	-57	-50	-2427
	-20							-76	
1329	2326	460	182	5834	944	635	579	1092	178
	-22								
5919	7108	7091	3587	3826	3429	2414	3355	6332	3168
5914	7233	7088	3587	3820	3428	2414	3388	6300	3168
5	8	3		6	1			32	
	-133						-33		
44151	60998	263868	47392	82777	33270	90889	46609	171943	33060
11		110774		5130	5494	4252	9787	7961	4654
44123	60951	152878	47386	77186	27645	86443	36739	163806	28309
17	47	216	6	461	131	194	83	176	97
35268	33124	72688	48920	27215	16731	29496	21346	53710	26083
6655	12339	24525	3790	5215	2949	3330	3045	7935	3341
6654	12338	24483	3790	5201	2933	3328	3004	7924	3338
6654	12338	24483	3790	5201	2933	3328	3004	7924	3338
1	1	42		14	16	2	41	11	3
					12226	842	6163	2256	10995
80678	23878	27639	8992	8142	8809	9530	8384	14692	7894
13313	9391	20450	11704	3986	5858	2434	2365	4441	1256
7182	5723	10571	21112	2841	3928	2307	1562	4260	1159
17019	11786	14143	7377	12099	23853	12632	14489	13871	5000
22329	30248	194334	11659	16203	4023	29091	4945	54778	3000
		958		2086	8043	1240	2218	1848	3086
10794	10377	11896	15260	29840	17589	14182	7588	18193	14576
19999	23154	68070	29534	23403	3745	17297	2947	40071	3144
									280
37187	**36360**	**55703**	**82743**	**122694**	**173366**	**86006**	**146725**	**185745**	**119929**
34422	10079	10184	37443	19970	10415	15250	12683	13343	19462

13-4 续表 1 (2015 年)

单 位	郑州市	市本级	中原区	二七区	管城区	金水区	上街区	惠济区
排污费收入(项)	8476	1674					134	
水资源费收入	5022	1538					47	
教育费附加收入(项)	162890	128420				2	2528	
矿产资源专项收入	3754	269		99				
地方教育附加收入	54690	43196					843	
文化事业建设费收入	3942	115	32	94	41	3457	15	7
残疾人就业保障金收入	29522	25789					281	
教育资金收入	176729	160737					263	
农田水利建设资金收入	138132	125017					211	
育林基金收入	786	20		12	3	2		15
森林植被恢复费	731	100						
水利建设专项收入	146							
其他专项收入(项)	1292						28	
行政事业性收费收入	417086	151528	8767	5894	9745	11000	2641	4257
公安行政事业性收费收入	46915	45134					6	
法院行政事业性收费收入	56438	23016	2557	4448	4435	11000	345	1486
司法行政事业性收费收入	3106	1547	608		64		2	518
外交行政事业性收费收入	8	8						
工商行政事业性收费收入	105							
商贸行政事业性收费收入	412	411						
财政行政事业性收费收入	1994	1565	85	28	14		19	9
人口和计划生育行政事业性收费收入	15175	6721	208	40	53		41	623
质量监督检验检疫行政事业性收费收入	5065	2512						
安全生产行政事业性收费收入	1069	323						
人防办行政事业性收费收入	24898	2201					76	
文化行政事业性收费收入	9	4						
教育行政事业性收费收入	72856	47738	2057	699	506			288
科技行政事业性收费收入	9	9						
发展与改革(物价)行政事业性收费收入	2238	-9	16					
国土资源行政事业性收费收入	34952	2	99	14	20		1565	255
建设行政事业性收费收入	69531	8750	578	4	41		350	46
环保行政事业性收费收入	1590	542					18	
交通运输行政事业性收费收入	976	474					16	
农业行政事业性收费收入	490	73			2		3	2
林业行政事业性收费收入	197				6			102
水利行政事业性收费收入	436							
卫生行政事业性收费收入	65388	3241	631	114	3985		187	896
民政行政事业性收费收入	920	53	9	11	9		2	3
人力资源和社会保障行政事业性收费收入	4410	4015	29	58	18		11	29
仲裁委行政事业性收费收入	2548	2548						
党校行政事业性收费收入	502	357	3					
其他行政事业性收费收入	4849	293	1887	478	592			
罚没收入	160671	102112	1160	1520	2482		1530	1592
一般罚没收入	160671	102112	1160	1520	2482		1530	1592
公安罚没收入	55774	40391					250	

单位:万元

经开区	高新区	郑东新区	航空港实验区	中牟县	巩义市	荥阳市	新密市	新郑市	登封市
			115	545	1594	677	1534	523	1795
				510	258	494	846	643	686
34368	10079	10152	3848	4876	4732	4605	5220	7848	4659
					1700	905	451	101	229
				1623	1582	1537	1740	2614	1555
54		32		75	23	5	9	3	66
				420	468	475	655	1113	321
			16740	6146		3462	1085		5036
			16740	4917		3090	868		4029
				248	58		275	84	69
				610					21
									146
								414	850
838	10943	5399	6835	59461	10424	53959	22219	69817	7374
				15	1336	212	44	43	125
	7361			1100	1651	443	2533	2427	997
				152	38	85	8	61	23
				105					
						1			
	1	11	56	96	68		47	40	23
	672	3096	2953	4228	262	984	456	1000	559
				218	783	409	392	331	420
					65	507	145	29	
			505	19004	307	1128	511	1671	
						5			
19	2515	826	769	2116	2608	6400	3691	4468	2285
						2231			
				18855	1626	9844	1133	620	919
814	346	1466	394	2509	911	2308	1775	51649	610
				79	116	23	164	16	632
				17	16	186	30	69	168
3				107	52	47	50	127	27
				36		52	1		
					1		287		148
			2158	10530	142	28833	9471	7126	232
2	4			140	304	168	99	113	9
	44			31	138	19	16	24	22
						74			68
				123			1366	3	107
1835	2681	15937	6630	13103	4876	8606	7308	8058	8324
1835	2681	15937	6630	13103	4876	8606	7308	8058	8324
				2002	1664	1454	2415	5557	2041

13-4 续表 2 （2015 年）

单 位	郑州市	市本级	中原区	二七区	管城区	金水区	上街区	惠济区
检察院罚没收入	5126	2654	121	64	682		58	738
法院罚没收入	2946	464	112	344	332		39	87
工商罚没收入	2750	576	96	302	248		20	59
新闻出版罚没收入	7						2	
技术监督罚没收入	343	93	1	18	4			1
海关罚没收入	77	77						
食品药品监督罚没收入	553	208	15	7	29		3	4
卫生罚没收入	292	105	18	7	7		3	16
检验检疫罚没收入	21							
交通罚没收入	4219	714		1	5		360	
审计罚没收入	4378	7						
物价罚没收入	305	134	13		5			
其他一般罚没收入	83880	56689	784	777	1170		795	687
国有资本经营收入	544641	485746	40	602		283	89	585
利润收入	39376	9305						
股利、股息收入	34155	33424	40	602			89	
产权转让收入	468001	443017						
其他国有资本经营收入	3109					283		585
国有资源(资产)有偿使用收入	493966	197789	3584	7001	5292	988	16140	2122
利息收入	30422	20226	516	873	333	304	338	134
国库存款利息收入	6365	4308	150	209	153	304	65	118
财政专户存款利息收入	5136	2702						
其他利息收入	18921	13216	366	664	180		273	16
非经营性国有资产收入	75896	57045	1458	3447	1564	684	10290	402
行政单位国有资产出租、出借收入	4454	769	706	1569		531	212	371
行政单位国有资产处置收入	2904	2330	133	33	2		321	31
事业单位国有资产处置收入	13348	7957			1562		3779	
其他非经营性国有资产收入	55190	45989	619	1845		153	5978	
出租车经营权有偿出让和转让收入	5616	5616						
其他国有资源(资产)有偿使用收入	382032	114902	1610	2681	3395		5512	1586
其他收入(款)	233864	74496		1270	629	1975	3469	558
捐赠收入	7443	786		1258	629	1975		70
国内捐赠收入	7443	786		1258	629	1975		70
主管部门集中收入	2512							50
其他收入(项)	223909	73710		12			3469	438
政府性基金收入	**5403057**	**3862620**				**33**	**101152**	
政府住房基金收入	51678	51088				33		
上缴管理费用	6378	6378						
计提公共租赁住房资金	24704	24704						
公共租赁住房租金收入	20069	20006						
其他政府住房基金收入	527					33		
国有土地使用权出让收入	4479695	3081421					98487	
土地出让价款收入	3847975	2576351					97650	
补缴的土地价款	499010	437599					4337	
划拨土地收入	224066	163166						
缴纳新增建设用地土地有偿使用费	-137922	-99276					-3500	
其他土地出让收入	46566	3581						

单位:万元

经开区	高新区	郑东新区	航空港实验区	中牟县	巩义市	荥阳市	新密市	新郑市	登封市
	868		885	251	72	222		165	99
17	213			281	142	123	328	351	343
					266	249	366	261	307
					5				
				40	24	29	75	49	9
			25						
	49	17	23		43	38	107	44	55
				25	21	38	9	21	22
						10	11		
				190	551	212	686	234	1266
			7	419	27	3656	255		14
				93			56		4
1818	1551	15920	5690	9802	2061	2575	3000	1376	4164
		9205	100		9061	1902			46333
		9205	100						30071
					8722				16262
					339	1902			
92	12657	14904	31681	27596	119283	845	2426	85651	25249
47	353	11107	1660	959	2582	845	292	2158	862
47	133	493	807	144	120	340	80	249	125
				200	2197		35		2
	220	10614	853	615	265	505	177	1909	735
15	6000	3797	2000		68		290	338	310
15		688			10			10	276
		30			39			8	7
		959			19			4	27
	6000	2120	2000				290	316	
30	6304		28021	26637	116633		1844	83155	24077
		74	54	2564	19307	5444	102089	8876	13187
		74		14	108		1480	79	1044
		74		14	108		1480	79	1044
							2462		
			54	2550	19199	5444	98147	8797	12143
48807	**49159**	**124484**	**311077**	**430933**	**33856**	**345206**	**57601**	**513553**	**58103**
		423	19583	40	1		516		
		423	19583	40	1		22		
							494		
			257571	379066	24148	314140	38851	492530	51052
			275024	293825	28083	309009	40179	457226	45652
				56885	-3805	2023	893	531	547
			5323	44407	1119	8310	161		6903
			-24612	-16051	-1249	-5202	-2909	-7679	-2056
			1836				527	42452	6

13-5 财 政

(2015 年)

单 位	郑州市	市本级	中原区	二七区	管城区	金水区	上街区	惠济区
公共预算支出	**11060158**	**6421050**	**233668**	**280682**	**250773**	**477892**	**162948**	**139231**
公共服务支出	850364	288966	43024	58711	46818	53819	20525	24018
人大事务	10190	2866	1122	657	578	516	506	418
政协事务	8927	2681	663	747	840	431	394	412
政府办公厅(室)及相关机构事务	370678	114823	21203	37257	30721	24143	10877	12926
发展与改革事务	19335	11476	416	359	853	252	240	203
统计信息事务	10742	3118	1255	719	115	666	200	761
财政事务	38820	10112	2110	1960	2492	1693	966	1116
税收事务	8347	4744					774	558
审计事务	12320	3410	204	843	245	461	257	310
海关事务	60	60						
人力资源事务	15216	4960	1242	1179	219	1985	86	458
纪检监察事务	14466	5484	732	890	851	576	293	628
商贸事务	21080	11181	1324	877	785	311	617	1228
知识产权事务	286	253					11	
工商行政管理事务	31093	7990	2084	2035	2135	3446	453	1217
质量技术监督与检验检疫事务	14843	7271	327	324	291	285	182	292
民族事务	2170	1638	101	38	75	10	26	52
宗教事务	1215	87	16	126	484	107	16	60
港澳台侨事务	191	92					27	
档案事务	3302	1052	193	210	221	159	117	172
民主党派及工商联事务	1727	862	12	104	68	79	53	78
群众团体事务	13329	5078	565	691	764	1070	286	265
党委办公厅(室)及相关机构事务	27169	8045	699	733	785	3039	607	1804
组织事务	10828	2145	1242	1086	881	1066	436	512
宣传事务	12299	4770	960	1254	514	360	757	309
统战事务	2973	625	214	296	248	324	102	234
其他共产党事务支出(款)	17930	3387	4059	1309	2653	4003	1042	5
其他一般公共服务支出(款)	180828	70756	2281	5017		8837	1200	
国防支出	4813	303	483		334	129		237
国防动员	3816	303	373			129		237
其他国防支出(款)	997		110		334			
公共安全支出	413975	243482	7842	8017	8887	11021	6441	6429
武装警察	14888	8465	520			805	163	272
公安	275588	190575				2043	4530	377
国家安全	250	250						
检察	36029	10698	2805	2377	3050	2769	508	2041
法院	54035	17462	2994	4910	4733	4249	783	2804
司法	20003	5204	1523	701	1096	1131	441	935

支　出

单位:万元

经济区	高新区	郑东新区	航空港实验区	巩义市	荥阳市	中牟县	新郑市	登封市	新密市
350471	**296108**	**593060**	**866369**	**504288**	**407939**	**582856**	**703274**	**411552**	**484005**
39948	19626	32580	48985	67763	41905	45848	71961	49369	37637
12	39	8		479	585	745	570	543	605
				420	501	496	410	449	483
32339	10325	21253	23220	13953	16013	28177	27342	15100	18143
2706	669	103	397	487	1238	965	1348	774	724
228	88	151	532	715	865	481	996	429	422
1038	624	1085	1037	2634	3782	2865	4026	1397	3667
1175		1561	1244	44		376		47	1804
	199	692	11	329	1107	2466	1648	359	681
			60						
89	690	551	264	1731	598	301	2071	141	245
78	503	537	116	676	1271	696	1147	700	522
425	2226	3281	1882	822	803	330	1988	364	450
				22					
50	50		30	1371	2241	2417	2395	1920	1389
		290	116	991	1364	764	1321	665	766
					135	9	20	32	34
		19		7		82	72	97	61
					55				17
				124	275	158	317	154	150
				71	109	15	193	54	29
91	268	501	19	276	367	1101	1713	650	503
	460	1963	167	2713	1567	1377	2765	1959	1076
	147	1	241	139	709	1103	472	473	564
			12	114	754	492	895	675	445
				89	126	149	258	210	98
344						194			1278
1373	3338	584	19637	39556	7440	89	19994	22177	3481
120				290	436	293	1837	296	175
120				117	436	265	1485	296	175
				173		28	352		
7275	6163	7830	7648	18053	21040	26400	22448	16151	17764
3502		1720	3243	326	962	1533	983	503	356
2006		5525	2783	11063	12670	18719	14168	10363	11080
300	1400	160	557	1570	2308	2393	1996	1293	2221
1330	4763	425	541	3126	2265	2436	3329	1961	2983
137			386	1249	2115	1058	1926	1542	1082

13-5 续表1 (2015年)

单　位	郑州市	市本级	中原区	二七区	管城区	金水区	上街区	惠济区
监狱	3812	3812						
强制隔离戒毒	6878	6878						
其他公共安全支出(款)	2492	138		29	8	24	16	
教育支出	1476043	726733	44025	45152	39836	62086	27712	28545
教育管理事务	16185	3341	492	237	1204	129	547	802
普通教育	1026277	424871	34373	37422	33622	53318	22337	24605
职业教育	151403	128258	2	122	134	31	1465	278
成人教育	946	562						144
广播电视教育	2438	2050						
特殊教育	8319	6137	12	268	325	237		7
进修及培训	12912	4972	536	111	260	178	115	595
教育费附加安排的支出	149336	86349	6357	5730	1693	3457	2382	1031
其他教育支出(款)	108227	70193	2253	1262	2598	4736	866	1083
科学技术支出	178600	131368	2559	2240	4380	6992	2638	616
科学技术管理事务	10011	3988	235	209	400	204	180	118
基础研究	1362	1345		2		9		
应用研究	477	241				50		
技术研究与开发	78029	47603	2192	1726	3764	3849	2418	441
科技条件与服务	1604	185			102	1104		
社会科学	113	108						
科学技术普及	3960	1965	126	83	84	154	38	32
科技交流与合作	539	539						
科技重大专项(款)	200	200						
其他科学技术支出(款)	82305	75194	6	220	30	1622	2	25
文化体育与传媒支出	174029	115190	1179	1204	1091	1964	1001	426
文化	30192	15098	952	952	639	1217	352	355
行政运行	3432	1452		46	496	47	1	165
一般行政管理事务	925	742					7	36
机关服务	995			367				
图书馆	4418	3387	196	65	10	46	60	20
文化展示及纪念机构	372	372						
艺术表演场所	622	316						
艺术表演团体	4354	3244		2	3		2	2
文化活动	1573	1418	1				44	
群众文化	4664	2082	306	184	5		94	49
文化交流与合作	74							
文化创作与保护	1068	557		16	12	1		
文化市场管理	1887	599	306	132			143	
其他文化支出	5808	929	143	140	113	1123	1	83
文物	30807	16195	49	8	441		55	

单位:万元

经济区	高新区	郑东新区	航空港实验区	巩义市	荥阳市	中牟县	新郑市	登封市	新密市
			138	719	720	261	46	489	42
51007	29849	75972	31841	76542	79275	95066	96416	79453	75202
	530	180	419	552	926	2551	3574	877	953
19524	18446	63388	18139	66165	60085	74807	74550	58939	61183
				3483	4552	3127	3878	2613	3460
				200					40
					388				
10		12		117	230	187	313	180	306
			29	1094	1127	1086	1160	587	1091
18447	10066	11400	12732	4782	7777	10573	8426	4945	5834
13026	807	992	522	149	4190	2735	4515	11312	2335
12443	24531	38029	3545	7868	2199	4562	8931	2538	1709
283	487	2100		201	146	135	3836		359
	184			2			4		
	50				186				
12040	9745	1727	3461	3213	1550	4265	4782	1100	1126
72	85							213	
									5
				172	314	162	299	327	204
		200							
48	13980	34002	84	4280	3		10	898	15
1378	551	244	1282	6484	6315	16337	9056	8894	4888
1243	496	136	26	2362	1607	1659	2402	1693	904
	242			65	233	186	453	191	97
	53		6	79		49		12	
					623				5
694				130	38	118	281	52	15
				27			279		
				89	47	279	460	164	62
	10			39	34	22			15
477	45			1183	83	232	219	142	85
					2			72	
				88	62		50	129	153
				164	2	63	343	135	
72	146	136	20	498	483	710	317	796	472
	25		1111	2362	805	217	2744	5363	2568

13-5 续表 2　　(2015 年)

单　位	郑州市	市本级	中原区	二七区	管城区	金水区	上街区	惠济区
行政运行	1911	705			202			
一般行政管理事务	64	61					3	
机关服务	269							
文物保护	22392	11449	49	8	63		52	
博物馆	3790	2907						
历史名城与古迹	1589	471						
其他文物支出	792	602			176			
体育	5871	2716		230		20	230	56
行政运行	601	352						
一般行政管理事务	30					20		
机关服务	150	119						
运动项目管理	420	56						
体育竞赛	189	133						56
体育训练	253	253						
体育场馆	2678	1244		50			211	
群众体育	1506	559		160				
其他体育支出	44			20			19	
广播影视	15535	5382		7		70	307	
行政运行	802	70					123	
一般行政管理事务	24							
机关服务	424	223						
广播	4869	1055						
电视	8614	4034					30	
电影	176						61	
其他广播影视支出	626			7		70	93	
新闻出版	487	220	62					
行政运行	59		59					
一般行政管理事务	39	37	2					
新闻通讯	201							
出版市场管理	36	31	1					
其他新闻出版支出	152	152						
其他文化体育与传媒支出(款)	91137	75579	116	7	11	657	57	15
社会保障和就业支出	778406	410014	23570	31343	17519	26857	12254	9918
人力资源和社会保障管理事务	44770	27125	448	494	1733	1101	3067	1031
行政运行	8326	4354		3	627		175	863
一般行政管理事务	4771	4376					7	136
机关服务	1730							
综合业务管理	567	530						

单位:万元

经济区	高新区	郑东新区	航空港实验区	巩义市	荥阳市	中牟县	新郑市	登封市	新密市
				43				961	
			60						
					269				
	15		459	2116	130	217	2456	3731	2121
				203	397		283		
								671	447
	10		592		9		5		
107	30			311	1182	754	251	72	49
							177	72	
						10			
									31
					364				
60									
47									
				257	818	85			13
	30			54		659	74		
									5
				1089	2671	519	3561	999	930
				62	108	433	6		
				3		21			
					152				49
				320	161		3287		46
				563	2230	43		989	725
				111		4			
				30	20	18	268	10	110
				205					
				201					
				4					
28		108	145	155	50	13188	98	767	437
2609	7327	18523	13242	51558	27265	43347	31787	41135	51839
286	168	282	2612	862	2623	1565	898	1405	2418
	79		19	16	423	357	330	963	215
33	26		372		70	30			152
					1679				51
243					37				

13-5 续表3 （2015 年）

单 位	郑州市	市本级	中原区	二七区	管城区	金水区	上街区	惠济区
劳动保障监察	3264	1829		315	841		49	8
就业管理事务	2703	2527		10	17		63	
社会保险业务管理事务	481	61	28		3		5	
信息化建设	1287	1228					12	
社会保险经办机构	12765	8300	19	53	46	1	1186	9
劳动关系和维权	209	205					4	
公共就业服务和职业技能鉴定机构	1271	1209					20	
劳动人事争议调解仲裁	44	8					33	
其他人力资源和社会保障管理事务支出	7352	2498	401	113	199	1100	1513	15
民政管理事务	45985	11161	5343	8738	5487	2880	1312	1111
行政运行	6392	2343	510	105	1018	413	215	385
一般行政管理事务	1019	41	2		3		352	518
机关服务	1625			694				
拥军优属	2736	1552	82	101	7	163	72	40
老龄事务	1598	69	14	40	694	14	139	1
民间组织管理	438	404				31	2	
行政区划和地名管理	445	18	10	26	19	83	9	10
基层政权和社区建设	22649	4220	4563	7714	2669	1376	356	128
部队供应	1407	1407						
其他民政管理事务支出	7676	1107	162	58	1077	800	167	29
财政对社会保险基金的补助	218799	122474	2613	1837	2278	10826		1768
财政对基本养老保险基金的补助	30167	19394	2613		287	5287		
财政对失业保险基金的补助	921				8	250		
财政对基本医疗保险基金的补助	5194	2105			740			
财政对工伤保险基金的补助	1694	1				114		
财政对生育保险基金的补助	1427	775			31	125		
财政对城乡居民基本养老保险基金的补助	164830	100199			1140	871		1768
财政对其他社会保险基金的补助	14566			1837	72	4179		
行政事业单位离退休	164534	80029	8896	11428	2960		5567	3003
企业改革补助	47243	47235						
就业补助	43826	28998	94	625	308	743	746	399
扶持公共就业服务	905	641	34				3	
职业培训补贴	226							
职业介绍补贴	635			625				
社会保险补贴	215							
公益性岗位补贴	1987	289						
小额担保贷款贴息	10420	6886	50		108		250	
补充小额贷款担保基金	780	600						
职业技能鉴定补贴	48							

单位:万元

经济区	高新区	郑东新区	航空港实验区	巩义市	荥阳市	中牟县	新郑市	登封市	新密市
7	35	10	287	7	23	158			34
			28	1		85			
				41	174			45	124
				1		46			
				707	15	857	127	395	1050
					23	19			
	8					3			
3	20	272	1906	89	179	10	441	2	792
112	561	4911	46	657	1460	3263	2413	839	1321
		468		24	230	467	210	380	92
4	18		4	82	7	11			3
					821	61			49
17		48	31	103	111	131	145	99	130
21		46	2	9	19	348	241		10
						1			
10			8	5		144	37	67	17
	12	4131		56	156	252	484	205	470
60	531	218	1	378	116	1848	1296	88	550
867	1949	1325	3875	29820	4358	15274	6241	9448	11862
			600	2500					86
						513	115	25	10
50	101	114	1840	900					1449
			1	1042	7	147	214	60	109
						138	113	63	182
817	1848	1211	1434	20378	4351	14476	5799	5822	10026
				5000				3478	
70			30	6248	640	9430	8125	7364	20844
	18								8
356	487	3339	1511	2102	1288	1295	2514	2745	1969
						227			
						200			26
									10
						200			15
289				801		300			597
	12			356	438	309	408	1295	320
				20		11			149
						48			

13-5 续表 4 (2015 年)

单　　位	郑州市	市本级	中原区	二七区	管城区	金水区	上街区	惠济区
高技能人才培养补助	10	10						
其他就业补助支出	28600	20572	10		200	743	493	399
抚恤	40328	5330	3079	3034	1979	4024	582	1289
退役安置	60811	48284	1353	2549	1022	3159	87	222
社会福利	17460	11560	138	89	8	17	123	9
残疾人事业	13145	4126	739	964	637	633	517	668
自然灾害生活救助	1376	70						5
红十字事业	1394	427	93	87	98	95	1	58
最低生活保障	32228	2521	511	670	495	569	183	292
临时救助	4821	2329	65	237	86	43	18	29
特困人员供养	6545	376	32	117	383	29	20	22
其他生活救助	2141	83	10	212		46	6	
其他社会保障和就业支出(款)	33000	17886	156	262	45	2692	25	12
医疗卫生与计划生育支出	813893	276542	27145	27045	23323	33474	13105	14532
医疗卫生与计划生育管理事务	21209	3496	1391	1289	1231	701	288	1019
公立医院	126928	40561			18	5607	4700	223
基层医疗卫生机构	76648	6717	3146	2831	4781	1575	765	1142
公共卫生	79867	15036	6079	5166	4222	8114	2114	1289
医疗保障	384700	149042	9845	12113	8900	9361	3374	8595
中医药	1285	306		79	18		13	13
计划生育事务	62034	9830	6021	5156	3290	7009	1534	1976
食品和药品监督管理事务	20558	12365	429	391	672	614	304	245
其他医疗卫生与计划生育支出(款)	40664	39189	234	20	191	493	13	30
节能环保支出	744533	651819	968	4986	5567	4717	1025	1672
环境保护管理事务	20210	6386	480	562	437	1604	316	286
环境监测与监察	1157	349						
污染防治	108669	76501	488	4238	1130	3109	483	1343
自然生态保护	8221	608		166		4	40	5
退耕还林	3935	20						22
能源节约利用(款)	589899	565473		20	4000		186	
污染减排	7996	1582						16
可再生能源(款)	2715	186						
循环经济(款)	919							
能源管理事务	6							
其他节能环保支出(款)	806	714						
城乡社区支出	2919501	1935892	54378	66675	81287	253036	39009	22207
城乡社区管理事务	194583	76353	6113	13119	13125	12307	9183	4664
城乡社区规划与管理(款)	17634	6961		180	1178		5011	42
城乡社区公共设施	2172722	1659432	1525	14563	53455	116118	3121	15597
城乡社区环境卫生(款)	186120	68166	13909	18573	11770	29390	5920	1884
建设市场管理与监督(款)	332	53		35				20

单位:万元

经济区	高新区	郑东新区	航空港实验区	巩义市	荥阳市	中牟县	新郑市	登封市	新密市
67	475	3339	1511	925	850		2106	1450	852
387	376	1618	1553	4264	2849	2988	3527	3502	3881
65	89	498	317	722	672	434	848	592	867
		1307	202	493	620	2103	933	609	758
129	307	311	13	572	636	913	872	620	1248
10			6	459	135	94	215	182	216
4		1		22	46	31	230	166	40
213	34	552	1722	4033	4164	3487	3827	7449	4027
10	17	103	87	64	20	787	308	635	200
77		87	212	551	1349	416	690	1257	1303
	34	49		132	43	961		543	105
23	3287	4140	1056	557	6362	306	146	3779	772
8027	7940	16423	20434	92814	73294	62709	62710	45121	62079
244	505	25	404	441	1845	2234	5333	1632	309
				35646	24483	5677	7135	2347	531
215	135	2308	3836	10583	9699	13381	8154	2184	11690
1111	767	1964	1378	8313	3727	8832	3690	4614	8671
5635	5292	9311	3884	32978	28837	24125	31536	30722	35272
15		40			91	311	84	116	254
807	1112	2390	3889	4349	3558	6580	5367	2914	4450
	129	162	6561	474	1054	1323	1391	562	734
		223	482	30		246	20	30	168
519	1042	1179	10568	8646	16864	12640	8268	8490	18871
274	167	6	120	987	2198	317	1364	1576	3697
	41	86	168	414		394			
237	270	1087	10060	4053	1081	862	4821	3928	6632
				439	4499	567	134	266	1493
			20	130	49	268	396	982	2068
	50			362	7011	7561	605	1091	3590
8				1818	1426	492	948	383	1331
				124		2100		245	60
				319	600				
						6			
	514		200			73		19	
110803	122706	325193	220207	50552	68906	96628	135678	35373	79880
618	13565	16238	1343	2437	6506	5635	36955	4461	3725
	713	109	654	434	599	2089		80	1060
96684	10753	284492	210340	39260	52458	39966	97542	14825	64860
13279	4125	4992	7702	7563	4363	10976	1072	5683	6851
			31	159		65			

13-5　续表 5　　　（2015 年）

单　　位	郑州市	市本级	中原区	二七区	管城区	金水区	上街区	惠济区
其他城乡社区支出(款)	348110	124927	32831	20205	1759	95221	15774	
农林水支出	716326	242452	3198	4146	3986	4894	9296	13393
农业	292746	118086	1150	2125	2502	3551	1275	6711
行政运行	7656	2358	637	155	1003	104	365	246
一般行政管理事务	410	59	4				5	302
机关服务	1849							
事业运行	18698	5990		204		658		644
农垦运行	115	115						
科技转化与推广服务	14904	2281	3		65		9	352
病虫害控制	3447	443	6	2	5	3	7	119
农产品质量安全	5084	3636	6		13	202	29	32
执法监管	538	467					2	10
统计监测与信息服务	179	164					2	
农业行业业务管理	1777	192						5
防灾救灾	1238	138			8		4	16
农业结构调整补贴	4482	331		45			23	
农业生产资料与技术补贴	45301	5734	380	387	13	322	263	1131
农业生产保险补贴	2440	1						8
农业组织化与产业化经营	11696	864		173	714	725		1634
农产品加工与促销	552	40						210
农村公益事业	2882	146						10
农业资源保护修复与利用	96039	92914		260				10
农村道路建设	14788	165		849				
农资综合补贴	11055				250			
石油价格改革对渔业的补贴	67							
对高校毕业生到基层任职补助	2372	84	4			7	2	257
其他农业支出	45177	1964	110	50	431	1530	564	1725
林业	112930	41527	17	230	519	492	438	4872
行政运行	3990	1152						723
一般行政管理事务	1024	21			2	3		74
机关服务	365							
林业事业机构	7179	4277		20				
森林培育	20853	344			429	148	429	374
林业技术推广	463	352						
森林资源管理	1515	1447						
森林生态效益补偿	1234	36						26
林业自然保护区	87	76						
动植物保护	85	40						
湿地保护	3583	342						3078
林业执法与监督	476	187						

单位:万元

经济区	高新区	郑东新区	航空港实验区	巩义市	荥阳市	中牟县	新郑市	登封市	新密市
222	93550	19362	137	699	4980	37897	109	10324	3384
4093	4194	8659	99694	47719	34534	85153	102237	72431	92887
1044	1364	3187	95872	29347	16827	41064	26007	18399	25702
				219	332	371	587	1091	188
10		30	5	30				10	
						12			1837
		57		2171	1994	2392	2554		2091
20	365	3		866	1113	4554	1745	1895	2021
67	1	10	36	615	226	302	1162	222	335
				221	181	191	271	24	278
				15	31	3	4	4	2
				4		3	3	3	
				312		288	360	320	300
19	22		97	253		90	216	186	327
					182	1253	2353	72	223
839	552	1600	2459	5010	7463	8414	7539	6104	2541
				316		2	1482	238	393
41	424	110	223	355	930	1134	2533	1092	1542
20				187					115
8		6	132	215	1642	90	75	531	173
13			92700	242	360	1903		260	90
		165		10939		696		850	1289
						6006			4799
						33		34	
		22	62	352	370		311	479	506
7		1184	158	7025	2003	13327	4812	4984	6652
108	1	3443	374	3116	3034	9966	33090	8673	6956
				133	291	297	166	1075	153
			3	45	2	700	27	86	64
									365
		2981		465	611	159	666	482	499
			6	1421	1005	3192	9823	1750	1938
				74	12			25	
						18			50
				346	62	21	60	601	82
				11					
					4	5	2	16	18
					113	50			
				36	53	81	26	40	53

13-5 续表6 (2015年)

单　　位	郑州市	市本级	中原区	二七区	管城区	金水区	上街区	惠济区
林业工程与项目管理	17869	16566		50	46			537
林业产业化	104	5						
林区公共支出	31							
林业贷款贴息	13602	13602						
石油价格改革对林业的补贴	284	72						
林业防灾减灾	3722	493			2	3	9	60
其他林业支出	36464	2515	17	160	40	338		
水利	147715	47157	41	327	146	80	775	1464
行政运行	4672	2376						293
一般行政管理事务	91	11					4	
机关服务	1399							
水利行业业务管理	703	170						
水利工程建设	24073	5871					8	
水利工程运行与维护	13470	12548					78	60
长江黄河等流域管理	102	102						
水利前期工作	351	348						
水利执法监督	71							
水土保持	1496	60						
水资源节约管理与保护	1235	864						
防汛	3273	1346	11	11	45	11	20	57
抗旱	1601	205					15	10
农田水利	37546	182		221	50		424	929
大中型水库移民后期扶持专项支出	1503	154					3	
水资源费安排的支出	5406	2399			8	1	133	28
水利建设移民支出	21							
农村人畜饮水	12909	775					90	87
其他水利支出	37793	19746	30	95	43	68		
南水北调	12702	8082	106	232	325		15	
扶贫	57467	686		26	4		6330	
农业综合开发	12934	1731		31		31	87	10
农村综合改革	51531	5243	689	587	490	740	376	336
促进金融支农支出	17296	15300						
其他农林水支出(款)	11005	4640	1195	588				
交通运输支出	694483	582629	535	1301	351	1005	1449	1290
公路水路运输	164344	77300	521	760	262	496	996	1173
行政运行	3581	1343	331	135	122	56	130	496
一般行政管理事务	1284	460	15				557	142
机关服务	539			124				
公路新建	11233							
公路改建	32917	14094		103		29	61	38

单位:万元

经济区	高新区	郑东新区	航空港实验区	巩义市	荥阳市	中牟县	新郑市	登封市	新密市
67			317		100		300		270
								10	89
				26				5	
				27		73		107	5
28	1		1	406	265	448	869	892	275
13		462	47	126	516	4922	21151	3584	3095
542	23	362	405	3961	4977	22031	16754	16579	33423
				103	305	381	138	992	84
				46			30		
					1145				254
									533
					1519	854	4586	6728	4507
				122			29	170	463
								3	
									71
					84	9	65	70	1208
									371
60			26	184	114	192	234	367	681
		10	165	498	65	60	70	197	481
114		28		1898	348	12009	6834	2699	11952
				83	307	280	86	398	192
6	23		89	258	494	510	500	708	367
						21			
362			125	12	547	1343	84	2974	6997
		324		757	49	6372	4098	1273	5262
				17	533	1567	1825		
5		17	150	806	1282	3552	14932	21702	8147
				101	1647	2283	3166	1445	2402
585	375	1650	2569	5708	5894	4562	6148	5081	15677
				447	340	128	315	186	580
1809	2431		324	4216				366	
39280			140822	9821	6323	33978	38494	7679	9628
42			322	6340	5297	24480	34481	5352	6886
				27	242	253	234	124	88
			287			5		105	
					414	1			
				183	101	824	9404	293	428
				2455	545	3654	9281	702	1955

13-5 续表 7 (2015 年)

单　　位	郑州市	市本级	中原区	二七区	管城区	金水区	上街区	惠济区
公路养护	21669	4262	10	129	100	130	40	333
公路路政管理	1396	25					146	
公路和运输安全	557	10						
公路运输管理	3238		108	264	40	258		84
公路客货运站(场)建设	195							
航务管理	12	6						
海事管理	291	278				5		5
取消政府还贷二级公路收费专项支出	1891							
其他公路水路运输支出	85541	56822	57	5		18	62	75
铁路运输	39637	39250		387				
民用航空运输	217707	217707						
石油价格改革对交通运输的补贴	17373	9032			89		374	
对城市公交的补贴	2483	1390					205	
对农村道路客运的补贴	5389	37					23	
对出租车的补贴	9054	7605					80	
石油价格改革补贴其他支出	447				89		66	
邮政业支出	141							
其他邮政业支出	141							
车辆购置税支出	53933	42969		154			79	117
车辆购置税用于公路等基础设施建设支出	43042	42921						
车辆购置税用于农村公路建设支出	10843			154			79	117
车辆购置税用于老旧汽车报废更新补贴支出	48	48						
其他交通运输支出(款)	201348	196371	14			509		
资源勘探信息等支出	464989	364875	2204	7102	2391	1632	1232	674
资源勘探开发	6304	47						
制造业	108477	108367			110			
建筑业	215	215						
工业和信息产业监管	44696	34906	794	984	1069	515	307	
安全生产监管	15440	5353	916	1008	710	851	208	385
国有资产监管	12949	11912						
支持中小企业发展和管理支出	195341	150963	494	40	202	222	597	279
其他资源勘探信息等支出(款)	81567	53112		5070	300	44	120	10
商业服务业等支出	137311	59826	67	1632	1393	2203	564	1014
商业流通事务	83632	33418	9	1561	500	1904	564	182
旅游业管理与服务支出	13527	3408	22	71	65	219		832
涉外发展服务支出	5214	4069	36		28			
其他商业服务业等支出(款)	34938	18931			800	80		
金融支出	58997	53946	227		146	205	218	
金融部门监管支出	50	50						
金融发展支出	56392	53896	227		146	205	218	
其他金融支出(款)	2555							

单位:万元

经济区	高新区	郑东新区	航空港实验区	巩义市	荥阳市	中牟县	新郑市	登封市	新密市
42				574	1510	8624	3383	510	2064
				390		284	130	340	81
			10	7				480	60
					992	515		599	378
				195					
				6					
				3					
								1891	
			25	2500	1493	10320	12049	308	1832
39238									
			140500						
				1379	571	1116	2061	1363	1388
				274	158	184	31	137	104
				721	261	666	1814	904	963
				374	152	261	208	314	60
				10		5	8	8	261
						141			
						141			
				1794	455	4678	1942	391	1354
				121					
				1673	455	4678	1942	391	1354
				308		3563	10	573	
32709	11449	36277	126970	29556	5471	6972	11622	24459	6799
				785	199	150		1180	3943
	991								
261	3213	31		5	1141	4441		534	
119	118	410	17	1000	1892	341	1104	1002	670
46					322			235	480
26532	3211	755	119937	27766	787	1540	10428	407	1616
5751	3916	35081	7016		1130	500	90	21101	90
7500	1170	936	1796	15003	1745	2170	47566	1784	2344
3480	1170	736	1596	10047	1286	914	30836	713	1698
20				3751	450	424	2568	1071	646
				977		104			
4000		200	200	228	9	728	14162		
	475	571		3690	73	51	372	17	52
	475	571		1383	20		282	15	
				2307	53	51	90	2	52

13-5 续表 8 (2015 年)

单 位	郑州市	市本级	中原区	二七区	管城区	金水区	上街区	惠济区
援助其他地区支出	7689	4976	358		345		181	244
一般公共服务	4583	4583						
其他支出	3106	393	358		345		181	244
国土海洋气象等支出	41679	13080	1510	1104	889	1228	792	956
国土资源事务	39520	11738	1510	1104	889	1228	746	954
地震事务	620	486					21	2
气象事务	1539	856					25	
住房保障支出	360268	182293	18934	15103	7647	10706	24010	11255
保障性安居工程支出	286118	155320	11549	10145	5037	6768	22095	9909
住房改革支出	70167	26849	3902	4958	2610	3938	1895	1346
城乡社区住宅	3983	124	3483				20	
粮油物资储备支出	22388	12695	767	804	1168	1036	147	65
粮油事务	7332	1837	160	197	675	1036	147	65
物资事务	195				63			
粮油储备	13764	9761	607	607	430			
重要商品储备	1097	1097						
其他支出(类)	110441	77403	666	4052	3230	737	1212	1000
债务付息支出	91430	46566	29	65	185	151	137	740
政府性基金支出	**5036630**	**2474646**	**247745**	**347225**	**182106**	**48249**	**120499**	**137960**
国家电影事业发展专项资金相关支出	1116	75	217	66	427	99		
国家电影事业发展专项资金及对应专项债务收入安排的支出	1116	75	217	66	427	99		
大中型水库移民后期扶持基金支出	24282	509	28	102			11	
小型水库移民扶助基金相关支出	1140	14	36				1	
小型水库移民扶助基金及对应专项债务收入安排的支出	1140	14	36				1	
政府住房基金相关支出	34635	34629		6				
国有土地使用权出让相关支出	4202950	1814479	222114	346317	181317	47967	116572	137730
城市公用事业附加相关支出	107223	97455						
国有土地收益基金相关支出	246374	187468	24865					
农业土地开发资金相关支出	8211	3980					94	
新增建设用地土地有偿使用费相关支出	2688		5				89	
城市基础设施配套费相关支出	375517	317577					2946	
污水处理费相关支出	1373	959					130	
大中型水库库区基金相关支出	525			21				
水土保持补偿费安排的支出	115							20
散装水泥专项资金相关支出	376	356						
新型墙体材料专项基金相关支出	1116	1013		5			6	5
旅游发展基金支出	166							
彩票发行销售机构业务费安排的支出	1932	1913						
彩票公益金相关支出	24879	12419	480	708	362	183	650	205
其他政府性基金相关支出	2012	1800						

单位:万元

经济区	高新区	郑东新区	航空港实验区	巩义市	荥阳市	中牟县	新郑市	登封市	新密市
		393		529	321	266		469	
		393		529	321	266		469	
46	1184	613	2482	2032	4664	3281	3972	4792	3379
46	1184	613	2482	1936	4558	3215	3896	4409	3337
				21	90				
				75	16	66	76	383	42
26491	57485	29009	46245	13545	8600	30743	16154	8415	12863
26367	57485	26324	44080	9544	5536	28625	10143	4953	6494
		2685	2165	3665	3064	2098	6011	3462	6369
124				336		20			
	266	65		1029	578	1459	846	1145	649
		65		188	267	984	561	587	628
							132		
	266			841	311	475	153	558	21
6223	150	281	70749		2817	14953	384	3530	457
		283	19859	794	5314		32535	11	4903
277176	**255854**	**678659**	**460800**	**441270**	**44697**	**338423**	**86191**	**494765**	**72854**
		75			20	60	80	12	60
		75			20	60	80	12	60
			3	1367	378	918	13244	954	6771
							322	173	594
							322	173	594
		113	19583						
218725	206473	630385	347418	386910	33248	310805	58106	490952	56433
	3200		59500		4246	3657	900	356	609
			6942	24290	596	6694	245	16	2200
			3980	211	240	176	2094	1000	416
				69	750	511	961		303
58396	45143	48002	23216	25732	3876	14598	6910		3878
	959				284				
				29			250	26	199
								35	60
					15			5	
					5		57	25	
				67			80	19	
					19				
55	79	84	158	2595	818	994	2942	1192	1331
					202	10			

主要统计指标解释

财政收入 国家财政参与社会产品分配所取得的收入,是实现国家职能的财力保证。财政收入所包括的内容几经变化,目前主要包括:增值税、营业税、企业所得税、企业所得税退税、外商投资企业和外国企业所得税、个人所得税、资源税、固定资产投资方向调节税、城市维护建设税、房产税、印花税、城镇土地使用税、土地增值税、车船使用税、屠宰税、筵席税、农业税、农业特产税、牧业税、耕地占用税、契税、国有资产经营收益、国有企业计划亏损补贴、行政性收费收入、罚没收入、土地和海域有偿使用收入、专项收入、其他收入。

财政支出 国家财政将筹集起来的资金进行分配使用,以满足经济建设和各项事业的需要,主要包括:基本建设支出、企业挖潜改造资金、简易建筑费、地质勘探费、科技三项费用、流动资金、支援农村生产支出、农业综合开发支出、农林水利气象等部门的事业费、工业交通等部门的事业费、流通部门事业费、文体广播事业费、教育事业费、科学事业费、卫生经费、税务统计财政审计等部门的事业费、抚恤和社会福利救济费、行政事业单位离退休经费、社会保障补助支出、国防支出、行政管理费、外交外事支出、武装警察部队支出、公检法司支出、城市维护费、政策性补贴支出、支援不发达地区支出、土地和海域开发建设支出、专项支出、其他支出、总预备费。

中央财政收入和地方财政收入 按财政体制划分的中央本级收入和地方本级收入。1994 年分税制财政体制以后,属于中央财政的收入包括关税、海关代征消费税和增值税,消费税,中央企业所得税,地方银行和外资银行及非银行金融企业所得税,铁道、银行总行、保险总公司等集中缴纳的营业税、所得税、利润和城市维护建设税,增值税的 75% 部分,海洋石油资源税和证券(印花)税 50% 部分。属于地方财政的收入包括营业税,地方企业所得税,个人所得税,城镇土地使用税,固定资产投资方向调节税,城镇维护建设税,房产税,车船使用税,印花税,屠宰税,农牧业税,农业特产税,耕地占用税,契税,增值税 25% 部分,证券交易税(印花税)的 50% 部分和除海洋石油资源税以外的其他资源税。

中央财政支出和地方财政支出 根据政府在经济和社会活动中的不同职责,划分中央和地方政府的责权,按照政府的责权划分确定的支出。中央财政支出包括国防支出,武装警察部队支出,中央级行政管理费和各项事业费,重点建设支出以及中央政府调整国民经济结构、协调地区发展,实施宏观调控的支出。地方财政支出主要包括地方行政管理和各项事业费,地方统筹的基本建设、技术改造支出,支援农村生产支出,城市维护和建设经费,价格补贴支出等。

信贷资金 国家银行用于发放贷款的资金叫信贷资金。中国人民银行信贷资金的来源有各项存款、对国际金融机构负债、流通中货币、银行自有资金及当年结益等。信贷资金的运用有各项贷款、黄金占款、外汇占款、财政借款及在国际金融机构中的资产等。

各项存款 企业、机关、团体或居民根据可以收回的原则,把货币资金存入银行或其他信用机构保管并取得一定利息的一种信用活动形式。根据存款对象的不同可划分为企业存款、财政存款、机关团体存款、基本建设存款,城镇储蓄存款、农村存款等科目。它是银行信贷资金的主要来源。

贷款 银行或其他信用机构根据必须归还的原则,按一定利率,为企业、个人等提供资金的一种信用活动形式。我国银行贷款分为流动资金贷款、固定资产贷款、城乡个体工商户贷款以及农业贷款等科目。

十四、教育、文化、卫生、体育、科技和民政

14-1　教育事业主要综合指标

（2015 年）

单位：所、人

指　　标	数　值	指　　标	数　值
平均每万人拥有各类学校数（个）	**1.66**	**小学五年巩固率（%）**	**101.40**
高等学校	0.07	**小学学生缀学率（%）**	**0.01**
中等职业学校	0.14	**初中学生毛入学率（%）**	**111.60**
技工学校	0.03	**初中三年巩固率（%）**	**104.2**
普通中学	0.43	**初中学生缀学率（%）**	**0.10**
普通小学	0.99	**初中毕业生升学率（%）**	**106.60**
平均每万人各类学校在校生数（人）	**2746.54**	**平均每万人各类学校教职工数（人）**	**214.36**
高等学校	987.93	#专任教师	164.22
中等职业学校	293.91	#高等学校	59.90
技工学校	64.23	中等职业学校	15.79
普通中学	540.39	技工学校	3.54
普通小学	834.98	普通中学	46.07
小学适龄儿童净入学率（%）	**100.00**	普通小学	40.67

14-2 学校教育基本情况

（2015 年）

单位：所、人

项　　目	全市	市区	县(市)	中牟县	巩义市	荥阳市	新密市	新郑市	登封市
各类学校教育合计数									
学校数	1573	749	824	126	109	88	167	152	182
毕业生数	720716	533678	183621	23687	22700	25478	28737	43941	39078
招生数	674986	493041	174111	27178	22411	26682	28067	37697	32076
在校学生数	2601904	1849029	730808	117806	92286	92122	119928	154775	153891
教职工数	203076	110269	47396	6594	7248	7210	8468	8807	9069
#专任教师	155571	87556	42408	6006	6673	6569	7634	7613	7913
高等学校									
学校数	60	60							
#普通本专科学校	56	56							
成人本专科学校	4	4							
毕业生数	256443	256443							
#普通本专科学校	215418	215418							
成人本专科学校	41025	41025							
招生数	307583	307583							
#普通本专科学校	257377	257377							
成人本专科学校	50206	50206							
在校学生数	935908	935908							
#普通本专科学校	824152	824152							
成人本专科学校	111756	111756							
教职工数	56743	56743							
#专任教师	42570	42570							
中等职业学校									
学校数	129	83	46	8	3	5	10	9	11
毕业生数	82833	61987	20846	2209	1131	2527	1628	9082	4269
招生数	111920	81161	30759	2489	1160	2635	1644	14554	8277
在校学生数	278432	206950	71482	6714	3266	7548	6221	29780	17953
教职工数	14962	10455	4507	536	321	759	692	1299	900
#专任教师	10933	7396	3537	467	300	608	561	810	791
技工学校									
学校数	25	19	6			3		3	
毕业生数	25049	15930	9119			3875		5244	
招生数	37013	20659	16354			8423		7931	
在校学生数	60844	40179	20665			8927		11738	
教职工数	3352	2228	1124			801		323	
#专任教师	2605	1703	902			595		307	
普通中学									
学校数	411	198	213	26	35	25	38	37	52
#高中	114	76	38	3	6	4	6	11	8
初中	297	122	175	23	29	21	32	26	44

14-2 续表 （2015 年） 单位：所、人

项 目	全市	市区	县（市）	中牟县	巩义市	荥阳市	新密市	新郑市	登封市
毕业生数	160745	81722	79023	10550	12076	10563	14822	13054	17958
#高中	58693	28676	30017	4097	5013	4357	5930	6134	4486
初中	102052	53046	49006	6453	7063	6206	8892	6920	13472
招生数	177440	91105	86335	13439	12835	10196	15976	15528	18361
#高中	65144	34806	30338	4306	4596	3860	5777	6790	5009
初中	112296	56299	55997	9133	8239	6336	10199	8738	13352
在校学生数	511934	261035	250899	35720	37595	30878	46097	43289	57320
#高中	184452	95922	88530	12135	13495	11613	16928	19647	14712
#初中	327482	165113	162369	23585	24100	19265	29169	23642	42608
教职工数	43644	21315	22329	2973	3704	3126	3750	3993	4783
#专任教师	37710	17992	19718	2565	3428	2894	3395	3451	3985
小学									
学校数	935	382	553	91	70	54	118	102	118
毕业生数	109187	55465	53722	8719	8360	5981	10627	7470	12565
招生数	144792	73510	71282	13724	9566	8046	12046	14217	13683
在校学生数	791010	404042	386968	75230	51340	44652	67439	69868	78439
教职工数	38529	19285	19244	3060	3201	2493	3978	3156	3356
#专任教师	35757	17678	18079	2950	2931	2441	3637	3011	3109
特殊教育学校									
学校数	12	6	6	1	1	1	1	1	1
毕业生数	169	104	65		2	5	32	9	17
招生数	284	144	140	15	10	17	45	21	32
在校学生数	1589	795	794	142	85	117	171	100	179
教职工数	3957	222	192	25	22	31	48	36	30
#专任教师	3517	197	172	24	14	31	41	34	28
工读学校									
学校数	1	1							
毕业生数	40	40							
招生数	40	40							
在校学生数	120	120							
教职工数	21	21							
#专任教师	20	20							
幼儿园									
幼儿园数	(1451)	(683)	(768)	(108)	(112)	(101)	(162)	(132)	(153)
入园幼儿数	(155725)	(70514)	(85211)	(20155)	(15579)	(8169)	(15985)	(11848)	(13475)
在园幼儿数	(357879)	(172466)	(185413)	(30028)	(29716)	(22592)	(35444)	(32965)	(34668)
教职工数	41868	21974	19894	2057	3510	2600	4321	3588	3818
#专任教师	22459	12140	10319	1202	1758	1387	2206	1900	1866

注：1. 标注“（）”为不计合计数中。
2. 高等教育为省教育厅反馈数据，只有合计数。

14-3 全市教育部门

（2015 年）

类别	总计	国家财政性教育经费	公共财政预算安排的教育经费	公共财政教育收入	教育事业费	教育费附加
总计	**13306484**	**12462205**	**12426996**	**10619180**	**8548464**	**1352055**
普通高等学校	**1182901**	**896934**	**896934**	**756211**	**489340**	**58294**
中等职业学校	**676335**	**658976**	**658976**	**579643**	**494123**	**77200**
中等专业学校	135443	128403	128403	120773	101640	10811
职业高中	474069	464579	464579	400001	355212	44790
成人中等专业学校	66823	65994	65994	58870	37271	21599
普通中学	**5386299**	**5214110**	**5194360**	**4486953**	**3582129**	**572206**
普通高中	1957780	1807282	1805438	1559628	1319148	148394
普通初中	3428518	3406828	3388924	2927324	2262981	423812
普通小学	**4716873**	**4639392**	**4632806**	**3860387**	**3192331**	**501188**
特殊教育学校	**55752**	**54728**	**54728**	**43879**	**42034**	**1845**
幼儿园	**809158**	**547485**	**547485**	**491459**	**405724**	**85735**
教育行政单位	**131848**	**131241**	**125114**	**109774**	**101789**	**7986**
教育事业单位	**344471**	**316491**	**313742**	**288025**	**238147**	**47602**

教育经费总收入

单位:千元

其他公共财政教育收入	其他	政府性基金预算安排的教育经费	捐赠收入	事业收入	其中:学费	其他教育经费
1807816	**1806051**	**35209**	**1583**	**747100**	**572759**	**94820**
140723	**138959**			**285659**	**240026**	**307**
79333	**79333**			**17358**	**5904**	
7631	7631			7039	4965	
64578	64578			9490	939	
7124	7124			829		
707408	**707408**	**19749**	**247**	**153566**	**85776**	**18375**
245810	245810	1844		148216	83541	2283
461598	461598	17905	247	5350	2235	16093
772418	**772418**	**6585**	**1263**	**7924**	**4997**	**68293**
10850	**10850**		**63**	**270**		**690**
56026	**56026**		**10**	**256896**	**236057**	**3993**
15341	**15341**	**6126**				**607**
25717	**25717**	**2749**		**25427**		**2553**

14-4 分县(市)区教育部门

(2015 年)

类　别	总计	国家财政性教育经费	公共财政预算安排的教育经费	公共财政教育收入	教育事业费	教育费附加
总计	**13306484**	**12462205**	**12426996**	**10619180**	**8548464**	**1352055**
郑州市本级	3549704	3115731	3114454	2659139	2093022	215196
中原区	506991	497661	496763	387433	323859	63575
二七区	541405	528471	526670	409194	352043	57151
管城区	391352	384691	383538	313950	292951	16929
金水区	629397	566790	566457	440163	388862	34573
上街区	275126	264932	264332	208515	175163	23825
惠济区	278423	274838	274528	222908	212368	10540
中牟县	950764	941005	923335	828389	724291	104097
巩义市	896270	766652	765422	630760	582942	47817
荥阳市	761566	718042	715082	668032	598266	69766
新密市	864664	818801	817191	664521	607300	57221
新郑市	954587	932669	928469	785922	697055	83867
登封市	782642	755152	754661	647078	584565	45099
经开区	297679	295339	294839	250282	150560	99722
高新区	510585	509118	508942	475942	291571	184371
郑东新区	795683	773903	773903	708542	282556	110986
航空港区	319646	318410	318410	318410	191090	127320

教育经费收入

单位:千元

其他公共财政教育收入	其他	政府性基金预算安排的教育经费	捐赠收入	事业收入	其中:学费	其他教育经费
1807816	**1806051**	**35209**	**1583**	**747100**	**572759**	**94820**
455315	453550	1277		432796	310189	1176
109330	109330	897		500		8830
117477	117477	1801		7288	3469	5646
69587	69587	1153	183	5358	4692	1120
126294	126294	333		3427	3427	59180
55817	55817	600		5630	3579	4564
51620	51620	310		3583	3469	2
94947	94947	17670		9759	7122	
134661	134661	1232		128843	113562	1
47050	47050	2960		43524	29521	
152671	152671	1610		45132	38883	730
142547	142547	4200	234	20736	20458	948
107583	107583	490		27435	21570	55
44557	44557	499		2041	2041	300
33000	33000	177		1466	1466	
65360	65360		1166	8346	8075	12268
				1236	1236	

14-5 全市教育部门

(2015 年)

类别	总计	事业性经费支出	个人部分	工资福利支出	对个人和家庭的补助支出
总计	**13404370**	**13370258**	**6854199**	**5307303**	**1546896**
普通高等学校	**1181011**	**1169011**	**415507**	**310470**	**105037**
中等职业学校	**679969**	**669965**	**336726**	**244026**	**92701**
中等专业学校	137389	137389	67401	35345	32056
职业高中	469386	459381	241653	187660	53993
成人中等专业学校	73195	73195	27674	21021	6653
普通中学	**5392111**	**5381272**	**2735928**	**2100037**	**635891**
普通高中	1950191	1949607	957988	751697	206291
普通初中	3441921	3431667	1777940	1348340	429600
普通小学	**4809524**	**4808976**	**2835061**	**2204317**	**630744**
特殊教育学校	**55882**	**55882**	**37448**	**29143**	**8305**
幼儿园	**802736**	**802723**	**359059**	**318941**	**40118**
教育行政单位	**133263**	**133263**	**39067**	**26163**	**12904**
教育事业单位	**347025**	**346317**	**94004**	**72808**	**21196**

教育经费支出

单位:千元

公用部分	商品和服务支出	其他资本性支出	专项公用支出	专项项目支出	基本建设支出	其它支出
5836339	**2912518**	**2923820**	**1308291**	**1615530**	**679719**	**34112**
556926	**281965**	**274961**	**259252**	**15709**	**196578**	**12000**
324918	**174384**	**150534**	**77246**	**73288**	**8321**	**10004**
61667	39188	22479	14925	7554	8321	
217729	121813	95916	61618	34298		10005
45523	13383	32140	704	31436		
2338164	**1119726**	**1218437**	**463961**	**754476**	**307181**	**10839**
915474	551902	363572	165061	198511	76143	584
1422690	567825	854865	298900	555965	231038	10254
1808552	**922026**	**886525**	**277360**	**609165**	**165363**	**548**
18434	**12086**	**6348**	**5535**	**813**		
443664	**225124**	**218540**	**61971**	**156569**		**13**
94197	**54485**	**39711**	**39711**			
250036	**121387**	**128649**	**123141**	**5508**	**2277**	**708**

14-6 分县(市)区教育部门

(2015 年)

类别	总计	事业性经费支出	个人部分	工资福利支出	对个人和家庭的补助支出
总计	**13404370**	**13370258**	**6854199**	**5307303**	**1546896**
郑州市本级	3547327	3524503	1403368	1037173	366195
中原区	506991	506991	318266	241848	76418
二七区	529251	529237	362023	271616	90407
管城区	392237	392237	234153	189615	44538
金水区	773244	773244	437496	392911	44585
上街区	274005	274005	142948	98003	44945
惠济区	278414	278414	157936	121985	35951
中牟县	930345	928580	439760	340225	99535
巩义市	894613	894603	588099	424084	164015
荥阳市	761819	761819	476900	421616	55284
新密市	843819	843230	590401	405486	184915
新郑市	953392	953202	564045	396052	167993
登封市	784839	776939	478857	397870	80987
经开区	297835	297535	141333	117274	24059
高新区	470017	470017	98202	78161	20041
郑东新区	846576	846056	254369	221585	32784
航空港区	319646	319646	166043	151799	14244

教育经费支出

单位:千元

公用部分	商品和服务支出	其他资本性支出			基本建设支出	其它支出
			专项公用支出	专项项目支出		
5836339	**2912518**	**2923820**	**1308291**	**1615530**	**679719**	**34112**
1782213	1038474	743739	650524	93215	338922	22824
188726	163163	25563	9930	15633		
167213	109986	57227	29273	27955		14
154013	81987	72026	47263	24764	4070	
319020	146141	172879	65459	107421	16727	
131058	44629	86429	9436	76992		
120477	73720	46757	29737	17020		
488820	145218	343602	86295	257307		1765
306502	220139	86362	27892	58470		10
284919	115127	169792	28906	140886		
252830	104725	148105	44926	103179		589
384157	258863	125294	29870	95424	5000	190
298083	191628	106455	31933	74522		7900
156203	59278	96925	46419	50506		300
371815	23843	347972	32644	315327		
276686	113202	163484	88142	75342	315000	520
153604	22395	131209	49642	81567		

14-7 艺术表演团体情况

(2015 年)

县(市)区	机构数(个)	从业人员(人)	#专业技术人员	演出场次(场)	国内演出场次	农村演出场次	国内演出观众人次(千人次)	本年收入(千元)	本年支出(千元)
总 计	**16**	**1732**	**1220**	**4349**	**4349**	**3341**	**4700**	**257709**	**249551**
省本级	5	1034	852	1497	1497	822	1851	197990	189600
郑州市	11	698	368	2852	2852	2519	2849	59719	59951
市本级	4	408	266	479	479	326	545	43378	43439
中牟县	1	51	4	509	509	509	254	2791	2791
巩义市	1	40	29	260	260	220	360	2184	2373
荥阳市	1	33	19	354	354	354	655	2575	2575
新密市	2	50	28	310	310	240	155	1460	1460
新郑市	1	63	21	450	450	380	350	5021	4898
登封市	1	53	1	490	490	490	530	2310	2415

14-8 艺术表演场馆基本情况

(2015 年)

县(市)区	机构数(个)	从业人员(个)	#专业技术人员	座席数(个)	演(映)出场次(场)	艺术演出场次	观众人次(千人次)	艺术演出观众人次	实际使用建筑面积(平方米)	演(映)出业务用房	本年收入(千元)	本年支出(千元)
总 计	**12**	**433**	**45**	**8678**	**726**	**246**	**577**	**263**	**49058**	**15921**	**61209**	**63397**
省本级	2	194	14	4054	414	145	376	169	17263	7658	47745	49430
郑州市	10	239	31	4624	312	101	201	94	31795	8263	13464	13967
市本级	7	165	22	1724	110	73	110	75	21906	5063	8297	9290
巩义市	1	19	4								461	461
新密市	1	17		1700	200	26	90	18	1500	1500	1100	1100
新郑市	1	38	5	1200	2	2	1	1	8389	1700	3606	3116

14-9 公共图书馆情况

（2015 年）

县(市)区	机构数（个）	从业人员（个）	#专业技术人员	年末总藏量（千册）	图书	书刊文献外借（千册次）	总流通人次（千人次）	为读者举办各种活动（次）			实际使用公用房屋建筑面积（平方米）	阅览室面积	阅览室坐席数（个）
								举办展览	组织各类讲座	举办培训班			
总　计	**15**	**563**	**376**	**6360**	**5030**	**3263**	**6899**	**163**	**258**	**603**	**155133**	**36926**	**8431**
省本级	2	205	163	3578	2742	1587	2164	91	50	469	38864	14606	2074
郑州市	13	358	213	2782	2288	1676	4735	72	208	134	116269	22320	6357
市本级	1	201	171	1153	925	488	3125	5	75	18	82589	13708	3544
中原区	1	15	3	120	116	101	121	3	14	12	2000	500	240
二七区	1	7		63	63	180	95	1	9	40	1146	1000	165
管城区	1	6	3	84	82	27	165	5	5		2500	460	120
金水区	1	26	6	94	91	221	257	5	24	10	2000	900	351
上街区	1	15		190	162	207	212	14	20	25	3000	720	300
惠济区	1	8	1	84	82	75	79	2	10	3	1500	280	180
中牟县	1	7	1	93	75	35	136	2	1		1670	520	260
巩义市	1	13	4	180	135	62	140	8	12	10	11700	1330	397
荥阳市	1	25	12	239	185	46	82	6	5	3	2100	300	300
新密市	1	12	2	220	159	86	140	8	10	2	2000	700	100
新郑市	1	18	8	184	155	127	172	8	18	8	3258	1758	300
登封市	1	5	2	78	58	21	11	5	5	3	806	144	100

14-10 群众艺术馆、文化馆基本情况

（2015 年）

县（市）区	机构数（个）	从业人员（个）	#专业技术人员	举办展览个数（个）	举办训练班次（次）	培训人次（千人次）	组织文艺活动（次）	参加人次（千人次）
合　计	**14**	**344**	**172**	**128**	**2420**	**89.9**	**1147**	**947**
群众艺术馆	**2**	**100**	**84**	**25**	**249**	**22.2**	**213**	**351**
省本级	1	49	40	10	139	4.2	108	294
市本级	1	51	44	15	110	18.0	105	57
文化馆	**12**	**244**	**88**	**103**	**2171**	**67.7**	**934**	**596**
中原区	1	22	5	8	365	10.0	40	20
二七区	1	19	14	26	70	6.0	110	126
管城区	1	43	6	17	318	9.5	280	117
金水区	1	20	3	7	879	20.0	158	7
上街区	1	8	7	6	48	2.9	65	4
惠济区	1	21	7	4	400	12.0	20	20
中牟县	1	16	2	4	9	1.6	10	6
巩义市	1	31	15	6	20	0.8	170	220
荥阳市	1	26	5	5	24	0.8	15	30
新密市	1	11	7	4	12	0.8	8	3
新郑市	1	19	14	12	24	3.0	50	35
登封市	1	8	3	4	2	0.3	8	8

14-11　文物事业基本情况

（2015 年底）

县(市)区	机构数（个）	从业人员（个）	藏品数（件）	#一级品	展览（次）	观众人数（千人次）
总　计	**41**	**1481**	**256440**	**715**	**125**	**6385**
博物馆	31	1057	240852	706	124	5364
#市区	27	516	105765	130	92	3491
文物保护管理单位	10	424	15588	9	1	1021
#各县(市)合计	8	388	15480	9		642
中牟县	1	7	716	2		
巩义市	4	325	2262	3		642
荥阳市	1	32	12400	4		
新密市	2	24	102			

注:博物馆统计包含民办博物馆。

14-12　等级运动员、裁判员人数

（2015 年底）

单位:人

人员分类	2014 年	#女	2015 年	#女
等级运动员				
二级裁判员	370	93	369	120
社会体育指导员				
当年发展人数	3768	1608	4101	2531

14-13　体育彩票发行情况

（2015 年底）

项　目	单位	2014 年	2015 年
体育彩票销售点	个	1629	1783
体育彩票销售收入	万元	199163	239200

14-14　卫生事业基本情况

（2015 年）

指　　标	机构数（个）	实有床位数（个）	人员数（人）	卫生技术人员（人）	执业（助理）医师	执业医师	注册护士	药师（士）	技师（士）	其他	其他技术人员（人）	管理人员（人）	工勤人员（人）
总　计	**3922**	**78242**	**109625**	**86518**	**30932**	**27380**	**41007**	**3743**	**4401**	**6435**	**4992**	**5245**	**7594**
市区	1326	58677	79188	65256	23035	21591	31961	2697	3127	4436	3807	4012	5520
六县（市）	2596	19565	30437	21262	7897	5789	9046	1046	1274	1999	1185	1233	2074
中牟县	363	3135	4015	2771	1000	734	1195	162	147	267	216	94	398
巩义市	659	3205	6053	4640	1800	1301	1999	209	267	365	129	177	343
荥阳市	381	2480	4632	3132	1055	698	1239	153	158	527	119	261	510
新密市	392	4052	5681	3928	1448	1125	1748	229	279	224	190	281	229
新郑市	403	3549	5390	3634	1429	1103	1495	150	181	379	302	244	370
登封市	398	3144	4666	3157	1165	828	1370	143	242	237	229	176	224
医　院	**213**	**68606**	**80744**	**67383**	**22552**	**21196**	**34197**	**2980**	**3344**	**4310**	**3667**	**4138**	**5556**
综合医院	104	43507	50329	42720	14053	13313	22034	1754	2157	2722	2081	2408	3120
中医医院	50	11687	14362	11900	4483	4127	5359	744	518	796	765	699	998
中西医结合医院	3	305	322	260	151	113	71	7	5	26	29	9	24
专科医院	56	13107	15731	12503	3865	3643	6733	475	664	766	792	1022	1414
口腔医院	3	40	321	234	128	121	83	3	2	18	15	43	29
眼科医院	6	532	578	341	137	130	144	15	14	31	79	73	85
耳鼻喉科医院	2	180	212	158	49	43	92	6	9	2	35	11	8
肿瘤医院	2	3103	2930	2615	778	775	1572	70	137	58	120	64	131
心血管病医院	3	1305	1909	1596	486	468	826	50	62	172	80	162	71
胸科医院	1	1104	1275	1114	345	321	689	43	28	9	72	46	43
妇产（科）医院	4	184	713	360	146	121	176	14	20	4	6	57	290
儿童医院	1	2036	2804	2370	525	517	1382	80	164	219	76	162	196
精神病医院	3	678	547	429	119	116	231	24	25	30	35	51	32
传染病医院	2	1130	947	791	271	258	346	42	43	89	24	97	35
皮肤病医院	2	120	157	127	43	35	67	10	7		8	10	12
骨科医院	8	1319	1350	1081	432	397	490	54	63	42	57	65	147
康复医院	4	762	648	490	159	134	211	26	35	59	52	32	74
整形外科医院	1	34	319	89	28	25	57	2	2		56	31	143
美容医院	4	100	297	162	61	49	68	8	12	13	37	47	51
其他专科医院	10	480	724	546	158	133	299	28	41	20	40	71	67
基层医疗卫生机构	**3544**	**6335**	**19490**	**12755**	**6227**	**4226**	**4360**	**597**	**525**	**1046**	**478**	**271**	**710**
社区卫生服务中心（站）	216	1275	3962	3491	1506	1246	1392	187	178	228	128	143	200
卫生院	99	4933	5520	4703	1897	1026	1477	291	272	766	344	104	369
村卫生室	2405		6576	1300	950	302	350						
门诊部	35	127	695	584	285	246	206	28	51	14	6	24	81
诊所、卫生所、医务室	789		2737	2677	1589	1406	935	91	24	38			60
专业公共卫生机构	**137**	**3301**	**8260**	**6046**	**2072**	**1906**	**2427**	**161**	**442**	**944**	**656**	**655**	**903**
疾病预防控制中心	16		1611	990	512	444	93	24	127	234	151	206	264
专科疾病防治院（所、站）	3	159	295	221	93	91	43	4	27	54	21	28	25
健康教育所（站、中心）	3		31	8	3	2	2			3	7	11	5
妇幼保健院（所、站）	14	3142	4348	3717	1240	1193	1992	117	227	141	205	122	304
采供血机构	1		423	268	28	28	137	1	33	69	45	16	94
卫生监督所（中心）	16		572	395						395	19	113	45
计划生育技术服务机构	81		873	389	183	136	121	15	28	42	200	129	155
其他卫生机构	**28**		**1131**	**334**	**81**	**52**	**23**	**5**	**90**	**135**	**191**	**181**	**425**

14-15 诊所、卫生所、

(2015 年)

指标名称	合计	按管理类别分		按经济类型分				
		非营利性	营利性	国有	集体办	联营	私营	其他
机构总数(个)	**822**	**125**	**697**	**86**	**26**	**3**	**627**	**80**
总人员数(人)	**3430**	**902**	**2528**	**591**	**223**	**5**	**2253**	**358**
卫生技术人员	3259	826	2433	555	193	5	2187	319
执业医师	1651	448	1203	306	101	3	1070	171
执业助理医师	222	40	182	18	15		168	21
注册护士	1140	258	882	171	60	1	801	107
药剂师(士)	119	34	85	30	4	1	75	9
技师(士)	75	32	43	21	10		34	10
其他卫生技术人员	52	26	26	16	9		22	5
工勤技能人员	141	72	69	32	30		45	34
床位数(门诊部)	**127**	**120**	**7**	**120**			**3**	**4**
房屋建筑面积(㎡)	**161288**	**32819**	**128469**	**24539**	**5746**	**165**	**115967**	**14871**
总收入(万元)	**18795.3**	**7675.4**	**11119.9**	**6424.0**	**739.1**	**40.0**	**9969.2**	**1623.0**
#医疗收入	14465.0	5434.5	9030.5	4290.9	660.2	23.5	8019.3	1471.1
#药品收入	6496.0	2043.6	4452.4	1674.6	211.2	15.5	3931.1	663.6
总支出(万元)	**17032.8**	**7351.4**	**9681.4**	**6163.2**	**704.2**	**39.0**	**8673.0**	**1453.4**
#人员经费	8474.5	3280.0	5194.5	2413.4	542.9	21.0	4662.1	835.1
药品支出	5072.9	1301.6	3771.3	996.9	157.4	16.5	3399.8	502.3
诊疗人次数	**4000638**	**526157**	**3474481**	**343120**	**99782**	**6010**	**3035501**	**516225**
#出诊人次数	91576	8231	83345	4677	3377		76445	7077

医务室基本情况

按设置/主办单位分			按诊所类别分				
政府办	社会办	私人办	普通	中医	中西医结合	口腔	其他
11	**128**	**683**	**439**	**117**	**23**	**79**	**129**
61	**874**	**2495**	**1439**	**311**	**74**	**326**	**585**
52	806	2401	1413	309	74	313	566
27	439	1185	743	159	37	148	318
3	41	178	87	18	4	45	29
19	247	874	530	83	25	110	186
2	34	83	28	38	8		17
1	33	41	13			2	9
1	25	26	10			2	8
9	64	68	26	2		13	19
	120	**7**					
1560	**32978**	**126750**	**88997**	**10629**	**2638**	**8215**	**20445**
170.1	**7720.0**	**10905.2**	**6144.7**	**1460.4**	**338.3**	**1139.7**	**1855.6**
149.1	5485.6	8830.3	4723.8	1185.4	277.8	1023.9	1461.1
100.6	2004.0	4391.4	2952.1	742.4	147.6	261.7	872.4
156.5	**7356.3**	**9520.0**	**5446.0**	**1277.9**	**320.3**	**1000.7**	**1730.0**
79.5	3311.8	5083.2	2748.0	613.9	160.1	644.0	874.8
63.7	1280.9	3728.3	2346.1	581.7	146.3	240.5	703.1
42660	**543797**	**3414181**	**2460542**	**484723**	**98117**	**229978**	**387176**
	8731	82845	23302	4498	2672	2430	3934

14-16 医疗卫生机构门诊服务情况

(2015 年)

类别	机构数(个)	总诊疗人次数(人次)	门、急诊人次	门诊人次	急诊人次	死亡人数	观察室留观病例数(例)	死亡人数(人)	健康检查人数(人)	急诊抢救成功率(%)	急诊病死率(%)
总　计	**3775**	**72143165**	**67829663**	**64749816**	**3079847**	**1876**	**407121**	**65**	**3343042**	**0.06**	**0.02**
医　院	**213**	**38068766**	**35743311**	**33382016**	**2361295**	**1735**	**297865**	**65**	**1657450**	**0.07**	**0.02**
综合医院	104	25182981	23202280	21735948	1466332	1154	159216	33	1006022	0.08	0.02
中医医院	50	7721689	7639791	7295899	343892	447	6995	32	335237	0.13	0.46
中西医结合医院	3	97604	97604	94732	2872						
专科医院	56	5066492	4803636	4255437	548199	134	131654		316191	0.02	
口腔医院	3	163391	163391	163391							
眼科医院	6	358145	358145	354761	3384						
耳鼻喉科医院	2	30790	30790	30790							
肿瘤医院	2	457106	438079	438071	8				18086		
心血管病医院	3	745307	621005	479956	141049	118			32079	0.08	
胸科医院	1	81202	81202	81202							
妇产(科)医院	4	150702	150110	150110					3195		
儿童医院	1	1538147	1538147	1195888	342259	16	123445				
精神病医院	3	245804	245804	240182	5622						
传染病医院	2	380921	379875	361913	17962		7940		199059		
皮肤病医院	2	57997	57768	57768							
骨科医院	8	443244	440519	419754	20765		150		2502		
康复医院	4	278740	180894	171504	9390		55		60277		
整形外科医院	1	8637	8637	8637							
美容医院	4	31203	31203	31195	8						
其他专科医院	10	95156	78067	70315	7752		64		993		
基层医疗卫生机构	**3543**	**30669598**	**28843216**	**28477770**	**365446**	**78**	**99516**		**1450288**	**0.02**	
社区卫生服务中心(站)	216	5284395	4949193	4779659	169534	4	30707		463142		
卫生院	99	8728242	8533220	8337308	195912	74	68809		907375	0.04	
中心卫生院	27	2560434	2391485	2325179	66306	1	36512		351868		
乡卫生院	72	6167808	6141735	6012129	129606	73	32297		555507	0.06	
村卫生室	2404	12653923	11449341	11449341							
门诊部	35	340102	285362	285362					79771		
诊所、卫生所、医务室	789	3662936	3626100	3626100							
专业公共卫生机构	**17**	**3382181**	**3220516**	**2867410**	**353106**	**63**	**9740**		**235304**	**0.02**	
专科疾病防治院(所、站)	3	176268	152404	152404					179272		
妇幼保健院(所、站)	14	3053889	2916088	2715006	201082	63	9740		56032	0.03	
其他机构	**2**	**22620**	**22620**	**22620**							

14-17 医疗卫生机构住院服务情况

（2015 年）

机构分类	入院人数（人）	出院人数（人）		住院病人手术人次数（人次）	每百门急诊的入院人数（人）	死亡率（%）
			死亡			
总　计	**2445409**	**2442898**	**6581**	**648882**	**4.67**	**0.27**
医　院	**2120232**	**2118573**	**6427**	**594517**	**5.93**	**0.30**
综合医院	1450945	1452173	4903	441800	6.25	0.34
中医医院	300120	299119	985	47434	3.93	0.33
中西医结合医院	8188	6951		1916	8.39	
专科医院	360979	360330	539	103367	7.51	0.15
口腔医院	20	20		20	0.01	
眼科医院	28717	28490		26260	8.02	
耳鼻喉科医院	4722	4685		4280	15.34	
肿瘤医院	111812	111709	141	21186	25.52	0.13
心血管病医院	32695	32665	117	753	5.26	0.36
胸科医院	21628	21604	71	3756	26.63	0.33
妇产（科）医院	4908	5062		1776	3.27	
儿童医院	67481	67427	48	10045	4.39	0.07
精神病医院	8305	8251	1		3.38	0.01
传染病医院	19493	19584	130	2241	5.13	0.66
皮肤病医院	1432	1366			2.48	
骨科医院	32654	32404	8	20967	7.41	0.02
康复医院	10036	10027	23	140	5.55	0.23
整形外科医院	2315	2315		2315	26.80	
美容医院	1745	1795		873	5.59	
其他专科医院	13016	12926		8755	16.67	
基层医疗卫生机构	**175989**	**174220**	**23**		**1.29**	**0.01**
社区卫生服务中心（站）	23776	23466	9		0.48	0.04
卫生院	150527	149068	14		1.76	0.01
中心卫生院	54397	53847	3		2.27	0.01
乡卫生院	96130	95221	11		1.57	0.01
门诊部	1686	1686				
专业公共卫生机构	**149188**	**150105**	**131**	**54365**	**4.86**	**0.09**
专科疾病防治院（所、站）	1002	1022	1	114	0.66	0.10
妇幼保健院（所、站）	148186	149083	130	54251	5.08	0.09

14-18　医疗机构运营情况(床位利用)

(2015 年)

机构分类	实有床位(张)	实际开放总床位(床日)	平均开放病床数(张)	实际占用总床日数(床日)	出院者占用总床日数(床日)	病床周转次数(次)	病床工作日(日)	病床使用率(%)	出院者平均住院日(日)
总　计	**78242**	**27648344**	**75749**	**25914684**	**25715269**	**32.2**	**342.1**	**93.73**	**10.5**
医　院	**68606**	**24257915**	**66460**	**23363483**	**23196833**	**31.9**	**351.5**	**96.31**	**10.9**
综合医院	43507	15488460	42434	14921193	14919235	34.2	351.6	96.34	10.3
中医医院	11687	3984560	10917	3688232	3587325	27.4	337.9	92.56	12.0
中西医结合医院	305	109275	299	125763	121566	23.2	420.1	115.09	17.5
专科医院	13107	4675620	12810	4628295	4568707	28.1	361.3	98.99	12.7
口腔医院	40	14600	40	780	780	0.5	19.5	5.34	39.0
眼科医院	532	179560	492	78087	74823	57.9	158.7	43.49	2.6
耳鼻喉科医院	180	65700	180	34272	34086	26.0	190.4	52.16	7.3
肿瘤医院	3103	1131325	3100	1537704	1544417	36.0	496.1	135.92	13.8
心血管病医院	1305	474500	1300	355004	355752	25.1	273.1	74.82	10.9
胸科医院	1104	394204	1080	433424	432598	20.0	401.3	109.95	20.0
妇产(科)医院	184	41537	114	18975	18872	44.5	166.7	45.68	3.7
儿童医院	2036	713023	1953	628383	629378	34.5	321.7	88.13	9.3
精神病医院	678	247470	678	287019	254625	12.2	423.3	115.98	30.9
传染病医院	1130	412235	1129	354611	363744	17.3	314.0	86.02	18.6
皮肤病医院	120	43800	120	27982	26638	11.4	233.2	63.89	19.5
骨科医院	1319	472155	1294	491474	479389	25.0	379.9	104.09	14.8
康复医院	762	272454	746	224042	206417	13.4	300.1	82.23	20.6
整形外科医院	34	10220	28	8760	3650	82.7	312.9	85.71	1.6
美容医院	100	32550	89	20298	20174	20.1	227.6	62.36	11.2
其他专科医院	480	170287	467	127480	123364	27.7	273.2	74.86	9.5
基层医疗卫生机构	**6335**	**2188449**	**5996**	**1376036**	**1350614**	**29.1**	**229.5**	**62.88**	**7.8**
社区卫生服务中心(站)	1275	436908	1197	263459	222015	19.6	220.1	60.30	9.5
卫生院	4933	1751541	4799	1112577	1128599	31.1	231.8	63.52	7.6
中心卫生院	1702	602462	1651	392865	378410	32.6	238.0	65.21	7.0
乡卫生院	3231	1149079	3148	719712	750189	30.2	228.6	62.63	7.9
专业公共卫生机构	**3301**	**1201980**	**3293**	**1175165**	**1167822**	**45.6**	**356.9**	**97.77**	**7.8**
专科疾病防治院(所、站)	159	57476	157	32574	32793	6.5	206.9	56.67	32.1
妇幼保健院(所、站)	3142	1144504	3136	1142591	1135029	47.5	364.4	99.83	7.6

14-19　医疗卫生机构收入与支出

（2015 年）

单位：万元

类　　别	总收入	财政补助收入	科教项目收入	上级补助收入	医疗收入/事业收入	总支出	医疗业务成本/医疗支出/事业支出	公共卫生支出	科教项目支出	管理费用	财政项目补助支出	总支出中:人员支出
总　计	**4242912**	**310736**	**10970**	**10421**	**3813408**	**3946623**	**3353748**	**30329**	**8478**	**325795**	**132987**	**1065629**
医　院	**3665272**	**165142**	**10894**		**3441125**	**3441837**	**3001928**		**8354**	**308121**	**67984**	**894783**
综合医院	2533739	109288	3647		2388827	2394752	2118055		2217	202877	40790	611803
中医医院	465472	29278	5656		421806	427368	357307		5245	46922	10345	124991
中西医结合医院	3320				3296	2487	2136			228		1437
专科医院	662742	26576	1591		627197	617230	524430		893	58094	16850	156552
口腔医院	4168				3702	4519	2896			707		1801
眼科医院	20703	717			19848	13657	5670			2170	321	2353
耳鼻喉科医院	3915				3915	4483	2991			984		1029
肿瘤医院	244984	8833	102		233280	219536	199560		86	13387	6417	44932
心血管病医院	59758	612	245		58658	65170	55569			6767	142	15196
胸科医院	58851	3067	202		55279	57974	51427		169	5584	794	15179
妇产(科)医院	9356				9325	11597	4102			5752		7222
儿童医院	95889	5872	86		87606	91480	81502		61	4919	4824	26482
精神病医院	13605	1276	3		12320	12916	10671		8	1988	196	6321
传染病医院	43650	3389	794		39133	41518	32129		394	5678	2646	12530
皮肤病医院	4265				4265	3158	1381		6	343		947
骨科医院	73051	2423	159		69879	68132	60061		159	6475	1123	16338
康复医院	15463	388			15063	11268	8427		10	898	388	3591
整形外科医院	1267				1267	1136	986					

14-19 续表 (2015 年) 单位:万元

类　　别	总收入	财政补助收入	科教项目收入	上级补助收入	医疗收入/事业收入	总支出	医疗业务成本/医疗支出/事业支出	公共卫生支出	科教项目支出	管理费用	财政项目补助支出	总支出中:人员支出
美容医院	3797				3797	1608	671			466		456
其他专科医院	10021				9861	9079	6387			1978		2174
基层医疗卫生机构	**209929**	**46156**		**8532**	**147352**	**198347**	**153541**	**30329**			**1897**	**71538**
社区卫生服务中心(站)	58510	17098		732	40441	54893	52811	14526			303	19962
社区卫生服务中心	48113	15922		672	31347	45273	43456	13217			209	17394
社区卫生服务站	10397	1176		60	9094	9620	9356	1309			95	2569
卫生院	108203	29058		1811	76128	103908	100730	15803			1593	35340
中心卫生院	34427.9	9470.3		553.9	24105.8	32688.2	31572.5	5840.4			877.8	11777.6
乡卫生院	73775.5	19587.6		1256.7	52022.6	71219.7	69157.6	9962.3			715.5	23562.3
门诊部	7856.6				5793.0	7257.9						3433.7
诊所.卫生所.医务室	10948				8680	9766						5037
诊所	9692				7710	8595						4448
卫生所、医务室	1256				970	1171						589
专业公共卫生机构	**318949**	**79235**	**76**	**1783**	**203022**	**266536**	**183561**		**124**	**15603**	**45543**	**92227**
专科疾病防治院(所、站)	66392	35090		280	9037	65551	25948				30479	14459
妇幼保健院(所、站)	201967	21101	76		173662	159040	133662		124	15185	7443	58333
妇幼保健院	200130	19915	76		173098	157011	133038		124	15119	6422	57585
急救中心(站)	1385	1278			107	1385	137				1204	639
其他卫生机构	**48762**	**20202**		**106**	**21910**	**39903**	**14718**			**2072**	**17563**	**7082**
临床检验中心	21151				21151	18969	11780			2072		4532

14-20　村卫生室基本情况

（2015 年）

类　　别	合计	按设置/主办单位分					按行医方式分		
		村办	乡医院设点	联合办	私人办	其他	中医为主	西医为主	中西医结合
机构数（个）	2404	1459	155	219	270	301	67	1623	715
执业（助理）医师（人）	950	562		103	143	142	23	599	328
注册护士（人）	350	180		47	63	60	7	207	136
乡村医生和卫生员（人）	5276	3339	276	491	533	637	130	3314	1832
乡村医生	4981	3209	262	449	451	610	121	3112	1748
卫生员	295	130	14	42	82	27	9	202	84
总收入（万元）	24411.5	15406.2	1725.3	1992.9	2087.1	3199.9	541.3	15423.1	8447.1
#上级补助收入	5989.5	4093.6	269.1	753.9	235.6	637.4	103.5	3801.8	2084.2
医疗收入	16309.3	10291.0	1209.6	1095.9	1419.3	2293.4	365.8	10190.5	5753.0
药品收入	12356.6	8263.4	890.8	857.3	955.3	1389.8	295.3	7644.8	4416.5
总支出（万元）	22522.8	14650.0	1497.3	1957.1	1535.8	2882.5	480.3	14100.2	7942.2
#人员经费	7764.9	5136.9	568.4	703.8	556.0	799.8	156.1	4953.4	2655.4
药品支出	12726.6	8218.3	910.7	1036.7	926.7	1634.1	297.4	7836.8	4592.4
诊疗人次数（人次）	12653923	7903843	693709	1160430	1067805	1828136	404582	8171040	4078301
#出诊人次数	1204582	885401	40166	87873	99653	91489	130137	722555	351890

14-21 分县(市)区医疗机构收入与支出

(2015 年)

单位:万元

地　　区	总收入	财政补助收入	科教项目收入	上级补助收入	医疗收入/事业收入	总费用/支出	医疗业务成本/医疗支出/事业支出	公共卫生支出	科教项目支出	管理费用	财政项目补助支出	总费用中:人员经费
总　计	**4242912**	**310736**	**10970**	**10421**	**3813408**	**3946623**	**3353748**	**30329**	**8478**	**325795**	**132987**	**1065629**
中原区	310738	29371	153	388	263005	297028	226429	1913	51	35173	19196	79244
二七区	1320964	53529	3232	730	1251614	1211821	1102876	2956	2097	78560	19951	310522
管城回族区	257966	13818	387	935	241050	253573	199576	2440	16	34955	6771	69665
金水区	1754136	146438	7137	881	1550091	1608441	1356392	6566	6238	137215	72649	427237
上街区	22096	609		210	20511	22670	20312	470		1437	118	1348
惠济区	41528	3784		367	31656	43582	27417	532		3761	718	20143
中牟县	83825	15081		627	67121	72790	63788	2153	15	3707	1563	21089
巩义市	94668	9408		1756	79118	93446	73231	2872		6410	2899	30941
荥阳市	74697	11087	1	1162	61653	70491	56977	2293		4258	3615	24177
新密市	94099	8881		1080	82731	91803	73731	2980		5120	1817	26917
新郑市	117477	10926		1435	103842	113485	99764	2819		7808	1563	32803
登封市	70719	7804	62	851	61017	67493	53255	2337	61	7393	2128	21542

14-22 科技事业发展情况

（2015 年）

指　　标	计量单位	2010 年	2011 年	2012 年	2013 年	2014 年	2015 年
完成科技成果	项	198	213	310	447	511	576
国际水平	项	12	18	31	41	45	46
国内先进水平或国内领先水平	项	186	195	279	406	466	530
获各级科技进步奖	项	26	130	141	139	142	147
国家	项		4	4	4	8	12
省	项	26	34	37	35	34	36
市	项		92	100	100	100	99
各类科研计划	项	842	1214	1472	1416	1237	1007
国家级	项	84	91	101	65	25	1
省级	项	134	194	221	297	263	334
市级	项	624	929	1150	1054	949	672
高新技术企业数	家	223	274	332	387	362	465
技贸机构技术合同成交额	亿元	43.03	55.1	65.06	90.85	110.91	130.12

14-23 专利申请和授权情况

（2015 年）

指　　标	计量单位	2010 年	2011 年	2012 年	2013 年	2014 年	2015 年
专利申请量	件	8203	10997	16254	20259	24307	26046
#发明专利	件	2455	3019	4257	6038	8267	8452
实用新型	件	3784	5922	7944	9574	10781	12883
外观专利	件	1964	2056	4053	4647	5259	4711
专利授权量	件	5677	6141	9065	10372	12316	16125
#发明专利	件	554	888	1228	1205	1265	1869
实用新型	件	3399	3826	6041	6905	8182	10441
外观专利	件	1724	1427	1796	2262	2859	3815

14-24 民政事业中收养性单位情况

(2015 年)

指　　标	计量单位	2014 年	2015 年
各种收养性社会福利单位总数	个	76	93
#优抚类收养性单位	个	3	3
福利类收养性单位	个	70	86
##社会福利院	个	3	3
儿童福利院	个	3	3
城镇收养性老年福利机构	个	50	51
农村收养性老年福利机构	个	14	29
工作人员	人	2901	3048
床位数	张	14629	16253
年底收养人数	人	8290	8407

14-25 民政事业中社保及扶贫情况

(2015 年)

指　　标	计量单位	2010 年	2011 年	2012 年	2013 年	2014 年	2015 年
城市居民最低生活保障金标准	元	300	340	380	430	470	520
农村居民最低生活保障金标准	元	160	180	200	240	260	290

14-26 社会福利彩票及捐赠情况

(2015 年)

指　　标	计量单位	2010 年	2011 年	2012 年	2013 年	2014 年	2015 年
社会福利彩票销售额	亿元	7.53	11.3	13.78	14.71	15.43	15.19
社会福利资金筹集额	万元	4049.5	4788.57	10082.4	10159	9336.96	12973.08
接受社会捐赠额	万元	641.7	77.6	0.7	93.1	86.5	476.6
捐赠接收工作站、点数	个	107	110	109	114	118	126

14-27 结婚及离婚登记情况

（2015 年）

项　目	计量单位	2010 年	2011 年	2012 年	2013 年	2014 年	2015 年
结婚登记	**对**	**83594**	**94275**	**99522**	**100531**	**98036**	**88996**
内地居民登记结婚	对	83562	94226	99480	100492	97996	88964
#初婚人数	人	151647	166279	178566	188849	181060	162699
#再婚人数	人	15541	22271	20478	12135	14932	15229
涉外结婚	对	32	49	42	39	40	32
离婚登记	**对**	**15606**	**19281**	**22879**	**29269**	**28433**	**31032**
内地居民	对	15602	19276	22871	29260	28427	31026
华侨、港澳台居民登记离婚	对	4	5	8	9	6	6

14-28 分县(市、区)最低生活保障情况

（2015 年）

指　标	最低生活保障人数（人）	#城镇	农村	最低生活保障保障金（万元）	#城镇	农村
郑州市	128164	22525	105639	35187.4	11539.7	23647.7
中原区	1904	1904		1024.3	1024.3	
二七区	2503	2503		1383.9	1383.9	
管城区	1571	1571		914	914	
金水区	2298	2298		1337.7	1337.7	
上街区	866	866		348	348	
惠济区	861	861		447.2	447.2	
高新区	550	550		273.9	273.9	
经开区	1120	17	1103	278.7	8.6	270.1
郑东新区	2332	690	1642	613.2	296.2	317
航空港区	7060	165	6895	1554.7	99.7	1455
中牟县	9651	1136	8515	2237.3	562.6	1674.7
巩义市	15962	1754	14208	3580.7	733.7	2847
荥阳市	19222	1049	18173	4774.9	605.7	4169.2
新密市	18283	1185	17098	4378.1	527.4	3850.7
新郑市	13716	2569	11147	3784.8	1264.1	2520.7
登封市	30265	3407	26858	8256	1712.7	6543.3

14-29　规模以上工业企业 R&D 人员情况

（2015 年）

类　别	有 R&D 活动企业个数(个)	有科技机构企业个数（个）	R&D 人员合计（人）	#参加项目人员	管理和服务人员	#女性	#研究人员
总计	**520**	**364**	**42406**	**39992**	**2414**	**8306**	**14182**
按企业规模分组							
大型	47	43	23121	22332	789	3877	7633
中型	186	143	11286	10083	1203	2873	4122
小型	285	176	7982	7560	422	1552	2420
微型	2	2	17	17		4	7
按隶属关系分组							
中央	20	15	3385	2722	663	886	1443
省(自治区、直辖市)	14	10	5146	5059	87	483	1231
地(区、市、州、盟)	37	29	6149	5941	208	1046	2530
县(区、市、旗)	41	33	3440	3150	290	730	973
街道	3	3	61	61		11	18
镇	15	13	1425	1409	16	131	197
乡	2	1	42	42		6	12
村委会	8	7	249	244	5	49	63
其他	380	253	22509	21364	1145	4964	7715
按登记注册类型分组							
内资企业	480	337	33515	31633	1882	5927	10869
国有企业	8	8	2497	2276	221	614	925
集体企业	6	4	128	128		21	41
有限责任公司	270	177	16225	15223	1002	2676	4813
国有独资公司	5	4	164	158	6	77	53
其他有限责任公司	265	173	16061	15065	996	2599	4760
股份有限公司	68	57	10967	10471	496	1908	3949
私营企业	127	90	3690	3527	163	707	1140
私营独资企业	14	12	249	248	1	53	83
私营有限责任公司	105	71	2839	2685	154	603	954
私营股份有限公司	8	7	602	594	8	51	103
其他企业	1	1	8	8		1	1
港、澳、台商投资企业	22	15	5639	5457	182	1736	2236
合资经营企业(港或澳、台资)	10	7	697	658	39	201	231
港、澳、台商独资经营企业	10	6	4852	4715	137	1521	1972
港、澳、台商投资股份有限公司	1	1	44	38	6	3	22

14-29 续表1 （2015年）

类别	有R&D活动企业个数(个)	有科技机构企业个数（个）	R&D人员合计（人）	#参加项目人员	管理和服务人员	#女性	#研究人员
其他港澳台投资企业	1	1	46	46		11	11
外商投资企业	18	12	3252	2902	350	643	1077
中外合资经营企业	10	6	1859	1662	197	316	446
外资企业	3	3	605	467	138	80	286
外商投资股份有限公司	2	2	591	576	15	208	273
其他外商投资企业	3	1	197	197		39	72
按国民经济行业大类分组							
采矿业	5	2	2737	2717	20	40	452
煤炭开采和洗选业	5	2	2737	2717	20	40	452
制造业	511	358	37964	35609	2355	8046	13249
农副食品加工业	25	15	775	750	25	146	280
食品制造业	18	14	1822	1606	216	617	786
酒、饮料和精制茶制造业	5	3	183	182	1	70	51
烟草制品业	2	2	557	557		58	150
纺织业	5	4	204	202	2	87	39
纺织服装、服饰业	4	8	278	195	83	209	69
木材加工和木、竹、藤、棕、草制品业	1	1	8	8		1	3
家具制造业	1	2	34	31	3	3	16
造纸和纸制品业	8	5	282	272	10	82	41
印刷和记录媒介复制业	9	5	295	285	10	96	107
文教、工美、体育和娱乐用品制造业	6	4	154	152	2	28	36
化学原料和化学制品制造业	27	20	1119	969	150	266	419
医药制造业	24	15	1201	1146	55	558	425
橡胶和塑料制品业	11	9	377	315	62	57	119
非金属矿物制品业	112	77	4112	3989	123	699	1175
黑色金属冶炼和压延加工业	6	5	403	395	8	84	145
有色金属冶炼和压延加工业	15	13	1997	1729	268	367	464
金属制品业	19	15	1430	1410	20	213	237
通用设备制造业	49	34	2769	2636	133	503	897
专用设备制造业	60	43	3841	3687	154	478	1465
汽车制造业	23	18	5770	5645	125	600	2204
铁路、船舶、航空航天和其他运输设备制造业	7	4	928	777	151	333	408
电气机械和器材制造业	30	15	1624	1263	361	349	504
计算机、通信和其他电子设备制造业	17	9	5995	5675	320	1738	2490

14-29　续表 2　（2015 年）

类　　别	有 R&D 活动企业个数(个)	有科技机构企业个数(个)	R&D 人员合计(人)	#参加项目人员	管理和服务人员	#女性	#研究人员
仪器仪表制造业	26	17	1788	1717	71	403	710
废弃资源综合利用业	1	1	18	16	2	1	9
电力、热力、燃气及水生产和供应业	4	4	1705	1666	39	220	481
电力、热力生产和供应业	2	2	1680	1642	38	208	469
燃气生产和供应业	1	1	7	7		1	3
水的生产和供应业	1	1	18	17	1	11	9
按经济成分分组							
公有经济	68	49	11144	10217	927	1876	3421
非公有经济	452	315	31262	29775	1487	6430	10761
按企业控股情况分组							
国有控股	53	41	10758	9843	915	1800	3334
集体控股	15	8	386	374	12	76	87
私人控股	374	261	20432	19577	855	3766	6728
港澳台商控股	17	12	5117	4974	143	1569	2049
外商控股	12	9	2441	2128	313	523	795
其他	49	33	3272	3096	176	572	1189
按地区分组							
中原区	16	19	3880	3845	35	299	816
二七区	14	12	2224	2097	127	475	792
管城区	7	8	3780	3721	59	397	1570
金水区	9	7	654	515	139	145	312
上街区	28	23	1296	1121	175	249	444
惠济区	9	8	799	784	15	235	345
中牟县	24	16	1233	1172	61	273	430
巩义市	39	34	3112	2951	161	423	446
荥阳市	39	35	2301	2281	20	258	478
新密市	51	24	1699	1698	1	248	471
新郑市	79	62	2832	2755	77	808	918
登封市	49	20	1734	1590	144	310	521
经开区	36	26	5430	5218	212	1176	2398
高新区	98	53	7667	6744	923	1855	2918
郑东新区	4	2	886	750	136	107	276
航空港实验区	18	15	2879	2750	129	1048	1047

14-29 续表3 (2015年)

类　别	#全时人员	非全时人员	R&D人员折合全时当量合计(人年)	#研究人员	应用研究人员	试验发展人员
总计	**27221**	**15185**	**29480**	**9940**	**67**	**29414**
按企业规模分组						
大型	14283	8838	16473	5473	14	16458
中型	7830	3456	7854	2883	13	7841
小型	5094	2888	5146	1581	39	5107
微型	14	3	7	3		7
按隶属关系分组						
中央	2322	1063	2098	897	3	2095
省(自治区、直辖市)	1026	4120	3494	815	1	3494
地(区、市、州、盟)	5086	1063	4006	1663	15	3992
县(区、市、旗)	1988	1452	2483	702	4	2479
街道	42	19	22	5		22
镇	633	792	767	123		767
乡	32	10	18	6		18
村委会	135	114	122	31		122
其他	15957	6552	16469	5697	45	16424
按登记注册类型分组						
内资企业	20275	13240	22708	7434	51	22657
国有企业	1228	1269	1572	603		1572
集体企业	60	68	103	32		103
有限责任公司	9300	6925	11248	3380	39	11209
国有独资公司	99	65	82	29	3	79
其他有限责任公司	9201	6860	11166	3351	36	11130
股份有限公司	7248	3719	7193	2623	11	7182
私营企业	2432	1258	2590	795		2590
私营独资企业	205	44	182	61		182
私营有限责任公司	1912	927	1898	649		1898
私营股份有限公司	315	287	510	86		510
其他企业	7	1	1			1
港、澳、台商投资企业	4830	809	4051	1581	8	4043
合资经营企业(港或澳、台资)	495	202	508	175	5	503
港、澳、台商独资经营企业	4271	581	3488	1391	2	3486
港、澳、台商投资股份有限公司	23	21	9	4		9

14-29 续表 4 （2015 年）

类　　别			R&D 人员折合全时当量合计（人年）			
	#全时人员	非全时人员		#研究人员	应用研究人员	试验发展人员
其他港澳台投资企业	41	5	46	11		46
外商投资企业	2116	1136	2721	926	8	2713
中外合资经营企业	1170	689	1410	332		1410
外资企业	272	333	569	270	8	561
外商投资股份有限公司	496	95	551	254		551
其他外商投资企业	178	19	191	70		191
按国民经济行业大类分组						
采矿业	341	2396	1972	317	1	1971
煤炭开采和洗选业	341	2396	1972	317	1	1971
制造业	26386	11578	26518	9345	63	26455
农副食品加工业	502	273	552	210		552
食品制造业	1097	725	1414	631	8	1405
酒、饮料和精制茶制造业	54	129	74	24		74
烟草制品业	87	470	291	78	3	289
纺织业	89	115	120	20		120
纺织服装、服饰业	157	121	259	61		259
木材加工和木、竹、藤、棕、草制品业	7	1	4	2		4
家具制造业	26	8	34	16		34
造纸和纸制品业	208	74	158	26	3	155
印刷和记录媒介复制业	202	93	210	75		210
文教、工美、体育和娱乐用品制造业	71	83	86	17		86
化学原料和化学制品制造业	814	305	849	311	11	837
医药制造业	921	280	998	358	12	986
橡胶和塑料制品业	251	126	275	88		275
非金属矿物制品业	2419	1693	2863	849	10	2853
黑色金属冶炼和压延加工业	321	82	327	115		327
有色金属冶炼和压延加工业	941	1056	1544	344		1544
金属制品业	412	1018	1038	166		1038
通用设备制造业	2028	741	2024	636	1	2023
专用设备制造业	2575	1266	2864	1125		2864
汽车制造业	4680	1090	3339	1353		3339
铁路、船舶、航空航天和其他运输设备制造业	798	130	846	374		846
电气机械和器材制造业	1181	443	809	220		809
计算机、通信和其他电子设备制造业	5266	729	4324	1764		4324

14-29　续表 5　　　　(2015 年)

类　别	#全时人员	非全时人员	R&D 人员折合全时当量合计（人年）	#研究人员	应用研究人员	试验发展人员
仪器仪表制造业	1264	524	1198	476	15	1183
废弃资源综合利用业	15	3	18	9		18
电力、热力、燃气及水生产和供应业	494	1211	990	278	3	988
电力、热力生产和供应业	477	1203	971	269		971
燃气生产和供应业	6	1	7	3		7
水的生产和供应业	11	7	12	6	3	9
按经济成分分组						
公有经济	5066	6078	7378	2234	11	7366
非公有经济	22155	9107	22103	7706	55	22047
按企业控股情况分组						
国有控股	4864	5894	7138	2180	10	7127
集体控股	202	184	240	54	1	239
私人控股	13850	6582	13600	4532	45	13556
港澳台商控股	4483	634	3666	1437	2	3664
外商控股	1453	988	2118	721	8	2109
其他	2369	903	2718	1017		2718
按地区分组						
中原区	792	3088	2823	593	3	2820
二七区	975	1249	1472	557		1472
管城区	3257	523	2110	863		2110
金水区	311	343	533	257	8	525
上街区	704	592	748	284	1	747
惠济区	628	171	658	289		658
中牟县	1026	207	895	312		895
巩义市	1221	1891	2369	334		2369
荥阳市	1280	1021	1474	348		1474
新密市	952	747	1329	392		1329
新郑市	1877	955	1805	601	3	1802
登封市	1073	661	1089	324	1	1088
经开区	4436	994	4360	1946	13	4347
高新区	5956	1711	5168	1912	24	5144
郑东新区	300	586	363	110	3	361
航空港实验区	2433	446	2285	820	11	2274

14-30 规模以上工业企业

（2015 年）

类　　别	R&D 经费内部支出合计	按活动类型分组		按支出用途分组			
		应用研究支出	试验发展支出	经常费支出	#人员劳务费	资产性支出	#土建工程
总计	**894841.4**	**2425.6**	**892415.8**	**751737.3**	**274812.3**	**143104.1**	**866.0**
按企业规模分组							
大型	546841.0	726.8	546114.2	465513.6	176104.7	81327.4	560.2
中型	204752.4	153.4	204599.0	170571.1	60576.7	34181.3	75.3
小型	143120.4	1545.4	141575.0	115581.6	38094.9	27538.8	229.9
微型	127.6		127.6	71.0	36.0	56.6	0.6
按隶属关系分组							
中央	70059.6	218.6	69841.0	66588.6	31026.0	3471.0	86.3
省（自治区、直辖市）	110141.2	46.1	110095.1	86400.3	31572.5	23740.9	225.9
地（区、市、州、盟）	151211.9	851.6	150360.3	145403.6	66127.6	5808.3	57.0
县（区、市、旗）	83227.5	202.3	83025.2	71594.7	15679.3	11632.8	206.8
街道	866.8		866.8	584.2	281.8	282.6	
镇	17162.2		17162.2	14180.7	4606.1	2981.5	17.9
乡	694.2		694.2	591.7	159.5	102.5	
村委会	3616.1		3616.1	2644.5	1068.5	971.6	1.5
其他	457861.9	1107.0	456754.9	363749.0	124291.0	94112.9	270.6
按登记注册类型分组							
内资企业	735437.3	1945.7	733491.6	599074.5	217995.8	136362.8	808.9
国有企业	31906.6		31906.6	30307.2	9802.3	1599.4	85.6
集体企业	950.4		950.4	873.9	463.8	76.5	
有限责任公司	405804.9	1522.5	404282.4	295528.3	100050.9	110276.6	513.6
国有独资公司	1854.0	31.5	1822.5	1648.1	688.1	205.9	
其他有限责任公司	403950.9	1491.0	402459.9	293880.2	99362.8	110070.7	513.6
股份有限公司	224046.3	423.2	223623.1	211694.0	89612.1	12352.3	182.8
私营企业	72649.3		72649.3	60641.3	18039.9	12008.0	26.9
私营独资企业	3281.9		3281.9	2872.7	970.8	409.2	6.4
私营有限责任公司	47642.1		47642.1	36630.6	11611.2	11011.5	18.7
私营股份有限公司	21725.3		21725.3	21138.0	5457.9	587.3	1.8
其他企业	79.8		79.8	29.8	26.8	50.0	
港、澳、台商投资企业	64925.0	96.6	64828.4	63273.3	29627.0	1651.7	
合资经营企业（港或澳、台资）	7958.1	82.3	7875.8	7189.2	3610.7	768.9	
港、澳、台商独资经营企业	51369.1	14.3	51354.8	51153.4	25645.5	215.7	

R&D 经费情况

单位:万元

	按资金来源分组				R&D 经费外部支出合计				
#仪器设备	政府资金	企业资金	境外资金	其他资金		#对境内研究机构支出	对境内高等学校支出	对境内企业支出	对境外支出
142238.1	**27930.8**	**861309.8**	**483.2**	**5117.6**	**22124.9**	**12143.6**	**7629.0**	**1732.9**	**619.4**
80767.2	9419.2	535303.6		2118.2	14332.9	8335.0	5010.5	987.4	
34106.0	13569.6	190606.5	142.5	433.8	4827.8	3206.6	1290.4	330.8	
27308.9	4938.4	135275.7	340.7	2565.6	2964.2	602.0	1328.1	414.7	619.4
56.0	3.6	124.0							
3384.7	6106.9	61834.5		2118.2	2965.5	1336.6	971.7	657.2	
23515.0	783.0	109358.2			5317.7	2047.6	2812.3	457.8	
5751.3	5130.2	145890.6		191.1	2250.7	596.8	1597.0	56.9	
11426.0	1205.0	81814.1	142.5	65.9	451.2	162.6	252.4	36.2	
282.6	3.6	863.2			40.0	40.0			
2963.6	180.0	16982.2							
102.5		694.2							
970.1		3616.1							
93842.3	14522.1	440256.7	340.7	2742.4	11099.8	7960.0	1995.6	524.8	619.4
135553.9	26910.6	703255.5	483.2	4788.0	16934.9	7506.6	7427.9	1645.4	355.0
1513.8	3554.5	28352.1			4644.1	2141.0	2040.2	462.9	
76.5		950.4			11.0		2.6	8.4	
109763.0	9244.2	391774.9	293.8	4492.0	7479.1	2864.8	3247.3	1042.0	325.0
205.9	152.9	1701.1			15.0	15.0			
109557.1	9091.3	390073.8	293.8	4492.0	7464.1	2849.8	3247.3	1042.0	325.0
12169.5	10826.8	213160.7		58.8	4072.8	2130.0	1884.3	58.5	
11981.1	3285.1	68937.6	189.4	237.2	727.9	370.8	253.5	73.6	30.0
402.8	0.5	3281.4			1.7			1.7	
10992.8	3109.5	44106.0	189.4	237.2	501.3	178.9	220.5	71.9	30.0
585.5	175.1	21550.2			224.9	191.9	33.0		
50.0		79.8							
1651.7	5.0	64759.8		160.2	105.5	56.0	10.0	39.5	
768.9		7797.9		160.2	69.5	20.0	10.0	39.5	
215.7		51369.1							

14-30 续表 1 （2015 年）

类别	R&D 经费内部支出合计	按活动类型分组		按支出用途分组			
		应用研究支出	试验发展支出	经常费支出	#人员劳务费	资产性支出	#土建工程
港、澳、台商投资股份有限公司	828.7		828.7	631.6	176.7	197.1	
其他港澳台投资企业	4769.1		4769.1	4299.1	194.1	470.0	
外商投资企业	94479.1	383.3	94095.8	89389.5	27189.5	5089.6	57.1
中外合资经营企业	61234.9		61234.9	59600.2	17490.3	1634.7	11.2
外资企业	16971.3	383.3	16588.0	15395.9	3933.3	1575.4	9.5
外商投资股份有限公司	13082.2		13082.2	11422.7	4038.0	1659.5	36.4
其他外商投资企业	3190.7		3190.7	2970.7	1727.9	220.0	
按国民经济行业大类分组							
采矿业	76167.5	93.4	76074.1	52854.1	23345.7	23313.4	219.8
煤炭开采和洗选业	76167.5	93.4	76074.1	52854.1	23345.7	23313.4	219.8
制造业	789382.2	2300.7	787081.5	674284.0	245765.6	115098.2	464.6
农副食品加工业	9632.9		9632.9	8925.2	3118.3	707.7	13.1
食品制造业	39044.8	383.3	38661.5	33411.4	11258.5	5633.4	58.8
酒、饮料和精制茶制造业	1849.2		1849.2	1573.1	751.5	276.1	3.0
烟草制品业	15299.5	218.6	15080.9	14536.1	11195.6	763.4	
纺织业	2272.8		2272.8	2091.5	710.9	181.3	
纺织服装、服饰业	2255.9		2255.9	2203.9	1308.1	52.0	
木材加工和木、竹、藤、棕、草制品业	61.6		61.6	50.8	18.0	10.8	0.1
家具制造业	322.8		322.8	284.2	157.1	38.6	
造纸和纸制品业	8349.1	108.9	8240.2	4308.4	692.9	4040.7	2.1
印刷和记录媒介复制业	5024.2		5024.2	4476.7	1700.5	547.5	0.7
文教、工美、体育和娱乐用品制造业	1889.9		1889.9	1527.4	656.3	362.5	1.5
化学原料和化学制品制造业	34441.1	423.2	34017.9	26480.6	6138.6	7960.5	25.0
医药制造业	18335.6	766.5	17569.1	14073.5	6163.5	4262.1	1.5
橡胶和塑料制品业	6540.9		6540.9	4732.1	1515.9	1808.8	2.7
非金属矿物制品业	86358.1	186.4	86171.7	62762.3	17110.1	23595.8	30.4
黑色金属冶炼和压延加工业	8039.5		8039.5	7069.3	1142.0	970.2	
有色金属冶炼和压延加工业	70485.8		70485.8	64082.1	16239.4	6403.7	4.7
金属制品业	11304.5		11304.5	10202.7	2970.4	1101.8	11.2
通用设备制造业	75941.8	46.1	75895.7	51326.2	14562.8	24615.6	82.2
专用设备制造业	78710.0		78710.0	72591.1	21619.1	6118.9	7.1
汽车制造业	183884.5		183884.5	165883.7	68658.5	18000.8	11.2
铁路、船舶、航空航天和其他运输设备制造业	15223.0		15223.0	14263.9	4736.1	959.1	114.0
电气机械和器材制造业	25754.2		25754.2	21479.8	7931.7	4274.4	42.0

单位:万元

	按资金来源分组				R&D经费外部支出合计				
#仪器设备	政府资金	企业资金	境外资金	其他资金		#对境内研究机构支出	对境内高等学校支出	对境内企业支出	对境外支出
197.1	5.0	823.7			36.0	36.0			
470.0		4769.1							
5032.5	1015.2	93294.5		169.4	5084.5	4581.0	191.1	48.0	264.4
1623.5	412.0	60757.0		65.9	4349.0	4349.0			
1565.9	100.0	16871.3			207.1	180.0	27.1		
1623.1	491.0	12487.7		103.5	264.0	52.0	164.0	48.0	
220.0	12.2	3178.5			264.4				264.4
23093.6		76167.5			2199.4	413.1	1396.2	390.1	
23093.6		76167.5			2199.4	413.1	1396.2	390.1	
114633.6	27732.0	756209.6	483.2	4957.4	16709.4	9976.0	4771.2	1342.8	619.4
694.6	791.1	8735.1		106.7	124.2	56.0	68.2		
5574.6	1135.1	37909.7			544.1	65.0	431.1	48.0	
273.1	60.0	1789.2			46.8	38.8	8.0		
763.4		13341.5		1958.0	1673.7	1034.2	469.7	169.8	
181.3	70.0	2202.8							
52.0	10.0	2245.9			32.0		32.0		
10.7		61.6							
38.6	7.0	315.8							
4038.6	83.0	8266.1			83.0	83.0			
546.8	36.0	4988.2							
361.0	16.6	1873.3			4.6	4.6			
7935.5	833.0	33608.1			437.0	175.0	262.0		
4260.6	1074.0	17261.6			556.2	407.9	130.5	17.8	
1806.1	413.5	6127.4			124.9	50.0	74.9		
23565.4	4552.2	81611.5	151.3	43.1	2111.3	974.2	910.0	167.1	60.0
970.2	70.0	7969.5			180.0	180.0			
6399.0	473.3	69968.5		44.0	330.6	76.9	110.1	103.6	40.0
1090.6	539.9	10739.6		25.0	19.7	16.7	3.0		
24533.4	2983.0	72769.4	189.4		1131.2	158.7	669.9	302.6	
6111.8	4324.1	71996.0		2389.9	607.3	148.7	172.1	22.1	264.4
17989.6	3852.1	179824.0	142.5	65.9	6746.5	5473.5	1252.2	20.8	
845.1	692.0	14531.0			616.0	217.9	64.1	334.0	
4232.4	935.5	24509.6		309.1	193.2	150.0	36.2	7.0	

14-30 续表 2 （2015 年）

类别	R&D 经费内部支出合计	按活动类型分组		按支出用途分组			
		应用研究支出	试验发展支出	经常费支出	#人员劳务费	资产性支出	#土建工程
计算机、通信和其他电子设备制造业	64648.9		64648.9	64118.4	33428.9	530.5	46.9
仪器仪表制造业	23290.2	167.7	23122.5	21564.0	11900.2	1726.2	5.6
废弃资源综合利用业	421.4		421.4	265.6	80.7	155.8	0.8
电力、热力、燃气及水生产和供应业	29291.7	31.5	29260.2	24599.2	5701.0	4692.5	181.6
电力、热力生产和供应业	28862.0		28862.0	24169.9	5536.4	4692.1	181.6
燃气生产和供应业	320.4		320.4	320.0	96.2	0.4	
水的生产和供应业	109.3	31.5	77.8	109.3	68.4		
按经济成分分组							
公有经济	240229.7	493.7	239736.0	206707.9	80711.4	33521.8	502.1
非公有经济	654611.7	1931.9	652679.8	545029.4	194100.9	109582.3	363.9
按企业控股情况分组							
国有控股	232334.9	447.6	231887.3	199802.3	78900.5	32532.6	501.7
集体控股	7894.8	46.1	7848.7	6905.6	1810.9	989.2	0.4
私人控股	458558.5	1534.3	457024.2	366070.8	128079.1	92487.7	288.8
港澳台商控股	59974.8	14.3	59960.5	58788.3	27113.8	1186.5	
外商控股	65938.8	383.3	65555.5	61609.1	14895.5	4329.7	46.3
其他	70139.6		70139.6	58561.2	24012.5	11578.4	28.8
按地区分组							
中原区	95201.1	31.5	95169.6	71532.3	27744.4	23668.8	226.0
二七区	34248.3		34248.3	31488.2	9359.8	2760.1	85.6
管城区	108301.2		108301.2	106866.3	48724.5	1434.9	0.9
金水区	18524.2	383.3	18140.9	16839.8	4695.4	1684.4	9.5
上街区	18168.1	59.1	18109.0	16233.5	8410.4	1934.6	10.4
惠济区	19161.1		19161.1	17354.9	4617.8	1806.2	36.6
中牟县	34553.1		34553.1	33038.6	13201.4	1514.5	13.9
巩义市	76585.2		76585.2	68401.7	14137.2	8183.5	34.1
荥阳市	26893.7		26893.7	22006.9	7918.2	4886.8	3.1
新密市	40329.8		40329.8	28195.3	5788.3	12134.5	
新郑市	53268.0	108.9	53159.1	41843.0	13896.5	11425.0	60.1
登封市	71952	93.4	71858.6	47165.1	8891.6	24786.9	190.1
经开区	113831.1	153.4	113677.7	95785.1	34333.2	18046.0	3.5
高新区	128459.0	616.4	127842.6	102686.4	44361.1	25772.6	153.4
郑东新区	16989.5	218.6	16770.9	16099.3	12020.8	890.2	
航空港实验区	38376.0	761.0	37615.0	36200.9	16711.7	2175.1	38.8

单位:万元

	按资金来源分组				R&D经费外部支出合计				
#仪器设备	政府资金	企业资金	境外资金	其他资金		#对境内研究机构支出	对境内高等学校支出	对境内企业支出	对境外支出
483.6	2148.0	62485.2		15.7	253.4	99.0	4.4	150.0	
1720.6	2592.6	20697.6			890.5	565.9	69.6		255.0
155.0	40.0	381.4			3.2		3.2		
4510.9	198.8	28932.7		160.2	3216.1	1754.5	1461.6		
4510.5	143.6	28718.4			3216.1	1754.5	1461.6		
0.4		160.2		160.2					
	55.2	54.1							
33019.7	7520.7	230663.4		2045.6	13039.9	7898.2	3959.2	1182.5	
109218.4	20410.1	630646.4	483.2	3072.0	9085.0	4245.4	3669.8	550.4	619.4
32030.9	7500.7	222788.6		2045.6	12881.9	7838.2	3906.9	1136.8	
988.8	20.0	7874.8			158.0	60.0	52.3	45.7	
92198.9	18397.7	436938.4	483.2	2739.2	7571.5	3612.5	3298.1	305.9	355.0
1186.5	105.0	59709.6		160.2	144.7	105.2		39.5	
4283.4	703.0	65066.4		169.4	471.1	232.0	191.1	48.0	
11549.6	1204.4	68932.0		3.2	897.7	295.7	180.6	157.0	264.4
23442.8	573.7	94379.6		247.8	2035.9	293.1	1352.7	390.1	
2674.5	1296.5	32951.8			4306.7	2088.1	1878.6	340.0	
1434.0	3534.1	104767.1			1879.5	475.6	1334.0	69.9	
1674.9	374.0	18150.2			44.3		44.3		
1924.2	895.0	17083.7	189.4		216.5	68.9	53.0	94.6	
1769.6	551.0	16220.2		2389.9	384.4	164.0	164.0	56.4	
1500.6	676.1	33668.6	142.5	65.9	5323.5	5266.7	36.0	20.8	
8149.4	252.5	76289.6		43.1	307.7	237.0	48.1	22.6	
4883.7	274.9	26618.8			505.5	94.4	254.5	156.6	
12134.5	3163.3	37166.5			4.9		4.9		
11364.9	2481.4	50783.4		3.2	1296.4	491.7	768.8	35.9	
24596.8	1896.9	69834.8	151.3	69	1391.2	395.2	836	60	100
18042.5	2419.2	111411.9			523.8		4.4		519.4
25619.2	8613.8	119608.0		237.2	1989.3	1475.3	197.8	316.2	
890.2	70.0	14961.5		1958.0	1671.1	1034.2	467.1	169.8	
2136.3	858.4	37414.1		103.5	244.2	59.4	184.8		

14-31　规模以上工业企业全部 R&D 项目情况

（2015 年）

类　　别	项目数（项）	参加项目人员（人）	全部项目经费内部支出（万元）
总计	**2963**	**39992**	**809605.0**
按企业规模分组			
大型	1131	22332	491668.5
中型	878	10083	186931.6
小型	950	7560	130935.9
微型	4	17	69.0
按隶属关系分组			
中央	343	2722	55642.2
省（自治区、直辖市）	319	5059	83303.7
地（区、市、州、盟）	381	5941	146159.1
县（区、市、旗）	262	3150	80700.7
街道	13	61	618.0
镇	76	1409	16281.1
乡	6	42	694.2
村委会	11	244	3612.9
其他	1552	21364	422593.1
按登记注册类型分组			
内资企业	2560	31633	653372.9
国有企业	176	2276	30808.0
集体企业	9	128	907.1
有限责任公司	1383	15223	339050.1
国有独资公司	20	158	1103.6
其他有限责任公司	1363	15065	337946.5
股份有限公司	645	10471	212192.2
私营企业	346	3527	70365.5
私营独资企业	26	248	3187.7
私营有限责任公司	281	2685	45843.7
私营股份有限公司	39	594	21334.1
其他企业	1	8	50.0
港、澳、台商投资企业	181	5457	64205.2
合资经营企业（港或澳、台资）	76	658	7426.3
港、澳、台商独资经营企业	98	4715	51214.4
港、澳、台商投资股份有限公司	4	38	821.0

14-31 续表 1 （2015 年）

类　别	项目数（项）	参加项目人员（人）	全部项目经费内部支出（万元）
其他港澳台投资企业	3	46	4743.5
外商投资企业	222	2902	92026.9
中外合资经营企业	85	1662	60881.5
外资企业	78	467	16961.7
外商投资股份有限公司	48	576	11155.6
其他外商投资企业	11	197	3028.1
按国民经济行业大类分组			
采矿业	83	2717	50837.0
煤炭开采和洗选业	83	2717	50837.0
制造业	2734	35609	729924.8
农副食品加工业	72	750	7950.0
食品制造业	187	1606	36316.5
酒、饮料和精制茶制造业	10	182	1468.0
烟草制品业	172	557	9574.0
纺织业	19	202	1622.3
纺织服装、服饰业	13	195	2069.8
木材加工和木、竹、藤、棕、草制品业	1	8	61.5
家具制造业	1	31	297.9
造纸和纸制品业	22	272	8067.3
印刷和记录媒介复制业	48	285	4928.6
文教、工美、体育和娱乐用品制造业	19	152	1784.8
化学原料和化学制品制造业	105	969	32761.7
医药制造业	130	1146	16865.9
橡胶和塑料制品业	34	315	5943.3
非金属矿物制品业	323	3989	83658.5
黑色金属冶炼和压延加工业	15	395	8009.8
有色金属冶炼和压延加工业	75	1729	66349.5
金属制品业	93	1410	10451.0
通用设备制造业	264	2636	70116.0
专用设备制造业	312	3687	70065.1
汽车制造业	250	5645	169185.5
铁路、船舶、航空航天和其他运输设备制造业	38	777	14043.2
电气机械和器材制造业	166	1263	23475.2
计算机、通信和其他电子设备制造业	153	5675	62787.4

14-31 续表2 （2015年）

类别	项目数（项）	参加项目人员（人）	全部项目经费内部支出（万元）
仪器仪表制造业	209	1717	21766.0
废弃资源综合利用业	3	16	306.0
电力、热力、燃气及水生产和供应业	146	1666	28843.2
电力、热力生产和供应业	139	1642	28414.0
燃气生产和供应业	3	7	320.0
水的生产和供应业	4	17	109.2
按经济成分分组			
公有经济	877	10217	197617.8
非公有经济	2086	29775	611987.2
按企业控股情况分组			
国有控股	840	9843	189938.6
集体控股	37	374	7679.2
私人控股	1504	19577	424994.4
港澳台商控股	124	4974	59237.4
外商控股	189	2128	63936.6
其他	269	3096	63818.8
按地区分组			
中原区	239	3845	68640.9
二七区	149	2097	31903.9
管城区	125	3721	108081.3
金水区	102	515	18400.9
上街区	127	1121	15191.2
惠济区	68	784	17102.7
中牟县	122	1172	33367.3
巩义市	148	2951	72677.6
荥阳市	169	2281	26335.8
新密市	96	1698	40311.6
新郑市	234	2755	50587.5
登封市	96	1590	69525
经开区	267	5218	92742.1
高新区	740	6744	118716.6
郑东新区	176	750	10604.2
航空港实验区	105	2750	35416.4

14-32 规模以上工业企业办科技机构情况

（2015 年）

指标名称	机构数（个）	机构人员合计（人）	#博士毕业	硕士毕业	本科毕业	机构经费支出（万元）	仪器和设备原价（万元）	#进口
总计	**438**	**28432**	**464**	**2697**	**17041**	**528349.5**	**332861.3**	**50629.7**
按企业规模分组								
大型	55	15813	162	1234	9819	376431.4	152648.8	36783.1
中型	171	8106	163	1015	4839	97568.3	115937.2	10095.9
小型	210	4497	137	444	2376	54216.8	64218.8	3750.7
微型	2	16	2	4	7	133.0	56.5	
按隶属关系分组								
中央	26	2530	43	481	1309	43930.5	56380.0	8168.1
省（自治区、直辖市）	15	1289	45	278	699	26092.4	40059.1	1817.2
地（区、市、州、盟）	32	5300	64	607	3585	140764.0	44864.4	14299.1
县（区、市、旗）	38	2672	72	175	1133	44935.6	30020.2	1316.7
街道	3	55	3	7	26	722.6	1044.6	120.0
镇	17	698	3	6	351	12287.0	6574.0	33.0
乡	1	22	1	4	17	307.1	28.5	
村委会	7	229	1	16	94	2813.7	1537.3	
其他	299	15637	232	1123	9827	256496.6	152353.2	24875.6
按登记注册类型分组								
内资企业	405	21156	417	2412	12257	400487.0	271214.1	30575.5
国有企业	16	1459	35	326	890	18596.5	37552.5	2452.0
集体企业	4	66		2	37	668.7	426.0	
有限责任公司	217	8102	195	877	4278	146452.4	89374.4	9664.9
国有独资公司	4	148		26	76	1629.9	4719.6	864.7
其他有限责任公司	213	7954	195	851	4202	144822.5	84654.8	8800.2
股份有限公司	66	8890	116	988	5717	194079.9	109780.5	17657.3
私营企业	101	2631	71	219	1333	40609.7	34030.7	801.3
私营独资企业	12	222	5	13	111	2971.3	2546.7	29.5
私营有限责任公司	81	1865	56	158	1063	18465.7	19287.6	771.8
私营股份有限公司	8	544	10	48	159	19172.7	12196.4	
其他企业	1	8			2	79.8	50.0	
港、澳、台商投资企业	18	4974	9	80	3926	54869.3	25262.6	16640.8
合资经营企业（港或澳、台资）	7	354	2	40	236	4882.3	9509.8	1812.9
港、澳、台商独资经营企业	8	4576	4	36	3667	49890.1	15477.7	14807.9
港、澳、台商投资股份有限公司	1	8	2	3	3	8.4	197.1	
其他港澳台投资企业	2	36	1	1	20	88.5	78.0	20.0
外商投资企业	15	2302	38	205	858	72993.2	36384.6	3413.4

14-32 续表 1 （2015 年）

指标名称	机构数（个）	机构人员合计（人）	#博士毕业	硕士毕业	本科毕业	机构经费支出（万元）	仪器和设备原价（万元）	#进口
中外合资经营企业	7	1733	13	123	502	45202.6	13698.8	965.2
外资企业	4	404	14	41	287	16407.7	15906.0	2310.5
外商投资股份有限公司	3	133	10	26	61	10825.4	6399.5	131.1
其他外商投资企业	1	32	1	15	8	557.5	380.3	6.6
按国民经济行业大类分组								
采矿业	3	147	11	30	78	2253.2	1497.3	286.7
煤炭开采和洗选业	3	147	11	30	78	2253.2	1497.3	286.7
制造业	431	27901	433	2550	16780	521514.2	328806.5	50203.0
农副食品加工业	15	522	21	74	340	5039.3	3955.1	158.9
食品制造业	16	911	32	111	628	31718.2	27037.6	153.6
酒、饮料和精制茶制造业	3	53	1	6	23	616.5	237.2	
烟草制品业	2	134	2	29	78	10554.9	7605.0	6095.7
纺织业	4	80		5	38	1070.5	3886.9	2132.6
纺织服装、服饰业	8	267	3	8	120	2469.1	1426.8	
木材加工和木、竹、藤、棕、草制品业	1	8		1	5	61.5	10.7	
家具制造业	2	66	3	12	25	356.4	127.2	
造纸和纸制品业	5	204	1	4	40	6054.0	5748.0	
印刷和记录媒介复制业	7	184	1	8	167	1905.1	6749.6	2482.4
文教、工美、体育和娱乐用品制造业	4	88	2	6	50	462.1	172.5	
化学原料和化学制品制造业	29	1031	28	115	545	19174.2	14731.9	190.7
医药制造业	20	1080	41	213	546	11725.3	15836.0	863.6
橡胶和塑料制品业	9	216	6	17	137	2738.5	2069.7	185.0
非金属矿物制品业	94	2591	83	299	1241	31531.8	40558.1	2324.8
黑色金属冶炼和压延加工业	6	170	3	5	97	2718.3	4016.1	2330.5
有色金属冶炼和压延加工业	13	2418	49	194	558	58304.8	35939.9	1026.4
金属制品业	21	656	9	26	238	8834.0	13292.6	851.0
通用设备制造业	37	1731	20	118	886	44410.5	29331.7	2657.7
专用设备制造业	53	2792	30	414	1728	42833.4	40612.5	963.0
汽车制造业	21	4885	35	480	3434	146492.7	28441.3	13304.2
铁路、船舶、航空航天和其他运输设备制造业	4	705	8	105	467	11912.3	10334.5	39.7
电气机械和器材制造业	16	434	15	25	245	12094.4	12870.7	93.3
计算机、通信和其他电子设备制造业	18	5286	32	134	4196	56182.2	19428.8	14195.6
仪器仪表制造业	22	1369	7	136	946	12214.2	4236.1	154.3

14-32 续表2 (2015年)

指标名称	机构数（个）	机构人员合计（人）	#博士毕业	硕士毕业	本科毕业	机构经费支出（万元）	仪器和设备原价（万元）	#进口
废弃资源综合利用业	1	20	1	5	2	40.0	150.0	
电力、热力、燃气及水生产和供应业	4	384	20	117	183	4582.1	2557.5	140.0
电力、热力生产和供应业	2	364	20	109	172	4334.6	1454.3	140.0
燃气生产和供应业	1	7		1	5	223.5	3.2	
水的生产和供应业	1	13		7	6	24.0	1100.0	
按经济成分分组								
公有经济	63	5116	103	907	2777	101075.1	113708.5	13072.8
非公有经济	375	23316	361	1790	14264	427274.4	219152.8	37556.9
按企业控股情况分组								
国有控股	55	4960	100	900	2710	97882.4	111646.2	12604.9
集体控股	8	156	3	7	67	3192.7	2062.3	467.9
私人控股	308	14380	284	1327	8524	282814.9	142949.2	18055.3
港澳台商控股	15	4763	9	42	3759	51791.0	17725.3	14858.2
外商控股	11	1727	36	97	576	48664.8	34925.7	4251.5
其他	41	2446	32	324	1405	44003.7	23552.6	391.9
按地区分组								
中原区	20	1074	18	153	557	20426.1	35980.3	1131.8
二七区	14	1163	41	259	673	18631.2	14090.9	1932.0
管城区	8	3743	35	383	2696	106722.1	25899.0	13260.6
金水区	9	438	14	35	338	16405.4	14519.9	797.5
上街区	23	1227	32	161	499	14531.5	20029.1	1069.2
惠济区	12	327	15	40	142	11814.9	7145.4	121.1
中牟县	16	1021	3	119	525	28107.0	8818.2	850.8
巩义市	35	2633	41	88	641	62310.4	38701.3	3469.5
荥阳市	43	1390	16	69	729	20986.2	14057.9	199.0
新密市	24	785	29	88	338	11830.6	7649.0	21.0
新郑市	65	1867	59	173	1035	36520.1	28114.1	883.8
登封市	20	482	24	60	253	4203.5	5704.2	731.7
经开区	39	5031	35	411	3804	62758.1	25039.5	6408.3
高新区	77	4375	56	485	2886	72708.5	61556.2	4170.5
郑东新区	2	157	2	31	91	11204.0	9712.8	6960.4
航空港实验区	31	2719	44	142	1834	29189.9	15843.5	8622.5

14-33　规模以上工业企业自主知识产权保护情况

（2015 年）

类　　别	专利申请数（件）	#发明专利(件)	期末有效发明专利数（件）	#境外授权	#已被实施	专利所有权转让及许可数（项）	发表科技论文（篇）	期末拥有注册商标（件）	#境外注册	形成国家或行业标准（项）
总计	**5428**	**1466**	**2977**	**14**	**1096**	**72**	**1713**	**3841**	**963**	**96**
按企业规模分组										
大型	2470	731	1053	4	538		1316	2389	942	29
中型	1329	343	1104	5	229	62	251	652	8	42
小型	1627	391	820	5	329	10	146	800	13	25
微型	2	1								
按隶属关系分组										
中央	816	270	791	5	159		322	49	9	27
省（自治区、直辖市）	797	414	502	2	323	62	862	32		4
地（区、市、州、盟）	900	247	182	1	51		53	1612	864	12
县（区、市、旗）	577	81	192	1	36		64	108		7
街道	8	1	14					1		
镇	170	2	38		9		12	123	28	4
乡	10									
村委会			11					5		
其他	2150	451	1247	5	518	10	400	1911	62	42
按登记注册类型分组										
内资企业	4994	1365	2781	13	1008	72	1589	3189	910	91
国有企业	937	517	653	1	424		789	24		11
集体企业	2	2	1		1					
有限责任公司	2253	456	975	3	313	71	521	748	24	29
国有独资公司	8	8	8		1		9	4	1	
其他有限责任公司	2245	448	967	3	312	71	512	744	23	29
股份有限公司	1189	284	834	5	130		244	2124	881	36
私营企业	611	104	301	4	140	1	35	293	5	15
私营独资企业	3	1	14		11			3		
私营有限责任公司	416	84	251	3	104		34	241	4	15
私营股份有限公司	192	19	36	1	25	1	1	49	1	
其他企业	2	2	17							
港、澳、台商投资企业	182	61	75		38		29	28		4
合资经营企业(港或澳、台资)	160	57	68		32		19	24		4
港、澳、台商独资经营企业	20	3	4		4			2		
港、澳、台商投资股份有限公司			1				8	1		
其他港澳台投资企业	2	1	2		2		2	1		
外商投资企业	252	40	121	1	50		95	624	53	1

14-33 续表1 （2015 年）

类 别	专利申请数（件）	#发明专利（件）	期末有效发明专利数（件）	#境外授权	#已被实施	专利所有权转让及许可数（项）	发表科技论文（篇）	期末拥有注册商标（件）	#境外注册	形成国家或行业标准（项）
中外合资经营企业	149	15	25	1	3		80	180	11	
外资企业	58	15	42		42		13	5		1
外商投资股份有限公司	23	5	20		4		2	429	42	
其他外商投资企业	22	5	34		1			10		
按国民经济行业大类分组										
采矿业	9		4		4		95	1		
煤炭开采和洗选业	9		4		4		95	1		
制造业	4520	1060	2501	14	771	72	852	3834	963	91
农副食品加工业	49	14	78		37	2	7	48		1
食品制造业	131	27	86		39		23	1095	70	1
酒、饮料和精制茶制造业	16	3	43		28		75	71		1
烟草制品业	357	43	83		25		130	19	8	5
纺织业	2	2	7		1		7	4		
纺织服装、服饰业	132						1	13		
家具制造业	110		14							
造纸和纸制品业	7									
印刷和记录媒介复制业	28	9	32	2	11		1	4		
文教、工美、体育和娱乐用品制造业	77	1	7		3			44		2
化学原料和化学制品制造业	95	35	65		45		16	36		6
医药制造业	184	102	111	1	30		18	658	11	7
橡胶和塑料制品业	60	8	35		3		4	16		
非金属矿物制品业	548	171	206	1	89		61	99	4	17
黑色金属冶炼和压延加工业	2	1	17		7		2	3		
有色金属冶炼和压延加工业	91	33	450	2	9		66	2		4
金属制品业	160	42	72		15		23	28	4	
通用设备制造业	312	68	255	1	94		74	92	1	7
专用设备制造业	531	129	378	5	102	2	74	91	3	8
汽车制造业	858	162	117		35		153	1302	860	8
铁路、船舶、航空航天和其他运输设备制造业	66	37	93		64		30	4		9
电气机械和器材制造业	182	49	138	1	61	5	20	26		2
计算机、通信和其他电子设备制造业	156	33	57	1	3	62	5	73		4

14-33　续表 2　　　　　　　　　　　　　　　　　　(2015 年)

类　　别	专利申请数（件）	#发明专利（件）	期末有效发明专利数（件）	#境外授权	#已被实施	专利所有权转让及许可数（项）	发表科技论文（篇）	期末拥有注册商标（件）	#境外注册	形成国家或行业标准（项）
仪器仪表制造业	366	91	157		70	1	62	106	2	9
电力、热力、燃气及水生产和供应业	899	406	472		321		766	6		5
电力、热力生产和供应业	897	406	471		321		766	3		5
燃气生产和供应业	2		1					3		
按经济成分分组										
公有经济	1961	712	1418	7	529		1362	322	20	44
非公有经济	3467	754	1559	7	567	72	351	3519	943	52
按企业控股情况分组										
国有控股	1942	708	1409	7	525		1336	320	20	44
集体控股	19	4	9		4		26	2		
私人控股	2712	627	1200	5	424	1	304	3026	900	50
港澳台商控股	78	9	19		17		10	8		
外商控股	102	24	82	1	46		15	440	42	1
其他	575	94	258	1	80	71	22	45	1	1
按地区分组										
中原区	111	18	109	2	20		119	52	4	1
二七区	891	432	547		398		766	53		9
管城区	569	117	80		36		103	1115	821	8
金水区	95	30	51		21		1	64		1
上街区	99	28	424	1	5		66	25	1	5
惠济区	40	11	36		8	2	4	431	42	
中牟县	195	22	14		5		80	186	11	
巩义市	146	48	184	1	49		15	36	5	2
荥阳市	288	24	130		54	5	23	74	28	6
新密市	56	21	64		34		8	17		14
新郑市	209	47	258		112		46	814	28	3
登封市	359	69	98		59		46	9		2
经开区	600	139	199	4	45	62	60	43	1	9
高新区	1080	302	619	4	202	3	231	795	14	29
郑东新区	358	44	93		26		137	19	8	5
航空港实验区	332	114	71	2	22		8	108		2

14-34 规模以上工业企业新产品开发、生产及销售

（2015 年）

类　别	新产品开发项目数（项）	新产品开发经费支出（万元）	新产品产值（万元）	新产品销售收入（万元）	
					出口
总计	**2452**	**725210.1**	**33399502.3**	**32902438.8**	**26463819.2**
按企业规模分组					
大型	814	445909.5	31876148.5	31397433.4	26387462.2
中型	784	159529.1	922724.2	887400.9	44056.2
小型	851	119668.6	600619.6	617594.5	32300.8
微型	3	102.9	10.0	10.0	
按隶属关系分组					
中央	204	47749.3	296914.8	257616.9	14785.1
省（自治区、直辖市）	173	57726.8	317917.0	325277.8	21442.9
地（区、市、州、盟）	357	144874.5	2132827.7	2326498.5	224063.5
县（区、市、旗）	229	55058.2	278213.0	272927.6	2009.6
街道	9	531.1	5065.0	5265.0	550.0
镇	74	17084.2	198612.6	193951.7	900.0
乡	5	311.7	2643.3	2643.3	305.0
村委会	10	2765.2	65594.0	61555.3	
其他	1391	399109.1	30101714.9	29456702.7	26199763.1
按登记注册类型分组					
内资企业	2104	598106.4	5375248.1	5682925.5	325649.6
国有企业	79	20514.3	144796.8	153041.0	350.0
集体企业	7	832.1	1610.4	1342.0	
有限责任公司	1124	317247.9	2095659.0	2378625.6	97900.4
国有独资公司	20	1774.8	14823.0	13941.0	
其他有限责任公司	1104	315473.1	2080836.0	2364684.6	97900.4
股份有限公司	569	198757.5	2799759.1	2818202.9	224915.9
私营企业	324	60674.8	333302.8	331632.0	2483.3
私营独资企业	25	3100.6	21137.8	18124.4	
私营有限责任公司	260	36101.1	126764.6	125850.2	2221.8
私营股份有限公司	39	21473.1	185400.4	187657.4	261.5
其他企业	1	79.8	120.0	82.0	
港、澳、台商投资企业	154	62687.6	26970692.6	26186689.5	26101715.2
合资经营企业（港或澳、台资）	54	6150.9	95908.9	85868.0	9989.9
港、澳、台商独资经营企业	96	51570.8	26872183.4	26098221.2	26090760.8

14-34 续表1 （2015年）

类别	新产品开发项目数(项)	新产品开发经费支出(万元)	新产品产值(万元)	新产品销售收入(万元)	
					出口
港、澳、台商投资股份有限公司	1	196.8	1640.3	1640.3	964.5
其他港澳台投资企业	3	4769.1	960.0	960.0	
外商投资企业	194	64416.1	1053561.6	1032823.8	36454.4
中外合资经营企业	66	38663.7	742952.5	740107.3	35667.1
外资企业	71	13912.2	189060.0	187957.9	727.3
外商投资股份有限公司	44	8493.7	121114.0	104323.5	60.0
其他外商投资企业	13	3346.5	435.1	435.1	
按国民经济行业大类分组					
采矿业	30	31158.8	6100.0	6800.0	
煤炭开采和洗选业	30	31158.8	6100.0	6800.0	
制造业	2389	682694.3	33216758.7	32718995.2	26463819.2
农副食品加工业	63	8679.0	99154.8	122882.0	60.0
食品制造业	160	28110.1	384069.2	359434.2	11434.0
酒、饮料和精制茶制造业	11	2059.4	5367.4	6058.1	
烟草制品业	56	4277.3	70488.1	70488.1	14785.1
纺织业	17	2217.9	18203.7	17134.2	
纺织服装、服饰业	22	4134.8	43332.1	39332.4	
木材加工和木、竹、藤、棕、草制品业	1	61.6			
家具制造业	2	508.3	9030.2	7552.4	
造纸和纸制品业	12	4083.1	8341.6	8338.0	
印刷和记录媒介复制业	28	3191.6	31204.7	31599.7	
文教、工美、体育和娱乐用品制造业	16	1778.6	7969.4	5926.9	1240.0
化学原料和化学制品制造业	96	23157.6	103042.7	101445.4	8864.7
医药制造业	140	16390.1	107578.2	107669.9	
橡胶和塑料制品业	31	5993.5	31710.3	31877.9	6646.2
非金属矿物制品业	253	60703.2	263437.3	262833.3	7874.6
黑色金属冶炼和压延加工业	14	7924.5	23703.3	23703.3	2374.4
有色金属冶炼和压延加工业	47	50837.4	169602.5	172593.9	
金属制品业	76	9224.8	38296.0	35837.9	964.4
通用设备制造业	257	69332.4	1055730.1	1185528.7	5352.9
专用设备制造业	302	75823.2	516595.3	474422.4	38704.3
汽车制造业	241	177596.6	2760771.4	2975657.0	253528.8
铁路、船舶、航空航天和其他运输设备制造业	33	15125.8	138137.3	133636.2	

14-34 续表2 (2015年)

类别	新产品开发项目数(项)	新产品开发经费支出(万元)	新产品产值(万元)	新产品销售收入(万元)	
					出口
电气机械和器材制造业	171	25896.1	167440.9	166584.7	15416.6
计算机、通信和其他电子设备制造业	158	65309.9	27016315.9	26236626.4	26095993.9
仪器仪表制造业	181	20154.9	147236.3	141832.2	579.3
废弃资源综合利用业	1	122.6			
电力、热力、燃气及水生产和供应业	33	11357.0	176643.6	176643.6	
电力、热力生产和供应业	31	11072.4	173568.0	173568.0	
燃气生产和供应业	2	284.6	3075.6	3075.6	
按经济成分分组					
公有经济	550	143375.8	1638836.8	1600486.7	54206.4
非公有经济	1902	581834.3	31760665.5	31301952.1	26409612.8
按企业控股情况分组					
国有控股	518	135920.2	1595578.3	1551437.0	54206.4
集体控股	32	7455.6	43258.5	49049.7	
私人控股	1395	412035.2	3993898.6	4113673.9	264681.8
港澳台商控股	111	57921.6	26917148.9	26142230.4	26091725.3
外商控股	167	46920.0	369368.1	348761.3	787.3
其他	229	64957.5	480249.9	697286.5	52418.4
按地区分组					
中原区	193	53706.8	293191.6	292680.3	1043.9
二七区	46	22877.4	232541.9	234143.2	1836.0
管城区	120	107853.8	1947282.3	1942237.2	218973.6
金水区	96	15491.3	213476.7	211927.0	445.7
上街区	82	8997.8	61236.4	63684.3	755.6
惠济区	60	13749.4	126710.3	110430.7	
中牟县	103	23061.5	718189.7	717038.5	35084.0
巩义市	142	64109.1	293663.1	285288.4	15036.9
荥阳市	159	25735.0	364066.8	351507.4	690.8
新密市	71	27813.8	101475.3	100886.2	1206.7
新郑市	210	40218.3	216149.9	216143.7	9652.0
登封市	55	43604.6	196831.5	196621.8	8790.5
经开区	287	119112.2	1120670.1	1265934.7	772738.2
高新区	674	116751.2	1305469.8	1421712.6	21861.5
郑东新区	61	5975.4	81767.4	80885.4	14785.1
航空港实验区	93	36152.5	26126779.5	25411317.4	25360918.7

14-35 规模以上工业企业政府相关政策落实情况

(2015 年)

单位:万元

类别	使用来自政府部门的研发资金	研究开发费用加计扣除减免税	高新技术企业减免税
总计	**29374.0**	**33167.8**	**74009.2**
按企业规模分组			
大型	9618.7	24410.0	53579.7
中型	14500.7	6198.8	12510.0
小型	5251.0	2559.0	7919.5
微型	3.6		
按隶属关系分组			
中央	6939.4	1704.1	4110.7
省(自治区、直辖市)	783.0	636.7	3890.0
地(区、市、州、盟)	5288.6	8718.0	46402.4
县(区、市、旗)	1315.0	1057.6	1285.8
街道	3.6		
镇	200.0		65.4
其他	14844.4	21051.4	18254.9
按登记注册类型分组			
内资企业	28290.4	23276.2	69482.8
国有企业	4347.0	500.9	832.5
有限责任公司	9553.7	11731.6	18621.6
国有独资公司	192.9	17.4	
其他有限责任公司	9360.8	11714.2	18621.6
股份有限公司	11007.5	10595.9	48953.6
私营企业	3382.2	447.8	1075.1
私营独资企业	0.9		
私营有限责任公司	3205.5	214.8	711.9
私营股份有限公司	175.8	233.0	363.2
港、澳、台商投资企业	65.0	321.4	2743.5
合资经营企业(港或澳、台资)		250.4	2412.4
港、澳、台商独资经营企业	60.0	71.0	331.1
港、澳、台商投资股份有限公司	5.0		
外商投资企业	1018.6	9570.2	1782.9

14-35 续表1 （2015 年） 单位:万元

类　　别	使用来自政府部门的研发资金	研究开发费用加计扣除减免税	高新技术企业减免税
中外合资经营企业	415.4	9043.5	1511.7
外资企业	100.0		
外商投资股份有限公司	491.0	406.0	
其他外商投资企业	12.2	120.7	271.2
按国民经济行业大类分组			
制造业	29175.2	32736.6	73268.4
农副食品加工业	869.6		35.0
食品制造业	1135.6	462.1	34.9
酒、饮料和精制茶制造业	60.0		
纺织业	70.0		
纺织服装、服饰业	116.4		
家具制造业	7.0		
造纸和纸制品业	83.0		
印刷和记录媒介复制业	36.0	529.3	38.6
文教、工美、体育和娱乐用品制造业	18.0	20.3	38.4
化学原料和化学制品制造业	863.0	71.9	746.6
医药制造业	1191.1	946.9	6335.0
橡胶和塑料制品业	440.0	56.8	185.0
非金属矿物制品业	4582.1	1083.5	2184.7
黑色金属冶炼和压延加工业	70.0		11.3
有色金属冶炼和压延加工业	476.7		
金属制品业	540.1	95.7	63.2
通用设备制造业	3780.4	2614.7	2714.7
专用设备制造业	4433.8	5582.2	8282.7
汽车制造业	3854.1	18323.8	44611.3
铁路、船舶、航空航天和其他运输设备制造业	692.0	377.6	1142.5
电气机械和器材制造业	953.8	52.2	1054.9
计算机、通信和其他电子设备制造业	2210.3	1158.4	1632.9
仪器仪表制造业	2652.2	1361.2	4156.7
废弃资源综合利用业	40.0		

14-35 续表2 （2015 年） 单位:万元

类　别	使用来自政府部门的研发资金	研究开发费用加计扣除减免税	高新技术企业减免税
电力、热力、燃气及水生产和供应业	198.8	431.2	740.8
电力、热力生产和供应业	143.6	382.0	
燃气生产和供应业		49.2	740.8
水的生产和供应业	55.2		
按经济成分分组			
公有经济	8431.7	11708.0	8859.6
非公有经济	20942.3	21459.8	65149.6
按企业控股情况分组			
国有控股	8333.2	11708.0	8746.9
集体控股	98.5		112.7
私人控股	18713.0	13712.3	50265.0
港澳台商控股	165.0	120.2	1071.9
外商控股	706.4	585.9	1065.4
其他	1357.9	7041.4	12747.3
按地区分组			
中原区	678.6	634.7	4549.1
二七区	1383.0	832.2	663.8
管城区	3534.1	7242.0	37522.6
金水区	374.0		35.0
上街区	895.0		189.5
惠济区	551.0	457.1	89.5
中牟县	676.1	9421.3	383.0
巩义市	258.2	422.4	632.2
荥阳市	274.9	326.9	1020.8
新密市	3163.3	17.4	592.8
新郑市	2581.8	755.9	2273.9
登封市	1896.9	382	55
经开区	2614.8	7087.2	13678.6
高新区	9481.5	5104.1	12023.4
郑东新区	70.0		
航空港实验区	940.8	484.6	300.0

14-36　规模以上工业企业技术获取和技术改造情况

（2015 年）

单位:万元

类　　别	引进境外技术经费支出	引进境外技术的消化吸收经费支出	购买境内技术经费支出	技术改造经费支出
总计	**6416.9**	**30.0**	**554.5**	**85871.8**
按企业规模分组				
大型	5518.7		209.6	75395.5
中型				3135.7
小型	898.2	30.0	344.9	7340.6
按隶属关系分组				
中央				43962.2
省(自治区、直辖市)			209.6	303.8
地(区、市、州、盟)				13354.2
县(区、市、旗)				11024.1
街道				378.6
镇				1069.4
村委会				14.0
其他	6416.9	30.0	344.9	15765.5
按登记注册类型分组				
内资企业	105.2	30.0	554.5	77238.6
国有企业				5489.2
有限责任公司	105.2	30.0	160.4	24568.4
国有独资公司				166.2
其他有限责任公司	105.2	30.0	160.4	24402.2
股份有限公司			269.6	46092.0
私营企业			124.5	1089.0
私营有限责任公司			124.5	1082.5
私营股份有限公司				6.5
港、澳、台商投资企业				800.0
其他港澳台投资企业				800.0
外商投资企业	6311.7			7833.2
中外合资经营企业	5518.7			7463.2

14-36 续表1 (2015年) 单位:万元

类 别	引进境外技术经费支出	引进境外技术的消化吸收经费支出	购买境内技术经费支出	技术改造经费支出
外资企业	528.6			365.0
外商投资股份有限公司				5.0
其他外商投资企业	264.4			
按国民经济行业大类分组				
制造业	6416.9	30.0	554.5	76622.5
农副食品加工业				25.0
食品制造业				1040.6
烟草制品业				10558.0
文教、工美、体育和娱乐用品制造业				23.0
化学原料和化学制品制造业				163.7
医药制造业			60.0	1070.3
非金属矿物制品业	72.0	30.0	85.0	4260.3
黑色金属冶炼和压延加工业				1165.0
有色金属冶炼和压延加工业				28000.0
金属制品业				1117.4
通用设备制造业			20.0	2488.9
专用设备制造业	297.6		389.5	52.6
汽车制造业	6047.3			20795.3
铁路、船舶、航空航天和其他运输设备制造业				4875.5
电气机械和器材制造业				380.3
计算机、通信和其他电子设备制造业				91.0
仪器仪表制造业				515.6
电力、热力、燃气及水生产和供应业				9249.3

14-36 续表 2 (2015 年) 单位:万元

类 别	引进境外技术经费支出	引进境外技术的消化吸收经费支出	购买境内技术经费支出	技术改造经费支出
电力、热力生产和供应业				9249.3
按经济成分分组				
公有经济	5518.7		209.6	61182.5
非公有经济	898.2	30.0	344.9	24689.3
按企业控股情况分组				
国有控股	5518.7		209.6	61122.0
集体控股				60.5
私人控股	105.2	30.0	324.9	23419.4
港澳台商控股				800.0
外商控股	528.6			370.0
其他	264.4		20.0	99.9
按地区分组				
中原区			209.6	398.0
二七区				4753.2
管城区				12301.2
金水区				20.0
上街区			40.0	29090.0
中牟县	5518.7			8444.2
巩义市			37.5	2363.9
荥阳市			125.0	2748.0
新密市				742.5
新郑市	33.2		140.4	2705.0
登封市	72	30		9269.3
经开区	793.0		2.0	127.6
高新区				1460.7
郑东新区				10558.0
航空港实验区				890.2

主要统计指标解释

普通高等学校　指按照国家规定的设置标准和审批程序批准举办的，通过全国普通高等学校统一招生考试，招收高中毕业生为主要培养对象，实施高等教育的全日制大学、独立设置的学院和高等专科学校、高等职业学校和其他机构。

中等职业学校　指实施中等职业教育的学校，招生对象是初中毕业生和具有初中同等学历的人员，基本学制为三年制。

成人高等学校　指按照国家有关规定审批，招收通过全国成人高教统一招生考试的具有高中毕业或同等学历的在职从业人员，利用脱产、半脱产、业余或函授等多种形式对其实施高等学历教育，培养高等教育专科或本科毕业水平的专门人才，修业年限、课程设置和总学时数均按高等学历教育要求付诸实施的学校。

等级运动员人数　指经考核正式批准授予等级运动员称号的人数。运动员等级分为国际级运动健将、运动健将、一级运动员、二级运动员、三级运动员、少年级运动员。

文化事业机构　指从事专业文化工作和专业文化工作服务的独立建制的单位。不包括这些单位另外举办独立核算的其他机构和各部门的业余文化组织。

研究与试验发展（R&D）　指在科学技术领域，为增加知识总量，以及运用这些知识去创造新的应用进行的系统的创造性的活动，包括基础研究、应用研究、试验发展三类活动。国际上通常采用 R&D 活动的规模和强度指标反映一国的科技实力和核心竞争力。

R&D 人员　指参与研究与试验发展项目研究、管理和辅助工作的人员，包括项目（课题）组人员，企业科技行政管理人员和直接为项目（课题）活动提供服务的辅助人员。反映投入从事拥有自主知识产权的研究开发活动的人力规模。

R&D 经费内部支出合计　指调查单位用于内部开展 R&D 活动（基础研究、应用研究和试验发展）的实际支出。包括用于 R&D 项目（课题）活动的直接支出，以及间接用于 R&D 活动的管理费、服务费、与 R&D 有关的基本建设支出以及外协加工费等。不包括生产性活动支出、归还贷款支出以及外单位合作或委托外单位进行 R&D 活动而转拨给对方的经费支出。

R&D 经费内部支出中政府资金　指 R&D 经费内容支出中来自政府部门的各类资金，包括财政科学技术拨款、科学基金、教育等部门事业费及政府部门预算外资金的实际支出。

R&D 经费内部支出中企业资金　指 R&D 经费内部支出中来自本企业的自有资金和接受其他企业委托而获得的经费，以及科研院所、高校等事业单位从企业获得的资金的实际支出。

艺术表演团体　指从事戏曲、音乐、舞蹈、杂技等专业艺术表演，有独立帐户，实行单独核算的团体，不包括半工半艺、半农半艺和民间职业剧团。

艺术表演场馆　指由各级文化主管部门、文化单位和其他部门（除部队系统处）举力的，具有观众厅设备，经常供专业艺术表演团体演出，并在工商、税务部门登记，公开售票的营业场所。

卫生机构　指从卫生、民政、工商行政、机构编制管理部门取得《医疗机构执业许可证》或法人单位登记证书，为社会提供医疗保健、疾病控制、卫生监督服务或从事医学科研和医学在职培训等工作的单位。

医院　包括综合医院、中医医院、中西医结合医院、民族医院、各类专科医院和护理院，不包括专科疾病防治院、妇幼保健院和疗养院。

实有床位数　指年底固定实有床位数，包括正规床、简易床、监护床、超过半年加床、正在消毒和修理床位、因扩建或大修而停用床位。不包括产科新生儿床、接产室待产床、库存床、观察床、临时加床和病人家属陪侍床。

卫生技术人员　包括执业医师、执业助理医师、注册护士、药师（士）、检验及影像技师（士）、卫生监督员和见习医（药、护、技）师（士）等卫生专业人员。不包括从事管理工作的卫生技术人员（如院长、副院长、党委书记等）。

十五、产业集聚区

15-1 产业集聚区主要经济指标

（2015 年）

指标名称	规上工业主营业务收入			规上工业平均用工人数			固定资产投资	
	2015 年（千元）	2014 年（千元）	增减（%）	2015 年（人）	2014 年（人）	增减（%）	2015 年（亿元）	增减（%）
郑州高新技术产业集聚区	37359727	40951374	-8.8	40398	44473	-9.2	304.6	92.8
郑州经济技术产业集聚区	100799688	92165985	8.6	53326	51146	4.3	413.0	28.6
郑州航空港产业集聚区	264517906	209442130	26.3	254667	244039	4.4	524.6	35.0
郑州市中牟产业集聚区	2904758	3453652	-15.9	6129	8986	-31.8	172.2	39.6
郑州市中牟汽车产业集聚区	27940271	24970215	11.9	16392	14503	13.0	103.8	-4.7
郑州市金岱产业集聚区	631125	498016	26.7	1531	1493	2.5	37.4	149.9
郑州上街装备产业集聚区	16070756	16189217	-0.7	7008	7532	-7.0	38.2	21.7
郑州马寨产业集聚区	15614131	15230625	2.5	13685	13447	1.8	28.3	-47.0
新郑新港产业集聚区	18027304	16765167	7.5	16286	14236	14.4	93.2	0.1
新密市产业集聚区	30870702	26061727	18.5	27592	20866	32.2	149.7	6.4
登封市产业集聚区	22786635	21983413	5.3	16544	16432	0.7	92.0	25.1
荥阳市产业集聚区	39239327	33934709	15.6	29573	29402	0.6	82.9	-0.1

15-2 产业集聚区法人单位数

（2015 年）

单位：个

名　　称	合计	工业	建筑业	房地产业	批发和零售业			住宿和餐饮业			重点服务业
						批发业	零售业		住宿业	餐饮业	
合　计	**1734**	**836**	**232**	**163**	**191**	**123**	**68**	**33**	**17**	**16**	**279**
郑州高新技术产业集聚区	470	143	112	54	34	26	8	1	1		126
郑州经济技术产业集聚区	451	137	104	33	69	47	22	10	7	3	98
郑州航空港产业集聚区	144	47	4	34	14	10	4	16	8	8	29
郑州市中牟产业集聚区	40	10	2	20	5		5	1		1	2
郑州市中牟汽车产业集聚区	66	57	1	1	4	3	1	1		1	2
郑州市金岱产业集聚区	22	4			17	16	1				1
郑州上街装备产业集聚区	38	36	2								
郑州马寨产业集聚区	113	87	3	8	12	2	10	1	1		2
新郑新港产业集聚区	57	44	3	2	3	1	2	2		2	3
新密市产业集聚区	58	46	1	4	7	7					
登封市产业集聚区	64	51			9	4	5				4
荥阳市产业集聚区	63	42		6	10	5	5	1		1	4

15-3 商务中心区和特色商业区主要经济指标

(2015)

名　　称	规划面积（万平方米）	固定资产投资完成额（万元）	增加值（万元）	服务业法人企业从业人员（人）
合　　计	**2891**	**2868900**	**2173020**	**84291**
商务中心区合计	**710**	**324500**	**1010772**	**23728**
郑东新区中央商务区	710	324500	1010772	23728
特色商业区合计	**2181**	**2544400**	**1162248**	**60563**
郑州市中原区特色商业区	200	289900	323003	14250
郑州市二七区特色商业区	217	326300	158697	11822
郑州市管城回族区特色商业区	224	416200	183154	11420
郑州市金水区特色商业区	98	252900	183893	8115
郑州市上街区通航特色商业区	316	350600	26097	1980
郑州市惠济区特色商业区	168	30300	52020	4176
中牟县特色商业区	217	191500	95699	1746
荥阳市特色商业区	116	11600	11455	573
新密市特色商业区	151	17100	56129	2395
新郑市特色商业区	254	464800	11326	37
登封市特色商业区	220	193200	60775	4049

15-4 商务中心区和特色商业区规上法人单位数

(2015 年)

单位:个

名称	合计	房地产业	批零业	批发业	零售业	住餐业	住宿业	餐饮业	重点服务业
合　　计	**442**	**109**	**193**	**68**	**125**	**50**	**24**	**26**	**90**
按商务中心区分	**115**	**42**	**24**	**22**	**2**	**12**	**2**	**10**	**37**
郑东新区中央商务区	115	42	24	22	2	12	2	10	37
按特色商业区分	**327**	**67**	**169**	**46**	**123**	**38**	**22**	**16**	**53**
中原区特色商业区	34	5	9	5	4	6	4	2	14
二七区特色商业区	59	20	25	8	17	8	7	1	6
管城回族区特色商业区	40	3	23	7	16	5	4	1	9
金水区特色商业区	72	5	60	16	44				7
上街区通航特色商业区	15	7	5	5					3
惠济区特色商业区	22	3	13		13	2	1	1	4
中牟县特色商业区	9	3	4		4	1	1		1
荥阳市特色商业区	7	3				3	1	2	1
新密市特色商业区	17	6	8	2	6	2	1	1	1
登封市特色商业区	52	12	22	3	19	11	3	8	7

十六、统计工作大事记

元月

1 日，郑州市统计局干部职工参加了由郑州市委宣传部等 10 家单位共同主办的 2015 元旦长跑活动，大家以饱满的热情、健康的体魄迎接新年的到来。

4 日，郑州市直机关工委举办了“阳光心态与压力测试”专题讲座。由浙江大学教育学学者、杭州市政府服务课题组副组长、国际华人心理健康学会理事余知行教授主讲，郑州市统计局组工干部和部分党员参加本次讲座。

5 日—6 日，郑州市统计局召开全市 2014 年年报及 2015 年定报培训工作会议，各县（市、区）统计局主管领导、业务科长参加了会议。总统计师张庆华出席会议。

10 日，国务院第三次全国经济普查领导小组印发《关于表彰第三次全国经济普查先进集体和先进个人的决定》，郑州市统计局荣获“第三次全国经济普查先进集体”。

13 日，郑州市统计局召开全市交通运输邮电业部门年报会议，市交通运输委员会等相关部门和单位统计人员参加会议。会议通报总结了 2014 年工作，并对 2015 年的交通运输邮电业统计工作做出安排和布署。

19 日—20 日，郑州市第十四届人民代表大会二次会议和政协郑州市第十三届会议二次会议召开，郑州市统计局组织编印了《数说郑州——三年来郑州发展成就》图册，采用数据、图片的形式，生动形象地反映了三年来在市委、市政府的正确领导下，郑州市全面实施三年行动计划经济发展取得的巨大变化。

22 日，由郑州市人民政府主编，郑州市经济社会调查队具体承办的《2014 郑州农村发展报告》由中国统计出版社出版发行。

27 日，郑州市统计学会工作会议召开，各县（市、区）统计局主管学会工作的领导及相关人员参加了会议。总经济师芦珊出席会议。

二月

3 日，河南省统计局与郑州市统计系统羽毛球邀请赛成功举行。省统计局党组成员、巡视员薛承旭和市统计局党组书记、局长万永生观看了比赛。

5 日，郑州市统计局召开全市社科文统计年报工作培训会议，各县（市、区）统计局负责社科文统计的科长及业务骨干参加会议。

9 日，省委常委、市委书记吴天君对市统计局呈报的《郑州在全省率先接近建成小康社会——郑州市全面建成小康社会监测报告》一文做出批示：“请金献组织针对薄弱指标研究措施，完善统计，确保 2018 年争取 2017 年全面建成小康社会”。

13 日，河南省统计局总统计师赵德友一行 5 人莅临郑州市指导投入产出编表工作。郑州市统计局总统计师、投入产出办公室主任张庆华表示，将按照省局领导要求，尽快完成郑州市投入产出表编制和资料开发应用工作。

13 日，在春节来临之际，郑州市统计局党组成员、纪检组长王停军等领导赴第三轮省级文明单位结对帮扶对象荥阳市高村乡韩常村进行走访慰问，向村民们致以新春的祝福。

三月

3 日，郑州市统计局召开全市统计工作会议和党风廉政建设工作会议，郑州市局副县级以上领导以及各处（室）、队、中心主要负责同志，各县（市、区）统计局局长、副局长及纪检组长等百余名同志参加了会议。

9 日，郑州市人民政府通报了 2014 年度全市政府部门政风行风评议情况，郑州市统计局在全市 42 个市直部门中排名第 7 名，荣获优秀单位，比 2013 年的第 16 名前进 9 个位次。

10 日，郑州市统计局召开大商、丹尼斯、万达等十几家企业座谈会，了解春节期间消费品市场“假日经济”的活跃情况。张庆华总统计师对目前郑州市及全国的经济形势作一简要说明，要求加强对消费品市场的监测预警机制，建立重点企业联系联络制度。

13 日，河南省社情民意调查中心一行 5 人莅郑分别对郑州市经济技术产业集聚区和马寨产业集聚区开展产业集聚区专项调研。郑州市统计局总统计师张庆华陪同调研。

16 日，通过笔试、面试、体检、考察、公示等程序，4 名新录用的公务员、1 名军官干部到郑州市统计局正式报到。万永生局长与新进人员进行了集体谈话。

16 日至 17 日,郑州市统计局开展了各县区经济普查数据更新基本单位名录库工作培训,对各县(市、区)和市局有关专业的名录库专业人员进行了专门培训。

17 日,全市投资统计工作会议召开。各县区统计局主管投资统计的局领导、投资科负责人以及业务骨干等 70 多人参加了会议。市统计局总统计师张庆华出席会议。

18 日,郑州市统计局推荐的《郑州市新型城镇化中农民市民化问题研究》课题获中共郑州市委政策研究室评选的郑州市优秀调研成果三等奖。

19 日,郑州市政府召开老干部工作会议。郑州市统计局退休干部吕梁同志被评为离退休干部先进个人。

19 日,郑州市统计局邀请绿东置业、金马凯旋、金源百荣、丰益置业、河南新银基房地产等十几家有代表性的房地产企业召开座谈会,了解今年以来房地产市场走势变化情况。

19 日—20 日,郑州市统计局召开全市工业统计工作会议。传达贯彻了全省工业统计工作会议和全市统计工作会议精神,安排部署了 2015 年全市工业统计主要工作。各县(市、区)统计局主管领导、工业科负责人等有关同志参加了会议。市统计局党组成员、副局长江滨出席会议。

25 日,郑州市统计局召开全市文化产业和科技培训工作会议,各县(市、区)负责社会科技统计的主管领导、科长及业务骨干 40 余人参加了会议。市统计局副局长韩彦北出席会议。

四月

1 日,郑州市统计局召开全市服务业数据评估审核会议,分析和评审了全市规模以上服务业 2014 年年报及 2015 年 1—2 月定报数据、交通运输业 2014 年年报数据、规下服务业和个体抽样调查数据情况。总统计师张庆华出席会议并讲话,各县(市、区)统计局分管领导和业务骨干参加了会议。

1 日,濮阳市统计局局长王长龄一行 5 人来郑考察交流服务业统计工作。郑州市统计局局长万永生、总统计师张庆华参加座谈。

3 日,郑州市经普办召开专题会议,研究部署第三次经济普查主要数据公报的填报及发布工作。郑州市局副局长、经普办主任江滨主持会议。

9 日,郑州市统计局在郑州日报发布《2014 年郑州市国民经济和社会发展统计公报》,公报共分综合、农业、工业和建筑、固定资产投资、国内贸易、对外经济、交通邮电和旅游、财政金融证券和保险、科学技术和教育、文化卫生体育、城建环保和安全生产、人口、人民生活和社会保障等 12 部分。

14 日,郑州市召开全市经济社会统计调查工作会议。传达了省地方调查会议精神,总结了 2014 年统计调查工作,分析了当前统计调查工作面临的形势,安排部署了 2015 年主要工作任务,表彰通报了全市经济社会调查系统先进单位。郑州市统计局党组书记、局长万永生出席了会议,各县(市、区)统计局分管局长和调查队队长,市经济社会调查队全体人员参加了会议。

14—15 日,郑州市统计局召开全市普查中心工作会议,传达全省普查中心工作会议精神,总结回顾 2014 年普查中心工作,研究分析当前形势,安排部署 2015 年主要工作任务。市统计局领导赵广程、沈立承出席会议。各县(市、区)统计局分管领导、普查中心负责人和名录库管理业务人员参加了会议。

15 日,郑州市统计局召开一季度经济形势分析会,各县(市、区)统计局主管领导、市局县处级领导干部、各部门(单位)负责人及业务处室全体人员参加了会议。

21 日,郑州市统计局举办了全局岗位人员双向选择工作动员大会。副局长祝遵刚介绍了双向选择工作的目的、原则、实施流程和具体要求,万永生局长作了重要讲话。

22 日,郑州市统计局第一期"郑州统计素能提升讲坛"正式开讲。经济学博士、河南省人民政府研究室副主任王作成做主题为《当前河南经济形势和政策取向》的讲座。郑州市统计局百名干部职工参加授课。

22—23 日,河南省统计局能源处曹占峰副处长一行三人莅郑调研。调研组分别到新密中原环保热力有限公司、新密华威耐火材料股份有限公司、郑州裕中能源有限公司等六家企业,与企业统计人员进行了交流与座谈。

29 日,郑州市统计局召开全市一季度贸易外经统计数据点评会,通报了一季度全市贸易统计数据情况。各县(市)、区统计局主管局长、贸易科长等 40 余人参加了会议。郑州市局张庆华总统计师参加了会议。

30 日,郑州市统计局召开全市国民经济核算工作会议,总结了 2014 年全市国民经济核算工作取得的成绩，对2015年季度GDP核算方案进行了培训讲解，各县（市）区及开发区核算专业分管领导和核算业务人员参加了会议。郑州市局赵广程副局长参加了会议。

30日，郑州市统计局召开全市一季度工业统计联审会议。通报了全市一季度工业统计数据质量情况，对一套表平台新增功能及程序进行了培训。各县（市、区）统计局工业统计分管领导、工业科科长和业务骨干参加了会议。郑州市局江滨副局长参加了会议。

五月

6日，河北省统计局农村处处长张春风、副处长刘海涛等一行五人莅郑调研。考察组参观了新郑市新村镇基础工作规范化建设情况，观看了基层数据平台录入现场演示。省统计局农业处处长乔西宏、郑州市经济社会调查队队长孙玉平陪同考察。

7日，郑州市统计局组织20余位离退休老干部，前往中牟国家农业公园嘉年华春游踏青，体验都市农业、感受田园生活。

7日，郑州市统计局召开了2015年人口抽样调查样本框整理工作会，各县（市、区）统计局分管领导、科长和业务骨干60余人参加了会议。郑州市局江滨副局长参加了会议。

8日，郑州市政府召开郑州农村发展报告2015编辑工作会议。郑州市经济社会调查队队长孙玉平总结了去年报告编辑工作，对2015年的编辑工作进行安排部署；郑州市政府办公厅副秘书长冯卫平出席了会议，郑州市统计局局长万永生主持会议。

5—8日，河南省统计局调研员高煌等一行四人，莅郑检查调研企业劳动工资情况，调研组分别到郑州市市政维护工程有限公司、河南天天阳光物业管理有限公司、郑州思念食品有限公司等十家企业，对企业各种报表进行了全面检查与核对。市统计局江滨副局长陪同。

13日，河南省统计局巡视员陆洁、贸易外经处处长孙磊等一行四人到郑州调研贸易统计工作。调研组分别到经开区河南保税物流中心、新郑市华南城、中原区郑州万达百货有限公司等进行了实地调研和考察。郑州市统计局万永生局长、张庆华总统计师陪同。

14日，郑州市统计局召开了“三公”统计专题推进座谈会，局各有关专业处、普查中心负责人，经济调查队副队长参加，郑州市局局长万永生、总经济师芦珊出席会议。

14日，郑州市统计局召开全市能源统计企业座谈会，进一步了解郑州市能源消费现状和发展趋势。来自郑州市新力电力公司、郑州煤炭工业（集团）有限公司等22家不同行业的企业能源统计人员参加座谈，郑州市局副局长江滨参加了会议。

15日，郑州市统计局举办“我的收获与您分享——首届读书分享会”，局长万永生结合自身读书经历分享了自己的感悟和思索。全局20余名人员参加了本次读书分享活动。

19日，郑州市统计局召开了全市部分重点商贸流通企业座谈会。全市散装水泥、批发零售、电子商务、二手车交易等八个行业38家企业参加了座谈。

20日，郑州市统计局党组中心组传达贯彻了省、市“三严三实”专题教育活动精神，集中学习了郭庚茂书记、吴天君书记在省、市“三严三实”专题教育党课暨动员部署会上的讲话，万永生局长对统计局专题教育的启动、方案制定、工作推进等作出部署和要求。此次会议标志着市统计局“三严三实”专题教育正式拉开序幕。

20日，郑州市统计局召开全市贸易统计工作会议，通报了今年以来全市贸易统计数据情况和贸易四上企业入库情况。各县（市）、区统计局分管领导参加了会议。市统计局张庆华总统计师出席会议。

20日，郑州市统计局召开全市重点贸易企业座谈会，大商、万达、中石油、裕达国贸等二十家企业参加了座谈。河南省统计局贸易外经处处长孙磊、副处长赵新池、郑州市统计局局长万永生、总统计师张庆华出席会议。

21日，洛阳市统计局李国强总统计师一行4人到我局进行交流学习，双方就统计建模、优质统计服务以及加强统计工作的交流与合作进行了探讨。市统计局副局长赵广程，综合处、培训中心等有关部门同志参加座谈。

22日，省普查中心主任顾俊龙一行莅临郑州市查看基本单位名录库动态维护工作，中原、二区、金水、经开区等基层名录库管理人员结合实际工作，汇报了本地工作进展、存在问题和意见建议。市统计局领导赵广程、沈立承陪同督导。

22日，河南省统计局人口与就业统计处副处长刘晓峰等一行四人，莅临郑州市中牟县安排部署人口抽样调查试点工作，深入到中牟县大孟镇的盆王村、朱大汉村、三户李村等拆迁现场，实地查看了村级单位重组、合并等情况，郑州市局副局长江滨陪同。

22 日，郑州市统计局召开全市一季度建设领域数据联审会议。通报了 1—4 月全市建设领域统计数据质量及协调性评估结果，对投资新制度一套表平台程序进行了培训。各县(市、区)投资科长及业务骨干参加了本次会议。

28 日，郑州市统计局举办了第二期统计素能提升讲坛，邀请中共郑州市委党校李敬老师为全局干部职工讲授《传统文化和现代团队建设艺术》。

28 日，郑州市召开全市党史工作会议，郑州市统计局荣获 2013—2014 年度郑州市党史工作先进单位。

29 日，郑州市统计局召开依法行政专题培训会议。邀请河南省统计局梁景予处长到会指导并作依法行政主题培训，市本级、县(区)、乡镇办三级统计执法干部，郑州市局副局长韩彦北主持会议。

六月

3 日，国家统计局人口就业司副巡视员胡英、调研员严伏林、河南省统计局常务副局长王世炎、人口就业处处长孙斌育等一行 6 人莅临郑州，调研指导人口城镇化统计工作。考察组一行考察了航空港综保区富士康员工服务中心、电子口岸中心、机场二期施工现场和新郑市孟庄镇潮河社区、华南城招商中心、新郑新区等项目。

5 日，郑州市统计局举行“三严三实”专题教育党课暨动员部署会，深入学习了郭庚茂书记、吴天君书记、胡五岳局长党课重要讲话精神，党组书记、局长万永生为全局党员干部作了题为《践行“三严三实”、务求“忠诚干净担当”、充分展示新时期统计工作新形象》的专题党课辅导。

近日，郑州市统计局被市委、市政府评为郑州市 2014 年度综合工作先进单位。

10 日至 11 日，郑州市统计局召开 GDP 及非公有制增加值核算培训工作会议，全市各县(市)区和开发区的核算业务人员参加了会议。会议详细讲解了 2014 年县(市)区年度 GDP 核算方案、非公有制增加值核算方法，直观展示了 GDP 核算各行业增加值的核算方法、计算步骤及核算资料来源，使核算业务人员对 GDP 年度核算方案有了进一步深入的了解。

15 日，郑州市统计局召开全市二季度服务业统计工作会议，会上强调全市要以月度服务业发展形势分析制度和重点企业座谈会，加强对交通运输行业业务量统计的分析研究，及时反映服务业发展中的新情况、新问题，进一步加强和改进服务业统计工作。

12 日，兰考县发改委主任张保强一行 3 人到郑州市社会信用服务中心，学习考察我市信用体系建设情况。双方围绕社会信用体系建设的组织架构、制度建设、系统建设、信息应用和联动惩戒等工作展开互动交流。

16 日，郑州市统计局举办了主题为“颂读经典，弘扬传统文化”的读书分享会。与会人员围绕传统节日、文明传承、国学经典等一系列的民族精粹、文化思想，积极踊跃的发表了看法和认识。万永生局长、祝遵刚副局长及有关处室人员参加了分享活动。

17 日，郑州市统计局召开全市教育培训工作会议。总结了 2014 年的教育培训工作，会议传达了全省统计教育培训工作会议精神，安排部署了 2015 的教育培训任务。市统计局总经济师芦珊出席会议。各县(市、区)统计局分管领导、教育培训具体负责人参加了会议。

18 日，河南省统计局普查中心主任顾俊龙一行到荥阳市调研名录库动态维护综合试点工作，座谈了解部门资料比对及名录库动态维护工作进展情况、组织形式、存在问题。郑州市统计局领导赵广程、副调研员沈立承等陪同调研。荥阳市局局长李冠顺及工商、税务、民政、编办等部门、部分乡镇办负责同志参加调研座谈。

18 日，郑州市统计局优质服务小组举办第三期统计沙龙活动，研读《正视困难保持定力　前景光明》《速度放缓就是形势不好吗?》等文章，并结合中国经济发展常态和郑州市经济发展现状，对统计课题的选取、研究方向、写作步骤、写作技巧、分析方法等内容深入探讨，交流意见建议。

18 日至 19 日，郑州市统计局召开了全市健康服务业谈论会，全市 20 家社区医院、综合医院和市发改委、财政局、卫计委、民政局、人社局等健康服务业有关部门参加了座谈会。为进一步加强交流沟通，发挥部门优势，完善健康服务业相关政策等提出了许多建设性意见。

23 日，郑州市经济社会调查队召开上半年全市农业经济和城乡居民收入形势分析会议，各县(市、区)统计局分管副局长、队长和市调查队全体人员参加了会议。

24 日，郑州市常务副市长孙金献对郑州市统计局撰写的《工业生产增长　用电量下降原因何在》一文批示："本专项分析比较透彻，解释了我市电量与工业增加值的剪叉形成，请二处阅研、深度解读，亦请发改委、工信委、红军同志阅。"

29 日，郑州市召开全市社会信用体系建设工作会议。总结近年来的社会信用体系建设情况，安排部署下一阶段工作。各县（市、区）政府主管领导、各信用体系建设领导小组成员单位分管领导参加了会议。郑州市统计局局长、市信用办主任万永生做了详细的工作汇报，郑州市委常委、常务副市长孙金献对下阶段全市信用体系建设工作提出新要求。

七月

1 日，郑州市统计局组织党员代表、新党员、入党积极分子到中原英灵纪念馆参观学习，深刻缅怀革命先烈的丰功伟绩，助推"缅怀先烈，圆梦中华"主题教育活动深入开展。

3 日，由郑州市社会信用服务中心和市政府研究室共同完成的 2015 年市级立项重点课题《关于加快推进我市社会信用体系建设的调查研究》，获得了市委副书记胡荃的肯定性批示：很有价值，注意不断深化。

8 日，郑州市统计局召开全市乡镇统计人员和辅助调查员岗位知识培训师资培训班。全市各县（市、区）师资近 80 人参加了会议。

16 日，郑州市统计局举办"三严三实"专题教育学习辅导。局中心组成员、各部门负责人及全体党员参加了学习辅导。与会人员认真观看了由中共中央党校研究生院副院长刘春教授所作的题为《"三严三实"的时代背景和重大意义》的专题辅导视频讲座。

16 号至 18 号，国家统计局投资高分遥感示范区（河南）工作部署会在郑州中牟县召开。国家统计局投资司司长贾海、省统计局副局长俞肖云、省统计局投资处处长司曼珈、市政府常务副秘书长李国强、市统计局局长万永生等领导参加会议。会议由省统计局副局长俞肖云主持，中牟县县长潘开铭到会致词，万永生局长介绍了郑州市经济和投资情况。

24 日，郑州市人民政府印发了《中共郑州市委办公厅　郑州市人民政府办公厅关于印发郑州市"十三五"规划编制工作专案的通知》（郑办〔2015〕20 号），全面启动"十三五"规划编制的各项工作。"郑州市'十三五'社会信用体系建设规划"作为专项规划已明确列入其中，其中"推进社会信用体系建设问题研究"作为全市的改革创新亮点，列入郑州市"十三五"规划重大问题研究。

24 日，郑州市召开全市统计系统 2015 年上半年经济形势分析会，传达贯彻全省经济运行工作会议精神，分析盘点上半年经济形势，研究部署下半年统计工作。局综合处、核算处、工业处、投资处、贸易处、服务业处和调查处分别汇报了上半年主要经济指标完成情况、运行特点和下阶段工作打算。局副县级以上领导干部、各部门（单位）负责人及业务人员、县（市、区）统计局领导等 120 余人参加了会议。

27 日，郑州市人民政府副市长黄卿对《上半年郑州市固定资产投资平稳增长》做出批示："这种事项具体的统计分析很好"，并提出建议："一是运转再快些，二是第二页图示要考虑黑白图片因素，全国、省、市曲线换一种标识，三是能否把工业投资与中部六省会、27 个省会及 35 个大中城市做些分析比较"。

29 日—30 日，河南省统计局工业处方国根处长等一行 3 人莅临郑州市调研工业经济发展情况。郑州市局汇报了上半年工业经济发展的特点和存在的问题，对下半年工业经济运行趋势进行了预判。会后，调研组实地调研了新郑市部分工业企业，先后来到雏鹰集团和众合（郑州）国际石材城，详细了解了企业的经营情况，并对新建企业入库问题提出了具体要求。郑州市统计局副局长江滨陪同调研。

29 日，郑州市统计局召开上半年工业统计数据联审会议。传达了上半年全国、全省工业统计数据联审会议精神，总结了上半年全市工业统计工作，通报了全市上半年工业统计数据质量情况，安排部署下阶段工业统计主要工作。各县（市、区）统计局分管领导、工业科科长和业务骨干参加了会议。

31 日，郑州市统计局召开党组中心组"三严三实"第一次专题学习研讨会。此次研讨会的主要任务是围绕"严以修身、加强党性修养，坚定理想信念，把牢思想和行动的总开关"这一专题，由中心组成员谈理解和认识。局党组中心组成员，普查中心、数管中心、信用中心、培训中心负责人及部分县市区、企业代表参加了研讨会。市委党建领导小组第三巡查组专程莅临会议，进行全程督查指导。

八月

3 日，郑州市信用办联合市文明办、发改委、工商局、建委、旅游局、房管局、食品药品监督管理局、中级人民法院等7家单位，在郑州日报、郑州信用网、中原网、郑州文明网等主流媒体同时发布了"郑州市诚信建设红黑榜"名单。首批入选诚信"红榜"的企业共有122家，诚信"黑榜"的企业共有450家。

3日至4日，郑州市统计局召开全市统计基本单位名录库动态维护和其他亿元以上在建项目法人入库工作培训会议。传达了全省普查中心主任会议精神，安排部署了名录库动态维护、基本单位名录库自查、"四上"单位入库和经济普查后期工作。各县(市、区)统计局分管名录库工作负责人及名录库业务骨干、市局名录库业务人员参加会议。市统计局领导赵广程出席会议。

5日，郑州市统计局组织了第四期素能提升讲坛，河南省统计局综合处处长朱启明就"如何写好统计分析"进行了专题授课。

17日，郑州市统计局召开全市服务业数据质量控制培训暨数据联审会议，传达国家、省规模以上服务业数据联审会议精神，创新工作方法提高全市服务业统计数据质量。

19日，湖北省统计局党组成员、总统计师黄承喜一行赴郑州航空港经济综合实验区考察。河南省统计局党组成员、副局长俞肖云，服务业统计处处长王予荷，郑州市统计局总统计师张庆华，航空港实验区经济发展局副局长刘佐军陪同考察。

19日—20日，河南省政府参事室调研组到郑州市开展企业信用体系调研工作。郑州市政府副秘书长商建东出席调研座谈会，市信用办及市法制办、市仲裁委、市商务局等9家单位人员与会。分别对本部门、本行企业信用体系建设的基本情况、取得成效、面临困难、措施建议等进行了介绍，围绕对一些企业信用建设的热点和焦点问题进行了探讨。

20日，郑州市统计局举办了职业素能竞赛，重点是学习检验了新修订的《河南省统计管理条例》等统计法律法规，全局共有40名选手进行了现场竞赛。郑州市公务员局的有关领导对竞赛活动进行了巡视。

22日，为加强郑州市统计基础建设、推动统计生产方式变革、坚决反对和制止统计弄虚作假、切实加强对统计工作的领导，郑州市人民政府办公厅印发《关于切实加强和改进统计工作的通知》(郑政办[2015]105号)，从五个方面加强和改进统计工作。

25日，郑州市统计局召开全市建设领域数据联审会议，各县区统计局投资科主要负责人、相关业务骨干及市局投资处人员参加会议。传达了全国和全省建设领域上半年数据联审会议精神及2016年投资统计改革新思路的具体内容，通报了上半年全市建设领域统计数据质量及协调性评估情况，对投资统计改革试点进展情况及下一步改革方案新思路进行介绍。

27日，郑州市统计局组织90名干部职工参加了中共郑州市委宣传部等五部门举办的"唱响中国梦·出彩郑州人"——郑州市纪念中国人民抗日战争暨世界反法西斯战争胜利70周年合唱比赛。

28日，郑州市统计局党组成员、副局长祝遵刚代表局党组慰问了我局唯一一位抗战时期参加革命工作的离休老干部阴志诚同志，向老干部致以崇高的敬意和亲切的问候。

28日，国家统计局人口和就业司普查处处长武超到郑州调研人口抽样调查工作，河南省统计局人口就业处处长孙斌育、副处长刘晓峰及郑州市统计局相关处室人员陪同调研。

30日，郑州市统计局参加了"炎黄儿女在黄河岸边万人齐唱保卫黄河"活动，高唱《保卫黄河》《团结就是力量》等歌曲，抒发了统计人万众一心、同仇敌忾的爱国情怀，共同纪念中国人民抗日战争暨世界反法西斯战争胜利70周年。

九月

1日，为纪念抗战胜利70周年，郑州市统计局邀请局军转干部、离退休人员代表、青年代表30余人举行纪念座谈会，表达统计人对抗战峥嵘岁月的缅怀、对民族伟大复兴的憧憬之情。

2日，郑州市社会信用服务中心召集2015—2016年为参与市政府采购领域出具信用报告的5家市场服务机构，召开第一次信用评价工作业务指导会议。市信用中心的工作重点将由信用报告制作转变为市场信用服务机构的行业监管。

8日起，郑州市经济社会调查队开展农村统计调查基础工作调研。对中牟县、荥阳市、新密市、登封市、高新区和郑东新区共6个县级单位，进行了调研抽查。

10日，郑州市统计局举办第三期读书分享会，围绕史蒂芬·柯维经典著作《高效能人士的七个习惯》展开，20多位同志参加了此次分享会，从不同的视角，畅谈了本书的特点、精华以及对自我管理的有益帮助。

11日，郑州市统计局召开了全市旅游及相关产业消费结构调查会议，我市抽中的六个县(市、区)统计局业务负责人和调查员六十余人参加了会议。

16 日—18 日，第八届中部省会城市经济形势座谈会在郑州召开。来自武汉、长沙、南昌、合肥、太原、郑州统计系统的代表参加会议，就目前全国及中部各省会城市的经济运行情况进行通报，各个城市介绍了一年来统计工作取得的新经验、新做法，对建立中部省会城市统计信息共享机制达成共识。这次会议的召开，对中部六省会城市统计工作的交流与合作起到良好地推动作用。

17 日，郑州市统计局承办了第 29 期全市公务员大讲堂，邀请郑州大学信息工程学院石磊讲授《互联网+与大数据》。来自市直的 200 余名公务员和参公管理单位人员，参加了本次培训。

20 日，全国统计从业资格考试在全国范围举行。郑州市分别在中原区伊河路小学等 3 个考点 27 个考场举办了考试。河南省统计局巡视领导王宪彬、李振山到郑州市考点巡视，郑州市统计局局长万永生介绍了我市统计从业资格考试前期准备和考试组织安排情况。

21 日—23 日，郑州市统计局召开 2015 年人口抽样调查业务技能培训会议，各县(市)、区人口抽样调查办公室主任、业务组组长和业务骨干、数据处理组组长和数据处理业务骨干 90 余人参加了会议。副局长江滨主持会议。

24 日，周口市发改委一行 2 人到市社会信用服务中心，学习考察我市社会信用体系建设情况。

25 日，郑州市统计局被评为了 2014 年全国文明城市届满重创工作中“红旗单位”。近年来，郑州市统计局充分发挥部门作用，较好地完成了文明城市重创各项工作任务。特别是全市社会信用体系，积极配合市文明办建立了全市诚信“红黑榜”发布制度，圆满完成诚信制度化建设的任务要求，为郑州市重创全国文明城市做出了贡献。

25 日，郑州市统计局组织市、县(市、区)两级统计行政执法干部，集中观看了全省行政执法培训视频会议，进一步了解了统计行政执法工作当前形势，对统计行政执法工作中如何建立守法长效机制、预防统计违法案件发生、规范案件举报受理工作和提高案件查办效率有了深刻理解。郑州市局副局长祝遵刚出席会议。

十月

10 日，郑州市统计局服务业处在张庆华总统计师的带领下到中牟县调研服务业统计工作。听取了中牟县统计局对服务业统计工作开展情况的汇报，深入部分规上服务业单位和统计人员进行座谈交流，详细了解了企业经营情况以及统计过程中存在的主要问题及建议。

13 日，由郑州市人民政府主办，郑州市经济社会调查队承办的《郑州农村发展报告 2015》出版发行。

14 日，河南省统计局贸易外经处处长孙磊一行莅临经开区和郑东新区调研电子商务发展情况。调研组听取了 E 贸易平台入驻企业统计入库情况和 E 贸易发展现状、运作模式及今后发展趋势的专题汇报，并就企业入库问题进行了详细讨论。郑州市统计局局长万永生陪同调研。

14 日，郑州市统计局会同市发改委、市规划局、市环保局等市直部门，共同对新郑市新港产业集聚区进行了调研，为进一步了解了产业集聚区的发展情况及存在问题，为产业集聚区的发展对口指导服务提供了依据。

19 日，郑州市统计局和郑州市市委宣传部联合组织召开了郑州市人口抽样调查新闻宣传报道工作会议。会议由 2015 年郑州市 1% 人口抽样调查联席会议办公室副主任、市委宣传部新闻处处长杜长涛主持，郑州市统计局副局长江滨同志围绕全国 1% 人口抽样调查的意义、目的、时间节点、组织实施方式方法等内容，着重介绍了郑州市 1% 人口抽样调查前期准备工作开展情况以及正在进行的工作内容。市委宣传部副部长王丽艳做了总结讲话。郑州市电视台、郑州日报、郑州晚报等 10 余家新闻媒体的有关负责人参加了会议。

13 日到 18 日，河南省统计局服务业统计处王予荷处长一行四人莅临郑州，调研新兴业态冷链物流工作。调研组先后走访了郑州经济开发区、中牟县、惠济区、郑州航空港区有关部门和 15 家冷链物流企业，通过单位整理对比，问卷调查的形式，细致了解了冷链物流企业组织架构、经营模式、运行状况，内部财务核算方法等基本情况，征询了企业对冷链物流行业发展的意见和建议。

20 日，郑州市统计局组织统计执法人员集中参加省局 2015 年第五期“中原统计讲堂”视频会议，共同学习了河南省委党校郭学德教授主讲《树立宪法权威，全面推进依法治国》，详细了解了宪法本质内涵和表现特征。

22 日，郑州市统计局召开全市境外来中国大陆外国专家调查工作培训会议，会议从外专调查的调查目的、调查方法、调查范围及对象、填报方式、指标解释以及联网直报平台操作演示等几个方面做了重点讲解和培训。各县(市)、区主管领导、服务业统计负责人和外专调查统计人员参加了会议,总统计师张庆华出席会议。

22 日,国家统计局人口和就业统计司司长冯乃林一行到郑州市检查指导 1% 人口抽样调查工作。冯司长一行先后深入中牟县大孟镇邱堂村、东风路办事处小潘庄村等 5 个国家点调查小区,对正在开展的入户摸底工作等情况进行了现场检查指导,了解摸底环节的难点和存在的问题,对郑州市 1% 人口抽样调查工作开展情况给予了充分肯定。河南省统计局副局长王世炎、郑州市统计局局长万永生陪同检查。

22 日,漯河市统计局王松林副局长一行到郑州市,考察学习服务业及特色商业区统计建设情况。郑州市统计局总统计师张庆华、调查队队长孙玉平详细介绍了我市服务业及特色商业区的建设情况,对我市服务业和贸易业工作的发展现状做了重点介绍。考察组实地考察了二七区古玩城的统计工作。双方就如何加强统计入库和城市综合体统计进行了交流。

23 日,郑州市统计局召开了全市 2015 年前三季度经济形势分析会。局综合处、核算处、工业处、投资处、贸易处、服务业处和调查队分别就前三季度全市及各专业经济运行情况进行分析研究,赵广程、江滨、张庆华等局领导进行了重点点评。各县(市、区)局主管经济形势分析的领导和助手,局副县级以上领导干部,各部门正副处长,局业务处室和调查队共计 110 余人参加了会议。赵广程副局长主持会议,万永生局长做了重要讲话。

22 日至 23 日,郑州市统计局召开三季度规模以上服务业据联审会议。传达了全省规模以上服务业数据联审会议精神,通报了全市三季度规模以上服务业数据质量情况,对三季度规模以上服务业主要数据进行联审,对规模以上服务业业务知识进行培训,安排部署下阶段工业统计主要工作。各县(市、区)统计局服务业统计负责人和业务骨干共 30 余人参加了会议。

27 日,全国统计从业资格考试成绩下发,郑州市在 2015 年统计从业资格考试中取得较好成绩。全市共有 762 人参加从业资格考试,合格率 80. 4%。信息在"全国统计从业资格网"向社会公布。

28 日,郑州市统计局召开 2015 年度"四上"单位入库工作会议,传达省 2015 年度"四上"单位入库有关精神,通报前三季度全市"四上"单位入库工作情况,安排部署 2015 年度"四上"单位入库工作。各县(市、区)、开发区统计局长、分管名录库管理负责人,市局有关处(室)、中心名录库管理负责人参加会议。郑州市统计局党组书记、局长万永生出席会议并做重要讲话,副局长赵广程主持会议。

28 日,河南省信息中心主任毕彦斌一行 8 人到郑州市社会信用服务中心,就我市社会信用信息平台项目建设情况开展调研,并进行座谈交流和实地参观,双方交流了市社会信用信息平台建设的整体情况、存在问题及近期规划。

30 日,郑州市统计局召开三季度全市工业统计数据联审会议召开。会议传达了 2015 年三季度全国、全省工业统计数据联审会议精神;通报了三季度全市工业统计数据质量情况;总结了三季度工作,安排部署了四季度工作。各县(市、区)统计局分管领导、工业科科长和业务骨干参加了会议。

30 日,郑州市发改委、市信用办、市国税局、市地税局联合召开了"关于对重大税收违法案件当事人实施联合惩戒联席会议"。市文明办、市中级人民法院、市公安局等 19 家单位主要负责人参加了会议,郑州市信用办副主任蔡江水主持会议。

十一月

2 日,河南省统计局党组书记、局长胡五岳一行莅郑检查指导 2015 年全国 1% 人口抽样调查入户登记工作。郑州市副市长张俊峰、郑州市统计局局长万永生、郑东新区管委会副主任周军营陪同检查。

3 日,河南省政府组织召开全省社会信用体系建设工作电视电话会议。郑州市副市长李喜安、市信用办主任万永生,市社会信用体系建设工作领导小组成员单位负责人、各县市区信用体系建设工作负责人等相关人员在郑州分会场参加了会议。

5 日,郑州市统计局召开第三次农业普查预算编制与物资保障规划培训会议,传达了国家、省规划编制培训精神,布置了近期农业普查主要工作。市经济社会调查队队长孙玉平出席会议。

10 日,郑州市经济社会调查队召开了非公有制企业(单位)人才统计调查工作培训会议,传达了省非公人才统计调查会议的精神,对报表填写和数据处理程序进行了培训。各县区统计局负责非公企业人才统计工作的业务人员 30 多人参加了会议。

11 日—12 日,河南省统计局召开省辖市和县 GDP 年度历史数据修订审核会议,各省辖市和直管县核算业务骨干参加了会议。郑州市和所辖县核算数据工作得到了省局人员的一致好评。

11 日,郑州市统计局召开全市办公室工作会议,安排部署"一报两刊"征订、统计政务信息撰写及其他办公室日常工作。各县(市、区)、开发区办公室主任及相关工作人员 40 余人参加会议。郑州市统计局副局长韩彦北出席会议。

12 日,郑州市社会信用服务中心召开信用服务行业工作会,总结了八月份以来 5 家市场服务机构出具信用报告的工作进展情况;下发了《郑州市市场信用服务机构企业信用评价工作管理制度(征求意见稿)》。全市政府采购项目出具信用报告的市场信用服务机构相关人员参加了会议。

17 日,吉林省统计局副巡视员孟红英等一行六人,莅郑学习交流县级统计基层基础建设工作,实地参观了薛店镇统计所、白象食品股份有限公司统计基础建设工作。省统计局党组成员、地调队队长刘明宪、设计管理处处长金美江等四人,郑州市总经济师芦珊、社会经济调查队队长孙玉萍、新郑市统计局局长刘德智等相关人员陪同。

23 日,郑州市统计局第三次全国农业普查网站正式启用。

24 日,郑州市统计局在局党组书记、局长万永生的带领下,不畏严寒,积极参加到市区清扫积雪活动中,为市民出行提供便利。

25 日,郑州市直机关工委一行到郑州市统计局调研机关党建工作。纪检组长王停军就全局党建工作情况、存在问题及努力方向进行了汇报。局机关党委全体委员参加了座谈会。

26 日下午,郑州市统计局党员干部观看了全市"以案促教　以学促纪"警示教育舞台剧巡回演出。

27 日,郑州市经济社会调查队与市畜牧局联合召开了畜禽规模养殖名录库维护、小型养殖户调查工作会议,布置 2015 年全市畜禽规模养殖名录库维护工作。郑州市经济社会调查队支部书记孟玲武、郑州市畜牧局副局长张军峰以及各县(市、区)畜牧局、统计局分管领导和业务人员 80 多人参加会议。

十二月

3 日,漯河市发改委一行到郑州市社会信用服务中心,学习考察社会信用信息平台建设工作。对方就平台系统功能以及今后规划方向等内容做了重点交流,为共同推进两地信用信息平台建设工作打下基础。

4 日,郑州市统计局荣获全市"纪念抗日战争胜利 70 周年合唱活动组织先进单位"。

17 日,郑州统计局召开全市科技统计年报暨企业创新调查资料开发培训会议。总结了 2015 年全市科技统计和创新调查工作,传达了省局科技年报会精神,安排布置了 2016 年全市科技统计年报和企业创新调查资料开发工作。各县(市、区)统计局分管领导、科长和业务骨干参加了会议。

18 日,郑州市统计局召开全市 2015 年年报和 2016 年定期统计报表会议。认真组织收看了河南省统计局年报视频会议,安排布置全市 2015 年年报和 2016 年定期报表工作。市局各专业负责人,各县(市、区)分管领导和各专业负责人参加了会议。

18 日,郑州市统计局撰写的《郑州市生态文明先行示范区建设指标体系构建及评价研究》一文,在 2015 年全省统计科研立项课题验收评比中荣获全省立项科研课题优秀成果第一名。

19 日,郑州市统计局作客新浪微博,以"工业、能源与人口数据解读"为主题,与广大网友交流互动,解析郑州市工业发展、能源消耗、人口状况、劳动就业等方面的统计数据及概念。郑州市统计局副局长江滨解答了网友提问。

20 日,在全省 2015 年度统计执法案卷评查中,郑州市统计局参选的统计执法卷宗被评为优秀案卷,被河南省统计局通报表彰。

23 日,郑州市统计局召开了全市建设领域统计年报工作会议,传达了全省建设领域统计年报会议精神,对 2015 年全市建设领域统计工作进行了总结,对 5000 万元及以上项目入库工作提出了具体要求。郑州市统计局总统计师张庆华出席会议。

28 日,郑州市统计局召开全市服务业年报暨 2016 年定报布置培训会议。传达了全省服务业统计年报工作会议精神,布置了 2016 年服务业统计工作。各县市区分管领导、服务业统计负责人以及业务骨干参加了会议。郑州市统计局总统计师张庆华出席会议。

29 日,郑州市统计局正式开通"郑州统计"官方微信。

"郑州统计"官方微信由"统计信息"、"统计政务"、"为您服务"三大栏目组成,下设月度数据、年度数据、统计分析、精神文明、工作动态、指标解释、统计法规、如何获得统计资料等栏目,为社会公众及时了解郑州市统计工作,实时交流互动提供了有效平台。

29 日,国家投资高分遥感(中牟)试点工作座谈会在郑州中牟召开。河南省统计局投资处处长司曼珈、副处长刘俊华，郑州市统计局总统计师张庆华、河南大学地理信息科学系主任闫卫阳，以及郑州市投资处相关工作人员参加了座谈。中牟县统计局局长李广柱主持会议并致辞。此次座谈会为进一步总结经验、发现问题，更好地完成国家统计局投资高分遥感应用示范区（郑州）试点工作奠定了基础。

中国统计出版社最新图书简目
（仅供参考，以实际出版为准）

统计资料

中国统计年鉴	中国统计摘要	中国发展报告
中国经济普查年鉴2013	国际统计年鉴	金砖国家联合统计手册
中国—东盟国家统计手册	中国农村统计年鉴	中国县域统计年鉴
中国城市统计年鉴	中国对外直接投资统计公报	中国地区经济监测报告
中国贸易外经统计年鉴	中国零售和餐饮连锁企业统计年鉴	中国商品交易市场统计年鉴
大中型批发零售和住宿餐饮企业统计年鉴	中国农产品价格调查年鉴	中国住户调查年鉴
中国价格统计年鉴	中国能源统计年鉴	全国农产品成本收益资料汇编
中国环境统计年鉴	中国建筑业统计年鉴	国外资源、能源和环境统计资料汇编
中国工业统计年鉴	中国城乡建设统计年鉴	中国房地产统计年鉴
中国城市建设统计年鉴	中国科技统计年鉴	中国第三产业统计年鉴
中国证券期货统计年鉴	中国劳动统计年鉴	中国高技术产业统计年鉴
工业企业科技活动资料	中国社会统计年鉴	中国人口和就业统计年鉴
中国人才资源统计报告	中国教育经费统计年鉴	中国文化及相关产业统计年鉴
文化及相关产业统计概览	中国民政统计年鉴	中国民族统计年鉴
中国残疾人事业统计年鉴	中国妇女儿童状况统计资料（英）	中国乡镇街道行政区域简册
中国基本单位统计年鉴		

省级综合统计年鉴系列

北京　天津　河北　山西　内蒙古　　辽宁　吉林　黑龙江　上海　江苏　　浙江　安徽　福建　江西　山东

河南　湖北　湖南　广东　广西　海南　　重庆　四川　贵州　云南　西藏　陕西　　甘肃　青海　宁夏　新疆

新疆生产建设兵团

市(县)级综合统计年鉴系列

天津滨海新区 石家庄 唐山 邯郸 保定 沧州 邢台 廊坊 承德 衡水 秦皇岛 张家口 太原 大同 阳泉

长治 晋城 朔州 晋中 运城 忻州 临汾 呼和浩特 呼和浩特新城区 鄂尔多斯 包头 沈阳 大连 长春

延吉 四平 通化 哈尔滨 齐齐哈尔 黑龙江垦区 上海浦东新区 南京 无锡 徐州 常州 苏州 南通

连云港 淮安 盐城 扬州 镇江 泰州 宿迁 江阴 丹阳 杭州 宁波 温州 嘉兴 湖州 绍兴 金华

衢州 舟山 台州 丽水 合肥 安庆 马鞍山 福州 厦门 宁德 漳州 南昌 九江 上饶 新余 抚州 萍乡

赣州 吉安 景德镇 济南 青岛 潍坊 枣庄 日照 滕州 郑州 洛阳 平顶山 三门峡 商丘 信阳 济源 武汉

十堰 荆州 宜昌 荆门 咸宁 长沙 广州 深圳 惠州 东莞 南宁 柳州 桂林 来宾 海口 三亚 成都

贵阳 昆明 西安 安康 兰州 庆阳 银川 乌鲁木齐 兵团一师 兵团十师

调查年鉴系列

天津 山西 内蒙古 辽宁 吉林 上海 福建 江西 河南 湖北 湖南 广西 重庆 四川 云南 甘肃 宁夏 新疆

统计方法应用/实用手册

实用 SAS 统计分析教程 马克威统计分析与数据挖掘应用案例

乡镇统计人员岗位知识培训系列教材:辅助调查员岗位基础知识 乡镇统计人员岗位基础知识

县级统计人员岗位知识培训系列教材:Excel 在统计工作中的应用 简明统计分析

EXCEL 在基层统计工作中的应用 统计公文知识问答

统计通俗读物/统计科普图书

漫话诺贝尔经济学大师与数学情缘 魅力统计 漫话信息时代的统计学 统计使人更聪明

漫游数据王国 探访随机世界 新中国统计工作历史流变 1949—1999 无处不在的统计

重点图书

新编英汉汉英统计大词典 中华医学统计百科全书

挑大学选专业 2016—考研择校指南 挑大学选专业 2016—高考志愿填报指南

中国统计出版社发行部电话:(010)63376907 63376908 同楫行书店电话:68783171 68783172
地址:北京市丰台区西三环南路甲 6 号 邮政编码:100073
网址:http://www.zgtjcbs.com